2018

青铜峡年鉴

QINGTONGXIA YEARBOOK

青铜峡市党史地方志编纂委员会办公室 编

方志出版社

图书在版编目(CIP)数据

青铜峡年鉴.2018/青铜峡市党史地方志编纂委员会办公室编.-- 北京:方志出版社,2019.2
ISBN 978-7-5144-3653-2

I.①青… II.①青 III.①青铜峡—2018—年鉴
IV.①Z524.34

中国版本图书馆CIP数据核字(2019)第035326号

青铜峡年鉴(2018)

编　　者:青铜峡市党史地方编纂委员会办公室
责任编辑:高孟君

出 版 人:冀祥德
出 版 者:方志出版社
地址　北京市朝阳区潘家园东里9号(国家方志馆4层)
邮编　100021
网址　http://www.fzph.org
发　　行:方志出版社图书经销中心
电话(010)67110500
经　　销:各地新华书店
印刷装订:宁夏凤鸣彩印广告有限公司

开　　本:889mm×1194mm　1/16
印　　张:32.125
字　　数:779千字
印　　次:2019年2月第1版　2019年2月第1次印刷
印　　数:0001~1000册

ISBN 978-7-5144-3653-2　定价300.00元

青铜峡市党史地方志编纂委员会

主　任：石瑞林

副主任：金永灵　姬文泽　王　洋　杨春燕　刘国强　杨旭年
马晓贤　贺　江　何元凯　赵金峰　杨文福　魏　鑫

成　员：李长华　郭志强　鲍　祥　庞志文　贾志中　王学华　马新斌　周学军
丁斓进　张立军　肖敬元　郭恒君　蒋文俊　郭正军　徐怀俊　汤建华
于建华　马有荣　杨金和　郝文斌　包学义　罗志成　赵　波　王　东
田学军　马玉海　胡兴成　赵文学　李凤峡　王葆青　李庞林　夏建军
聂少军　何宝国　哈存连　王　军　王　伟　官振华　杨军峡　伏媛媛
陈树华　马明松　马文俊　代新科　沈云霞　马　波　李　革　韩万东
王　成　李　华　杨文斌　张欣泽　王银英　杨建光　卢雪昀　陈建设
丁少云　关秀林　李志琴　马吉忠　张艺杰　李睿华　哈　斌

《青铜峡年鉴(2018)》编辑部

主　编：郭恒君

副主编：陈瑞龙

编　辑：乔才山　何艳珍

编辑说明

一、《青铜峡年鉴》(2018) 是由青铜峡市党史地方志编纂委员会主办,青铜峡市党史地方志编纂委员会办公室编纂,在国内外公开发行的具有政府公报性质的地方综合年鉴。

二、本年鉴以马列主义、毛泽东思想、邓小平理论、“三个代表”重要思想、科学发展观、习近平新时代中国特色社会主义思想为指导,系统、翔实地记载了2017年度青铜峡市政治、经济、文化及社会各项事业的发展状况、重大事件和最新成就,内容丰富,信息量大,可读性强,具有“资政、教化,存史”的价值,可为社会各界了解青铜峡、宣传青铜峡、建设青铜峡提供全方位的信息咨询服务。

三、本年鉴辑录内容时限为2017年1月1日至2017年12月31日。图片收录均以年度内全市各行各业重要事件、重大活动为主。“荣誉榜”载入标准为省部级先进个人只收录简介;先进集体分省(部)级、自治区厅(局)级、吴忠市级、青铜峡市级四个层次分别载入名录。组织机构只收录副科级以上单位,对正科级隶属的副科级单位在版式排列时后退一字距离以示区分上下隶属关系。

四、本年鉴采用分类编辑法,以类目、分目、条目组成主体框架结构,少数分目中增设子分目。表述形式有专文、条文、大事记、表格、图片等多种,其中条目属最基本表述形式,条目标题统用黑体字加【】表示,全书前有目录,后有索引,具有比较完善的检索系统。

五、本年鉴设特载、专载、大事记、市情概览、组织机构及负责人名录、政治、军事、法治、民主党派、社会团体、经济管理、农业、财政·税收、工业、商贸、城建·交通、生态环境与监测、教育、文化·体育、旅游、大众传媒与通信信息、卫生、社会事务管理、金融、镇·街道·农(林)场、荣誉榜、重要文献、索引 28个类目。全书共有分目228个(含子分目)、条目2014个。条目为主要信息载体和基本撰稿形式。

六、本年鉴对各分目、条目之间的交叉重复,在分清主次和互补的基础上,采取平衡删留、详略互见,区别视角等不同记述方法。

七、本年鉴严格按照年鉴编纂规范要求,执行出版物汉字使用管理规定、法定计量单位、出版物数字用法规定、标点符号用法规定,力求规范化。

八、本年鉴所辑录的文字和图片资料全部由辖区内各镇、街道办、农(林)场、行政机关、事业单位提供。其中经济社会发展的主要数据以《青铜峡市2017年国民经济和社会发展统计公报》为准。

青铜峡市党史地方志编纂委员会办公室

2018年9月

2017 年 11 月 3 日，中国共产党青铜峡市第十二届委员会第四次全体会议召开

（市网信办　刘中锋提供）

2017 年 12 月 15 日，中国共产党青铜峡市第十二届委员会第五次全体会议召开

（市网信办　刘中锋提供）

市长金永灵作政府工作报告

市人大常委会副主任任贵生作人大常委会工作报告

2017年12月21日，青铜峡市第十五届人民代表大会第二次会议开幕

市人大常委会主任姬文泽主持大会开幕式

新当选的监察委员会主任、委员和补选的市人大常委会委员向宪法宣誓

各代表团进行分组讨论

（市人大办 葛树桂提供）

市政协主席王洋作政协常委会工作报告

2017 年 12 月 20 日，政协青铜峡市第十一届委员会第二次会议开幕。

（市政协办公室　张彦青提

增选的十一届政协常务委员

政协委员进行分组讨论

召开提案审查会议

2017 年 11 月 28 日，中共吴忠市委常委、青铜峡市委书记石瑞林深入邵岗镇同富村，为党员群众作党的十九大精神专题辅导

2017 年 11 月 30 日，市长金永灵到青铜峡镇为党员群众作中共十九大精神专题辅导

2017 年 10 月 18 日，市委宣传部、文体广电局在市文化馆举办十九大美术展

（市广电局　奚晓芸摄影）

2017 年 12 月 28 日，市人大常委会主任姬文泽深入小坝镇作学习宣传贯彻中共十九大精神专题辅导

（小坝镇　王佳园提供）

2017 年 12 月 7 日，市政协主席王洋深入裕民街道社区作学习宣讲中共十九大精神专题辅导

（裕民街道办　谢静提供）

2017 年 11 月 27 日，青铜峡市“不忘初心 牢记使命”学习宣传贯彻中共十九大精神文艺巡演活动走进同进、同兴、同富、同乐村

（市文化演艺有限公司提供）

2017 年 10 月 18 日，青铜峡市在市影剧院举办“庆祝中共十九大 砥砺奋进青铜峡”工业转型升级公益晚会

（市工信局　王丹提供）

2017 年 12 月 1 日，青铜峡市举办“深刻领会十九大精神 全面推进依法治国”专题辅导班

（市司法局提供）

2017 年 12 月 6 日，青铜峡市在市委党校举办离退休干部学习十九大精神专题辅导会

（市老干部局提供）

2017年2月23日,吴忠市重点项目大会暨青铜峡市第一批项目集中开工仪式在嘉宝轻纺工业园区举行

（嘉宝轻纺工业园区　曹志刚提供）

2017年8月9日,青铜峡市颁发土地确权证

（市农牧和科学技术局　杨彩琴提供）

2017年7月11日,青铜峡市举办"油菜花开 我约你来 寻找家乡老味道"家庭厨艺大赛

（市妇联　李金红提供）

2017 年 11 月 11 日，市长金永灵在“我是县长我代言”节目中为青铜峡市商品代言

2017 年 10 月 12 日，新华百货入驻青铜峡市古峡商业中心

（市工业信息化和商务局　王丹提供）

2017 年 4 月 28 日，青铜峡市举办“黄河岸边 稻花香里——香飘万家好吃米饭“技能大赛

（市工业信息化和商务局　王丹提供）

2017 年 9 月 15 日，青铜峡市举行黄河金岸文化旅游带 PPP 项目签约仪式 （市网信办　刘中锋提供）

2017 年 5 月 27 日，青铜峡市委、政协主要领导赴北京对接考察文化旅游产业项目

（市经合局　胡晓伟提供）

2017 年 8 月 3 日，江苏省考察组到青铜峡市考察现代农业发展情况

（叶盛镇　蒯丽提供）

2017 年 2 月 26 日，青铜峡市考察组赴外地对接考察项目

（市经合局　胡晓伟提供）

2017 年 10 月 20—23 日，青铜峡市人大、政府领导带领相关部门负责人赴湖南对接考察项目

（市经合局　胡晓伟提供）

2017 年 6 月 2 日，青铜峡市名优产品参加在山东举办的东亚食博会

（市经合局　胡晓伟提供）

青铜峡大米也称“西夏贡米”“叶升贡米”。2009 年在全国优质稻食味粳稻品评大会荣获一等奖，被称为“中国北方第一米”，由此跻身中国最优大米行列。2017 年 1 月 21 日“青铜峡大米”地理标志证明商标成功注册，成为青铜峡首件地理标志品牌。

2017 年 7 月 1 日，全国粮食局长现场会议在叶盛镇地三村正鑫源现代农业示范基地召开

2017 年 7 月 22 日，全国卫视看宁夏到叶盛镇地三、五星村采访现代农业发展情况

中航郑飞塞外香绿色食品产业园

2017 年 5 月 1 日，在青铜峡黄河楼举行“印象黄河 彩虹之上—黄河·拜水盛典”活动

黄河之水天际来

拜水盛典

（市文化馆　曹文德摄影）

2017 年 10 月 11 日，宁夏引黄古灌区成功申报世界灌溉工程遗产新闻发布会在青铜峡市大坝镇水利风景区唐正闸举行。

现场采访

多家媒体参与报道

2017年10月11日，宁夏引黄古灌区成功"申遗"经贸商务投资洽谈会暨项目签约仪式在龙海宾馆举行

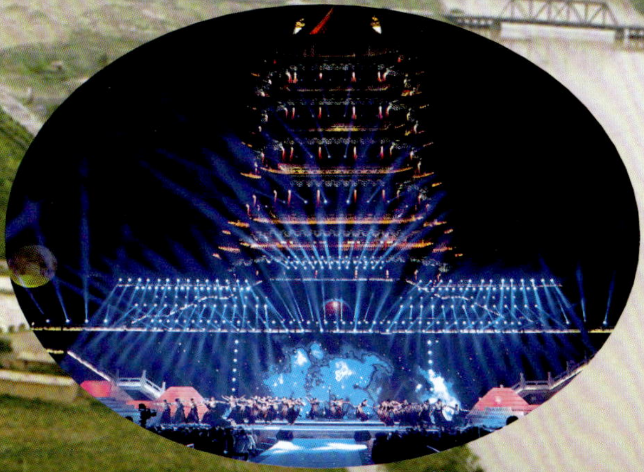

2017年10月11日晚，"中国梦.宁夏情.黄河颂"——宁夏引黄古灌区成功申遗大型公益晚会在中华黄河楼举行

申遗名录

青铜峡水利枢纽及灌溉渠系远景

2017 年 4 月 11—12 日,2016 年度全国十大考古新发现终评会在北京召开，宁夏青铜峡鸽子山遗址入选全国十大考古新发现　　（市文物所　李鹏提供）

鸽子山遗址标志。
（市文物所　李鹏提供）

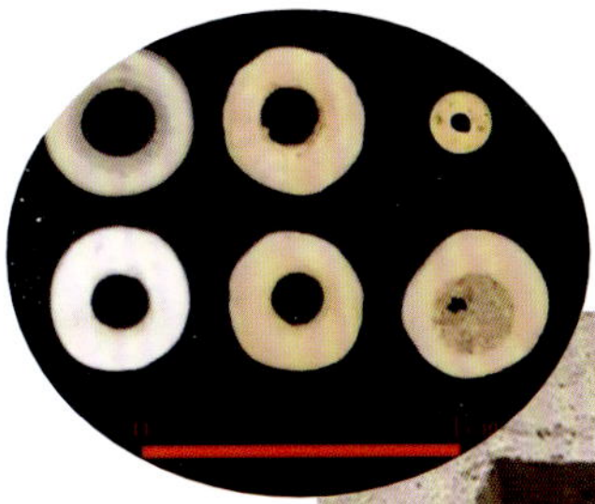

鸽子山遗址第 10 地点发掘现场及出土文物（市文物所　李鹏提供）

泉涌万年古营遗珍展览
（市文物所　李鹏提供）

2017 年 3 月，职业中学组织学生参加全区蔬菜嫁接项目技能大赛

（市职教中心　陈少林摄影）

2017 年 8 月 21 日，市教育局举办特岗教师岗前培训班

（市教育局　乔小军摄影）

2017 年 8 月，青铜峡市开展“戏曲进校园”活动

（市职教中心　陈少林摄影）

2017 年 1 月 4 日，青铜峡市同心小学与石家庄市回民小学联合开展“童心启程 温暖同行”活动启动仪式，并结成好姊妹学校

（市教育局　乔小军摄影）

2017 年 6 月，青铜峡市医院介入微创中心正式运行

（市医院提供）

2017 年 4 月 25 日，儿童疫苗接种宣传日活动在古峡广场举行

（市人口与计划生育局提供）

2017 年 8 月，青铜峡市医院分院—北苑妇产医院成立

（市医院提供）

2017 年 1 月 9 日，“儿童防侵 赋权五防”安全教育宁夏启动仪式在青铜峡市举办

（邵岗镇提供）

2017 年 2 月 22 日，青铜峡市在古峡广场举行“春风行动”人力资源招聘洽谈会

（市就业创业和人才服务局提供）

2017 年 6 月 19 日，市妇幼保健计划生育服务中心在同富村开展“服务百姓健康行动”义诊活动

（市人口和计划生育局提供）

2017 年 7 月 1 日，青铜峡市举办家庭服务业职工技能竞赛

（市就业创业和人才服务局提供）

2017 年 10 月 20—24 日，裕民街道紫薇社区举办“爱在孝亲敬老 弘扬中华美德”重阳节文娱联谊活动　（裕民街道提供）

2017 年 7 月 10 日，青铜峡市在叶盛镇举行“十三五”易地扶贫搬迁安置仪式
（叶盛镇提供）

2017 年 8 月 10 日，瞿靖镇迎来同心县第一批移民 （瞿靖镇提供）

2017 年 11 月 6 日，青铜峡市召开脱贫攻坚工作推进会议 （市网信办 刘中锋提供）

同兴移民新村全景

2017 年 9 月 8 日，青铜峡市召开总河长第一次会议

（市环保局 邓胜兵提供）

2017 年 6 月 5 日，青铜峡市在市第一中学开展世界环境日主题教育活动

（市环保局　邓胜兵提供）

（市林业局　王俭摄影）

目 录

特 载

专 载

大事记

市情概览

组织机构及负责人名录

政 治

军　事

法　治

民主党派

社会团体

经济管理

农　业

财政·税务

工　业

商　贸

城建·交通

生态环境与监测

教　育

文化·体育

旅 游

大众传媒与通信信息

卫　生

社会事务管理

荣誉榜

重要文献

索 引

特 载

编辑◎乔才山

自治区领导到青铜峡市调研纪实

咸辉调研青铜峡市农业农村工作

2月5日,自治区主席咸辉在自治区副主席王和山,吴忠市、青铜峡市领导喜清江、刘军、石瑞林、马玉龙、金永灵、张铁缨、陈雪松陪同下，深入青铜峡市恒源林牧场，对青铜峡市农业农村工作进行调研。

在调研中，咸辉对企业参与脱贫攻坚助力移民增收致富给予高度赞扬。希望青铜峡市委、政府积极培育扶持农业龙头企业、壮大产业，不断提高畜牧业产业化经营水平,做大做强畜牧业,从而带动生态移民脱贫攻坚，让农民的钱袋子越来越鼓，日子越过越红火。

咸辉调研青铜峡市水利工作

4月14日，自治区主席咸辉在自治区党委常委、副主席马顺清，吴忠市、青铜峡市领导沈左权、石瑞林、季文科、马玉龙、金永灵、闫培华陪同下,深入引黄灌区高效节水灌区、水利工程运行现场,通过实地查看,听取汇报等形式,对青铜峡市水利工作进行调研。

咸辉对青铜峡市水利工作取得的成绩给予肯定。希望青铜峡市委、政府坚持科学发展,进一步完善治水兴水思路，谋划好重大项目,探索多元化投资渠道,加强与周边省区的沟通合作，积极创新水利投融资机制，切实抓好重点水利工程建设。要坚持节水优先,着力保护好水生态,坚持不懈推进节水型社会建设，下决心保护好引黄灌区水生态平衡，严格划定水生态红线，保持灌区良好的水生态。要坚持改革创新,完善水治理体制机制，抓好水流产权确权和水权试点改革，全面实施水资源消耗总量和强度双控行动,深入推进农业水价综合改革。

咸辉看望慰问青铜峡市部分穆斯林群众

6月26日，自治区主席咸辉在自治区领导马三刚、马力，吴忠市、青铜峡市领导沈左权、喜清江、兰德明、季文科、金永灵、马光锋、马玉清陪同下，看望慰问青铜峡市部分穆斯林群众，并向全区广大穆斯林群众致以节日的问候和美好的祝愿。

在峡口镇沈闸村四世同堂的马相武家中，咸辉与一家人围坐在一起，拉家常、谈发展。马相武的老母亲96岁高龄，依然精神矍铄。马相武在村里从事村医40多年，常年热心公益事业。咸辉希望马相武继续发扬中华民族孝老爱亲睦邻的美德，传承好家风、带动好民风。青铜峡镇余桥村村民马登吉重视教育，几个儿女都学有所成。咸辉到马登吉家中，送上节日祝福，并希望全社会大力弘扬尊师重教的优良传统，崇尚知识、培养人才、热爱劳动、鼓励创新，为实现经济繁荣、民族团结、环境优美、人民富裕，与全国同步建成全面小康社会凝聚起更加强大的力量。

咸辉督察调研青铜峡市“放管服”改革工作落实情况

8月27日，自治区主席咸辉在自治区党委常委、自治区常务副主席张超超，自治区编办主任周万生，吴忠市委书记沈左权，青铜峡市委书记石瑞林、市长金永灵陪同下，到青铜峡市政务服务中心督察调研“放管服”改革工作落实情况。

中共吴忠市委常委、青铜峡市委书记石瑞林汇报青铜峡市社会投资项目网上审批规程改革试点工作情况，咸辉到青铜峡市政务服务中心，详细了解农民办事不出村、居民办事不出社区、企业办事不出园区和社会投资项目网上审批规程等改革试点工作，与服务中心工作人员进行深入交流，询问正在办事群众的感受、意见、建议。咸辉指出，“放管服”改革作为供给侧结构性改革的重要内容，是加快转变政府职能的重要抓手，是服务企业群众的重要举措，必须持之以恒地向纵深推进。要严格秩序规范，加强业务培训，保障信息安全，努力缩短办理时限、降低办事成本、提升群众满意度，让群众和企业享受更多更大改革红利。

咸辉对青铜峡市社会投资项目网上审批规程改革试点工作予以肯定，认为社会投资项目网上审批规程改革试点工作进展快，成效显，“六个一”服务机制改革措施落实具体，配套政策完善。希望青铜峡市要认真落实《全区推行不见面审批服务改革工作方案》部署，着力推行“互联网+政务服务”，切实增加网上审批、网上办事、网上服务项目，加快构建“不见面、马上办”审批模式，真正实现信息多跑路、群众少跑腿。要以抓铁有痕、踏石留印的劲头抓好“放管服”改革的组织实施，针对试点推进过程中出现的新情况、新问题，找准“堵点”“痛点”“难点”，深入研究、对症开方，不断完善顶层设计、优化审批流程、减少审批环节、提高工作效率，进一步释放市场活力、激发社会创造力。为全区创造出可复制、可推广的好经验、好做法。

许传智调研青铜峡市党风廉政建设和反腐败工作

4月11日，自治区党委常委、纪委书记许传智在吴忠市、青铜峡市领导沈左权、马和清、石瑞林、季文科、金永灵、张铁缨、杨春燕、贺江陪同下，深入宁夏汇高科技集团有限公司、裕民街道东街社区、小坝镇小坝村、市纪委标准办案点、大坝镇、宁夏锦绣集团轻合金循环经济产业园等地，通过实地查看、听取汇报、现场走访，对青铜峡市经济社会发展和党风廉政建设情况进行调研。

许传智对东街社区家风建设“8+1”工作法、小坝村民主监督及集体“三资”管理“855”工作模式、大坝镇纪委规范化建设及青铜峡市农村党员警示教育基地工作情况给予肯定。希望青铜峡市委、政府准确把握党风廉政建设和反腐败斗争形势，把握好党和国家的工作全局、本地工作全局、本地党风廉政建设和反腐败工作全局，进一步强化责任担当，强化看齐意识，抓好班子带好队伍，打造一支党和人民信得过、靠得住的“铁军”。

肖云刚检查青铜峡市环境保护执法工作

12月4日，自治区人大常委会副主任肖云刚带领检查组，在吴忠市、青铜峡市领导石瑞林、郭祥、王天军、姬文泽、杨春燕陪同下，先后深入宁夏可可美生物工程公司、宁夏东吴农化有限公司、青铜峡铝业自备电厂、青铜峡铝业股份有限公司、新材料基地污水处理厂，就青铜峡市贯彻执行《中华人民共和国环境保护法》《宁夏回族自治区大气污染防治条例》情况进行执法检查。

检查组要求，青铜峡市要强化环境执法监察，督促青铝自备发电、青铝集团青铜峡分公司2家企业加快提标改造项目建设进度；要紧盯当前环保工作存在的突出问题，确保问题整改落实到位，切实把一方水土、一片蓝天治理好保护好。

刘慧芳深入青铜峡市裕民街道办事处作专题辅导

7月20日，自治区人大常委会副主任刘慧芳深入青铜峡市裕民街道办事处，为全体党员干部作自治区十二次党代会精神、“两学一做”专题辅导。市领导姬文泽、何元凯、宋建宁参加党课教育。

刘慧芳希望裕民街道办事处全体党员干部要充分认识学习贯彻自治区第十二次党代会精神的紧迫性，把学习领会报告精神学在前、做在前，层层抓好学习宣传。通过学习和宣讲，充分认识当前和今后工作的重点和努力方向，全面掌握自治区第十二次党代会精神理论精髓。要把“两学一做”学习教育常态化、制度化同思想建党、组织建党、制度建党有机结合，用党章党规规范党员行为，教育引导全体党员不忘初心，继续前行，做政治上的明白人，确保党的各项决策部署不折不扣执行。

刘慧芳深入基层联系点宣讲中共十九大精神

11月20日，自治区人大常委会副主任刘慧芳在青铜峡市人大常委会主任姬文泽陪同下，深入基层联系点瞿靖镇蒯桥村，围绕“深入学习宣传贯彻中共十九大精神，不断开创新时代农业农村工作新局面”这一主题讲党课，为基层党员群众宣讲中共十九大精神，并调研指导党建工作。

刘慧芳指出，中共十九大是在全面建成小康社会决胜阶段、中国特色社会主义发展关键时期召开的一次十分重要的大会。要把学习贯彻落实中共十九大精神，作为当前和今后一个时期的首要政治任务，准确把握中共十九大报告提出的一系列重要思想、重要观点、重大判断、重大举措，要切实做到“五个聚焦”，着重把握“十个方面”，进一步在“学懂、弄通、做实”上下功夫，真正学在深处、干在实处、走在前列。

孙贵宝调研青铜峡市“中华环保世纪行——宁夏行动”工作

7月20日，自治区人大常委会副主任、中华环保世纪行——宁夏行动组委会主任孙贵宝带领调研督查组，在吴忠市、青铜峡市领导石瑞林、马伟、姬文泽、袁浩、张克文陪同下，先后到卡子庙采矿区宁夏盛弘砂石有限公司、新材料基地污水处理厂、宁夏东吴农化有限公司以及华能宁夏大坝发电有限公司等地，就青铜峡市“2017年中华环保世纪行——宁夏行动”工作情况进行调研督查。

调研组希望宁夏盛弘砂石有限公司，进一步加强扬尘整治工作，保障城区空气质量；新材料基地污水处理厂要尽快完成收尾工程投入使用，确保工业园区污水得到妥善处理；宁夏东吴农化有限公司在追求经济效益的同时，要注重环境整治工作的开展；宁夏华能大坝发电有限公司要加紧施工，让脱硫项目尽快投入使用，减少废气排放量，为城市环境建设贡献力量。

吴玉才调研青铜峡市“三去一降一补”工作

4月25日，自治区人大常委会副主任吴玉才带领调研组在吴忠市、青铜峡市领导石瑞林、马伟、买霞、杨金海、姬文泽陪同下，深入宁夏锦绣轻合金循环经济产业有限公司、宁夏鑫电铝合金线缆有限公司等地，就“三去一降一补”实施情况进行调研。

调研组要求，企业要加快项目建设，不断加大铝下游产品开发力度，增强企业市场竞争力。各级各部门要高度重视并扎实推进“三去一降一补”工作，要根据自身实际，做好结合文章，多管齐下，精准发力，推动经济平稳运行。

王和山调研青铜峡市旅游工作

7月4日,自治区副主席王和山带领调研组一行，在吴忠市、青铜峡市领导马中勇、姬文泽、王洋、杨春燕陪同下,先后深入叶盛地三特色产业示范村、“印象黄河·彩虹之上”旅游景观标识项目施工现场,就青铜峡市创建国家全域旅游示范市工作进展情况进行调研。

王和山希望青铜峡今后要围绕吸引人、服务人、留住人,在旅游资源开发、旅游业态设置等方面狠下功夫，积极引进国内外大企业、大公司参与旅游开发,逐步把青铜峡的旅游业做大做强。

马力、田成江率观摩组观摩青铜峡市民族团结进步创建工作

7月26日，自治区副主席马力、自治区政协副主席田成江带领全区民族团结进步暨和谐寺观教堂创建互观互检观摩组一行，在市领导石瑞林、马光锋、马玉清陪同下，到市文化体育广电局民族团结进步创建示范点，实地观摩青铜峡市民族团结进步创建工作。

观摩组对青铜峡市民族团结进步创建工作给予高度评价,认为青铜峡市民族团结进步创建工作目标明确、教育引导载体丰富、特色亮点鲜明突出，经验值得大家学习借鉴。

刘可为调研青铜峡市环境保护工作

6月14日，自治区副主席刘可为在吴忠市、青铜峡市领导喜清江、金永灵、杨春燕陪同下,先后深入禹皇酒庄、宁夏东吴农化有限公司、市第三污水处理厂,调研环境保护工作。

刘可为希望青铜峡市进一步加强工业企业排污情况工作检测,杜绝排污治理工作成效反弹,采取定期检测等形式，详细掌控工业企业排污情况，下决心把环境污染治理好、把生态环境建设好，为人民群众创造良好生产生活环境做出积极贡献。

蔡国英调研青铜峡市全域旅游示范市创建工作

8月16日，自治区政协副主席蔡国英在吴忠市政协副主席曹玉华,青铜峡市领导金永灵、杨春燕、赵金峰、马淑玲陪同下,先后深入“印象黄河·彩虹之上”旅游景观标识点、黄河楼景区3D艺术馆、凤凰岛以及大坝水利风景区等地，对青铜峡市全域旅游示范市创建工作情况进行调研。

蔡国英希望青铜峡市继续深入挖掘黄河文化旅游资源，紧盯“吃、住、行、游、购、娱”旅游6要素,在旅游资源开发、旅游业态设置等方面狠下功夫，打造叫得响的旅游品牌，实现全域化、标准化、差异化发展。同时希望青铜峡市创新工作举措,加大工作力度,持续推进全域旅游示范市创建工作,促进经济转型发展。

刘小河调研青铜峡市城市困难群体帮扶工作

7月5日，自治区政协副主席刘小河在吴忠市、青铜峡市领导马玉龙、陈克安、何元凯、杨红英、李玉梅陪同下，先后深入青铜峡市裕民街道紫薇社区、南苑社区，实地调研城市困难群体帮扶工作。

调研组对青铜峡市城市困难群体帮扶工作取得的成效给予肯定，希望青铜峡市不断探索、总结、提升城市困难群体帮扶工作经验，特别是要在城市困难群体中“边缘群体”的帮扶机制上下功夫，通过探索为政府出台相关政策提供更多的参考，为自治区脱贫富民工程扎实推进做出更大的贡献。

张学武调研青铜峡市社区矫正工作

6月14日，自治区政协副主席张学武在吴忠市、青铜峡市领导何本源、马玉清、李玉梅陪同下，先后深入青铜峡市裕民街道司法所、市阳光中途之家，通过听取汇报、查阅资料、座谈交流、实地查看等形式，对社区矫正工作进行调研。

张学武对青铜峡市社区矫正工作给予肯定，希望青铜峡市公检法司积极配合形成合力，全面做好社区矫正工作；创新基地规划，实现对社区服刑人员集中监管、集中教育、集中培训，提升教育感化效果，发挥基地最大效益；创新工作模式，采用微信平台管理，降低执行成本，提高社区矫正监管、教育、帮扶质量，做到“实时定位、轨迹可查、动态监管”；创新监管手段，努力在每一个执法环节、每一起执法案件办理上使人民群众、社区服刑人员及其家属感受到公平正义；创新教育方式，随时为社区服刑人员做好心理辅导，解决他们的心理问题。

（市电视台）

吴忠市领导到青铜峡市调研纪实

沈左权调研青铜峡市重点项目建设和招商引资工作

4月13日，中共吴忠市委书记沈左权在吴忠市、青铜峡市领导刘军、石瑞林、季文科、杨金海、金永灵、张铁缨、杨春燕陪同下，深入“印象黄河·彩虹之上”旅游景观标识施工现场及宁夏苏锡光电科技有限公司铜产业基地，对青铜峡市旅游重点项目以及招商引资项目进展情况进行调研。

沈左权对青铜峡市项目建设及招商引资工作给予肯定，并要求青铜峡市委、政府要按照绿色发展、安全发展的理念，正确处理经济发展与生态环境保护的关系，扎实推进全域旅游发展，提升旅游业发展水平。要紧盯产业定位，进一步加大项目建设和招商引资力度，强化精准招商，加快推进项目落地，有效发挥园区产业聚集效应，切实增强经济发展后劲，要深化投融资体制改革，稳步推进政府购买服务，缓解政府投资项目和企业发展融资压力。要勇于担当、真抓实干，只要决定的事，就要一抓到底，扎扎实实做好各项工作。

沈左权调研青铜峡市经济社会发展情况

5月2日，中共吴忠市委书记沈左权在吴忠市、青铜峡市领导石瑞林、季文科、杨金海、马玉龙、金永灵陪同下，深入青铜峡市恒源林牧肉驴、肉牛养殖场，宁夏和兴冶金耐火材料有限公司，宁夏鸿亚特种钢管有限公司、黄河外滩天街、小坝至永宁接银川正源街快速通道（青铜峡市段）、小坝镇社会治理中心等地，对青铜峡市经济社会发展情况进行调研。

沈左权指出，青铜峡市要坚持绿色发展、安全发展，加快推进工业转型升级。不断加大承接东部产业转移力度，积极扶持民营经济发展，解决融资难等问题，为企业的茁壮成长提供阳光雨露。要狠抓现代农业品牌建设，做精做优肉牛、肉驴、富硒大米等特色优势产业，带动农业产业化发展，促进农民增收致富。要抓好环保工作，全面提升环境保护和生态文明建设水平，要始终绷紧安全生产这根弦，把安全生产当作头等大事来抓，采取有力措施切实把安全生产工作抓紧抓实。各级领导干部要强化改革责任担当，坚持干字当头，进一步解放思想，坚定发展信心，只要有利于党和人民事业发展，看准了的事情，就要拿出政治勇气来，敢于担当、勇于担当，坚定决心坚决干。

沈左权调研青铜峡市全面深化改革工作

8月11日，中共吴忠市委书记沈左权在吴忠市、青铜峡市领导张学慧、石瑞林、季文科、金永灵、杨春燕、赵金峰、崔奇鹏陪同下，先后深入青铜峡市邵岗镇沙湖村、惠民小额贷款有限责任公司，对青铜峡市全面深化改革工作进行调研。

沈左权对青铜峡市探索建立农村环卫保洁市场化运作模式及惠民小额贷款有限责任公司围绕农民创业融资问题建立“信贷资金+培训服务”小额贷款运作模式给予肯定，他希望青铜峡市加强对市场主体监管，切实提高城乡环境保洁水平；加强教育引导，不断提高农村群众主人翁意识，自觉维护生活环境；继续探索新的金融服务方式，为广大农村家庭提供更好的金融信贷服务，帮助农民改善生活条件，创业增收。

沈左权、喜清江率吴忠市产业发展和重点工作现场交流会参会人员到青铜峡市观摩

7月9日，中共吴忠市委书记沈左权、市长喜清江率领吴忠市产业发展和重点工作现场交流会参会人员，在青铜峡市领导金永灵、姬文泽、王洋、杨春燕、张克文陪同下，先后深入宁夏锦绣集团轻合金循环经济产业园、新材料基地污水处理厂、华能宁夏大坝发电有限公司、宁夏苏锡光电科技有限公司，实地观摩青铜峡市2017年重点项目及工作情况。

宁夏锦绣集团轻合金循环经济产业园铝材深加工项目计划总投资27.8亿元，建成后可年产轻合金厢式挂车部件4000台（套）、轻质金属罐车部件3000台（套）、轻质仓栏式半挂车部件3000台（套），实现产值38亿元。至2017年6月底，熔铸车间设备安装全部完成。

华能宁夏大坝发电有限公司

四期工程为宁夏宁东——浙江绍兴特高压直流输电工程配套电源项目。计划总投资42亿元，主要建设2×660兆瓦超临界燃煤间接空冷机组。项目计划3年建设完成，至2017年6月底，主厂房封闭即将完成，汽轮发电机组完成基础浇筑。首台机组将于是年11月并网发电，项目全部建成后，年发电量达72.6亿千瓦时。

观摩组希望青铜峡市各相关部门要加强配合，紧盯项目建设进度，及时协调解决项目建设中存在的问题，确保项目早日建成投产达效。各相关企业要抓好项目建设责任落实，为全市经济转型发展做出贡献。

沈左权等领导慰问驻青铜峡市部队官兵

7月27日，吴忠市、青铜峡市领导沈左权、孙瑛、陈海辉、张学慧、石瑞林、周庆辉、崔奇鹏、马淑玲一行先后走访慰问驻青铜峡市77156部队、31670部队、68216部队官兵，并为部队官兵送去慰问品。

中共吴忠市委书记沈左权在慰问中强调，地方党委、政府将一如既往地支持部队建设，努力为部队办实事、解难题，解决部队的后顾之忧。希望驻吴部队全体官兵继续发扬拥政爱民光荣传统，进一步抓好部队建设，积极参与地方建设，为吴忠、青铜峡市经济社会发展做出更大贡献。

沈左权调研青铜峡市食品、装备制造行业生产经营情况

8月10日，中共吴忠市委书记沈左权在吴忠市、青铜峡市领导石瑞林、季文科、杨金海、金永灵、张克文陪同下，先后深入宁夏金环轴承制造有限公司、宁夏明珠园清真食品有限公司，对青铜峡市食品、装备制造行业生产经营情况进行调研。

沈左权要求青铜峡市有关部门要为企业做好服务，加强沟通协调，帮助企业争取更多政策和资金支持，维持企业正常生产运行。要不折不扣落实自治区“降成本30条”等政策措施，兑现已制定的扶持企业发展优惠政策，协助企业申报自治区第二批新型工业化贴息资金，降低企业生产经营成本，提振企业发展信心，实现稳产扩产。

喜清江调研青铜峡市工业转型及项目建设情况

2月9日，吴忠市市长喜清江在吴忠市、青铜峡市领导石瑞林、季文科、杨金海、王天军、金永灵、王洋、张铁缨、杨春燕、杨旭年、马晓贤、贺江、何元凯、杨红英、张克文陪同下，先后深入滨河大道改造提升项目、汇高科技有限公司全自动智能装备生产线及控制系统项目、宁夏苏锡光电科技有限公司光电铜业新材料产业基地项目、宁夏昊天实业有限公司制冷保鲜柜及展示柜生产项目以及仁和纺织公司二期年产7.5万锭纺纱项目现场，对青铜峡市工业转型发展、项目建设等方面工作情况进行调研。

喜清江强调，青铜峡市各级干部要有精气神，要充分发挥农业、工业、旅游等多重优势，推动经济社会实现新的发展。要紧抓项目建设，靠投资拉动经济增长。要加大招商引资力度，重点围绕确定好的主导产业进行补链招商，优商选商，发展壮大产业集

群,形成产业聚集效应。要紧盯工业运行，靠壮大工业支撑经济运行。要坚定不移实施工业强市战略,牢牢把经济工作抓在手上,全力抓好经济运行。要用足用好政策措施,精准服务企业,助力企业做大做强做优。要千方百计做大做强“特色”,强化产销对接,真正形成规模和效益。要提升服务业,靠做大做优提升品牌效应,服务业是朝阳产业，是大有所为的产业。

喜清江调研青铜峡市绿化工作

4月27日，吴忠市市长喜清江在吴忠市、青铜峡市领导马玉龙、曹玉华、金永灵、杨春燕、陈雪松陪同下,调研青铜峡市绿化工作。

喜清江在调研中要求,青铜峡市绿化工作要结合创建国家全域旅游示范市总体发展规划，将旅游开发与城市景观相融合。以黄河楼为主体，不断提升周边景观绿化体系档次,要通过点、面相结合的办法，充分将每个节点绿化特色挖掘出来,在节点上做文章,形成各具特色的景点风格。要以滨河大道沿线为辐射，通过滨河大道景观改造项目、旅游服务综合改造项目等一系列项目建设，不断打造具有青铜峡特色的绿化景观；要走出去吸取更具文化特色的景观绿化元素；在景观绿化打造上围绕创建国家全域旅游示范市总基调,充分体现乡村特色,将景观绿化与不同地域风格、人文理念相融合，打造具有青铜峡田园风格和城市韵味的旅游景观长廊；要进一步在绿化景观亮化上下功夫,通过亮化工程的打造,不断提升青铜峡市的知名度。

喜清江调研青铜峡市水污染防治工作

9月12日，吴忠市市长喜清江在吴忠市、青铜峡市领导张学慧、王天军、张克文等人陪同下，到罗家河,通过实地查看、听取汇报形式，对青铜峡市水污染防治工作进行调研。

2017年，青铜峡市强力推进水污染防治工作,加强水质监测，关闭城市河道直排污口，实施东部水系连通(罗家河)综合治理工程和南干沟皮草产业综合治理项目，进一步增强水资源环境承载能力。

喜清江希望青铜峡市各有关部门，要切实增强水污染防治与环境保护工作的责任感和紧迫感，不断加大工作力度和环保投入,加快实施东部水系连通(罗家河）综合治理工程和南干沟皮草产业综合治理项目，进一步改善水环境,确保水质达标排放。

孙瑛调研指导青铜峡市政协工作

2月14日，吴忠市政协主席孙瑛在吴忠市政协副主席张广文,青铜峡市领导金永灵、王洋、马晓贤、李玉梅、史君、马淑玲陪同下，先后深入到宁夏中航郑飞塞外香清真食品有限公司、大坝镇基层政协委员联系点、蒋东村日光温室等地，调研指导青铜峡市政协工作。

孙瑛要求，青铜峡市政协要围绕中心,履职尽责,积极为发展建言献策,推动重点工作落实,监督重点工作实施。要聚焦民生,反映民意,充分发挥委员作用,多深入基层听取社情民意，并及时收集反映。要提高提案和意见建议的办理质量。要团结各界，增进共识，为青铜峡发展多作贡献、鼓劲加油。要切实抓好委员队伍建设，强化制度约束力，不断提升委员参政议政、建言献策、服务大局的能力，更加有效地履行民主监督职能，更好地服务地方经济发展。希望青铜峡市政协进一步推进政协制度创新，拓展政协工作领域，更好地协调关系、汇聚力量、建言献策，不断提升政协工作科学化水平。

孙瑛调研青铜峡市工业企业发展情况

5月3日，吴忠市政协主席孙瑛在青铜峡市领导张铁缨、史君陪同下，深入宁夏金昱元化工集团有限公司，对青铜峡市工业企业生产经营情况进行调研。

孙瑛对青铜峡市工业企业发展情况给予肯定，希望宁夏金昱元化工集团有限公司抓住市场回暖的新形势，积极把握市场先机，加快企业技改力度，不断延伸产业链，进一步激活企业发展新的增长点，为全市经济发展做出更大贡献。

（市电视台）

2017年青铜峡市十件民生实事

一、建设残疾人康复中心

2017年，为向有康复需求的残疾人提供更完善的设施保障，以实现残疾人"人人享有康复"的目标，青铜峡市实施残疾人康复中心建设项目。项目位于市区唐源街以北，亲民街以西，市人民医院西南侧，概算总投资1744万元，占地面积6666.7平方米，建筑面积6100平方米，规模按照一级标准功能需求设计。主要建设综合康复设施、残疾儿童康复设施、辅助器具中心设施、室外运动场地等。2017年2月开工建设，已完成主体楼及附属用房外墙保温、室内外墙体抹灰、屋顶防水、挂瓦，窗框、上下水管道、消防管道、电气安装及地下消防水池的建设。

至2016年底，全市有残疾人1.92万人，有康复需求的残疾人约1.2万人。新建的市残疾人康复中心是一所集医疗康复、教育康复、社区康复指导、就业培训为一体的残疾人康复机构，从建筑布局、环境设施到服务的全过程均以残疾人为核心，建成后将满足残疾人日益增长的康复需求。

二、实施农村阳光沐浴工程

青铜峡市自2015年农村阳光沐浴工程实施以来，加大农村太阳能热水器安装力度，在项目实施过程中，严把质量关，强化资金管理，严格项目验收，达到一次建成多年受益的目的，不断提升农民"获得感"和"幸福感"。2017年，30个行政村安装家用紧凑型太阳能热水器6125台，受益人口数达2.4万人。截至2017年年底，在全市8个镇70个项目村，实施完成17000户太阳能热水器的安装任务，受益农户达到51000人。

三、开展文化惠民扶贫工作

2017年，青铜峡市加大对基层文化扶持力度，将文化扶贫列入全市脱贫攻坚的总体布局，制定专项实施计划，逐项推进落实，取得阶段性成效。

争取自治区文化厅专项资金430万元，改造提升8个镇和裕民街道文化站工作环境，配套完善服务功能。为市文化馆、图书馆新建的电子阅览室配备电脑50台，同时每周免费开放56小时；为8个镇、裕民街道文化站新建的电子阅览室配备电脑106台，为20个村电子阅览室配备电脑100台，每周免费开放40小时。培育农村自乐班20个，为每个团队配置便携式多功能组合音响系统1套，文化馆工作人员进行专业辅导，提高团队表演水平，组织各类演出共计293场次，农村电影放映1640场。

同时，以“十百千”文艺人才培训工程为抓手，着力开展免费培训工作，开设音乐、视唱练耳、书法讲堂，累计10期，培育各类骨干200人。市文化馆、图书馆结合自身文化优势，在同进村开设书法、绘画、舞蹈、音乐等4个门类艺术培训班，并筹措经费购置笔墨纸张、各类教材、练功服等文化用品捐赠给帮扶村的贫困学员，让贫困群众真正享受到“文化民生”带来的幸福生活，让他们在实现物质脱贫的同时实现精神脱贫。

四、提高城乡居民基础养老金发放标准

根据自治区人民政府关于提高全区城乡居民基础养老金发放标准要求，青铜峡市分别于2017年1月、4月对全市城乡居民社会养老保险待遇享受人员每月增加5元自治区级基础养老金和20元市(县)级基础养老金，即城乡居民社会养老保险待遇享受人员基础养老金从2016年的145元增加到170元。调整标准自2017年1月起执行。全年城乡居民养老金发放共计5410万元，比2016年新增153万元，有26654名城乡居民享受到这一政策。

五、为移民区小学生提供免费午餐

青铜峡市自2016年11月实施生态移民区免费营养午餐项目。免费营养午餐项目涉及青铜峡镇广武生态移民区同兴小学、邵岗镇同进小学，甘城子生态移民区同富小学、同乐小学等义务教育阶段1572名在校小学生。营养午餐所需资金由市财政负责承担，每个学生平均每天补助5.48元，一周“三荤两素”。这项民生工程的实施，有效解决了父母外出务工孩子的吃饭问题。

六、加大社会事业建设投资力度

2017年，青铜峡市大力实施脱贫富民战略，投入26亿元用于保障和改善民生，占财政总支出的83%。全面完成252户1300人“十三五”易地搬迁安置任务。落实产业扶贫、劳务就业等脱贫攻坚13项举措，2060名“建档立卡”群众实现脱贫。坚持教育优先发展，实施同富幼儿园、职教中心实训车间等7个教育基础设施项目，免除普通高中阶段学费420万元，发放困难学生国家助学金等各类补助1640万元，高考上线率提高5个百分点，成功创建自治区教育信息化示范县。落实公共卫生服务普惠性政策，实施残疾人康复中心、社区卫生服务站等8个卫生基础设施项目，“七免一救助”惠民政策受益群众达到1.6万人次；深化综合医改，取消公立医院药品加成，实现区内异地就医即时结算。大力发展文化体育事业，文体会展中心等项目建设进入冲刺阶段，改造提升镇级文化站9个，举办文化惠民演出293场次，加大明长城、广武岩画保护力度，鸽子山遗址入选全国十大考古新发现；举办全国毽球邀请赛等体育赛事30次，全民健身氛围日益浓厚。落实创业就业政策，发放支持创业贴息贷款2883万元、援企稳岗补贴资金622万元；新培育小企业187家，创造新岗位1430个，新增城镇就业5247人，转移农村劳动力2.4万人。发放城乡低保、临时救助等各类补助资金5500万元；60岁以上城乡居民基础养老金每人每月增加25元，共计发放800万元；五保集中、分散供养标准分别增加4700元、3800元。

七、扩大法律援助范围

2017年，市政府回应民生诉求，完善便民服务网络，降低法律援助门槛，开展法律援助“贴心、暖心、安心”服务活动，依法维护困难群众合法权益。在全市建立22个法律援助工作站、103个法律援助联系点，形成以法律援助中心为主体、各法律援助工作站、联系点为基础的法律援助三级便民网格体系，打造“半小时法律援助服务圈”。同时，扩大法律援助覆盖面，逐步把“移民合法权益受到侵害”的9种情形纳入法律援助范围，对“年龄在70岁以上及患有重大疾病”等4种情形免予经济困难审查。将婚姻家庭、食品药品、教育医疗等与民生密切相关的民事行政法律援助事项纳入援助范围，切实为农民工、移民、老年人、残疾人等困难群体提供法律援助。

全年共免费受理各类法律援助案件568件，解答群众法律咨询9800人次，为群众避免和挽回经济损失960万元，有效地维护了困难和弱势群体的合法权益，保障了民生。法律援助中心连续三批被司法部确定为全国联系点单位，并连续两届被评为全国先进单位，2017年获评全国“中央彩票公益金法律援助项目先进单位”。

八、强力推进生态建设

2017年，青铜峡市实施“生态立市”战略，以创建国家生态文明示范市（县）为契机，开展“蓝天碧水·绿色城乡”“绿盾2017”专项行动，落实大气、水、土壤污染防治计划，以“零容忍”态度铁腕治理环境污染问题，完成中央环保督察组反馈问题整改。建设华能大坝超低排放改造、第二和第三污水处理厂提标改造、饮用水源地企业搬迁等一批环保项目，开展非煤矿山、建筑工地及道路扬尘治理，加大秸秆禁烧治理及综合利用力度，拆除20蒸吨以下燃煤锅炉103台，立案查处环境违法企业32家，整合取缔非煤矿山企业11家，空气质量优良天数比例达到85%以上。推行河长制，实施罗家河综合整治、沟道生态护坡工程，封堵入黄排污口10处，黄河过境段面水质监测达标率100%。严格执行耕地保护制度，狠抓农业污染源防控，加强固废收集贮存、综合利用，有效遏制土壤污染。严把新上项目环保审批关，环境影响评价执行率达到100%。实施大青路沿线、老旧小区绿化提升等5个城乡绿化工程，完成生态造林1.8万亩，新增城市绿地14.2万平方米，森林覆盖率、建成区绿化率分别达到13.5%、38.3%，库区鸟岛进入国家湿地公园行列。

九、改善市民健身环境

青秀园健身步道全长1公里，步道面层为彩色透水沥青。工程于2017年7月开工建设，9月底竣工完成，项目总投资63万元。建成后的青秀园健身步道，为百姓提供了优质的健身场地。健身步道清楚标明长度、起点、终点和方向。

2018年，市政府还将在青秀园投资84万元建设2公里标准塑胶健身步道，同时在广场、公园等公共场所建设5个体育休闲驿站。

滨河大道自行车慢车道总长度42公里，项目分两年实施。其中，2017年建设沿途建设自行车休息点、旅游景观标志、移动式卫生间等，2018年将全面建成投入使用。

十、实施“七免一救助”项目

2017年，青铜峡市落实公共卫生服务普惠性政策，大力实施“七免一救助”项目，惠民政策受益群众达到1.6万人次。

“七免一救助”的主要内容是针对具有宁夏户籍的居民，开展婚前医学免费检查、农村孕产妇免费住院分娩、新生儿四种代谢性疾病免费筛查、新生儿听力障碍疾病免费筛查、先天性疾病患儿免费治疗、农村妇女乳腺癌免费筛查、农村妇女宫颈癌免费筛查；对农村孕产妇急救、筛查出的农村乳腺癌、宫颈癌患者治疗给予补助。

（市电视台）

专　载

编辑◎乔才山

在中共青铜峡市第十二届委员会第五次全体会议上的工作报告

中共吴忠市委常委、青铜峡市委书记　石瑞林

（2017 年 12 月 15 日）

各位委员、同志们：

现在，我代表市委常委会，向全委会报告工作，请予审议。

2017 年，是极为振奋人心的一年。我们迎来了党的十九大、自治区第十二次党代会胜利召开等重要历史节点，为我们做好全市改革发展稳定各项工作既提供了重大战略机遇，更提出了新的更高的要求。一年来，面对艰巨繁重的转型发展任务，面对新时代赋予的新机遇、新要求、新挑战、新使命，在自治区党委和吴忠市委的坚强领导下，市委团结带领广大党员干部群众，认真贯彻落实中央、自治区、吴忠市决策部署，特别是党的十九大、自治区第十二次党代会精神，紧紧围绕“1155”战略目标，主攻工业转型和旅游业提升“两大主题”，突出经济转型发展、生态环境保护、民生事业进步、党的建设“四个重点”，狠抓“七项工作”，攻坚克难、务实进取，经济社会发展取得了明显成效。预计全年地区生产总值同比增长 7%左右；固定资产投资同比增长 12.2%；社会消费品零售总额同比增长 9.1%；地方公共财政预算收入同比增长 8%。

一年来，我们旗帜鲜明地把握方向、坚定立场，在思想上、政治上、行动上始终与党中央保持高度一致。

解决好青铜峡发展问题、办好老百姓事情，关键在党的集中统一领导、科学合理决策，关键在市委常委会班子坚强有力、率先垂范。一年来，市委始终把政治建设摆在首位，坚持政治原则、把握政治方向、坚定政治立场，总揽全局、协调各方，确保了青铜峡市各项事业沿着正确方向前进。

一是牢牢把握正确政治方向。市委坚持把“把握正确政治方向、引领正确航向”作为市委常委会首要责任，牢固树立“四个意识”，坚定“四个自信”，始终坚定政治信念、保持政治定力，始终与以习近平同志为核心的党中央保持高度一致。严格遵守政治纪律和政治规矩，切实加强和规范党内政治生活，认真贯彻《党委会的工作方法》，完善常委会议事规则，认真执行民主集中制，注重从政治上、思想上、组织上、制度上谋划推动关系全市改革发展稳定的战略性、全局性问题，对涉及经济社会发展、改善民生民计、全面深化改革、保护生态环境、全面从严治党等影响青铜峡发展的大事要事都进行了集体研究决定，形成了一系列符合党中央和上级党委要求、切合青铜峡实际、顺应群众期盼的创新思路、重要决策。

二是坚决贯彻党中央和上级党委决策部署。市委坚持把保持政令畅通作为重要政治任务，对于党中央和上级党委召开的重要会议、作出的重大决策，我们都及时学习、坚决贯彻。特别是党的十九大、自治区第十二次党代会召开后，市委高度重视、迅速行动、及时学习宣传贯彻，先后召开市委全体会议2次、市委中心组学习会30次，开展党委(党组)集中学习816次，组织市镇宣讲团宣讲708(场)次，制定出台《全面落实从严治党要求进一步加强党的建设的意见》《学习宣传贯彻党的十九大精神的实施意见》，及时把中央、自治区各项方针政策传达到了千家万户、贯彻到了各级各部门、落实到了具体工作中，确保了中央、自治区、吴忠市决策部署在青铜峡市落地生根、开花结果。

三是强化常委会班子自身建设。市委坚持用党的最新理论成果武装头脑、指导实践，扎实推进"两学一做"学习教育常态化制度化，深入开展中国特色社会主义和中华民族伟大复兴"中国梦"教育、社会主义核心价值观教育，引导广大党员干部始终坚定理想信念，振奋精神、实干兴青，以人一之我十之、人十之我百之的工作干劲谋发展、干事业，凝聚起了全面建成小康社会的强大合力。市委班子成员始终坚持忠诚干净担当的政治品格，带头讲政治、讲大局、讲学习、讲团结、讲奉献、讲廉洁，勇于变革、勇于创新，以永不懈怠的精神状态和一往无前的奋斗姿态推动各项工作，较好地发挥了带头作用和表率作用。

一年来，我们全力以赴地调整结构、转变方式，现代产业发展体系建设进一步推进。

市委始终坚持把发展作为解决一切问题的关键，以供给侧结构性改革为主线，紧紧围绕工业转型和旅游业提升"两大主题"，积极推动产业融合发展，产业转型升级迈出新步伐。

一是工业经济转型升级。紧紧围绕打造"老工业基地转型升级样板区"目标，持续"盘活存量、做足增量、做优质量、做大总量"。认真落实自治区"降低实体经济企业成本"30条政策意见，制定鼓励帮扶政策，千方百计帮助企业解决生产经营中的困难和问题，帮助企业融资10亿元，落实帮扶资金8900万元，政策效益逐步显现、企业信心逐步增强。加大工业园区基础设施建设力度，新材料基地、嘉宝轻纺工业园园区功能日趋完善、平台作用充分发挥、服务工业发展能力显著提升。鼓励支持企业创新发展、转型发展，金昱元等企业投入5.4亿元资金实施技术改造、淘汰落后产能，企业市场核心竞争力不断增强。全年累计完成投资62亿元、实施工业项目35个，锦绣轻合金、仁和纺织等一批工业项目相继投产、发挥效益，制造业、新材料、现代纺织等新兴产业规模不断扩大、初步形成集群。全年新培育规模以上企业10家，预计全年规模以上工业企业实现增加值59.4亿元，同比增长6.4%。

二是服务业发展提档升级。以创建国家全域旅游示范市为契机，全力打造"印象黄河·彩虹之上"文化旅游品牌，"黄河岸边、稻花香里、贺兰山下"三条旅游带建设初显成效。大力实施滨河大道景观带等"黄河金岸文化旅游带"项目，旅游配套设施进一步完善。深入挖掘甘城子酿酒葡萄、叶盛贡米、黄河文化、塞上风光等资源优势，集休闲养生、观光农业、农趣体验、美酒品鉴等于一体的旅游新业态逐步形成。黄河大峡谷AAAAA级景区创建工作稳步推进。举办黄河拜水盛典、引黄古灌区成功"申遗"晚会等节庆活动，为旅游业发展集聚了人气、增加了影响力。扎实开展旅游管理服务提升工程，培育"十佳旅游饭店"2家、A级旅游企业3家、星级农家乐12家，旅游服务质量和水平显著提升。实施"十大扩消费行动"，举办特色商品、美食展销会，加快推进国家电子商务进农村示范县项目，消费市场进一步激活。预计全年接待游客突破300万人次，实现旅游综合收入13.8亿元。实现第三产业增加值39.8亿元,同比增长7.6%。

三是现代农业质效升级。主打"两优一特"产业,坚持打好"绿色、生态、有机、富硒"四张牌,着力在品种、品质、品牌上做文章,成功入选首批"国家农业可持续发展实验示范区",逐步实现农业大市向农业强市转变。大力实施大米提升工程,优质富硒大米生产基地达到4万亩,优质富硒水稻种植基地达到20个,青铜峡市大米地理标志证明商标获得国家工商行政管理总局批准,塞外香牌珍珠大米获评"中国十大好吃米饭"。新增酿酒葡萄5200亩、种植面积达到13.6万亩,新建续建10家酒庄、境内酒庄达到20家,维加妮酒庄的兰山伯爵等多个葡萄酒品牌获得国内外葡萄酒评比金奖。大力培育新型农业经营主体,共培育家庭农场221家、农民专业合作社356家;肉驴、生猪、肉牛、奶牛、家禽等养殖业势头发展良好,预计第一产业实现增加值18亿元,同比增长5%。

一年来,我们坚持不懈地统筹规划、协调推进,城乡一体化建设步伐进一步加快。

市委始终坚持把城乡建设作为推动经济社会发展的重要载体,强力推进城乡规划、产业发展、生态环保、基础设施等一体化建设,城乡面貌大幅改善。

一是城乡治理更加规范。严格按照《宁夏空间发展战略规划》,扎实开展"多规合一"改革试点工作。加快构建科学合理的城镇化格局、产业发展格局和生态空间格局,城市中心区、河东河西控制性详细规划、小城镇控制性详细规划、村庄建设规划扎实推进,城乡建设总体规划不断完善、空间布局更为合理。加强城市景观设计研究,坚持推进以明清汉唐为特色的城市建筑风貌建设。启动了城市管理领域综合执法体制改革,成立城市综合执法局,扎实开展市容环境综合整治工作,城市管理服务水平有效提升。

二是城市功能更加完善。坚持老城区改造与新城区提升并举,重点实施了热电联产、公共绿地、集污管网等公共基础设施建设工程,完成了团结巷、关家园等4个小区2349户棚户区改造项目,新建续建改造7条城市道路和6处停车场,老城区服务功能日趋完善。加快建设"三馆一厅"等重点工程,大力推进金岸一品商业街区、古峡商业中心建设,采取有效措施化解房地产库存,新城区活力逐步增强。加快建设青铜峡至银川正源街快速通道项目,利青同城一体化发展、主动融入银川都市圈建设迈出新步伐。

三是乡村面貌更加靓丽。突出以城带乡,推动社会事业、公共服务向农村延伸,城市对农村的反哺能力、带动能力显著增强。新建改建高速公路、国省干线及农村公路101公里,改造农村饮水管道38公里,完成129户农村危房改造任务,农村基础设施逐步完善。坚持镇村特色发展、个性发展,青铜峡镇美丽小城镇和叶盛地三村、大坝韦桥村2个美丽乡村项目加快推进。实施农村改厕及生活污水处理项目,改革农村环卫体制,推行农村全域环卫保洁市场化运作,农村人居环境质量得到明显提升。

一年来,我们坚定不移地深化改革、扩大开放,经济社会发展活力进一步迸发。

市委始终坚持把深化改革开放作为推动全市经济社会发展的引擎和动力源,不断解放思想,更新观念,推陈出新,大胆实践,为全市经济社会发展提供了不竭动力。

一是重点领域改革不断深入。政府机构改革、行政审批制度改革等顺利实施,"五证合一、一照一码"制度改革、司法改革试点工作取得阶段性成果。"放管服"改革进一步深化,社会投资项目行政职权和服务事项工作规程试点全面推行,形成了"网上办、集中批、联合审、区域评、代办制、不见面"审批服务新模式,为全区推广行政审批改革工作提供了青铜峡经验。持续深化投融资体制改革,成立青铜峡市东方惠民小额贷款担保公司,充分发挥古峡担保、国资投资、旅游投资等融资平台作用，国投公司10亿元企业债券发行工作顺利进行，初步构建了多元化金融服务体系，有效缓解了政府投资项目资金紧缺和企业融资压力。有序推进农村产权制度改革，成立了农村产权交易中心，农村承包地确权登记颁证工作荣获全区一等奖，湿地确权、水权、林权等改革工作扎实推进。

二是开放合作水平不断提升。抢抓"一带一路"、宁夏内陆开放型经济试验区等战略机遇，大力实施"走出去、请进来"发展战略，不断加强与沿海发达地区经济、文化等方面的交流合作，主动承接产业转移，最大限度地拓宽对外开放渠道。鼓励支持企业做好产品宣传、推介工作，先后组织企业参加"中阿博览会""厦洽会""酒博会""香港美食博览会"等各类宣传推介展销活动70余批次，支持御马酒庄、法福来等企业在北京、上海、厦门等城市设立外销窗口，我市特色优势产品对外知名度不断提升。加大对外贸易进出口企业的帮扶力度，引导企业积极开拓国际市场，扩大外贸出口，全年实现出口创汇1500万美元，同比增长16%。

三是上争外引工作不断深化。建立了市级领导外出带队招商机制，紧盯长三角、珠三角、环渤海等经济发达地区，共组织外出招商40余批次，成功引进了凤凰岛低空游、牡丹园、大海金属科技等65个项目，招商引资申报到位资金达到109.2亿元。积极向上争取项目资金，超额完成吴忠市下达23.8亿元目标任务。持续深化项目建设"双百"行动，全面落实项目建设包保责任制，大坝四期、昊天制冷等重点项目加快建设。深化市级领导包扶企业制度，建立重点项目"一企一策"全程跟踪服务机制，营造了"重商、亲商、安商"的良好环境。一年来，我们以最坚决的态度保护生态、治理环境，生态文明建设进一步加强。

市委始终坚持把生态环境保护作为底线、红线、高压线，坚持走绿色发展、生态优先的发展道路，大力实施"生态立市"战略，生态文明建设取得明显成效。

一是生态文明理念深入人心。深入开展生态文明教育，大力普及生态文明知识，广大党员干部和人民群众生态意识、环境保护意识明显增强，绿水青山就是金山银山的理念牢固树立。认真贯彻区党委关于打造沿黄生态经济带的决策部署，大力发展绿色、环保、低碳产业，开展全民节能行动，倡导低碳生活方式。全面推行生态文明制度建设，生态环境保护"党政同责、一岗双责"责任体系、党政领导干部生态环境损害责任追究等制度全面落实，构建起了党政负责、部门推进、社会参与的生态文明建设格局。

二是生态保护建设扎实有效。扎实开展"蓝天碧水·绿色城乡""绿盾2017"专项行动，持续深入实施防护林、封山禁牧、退耕还林还草还湿、防沙治沙等生态建设工程，严守生态、耕地、水资源保护红线。完成植树造林1.3万亩，森林覆盖率达到13.5%。实施文化体育会展中心建设项目配套绿化等城市园林绿化工程5个，怡心园等小微游园建设项目3个，完成绿化面积100万平方米。全面落实"河长制"，加大水源地保护力度，黄河干流青铜峡段水体水质总体保持稳定。青铜峡鸟岛国家湿地公园试点通过国家林业局验收并授牌，正式进入国家湿地公园行列。

三是环境整治监管成效明显。以最坚决、零容忍的态度铁腕整治大气、水、土壤污染问题。全民动员打响"蓝天保卫战"，扎实开展洁净城乡百日专项整治行动，扎实推进煤尘、烟尘、扬尘、汽尘"四尘"治理，扎实做好秸秆禁烧工作，积极推广瑞威尔生物质燃料代替燃煤锅炉项目，依法拆除燃煤锅炉81台，立案查处环境违法企业32家，截至11月底全市空气质量优良率达到85%以上；实施新材料基地污水处理厂、第二和第三污水处理厂提标改造等项目，取缔金昱元、科进峡光等10家企业排污口；坚决推进矿山治理，依法取缔非法盗采矿砂企业11家；狠抓农业面源污染防控，加强固体废物收集贮存、转移运输和处理处置各环节监管，遏制土壤污染；中央环保督察组反馈的6个问题得到有效整改，有力解决了污染环境的“老问题”。严把新上项目环保审批关，环境影响评价执行率达到100%，坚决杜绝环境污染“新问题”。

一年来，我们全心全意地保障民生、改善民计，人民群众的幸福感、满意度进一步提升。

市委始终坚持把改善民生作为一切工作的出发点和落脚点，优先保障民生投入，优先安排民生项目，优先解决民生问题，改革发展稳定成果惠及广大群众。

一是群众收入稳步提升。坚持把群众增收作为改善民生工作的重中之重，大力实施脱贫富民战略，千方百计拓宽城乡居民增收渠道。实施更加积极的就业创业政策，发放创业小额贷款1236万元，培育“小老板”396个，全年新增城镇就业5247人，转移农村劳动力就业2.4万人，实现工资性收入3亿元，预计城乡居民人均可支配收入分别达到25660元和13120元，增长8.5%和9%。认真贯彻打赢脱贫攻坚战各项决策部署，全面落实产业扶贫、金融扶贫、教育扶贫等13项脱贫攻坚措施，全年完成易地搬迁安置移民233户1191人，实现年内脱贫2010人，脱贫攻坚工作取得阶段性胜利。

二是社会事业全面发展。坚持教育优先发展战略，大力发展学前教育，高度重视职业教育，突出抓好义务教育和高中阶段教育，教育事业均衡发展有了新进步，各类升学率稳步提升。积极推进综合医疗改革，全面开展公立医院改革，分级诊疗体系初步构建，基本医疗卫生服务体系逐步完善。深入开展文化惠民活动，国家公共文化服务体系示范区创建工作扎实推进，公共文化服务水平不断提高。大力开展全民健身活动，举办全国性乒乓球赛、毽球邀请赛、万人骑行活动等体育赛事30余次。拓展群众性精神文明创建活动，深化社会公德、职业道德、家庭美德、个人品德建设，创建全国、自治区级文明单位3个、文明村镇3个，荣获自治区级道德模范称号2人，公民道德水平和社会文明程度不断提高。

三是保障体系不断健全。全面落实各类社会保障惠民政策，全力推进保障提标扩面，实施社会保险“五险合一”经办体制改革，社会保障由制度全覆盖向人员全覆盖转变。发放城乡低保、高龄津贴、临时救助等各类补贴5500万元，城乡居民养老保险、医疗保险参保人数分别达到9.7万人、21.9万人，五保集中供养标准和分散供养标准分别由5000元和3500元提高到9700元和7300元，发放困难残疾人生活补贴和护理补贴690万元，基本实现了应保尽保，社会保障能力有效提升。加快建立市场配置与政府保障相结合、租赁与购买并举的住房保障体系，有效推动了城乡困难群众和弱势群体住有所居。

一年来，我们矢志不渝地创新方式、提升水平，社会治理能力进一步提高。

市委始终坚持把维护社会和谐稳定作为做好一切工作的前提，不断加强和创新社会治理，扎实推进平安青铜峡建设，社会大局稳定、民族宗教和顺、群众安居乐业的良好局面不断巩固，荣获“全国平安建设先进县”称号。

一是民主政治建设不断加强。加强和改进党对人大、政协的领导，支持人大及其常委会依法行使重大事项决定权、监督权和选举任免权。支持人民政协依照章程履行政治协商、民主监督、参政议政职能。积极为民主党派、工商联、无党派人士发挥作用搭建平台，巩固和壮大最广泛的爱国统一战线。工会、妇联、文联等群团组织改革深入推进，联系群众的桥梁纽带作用充分发挥。强化国防教育，全国、全区双拥模范城争创活动持续深化。

二是社会治理体系不断完善。全面实施创新社会治理“九大工程”，社会治理信息化、精细化、规范化建设水平进一步提升。深化“大调解”体系建设，创新建立“统筹协调、综合联动、信息互通”三级联调机制，全年排查矛盾纠纷873

起、化解847起。圆满完成了党的十九大、自治区第十二次党代会等重要节点安保维稳工作。大力开展食品药品、道路交通、危化产品、公共场所等重点领域、重点行业、重点部位的安全生产专项整治,公共安全常态化监管机制逐步完善。坚持守好舆论阵地,强化舆论监管,意识形态领域工作进一步加强。坚持宗教中国化方向,牢牢掌握宗教工作主动权,依法加强宗教事务管理。

三是法治青铜峡建设不断深化。扎实开展党内制度规范提升年活动,着力健全党内规范性文件制定和清理机制,党的制度建设科学化、规范化水平有效提高。深入推进依法行政,加快建设法治政府,全面梳理规范政府权力清单和职责清单,政府效能不断提升。大力开展"七五"普法教育活动,广大干部群众学法、知法、懂法、用法、守法意识显著增强。注重加强法律援助和司法救助工作,健全公共法律服务体系,打官司难、执行难等问题得到有效解决。依法严厉打击各类违法犯罪行为,始终对刑事犯罪行为保持严打高压态势,持续开展涉毒、电信诈骗、非法集资、酒驾等专项整治,公众安全感、满意度不断提升,市公安局荣获"全国优秀公安局"称号。

一年来,我们持之以恒地从严治党、夯实基础,党的执政能力和水平进一步加强。

市委始终坚持把加强党的建设作为做好一切工作的根本保障,坚持党要管党、从严治党,全面落实从严管党治党主体责任,不断提升党的建设科学化水平,为推动经济社会发展提供坚强的组织保证。

一是干部队伍建设进一步加强。坚持"二十字"好干部标准,突出"五个注重"鲜明用人导向,立足事业发展需要选任干部,及时把优秀干部发现出来、使用起来。开展了公推比选副科级干部工作,全年调整任免科级领导干部10批165人,6名90后年轻干部走上领导岗位,干部结构不断优化。开展全市领导班子、领导干部大调研活动,推荐正科级后备干部84名,副科级后备干部188名。建立激励机制和容错纠错机制,制定出台《推进领导干部能上能下实施办法》,鼓励和支持干部主动尽责、锐意改革、勇于创新。坚定不移地推进人才强市战略,统筹推进各类人才队伍建设,积极搭建平台促进人才作用发挥,人才优先发展的良好局面逐步形成。

二是基层组织建设进一步加强。大力实施"强龙工程",强化服务型党组织建设,全年创建四星级党组织31个,整顿转化软弱涣散党组织26个,非公企业和社会组织党组织覆盖率分别达到92%和99%。深入开展"三大三强"行动,实施"两个带头人"工程,安排1030万元用于扶持发展村级集体经济、提高村干部报酬待遇、规范基层阵地建设等工作,有效提升了村级党组织建设制度化、规范化水平。开展国有企业、"两新组织"、事业单位党建工作调研考核活动,符合条件的政府组成部门均成立了党组,基层党的建设进一步夯实。注重创新基层党建工作载体,在农村开展试点打造党员中心户等工程,在社区探索深化拓展"联合党委"运行机制,在机关开展"六个一""机关大讲堂"等活动,党员先锋模范作用、基层党组织战斗堡垒作用得到充分发挥。

三是党风廉政建设进一步加强。严格落实"两个责任",认真执行廉洁自律准则、纪律处分条例、问责条例等党内制度规定,时刻把纪律和规矩挺在前面,有效运用执纪监督"四种形态",持续开展党章党纪党规教育和警示教育。坚持有案必查、有腐必惩,持续加大腐败案件查处力度,继续保持反腐败高压态势,全年立案99件,给予党政纪处分97人,收缴违规资金29.6万元。启动监察体制改革试点工作,全面落实巡察工作制度,推动全面从严治党向基层延伸,巡察利剑作用充分彰显。巩固拓展落实中央八项规定精神成果,密切关注"四风"问题新动向新表现,大力整治"三不为"、慵懒散软拖等现象,全年受理违反中央八项规定精神问题线索52件，立案34件，给予党政纪处分和组织处理35人，广大党员领导干部作风持续好转，风清气正的政治生态逐步形成。

同志们，看似寻常最崎岖，成如容易却艰辛。回顾一年来的工作，挑战大于预期，成绩来之不易，经验弥足珍贵。这些成绩的取得，是自治区、吴忠市党委、政府坚强领导的结果，是市委、人大、政府、政协“四套班子”齐心协力、共谋发展的结果，是全市各级党政组织、广大党员和干部群众团结奋斗、务实苦干的结果，是各民主党派、工商联及社会各界共同努力的结果，是驻青部队和驻青单位大力支持的结果。在此，我谨代表市委常委会，向奋战在全市各条战线上的广大党员和干部群众表示崇高的敬意！向所有关心、支持青铜峡经济社会发展的同志们、朋友们表示衷心的感谢！

在总结工作的同时，市委也清醒地看到当前面临的困难和问题，经济转型发展任重道远，生态文明建设任务繁重，社会治理面临新的挑战，党员干部工作作风仍需改进等等，离上级党委的要求和人民群众的期望还有一定差距，需要在今后工作中认真加以解决。

希望同志们对青铜峡市委的工作提出意见和建议，帮助青铜峡市委把工作做得更好。

各位委员、同志们，新时代意味着新起点新要求，新时代呼唤着新气象新作为。青铜峡市委决心，紧密团结在以习近平同志为核心的党中央周围，在自治区党委、吴忠市委的坚强领导下，认真学习贯彻落实党的十九大、自治区第十二次党代会精神，团结带领各族干部群众，不忘初心、牢记使命，振奋精神、实干兴青，为建设实力、活力、魅力、和谐、幸福青铜峡而不懈奋斗！

（市委办公室）

在青铜峡市第十五届人民代表大会第二次会议上的人大常委会工作报告（摘要）

青铜峡市人大常委会副主任 任贵生

（2017年12月22日）

各位代表：

现在，我受青铜峡市第十五届人大常委会委托，向大会报告工作，请予审议。

一年来，市人大常委会在市委的正确领导下，全面贯彻落实党的十八大、十八届各次全会和十九大、自治区第十二次党代会以及习近平总书记系列重要讲话精神，紧紧围绕市委确定的目标任务，突出监督程序的规范性、突出监督议题的针对性、突出监督形式的多样性、突出监督工作的实效性，围绕中心，服务大局，主动作为，较好地完成了市第十五届人大一次会议确定的各项任务，为全市经济社会发展做出了应有的贡献。

一年来，市人大常委会始终坚持党的领导，把贯彻落实中央、区市和市委重大决策部署作为依法履职的根本方向，保持思想同心、行动同步。

市人大常委会坚持党领导一切的工作理念，始终在思想上、政治上、行动上与党中央保持高度一致。坚持把自治区党委和市委的领导贯穿于人大工作的全过程，站在深化改革发展大局、推动民主法制建设进程的高度依法履职，从工业转型升级、农业提质增效、全域旅游发展、二三产业融合、民生实事解决等方面推进工作，围绕市委确定的经济建设、政治建设、文化建设、社会建设、生态文明建设方面的重点项目、重要工作和“五个青铜峡”建设的工作部署抓好监督落实。市人大常委会紧紧围绕经济社会发展中的重大事项，依法行使重大事项决定权。对市人民政府提请的关于调整2016年财政预算的议案、调整2017年财政预算的议案、青铜峡市至银川正源街快速通道（青铜峡段）项目贷款的议案、青铜峡市2017年棚户区（城中村）改造项目等议案，认真进行讨论审议，依法批准了提请的议案，支持市人民政府有效解决了民生项目资金短缺问题，推动了全市重大项目和重点工作的顺利实施。着眼于推进法治青铜峡建设，依法作出关于进一步开展第七个五年法治宣传教育的决议，明确了“谁主管谁普法、谁执法谁普法”的法定工作职责，为经济社会发展营造良好法治环境。市人大常委会坚持党管干部与人大依法任免干部相统一的原则，对提请任命的国家机关工作人员依法行使人事任免权。按照任前考察、法律培训、投票表决、供职报告、就职宣誓等程序，依法任免国家机关工作人员82人，使市委的人事安排意图通过法定程序得到顺利实现。市人大常委会更加重视被任命人员的任后监督，先后组织对人力资源和社会保障局、环境保护局、市场监督管理局、旅游局开展了工作评议，充分了解和掌握被评议部门在深化改革、依法行政、干事担当、廉洁自律等方面取得的成绩和存在的不足；同时，还对人大常委会在“三查”等工作中提出的意见建议进行跟踪督办；人大常委会还根据工作需要，专门听取部分政府组成部门和法检两院的一些专题工作汇报，了解掌握其工作情况。通过任后监督，不仅支持推动了市人民政府有关重大项目、重点工作以及年度目标任务的完成，而且也有效推动了有关部门进一步改进工作、依法办事、提升效能。

一年来，市人大常委会以监督就是促进发展为统领，坚持问题导向、着眼经济发展大局，在监督中推进我市经济向好发展。

市人大常委会坚持把事关全市改革发展的重大事项作为监督工作的着力点。面对经济下行压力依然严峻、结构性矛盾仍然突出的态势，主动从经济发展新常态这一客观形势出发，认真审查上半年国民经济和社会发展计划执行情况，听取和审议预算执行、决算报告、审计工作及审计查出问题整改落实情况的报告，建议市政府加强经济运行分析研判，加快工业转型升级，加大重大项目和重点工作的落实推进力度，确保完成全年目标任务。建议市人民政府强化预算管理，加强税收征管，优化支出结构，有效防范债务风险，为市人民政府在规范财政预算管理、提高财政运行质量、促进廉政建设等方面发挥了积极作用。市人大常委会把对我市工业经济的发展情况作为监督工作的重点，首次开展专题询问。工业是我市经济发展的重要支撑，市人大常委会连续几年把监督重点放在工业园区招商企业的生产经营和达产达效上，今年组织对工业园区近年来招商企业生产经营情况开展了专题调查，针对招商企业投资不足、土地占多用少、企业科技研发能力不强、园区排污基础设施不够完善配套等问题提出了意见建议，所提意见建议没有得到有效落实。为此，根据《青铜峡市人大常委会关于开展询问和质询的暂行办法》的规定，首次对全市工业企业生产经营等情况进行专题询问，针对专题调查中提出的有关问题和专题询问确定的14个问题，市人民政府及有关部门的主要负责人认真对待，并在专题询问会上结合委员的询问逐一进行答复。这次专题询问引起了市人民政府及相关部门的高度重视，组织召开专题会议进行安排部署，制定了整改方案，明确了工作任务，细化了责任分工，并认真抓好整改落实，有效推动了工业经济及招商引资工作向好发展。市人大常委会把特色养殖、酿酒葡萄、优质大米产业发展作为监督工作的关注点。对我市特色养殖、酿酒葡萄、优质大米等产业发展进行了深入调研，在此基础上了解和征求了有关方面的意见建议，结合我市农业发展的实际以及调查中发现的特色养殖产业链短、深加工龙头企业少，酿酒葡萄种植管理水平低、品牌效应不强，优质水稻还没有形成价格优势、群众种植积极性不高等问题，提出工作建议，为市人民政府在加大产业扶持力度，发展特色养殖基地，培育农产品知名品牌，促进农业增效、农民增收提供了借鉴。市人大常委会把文化产业发展作为监督工作的突破点。组织对我市广播电视工作进行调研，针对广播电视工作中存在的行业管理运行体制不顺、机制不活、传统文化发展与新型媒体融合滞后、设备老化严重、专业人才严重匮乏等问题，建议市人民政府要进一步强化对广播电视工作的领导，深化广播电视工作改革，创新行业运行管理机制，加大引进、培养专业人才力度，更新设备增加投入，加速推进广播电视和新型媒体融合发展进程，促进我市广播电视事业健康发展。

一年来，市人大常委会紧紧抓住执法、司法中群众关心，社会关注的热点问题开展监督，促进“一府两院”依法行政、公正司法。

市人大常委会切实加强执法检查，保障法律法规正确实施。开展了《矿产资源法》、《安全生产法》执行情况的检查，听取和审议了市人民政府关于《矿产资源法》、《安全生产法》执法情况的报告，针对执法检查中发现的乱挖盗采严重，监管措施不力，环保意识不强，执法人员力量不足，法律法规宣传不深入，安全生产的监管责任和主体责任落实不到位等问题，向市人民政府及有关部门提出检查工作建议，促使市人民政府及时采取有效措施，充实执法人员力量，完善执法工作机制，强化常态化工作举措，有效遏制了盗采滥挖矿产资源的现象；督促相关部门加大《安全生产法》的学习培训，进一步明确了安全生产主体责任和监管责任，有效增强各行业、各部门、各单位的安全生产意识和防范安全隐患工作措施，推进了安全生产领域中存在问题的解决。市人大常委会加强对公检法工作的监督，切实维护司法公正。针对广大人民群众普遍反映的法院执行难问题，市人大常委会对市人民法院执行工作进行了调查，对执行过程中存在的一些被执行人不讲诚信、逃避执行，部门联动协调机制作用发挥不够等问题，建议市人民法院要认真研究执行工作措施，加大执行工作力度，创新工作机制，狠抓部门联动，充分运用全国执行信息化平台，建立失信黑名单以及常规的查扣、执行担保人等有效措施，努力提升执行案件的质量和效率。结合推进平安青铜峡建设，组织对市公安工作进行了视察。近年来，我市公安工作坚持“打、防、管、控、建”多措并举，在及时侦破大案要案、严厉打击违法犯罪、推行执法规范化和信息化建设上取得了明显成效，荣获“全国公安机关执法示范单位”荣誉称号，为维护我市经济发展和社会稳定做出了突出贡献。目前，我市涉众型经济犯罪、毒品犯罪不同程度地存在，给人民群众的生产生活带来了极大危害，公共安全隐患引发的问题一旦发生将给群众的生命财产造成极大损失，这些问题不容忽视。建议公安部门要严厉打击涉众型经济犯罪、毒品犯罪等各类犯罪活动，加大公共安全管理力度，努力为全市经济社会发展营造更加安全稳定的治安环境，进一步提升公众安全感和群众对社会治安的满意度。关注群众利益诉求，维护群众合法权益。市人大常委会加强信访督办工作，针对群众反映的涉法涉诉案件和执法不公等信访问题，督促有关承办单位加大协调处理力度，较好地解决了一些群众反映的执行难、执行不到位等信访案件。全年共受理群众来信来访26(件)次,其中办理来信16件,接待来访78人次。

一年来,市人大常委会充分发挥代表的示范引领作用,完善代表工作机制,畅通代表联系渠道,支持和保障代表依法履职。

市人大常委会从如何当好人大代表入手,抓好代表学习培训,着力提升代表履职能力。针对换届后新任代表多,代表构成多元化、分布广的实际,从代表如何依法履行职责、怎样发挥作用以及联系选民、反映民意入手,认真开展代表学习培训,通过邀请专家专题讲座、连选代表交流履职经验、组织代表座谈讨论、举办培训班等有效形式,有计划、分层次地对我市辖区内三级人大代表进行了集中培训,培训达780多人次,有效增强了各级人大代表当好代表、认真履职的责任感和使命感,各级人大代表在各自的工作岗位上较好地履行了代表职责。市人大常委会把代表广泛参与开展的各项活动作为代表知情参政的重要渠道,注重为代表履职搭建平台。今年以来,先后邀请46名代表列席市委和人大常委会会议、政府常务会议,邀请97名代表参加人大常委会的专题调研、执法检查和工作视察,协调41名代表参加政府部门的行风评议和政风监督等活动,及时向代表通报重要工作和重大活动情况,切实抓好各镇村和社区"代表之家""代表工作室"阵地建设,健全代表小组活动制度,完善代表活动工作措施,为代表获得知情权、参政权、知政权搭建了平台,做到了代表活动有场所、有安排、有制度、有渠道、有效果的工作目标。市人大常委会紧扣代表提出的议案建议,回应代表关切,认真进行督办。市第十五届人大一次会议提出的代表议案建议主要集中在生态环境、道路交通、灌溉排水、造林绿化、村部建设等方面共43件,其中议案2件,重点督办建议8件,其他建议33件。截至目前,已办结34件,占79.1%,正在办理的7件,占16.2%,未办理说明情况的2件,占4.7%,已办结和正在办理的达95.3%,为群众有效解决了一些普遍关心关注的民生实事。市人大常委会深化"三联、四实、五带头"工作,进一步增强了代表工作活力。紧密结合市镇人大工作实际,修订完善了"三联系"和代表向选民述职、代表评议站所工作制度,重新编组各镇、裕民街道办事处的代表小组,广泛开展了代表视察、调查、检查及述职评议活动,深入开展了代表走访选民、常委会领导联系委员、委员联系代表活动,通过积极开展闭会期间的代表活动,实现了代表联系工作到农村、到企业、到社区、到学校、到代表与选民生产生活的地方,实现了人大常委会机关、镇人大主席团、各代表小组上下联系、沟通协调,使代表联系工作动起来、活起来,代表的示范引领作用更加凸显。

一年来,市人大常委会牢固树立"四个意识",强化思想建设和作风转变,全面提升履职尽责的能力和成效。

深化思想建设,着力提高综合素质。一年来,市人大常委会始终把思想政治建设放在首位,按照中央、区市党委和市委的安排部署,结合人大工作实际,在主动深化人大业务学习、强化法律法规培训的同时,扎实推进"两学一做"学习教育常态化制度化,坚持把政治纪律和政治规矩挺在前面,自觉履行工作职责,着力强化责任担当,引导班子成员自觉增强"四个意识",切实发挥好表率作用,人大常委会组成人员的综合素质和履职能力有了新的提升。持续改进工作作风,提升代表良好形象。今年以来,市人大常委会在认真贯彻执行中央八项规定和区、市有关规定方面持续用力,着眼于人大监督工作和代表履职实际,抓住班子成员、人大常委会委员这个"关键少数"和人大代表这个关键群体,以学习培训促认识提高,以检查指导促作风转变,以示范引领促形象提升，人大常委会及其代表工作有了新的发展，人大党组党的建设和党风廉政建设“两个责任”得到有效落实。注重宣传引导，扩大人大工作的影响力。一年来，我们对重要会议、重要工作和重要活动，都做到提前安排，周密部署，切实做好宣传报道工作，通过多种途径宣传《代表法》《选举法》等法律法规和人大工作经验以及代表先进事迹，在《中国人大》和《宁夏人大》杂志上先后刊登了《青铜峡市人大紧盯民生事、督办出成效》《发挥代表主体作用、提高代表履职能力》《好建议铺就农民致富路》等经验做法，不仅提高了人大工作的影响力，而且也在区内外宣传了青铜峡。

一年来的工作实践，我们深深体会到，做好人大工作必须始终坚持以下四点：一是只有坚持党的领导，人大工作才能把握正确的政治方向。人大工作是党的工作的重要组成部分，是党实现科学执政、民主执政、依法执政的重要途径。只有坚持党的领导，才能确保人大各项工作顺利开展。二是只有把支持根植于监督之中，才能让监督更加有效。人大与“一府两院”尽管分工不同，但在贯彻执行党的决策上方向相同、目标一致。人大对“一府两院”既要监督，更要支持，只有寓支持于监督之中，才能与“一府两院”形成落实市委决策、共促发展的强大合力。三是只有充分发挥代表作用，才能更加彰显人民当家作主的政治优势。代表工作是人大工作的基础。人大工作要不断增强活力，就必须充分发挥代表作用；人大各项工作要想开展得扎实有效，就必须有代表的广泛参与。四是只有适应新形势新任务的要求，才能不断开创人大监督工作新局面。实践在发展，创新无止境。要开创人大工作新局面，就必须增强创新意识，提升创新能力，不断增强人大工作的生机与活力。

回顾过去一年的工作，我们也清醒地认识到，人大工作还有亟待改进和加强的方面：一是监督的针对性和时效性还不够，监督问题解决和跟踪落实督办还需进一步加强。二是代表联系选民还不够深入、不够广泛，代表向选民述职工作还需进一步深化。三是闭会期间代表小组活动和代表参与专题调查检查还需进一步推进落实。针对存在的这些问题，我们将高度重视，在今后的工作中采取有力措施，认真加以解决。

（市人大办公室）

在青铜峡市第十五届人民代表大会第二次会议上的政府工作报告

青铜峡市市长　金永灵

（2017 年 12 月 21 日）

各位代表：

我代表市人民政府向大会报告工作，请予审议，并请市政协委员和其他列席人员提出意见。

迎难而上　锐意进取
经济社会发展稳中有进

2017 年，是极不平凡、极具里程碑意义的一年。举世瞩目的党的十九大胜利召开，将习近平新时代中国特色社会主义思想确定为党的指导思想，描绘了到本世纪中叶我国发展的宏伟蓝图，明确了一系列重大战略布局和战略举措，进一步指明了党和国家事业的前进方向。自治区第十二次党代会作出了建设“两个先行区”“两个示范区”，实施“三大战略”“五个扎实推进”的重大部署，提出了实现经济繁荣、民族团结、环境优美、人民富裕，与全国同步建成全面小康社会的奋斗目标，有力激发了各级干部强烈的历史责任感和使命感，增强了全市上下共筑中国梦的奋进力量。

一年来，面对艰巨繁重的转型发展任务，面对新时代赋予的新机遇、新要求、新挑战、新使命，新一届政府在党的十九大、自治区第十二次党代会精神的指引下，在自治区、吴忠市党委、政府和市委的正确领导下，在市人大、政协的监督支持下，团结带领全市广大干部群众，以新理念、新思想、新战略统领全局，全面落实“1155”战略目标任务，主攻“两大主题”，千方百计调结构、促转型、稳增长、惠民生，经济社会发展取得明显成效，较好地完成了市十五届人大一次会议确定的各项目标。预计全年实现地区生产总值144.6亿元，增长6.8%；地方一般公共预算收入8.1亿元，增长8%；社会消费品零售总额22.3亿元，增长9.1%；城镇和农村常住居民人均可支配收入分别达到25660元、13120元，增长8.5%、9%。

——投资拉动持续发力，经济基础更加稳固。始终把扩大有效投资作为稳增长、促发展的强力引擎，以深化项目建设“双百”行动为抓手，完善市级领导包抓重点项目和全员招商工作机制，以“争、抢、干”的意识和劲头，用情促招商，用心争资金，用力抓项目。全年实施各类建设项目130个，新希望反刍饲料、旅游景观标识、新材料基地污水处理厂等74个项目全面建成，大坝四期、汇高智能制造、小坝至银川正源街快速通道、“三馆一厅”等自治区、吴忠市重点项目及自治区60大庆项目加快推进，大海金属科技、凤凰岛低空游、房车露营地等一批项目成功落地，牛首山抽水蓄能发电、银西高铁吴忠站至青铜峡快速通道等一批打基础、利长远的大项目列入自治区项目储备库。全年引进招商项目65个，到位资金101亿元；争取城乡建设、旅游开发、民生改善、生态环保等项目资金23.9亿元。预计完成全社会固定资产投资146亿元，增长12.2%，为促进全市产业结构调整、经济转型发展奠定了坚实基础。

——产业结构不断优化，发展质量明显提升。工业转型步伐加快。深入实施创新驱动战略，认真落实自治区降低实体经济企业成本30条意见，出台促进工业经济平稳增长20条意见，深化市级领导精准包抓企业责任制，落实帮扶资金8900万元，为企业减负4.63亿元。实施工业项目35个，苏锡光电铜业铜杆和漆包线、锦绣轻合金铝棒等一批项目相继建成投产，大唐国际、金昱元等7家企业实施技术改造，装备制造、新材料、现代纺织等新型产业规模不断扩大、集群初步形成，新增规模以上企业10家，民营经济占全市经济比重达到51%。淘汰落后产能9.1万吨，轻工业增长10.1%。预计实现规模以上工业增加值59.4亿元，增长6.4%。服务业提升成效明显。依托“黄河岸边、稻花香里、贺兰山下”三大旅游板块，全力推进国家全域旅游示范市、黄河大峡谷AAAAA景区“双创”工作。采取PPP模式撬动社会资本12.4亿元，实施滨河大道改造提升等黄河金岸文化旅游带项目10个。引黄古灌区列入“世界灌溉工程遗产名录”，成功举办红红火火过大年、申遗万人签名暨黄河拜水盛典大型实景演出、“中国梦·宁夏情·黄河颂”申遗成功晚会等节庆活动，“印象黄河·彩虹之上”文化旅游品牌知名度和影响力进一步扩大，预计全年接待游客300万人次，实现旅游综合收入13.8亿元。古峡商贸中心等7个商贸物流项目有序推进。举办特色商品展销会、美食节等商务活动10场次，兑现扶持餐饮企业发展资金460万元，打造利民西街、康乐东街等4条特色餐饮商业街区，新增汉餐企业和经营户28家，培育餐饮名店10家。依托国家电子商务进农村示范县项目，建成市级电商服务中心1个，淘宝、京东等电子商务服务站点60家，实现线上交易额3亿元。预计实现第三产业增加值39.6亿元，增长7.6%。农业发展势头良好。全面实施优质大米提升工程，种植富硒水稻4万亩，青铜峡大米地理标志证明商标获得国家工商总局批准，塞外香牌珍珠大米获评“中国十大好吃米饭”。新增酿酒葡萄5200亩，种植总面积达到13.6万亩，新建续建玉鸽等酒庄10个，维加妮等4家企业7款葡萄酒荣获国际优质葡萄酒挑战赛大奖。建成标准化肉驴养殖场3个，肉驴饲养量达到1.5万头，生猪、肉牛、奶牛、家禽等养殖业稳步发展。建成国家级现代农业示范基地1个、自治区级示范基地2个，农业产业化龙头企业达到32家，入选首批国家农业可持续发展实验示范区，叶盛镇被评为第七批全国“一村一品”示范镇。预计实现第一产业增加值18亿元，增长5%。

*——改革开放持续深化，发展活力竞相迸发。*深化“放管服”改革，在全区率先推行以“六个一”为主要内容的社会投资建设项目审批服务规程试点工作，通过“网上办、集中批、联合审、区域评、代办制、不见面”等措施，审批服务时限由178个工作日压缩至60个工作日，简政放权、优化服务取得明显成效，为全区审批服务改革工作提供了青铜峡经验。事业单位分类改革、机构编制动态管理、国有企业“三供一业”属地化工作稳步推进，“五证合一、一照一码”制度改革取得显著成效。深化投融资体制改革，成立宁夏农担青铜峡分公司和东方惠民小额贷款公司，古峡担保、国投、城投、交投等融资平台作用凸显，投放产业基金1.55亿元，帮助企业融资贷款10亿元，国投公司10亿元企业债券发行工作进展顺利，初步构建了多元化现代金融服务体系。成立农村产权交易中心，林权、湿地确权等产权制度改革有序推进，农村承包土地确权登记颁证工作荣获全区一等奖。启动农业水价综合改革，水利改革试点工作通过评估验收。加强与清华大学、哈尔滨工业大学、江南大学、宁夏大学等重点高校交流，开展工业、农业、旅游业各领域合作，推动各类创新要素集聚。鼓励支持御马、塞外香等龙头企业积极参加“中阿博览会”“厦洽会”“酒博会”等产品宣传推介活动70余批次，在一线城市设立销售窗口，提升品牌效应，拓宽销售渠道，全年销售葡萄酒7875吨，消化库存二分之一。在“我是县长我代言”电商扶贫直播活动当日，实现农产品销售额3212万元。强化外贸进出口企业帮扶，预计全年出口创汇1500万美元，增长16%。

*——统筹城乡一体发展，融合步伐明显加快。*扎实开展“多规合一”改革试点工作，严格执行宁夏空间发展战略规划，编制城市控制性详规等专项规划5项，以规划的刚性引领城乡一体发展。投资10.6亿元，实施城乡基础设施重点项目17个，城乡一体供水基础设施改造一期工程交付运行，基本完成团结巷、关家园等4个小区2349户棚户区动迁，配租保障性住房4838套；叶盛镇地三村、大坝镇韦桥村2个美丽乡村建设项目按计划实施；新建改造城乡道路18条94.3公里，荣获全区“四好农村路”示范县称号；改造农村危涵29座、危房131户、厕所1385户，配套一体化生活污水处理设施11座，城乡服务功能日趋完善。实施城市管理综合执法体制改革，市城市管理综合执法局被评为全国城管执法改革先进集体；加大设备投入，城区主要街道机械化清扫率达到65%、生活垃圾处理率达到98%；采取政府购买服务方式，投入1458万元，推行乡村环卫保洁市场化，实现垃圾日产日清，人居环境更加干净整洁、规范有序。

——社会事业全面进步，民生福祉不断增进。大力实施脱贫富民战略，投入26亿元用于保障和改善民生，占财政总支出的83%，10件民生实事全部落实。全面完成252户1300人“十三五”易地搬迁安置任务。落实产业扶贫、劳务就业等脱贫攻坚13项举措，2060名建档立卡群众实现脱贫。坚持教育优先发展，实施同富幼儿园、职教中心实训车间等7个教育基础设施项目，免除普通高中阶段学费420万元，发放困难学生国家助学金等各类补助1640万元，高考上线率提高5个百分点，成功创建自治区教育信息化示范县。认真落实公共卫生服务普惠性政策，实施残疾人康复中心、社区卫生服务站等8个卫生基础设施项目，“七免一救助”惠民政策受益群众达到1.6万人次；深化综合医改，取消公立医院药品加成，实现区内异地就医即时结算。大力发展文化体育事业，文体会展中心等项目建设进入冲刺阶段，改造提升镇级文化站9个，举办文化惠民演出293场次，加大明长城、广武岩画保护力度，鸽子山遗址入选全国十大考古新发现；举办全国毽球邀请赛等体育赛事30余次，全民健身氛围日益浓厚。认真落实创业就业政策，发放支持创业贴息贷款2883万元、援企稳岗补贴资金622万元；新培育小企业187家，创造新岗位1430个，新增城镇就业5247人，转移农村劳动力2.4万人。发放城乡低保、临时救助等各类补助资金5500万元；60岁以上城乡居民基础养老金每人每月增加25元，共计发放800万元；五保集中、分散供养标准分别增加4700元、3800元，城乡居民养老保险、医疗保险实现应保尽保，社会保障能力不断提升。

——生态建设强力推进，环境保护成效显著。加快推进“生态立市”战略，以创建国家生态文明示范市（县）为契机，扎实开展“蓝天碧水·绿色城乡”“绿盾2017”专项行动，认真落实大气、水、土壤污染防治计划，以“零容忍”态度铁腕治理环境污染问题，全面完成中央环保督察组反馈问题整改。顺利完成华能大坝超低排放改造、第二和第三污水处理厂提标改造、饮用水源地企业搬迁等一批环保项目，深入开展非煤矿山、建筑工地及道路扬尘治理，加大秸秆禁烧及综合利用力度，拆除20蒸吨以下燃煤锅炉103台，立案查处环境违法企业32家，整合取缔非煤矿山企业11家，空气质量优良天数比例达到85%以上。大力推行河长制，实施罗家河综合整治、沟道生态护坡工程，封堵入黄排污口10处，河湖沟渠保护治理有效推进，黄河过境段面水质监测达标率100%。严格执行耕地保护制度，狠抓农业面源污染防控，加强固废收集贮存、综合利用，有效遏制土壤污染。严把新上项目环保审批关，环境影响评价执行率达到100%。实施大青路沿线、老旧小区绿化提升等5个城乡绿化工程，完成生态造林1.8万亩，新增城市绿地14.2万平方米，森林覆盖率、建成区绿化率分别达到13.5%、38.3%，库区鸟岛进入国家湿地公园行列。

——社会治理规范高效，自身建设持续加强。实施创新社会治理“九大工程”，扎实推进“平安青铜峡”建设，八类刑事案件破案率100%，社会治安持续稳定，信访维稳、安全生产、拖欠农民工（职工）工资专项整治成效显著，荣获“全国平安建设先进县（市）”，市公安局被授予“全国优秀公安局”称号。依法加强民族宗教事务管理，民族团结、宗教和顺的大好局面进一步巩固。“七五”普法工作顺利开展，“法律九进”活动不断深化，法治政府建设取得明显成效。主动接受市人大及其常委会法律监督和政协民主监督，办理人大代表议案建议43件、政协委员提案77件。扎实开展国家级基层政务公开标准化规范化试点工作。深入推进“两学一做”学习教育常态化制度化，增强“四个意识”，坚定“四个自信”，坚持政治原则，提高政治站位，不忘初心，牢记使命，始终与以习近平同志为核心的党中央保持高度一致。严格执行中共中央《八项规定》精神，持续保持反腐高压态势，加大行政监察和审计监督力度，受理违规违纪问题线索52件，立案34件，给予政纪处分和组织处理35人，干部作风明显转变。国防动员、工会、档案、气象、史志、外事侨务等工作取得新进展，统计、老龄、妇女儿童、残疾人等事业有了新进步。

各位代表，一年来，在宏观形势复杂严峻、面临困难不断增多的情况下，我们迎难而上、砥砺奋进，战胜了各种问题考验和严峻挑战，取得的成绩令人欣慰；我们团结一致、务实苦干，锻造了一支对党忠诚、担当负责的干部队伍；我们维护大局、勇往直前，汇聚起众志成城、奋力拼搏的强大力量。一年的实践启示我们：不管前进的道路多坎坷，不管面临的困难多复杂，只要始终保持正确的政治方向，始终坚持创新第一动力，始终贯彻以人民为中心的发展思想，勇于担当、勤勉务实，就一定能够团结带领全市人民创造新业绩。

各位代表，一年来的成绩，是自治区、吴忠市党委、政府和市委统揽全局、科学决策的结果，是市人大、政协有效监督和社会各界全力支持的结果，是全市人民凝心聚力、团结奋斗的结果。在此，我代表市人民政府，向辛勤奋战在全市各条战线上的广大干部群众，向给予政府工作大力支持的人大代表和政协委员，向各民主党派、工商联和各界人士，向中央、自治区驻青单位、驻地部队、武警官兵，向所有关心、支持青铜峡发展的各界朋友致以崇高的敬意和衷心的感谢！

在肯定成绩的同时，我们也清醒地认识到，当前全市转型发展仍然存在一些不容忽视的突出问题，主要表现在：一是工业园区产能未能有效释放，两大园区工业总产值占比仅为35.4%，财税贡献率不高，新型支柱产业尚未形成；二是服务业发展活力不足，旅游品牌效应不明显，餐饮住宿行业层次偏低，现代服务业竞争力不强，特色资源优势没有充分转化为经济发展优势；三是农业优势产业规模不大、链条不长、附加值不高，缺乏知名品牌、高端市场和龙头企业引领，农民增收渠道还需进一步拓宽；四是财政增收基础薄弱，收支压力持续加大，刚性支出与发展资金短缺的矛盾日益凸显；五是部分干部创新发展本领不强，担当意识不足，政府服务水平与转型发展的要求还有一定差距。对此，我们将直面问题，把群众的期盼作为努力的方向，把解决问题和加快发展作为检验工作成效的标准，真抓实干，攻坚克难，推动青铜峡各项事业迈上新台阶。

振奋精神　实干兴青
夯实全面建成小康社会基础

2018年是深入贯彻落实党的十九大精神的开局之年，是全面建成小康社会的攻坚之年，也是青铜峡转型发展的关键之年。受宏观经济形势影响，我市经济社会发展面临的形势依然严峻，我们必须以党的十九大精神为指引，精准对标落实自治区、吴忠市及市委提出的各项目标任务，在挑战中抢抓机遇，在竞争中奋发有为，以滚石上山之力、乘风破浪之势，在决战决胜全面建成小康社会的新征程上干在实处、走在前列。

政府工作的总体要求是：以认真学习宣传贯彻落实党的十九大精神为主线，以习近平新时代中国特色社会主义思想为统领，按照自治区、吴忠市及市委总体安排部署，坚持创新发展、绿色发展，围绕“1155”战略目标，主攻“两大主题”，加快“五区”建设，突出经济转型、生态环保、民生事业、改革开放、社会治理、自身建设等重点工作，努力实现经济社会发展新突破，全力打造实力、活力、魅力、和谐、幸福青铜峡！

经济社会发展主要预期目标是：全年地区生产总值增长7%以上；地方一般公共预算收入增长8%；社会消费品零售总额增长9%；城镇和农村常住居民人均可支配收入分别增长8.5%和9%；城镇登记失业率控制在4%以内；研究与实验发展（R&D）经费占GDP比重达到1.25%；全面完成自治区下达的节能减排和环境质量改善目标。

围绕上述总体要求和目标任务，我们将着力抓好以下八个方面工作：

（一）持之以恒抓项目、促投资、稳增长，在持续壮大经济总量上实现新突破。坚持把投资作为拉动经济增长的重要动力，突出项目建设，加大上争力度，强化招商引资，力争实现全社会固定资产投资增长10%。千方百计争资。抢抓“一带一路”、自治区沿黄生态经济带、银川都市圈建设、利青一体发展等政策机遇，牢牢把握中央、自治区投资导向，围绕创新驱动、乡村振兴、精准扶贫、基础设施、生态环保等重点领域，做实项目储备，把握申报时机，全力争跑，精准对接，增强主动性，抢占制高点，最大限度争取中央、自治区更多项目资金支持，力争全年上争项目资金同比增长8%以上。上下联动招商。坚持走出去和请进来并重，深化市级领导带队外出招商机制，完善招商引资考核奖惩办法，围绕智能制造、文化旅游、新能源、新材料等优势特色产业，聚焦高科技、战略性新兴产业，采取全员招商、产权招商、产业招商、以商招商等方式，引进一批技术含量高、带动能力强、财税贡献大的项目落地，力争引进亿元项目25个以上，招商引资实际到位资金同比增长10%。优质高效服务。以深化项目建设“双百”行动为载体，围绕150个建设项目，强化领导包抓项目和预审评估机制，深入开展“准备之冬·实干之春”项目攻坚行动，实行问题清单制、包保责任制、限时办结制，盯牢项目流程，明确时间节点，加大调度会商、督查考核工作力度，狠抓合同履约率、资金到位率、项目开工率、竣工投产率，着力破解土地、资金、人力等要素制约，力促宁波酶赛生物酶、四川生旌物流等19个项目尽快落地，大海金属科技、苏锡光电铜业扁线等39个项目3月份开复工，所有项目6月底前全部开工，确保持续投资有抓手，长远发展有后劲。

（二）持之以恒求创新、调结构、提效益，在力促工业转型升级上再造新优势。认真落实自治区实施创新驱动战略推进会精神，加快结构调整步伐，坚决打好工业转型这场硬仗，年内实施工业项目39个，新增规模以上企业10家以上，力争工业增加值同比增长7.5%。在持续推进科技创新上求突破。全面落实自治区创新驱动战略30条意见，出台我市实施意见，加快完善以财政投入为引导、企业投入为主体、社会投入为补充的多元化科技投入体系，积极争取新型工业化等项目资金6000万元，落实科技创新后补助政策，引导各类创新资源和要素向企业聚集。支持金昱元、菲斯克等企业建立研发机构，鼓励汇高、可可美等企业与科研院所联合建设研发中心，促进科技成果转化应用。深入实施“人才强市”战略，围绕优势特色产业和重点领域，大力培养和引进高素质管理人才、高技能人才，与宁波酶赛生物深度合作，引进博士团队服务企业。进一步完善鼓励人才创新创业的激励政策，创新创业载体，为人才发挥作用创造更好的条件。在加快培育产业集群上求突破。实施汇高智能制造、杭萧中欣热处理等项目，着力打造高端装备制造产业集群；实施锦绣轻合金铝型材深加工、国昌5万吨铝铸件等项目，着力打造新材料产业集群；实施仁和纺织二期纺纱、汇泓织布等项目，着力打造现代纺织产业集群；实施金昱元多元醇、中涛生物酶研发基地等项目，着力打造精细化工产业集群；实施塞外香科研检测中心及生产线等项目，着力打造农产品精深加工产业集群，实现大企业引领、大项目带动，推动产业聚集。鼓励、支持、引导非公有制经济发展，提升非公经济比重。在推动工业园区转型升级上求突破。扎实推进工业园区体制改革，组建优势共享、产业互补、设施齐全、规模集聚的青铜峡新材料产业基地，实行“一区两园”运行模式。在改造传统产业中升级，加快用新技术、新模式改造提升冶金、电力、化工、建材等传统产业，推进工业化与智能化融合发展，提升装备和工艺水平，增强市场竞争力；鼓励青龙管业、锦泰新材料开发优质管材和绿色建材等新型产品；加大兼并重组力度，盘活盛龙塑胶、昆宁化工等停产企业资产，推动转型；支持青铝、金昱元、东吴农化等企业加大技改力度，推动传统产业向高端、智能、绿色发展。在发展特色产业中升级，新材料基地注重延长、延伸铝材产业链，促进同类产业集聚，实现规模效益，形成整体竞争优势。嘉宝轻纺工业园大力发展智能装备制造业，做大做强中国西部轴承产业基地，努力形成“一园一业一特色”。

（三）持之以恒挖潜力、增内涵、促融合，在激发第三产业发展活力上谱写新篇章。牢固树立抓第三产业就是抓转型发展的理念，统筹社会资源，集聚生产要素，促进第三产业提档升级，力争实现第三产业增加值同比增长8.5%。实施全域旅游推进工程。认真落实自治区全域旅游发展推进会精神，充分发挥引黄古灌区申遗成功辐射效应，借力自治区第十五届全运会在我市举办及承办第七届黄河金岸国际马拉松等赛事，建成旅游集散中心、智慧旅游大数据服务中心、黄河大峡谷房车露营地、牡丹园等15个旅游项目，争取实施黄河楼蹦极、牛首山索道及大小西天玻璃观景台等一批体验性项目，完善景区厕所、游艇码头、道路、停车场等基础设施，着力打造地三特色产业示范村、大青葡萄长廊等乡村旅游品牌，大力培育文化体验、休闲观光、健康养生等全域旅游新业态。持续加大旅游宣传推介力度，举办凤凰岛热气球嘉年华、稻花香里艺术节、葡萄酒文化节等节庆活动，打造《大河之舞》剧目，免费开放黄河楼景区，开发具有地方特色的旅游商品，满足游客多层次、多元化旅游消费需求，打响“印象黄河·彩虹之上”文化旅游品牌，成功创建国家全域旅游示范市，黄河大峡谷跻身国家AAAAA旅游景区行列，力争全年实现旅游综合收入15亿元。实施餐饮住宿提升工程。大力发展生活性服务业，深入开展“餐饮住宿服务提升年”活动，突出政策引领，强化资金扶持，发展壮大“老字号”特色餐饮企业，打造特色餐饮美食街区，开发驴肉系列菜，着力培育汉餐品牌，构建与利通区资源共享、优势互补的餐饮服务发展格局。建成上陵波斯顿大酒店、昊泰大酒店，建设富汇龙门等20家农家客栈，引进规模餐饮住宿企业4家，培育餐饮名店25家，改造提升宾馆酒店8家，餐饮企业全部实现“明厨亮灶”，全面提升餐饮住宿服务水平。加快“个转企、小升规”工作，新增限上餐饮住宿企业5家以上，50%的餐饮住宿企业达到标准化水平，营业额增长18%以上。实施商贸物流融合工程。大力发展生产性服务业，创新多形式、多业态、多元化商贸物流模式，实施庆港智慧物流园、立新物流园、铁路仓储冷链物流等项目，推进上陵海啦啦水秀城、黄河天街、银河农副产品交易市场等商贸项目建设，力促古峡商贸中心、宁夏特色农产品品鉴中心运营。支持万达与欧蓓莎商海城合作，加快城乡配送中心和农贸市场建设运营，集聚人气，激发活力，初步构建社会化商贸物流运营网络。落实“互联网+”行动计划，引进培育大型电商企业，推进实体与网络销售优势互补、融合发展，力争电子商务交易额达到3.8亿元，增长30%。

（四）持之以恒扩规模、育特

色、树品牌，在推动农业提质增效上再上新台阶。实施乡村振兴战略，加快国家农业可持续发展实验示范区建设，推动农村发展、农业增效、农民增收，力争第一产业增加值同比增长5%。壮大优势特色产业。实施优质大米提升工程和“好粮油”行动计划，发展优质富硒水稻5万亩，加快推进黄河金岸优质稻米产业融合、田园综合体等项目，发展壮大法福来、塞外香、正鑫源等农业产业化龙头企业，建成自治区级大米科技示范区，打响绿色、生态、有机、富硒品牌。加快贺兰山东麓银川都市圈葡萄产业联动发展，高标准推进鸽子山自治区级酿酒葡萄示范区建设，新增酿酒葡萄5000亩，新建续建马兰花、裕峰等酒庄10家，培育列级酒庄3家，做大做强葡萄酒产业。稳步发展生猪、肉牛、奶牛、家禽等传统养殖业，大力发展肉驴等特种养殖业，积极引进深加工项目，肉驴饲养量达到1.8万头，与周边县市形成差异化发展格局。加大青铜峡大米、甘城子葡萄酒、先锋大青葡萄、广武苹果等特色农产品包装、宣传、推介力度，进一步扩大品牌效应。夯实农业发展基础。严守耕地保护红线，实施“国家新增千亿斤粮食产能示范县”和“粮食绿色高产高效创建”项目，保护和提高粮食综合生产能力。实施特色瓜果基地和永久性蔬菜种植基地项目，配套完善凯瑞、鑫茂祥等现代化冷链设施，压粮扩菜2万亩，发展蔬菜种植9.5万亩，新建永久性蔬菜生产基地5个、精准水肥一体化示范基地3个。实施节水型农田水利建设工程，整合国土治理、农业综合开发、高效节水灌溉等项目资金1.99亿元，建设高标准农田32万亩，新增高效节水面积2.2万亩。强化农业科技支撑，创建自治区级农机化示范园区1个，主要农作物综合生产机械化率达到93.6%，进一步夯实现代农业发展基础。拓宽农民增收渠道。落实各项支农惠农强农政策，调动农民生产积极性。进一步拓宽就业、创业、投资、社保和帮扶等增收渠道，突出抓好中低收入群体和困难家庭增收。积极探索农民土地承包经营权、宅基地使用权、集体收益分配权经营试点，不断提高农民的财产性、经营性收入。深入推进农业科技入户和农民培训工程，农民培训率达到80%以上。鼓励金融机构开拓农村市场，着力构建农村金融体系，满足现代农业发展资金需求。大力发展合作经营型、土地集中型等多种形式的适度规模经营，流转土地达到15万亩，培育新型经营主体40家、农业社会化综合服务组织3个，多渠道带动农民增收致富。

（五）持之以恒强功能、提品位、显特色，在推进城乡协调发展上构建新格局。紧扣宁夏空间发展战略规划，切实提高城乡规划、建设、管理水平，统筹推进城乡融合发展，力争城镇化率达到59.1%。深化城乡发展规划。扎实推进“多规合一”改革试点工作，主动融入银川都市圈，加快利青一体化发展，实现同城发展、优势互补。编制城区及峡口、大坝等5个镇控制性详细规划，完成城市建成区及园区供热、供水、环卫基础设施专项规划。加强重点区域城市设计，塑造鲜明的城市特色，促进风格、色彩、形态和谐统一。完善城市服务功能。实施基础设施工程，加快推进城乡一体化供水设施二期项目建设，建成“三馆一厅”，开发黄河外滩四期、青城印象等6个房地产项目，新建改造一批停车场、小微游园、公厕，补齐城市“短板”。实施棚改工程，投资1.12亿元，改造老城区、青镇3个城中村，改善人居环境。实施亮化工程，提升黄河楼景区、城市主街道、大型建筑、水域湖畔等夜景照明档次，改造城区路灯光源5600基，扮靓城市夜空。实施畅通工程，新建改造城区道路9.86公里，建设锦绣园东路、明珠园南路，打通利民街、朔方路，完善嘉宝园区纬五路、纬六路等道路，构建互连互通的城市路网。实施绿化工程，加快推进罗家河综合治理、小坝至银川正源街快速通道和文康路等河岸、道路绿化工程，新增城市绿化面积18万平方米，增强城市“绿肺”功能。提高城市管理水平。加快推进天网工程，深化城市管理综合执法改革，建成信息共享、功能齐全、智能高效的城市综合管理服务平台。强化街道、社区城市管理职能，构建全天候、全方位、全覆盖的城市管理网络。科学设置城区交通标识标牌标线，加大对违法建设、马路市场、露天烧烤、随意停车等行为的整治力度。购置环卫保洁大型作业车辆17台，城市建成区机械清扫率达到100%。进一步加强物业管理，提高城市管理标准化、规范化水平。探索经营权转让、入股、拍卖等方式，盘活城市存量资产，积极吸引社会资金参与城市公用设施建设，实现资产保值增值，顺利通过国家卫生城市复验。建设美丽富裕乡村。将基础设施、社会事业、公共服务向镇村倾斜，着力培育一批产业兴旺、生态宜居、乡风文明、治理有效、生活富裕的美丽乡村，加快农业转移人口市民化，推动镇村特色发展、差异发展、个性发展。投资7.9亿元，新建改建青阿公路、109城区段等国省干线、农村公路11条101公里。投资1亿元，重点打造美丽村庄5个、美丽特色小城镇1个，改造农村危房145户。实施宽带乡村工程，逐步实现乡村宽带网络全覆盖。深化农村环境综合整治，实施“厕所革命”，启动农村生活污水处理项目计划，利用3年时间改造农厕4.3万户，2018年改造6000户。强化养殖园区污粪无害化处理，加强秸秆柴草综合循环化利用，完善垃圾收集、清运、处理长效机制，让乡村更美丽，让生活更美好。

（六）持之以恒守红线、建机制、利长远，在加强生态文明建设上取得新成效。认真落实自治区实施生态立区战略推进会精神，牢固树立绿水青山就是金山银山的理念，强化源头严防、过程严管、后果严惩，坚决打赢蓝天碧水保卫战。筑牢生态安全屏障。实施沿山公路、鸽子山生态防护林带工程，完成造林绿化6500亩，构建贺兰山绿色生态廊道。深化“绿盾2017”专项行动，依法严打破坏生态违法行为，持续推进库区自然保护区湿地生态保护和修复工程；扎实推进河长制，开展清河行动，实施黄河过境段及支流综合治理，加大罗家河、南干沟、中干沟等106条河湖沟道整治力度，依法严打非法侵占河道、倾倒废渣垃圾等行为，确保黄河叶盛出境断面水质稳定在Ⅱ类，构建水源涵养生态屏障。铁腕整治环境污染。深入开展“蓝天、碧水、净土”三大行动和洁净城乡百日专项整治行动，坚决打好污染防治攻坚战。打造低碳城市，在全市域推广使用优质煤炭，在城市建成区划定禁煤区，实施煤改气、煤改电工程，压减煤炭消费，完成辖区4台燃煤发电机组超低排放技改，取缔“散乱污”企业，强化扬尘综合整治、秸秆综合利用，确保空气质量优良天数比例达到80%以上；集中整治工业园区水污染，加快推进峡口皮草产业综合治理项目和饮用水源地整治恢复，市区污水处理率和再生水利用率分别达到85%、30%以上；发展环保产业，推行固废减量化、资源化、无害化处理，强化农业面源污染防控，加快推进畜禽粪污资源化利用进程，力争工业固废规范化处置率达到90%以上。强化制度体系建设。严守生态保护红线，加强主体功能区建设，扎实开展国家生态文明建设示范市创建工作。加快建立项目环评审批与规划环评、项目环境管理、区域环境质量联动挂钩机制，更好地发挥环评制度作用。健全矿山资源开发保护治理机制，强化国土资源监管，实施节地评价制度，严把土地预审和供应关，切实提高土地综合利用率。全面实行网格化环境监管体系，健全完善绿色发展长效投入机制、科学决策机制、政绩考核机制、责任追究机制，落实环境保护“党政同责、一岗双责”，着力打造天蓝、地绿、水清、景美的生态家园。

（七）持之以恒惠民生、解民忧、增福祉，在满足群众美好需求上展现新作为。深入贯彻以人民为中心的发展思想，办民生实事，补民生短板，进一步增强群众的获得感和幸福感。坚决打赢脱贫攻坚战。紧紧围绕自治区脱贫富民36条，聚焦扶真贫、真脱贫，制定发展壮大村集体经济“清零行动”方案，发挥2800万元资金撬动作用，确保4个贫困村和10个非贫困村集体经济年收入实现5万元以上。全面落实特色产业、健康扶贫、金融扶贫、教育助学、文化扶志、百企帮千户等13项扶贫措施，实施移民村排水防涝、文化阵地等基础设施建设，推进政府、社会、市场力量相互补充，合力共为，确保5100名建档立卡群众如期脱贫，基本实现同兴、同进、同富村全部脱贫销号。促进城乡教育均衡发展。坚持教育优先发展，积极推进教育综合改革，探索教育集团化发展模式。加快发展普惠性学前教育，大力发展优质均衡义务教育，普及高中阶段教育，推动职业教育产教融合，严控辍学率。加大教育投入力度，实施第七小学、镇区幼儿园和教育信息化建设项目，争取启动第八中学建设，配套完善相关教育基础设施。优化师资队伍结构，推进古峡名师、名校长和骨干教师培养工程，不断提升教育教学质量。推进文体事业繁荣发展。深化文化体制改革，弘扬优秀传统文化，增强文化供给能力，培养造就一批德艺双馨的文艺工作者，加快推动文化产业发展。充分发挥文化教育人民、引导社会、推动发展的作用，精心打造《我的青铜峡》献礼剧目，全年开展送戏下乡、广场文艺等文化惠民演出300场，让群众共享优秀文化发展成果。全面做好文体会展中心运营工作，加快实施镇、街道文化站和村（社区）综合文化服务中心提升工程，助推国家现代公共文化服务体系示范区创建。提升卫生计生服务水平。深入开展健康青铜峡行动，深化综合医疗改革，加快推进区域医联体建设，实现优质医疗卫生资源向镇村延伸。实施中医医院改扩建项目，落实14类54项公共卫生服务项目，进一步提升均等化水平。通过社会聘用、全科医生培养等方式，解决好医院高端人才、学科带头人、专业技术人才短缺问题。加强医德医风建设，促进医疗服务质量提升。切实保障妇女儿童合法权益，全面落实“两孩”政策，促进人口长期均衡发展。加快完善社会保障体系。推行养老机构公建民营模式，实施中医保健中心、老年养护院、残疾人托养中心等项目，初步形成医养结合、功能完善、资源共享的健康服务产业集群，满足群众健康养老需求。落实更加积极的创业就业扶持政策，统筹推进高校毕业生、退役军人等重点群体就业工作，开展公益性职业培训行动，做好公益性岗位安置工作。深入推进“五险合一”经办体制改革，扎实做好和谐劳动关系创建和被征地农民养老保险工作，城乡各项社会保险实现全覆盖。

（八）持之以恒抓改革、重治理、保稳定，在优化转型发展环境上增添新动能。全面深化改革，创新社会治理，释放政策红利，进一步激发转型发展内生动力。深化重点领域改革。认真落实中央、自治区和市委全面深化改革各项任务，加强权责清单管理，拓展涉企审批规范试点，开展企业和公民各类证照清理，简化优化公民服务事项，加快构建“不见面、马上办”审批模式。推进环境保护费改税、水资源税改革，完善综合治税体系建设。推进事业单位分类改革，统筹机构编制动态管理，构建科学合理的管理体制。推进农村集体产权制度改革，稳步扩大土地股份合作制和村集体资产股份权能量化试点，成立农村土地股份合作社2个。推进农业综合水价改革，提高水资源利用效率和效益。推进金融机制改革，建立贷款风险共担机制，设立企业助贷基金，实施“引金入青”计划，引导更多商业银行、保险公司等金融服务机构入驻我市，有效缓解融资难、融资贵问题。规范经营性公墓管理，稳步推进殡葬改革。统筹推进林业、科技、商事等领域改革，为经济社会发展提供动力、增添活力。强化公共安全监管。扎实推进“平安青铜峡”建设，完善立体化社会治安防控体系，深化自治区级禁毒示范县创建活动，强化各领域风险防控，保持对违法犯罪的严打高压态势。牢固树立安全发展理念，严格落实“党政同责、一岗双责、齐抓共管、失职追责”安全生产责任体系，及时排查和消除安全隐患，坚决遏制较大以上生产安全事故。强化食品药品动态监管，完善农产品质量安全生产地准出、市场准入和信息可追溯制度。加强应急预警机制建设，健全防灾减灾救灾体系，保障人民生命和财产安全。提升社会治理能力。深入开展“七五”普法，以“法律九进”等活动为载体，不断提高全民尊法守法意识。以“九大工程”为统领，建“天网”、建“地格”、建“平台”，强化矛盾纠纷排查化解、重点人员服务管理，突出问题专项整治，推进社会治安持续稳定。充分发挥村委会、居委会等各类自治组织作用，完善联动联防处置机制，形成基层治理强大合力。深入推进民族团结进步创建，进一步巩固民族团结、宗教和顺良好局面。全面加强国防教育、国防动员、双拥共建，推进军民融合深度发展。

不忘初心　牢记使命
着力建设人民满意政府

责任重于泰山，使命催人奋进。政府自身建设是实现目标任务的关键所在，打铁必须自身硬。我们将以打造人民满意政府为目标，秉承实干、高效、担当、清廉的理念，恪守为民之责，勇担发展重任，把全市人民的重托凝聚成矢志不渝、砥砺前行的动力，切实提高施政能力和服务水平，不断开创政府工作新局面。

（一）始终做到立场坚定、同心同向。深入推进“两学一做”学习教育常态化制度化，扎实开展“不忘初心、牢记使命”主题教育活动，引导各级干部把思想和行动统一到党的十九大精神上来，增强政治自觉，提高政治站位。围绕习近平新时代中国特色社会主义思想的精神内涵和实践要求，树牢“四个意识”，坚定“四个自信”，紧扣自治区创新驱动、脱贫富民、生态立区三大战略，思想上合拍、行动上合力，对标年度确定的各项目标任务，精准施策，定向发力，确保中央、自治区、吴忠市和市委各项决策部署落地生根，全面提升政治执行力。

（二）始终做到崇尚法治、履职尽责。落实法治政府建设实施纲要，忠实履行宪法和法律赋予的职责。推进依法科学民主决策，健全重大决策合法性审查机制、重大决策终身责任追究制度和责任倒查机制，坚持公众参与、专家论证、风险评估、集体讨论决定制度，将依法行政贯彻于政府工作的全过程。强化行政复议解决行政争议的主渠道作用，加强对行政机关负责人出庭应诉的刚性要求，着力规范行政执法行为。自觉接受人大法律监督、政协民主监督和社会舆论监督，认真办理人大代表议案建议和政协委员提案。健全“五公开”制度，顺利通过国家级基层政务公开标准化规范化试点县验收，推动法治政府建设向全面、均衡、纵深发展。

（三）始终做到敢于担当、奋发有为。大力弘扬真抓实干、勇于负责的精神，抓住“想干事、敢干事、能干事”关键点，落实正向激励和容错纠错机制，实行政府工作“清单式管理”，完善岗位责任制、项目倒逼制、限时办结制等制度，着力破除部分干部不作为、不担当、不适应问题。完善庸政懒政怠政行为问责机制，实行工作细化、量化、实化管理，对积极作为者激励表扬，对消极懈怠者严查问责，让务实苦干成为作风导向，让勇于担当成为干事主流，在全市上下形成人一之我十之、人十之我百之的干劲，凝聚推动发展的正能量。

（四）始终做到严守规矩、廉洁奉公。严格执行中央八项规定精神，认真履行“一岗双责”，聚焦“四风”问题新动向，坚持以上率下、层层带动，下大力气整治文山会海、调研走秀、美化材料等形式主义、官僚主义十种新表现，以永远在路上的坚韧锲而不舍抓好作风建设。有效运用执纪监督“四种形态”，紧扣项目建设、招商引资、全域旅游等重点工作，紧盯土地出让、产权交易、政府采购等重点领域，减权限权，强化监管，打掉权力寻租空间，着力解决“蝇贪”问题，以无禁区、全覆盖、零容忍的反腐高压态势，确保干部清正、政府清廉、政治清明。

各位代表，历史只会眷顾坚定者、奋进者、搏击者，而不会等待犹豫者、懈怠者、畏难者。走进新时代，展望新征程，宏伟的事业激励着我们，美好的愿景鼓舞着我们，人民的期待鞭策着我们。让我们在市委的坚强领导下，在市人大、政协的监督支持下，咬定青山不放松，面对困难不退缩，团结拼搏不懈怠，励精图治，开拓创新，砥砺前行，为加快建设实力、活力、魅力、和谐、幸福青铜峡，全面建成小康社会而努力奋斗！

（市政府办公室）

在政协青铜峡市十一届二次会议上的常务委员会工作报告

青铜峡市政协主席　王洋

（2017 年 12 月 20 日）

各位委员：

我代表政协青铜峡市第十一届委员会常务委员会，向大会报告工作，请予审议，并请列席会议的同志提出意见。

2017 年，是全面实施“十三五”规划开局之年，是我市应对各种风险考验，经济社会实现稳步发展的一年，也是市政协工作在继承中创新、在巩固中发展的一年。一年来，在中共青铜峡市委的坚强领导下，市政协常委会高举爱国主义、社会主义伟大旗帜，牢牢把握团结和民主两大主题，围绕中心、服务大局，认真履行政治协商、民主监督、参政议政职能，充分发挥协调关系、汇聚力量、建言献策、服务大局的作用，为加快建设实力、活力、魅力、和谐、幸福青铜峡做出了积极贡献。

一、凝聚共识，筑牢根基，政治意识持续强化

常委会坚持以中国特色社会主义理论引领政协事业发展，把增进和凝聚共识作为思想政治建设的根本，不断巩固共同奋斗的思想政治基础，用科学理论武装头脑、指导实践、推动工作。

强化理论武装。坚持把强化理论武装、增强政治定力放在首要位置，在加强学习中深化认识，提高素养。不断创新学习形式，提高学习实效，通过党组、中心组理论学习，深入学习贯彻中共十九大、十八届六中、七中全会精神及习近平总书记治国理政新理念新思想新战略，不断加深对习近平新时代中国特色社会主义思想的认识；深入学习贯彻自治区第十二次党代会精神，不断增强委员履职的主体意识、责任意识、担当意识，更加坚定了维护习近平总书记核心地位的思想自觉、政治自觉和行动自觉，夯实了议政建言的理论基础。

坚定正确方向。毫不动摇坚持中国共产党的领导，坚定不移地走新时代中国特色社会主义道

路。认真贯彻落实中央、区市党委关于进一步加强人民政协工作的新部署新要求，准确把握人民政协性质地位，切实把“懂政协、会协商、善议政”要求贯穿于政协履职全过程。充分发挥政协党组的领导核心作用，定期召开党组会议研究部署工作，坚持重大问题、重大事项和重要会议向市委请示报告制度，时刻保持清醒头脑，不断坚定理想信念，切实把思想和行动统一到中央和区、市党委的决策部署上来，贯彻落实到政协工作的各个方面，确保了政协工作的正确方向。

凝聚政治共识。把坚持和发展中国特色社会主义、实现中华民族伟大复兴的中国梦，作为团结奋斗的最大思想政治共识，把各民主党派、人民团体和各族各界人士团结凝聚到共同的宏伟目标中来。增强“四个自信”，坚定“四个意识”。扎实开展十九大精神学习讨论活动，深入推进“两学一做”学习教育常态化制度化，党组成员带头讲党课、进行专题辅导、讨论交流等活动20多场次，引导政协委员和各族各界人士增进对新时代中国特色社会主义的政治认同、思想认同、感情认同，进一步增强不忘初心、牢记使命的责任感，为全市经济社会发展凝聚了强大合力。

二、集思广益，共谋发展，政治协商扎实推进

常委会坚持围绕市委、政府重大决策部署，广泛开展民主协商，为助推我市经济转型发展发挥了积极作用。

立足大局全面协商。市政协十一届一次会议期间，委员们围绕全市工业经济转型发展、服务业提档升级、现代农业质效双增、深化改革、依法治理、生态环保、保障改善民生等重大议题，积极建言献策，提出意见建议118条。关于加大招商引资力度、鼓励企业加大研发投入、实施品牌战略、打造黄河金岸旅游产业带、完善农村饮水管网改造、提升改造市民运动场所、解决停车难等建议，为促进经济发展、党政科学决策、部门改进工作贡献了力量。

聚焦热点专题协商。针对全市经济社会发展的重大事项、重点工作和人民群众普遍关心的重大问题及提案办理情况等方面的工作，开展专题协商，提出合理化意见建议86条。关于落实招商引资政策、扶持壮大本土企业、打造具有黄河文化特色的休闲农家乐、发展壮大特色种植业养殖业等建议，被政府相关部门采纳落实，为全市经济社会发展发挥了参谋助手作用。

紧扣中心重点协商。坚持围绕中心、服务大局。市政协班子成员参与了市委重大决策部署、重点工作安排，在事关全市经济社会发展和保障改善民生等重大决策前开展协商，提出意见建议；参与了重大项目建设和重点工作督查、专题调研视察、脱贫攻坚、精准包抓企业、“7+1”基层联系点等活动，围绕决策实施中的重要问题及时提出意见建议105条，有力地推动了全市经济社会健康发展。

三、选准角度，畅通渠道，民主监督主动有力

常委会注重寓民主监督于履行职能全过程，不断丰富监督形式，拓宽监督渠道，切实提高监督实效。

提案办理注重实效。以提案办理为主要抓手，着力推动提案由答复型向落实型转变，不断完善市级领导领衔督办重点提案制度和考核机制，通过协商联办、视察督办、跟踪促办等形式，提高了提案办理实效。十一届一次会议以来，共收到提案157件，审查立案85件，提案办复率100%。《关于加快国家全域旅游示范市创建工作的建议》《关于加大对酿酒葡萄产业发展扶持力度的建议》等提案得到了有效落实。一批涉及经济社会发展、群众切身利益的热点难点问题得到了有效解决，提案在政协民主监督中的作用得到进一步显现。

视察成果推动发展。把专项视察作为民主监督的重要方式。一年来，围绕全市重点工业项目建设、酿酒葡萄产业发展、义务教育均衡发展、人民调解等工作，开展专项视察活动。关于完善政策健全机制加快工业转型发展、探索集团化办学模式推动教育优质均衡发展、加强队伍建设提高人民调解员化解社会矛盾能力等意见建议得到了有效办理。其中，《关于全市重点工业项目建设进展情况视察报告》得到市委、政府高度重视，制定出台了《关于促进工业经济平稳增长的意见》，为加快工业园区建设，推动一批大项目、好项目落户我市，促进工业经济转型升级起到了积极推动作用。

多方参与广泛监督。注重政协民主监督与党内监督、法律监督、行政监督和舆论监督工作的有机结合，将监督触角延伸到党风政风行风建设的各个方面，推荐47名委员担任民主监督员，参与了行风评议、电视问政、执纪执法等活动，对政务环境、民生事业、行政执法等群众关心关注的热点问题从不同视角提出改进措施，履行监督职能，促进了部门工作效能的进一步提升，实现了民主监督工作的常态化。

四、聚焦发展，关注民生，参政议政务实有为

常委会主动适应全市经济社会发展的新形势和新任务，努力为推动经济转型发展、促进民生改善献计出力。

深入调研服务发展。坚持把调查研究作为参政之基、议政之本，围绕全市工业经济转型升级、文化产业发展、社会事业进步等课题深入调研，认真分析论证，形成了关于大力推动全市工业经济转型升级、文化遗产保护和利用、全市机关事业单位养老保险制度改革等调研报告。关于集聚人才技术推动酿酒产业创新发展、保护利用并重推动文化旅游融合发展、尽快解决部分未占编人员的参保登记问题等意见建议得到了采纳落实，促进了调研成果的转化，为市委、政府科学决策提供了有益参考。

社情民意惠及民生。广泛收集社情民意，完善社情民意征集、报送、跟踪督办机制。一年来，收集社情民意54件，报送《社情民意》38期。《关于加强宁夏贺兰山东麓葡萄酒产区品牌保护的建议》、《关于修建宁夏工委纪念碑的建议》得到了自治区政府领导批示，并批转自治区相关部门办理；《关于加强清秀园基础设施建设的建议》、《关于加强流动餐车管理的建议》等12期社情民意得到了市委、政府主要领导的批示，社情民意“直通车”的作用得到了充分发挥。

扶贫帮困奉献爱心。一年来，依托全市政协委员基层联系点，组织三级政协委员察民情、解民忧、纾民困，大力开展政策宣传、科技咨询、扶贫帮困、圆梦微心愿等活动47次；救助3名患重特大疾病贫困户8万余元，为全市109户困难群众送去了价值5万余元的电视机、洗衣机、轮椅等生活用品，涌现出了魏晓明、哈颜波、高金山等一大批表现突出的委员，彰现了政协委员心系群众、奉献社会的责任情怀，社会主义核心价值观得到了进一步发扬光大。《华兴时报》进行了专题报道。

五、突出主题，增进共识，团结联谊彰显活力

常委会突出团结民主两大主题，充分发挥人民政协汇聚民智、凝聚人心、共谋发展、促进和谐的优势和作用。

团结各界凝聚力量。坚持开放议政、平等协商，支持和保障各民主党派、人民团体通过政协渠道履行职责、发挥作用。深入推进与各民主党派、人民团体、工商联和无党派人士的走访联系制度；支持市政协各参加单位在民主监督中的积极作为，安排他们列席政协常委会议，参加市政协组织的调研、视察等活动，为他们参政议政积极搭建平台，营造了团结民主、共促发展的良好氛围。

协调关系促进和谐。围绕民族团结创建工作，积极参与民族宗教政策“八进”、和谐寺观创建等活动，教育引导信教群众爱国爱教、和睦相处，发挥了宗教场所团结信教群众、促进一方和谐的重要作用；围绕全市食品管理工作，深入食品加工企业、商场等场

所调研视察，提出意见建议，促进了食品行业的健康发展；坚持重大节日走访慰问宗教界人士，加强与民族宗教界人士和信教群众的沟通交流，增进了思想共识，促进了民族和睦、宗教和顺、社会和谐。

扩大宣传增进交流。配合完成了自治区、吴忠市政协开展的各项调研视察活动；先后接待区内外政协来青考察、调研、学习30余次，大力宣传推介青铜峡良好的生态和发展环境，为引进人才、招商引资牵线搭桥，推动了携手发展；加大文史撰稿员队伍建设，聘请文史资料撰稿员40名，开展文史资料的征集、整理、研究工作，征集“三亲”史料32篇、《百年回族实录》史料23篇，完成了《青铜峡市政协改革史》的撰写，发挥了文史资料“存史资政、团结育人”的作用。

六、夯实基础，提升素质，自身建设不断增强

常委会坚持不懈提高政协工作的科学化水平，采取有效措施，增强工作活力，夯实履职基础，自身建设迈上了新台阶。

凝心聚力抓班子。严格执行新形势下党内政治生活若干准则，坚持党的民主集中制，认真落实中央八项规定和自治区若干规定等精神；修订完善了《常务委员会工作规则》和《专门委员会工作通则》，充分发挥常委班子的集体领导作用，着力营造风清气正的良好环境；坚持示范引领，持之以恒正风肃纪，领导班子的政治敏锐性、政治鉴别力进一步提升，参政议政能力、开拓创新能力进一步增强。

固本强基抓队伍。坚持市政协主席、副主席联系常委、常委联系委员、委员联系群众的“三联系”工作制度，切实加强与委员的联系；加强委员培训，举办了3期委员培训班，就党的十九大及自治区第十二次党代会精神、政协理论、提案撰写、反映社情民意信息、依法履职等方面进行专题辅导，提高了委员履职能力；加强委员管理，修订完善了《市政协委员履职管理办法》等制度，接受了6名委员辞职申请，撤销了1人的政协委员资格，增补了48名政协委员；充分发挥委员的主体作用，组织委员广泛开展了“送一策、献一计、联一企、解一难、扶一户”的“五个一”活动，不断调动了委员履职建言的积极性、主动性。

强化措施抓管理。深入推进“两学一做”学习教育常态化制度化，始终坚持作风建设永远在路上；不断健全完善机关规章制度，全面加强思想、组织、作风建设，着力提高干部队伍素质；全面加强机关精神文明建设，自觉践行社会主义核心价值观；深入推进基层服务型党组织建设，努力营造政治坚定、团结务实、勇于担当、敢于创新的良好氛围；加强政协理论研究，年内向区、市政协报送理论文章22篇；组织老干部参加各项活动，关心他们的学习生活；改进文风会风，严格经费管理，厉行勤俭节约。机关作风明显改进，机关工作活力不断增强，服务能力显著提升，有力保证了政协工作的顺利推进。

各位委员、同志们，过去一年所取得的成绩，得益于市委的正确领导，得益于人大、政府的大力支持，凝聚着全体委员的心血和汗水，蕴含着政协各参加单位的团结与合作，汇聚着社会各界对政协工作的理解和支持。在此，我代表市政协常委会，向关心和支持政协工作的各位领导、广大政协委员、政协工作者和社会各界人士表示崇高的敬意和衷心的感谢！

在全面回顾工作的同时，我们清醒地认识到，工作中还存在一些亟待加强和改进的方面，主要是：协商议政的成果有待于进一步转化；民主监督的领域有待于进一步拓展；委员主体作用有待于进一步发挥等。真诚欢迎各位委员提出批评和建议，帮助我们改进工作。

（市政协办公室）

青铜峡市2017年国民经济和社会发展统计公报

2017年，面对经济社会发展新形势、新机遇，全市上下全面贯彻落实各项宏观调控政策，紧紧围绕“1155”战略目标任务，坚持稳中求进的工作总基调，千方百计调结构、促转型、稳增长、惠民生，强化措施，真抓实干，经济社会保持平稳健康发展。

一、综合

初步核算，2017年全市实现地区生产总值150.4亿元，按可比价计算，比上年增长6.2%。分产业看：第一产业实现增加值17.6亿元，增长4.2%；第二产业实现增加值93亿元，增长6.4%；第三产业实现增加值39.8亿元，增长6.6%。三次产业比例为：11.7∶61.8∶26.5。第一产业比重下降1个百分点，第二产业比重提高1.5个百分点，第三产业比重下降0.5个百分点。人均地区生产总值50881元。

2017年地区生产总值构成图

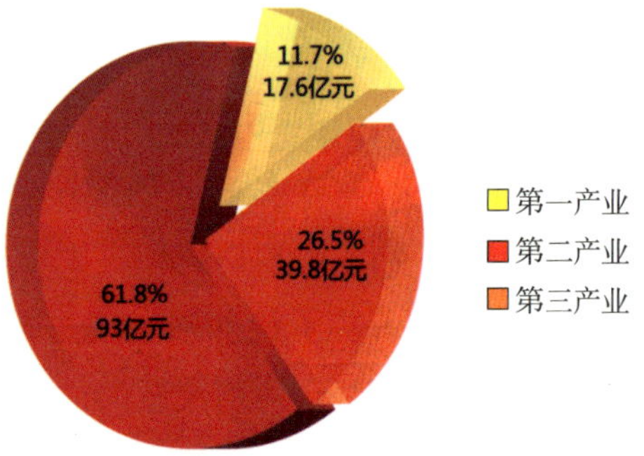

地区生产总值及增速

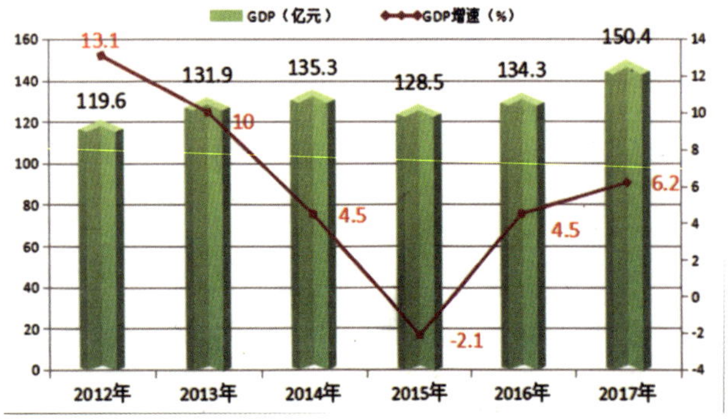

二、农林牧渔业

全年实现农林牧渔业总产值33.2亿元，比上年增长4.5%；完成增加值18.4亿元，同比增长4.3%。其中，农业产值20.9亿元，增长3.3%；林业产值0.2亿元，增长6.5%；牧业产值9.4亿元，增长7%；渔业产值1.6亿元，增长5.3%，农林牧渔服务业产值1.1亿元，增长5.3%。

农业总产值及增速

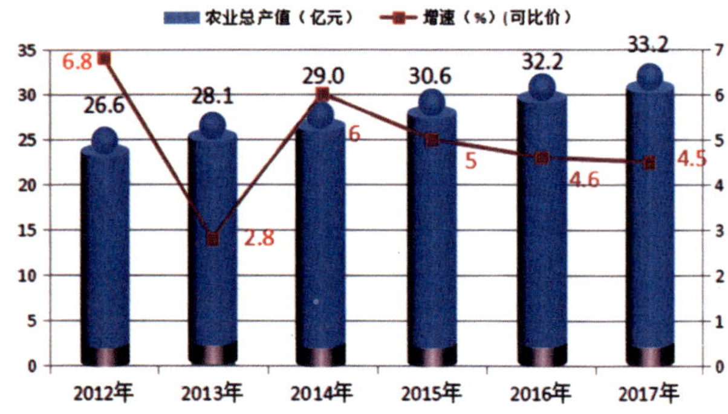

全年落实农作物播种面积87.1万亩，比上年下降3.2%，其中：粮食作物播种面积54.7万亩，下降10.2%；蔬菜种植面积14.5万亩，增长3.6%。粮食总产量27.2万吨，比上年下降4.1%。蔬菜总产量50.9万吨，比上年增长6.3%。葡萄总面积达到13.2万亩，其中：酿酒葡萄面积10.9万亩。

年末生猪存栏8.9万头，比上年增长14.1%；生猪出栏13万头，比上年增长10.6%。牛存栏6.7万头，比上年增长11.2%；牛出栏2.1万头，比上年增长10.9%。羊只存栏17.8万只，比上年下降1.8%；羊只出栏23.4万只，比上年增长3.5%。家禽存栏为166.6万只，比上年下降18.2%；家禽出栏72.8万只，比上年增长0.5%。全年肉类总产量1.9万吨，比上年增长10.5%；禽蛋总产量1.6万吨，比上年下降7%；奶类总产量18.2万吨，比上年增长10.5%。

全年共完成造林面积2.8万亩，比上年增长80.1%。水果面积 20.5万亩，比上年下降2.1%，水果总产量14.4万吨，比上年下降6.2%。全市渔业养殖面积7.2万亩，与上年持平；水产品总产量1.9万吨，比上年增长5.1%。

全市农用化肥施用量9.7万吨。全年农村用电量8405万千瓦时，比上年增长38.8%。

三、工业和建筑业

全年实现规模以上工业增加值比上年增长4.9%。在规模以上工业中，分轻重工业看：轻工业增加值比上年增长11.4%，重工业完成工业增加值比上年增长3.9%。在规模以上工业中，分企业规模看：大中型企业实现工业增加值比上年增长6.2%；小型企业实现工业增加值比上年下降6.2%。

规模以上工业增加值增速

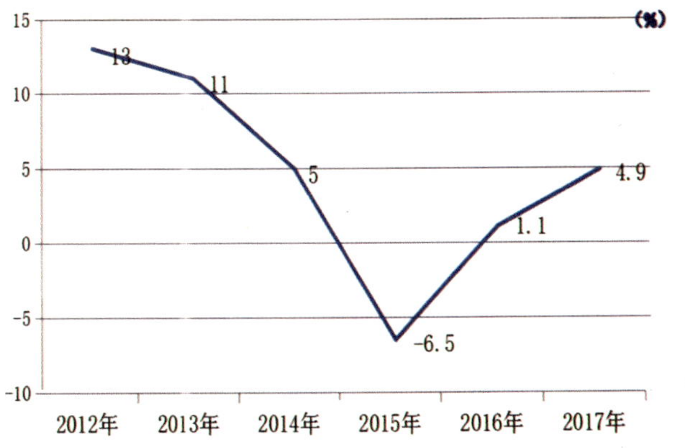

全市规模以上工业实现主营业务收入221.7亿元，比上年增长13.6%。实现利润1.03亿元，下降80.4%。

全市规模以上工业综合能源消费量(等价值，下同)391.9万吨标准煤，比上年增长2.2%，增幅同比扩大1.2个百分点。单位工业增加值能耗比上年下降2.5%。全市规模以上工业企业累计消耗电力98.9亿千瓦时，比上年增长0.8%。

2017年规模以上工业企业主要产品产量

产品名称	单位	产量	增速%
发电量	亿千瓦时	194.2	4.4
其中：火力发电量	亿千瓦时	178.2	4.4
水力发电量	亿千瓦时	10.3	12.1
铝	吨	395300	0.2
铝材	吨	14659	-73.2
石墨及炭素制品	吨	84414	28.7
铁合金	吨	48194	-44.9
滚动轴承	万套	484	29.7
电石	吨	235313	11.3
烧碱	吨	149960	1.9
PVC树脂	吨	214271	3.6
水泥	吨	2495991	5.8
硅酸盐水泥熟料	吨	1983867	8.5
其中：窑外分解窑水泥熟料	吨	1667749	9.5
葡萄酒	千升	5897	0.4

全市具有三级及三级以上资质等级的建筑企业18家，完成建筑业总产值6.3亿元，比上年增长9.1%；实现主营业务收入9.9亿元，比上年下降36.9%；实现利税1.1亿元，比上年增长37.5%。

四、固定资产投资

全年完成全社会固定资产投资136亿元，比上年增长13.2%。其中：完成基本建设投资125.8亿元，增长9.8%；完成更新技术改造投资6.3亿元，增长8.6%；完成房地产开发投资3.9亿元，下降60.7%。

固定资产投资及增速

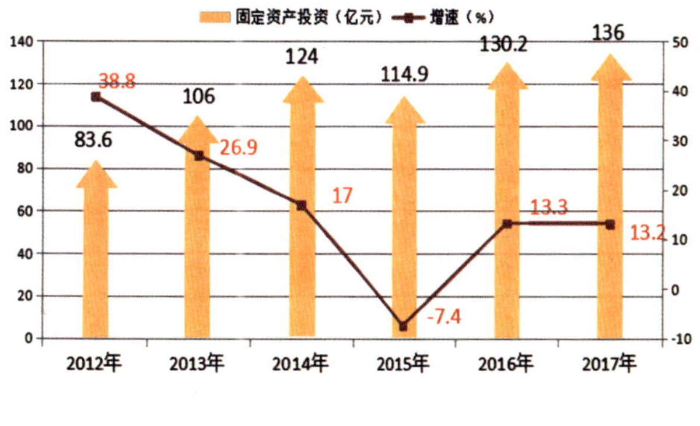

从投资结构看：第一产业完成投资16.8亿元，比上年增长0.3%，占固定资产投资的12%；第二产业完成投资76.7亿元，比上年增长5.7%，占固定资产投资的56%；第三产业完成投资42.5亿元，比上年增长3%，占固定资产投资的32%。

全年完成房地产开发投资3.9亿元，比上年下降60.7%。全市房屋施工面积达83.2万平方米，比上年增长2.7%，其中：住宅施工面积52.6万平方米，增长7.6%；商业营业用房施工面积23.5万平方米，增长3.5%。商品房销售面积17.6万平方米，比上年下降29.8%；商品房销售额5.1亿元，比上年下降35.7%。

五、贸易和旅游

全年实现社会消费品零售总额22.5亿元，比上年增长9.4%。分地区看，城镇市场实现社会消费品零售额18.3亿元，比上年增长9.8%，占社会消费品零售总额的80.9%；农村市场实现社会消费品零售额4.2亿元，比上年增长7.7%。分行业看，批发和零售业实现消费品零售额15.3亿元，比上年增长10%，占社会消费品零售总额的68%；住宿和餐饮业实现消费品零售额7.2亿元，比上年增长8%。

社会消费品零售额及增速

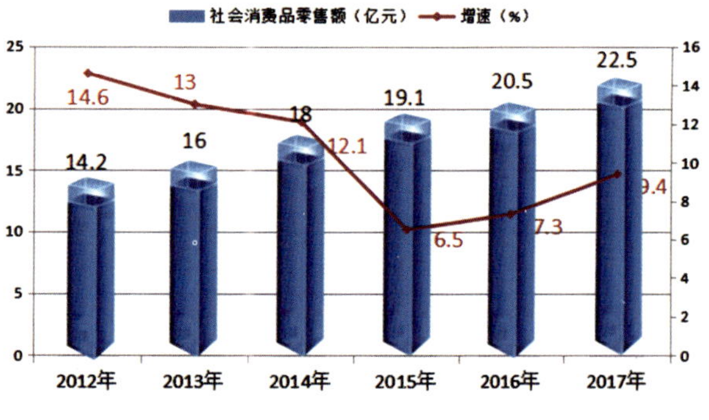

年末全市共有AAAA级景区3个(黄河大峡谷、黄河坛、中华黄河楼)。全年接待游客300.5万人次，比上年增长22%；实现营业收入0.8亿元，比上年增长9%。

六、交通和邮政

年末全市公路通车里程1764.8公里，比上年年末增加12.7公里，其中高速公路通车里程88.1公里，乡道414公里，村道886.4公里。年末营运车辆4568辆，其中：货车车辆3882辆，客车车辆686辆。全市公路货运量1238万吨，公路货运周转量15179万吨公里；公路客运量1472万人，客运周转量11216万人公里。

全年完成邮政业务总量831.8万元，比上年增长12.6%。全年完成函件业务10.5万件，包裹快递业务11.5万件，征订各类报纸杂志累计323.1万份。

七、财政、金融和保险

全年完成公共财政预算总收入37.8亿元，比上年下降11.3%；地方公共财政预算收入7.95亿元，同口径比上年增长11.2%。地方公共财政预算支出29.1亿元，比上年增长3%。

年末，全市金融机构人民币存款余额131.9亿元，比上年增长3.1%，从结构看，住户存款余额89.5亿元，比上年增长4.2%；单位存款余额18.9亿元，比上年下降6%；财政性存款余额0.6亿元，比上年下降26.9%。全市金融机构人民币贷款余额147.1亿元，比上年增长10.4%。从期限分布看，短期贷款余额60.8亿元，比上年增长2.9%；中长期贷款余额76.7亿元，比上年增长16.2%。

财政收入、支出

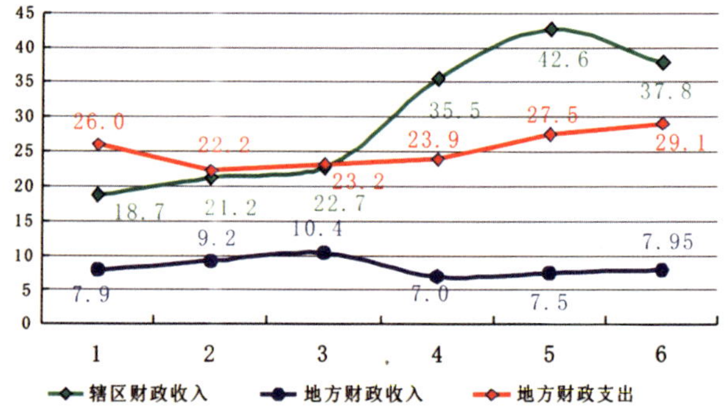

全年实现保费收入34966万元，比上年增长18.3%，其中：财产险保费收入8960万元，增长9.4%；人寿险保费收入26006万元，增长21.7%。全年各项

支出13150万元,比上年增长24.3%,其中:财产险赔款支出5726万元;人寿保险支出7424万元。人寿险赔款支出646万元,医疗给付金额125万元,死亡给付金额487万元,满期给付金额1554万元。

八、城市建设和安全生产

建城区面积33.4平方公里，建成区绿化覆盖率39.55%,建成区绿地率35.16%,城市人均公园绿地面积17.36平方米。生活垃圾无害化处理率92.73%。城市拥有道路长度242.06公里,道路面积420万平方米,人均城市道路面积29.49平方米。全年供水总量1571.36万立方米,集中供热面积518万平方米,液化石油供气总量703吨,天燃气供气总量4924万立方米。

全市共发生生产经营性事故6起,死亡6人(工矿商贸2人、道路交通4人),比上年增长50%;直接经济损失228万元，比上年增长48.2%；亿元GDP生产安全事故死亡人数0.04人/亿元。

九、科技、教育、文化与卫生

全年实施各类科技项目49项,转化新技术成果19项,开发新产品53个,获得省部级以上科技成果奖9项。全市专利申请量达到161件,专利授权量达到105件,万人拥有有效发明专利达到1.85件。全市科技特派员354人,创办领办企业、协会、合作社99个,建立示范户7995户,辐射带动农户11790户。建立科技示范点82个,示范推广先进实用技术48项,引进试验示范新品种66个。

全市共有各类学校88所,其中:职业中学1所,普查高中2所,普通初中6所,普通小学43所,幼儿园31所。全市教职工3384人,其中:专任教师2892人。在校学生总数43606人,其中:普通高中在校学生4984人,普通初中在校学生9324人,小学在校学生19304人,幼儿园7087人。

全市现有国办文化体育事业(广播影视)单位15个,其中:文化馆1个、图书馆1个、文物所1个、广播电视台1个、农村电影放映中心1个,乡(镇)文化站8个,街道文化站1个,林场文化站1个。有专业文化艺术表演团体1个,业余文艺团队42个。有村级文化室85个,标准文化大院10个,村级文化体育中心户154个，文化信息资源共享工程基层服务点12个。有各类体育协会12个,体育俱乐部6个,各类社会体育指导员534人，建成镇级全民健身广场8个,移民村体育健身广场3个,体育活动中心1所。全市共有标准体育场地1624个（其中城区720个,镇(场)904个),城区人均场地面积1.2平方米。电台开办栏目7个,广播、电视信号在青铜峡全境的覆盖率达到了98%，同时青铜峡广播电台和中央人民广播电台《中国乡村之声》进行合作,面向广大农村开展广播宣传服务。

全市共有公立医疗卫生机构17个,其中:综合医院2个,卫生院9个,卫生监督机构1个,疾病预防控制机构1个,妇幼保健机构1个,社区卫生服务站2个,厂(场)综合医院1个。实有床位950张,职工1498人,卫生技术人员1237人,其中:执业医师及执业助理医师385人,注册护士568人。

十、人口、人民生活与社会保障

按公安局户籍人口统计：年末全市总户数107936户，总人口284431人，其中：非农业人口90261人,男性145260人。全市汉族人口213822人,占总人口的75.2%;回族人口69015人,占总人口的24.3%。按照人口抽样统计调查,2017年全市常住人口296989人,其中:城镇人口149920人,乡村人口147069人。全市人口出生率为10.53‰，死亡率为5.34‰,人口自然增长率为5.19‰。

全年城镇居民人均可支配收入25547元，同比增加1914元,增长8.1%。其中:工资性收入17904元,增长6.9%,占可支配收入的70.1%;经营净收入2704元，增长6.2%；转移净收入3922元，增长13.8%;财产净收入1017元,增长14.3%。

全年农村居民人均可支配收入13135元，比上

城镇居民可支配收入及增速

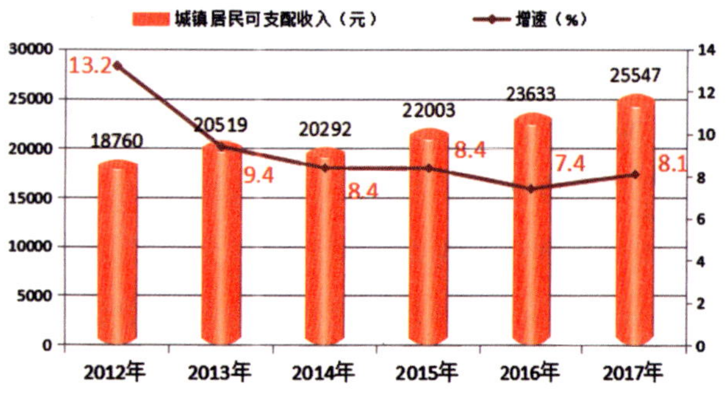

年增加 1095 元，增长 9.1%。其中：工资性收入 6464 元，增长 12.1%，占农民人均纯收入的 49.2%；经营净收入 5647 元，增长 5.1%；财产净收入 309 元，增长 14.8%；转移净收入 714 元，增长 13.1%。

全市城镇新增就业 5247 人，城镇登记失业率为

农村居民人均可支配收入及增速

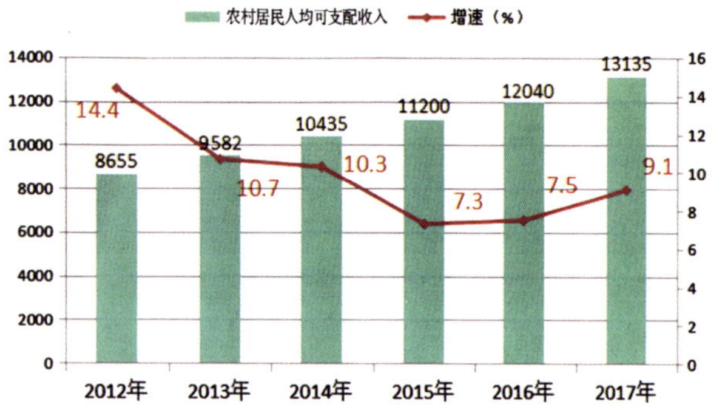

3.87%。农村劳动力转移就业 24619 人，实现工资性收入 30018 万元。开展创业能力培训 300 人。培育小企业 189 家，培养小老板 396 人，创造新岗位 1451 个，带动就业人数 2623 人。

年末参加企业职工基本养老保险的人数（含其他人员，即以个体身份参保人员）达到 60185 人。比上年增加 1845 人，增长 3.0%。其中，参保职工 44964 人，离退休人员 15221 人。企业养老保险负担系数为 0.339。企业退休人员月人均基本养老金 2327 元，比上年人均增加 76 元，增长 3.4%。参加城乡居民养老保险人数 94697 人。参加失业保险人数 38160 人。

年末参加城镇职工医疗保险人数 39629 人，其中：在职职工 27339 人，占总参保人数的 69%；退休职工 12290 人，占总参保人数的 31%。享受待遇人数 34377 人。参加城乡居民医疗保险人数 219732 人，其中：成年人 164816 人，享受待遇人数 148360 人。参加工伤保险人数 32783 人，生育保险参保人数 25763人。

全市拥有敬老院 2 所，床位 264 张，集中供养人数 112 人。年末城镇享受最低生活保障人数为 3416 人，共发放城市最低生活保障金及临时补贴 1744 万元。农村享受最低生活保障人数为 9671 人，共发放农村最低生活保障金及临时补贴 2906 万元。

注：1.本公报中统计数据为初步统计数，正式数据以统计年鉴为准

2.地区生产总值及各产业增加值和行业总产值指标绝对数按现价计算，增长速度按可比价格计算

3.人均生产总值按常住人口测算

4.数据中道路面积与往年出入大，是核实后准确的数据

（青铜峡市统计局　国家统计局青铜峡调查队）

大事记

编辑◎何艳珍

1月

1日，青铜峡市第三次全国农业普查登记工作全面展开。普查时间为2016年1月1日—12月31日。内容包括农业从业者、农业用地、农业生产能力和结构、新农村建设等10个方面。普查对象涉及8个镇、1个街道和3个农林场，108个村、社区，57000农户。

3日，青铜峡市召开2017年棚户区改造动员会。总结2016年全市棚户区改造工作情况，安排部署2017年棚户区改造工作，下发《青铜峡市2017年棚户区改造实施方案》《青铜峡市2017年棚户区改造货币化购买安置房、商品住房实施意见》。

11日，青铜峡市委、政府制发《青铜峡市脱贫攻坚建档立卡贫困户脱贫奖励暂行办法》。

16—25日，青铜峡市2017年迎新春特色商品展销会在小坝城市东区农贸市场举办。

18日，市委常委班子召开2016年度民主生活会。通报2015年度市委常委班子民主生活会整改方案落实、市委领导班子征求意见情况，石瑞林代表市委常委班子进行对照检查，开展批评与自我批评；其他班子成员结合自身实际，深入查摆理想信念、遵守政治纪律和政治规矩、作风建设、担当作为、落实全面从严治党等方面存在问题。

21日，"青铜峡大米"地理标志证明商标成功注册，成为青铜峡市首件地理标志证明商标。

23日，中共青铜峡市纪委十二届二次全体(扩大)会议暨全市党风廉政建设和反腐败工作会议在龙海宾馆召开。

是月，青铜峡市公安局被公安部命名为"全国公安机关执法示范单位"。

是月，宁夏能源铝业青鑫炭素有限公司荣获"宁夏首届质量百强企业"称号，"青鑫"品牌获宁夏回族自治区第八届"著名商标"称号，这是青铜峡市唯一获得本届"著名商标"的工业企业。

是月，宁夏能源铝业青铜峡分公司"邓宏兴劳模创新工作室"被自治区人力资源和社会保障厅、财政厅联合授予"自治区技能大师工作室"称号，并获得自治区提供的10万元科技创新专项资金。

是月，叶盛镇地三村被自治区确定为全区首批十大特色产业示范村。

是月，中华黄河楼景区获评国家AAAA级旅游景区。

2月

3日，市委、政府印发《青铜峡市法治政府建设实施方案(2016—2020年)》。

5日，自治区主席咸辉调研青铜峡市农业农村工作。

6日，中共吴忠市常委、青铜峡市委书记石瑞林先后对叶盛地三滨河大道改造提升项目主题驿站项目、自行车慢车道项目、大坝镇中庄村滨河大道改造提升项目主题驿站项目、青铜峡镇鲤鱼跃龙门主题驿站项目、贺兰山东麓葡萄小镇及贺兰山下旅游线自驾游基地项目进行实地踏勘、专题调研。

9—10日，中共吴忠市委常委、青铜峡市委书记石瑞林深入青铜峡铝业股份有限公司等9家公司，对青铜峡市重点工业企业运行情况进行调研。

21日，2016年度全国十大考古新发现评选活动启动，青铜峡市鸽子山遗址入围40个初评候选项目。

3月

3日，青铜峡镇同兴村被国家民委命名为"中国少数民族特色镇"。

6日，青铜峡市"双百"行动建设项目之一的宁夏锦绣轻合金循环经济产业有限公司"轻量化节能物流循环装备智能制造项目"正式开工。

8日，青铜峡市举办庆祝"三八"国际劳动妇女节暨"巾帼创业创新·共建实力古峡"颁奖典礼。

9日，自治区纪委副书记，人大常委会委员、内务司法委员会主任委员陶进带领执法检查组，对青铜峡市贯彻落实《中华人民共和国工会法》和《自治区私营企业工会条例》情况进行检查。

10日，国家林业局对青铜峡野生动物疫源疫病监测防控工作进行督导检查。

15日，青铜峡市、中宁县、贺兰县农村淘宝服务中心三县联动启动会在青铜峡市举行。

是日，新一中马尔堡培训酒庄项目在青铜峡市鸽子山中法葡萄酒庄集群示范区破土动工。

4月

6日，青铜峡市首家"携手同行"志愿者联合会在峡口镇成立。

10日，自治区人民政府办公厅对青铜峡市重点工作、重点项目及第一季度项目开工等情况进行督查。

11日，自治区党委常委、纪委书记许传智对青铜峡市经济社会发展和党风廉政建设情况进行专题调研。

12日，全国工商联百名企业家到青铜峡市考察宁夏鸿亚特种钢管有限公司年产9万吨精密轴承钢管及3亿件精密车件项目、菲斯克汽车轮毂制造项目、黄河楼等招商引资项目及全域旅游规划建设情况。

是日，青铜峡市举行黄河金岸低空旅游等6个项目集中签约仪式。

13日，中共吴忠市委书记沈左权对青铜峡市旅游重点项目以及招商引资项目进展情况进行调研。

14日，自治区主席咸辉到青铜峡调研引黄灌区抗旱保灌、水量调度和渠首大坝水利风景区建设。

16日，第二季中国新歌声全国城市海选青铜峡赛区在黄河楼旅游景区开赛。

20日，自治区妇联主席董玲调研青铜峡市农村妇女创业担保贷款、妇女儿童维权以及社区妇联工作。

是日，自治区公安厅党委副书记、常务副厅长陈栋桥对青铜峡市基层派出所所容所貌、内务卫生、办公设施及基层视频监控系统运行、管理和"一村(社区)一警"社区警务工作开展情况进行调研。

24日，全国政协教科文卫体委员会副主任、香港中华总商会会长、香港新华集团董事局主席蔡冠深对青铜峡市经济社会发展情况进行考察。

25日，中国共产党青铜峡市第十二届委员会召开第三次全体(扩大)会议。

是日，自治区人大常委会副主任吴玉才到青铜峡市就"三去一降一补"实施情况进行专题调研。

是日，青铜峡市召开2017年禁毒工作暨创建全区禁毒示范市启动会。

26日，全市第十二届小学生田径运动会在市职教中心开幕。

是日，国务院安委会安全生产巡查第八巡查组对青铜峡市安全生产工作开展情况进行巡查。

28日，青铜峡市境内吴忠黄

河大桥收费站、109国道地三收费站、109国道广武收费站、吴青路黄河桥收费站4个政府还贷普通公路收费站停止收费，正式撤销。

是日，青铜峡市黄河文化美食节暨特色商品展销会在黄河楼欧蓓莎商业广场举办展销会，为期4天。

29日，宁夏引黄古渠系“申遗”万人签名暨黄河拜水盛典演出活动，在青铜峡中华黄河楼举行。

5月

2日，中共吴忠市委书记沈左权对青铜峡市经济社会发展情况进行调研。

10日，市委下发《关于深入推进全面从严治党的实施意见》。

11日，自治区党委常委、自治区政府常务副主席张超超调研青铜峡市工业企业和重点项目建设情况。

14日，中华黄河坛景区举行“传承千载黄河文化，感恩慈母养育之情”2017年第七届感恩母亲河庆典活动。

15日，青铜峡市西夏渠鸽子山扬水二期工程西线竣工通水。

19日，青铜峡市公安局被公安部授予“全国优秀公安局”荣誉称号。

是日，青铜峡市召开推进“两学一做”学习教育常态化制度化、开展机关干部“下基层”、群众评议机关作风、基层党建工作规范提升年工作会议。

25日，自治区政协副主席安纯人到青铜峡市考察食品药品安全工作。

是日，《中国新歌声》全国城市海选青铜峡赛区暨第二季青铜峡好声音决赛在银河广场举行。历时2个月比赛，来自峡口镇任桥小学的毛丽荣获冠军。

27日，中共吴忠市委常委、青铜峡市委书记石瑞林，市政协主席王洋，市委常委、政府常务副市长杨春燕带领有关部门负责人赴北京中商国能集团有限公司对接考察文化旅游产业项目。

是月，青铜峡市在大坝镇建成全区首家农村党员警示教育基地。

是月，宁夏宁朔香粮油食品有限公司、宁夏金穗现代农业开发有限公司、青铜峡市恒源林牧有限公司3家企业进入自治区第八批农业产业化重点龙头企业行业。至此，青铜峡市重点龙头企业总数由13家增至16家。

6月

2日，青铜峡市召开建立社会投资项目行政职权和服务事项工作规程试点工作动员会。

6日，青铜峡市召开迎接国务院第四次大督查工作会议。

14日，自治区副主席刘可为到青铜峡市调研环境保护工作。

是日，自治区政协副主席张学武到青铜峡市调研社区矫正工作。

16日，青铜峡市在龙海宾馆举办2017年“一带一路”贺兰山东麓青铜峡产区葡萄酒推介会。来自全国29个省市近300名从事酒类贸易的经销商、国内外专家、学者及从业人员参加会议并品鉴产区美酒。

19日，青铜峡市在龙海宾馆大会堂召开贯彻落实自治区第十二次党代会精神专题辅导报告会。中共吴忠市委书记沈左权为与会人员作十二次党代会专题辅导。

20日，全市首家村级农村党校——瞿靖镇尚桥村党校举行开班仪式。

26日，自治区主席咸辉看望慰问青铜峡市部分穆斯林群众。

30日，青铜峡市人民政府印发《关于促进工业经济平稳增长的意见》，从企业项目建设、转型升级、创新发展、增产达效、多元融资、纳税、绿色发展7个方面提出22条意见。

7月

4日，自治区副主席王和山到

青铜峡市调研创建国家全域旅游示范市工作。

5日，自治区政协副主席刘小河到青铜峡市调研城市困难群体帮扶工作。

8日，自治区农林科学院农作物研究所邀请中国农科院研究员叶兴国、西北农林科技大学教授闵东红等专家到市良繁场观摩小麦新品种展示示范区建设情况。

9日，中共吴忠市委书记沈左权、市长喜清江率领吴忠市产业发展和重点工作现场交流会参会人员，实地观摩青铜峡市2017年重点项目及工作情况。

10日，“十三五”易地扶贫搬迁安置欢迎仪式在叶盛镇集中举行。搬迁对象为西吉县20个乡镇建档立卡贫困户，青铜峡市采取插花安置方式，投资4700万元在邵岗、瞿靖、叶盛3个镇回购住房予以安置，率先在叶盛安置搬迁移民90户459人。

19日，安徽省人大常委会委员、省人大常委会人事代表选举工作委员会主任陈启涛实地考察青铜峡市现代农业发展情况。

20日，中共吴忠市委常委、青铜峡市委书记石瑞林调研青铜峡市残疾人康复中心项目建设。

是日，自治区人大常委会副主任、中华环保世纪行——宁夏行动组委会主任孙贵宝就青铜峡市环境保护工作情况进行调研督查。

是日，自治区人大常委会副主任刘慧芳深入市裕民街道办事处，为全体党员干部作自治区十二次党代会精神、“两学一做”专题辅导。

是日，由自治区体育局主办、青铜峡市文化体育广电局承办的2017年全国青少年“未来之星”阳光体育大会“龙海杯”全区青少年举重锦标赛在市龙海宾馆开赛。此次比赛为期3天，来自全区15支代表队、147名运动员参加。

21日，“全国卫视看宁夏”大型主题采访活动启动仪式在青铜峡市中华黄河楼举行，中央电视台及全国30多家卫视媒体的记者围绕深入贯彻落实习近平总书记来宁视察重要讲话精神和自治区第十二次党代会精神，集中采访展示宁夏经济社会发展的新成效、新举措、新风貌。

21日，新建青铜峡市叶盛黄河公路大桥正式合龙。

24日，青铜峡市举办学习宣传自治区第十二次党代会精神专题辅导报告会。自治区第十二次党代会宣讲团成员、区直机关工委副书记蔡旭东作专题辅导。

是日，青铜峡市举办国防形势报告会。国防大学联合作战学院教授王建华作国防形势报告。

26日，自治区副主席马力、政协副主席田成江带领全区民族团结进步暨和谐寺观教堂创建互观互检观摩组实地观摩青铜峡市民族团结进步创建工作。

28日，全区行政审批改革试点工作推进暨培训会在青铜峡市举行。

是日，全国总工会集体协商调研督查组来青调研督查《中华全国总工会深化集体协商工作规划（2014—2018）》落实情况。

是月，青铜峡市叶盛镇被农业部评为“全国一村一品市范村镇”。

是月，青铜峡市被国家体育总局评为2013—2016年度全国群众体育先进单位。

8月

1日，中国共产党青铜峡市非公有制经济组织和社会组织工作委员会成立。

2日，青铜峡市惠民小额贷款有限责任公司挂牌成立。

4日，“黄河岸边　向阳花开”旅游观光节暨黄河生态园仲夏嘉年华活动在陈袁滩镇黄河生态园景区开幕。

7日，西夏渠鸽子山扬水二期工程南线竣工通水。

10日，中共吴忠市委书记沈左权就青铜峡市食品、装备制造行业生产经营情况进行调研。

是日，“牢记嘱托，实干兴宁，走好新的长征路”第十三届全国网络媒体宁夏行的70余名网媒记者走进禹皇酒庄、中华黄河楼采风。

是日，青铜峡黄河大峡谷景区跨东干渠景观桥竣工开放。

11日，由中国互联网新闻中心(中国网)联合发起的"保护黄河万里行直播行动"走进中华黄河楼。此次行动途经20个地市州30余个站点,青铜峡是第15个站点。

是日,中共吴忠市委书记沈左权对青铜峡市全面深化改革工作情况进行调研。

是日，青铜峡市迎来"十三五"期间易地扶贫第二批98户移民搬迁入住。在叶盛镇、瞿靖镇和邵岗镇,来自西吉县的98户移民陆续办理土地流转、子女入学等相关手续。

16日，自治区政协副主席蔡国英调研青铜峡市全域旅游示范市创建工作情况。

22日,自治区工商联主席何晓勇就青铜峡市非公有制经济发展和工商联工作开展情况进行调研。

25日，自治区党委老干部局副局长奚光华带领区直机关厅级离退休干部一行130余人，先后深入宁夏锦绣轻合金循环经济产业有限公司铝材深加工项目、宁夏汇高科技集团有限公司智能制造项目、宁夏菲斯克汽车轮毂轴承有限公司汽车轮毂等项目建设现场参观考察。

28日，青铜峡市举行2017年"金秋助学"助学金发放仪式。市总工会为117名困难职工(农民工)家庭大学生发放助学金39万元。

29日，内蒙古乌兰察布市卓资县党政考察团参观考察青铜峡市经济社会发展情况。

是日，青铜峡市召开旅游协会成立暨第一届全体会员大会，表决通过《协会章程》和《协会会费标准及管理办法》,选举产生旅游协会第一届理事、秘书长、副会长、常务副会长、会长。

9月

4—6日,大型纪录片《中国影像方志》剧组到青铜峡市进行前期勘景。

5日,市委印制《关于贯彻中央八项规定精神进一步加强和改进市级领导班子作风建设的实施意见》。《意见》从切实改进调查研究、精简会议活动、改进文风、履行请示报告制度、规范公务接待、新闻报道、待遇管理和抓好落实8个方面提出22条意见。

8日,青铜峡市召开总河长第一次会议，研究部署全面推行河长制工作。

是日,青铜峡市在龙海宾馆召开第33个教师节表彰大会。

9日，第六届宁夏黄河金岸(吴忠)国际马拉松赛开赛。赛道跨越吴忠市区与青铜峡市，设有男、女全程和半程比赛。

12日,吴忠市市长喜清江对青铜峡市水污染防治工作进行调研。

15日，青铜峡市举行黄河金岸文化旅游带PPP项目签约仪式。银川交通投资有限公司分别与市旅游局、宁夏金岸明珠国有资本投资运营有限公司签订项目合作协议。

19日,青铜峡市召开《中国共产党青铜峡历史(1925—1978)》评审会。

是日,市委、政府制发《青铜峡市推进城市管理综合执法体制改革实施方案》。

是日,青铜峡市荣获"全国平安建设先进县(市)"称号。

20日，全区农作物秸秆机械化综合利用技术现场推进会在青铜峡市召开。

21—22日，第二届宁夏农机手大赛暨五征杯·第四届中国农机手大赛宁夏地区选拔赛在青铜峡市举办。

22日,青铜峡市召开《青铜峡市志(2003—2017)》编修工作启动会。

24日,陕西广播电视台"一带一路向西行"大型媒体活动走进青铜峡市中华黄河楼、黄河大峡谷和宁夏水利博物馆，开展集中采访报道活动。

25 日，“塞上江南发源地 悠悠千年古渠情”网络达人黄河行采风活动在中华黄河楼启动。

30 日，青铜峡市召开 2017 年市规划评审委员会第五次会议。

是日，青铜峡市在余家桥革命烈士陵园举行烈士纪念日公祭活动。

10 月

10 日，宁夏引黄古灌区“申遗”成功。次日，青铜峡市在大坝水利风景区举行“申遗”灌溉工程遗产目录发布仪式，在龙海宾馆举行古灌区成功“申遗”经贸商务投资洽谈会暨项目签约仪式，在中华黄河楼景区举办“中国梦·宁夏情·黄河颂”——宁夏引黄古灌区成功申遗大型公益晚会。

11 日，自治区副主席、公安厅厅长许尔锋对青铜峡市中共十九大安保维稳工作进行督导检查。

12 日，新华百货入驻青铜峡市签约仪式暨古峡商业中心销售启幕仪式在小坝举办。

16 日，青铜峡市迎来“十三五”易地扶贫第三批 44 户移民搬迁入住。

17 日，国家水利部调研组到青铜峡市调研水权确权工作。

18 日，中国共产党第十九次全国代表大会在北京隆重开幕。青铜峡市四套班子领导与广大干部职工在第一时间观看中共十九大开幕式直播。

25 日，青铜峡市召开秋冬季农田水利建设暨河长制观摩促评会。

26 日，青铜峡市召开脱贫攻坚工作推进会。

11 月

2 日，黄河宁夏吴忠段鱼类资源增殖放流活动在中华黄河坛举行。此次活动共向黄河吴忠段及附属湖泊放流黄河鲤鱼、鲶鱼、甲鱼等鱼种 1200 万尾。

3 日，自治区党委副秘书长、政研室主任白华，自治区编办主任周万生带领调研组到青铜峡市调研社会投资项目审批服务工作规程试点情况。

是日，中国共产党青铜峡市第十二届委员会第四次全体会议举行。

9 日，青铜峡市首个二手车交易市场——文锦二手车交易市场开业。

10 日，国网青铜峡电力有限公司微信缴纳电费功能正式开通。

11 日，由宁夏卫视和湖南经视联合举办的 2017 “我是县长我代言”24 小时网络直播活动正式开始，市长金永灵走进宁夏电视台直播间甘当“网红”，为青铜峡市特色农副产品代言。

12 日，“中央媒体民族地区走基层”采访组深入青铜峡市，对民族团结进步创建、少数民族特色村镇保护等方面好经验、好做法进行集中采访报道。

15 日，浙江省宁波市海曙区人大常委会考察组到青铜峡市考察。

16 日，“国培计划（2017)”宁夏培育性示范县(青铜峡市)教师专业能力提升培训项目送教下乡活动在市高级中学启动。

17 日，中共青铜峡市十二届委员会召开 2017 年第 20 次常委会议。

20 日，民革青铜峡市委会法律咨询服务中心被民革中央评为全国社会服务工作先进集体。

22 日，自治区宣讲团宣讲中共十九大精神报告会在青铜峡市举行。

24 日，市委印发《中共青铜市委巡察工作规划(2017—2022 年)》。

26—28 日，国家发展改革委稽察组对青铜峡市“十三五”易地扶贫搬迁工程进行稽察。

27 日，中国残疾人福利基金会副秘书长刘玉文带领回访组到青铜峡市开展“集善扶贫健康行”康复项目执行情况回访工作。

28 日，青铜峡市举办《青铜峡市志》编修业务培训班，120 名编写人员参加培训。

是日，“政府开放日”这天，52名来自各行各业的群众代表实地观摩政府机关办公场所、行政审批服务窗口以及重大基础设施工程等重点工作。

28—29日，青铜峡市聘请国家级考评员、烹饪大师、群众代表及相关部门管理人员组成评审组，对19家餐饮企业进行实地考核打分，评选命名青铜峡市特色餐饮名店6家、青铜峡市特色旅游饭店4家。

30日，青铜峡市召开第十次妇女代表大会。

是月，青铜峡市入围农业部40个第一批国家农业可持续发展试验示范区。

是月，青铜峡市市场管理局、市国家税务局、青铜峡镇、陈袁滩镇、补号村、邵岗镇沙湖村被命名为“第五届全国文明村镇”。

12月

4日，自治区人大常委会副主任肖云刚带领环境保护执法检查组，就青铜峡市贯彻执行《中华人民共和国环境保护法》《宁夏回族自治区大气污染防治条例》情况进行执法检查。

是日，市委、政府印发《关于贯彻落实〈中共中央国务院关于推进安全生产领域改革发展的意见〉实施方案》。

5日，国家专项督导组就青铜峡市督导义务教育“全面改薄”工作进行督导检查。

6日，青铜峡市召开全市深化国家监察体制改革试点工作动员部署会议。

是日，青铜峡市召开工会第十次代表大会。

7日，宁夏农业信贷担保有限责任公司青铜峡市分公司正式挂牌成立。这是青铜峡市第一家政策性农业信贷融资担保机构。

15日，青铜峡市召开中国共产党第十二届委员会第五次全体会议。

20—22日，政协青铜峡市第十一届委员会第2次会议召开。

21—23日，青铜峡市在龙海宾馆召开第十五届人民代表大会第2次会议。

23日，青铜峡市监察委员会召开第一次干部大会暨培训动员会。

29日，宁夏扶贫基金会“关爱学子健康行”捐赠仪式在青铜峡镇同兴村举行。宁夏扶贫基金会向青铜峡镇同兴村和同进村、邵岗镇同富村和同乐村4个移民村贫困学生及青铜峡市卫生系统共捐赠价值8.23万元，230个“安全爱心书包”、50套健康书籍。

（市史志办）

市情概览

编辑◎乔才山

地理人文

【地理环境】 青铜峡市，位于黄河中上游，宁夏平原中部，位于东经105°37′~106°21′，北纬37°16′~38°15′之间，东隔黄河与吴忠市利通区相望，南以牛首山为界和中卫市中宁县接壤，西至明边墙(明长城)毗邻内蒙古自治区阿拉善左旗，北连银川市永宁县。南北长60余公里，东西宽30余公里，行政区域面积2525平方公里。市府驻地裕民街道，是全市政治、经济、文化中心，东距吴忠市利通区6公里，北距自治区首府银川市54公里。

【地形地貌】 境内地势由西南向东北自高而低呈现阶梯状分布，形成山地、低山丘陵、缓坡丘陵、洪积扇地带、黄河冲积平原和库区6个地貌类型。其中山地面积1.48万公顷，占全市土地面积的8.5%；低山丘陵1.38万公顷，占7.9%；缓坡丘陵1.58万公顷，占9.1%；洪积扇地带7.07万公顷，占40.6%；黄河冲积平原5.36万公顷，占30.8%；库区0.54万公顷，占3.1%。海拔为1150~1170米。

【气候特点】 青铜峡市地处西北内陆，处于东部季风区与西部干旱区域交汇地带，属中温带大陆性气候。冬无严寒，夏无酷暑，四季分明，气候干燥，日照充足，光能丰富。常年年平均气温9.8℃，最低气温-25.0℃，最高气温37.7℃。年降水量177.8毫米，5—9月的降水量占全年的83%，年平均相对湿度52%，年平均无霜期178天，年日照时数3044.1小时，年平均风速2.4米/秒，最多风向为西北风，年蒸发量1946.1毫米，年平均大风日数12天，最多年份达44天，年最大冻土深度83厘米。主要气象灾害有大风、沙尘暴、高温、低温冷害、寒潮、霜冻、冰雹、暴雨、山洪、连阴雨(雪)、冬季冰冻等灾害。2017年，年平均气温10.5℃，与历年平均值相比偏高0.7℃；年极端最高气温为39.0℃，出现在7月12日；年极端最低气温为-19.0℃，出现在1月20日；其中1月、2月、4月、5月、7月、9月、12月气温比历年偏高，3月、10月气温比历年偏低，6月、8月、11月与历年持平。全年总降水量218.0毫米，比历年平均值偏多40.3毫米。降水主要集中在6-10月，累计降水量共计192.8毫米，占全年总降水量的88%，1月、11月无降水，2—3月、6—7月、10月降水量比历年偏多，4—5月、8—9月降水量比历年偏少，12月降水量与历年持平。年日照时数3018.1小时，比历年同期平均值偏多37.9小时，年日照百分率达69%。年内出现大风天气5次，年极大风速20.6米/秒，出现在4月17日，最大风速10.6米/秒，出现在1月26日。年内有3次冰雹天气出现，分别出现在5月14日、6月6日和6月29日。全年无沙尘暴出现，但出现扬沙天气12次。出现大雾天气1次，最小能见度37米，出现在10月19日。霾天气20次。10月11日出现第一次霜冻，全年无霜期145天。

【重大气候事件】 2017年2月20—21日，青铜峡市出现暴雪天气，截止21日8时全市累计降雪量10.0毫米，雪深7厘米。此次降雪为有气象记录以来2月降水历史第二高值(1989年2月11.6毫米为第一高值)，并突破1989年2月单日降水6.1毫米和2月过程降水8.1毫米极值，达到新高。6月3—5日，青铜峡市出现暴雨天气，截止5日10时，累计雨量最大为邵岗镇玉泉村，达104.7毫米。超过80毫米的有5个点，分别出现在邵岗镇玉泉村104.7毫米、东方红村93.3毫米、瞿靖镇红十月葡萄基地89.7毫米、甘城子地区84.7毫米、瞿靖镇银光村84.6毫米;50~80毫米的有12个点;达到30~50毫米有21个点;30毫米以下的有10个点。青铜峡镇、瞿靖镇等6个村(社区)发生洪涝灾，造成257户种植的玉米、小麦受灾，玉米被淹、小麦倒伏，受灾面积3038亩，受灾程度约5成，直接经济损失98万元;65户土坯房屋损坏212间，其中严重损坏97间，直接财产损失100万元，合计经济损失198万元。6月29日下午17时左右，青铜峡市南部地区出现分散性雷阵雨天气，最大降水量出现在青铜峡镇三趟墩村7.3毫米。峡口镇新田村、跃进村出现冰雹天气，有蚕豆大小，持续时间20分钟左右，造成44户种植的压砂瓜瓜叶被打烂，部分西瓜被打伤，受灾程度约6成，受灾面积2794亩，成灾面积1952亩;21户种植的玉米叶子被打烂，个别倒伏，受灾程度约4成，受灾面积1400亩，成灾面积770亩，合计65户受灾面积4194亩,其中成灾面积2722亩。初步统计经济损失258万元。7月7日以后，持续出现35℃以上高温天气。其中，7月11日，青铜峡市区最高气温达38.8℃，突破1957年建站以来的历史极值(2000年7月20日和2005年7月13日的37.7℃);7月12日，青铜峡市区最高气温达39.0℃，再次突破历史极值，全市有24个气象监测站点最高气温达到40℃以上。经调查综合分析评估:本次高温天气有利于麦收，对已收获小麦的晾晒和储运十分有利。但高温使麦穗容易炸芒、掉粒，增加机收损失，容易造成机收作业人员中暑，且对夏种造成一定阻碍。7月9日下午17到18时，青铜峡镇三趟墩村出现短时大风天气，广武火车站测得最大风速16.2米/秒，极大风速36.0米/秒。大风持续10分钟左右，致使三趟墩村3户15间彩钢房和围墙倒塌，经济损失5万元;324户种植的玉米倒伏，受灾3成，受灾面积1200亩，直接经济损失35万元;312户种植的苹果被大风刮落，受灾4成，受灾面积668亩，直接经济损失33万元。以上合计639户受灾，受灾面积1868亩，经济损失73万元。

【水资源】 青铜峡市位于九大干渠之首，地处引黄灌区精华地带，沟渠纵横，排灌畅通，土地肥沃，旱涝无虞。黄河由青铜峡镇广武地区入境，由西南流向东北，穿越青铜峡镇、峡口镇、大坝镇、小坝镇、陈袁滩镇，出叶盛镇入永宁县，境内流程58千米，年过境量400亿立方米，地下水年补给总量达3.5亿立方米，可利用量达1.2亿立方米。

【土地资源】 全市耕地面积保有量3.33万公顷，其中基本农田保护面积2.9万公顷，天然草场10.74万公顷，宜渔水面4496万公顷，湿地总面积21416公顷，人均耕地面积1.8亩。是全国优质粮食生产基地、全国优质葡萄生产基地和中国优质果品基地重点县(市)。

【矿产资源】 全市现已探明的矿

种有煤、铜、铁、石膏、重晶石、石灰岩、水泥灰岩、砂砾、胶泥、建筑石料等13种，主要分布在野猫子山、大坝梁、卡子庙、马长滩（红石墩）、庙山湖、黄河沟、庙梁沟等地。其中，水泥灰岩储量大、品位高，已探明储量达1.3亿吨，水泥用灰岩、铸铁用砂、建筑用砂、建筑用石料、建筑用板岩等已得到规模开发利用，建材工业已成为青铜峡市工业经济支柱产业之一，全市水泥年产量达2495991吨。

【历史沿革】 青铜峡市建置较早，历史悠久。远在1万年前的中石器时代，境内鸽子山就有人类生息繁衍。距今8000—4000年前的新石器时代，境内连湖农场有原始人类活动。先秦时代基本上为戎狄、匈奴等古代少数民族牧猎之地。自秦始皇三十三年（公元前214年），始有行政建制，属北地郡富平县。清雍正二年（公元1724年）设宁朔县，隶属甘肃省宁夏府，县署设在宁夏府城（今银川市兴庆区满春乡），是宁夏古县之一。民国2年（公元1913年），废宁夏府，置朔方道，宁朔县隶属于朔方道，将县署迁至宁夏府城西门外7.5千米处平湖桥东南新满城（今银川市金凤区）。民国18年（公元1929年）1月，裁朔方道置宁夏省，宁朔县隶属于宁夏省。民国21年（公元1932年）初，县署迁至王宏堡（今永宁县望洪镇）。民国30年（公元1941年）春，县署迁至瞿靖堡（今青铜峡市瞿靖镇）。民国32年（公元1943年）春，县署移驻小坝堡（今青铜峡市裕民街道）。1949年9月24日，宁朔县解放，成立宁朔县人民政府。1954年9月，宁夏省撤销，宁朔县属甘肃省银川专区。1958年10月，成立宁夏回族自治区，宁朔县属之。1960年8月15日，撤销宁朔县，设立青铜峡市，市筹备委员会驻青铜峡镇。1963年6月29日，撤销青铜峡市，设立青铜峡县，县人民政府移址小坝。1984年12月17日，撤销青铜峡县，恢复青铜峡市。市人民政府所在地小坝镇。2003年7月，撤乡并镇，市人民政府所在地更名为裕民街道。

【行政区划】 2017年，全市辖峡口镇、青铜峡镇、大坝镇、小坝镇、瞿靖镇、邵岗镇、陈袁滩镇、叶盛镇8个镇，裕民街道办事处，国营连湖农场、树新林场、良种繁殖场3个农（林）场，共22个城镇社区、86个行政村。

【人口变化】 截至2017年年底，全市户籍在册登记107936户，总人口284431人。其中，非农业90261人；男性145260人；汉族人口213822人，占总人口的75.2%；回族人口69015人，占总人口的24.3%。根据人口抽样调查统计，2017年全市常住总人口296989人。其中，城镇人口149920人，乡村人口147069人。全市人口出生率、死亡率和自然增长率分别为10.53‰、5.34‰和5.19‰。

【旅游资源】 青铜峡旅游区地处宁夏旅游资源黄金地带的中枢地段，是宁夏第四大旅游核心区。有国家重点文物保护单位一百零八塔、董府，有自治区重点文物保护单位广武岩画，还有风光秀丽的黄河十里长峡，气势恢弘的金沙湾中华黄河坛、大禹文化园，金碧辉煌的黄河楼，景色宜人的库区鸟岛、黄河生态园、庙山湖，爱国主义教育基地青铜峡拦河大坝，依托黄河、牛首山和贺兰山余脉形成沿山沿河旅游经济带，山水相连，风光旖旎，气象万千，自然景观、人文景观和红色旅游交相辉映。青铜峡黄河大峡谷旅游区的整合开发，使黄河金岸成为宁夏中部旅游菁华景段和宁夏常规旅游必经之处。

政治建设

【党委坚强领导】 2017年，青铜峡市委坚决贯彻党中央和上级党委决策部署，特别是中共十九大、自治区第十二次党代会召开后，先后召开市委全体会议2次、市委中心组学习会30次，开展党委(党组)集中学习816次，组织市镇宣讲团宣讲708(场)次，制定出台《全面落实从严治党要求进一步加强党的建设的意见》《学习宣传贯彻中共十九大精神的实施意见》，及时传达中央、自治区各项方针政策。全年召开市委常委会议26次，先后审议并通过《青铜峡市党委(党组)意识形态工作责任制实施细则》《青铜峡市党委(党组)意识形态工作责任书》《青铜峡市党委(党组)理论学习中心组学习实施细则》《青铜峡市委2017年巡察工作方案》《青铜峡市2017年群众评议机关作风活动实施方案》《关于在全市开展基层党建工作规范提升年活动的实施方案》《关于推进"两学一做"学习教育常态化制度化的实施方案》《青铜峡市委关于党内制度建设的工作方案》《加强和改进新形势下全市党校工作的实施意见》《青铜峡市委关于深入推进全面从严治党的实施意见（送审稿）》等事宜。

【人大依法监督】 2017年，青铜峡市人大常委会坚持党的领导不动摇，把贯彻落实中央、区市和市委重大决策部署作为依法履职根本方向，坚持把谋划发展、参与发展、推动发展作为人大工作根本任务和基本要求，围绕事关全市经济社会发展重大事项、事关群众利益的热点难点问题依法履职，突出监督程序的规范性、监督议题的针对性、监督形式的创新性、监督工作的实效性。全年召开常委会议5次，先后表决通过市人大常委会关于对市人民政府贯彻实施《中华人民共和国矿产资源法》情况执法检查报告的审议意见、关于批准市人民政府调整2016年财政预算的决定、关于批准青铜峡市至银川市正源街快速通道（青铜峡段）项目贷款的决定、关于批准青铜峡市2017年棚户区(城中村)改造项目贷款的决定；听取、审议和通过了《关于青铜峡市"六五"普法工作实施情况和"七五"普法工作实施意见的报告》《青铜峡市人大常委会关于深入开展第七个五年法治宣传教育的决议》(草案)，市人民政府关于贯彻实施《中华人民共和国矿产资源法》情况的报告、关于市广播电视工作情况的报告、关于市工业园区招商企业生产经营等情况的报告、关于市人民法院执行工作情况的报告、关于葡萄产业发展情况的报告，关于对代表议案、建议和意见办理情况的报告以及市人民政府关于2017年国民经济和社会发展计划上半年执行情况的报告、关于2016年度财政决算和2017年上半年财政预算执行情况的报告、关于2016年度本级财政预算执行和其他财政收支审计情况的报告；听取和评议市公安局、市场监督管理局、旅游局、人力资源和社会保障局、环境保护局工作报告等，推动被评议部门进一步改进工作、依法办事、提升效能。同时，就人大代表议案建议办理、工业经济转型发展、葡萄产业发展以及《中华人民共和国矿产资源法》《中华人民共和国安全生产法》等法律法规的贯彻实施开展视察、检查和调查；首次组织对全市工业企业生产经营等情况开展专题询问，围绕工业经济发展存在供水供电、环保评估、设施配套、用地监管、政策兑现等14个问题进行面对面询问；坚持党管干部与人大依法任免干部相统一原则，按照任前考察、法律培训考试、任时议案讨论、投票表决、供职报告、向宪法宣誓等程序，依法任免国家机关工作人员78人，为促进全市经济建设和各项事业发展提供坚强组织保障。

【政府依法行政】 2017年，在青铜峡市委坚强领导下，青铜峡市人民政府自觉接受人大及其常委会的法律监督、工作监督和政协的民主监督，主动接受社会监督，始终用法治引领发展，严格执行政府议事规则，落实重大决策公众参与、专家论证、风险评估、合法性审查和集体讨论决定法定程序，实现科学决策、民主决策、依法决策。全年召开政府常务会议15次，先后审议、讨论并原则通过市旅游局关于审定《青铜峡市旅游发展三年行动方案》的请示，环保局关于青铜峡市环境保护全面量化管理体系等事宜的请示，农牧和科学技术局关于审定《青铜峡市畜禽养殖禁养区划定工作方案》的请示，国土资源局关于土地审查报告等有关事项的请示，农综办关于审定青铜峡市农业综合开发2017年产业化发展项目资金分配方案的请示，编办关于审定《建立机构编制动态管理机制、进一步加强和完善机构编制管理工作的意见（送审稿）》的请示，卫生和计划生育局关于合作共建青铜峡市人民医院妇产科医院的请示，文化体育和广播电视局关于审定《青铜峡市党政机关推行软件正版化工作方案》的请示，交通运输局关于审定青铜峡市至银川正源街快速通道（小坝至永宁段）项目贷款事宜的请示，市发展和改革局关于黄河大峡谷、中华黄河坛创建国家AAAAA级旅游景区实施方案（送审稿）的请示、关于青铜峡市优质大米提升工程实施方案的请示、青铜峡市国家级玉米种植基地2017年建设实施方案的请示，教育局关于对普通高中实行免费教育的请示，财政局关于对全市各部门封存车辆进行处置和库区湿地保护建设管理局原办公楼资产移交的请示等议题。召开全市财政金融、重点项目建设、棚户区改造、葡萄产业发展、精准扶贫、卫生计生等工作会议，全面贯彻落实自治区、吴忠市和市委各项决策部署。

【政协照章履职】 2017年，青铜峡市政协常务委员会牢牢把握团结和民主两大主题，履行政治协商、民主监督、参政议政职能，协调关系，汇聚力量，建言献策，服务大局。全年召开常委会议3次，讨论通过政协青铜峡市第十一届委员会常委会议事规则和各专委会工作通则，听取市人民政府关于2017年上半年全市经济社会发展情况的通报和市政协十一届一次会议以来提案办理情况的通报。组织政协常委、委员对全市重点工业项目建设进展、义务教育均衡发展、人民调解工作开展、酿酒葡萄产业发展、清真食品管理、文化遗产保护利用、机关事业单位养老保险制度改革等工作进行视察、调研，提出《关于加快国家旅游示范市创建工作的建议》《关于加大对酿酒葡萄产业政策扶持力度的建议》等建议意见86条，其中《关于全市重点工业项目建设进展情况视察报告》得到市委、政府高度重视，制定出台《关于促进工业经济平稳增长的意见》，为加快工业园区建设，推动一批大项目、好项目落户青铜峡市。同时，围绕全市工业经济转型升级、服务业发展提档升级、现代农业质效双增、深化改革、依法治理、生态环保、保障改善民生等重大议题，以及老旧小区改造、残疾人就业保障、城区停车难等人民群众普遍关注热点问题，积极建言献策，为推动全市经济社会稳定发展发挥参谋助手作用。

经济建设

【经济运行】 2017年，全市实现地区生产总值150.4亿元，按可比价计算，比2016年增长6.2%。其中，第一产业实现增加值17.6亿元，增长4.2%；第二产业实现增加值93亿元，增长6.4%；第三产业实现增加值39.8亿元，增长6.6%。三次产业的构成比例为11.7∶61.8∶26.5。其中，第一产业比重下降1个百分点，第二产业比重提高1.5个百分点，第三产业比重下降0.5个百分点。人均地区生产总值50881元。完成固定资产投资136亿元，增长13.2%；地方公共财政预算收入完成7.95亿元，增长11.2%。城镇居民人均可支配收入达到25547元，增长8.1%。农民人均纯收入达到13135元，增长9.1%。社会消费品零售总额达到22.5亿元，增长9.4%。

【项目带动】 2017年，青铜峡市按照“招商项目抓落地、签约项目抓开工、在建项目抓投产、投产项目抓达效”工作思路，建立项目建设约束机制，重点实施以汇高智能制造等为主的装备制造项目，以锦绣轻合金、苏锡光电铜等为主的新材料项目，以仁和纺织等为主的现代纺织项目，推进主导产业集群化规模化发展，以项目扩增促转型，培育新的经济增长极。年内，举办吴忠市2017年项目大会战暨青铜峡市2017年第一批项目举行集中开工仪式；建立市级领导外出带队招商机制，围绕装备制造、新材料等重点优势产业上下游配套，外出招商40批次，对接企业103家，引进大海金属科技、凤凰岛低空游、房车露营地等65个项目，招商引资到位资金109.2亿元，完成上争资金23.9亿元。全年计划实施重点工业项目35个，开工建设30个。其中，宁夏大唐国际大坝发电有限责任公司机组超低排放改造和宁夏青铜峡水泥股份有限公司综合节能技改等6个技改项目建设完成，宁夏锦绣轻合金循环经济产业有限公司、青铜峡市鼎辉工贸有限公司等项目一期建设完工投入运行，完成年度投资51亿元。

【创新驱动】 2017年，青铜峡市扶持宁夏金昱元化工集团有限公司、宁夏菲斯克汽车轮毂制造有限公司等企业建立技术研发机构，鼓励宁夏勤昌轴承制造有限公司、宁夏家道回乡农业开发有限公司等企业与科研院所合作，加快科技创新成果向现实生产力转化。支持宁夏大唐国际大坝发电有限公司、宁夏鑫电铝合金线缆有限公司、宁夏京城天宝饲料矿物质添加剂有限公司等企业加大技改力度，加快淘汰落后技术和装备，提高资源利用率。实施大企业、品牌创建计划和技术标准战略，注重产品质量和标准化建设，增强企业市场核心竞争力。宁夏青鑫炭素有限公司在被评为“宁夏首届质量百强企业”，“青鑫”品牌被认定为宁夏回族自治区第八届“著名商标”；宁夏能源铝业青铜峡分公司“邓宏兴劳模创新工作室”被自治区授予“技能大师工作室”荣誉称号，成为全区5家获此殊荣单位之一，得到10万元专项资金奖励；青铜峡市新大众机械有限公司“提高残膜回收机卸膜装置效率”作品设计获第二届全国企业创新方法大赛宁夏分赛区二等奖，宁夏勤昌滚动轴承有限公司参赛作品获优秀奖；拥有国家级博士后工作站1个、国家和区级企业技术中心4家、国家和区级知识产权示范企业2家、院士专家工作站2家、技术创新中心7家、工程实验室1家。

【农业发展】 2017年，青铜峡市编制完成富硒水稻种植、酿酒葡萄种植和特色养殖规划，出台《青铜峡市推进农村产权流转服务工作实施方案》,启动土地确权证颁发工作，实施新型职业农民培育和青铜峡大米提升工程。全市落实粮食种植面积64万亩。其中，玉米22万亩、水稻20万亩、小麦12.5万亩、小杂粮9.5万亩。粮食总产量稳定在26万吨。建成优质富硒水稻种植基地20个4.2万亩。“青铜峡大米”地理标志证明在国家工商行政管理总局商标局成功注册，成为青铜峡市首件地理标志证明商标。“塞外香”牌珍珠大米获评“中国十大好吃米饭”。启动鸽子山中法葡萄酒庄集群示范区建设，投资2.6亿元、占地面积2500亩的宁夏玉鸽酒庄有限公司新—中马尔堡培训酒庄项目破土动工；全市新增酿酒葡萄种植面积5200亩,酿酒葡萄种植面积累计达到13.6万亩；新建续建酒庄10家,辖区酒庄总数达到20家;推荐企业参加第七届中国国际酒类博览会，梦沙泉酒庄黑比诺干红、维加妮酒庄兰山伯爵、华昊酒庄柳木皋混酿干红3个品牌获柏林葡萄酒大赛金奖。引进宁夏盛源清真食品科技园发展有限公司4万头肉牛养殖项目，宁夏启鑫田万头标准化奶牛养殖场项目一期工程建成投产、二期工程开工建设。新建标准化规模肉驴养殖场3个，肉驴饲养量达到1.5万头。新培育农民专业合作社、家庭农场等新型经营主体80家,家庭农场、农民专业合作社总数分别达到221家和356家。建成国家级现代农业示范基地1个、自治区级示范基地2个，宁夏宁朔香粮油食品有限公司、宁夏金穗现代农业开发有限公司、青铜峡市恒源林牧有限公司3家企业入选全区第八批农业产业化重点龙头企业榜，全市累计有16家企业进入自治区级农业产业化重点龙头企业行列，青铜峡市成功入选首批“国家农业可持续发展实验示范区”。

【旅游发展】 2017年，青铜峡市开工建设凤凰岛低空旅游项目，引进新华百货入驻青铜峡市古峡商业中心；实施旅游管理服务提升工程和“十大”扩大消费行动，加快推进国家电子商务进农村示范县项目；设立政府与社会资本合作PPP项目财政引导基金2.37亿元,撬动社会资本12.35亿元参与旅游项目建设；投资3450万元，实施邵岗镇美丽小城镇项目及峡口镇郝渠村、邵岗镇沙湖村、叶盛镇龙门村3个美丽村庄建设项目，大坝镇韦桥村等7个村被命名为吴忠市级“美丽乡村”精神文明建设示范点，唐滩村被自治区确定为全区农村志愿服务重点示范村。全市培育“十佳”旅游饭店2家、A级旅游企业3家。青铜峡市3家旅游企业被认定为宁夏安全生产标准化A级企业。叶盛镇地三村被确定为全区首批十大特色产业示范村。中华黄河楼景区被评为国家AAAA级旅游景区。围绕“传承千载黄河文化·感恩慈母养育之情”主题,在中华黄河坛景区举办2017年第七届感恩母亲河庆典活动,6000人参加活动；举办“黄河岸边 稻花香里—香飘万家好吃米饭”技能大赛,12名参赛人员获厨艺大赛一、二、三等奖和优秀奖;举办黄河文化美食节暨特色商品展销会,108家企业参展,集中展示国内外200种地方特色名菜、名点和名小吃；举办2017年旅游管理服务综合业务和“农家乐”餐饮服务培训班,各旅游企业、“农家乐”经营单位负责人参加培训；举办全市2017年旅游服务技能大赛，来自青铜峡宾馆、清味园餐厅等15支参赛代表队93名选手参加比赛；举办“走—黄河岸边吼秦腔”票友大赛及颁奖晚会,经过13轮精彩角逐,19名选手获奖;举办“黄河岸边来燎疳”活动,点燃2017年“丰收之火”,祝愿五谷丰登;举办“走进春天·触摸古塔”亲子研学游活动,700名师生及家长参观塔林博览馆和108塔主塔群，现场感受塔林寺文化；举办稻花香里文化艺术节之“欢乐插秧节”,组织游客体验乡村劳作；举办中国梦·宁夏情·黄河颂—宁夏引黄古灌区成功申遗大型公益晚会,邀请国内知名演员参演，提高黄河楼及青铜峡对外知名度；筹办青铜峡市“千年毓色 妖娆唯牡丹”文化艺术节,组织文艺演出、旗袍走秀等活动;筹办“黄河岸边·向阳花开”旅游观光节、大坝镇韦桥村油菜花节,挖掘旅游资源,集聚旅游人气。全年接待游客300.5万人次,增长22%;实现旅游营业收入0.8亿元,增长9%。

【商贸物流】 2017年，青铜峡市夯实第三产业发展基础，有序推进银河农副产品交易市场、盛世宝鼎等7个商贸物流项目建设，凯瑞、鑫茂源2个专业合作社入围自治区冷链设施建设项目库。举办“迎新春”特色商品展销会、黄河文化美食节暨特色商品展销会、“黄河岸边 稻花香里—香飘万家好吃米饭”技能大赛等展销、促销活动10场次;打造利民西街、天一街、康乐东街、银河广场等4条特色商业街区,新增餐饮住宿企业80户，实现营业额7.2亿元,增长8%。实施全国电子商务进农村综合示范市项目，建设镇村服务站点30家，引进知名牌电商企业6家,建成市级电商服务中心2个、电商孵化园1个、市级电商人才培训示范基地2个、村级电商服务站60个、社区服务站7个。借助“电商扶贫·2017我是县长我代言”平台，双11当日网上销售特色农产品3242万元。全年实现电子商务交易额3亿元。引导企业开拓国际市场，实现外贸进出口9146万元,同比增长23%。

文化建设

【群众文化】 2017年，青铜峡市以创建国家公共文化服务体系示范区为目标，组织开展春节社火大赛、三下乡义务送春联、“走—黄河岸边吼秦腔” 票友大奖赛、“庆元旦·迎新春”专场文艺演出、宁夏引黄灌溉古渠系“申遗”万人签名暨黄河拜水盛典活动，先后举办中国梦·宁夏情·黄河颂——宁夏引黄古灌区成功申遗大型公益晚会、青铜峡市“千年毓色 妖娆唯牡丹”牡丹文化艺术节、第二季中国新歌声全国城市海选青铜峡赛区比赛、第十五届中国戏剧节青铜峡分会场演出、“惠民演出戏曲周”。

【文艺创作】 2017年，青铜峡市坚持“二为”方向、“双百”方针,发挥黄河文化优势，在各类文学刊物、艺术书画展、文艺展演中获奖、入选、发表各类艺术作品122(篇、幅、首、项)。编排《多彩家园》《移民心声》等歌舞、小品、合唱等文艺节目50个。以建设青铜峡水利枢纽工程为主题创作眉户现代戏《青铜峡》。

【文化惠民】 2017年，全市举办各类演出活动293场次。其中,广场文化演出48场、送戏下乡演出100场、演艺进景区20场、进校园演出15场、邀请区级专业演出团队演出20场次、组织业余文艺团队开展下基层演出90场,农村电影放映1640场。开展下基层服务活动，为农民群众免费举办讲座进行科技培训4期，发放致富信息资料5000份。投资577万元，改造提升镇级文化站9个,培育农村自乐班20个。

【全民健身】 2017年，青铜峡市以创建基本公共体育服务体系示范市为契机,举办青铜峡市“迎新年·跨黄河”黄河大峡谷越野赛健步走活动、中国体育彩票“水利杯”乒乓球赛、“贺岁杯” 五人制足球邀请赛、全国万人骑行活动(青铜峡站）等体育赛事30次。在青秀园建设1.5公里健身步道，协调城区学校体育场地在假日期间向群众免费开放。选送广场舞《最美中国》和《阿哥的白牡丹》代表宁夏参加全国比赛，获全国广场舞总决赛三等奖和团队风采两项大奖。选拔270名运动员参加吴忠市第四届运动会比赛，获成人组团体总分第二名、青少年组团体总分第三名。参加全区青少年锦标赛，获金牌8块、银牌8块、铜牌7块。

【文化遗产保护】 2017年，青铜峡市加强文化遗产保护与传承，实施鸽子山遗址、一百零八塔文物保护建设项目，鸽子山遗址入选全国十大考古新发现。加强境内长城日常巡查和监测保护。争取北岔口长城抢险加固修缮项目，对北岔口长城开展抢救性保护。挖掘文物价值内涵，筹组完成《泉涌万年 古营遗珍——青铜峡鸽子山遗址陈列展》布展工作。围绕宁夏引黄古灌区申报世界灌溉工程遗产，举办全市万人签名助力申遗活动和黄河·拜水盛典实景演出活动。开展第五批吴忠市级非物质文化遗产代表性项目和第四批吴忠市级非物质文化遗产代表性传承申报工作，《牛首山佛教音乐》传承人刘明华进入第四批吴忠市级非物质文化遗产代表性传承人名录。

【舆论宣传】 2017年，全市各部门、单位在青铜峡广播电视台播发各类新闻1914条，在上级新闻媒体发稿179条。宣传工作贯彻落实中央、自治区关于推进传统媒体和新兴媒体融合发展意见精神，做好“魅力青铜峡”微信平台运作，协助办好“魅力青铜峡”手机客户端，发送青铜峡新闻微信290期2300条，播出专题栏目1026期。完成宁夏中央广播电视节目无线数字化覆盖工程二期青铜峡站点设备安装任务。

社会建设

【体制改革】 2017年，青铜峡市深化“放管服”改革，在全区率先推行以“六个一”（即一套规程管理，标准指引；一个平台链接，网上推送；一窗收取件，全程代办；一库规范中介，区域同评；一批事项集中，并联预审；一盘棋联动，协同推进）为主要内容的社会投资建设项目审批服务规程试点工作，通过“网上办、集中批、联合审、区域评、代办制、不见面”等措施，单项审批服务时限由178个工作日压缩至60个工作日，为全区审批服务改革工作提供青铜峡经验。推进事业单位分类改革、机构编制动态管理、国有企业“三供一业”（供水、供电、供热及物业管理）属地化工作，“五证合一、一照一码”制度改革取得显著成效。深化投融资体制改革，初步构建多元化现代金融服务体系，成立宁夏农担青铜峡分公司和东方惠民小额贷款公司，投放产业基金1.55亿元，帮助企业融资贷款10亿元，发行企业债券10亿元，古峡担保、国投、城投、交投等融资平台作用凸显。成立农村产权交易中心，林权、湿地确权等产权制度改革有序推进，农村承包土地确权登记颁证工作获全区一等奖。启动农业水价综合改革，水利改革试点工作通过评估验收。实施城市管理综合执法体制改革，市城市管理综合执法局被评为全国城管执法改革先进集体。

【城乡建设】 2017年，青铜峡市开展“多规合一”（在编制空间规划时，将经济社会发展、城乡、国土、环保、、林业、交通、农牧、水利等八类规划“合为一体”，用一张蓝图构建统一衔接的空间规划体系）用改革试点工作，编制城市控制性详规等专项规划5项。全年投资10.6亿元，实施城乡基础设施重点项目17个，城乡一体供水基础设施改造一期工程交付运行，团结巷、关家园等4个小区2349户棚户区动迁基本完成，配租保障性住房4838套；叶盛镇地三村、大坝镇韦桥村2个美丽乡村建设项目按计划实施；加强道路基础设施建设，新建改造城乡道路18条94.3公里，获全区“四好农村路”示范县称号；改造农村危涵29座、危房131户、厕所1385户，配套一体化生活污水处理设施11座。

【教育卫生】 2017年，青铜峡市投资3000万元，实施同富幼儿园、职教中心实训车间等7个教育基础设施完善项目，全面落实普通高中阶段教育免学费政策，发放困难学生国家助学金等各类补助1640万元。高考上线率达38.2%，提高5个百分点。完成公立医院改革，构建分级诊疗体系。启动基层卫生院“先住院后付费”诊疗服务试点工作，实现区内定点医院异地就医即时结算。投资315万元，实施残疾人康复中心、卫生监督所附属用房项目，新建铝厂、惠泽苑等5个社区卫生服务站。发放各类计划生育补助资金660万元，落实“七免一救助”惠民政策，受益群众达1.6万人次。

【精准扶贫】 2017年，推行“五个一”（易地扶贫搬迁一户一套房、一个就业岗位、一头奶牛、一次职业教育协会、人均一亩土地）安置模式，实施肉牛和奶牛托管项目，完成254户1300人的“十三五”易地搬迁安置任务。紧盯1897户精准识别建档立卡户，完善联系帮扶机制，实施产业扶贫、金融扶贫、教育扶贫等11项脱贫攻坚行动。发放互助资金1000万元，覆盖移民村农户1718户。设立扶贫小额贷款风险补偿金1550万元，实现有贷款意愿贫困户5万元以下免担保、免抵押基准利率贴息扶贫小额信贷全覆盖，新增贷款1.84亿元。

【社会保障】 2017年，青铜峡市开展社会保险“五险合一”经办体制改革，社会保障由制度全覆盖向人员全覆盖转变，年内发放城乡低保、临时救助等各类补助资金5500万元；60岁以上城乡居民基础养老金每人每月增加25元，共计发放800万元；“五保”集中、分散供养标准分别增加到4700元、3800元，城乡居民养老保险、医疗保险实现应保尽保。采取公建民营模式，引入社会资本启动运营敬老院和老年活动中心。加快建立市场配置与政府保障相结合、租赁与购买并举的住房保障体系，推动城乡困难群众和弱势群体住有所居。落实创业就业政策，发放支持创业贴息贷款2883万元、援企稳岗补贴资金622万元，新培育小企业187家，创造新岗位1430个，新增城镇就业5247人，转移农村劳动力2.4万人，实现工资性收入2.98亿元，跻身全国第二批结合新型城镇化开展支持农民工等人员返乡创业试点县行列。

【文明创建】 2017年，青铜峡市拓展群众性精神文明创建活动，深化社会公德、职业道德、家庭美德、个人品德建设，邵岗镇沙湖村入选全国文明村镇，黄河水电宁电分公司入选全国文明单位，叶盛镇获自治区美丽村镇称号，陈袁滩镇补号村在全区农村精神文明建设工作座谈会上作经验交流。韩占奎被评为自治区道德模范，虎一冰被评为“助人为乐”好人，陈林洲入选“中国好人榜”见义勇为候选人。陈袁滩镇袁滩村巾帼志愿服务队、市公安局王志琴被中共吴忠市委员会、吴忠市人民政府评为第二届“最美吴忠人”，青铜峡市评选出孝老爱亲、敬业奉献、助人为乐、诚实守信、见义勇为五类道德模范20人。谢海平家庭被评为自治区首届“最美家庭”。陈袁滩镇唐滩村志愿服务队经验在全区得到推广，瞿靖镇时坊村“善行银行”经验在全市试点推广，新建村级“善行银行”12家。

【社会治理】 2017年，青铜峡市实施创新社会治理“九大工程”，着力打造智能网络管理平台，提升社会综合治理能力。深化公共安全常态化监管，开展食品药品、道路交通、危化产品、公共场所等重点领域、重点行业、重点部位安全生产专项整治，推动源头性、基础性问题解决。坚持守好舆论阵地，强化意识形态领域管控。坚持宗教中国化方向，落实党的民族宗教政策，依法加强宗教事务管理，确保民族团结、宗教和顺。深化“平安青铜峡”建设，开展自治区级禁毒示范县（市）创建活动，严厉打击各类违法犯罪行为，八类刑事案件破案率100%。市公安局第三次被授予“全国优秀公安局”“全国公安机关执法示范单位”称号。深入开展信访维稳、安全生产、拖欠农民工工资专项整治行动，化解重大疑难信访问题13件，安全生产四项控制指标全面下降。青铜峡市荣获“全国平安建设先进县（市）”称号。

生态建设

【生态保护】 2017年，青铜峡市开展“蓝天碧水·绿色城乡”“绿盾2017”专项行动，实施防护林、封山禁牧、退耕还林还草还湿、防沙治沙等生态建设工程，落实“河长制”，严格执行环保法律法规及产业政策，提高项目建设环保准入门槛，强化环境影响评价审批，全年受理建设项目151个，审批143个，环评执行率100%。加大水源地保护力度，黄河干流青铜峡段水体水质总体保持稳定，黄河过境段面水质监测达标率为100%，空气质量优良率为80%。青铜峡鸟岛国家湿地公园试点通过国家林业局验收并授牌，正式进入国家湿地公园行列。实施罗家河综合整治、峡口镇南干沟皮草产业综合治理项目，完成宁夏大唐国际大坝发电有限责任公司、华能宁夏大坝发电有限责任公司超低排放改造工程，第二污水处理厂、新材料基地污水处理厂投入运行，第三污水处理厂提标改造有序推进，秸秆禁烧和综合利用成效显著。

【环境整治监管】 2017年，青铜峡市实施燃煤电厂超低改造项目，推进煤尘、烟尘、扬尘、汽尘“四尘”及矿山治理，依法取缔非法盗采矿砂企业7家、拆除燃煤锅炉85台，立案查处环境违法企业32家（次），全年空气质量优良率达到85%。实施新材料基地污水处理厂、第二和第三污水处理厂提标改造等项目，取缔宁夏金昱元化工集团有限公司、宁夏科进峡光纸业有限公司等10家企业排污口。抓好农业面源污染防控，加强固体废物收集贮存、转移运输和处理处置各环节监管，遏制土壤污染。开展中央环保督察组反馈6个问题集中整改，解决污染环境“老问题”。严把新上项目环保审批关，环境影响评价执行率达到100%，杜绝污染环境“新问题”。

【造林绿化】 2017年，青铜峡市按照自治区《关于落实绿色发展理念加快美丽宁夏建设的意见》总体部署，实施灌区“绿网”建设工程，完成鸽子山中法葡萄酒庄集群示范区道路绿化及防护林带建设项目、大青路两侧绿化工程项目、新中—马尔堡酒庄绿化工程项目，造林13425亩。实施黄河金岸文化旅游带景观绿化改造提升工程、吴忠市黄河文化体育会展中心建设项目室外配套工程绿化工程、黄河缤纷园2017年宿根花卉种植项目、兰馨路北侧(原红旗沟)绿化改造提升工程及唐源街、云天华府小区南侧绿化等5个新建工程,绿化面积100.5万平方米。实施城区老旧小区改造提升工程,改造提升面积2.8万平方米,栽植各类乔木、花灌木3.4万株,种植草坪0.9万平方米。实施黄河缤纷园宿根花卉种植项目,绿化面积14.2万平方米(213亩)。

【循环农业发展】 2017年,青铜峡市根据自治区农村能源站安排,协调指导宁夏瑞威尔能源环境工程有限公司、宁夏顺宝现代农业股份有限公司以沼肥为纽带示范推广生态循环农业综合利用技术,探索构建"养殖业—(农业废弃物)—沼气工程(沼肥)—种植业(沼渣沼液、有机肥)—养殖业(饲料)"生态循环农业模式,实现沼气工程原料来源于农牧业、沼渣沼液反哺农业循环绿色发展模式,示范推广西瓜、苹果、长枣、葡萄等实用推广技术和应用模式(对比试验)1200亩。

【城市生态建设】 2017年,投资1000万元,建设老城区小微游园3处,怡心园改造工程完工投入使用,团结巷、关家园小微游园项目正在进行场地平整等前期工作。投资2800万元,完成城乡一体供水一期基础设施改造项目,建设大坝加压泵站1座、清水池3座,改造农村饮水管道38公里,改造水处理间。投资3611万元,实施第二、三污水处理厂改造项目,改造建设日处理能力1万吨污水处理厂2座,出水标准由一级B标提高到一级A标。

【镇村环境改善】 2017年,青铜峡市按照村庄布局合理、基础设施完善、村容村貌整洁、特色风貌突出标准,加大镇村建设力度,着力改善人居环境。叶盛镇地三村、大坝镇韦桥村2个美丽乡村建设项目按计划有序推进,改造农村危房128户、农厕及生活污水设施1385户、危涵29座,叶盛镇被农业部评为第七批全国一村一品示范镇。投资2664万元,开展农村环境治理行动,建立动态管理长效机制,拆除违章建筑1436处,清理垃圾杂物6万余吨。采取政府购买服务方式,投入1458万元,推行农村环卫保洁市场化运营模式,农村垃圾收集清运实现全覆盖,镇村环境干净整洁、规范有序。

组织机构及负责人名录

（2017年1月1日至2017年12月31日在职）

编辑◎何艳珍

中国共产党青铜峡市委员会

中国共产党青铜峡市委员会

书　记　石瑞林

副书记　金永灵

张铁缨（6月离任）

杨春燕（女，8月任）

常　委　石瑞林

金永灵

张铁缨（6月离任）

杨春燕（女，8月任）

弋忠朝

刘国强

闫培华（挂职，7月离任）

杨旭年

马光锋（回族，10月离任）

马晓贤（女，回族）

王　飞（挂职）

董云峰（1月离任，挂职）

贺　江

何元凯

赵金锋（8月任）

青铜峡市人民代表大会常务委员会

主任、党组书记　姬文泽

党组副书记　任贵生

副主任　任贵生

袁　浩

撒贵清

宋建宁

青铜峡市人民政府

市长、党组书记　金永灵

副市长　杨春燕（女，8月离任）

赵金锋（8月任）

闫培华（8月离任，挂职）

王　飞（挂职）

杨红英（女）

崔奇鹏

陈雪松（8月离任）

张克文

董云峰（1月离任，挂职）

马玉清（1月任，挂职）

徐　芸（5月任）

政协青铜峡市委员会

主席、党组书记　王　洋
副　主　席　李玉梅(女,回族)
史　君
马淑玲(女,回族)

中国共产党青铜峡市 纪律检查委员会 青铜峡市监察委员会

纪委书记、监委主任
贺　江(12 月兼任监委主任)
纪委副书记、监委副主任
李长华(12 月兼任监委主任)
袁续兵(12 月兼任监委主任)

中国人民解放军青铜峡市 人民武装部

政　委　弋忠朝
部　长　魏　鑫
副部长　杜佳俊(7 月任)

青铜峡市人民法院

院长、党组书记　罗生明
副　院　长　李兴华
李宗宏
沙学文

青铜峡市人民检察院

检察长、党组书记　任少军
副　检　察　长　牛　森(回族)
李温荣(女)
郑维军(2 月任)

青铜峡库区湿地保护建设管理局

局长、党组书记　陆兴明
副　局　长　马建明(回族)
李卫东
马志峰

吴忠青铜峡新材料基地管理委员会

党工委书记、主任　杨晓明(5 月离任)
杨春燕(8 月任)
副　主　任　王殿锁
马千里(回族)
陆　杰

青铜峡市嘉宝轻纺工业园 管理委员会

党工委书记、主任　王玉成(回族)
副　主　任　徐春生
丁建国(回族)

中国共产党青铜峡市委员会工作部门及所属事业单位

市委办公室

主　任　郭志强

副主任　张新普

　　　　海　军(4月任)

　　　　高志成(11月任)

市档案局(馆)

局　长　肖敬元

副局长　汤学成

市党史地方志编纂委员会办公室

主　任　郭恒君

副主任　陈瑞龙

市委组织部

部　长　何元凯

副部长　陈树华(9月离任)

　　　　王爱萍(女,12月离任)

　　　　王学华(9月任,兼机关工委书记)

　　　　蒋文俊(9月任)

　　　　盛利勇

市委老干部局

局　长　蒋文俊(9月兼市委组织部副部长)

副局长　周　雯(女,7月离任)

　　　　陈　惠(女,11月任)

市党员教育中心

主　任　刘慧萍

市委宣传部

部　长　杨旭年

副部长　黄　瑛(女,3月任,兼市文明办主任)

　　　　马新斌(9月任)

　　　　周惠玲(女)

　　　　何建兵(回族,7月离任)

市委统一战线工作部

部　长　马光锋(回族,10离任)

副部长　陈建民(11月离任)

　　　　何立国(回族,11月离任)

　　　　丁澜进(11月任)

市委政法委员会

书　记　张铁缨(6月离任)

　　　　杨春燕(女,8月任)

副书记　刘国强(兼任)

　　　　崔奇鹏(11月兼任)

　　　　周学军

　　　　马　亮(回族)

　　　　王仙涛

市委政策研究室

主　任　张立军(回族)

副主任　李　军

　　　　赵小顺(3月离任)

　　　　任天龙(3月任)

市机构编制委员会办公室

主　任　包学峰

副主任　李　斌

　　　　王　军

市委党校

校　　长　张铁缨(6月离任)

　　　　　杨春燕(8月任)

常务副校长　郭正军

副　校　长　李小军(满族)

社会团体

市总工会

主　　席　史　君

常务副主席　王银英(女)

副　主　席　马尚忠

陈少锋(12月任)
王爱萍(12月任)

共青团青铜峡市委员会

书　记　丁富春(回族,11月离任)
副书记　马小燕(女,回族)
王　辉(12月任,挂职)
栾志丹(4月任)

市妇女联合会

主　席　杨建光(女)
副主席　汤月红(女,11月离任)
陆　婧(女)
韩淑文(女,11月任)

市科学技术协会

主　席　卢雪昀
副主席　张少华(11月离任)

市残疾人联合会

理事长　陈建设
副理事长　梁志军(7月离任)
温茂祥(7月任)

市伊斯兰教协会

会　长　杨万宝(回族)
常务副会长兼秘书长　丁少云(回族,驻会)
副会长　马金祥(回族,驻会)

市文学艺术界联合会

主　席　李志琴(女)
副主席　苏学文

青铜峡市人大常委会工作部门

市人大常委会办公室

主　任　鲍　祥
副主任　姜　军

财政经济工作委员会

主　任　刘学文

法制工作委员会

主　任　郭晓宏

教科文卫工作委员会

主　任　严金平

农业与环境资源保护工作委员会

主　任　刘　敏(女)

代表联络与选举工作委员会

主　任　张全才

青铜峡市人民政府工作部门及所属事业单位

市政府办公室

主　任　庞志文
副主任　官振华(兼信访督办局局长)
马　力(回族)
张　雪(女,3月任)

市发展和改革局

局　长　杨天寿
副局长　余长军(1月离任)
聂少军(5月离任)
丁建民(回族)
杨富威
张宏蓉(女,11月任)
李志平(4月任)

市工业信息化和商务局

党委书记、局长　汤建华
副局长　姜国宏
李晓刚(11月任)
杨彩霞(女,3月任)

市市场监督管理局

党委书记、局长　王　东(回族,9月离任)
哈存连(9月任)

副　　局　　长　滕建荣
　　　　　　　　高　瑜(3 月离任)
　　　　　　　　马绍明
　　　　　　　　马云东(回族,9 月离任)
　　　　　　　　朱继东
　　　　　　　　秦慧颖(女,3 月任)

市教育局

党委书记、局长　于建华
副　　局　　长　马旭芳(回族)
　　　　　　　　顾晓婷(女)
　　　　　　　　黄　瑛(女,3 月离任)
　　　　　　　　马新林
　　　　　　　　李丽华(女,3 月任)

市人民政府教育督导室

主　任　刘舒文
副主任　刘维东

市高级中学

校　　　长　李　彬
党支部书记　金跃武(9 月任)

市第一中学

校　　　长　陈英君
党总支书记　吴建国(7 月离任)
　　　　　　曹琦(9 月任)

市职业教育中心

主　　　任　雷振清
党支部书记　钱金山

市民族宗教事务局

局　长　马有荣(回族)
副局长　高　勇(回族)
　　　　袁红霞(女)

市公安局

党委书记、局长　刘国强
党委副书记、政委　杨金和(回族)
副　　局　　长　张兴产(11 月离任)
　　　　　　　　陈长宏
　　　　　　　　刘旭平
　　　　　　　　黄学明(11 月任)
纪　委　书　记　杨金和(回族,兼)

市司法局

党组书记、局长　包学义
副　　局　　长　郭永潇
　　　　　　　　吴　斌(3 月离任)
　　　　　　　　方　华(3 月任)

市民政局

局　长　郝文斌(回族)
副局长　李运齐
　　　　王晓岚(女)
　　　　周建新

市老龄工作委员会办公室

主　任　郭永环(女)

市财政局

局　长　罗志成
副局长　丁振宇(回族)
　　　　夏建军(9 月离任)
　　　　李春燕(女)

市国库支付中心

主　任　张青云

市农业综合开发办公室

主　任　王文涛
副主任　何永平(回族)

市人力资源和社会保障局

局　长　赵　波
副局长　潘　磊
　　　　田吉祥
　　　　李自荣(女)

市社会保险事业管理局

局　长　刘建平

副局长　葛　卿
宋少宁
王家奎(1月任)

市就业创业和人才服务局

局　　长　纳文琴(女,回族)
党支部书记　潘玉秀(女)
副 局 长　叶　才
张　斌

市国土资源局

局　长　马晓军(回族,10月离任)
王　东(10月任)
副局长　王正平(回族)
姜　科(12月离任)
田兴龙
沈建文
张　伟(12月任)

市住房和城乡建设局

党委书记、局长　马玉海(回族)
副　局　长　吴克全
王立明(3月任)
王　浩(9月任)
纪 委 书 记　吴克全

市房屋产权产籍管理所

所　　长　王　浩(9月离任)
牛萧云(女,9月任)
党支部书记　曹维华(7月离任)

市市政管理服务中心

主　　任　李占保
党支部书记　孙　谦

市城市建设监察大队(9月更名为市城市管理执法大队)

队　长　岳　军

市建设工程质量监督站

站　长　姜青峰(2016年12月任)

市交通运输局

局　长　徐怀俊
副局长　周志刚
叶玉芳(女)
包作军

市水务局

局　长　赵文学
副局长　李海文(12月离任)
黄茹亮
梁立军(5月任)
梁志军(7月任)

市灌排管理中心

主　任　曹学东(2016年12月任)

市农牧和科学技术局

党委书记、局长　李凤霞(女,回族)
副　局　长　李庞林(9月离任)
马云东(回族,9月任)
马金荣
赵小顺(3月任)
郭冬梅

市农村合作经济经营管理站

站　　长　李发新
党支部书记　倪柱山
副 站 长　韩　涛
左都珍(7月离任)

市扶贫办

主　　任　李凤霞
副 主 任　李庞林(9月离任)
马云东(回族,9月任)
支部书记　唐新文

市农业技术和农机化推广服务中心

主　　任　蒋万兵
党支部书记　王学义

市畜牧水产技术推广服务中心

主　任　吴振兵

市农业机械安全监理站

站　长　谢　忠

市文化体育广播电视局

党委书记、局长　王葆青(女)

副　局　长　包树军

陈　惠(女,11月离任)

汤月红(女,11月任)

胡发卫(11月任)

杨亚龙(4月任,11月离任)

党委副书记　陈惠(女,11月离任)

广播电视台

台　长　林　波(7月离任)

张青云(12月任)

市文化馆

馆　长　汪　才(7月离任)

党支部书记　王学军(7月离任)

市旅游局

局　长　王　伟

副局长　张晓明(1月离任)

董欣楠(女)

刘　纳(女,3月任)

市卫生和计划生育局

党委书记、局长　雷学礼(9月离任)

李庞林(9月任)

副局长　盛秀清(女)

马　奇(回族)

张志明

谭淑华(女,兼医改办主任,1月离任)

王紫玉(女,兼医改办主任,3月任)

市卫生监督所

所　长　李清明

市人民医院

院　长　张兴宏

党总支书记　张　芳(女,满族)

市妇幼保健计划生育服务中心

主　任　刘锦平(5月任)

市监察局(12月撤销)

局　长　李长华(12月离任)

副局长　马长青(回族,12月离任)

派出第一监察分局局长　潘文科(12月离任)

派出第二监察分局局长　汤克宏(12月离任)

派出第三监察分局局长　马学兵(回族,12月离任)

市审计局

局　长　闫　伟(9月离任)

夏建军(9月任)

副局长　王淑芳(女)

陈英豹

刘自金

刘　华(女,11月任)

市环境保护局

局　长　田学军

副局长　温茂祥(7月离任)

马　静(回族,11月离任)

郑兴东

张少华(11月任)

市统计局

局　长　聂少军

副局长　胡济红

叶兴文

市林业局

局　长　何宝国(回族)

副局长　张宝生(回族)

任博文

卢　海(7月任)

市葡萄产业服务中心

主　任　李建飞

市安全生产监督管理局

局　长　关秀林(女)

副局长　张庆云

　　　　李梦寻(7月任)

市经济技术合作局

局　长　何　军(7月离任)

　　　　伏媛媛(女,9月任)

副局长　伏媛媛(女,9月离任)

　　　　张　宁(3月任)

市机关事务管理中心

主　任　张福莲(女,1月离任)

　　　　王宝茹(女,3月任)

副主任　卢　海(7月离任)

　　　　王宝茹(女,3月离任)

　　　　王学军(7月任)

市政务服务中心

主　任　武建斌

副主任　王毅贞(女)

　　　　徐新勇

市非公有制经济服务中心

副主任　朱永霞(女)

　　　　胡开俊

市网络和信息化办公室

主　任　杨军侠

副主任　徐平一

　　　　平吉炜(女)

镇·街道·农(林)场

峡口镇

党委书记　马明松(回族)

副 书 记　余振民

　　　　　武智杰

组织委员　李　莹(女,4月离任)

　　　　　李　刚(4月任)

人大主席　王自迁(回族)

镇　　长　余振民

副 镇 长　陈德时(11月离任)

　　　　　马立忠(回族,4月任)

　　　　　贾兴德

　　　　　梁学军(11月任)

纪委书记　杨泽芳(女,9月离任)

　　　　　马金兰(女,回族,9月任)

武装部长　张兴荣

青铜峡镇

党委书记　丁斓进(回族,11月离任)

　　　　　马文俊(11月任)

副 书 记　柏晓东

　　　　　马新斌(9月离任)

　　　　　李金川(9月任)

组织委员　马　芳　(女,回族)

人大主席　王志远

纪委书记　张志军

镇　　长　柏晓东

副 镇 长　马立忠(回族,4月离任)

　　　　　樊国晏(4月任)

　　　　　张伏元

　　　　　魏　巍

武装部长　赵忠宏

大坝镇

党委书记　代兴科

副 书 记　杨秀梅(女)

　　　　　肖　波

组织委员　陈智辉

人大主席　李洪忠

纪委书记　张　炜

镇　　长　杨秀梅(女)

副 镇 长　李金川(9月离任)

杨冬霞(女)
杨　勇(回族,11 月任)
武装部长　李建军

小坝镇

党委书记　沈云霞(女)
副 书 记　王学华(9 月离任)
张进喜(9 月任)
哈新强
组织委员　马亚军(回族,11 月任)
人大主席　姚志勇
纪委书记　蒲小蒙
镇　　长　王学华(9 月离任)
张进喜(9 月任)
副 镇 长　辛立成
云　静(女,1 月离任)
王奇凡
李　强(挂职)
马存福(回族,12 月任)
武装部长　李庭鹏

陈袁滩镇

党委书记　胡兴成(2018 年 2 月任)
副 书 记　李　华
沈　冰(女)
组织委员　张军明
人大主席　葛继平
纪委书记　孙　超(6 月任)
镇　　长　李　华
副 镇 长　刘　明(3 月离任)
苏学信
詹小波(挂职,2016 年 10 月任 2017 年 6 月离)
武装部长　周文军

瞿靖镇

党委书记　李　革
副 书 记　马　波(回族)
杨天禄
组织委员　郭小改
人大主席　辛　琪
纪委书记　马维忠(回族)
镇　　长　马　波(回族)
副 镇 长　周　俊
姚鹿君(女)
何少宁
武装部长　贾　平

叶盛镇

党委书记　韩万东
副 书 记　马文俊(回族,11 月离任)
何立国(回族,11 月任)
田永锋
组织委员　马晓琴(女,回族)
人大主席　张进喜(9 月离任)
李海文(12 月任)
纪委书记　马金兰(女,回族,9 月离任)
申志华(9 月任)
镇　　长　马文俊(回族,11 月离任)
何立国(回族,12 月任)
副 镇 长　申志华(9 月离任)
孙宏伟
石　楠(女,11 月任)
武装部长　赵壮壮

邵岗镇

党委书记　王　成
副 书 记　梁　才
吴　豹
组织委员　杨　雯
人大主席　秦永华
纪委书记　陈中华
镇　　长　梁　才

副 镇 长　马存福(回族,11 月离任)
　　　　　沈　涛
　　　　　王　娟(女,回族)
　　　　　王文河(11 月任)
武装部长　张　亮

裕民街道

党工委书记　哈存连(9 月离任)
　　　　　　陈树华(9 月任)
副　书　记　李洪斌(9 月离任)
　　　　　　何巧娟(女)
　　　　　　杨泽芳(9 月任)
人大联络处主任　杨建华
纪工委书记　何巧娟(女)
办事处主任　郭恒斌
副　主　任　张建军
　　　　　　江建兵
　　　　　　王月霞(女,回族,6 月离任)
　　　　　　杨淑莹(女,9 月任)
武 装 部 长　窦海军

树新林场

党 委 书 记、场 长　李　华
党委副书记、纪委书记　王君华
副　场　长　王君华
　　　　　　白　杨

良种繁殖场

场　　　长　杨文斌(回族)
党总支书记　靳林川
副　场　长　李永祥
　　　　　　李　逸(5 月任)

政协青铜峡市委员会工作部门

政协办公室

主　任　贾志中
副主任　邢　斌

经济委员会

主　任　周学明

教科文卫体委员会

主　任　沙　萍(女)

社会和法制委员会

主　任　　谢　晶(女)

提案委员会

主　任　余振兴

文史和学习委员会

主　任　张欣泽

民族宗教和港澳台侨联络委员会

主　任　李　响(满族)

民主党派　工商联

中国国民党革命委员会青铜峡市委员会

主 任 委 员　马长青(回族)
副主任委员　张　超
　　　　　　丁　鹤
　　　　　　邓胜吉
　　　　　　张文军(兼任秘书长)

中国民主同盟青铜峡市委员会

主 任 委 员　关秀林(女)
副主任委员　黄祖毅
　　　　　　陈少林(兼任秘书长)
　　　　　　官振华
　　　　　　陈文婷(女)

中国民主促进会青铜峡市委员会

主 任 委 员　刘　敏(女)
副主任委员　汤莹丽(女)
　　　　　　叶广忠
　　　　　　张　萍(女)
　　　　　　马　军

市工商业联合会

主　　席　代新明

党组书记　陈建民

副 主 席　何万林

驻青铜峡市区属部门

市国家税务局

党组书记、局长　郑光明(9月离任)

马金柱(9月任)

副　局　长　张宏伟

杨　兵

李　瑾

朱　勇

陈　虎

原建忠(2月任)

纪 检 组 长　朱　勇(1月离任)

杨　磊(2月任)

市地方税务局

党组书记、局长　张岩松

党 组 副 书 记　李洪义(1月任)

副　局　长　李洪义(1月离任)

柴少华

丁红军(1月任)

纪 检 组 长　任赵荣

国网青铜峡市供电公司

经　　理　孙小湘

党支部书记　梁海涛

副 经 理　王　波(回族,3月离任)

马志国(回族,3月离任)

陆晓军(3月任)

罗英汉(3月任)

市气象局

局　长　李睿华(女)

副局长　何淑琦(女)

吴忠市住房公积金管理中心青铜峡分中心

主　任　陈长军

副主任　朱玉明

张志平

宁夏储备粮青铜峡储备库

主　　任　高　峰

党支部书记　虎久春

副 主 任　景永春

市烟草专卖局(吴忠市烟草公司青铜峡分公司)

局长(经理)　李学林

副 局 长　金　涛(回族)

副 经 理　梁立军

自治区盐业管理局青铜峡市分局(自治区盐业公司青铜峡盐业分公司)

局　　长(经理)　罗丽娟(女)

副局长(副经理)　叶志宏

副　经　理　李永琴(女)

宁夏国营连湖农场(宁夏农垦连湖农场有限公司)

党委书记、场长　常建军(2016年5月离任)

张九虎(2016年5月任,
2017年10月离任)

何　山(10月任)

纪委书记　李金太(10月离任)

李明德(10月任)

董 事 长　何　山(10月任)

总 经 理　张九虎(10月离任)

副总经理　张九虎(10月任)

周　学

杨怀亮(回族)

张　国(12月任)

国家统计局青铜峡调查队

队　长　马自宝(回族)

副队长　李　斌(回族)

宁夏渠首管理处

党委书记　刘建勇
处　　长　哈　斌(回族)
副 处 长　刘永亮(7月离任)
　　　　　杨　存
　　　　　王彦斌(8月任)
纪委书记　杨继雄

银行保险机构

中国人民银行青铜峡市支行

行长、党组书记　马吉忠(回族)
副　　行　　长　李毅冬(兼纪检组长)
　　　　　　　　金会明(回族,兼工会主任)

中国农业发展银行青铜峡市支行

行长、支部书记　常彦平(4月离任)
　　　　　　　　杨艳荣(4月任)
副　　行　　长　张殿军
　　　　　　　　王世涛(4月离任)
　　　　　　　　党永强(4月任)

中国工商银行股份有限公司青铜峡支行

行　　长　李　虎(回族,12月任)
副 行 长　芦连生
　　　　　折　鹏
　　　　　张艳洁(女,8月任)
纪检书记　李吉和(回族,4月任)

中国农业银行股份有限公司青铜峡市支行

党委书记、行长　杜银秀
副　　行　　长　肖瑞新(11月离任)
　　　　　　　　张兴华
　　　　　　　　周　莹(女)
纪　委　书　记　肖瑞新(11月离任)
　　　　　　　　张兴华(11月任)

中国建设银行股份有限公司青铜峡支行

行　　长　白根峰(3月任)
副 行 长　杨　忠
　　　　　寇学儒
　　　　　白根峰(3月离任)
　　　　　马君轶(回族,5月任)
纪委书记　马君轶(回族,5月离任)
　　　　　冯卫东(6月任)

中国银行股份有限公司青铜峡支行

行　　长　陆学锋(8月任)
副行长　胡　静(女)
　　　　张庆伟

宁夏银行青铜峡支行

行长、书记　李海涛(2月调离)
　　　　　　李志先(5月任)
副 行 长　马素宁(女)

青铜峡市农村信用合作联社

理 事 长　徐占军(4月离)
　　　　　余　广(4月任)
主　　任　张金鹏(4月离)
　　　　　桂　煦(4月离)
监 事 长　李红星(1月离任)
　　　　　朱桥年(1月任)
纪委书记　时玉龙(1月任)
工会主席　靖　南
副 主 任　靖　楠
　　　　　张志强
　　　　　郭泰反(7月任)

中国人寿保险股份有限公司青铜峡支公司

经　理　于　鹍(10月,离任)
　　　　郭君艳(女,10月任)
副经理　杨晓丽(女)

中国人民财产保险股份有限公司青铜峡支公司

经　理　施俊新
副经理　周晓宾(3月离任)
　　　　张维刚(3月离任)

(全市行政、企事业单位提供)

政　治

编辑◎乔才山

中国共产党青铜峡市委员会

综　述

【政治建设】 2017年，坚持把“把握正确政治方向、引领正确航向”作为市委常委会首要责任，牢固树立“四个意识”，坚定“四个自信”，坚定政治信念，保持政治定力，始终与以习近平同志为核心的党中央保持高度一致。遵守政治纪律和政治规矩，加强和规范党内政治生活，贯彻《党委会的工作方法》和常委会议事规则，执行民主集中制，注重从政治上、思想上、组织上、制度上谋划推动关系全市改革发展稳定的战略性、全局性问题，对涉及经济社会发展、改善民生民计、全面深化改革、保护生态环境、全面从严治党等影响青铜峡市发展的大事要事集体研究决定。坚决贯彻党中央和上级党委决策部署，特别是党的十九大、自治区第十二次党代会召开后，先后召开市委全体会议2次、市委中心组学习会30次，开展党委（党组）集中学习816次，组织市镇宣讲团宣讲708（场）次，制定出台《全面落实从严治党要求进一步加强党的建设的意见》《学习宣传贯彻中共十九大精神的实施意见》，及时把中央、自治区各项方针政策传达到千家万户、贯彻到各级各部门、落实到具体工作中。市委班子成员坚持忠诚干净担当的政治品格，带头讲政治、讲大局、讲学习、讲团结、讲奉献、讲廉洁，勇于变革、勇于创新，以永不懈怠的精神状态和一往无前的奋斗姿态推动各项工作，发挥带头作用和表率作用。

2017年4月25日，中国共产党青铜峡市第十二届委员会第三次全体（扩大）会议召开　　（市网信办　刘中锋提供）

【工业经济】 2017年，青铜峡市围绕打造“老工业基地转型升级样板区”目标，持续“盘活存量、做足增量、做优质量、做大总量”。落实自治区“降低实体经济企业成本”30条政策意见，制定鼓励帮扶政策，帮助企业解决生产经营困难和问题，协调企业融资10亿元，落实帮扶资金8900万元。加大工业园区基础设施建设力度，新材料基地、嘉宝轻纺工业园园区功能日趋完善、平台作用充分发挥、服务工业发展能力显著提升。鼓励支持企业创新发展、转型发展，宁夏金昱元化工集团有限公司等企业投入5.4亿元资金实施技术改造、淘汰落后产能，企业市场核心竞争力不断增强。全年累计完成投资62亿元、实施工业项目35个，宁夏锦绣轻合金循环经济产业有限公司、宁夏仁和纺织科技有限公司等一批工业项目相继投产、发挥效益，制造业、新材料、现代纺织等新兴产业规模不断扩大、初步形成集群。全年新培育规模以上企业10家，规模以上工业企业增加值同比增长4.9%。

【第三产业】 2017年，青铜峡市以创建国家全域旅游示范市为契机，实施滨河大道景观带等“黄河金岸文化旅游带”项目，全力打造“印象黄河·彩虹之上”文化旅游品牌，“黄河岸边、稻花香里、贺兰山下”三条旅游带建设初显成效。深入挖掘甘城子酿酒葡萄、叶盛贡米、黄河文化、塞上风光等资源优势，集休闲养生、观光农业、农趣体验、美酒品鉴等于一体的旅游新业态逐步形成。举办黄河拜水盛典、引黄古灌区成功“申遗”晚会等节庆活动，实施旅游管理服务提升工程，培育“十佳旅游饭店”2家、A级旅游企业3家、星级农家乐12家。举办特色商品、美食展销会，加快推进国家电子商务进农村示范县项目，激活消费市场。全年接待游客300万人次，实现第三产业增加值39.8亿元，同比增长6.6%。

【现代农业】 2017年，青铜峡市做强“两优一特”产业，打好“绿色、生态、有机、富硒”四张牌，着力在品种、品质、品牌上做文章，入选首批“国家农业可持续发展实验示范区”，逐步实现由农业大市向农业强市转变。实施大米提升工程，优质富硒大米生产基地达到4万亩，优质富硒水稻种植基地达到20个，青铜峡市大米地理标志证明商标获国家工商行政管理总局批准，“塞外香”牌珍珠大米获评“中国十大好吃米饭”。年内，新增酿酒葡萄5200亩，累计栽种面积达到13.6万亩；新建续建酒庄10家，境内酒庄达到20家，维加妮酒庄“兰山伯爵”等多个品牌获国内外葡萄酒评比金奖。培育新型农业经营主体，全市家庭农场达到221家，农民专业合作社达到356家。第一产业实现增加值17.6亿元，同比增长4.2%。

【城乡建设】 2017年，青铜峡市按照《宁夏空间发展战略规划》，开展“多规合一”改革试点工作。加快构建科学合理的城镇化格局、产业发展格局和生态空间格局，编制完善城市中心区、河东河西小城镇控制性详细规划、村庄建设规划；加强城市景观设计研究，推进明清汉唐特色城市建筑风貌建设；启动城市管理领域综合执法体制改革，成立城市综合执法局。坚持老城区改造与新城区提升并举，重点实施热电联产、公共绿地、集污管网等公共基础设施建设工程。完成团结巷、关家园等4个小区2349户棚户区改造项目，新建续建改造7条城市道路、6处停车场；建设“三馆一厅”等重点工程，推进金岸一品商业街区、古峡商业中心建设，加快建设青铜峡至银川正源街快速通道项目，利（通）青（铜峡）同城一体化发展、主动融入银川都市圈建设迈出新步伐。突出以城带乡，推动社会事业、公共服务向农村延伸。新建改建高速公路、国省干线及农村公路101公里，改造农村饮水管道38公里，完成农村危房改造129户。加快推进青铜峡镇美丽小城镇和叶盛镇地三村、大坝镇韦桥村2个美丽乡村项目建设，实施农村改厕及生活污水处理项目，改革农村环卫体制，推行农村全域环卫保洁市场化运作，提升农村人居环境质量。

【重点改革】 2017年，青铜峡市实施政府机构改革、行政审批制度改革，深化“五证合一、一照一码”制度改革，做好司法改革试点工作。推进“放管服”改革，推行社会投资项目行政职权和服务事项工作规程试点，形成“网上办、集中批、联合审、区域评、代办制、不见面”审批服务新模式，为全区推广行政审批改革工作提供青铜峡经验。持续深化投融资体制改革，成立青铜峡市东方惠民小额贷款担保公司，发挥古峡担保、国资投资、旅游投资等融资平台作用，国投公司完成10亿元企业债券发行工作，初步构建多元化金融服务体系。推进农村产权制度改革，成立农村产权交易中心，农村承包地确权登记颁证工作获全区一等奖。

【开放合作】 2017年，青铜峡市实施“走出去、请进来”发展战略，加强与沿海发达地区交流合作，鼓励支持企业做好产品宣传、推介工作，先后组织企业参加“中阿博览会”“厦洽会”“酒博会”“香港美食博览会”等各类宣传推介展销活动70批次，支持御马酒庄、宁夏法福来食品有限公司等企业在北京、上海、厦门等城市设立外销窗口，提升特色优势产品对外知名度。加大对外贸易进出口企业帮扶力度，引导企业积极开拓国际市场，扩大外贸出口，全年实现出口创汇1500万美元，同比增长16%。

【上争外引】 2017年，青铜峡市建立市级领导外出带队招商机制，紧盯长三角、珠三角、环渤海等经济发达地区，组织外出招商40批次，引进凤凰岛低空游配套基础设施建设项目、大坝镇牡丹园基础设施配套建设项目、宁夏大海金属科技有限公司年产80万吨交通安全设施项目等65个项目，招商引资申报到位资金达到109.2亿元。上争资金超额完成吴忠市下达23.8亿元目标任务。持续深化项目建设“双百”行动，全面落实项目建设包保责任制，华能宁夏大坝发电有限责任公司四期发电工程项目、宁夏昊天制冷设备有限公司年产20万台制冷设备项目等重点项目加快建设。深化市级领导包扶企业制度，建立重点项目“一企一策”全程跟踪服务机制，营造“重商、亲商、安商”良好环境。

【生态建设】 2017年，青铜峡市推进生态文明制度建设，落实生态环境保护“党政同责、一岗双责”责任体系、党政领导干部生态环境损害责任追究等制度，开展“蓝天碧水·绿色城乡”“绿盾2017”专项行动，实施防护林、封山禁牧、退耕还林还草还湿、防沙治沙等生态建设工程，植树造林1.3万亩，森林覆盖率达到13.5%。实施文化体育会展中心建设项目

2017年8月11日，吴忠市委书记沈左权(左一)调研青铜峡市全面深化改革工作
（邵岗镇　武霞梅提供）

配套绿化等城市园林绿化工程5个、怡心园等小微游园建设项目3个，完成绿化面积100万平方米。全面落实河长制，加大水源地保护力度，黄河干流青铜峡段水体水质总体保持稳定。青铜峡鸟岛创建国家湿地公园工作通过国家林业局验收并授牌，正式进入国家湿地公园行列。

【环境监管】 2017年，青铜峡市全民动员打响“蓝天保卫战”，开展洁净城乡百日专项整治行动，推进煤尘、烟尘、扬尘、汽尘“四尘”治理，抓好秸秆禁烧工作，推广瑞威尔生物质燃料代替燃煤锅炉项目，依法拆除燃煤锅炉85台，立案查处环境违法企业32家，全年空气质量优良率达到85%。实施新材料基地污水处理厂、市第二和第三污水处理厂提标改造等项目，取缔宁夏金昱元化工集团有限公司、宁夏科进峡光纸业有限公司等10家企业排污口。坚决推进矿山治理，依法取缔非法盗采矿砂企业11家。狠抓农业面源污染防控，加强固体废物收集贮存、转移运输和处理处置各环节监管，遏制土壤污染。中央环保督察组反馈的6个问题得到有效整改。严把新上项目环保审批关，环境影响评价执行率达到100%。

【居民收入】 2017年，青铜峡市实施脱贫富民战略，拓宽城乡居民增收渠道，全年发放创业小额贷款1236万元，培育“小老板”396人，新增城镇就业5247人，转移农村劳动力就业2.4万人，实现工资性收入3亿元，城乡居民人均可支配收入分别达到25547元和13135元，增长8.1%和9.1%。落实产业扶贫、金融扶贫、教育扶贫等13项脱贫攻坚措施，全年完成易地搬迁安置移民233户1191人，实现年内脱贫2010人。

【社会事业】 2017年，青铜峡市坚持教育优先发展战略，发展学前教育，重视职业教育，抓好义务教育和高中阶段教育，各类升学率稳步提升。推进综合医疗改革，开展公立医院改革，构建分级诊疗体系，完善基本医疗卫生服务体系。开展文化惠民活动，推进国家公共文化服务体系示范区创建工作，提高公共文化服务水平。开展全民健身活动，举办全国性乒乓球赛、毽球邀请赛、万人骑行活动等体育赛事30次。拓展群众性精神文明创建活动，深化社会公德、职业道德、家庭美德、个人品德建设，创建全国、自治区级文明单位3个、文明村镇3个，2人荣获自治区级道德模范称号。

【社会保障】 2017年，青铜峡市落实各类社会保障惠民政策，实施社会保障提标扩面工程，推进社会保险“五险合一”经办体制改革，社会保障由制度全覆盖向人员全覆盖转变。年内发放城乡低保、高龄津贴、临时救助等各类补贴5500万元，城乡居民养老保险、医疗保险参保人数分别达到9.7万人、21.9万人，五保户集中供养标准和分散供养标准分别由5000元和3500元提高到9700元和7300元，发放困难残疾人生活补贴和护理补贴690万元。加快建立市场配置与政府保障相结合、租赁与购买并举的住房保障体系，确保城乡困难群众和弱势群体住有所居。

【社会治理】 2017年，青铜峡市委加强和改进党对人大、政协的领导，支持人大及其常委会依法行使重大事项决定权、监督权和选举任免权，支持人民政协依照章程履行政治协商、民主监督、参政议政职能。搭建民主党派、工商联、无党派人士发挥作用平台，巩固和壮大爱国统一战线，推进工会、妇联、文联等群团组织改革。实施创新社会治理“九大工程”（包括统筹整合工程、天网监控工程、地格管控工程、平台建设工程、联网联动工程、先锋引领工程、多元共建工程、民风提升工程和云上数据工程），提升社会治理信息化、精细化、规范化建设水

2017年2月17日，中共吴忠市委常委、青铜峡市委书记石瑞林（右三）对2017年重点项目督查　　（叶盛镇　蒯丽提供）

平。深化“大调解”体系建设，创新建立“统筹协调、综合联动、信息互通”三级联调机制，全年排查矛盾纠纷873起，化解847起。完成了中共十九大、自治区第十二次党代会等重要节点安保维稳工作。完善公共安全常态化监管机制，开展食品药品、道路交通、危化产品、公共场所等重点领域、重点行业、重点部位安全生产专项整治。开展党内制度规范提升年活动，健全党内规范性文件制定和清理机制，提高党的制度建设科学化、规范化水平。加快建设法治政府，梳理政府权力清单和职责清单，推进依法行政，提升政府效能。开展“七五”普法教育活动，改进法律援助和司法救助工作，健全公共法律服务体系，解决打官司难、执行难问题。依法严厉打击各类违法犯罪行为，持续开展涉毒、电信诈骗、非法集资、酒驾等专项整治，提升公众安全感、满意度，青铜峡市荣获“全国平安建设先进县”称号，市公安局荣获“全国优秀公安局”称号。

【干部队伍建设】 2017年，青铜峡市委坚持信念坚定、为民服务、勤政务实、敢于担当、清正廉洁“二十字”好干部标准，突出注重提升干部教育培训水平，注重完善干部选拔任用工作制度，注重加大年轻干部选拔培养力度，注重严格选人用人标准，注重灵活干部调配资源“五个注重”鲜明用人导向，立足事业发展需要选任干部，开展公推比选副科级干部工作，全年调整任免科级领导干部10批165人，6名年轻干部走上领导岗位。开展全市领导班子、领导干部大调研活动，推荐正科级后备干部84名、副科级后备干部188名。建立激励机制和容错纠错机制，出台《推进领导干部能上能下实施办法》，鼓励和支持干部主动尽责、锐意改革、勇于创新。推进人才强市战略，加强各类人才队伍建设，搭建平台促进人才作用发挥。

【基层组织建设】 2017年，青铜峡市委实施“强龙工程”，强化服务型党组织建设，全年创建四星级党组织31个，整顿转化软弱涣散党组织26个，非公企业和社会组织党组织覆盖率分别达到92%和99%。开展“三大三强”（加大投入力度，强化基本保障；加大培训力度，增强能力素质；加大选拔力度，选优配强基层党组织）行动，实施带领群众共同发展的党组织带头人和致富带头人“两个带头人”工程，安排1030万元用于扶持发展村级集体经济、提高村干部报酬待遇、规范基层阵地建设等工作。开展国有企业、“两新”组织（新经济组织、新社会组织）、事业单位党建工作调研考核活动，符合条件的政府组成部门均成立党组。注重创新基层党建工作载体，在农村开办党员中心户试点，在社区深化拓展“联合党委”运行机制，在机关开展“机关大讲堂”等活动，充分发挥党员先锋模范作用和基层党组织战斗堡垒作用。

【党风廉政建设】 2017年，青铜峡市委落实“两个责任”，认真执行廉洁自律准则、纪律处分条例、问责条例等党内制度规定，运用执纪监督“四种形态”，开展党章党纪党规教育和警示教育。坚持有案必查、有腐必惩，持续加大腐败案件查处力度，继续保持反腐败高压态势，全年立案99件，给予党政纪处分97人，收缴违规资金29.6万元。启动监察体制改革试点工作，落实巡察工作制度，推动全面从严治党向基层延伸，巡察利剑作用充分彰显。巩固落实中央八项规定精神成果，密切关注“四风”问题新动向新表现，大力整治“三不为”、慵懒散软拖等现象，全年受理违反中央八项规定精神问题线索52件，立案34件，给予党政纪处分和组织处理35人。

（市委办公室）

市委常委会议

【十二届市委2017年第一次常委会议】 2017年1月20日召开。中共吴忠市委常委、青铜峡市委书记石瑞林主持会议。市领导金永灵、张铁缨、杨春燕、弋忠朝、刘国强、杨旭年、马光锋、马晓贤、何元凯出席会议。市人大常委会主任姬文泽、政协主席王洋列席会议。会议传达学习中央纪委十八届七次全会及自治区纪委十一届八次全体会议、中央自治区农村工作会议精神并提出青铜峡市贯彻意见，审议通过市人民政府党组《关于拟表彰全市“六五”普法先进集体和个人的请示》《关于青铜峡市旅游发展三年行动方案的请示》《关于青铜峡市畜禽养殖禁养区划定工作方案的请示》《关于青铜峡市贯彻落实中央第八环保督察组督察反馈意见整改方案的请示》《关于青铜峡市环境保护工作考核办法的请示》；通报中荷统筹城乡共同体创新中心在青非法聚集活动处置情况；研究审议并通过全市2016年效能目标管理考核结果及总结表彰方案、规范全市领导干部学习班等有关事宜。

【十二届市委2017年第二次常委会议】 2017年2月24日召开。中共吴忠市委常委、青铜峡市委书记石瑞林主持会议。市领导金永灵、张铁缨、杨春燕、弋忠朝、刘国强、闫培华、杨旭年、马光锋、马晓贤、王飞、贺江、何元凯参加会议。市人大常委会主任姬文泽、政协主席王洋列席会议。会议传达学习中央宣传部长会议、自治区宣传思想文化工作会议以及自治区党委常委、纪委书记许传智在全区纪检监察执纪审查工作会议暨业务培训班上讲话精神；研究审议《青铜峡市委关于党内制度建设的工作方案》《加强和改进新形势下全市党校工作的实施意见》，讨论《青铜峡市开展2017年机关干部下农村送政策促发展活动实施方案（送审稿）》《青铜峡市公推比选副科级领导干部工作方案》，市人民政府党组《关于建立机构编制动态管理机制进一步加强和完善机构编制管理工作的意见（送审稿）的请示》《关于青铜峡市至银川正源街快速通道（青铜峡段）项目贷款事宜的请示》《关于青铜峡市2017年棚户区（城中村）改造项目贷款事宜的请示》，以及2017年庆祝“三八”国际劳动妇女节纪念活动事宜。

【十二届市委2017年第三次常委会议】 2017年3月24日召开。中共吴忠市委常委、青铜峡市委书记石瑞林主持会议。市领导金永灵、张铁缨、杨春燕、弋忠朝、刘国强、杨旭年、马光锋、马晓贤、王飞、贺江、何元凯参加会议。市人大常委会主任姬文泽、市政协主席王洋列席会议。会议传达学习自治区党委书记李建华在吴忠市调研座谈会上的讲话，自治区党委副书记崔波在青铜峡市调研工作时的讲话，全区组织部长会议，全区老干部工作先进集体和先进工作者表彰大会，自治区、吴忠市开展涉农扶贫领域腐败问题专项查处行动协调推进会暨第一次联席会议精神；通报 2016 年度自治区、吴忠市效能目标管理考核结果，研究效能奖金发放标准；提出青铜峡市贯彻落实全国“两会”精神意见；审议通过《青铜峡市党委（党组）意识形态工作责任制实施细则》《青铜峡市党委（党组）意识形态工作责任书》《青铜峡市党委（党组）理论学习中心组学习实施细则》《青铜峡市委 2017 年巡察工作方案》及青铜峡市推荐上报“全国五四红旗团支部”候选单位、第二届“吴忠市高端人才”“吴忠英才”暨第四届“吴忠市特殊贡献人才”“享受吴忠市政府特殊津贴人员”建议名单。

【十二届市委 2017 年第四次常委会议】 2017 年月 30 日召开。中共吴忠市委常委、青铜峡市委书记石瑞林主持会议。市领导金永灵、张铁缨、杨春燕、弋忠朝、刘国强、闫培华、杨旭年、马晓贤、王飞、贺江、何元凯参加会议。市人大常委会主任姬文泽、政协主席王洋列席会议。会议研究审定《青铜峡市委关于深入推进全面从严治党的实施意见（送审稿）》。

【十二届市委 2017 年第五次常委会议】 2017 年 4 月 15 日召开。中共吴忠市委常委、青铜峡市委书记石瑞林主持会议。市领导金永灵、张铁缨、杨春燕、弋忠朝、闫培华、杨旭年、马光锋、马晓贤、王飞、贺江、何元凯参加会议。市人大常委会主任姬文泽、政协主席王洋列席会议。会议学习传达全国、全区禁毒工作会议及许传智、沈左权在吴忠市和青铜峡市调研时讲话精神；通报青铜峡市禁毒工作情况；研究审议市人民政府党组关于青铜峡市优质大米产业提升工程实施方案（2017—2019）（送审稿）的请示、关于黄河大峡谷景区创建国家 AAAAA 级旅游景区实施方案（送审稿）的请示、关于青铜峡市调整置换使用保障性住房工作实施方案（送审稿）的请示、关于黄河大峡谷自驾车房车露营地等 2 个项目投资协议的请示、青铜峡市 2017 年全面深化改革工作要点（送审稿）及牛首山庙会管理等相关事宜。

【十二届市委 2017 年第六次常委会议】 2017 年 4 月 21 日召开。中共吴忠市委常委、青铜峡市委书记石瑞林主持会议。市领导张铁缨、杨春燕、弋忠朝、刘国强、闫培华、杨旭年、马光锋、王飞、贺江、何元凯参加会议。市人大常委会主任姬文泽、市政协主席王洋列席会议。会议传达学习自治区第一季度经济形势分析会议、吴忠市组织宣传工作会议暨创建全国文明城市推进会精神；通报青铜峡市与吴忠市、自治区一季度主要经济指标比对情况；研究创建吴忠市“和谐寺观教堂”先进集体和先进个人推荐人选。

【十二届市委 2017 年第七次常委会议】 2017 年 4 月 27 日召开。中共吴忠市委常委、青铜峡市委书记石瑞林主持会议。市领导金永灵、弋忠朝、刘国强、闫培华、杨旭年、马光锋、王飞、贺江、何元凯参加会议。市政协主席王洋列席会议。会议传达学习中共中央、国务院领导关于安全生产工作重要讲话、指示、批示精神；通报 2017 年第一季度全市安全生产工作情况；听取国务院安全生产巡查组来青巡查反馈意见情况汇报；研究部署当前全市安全生产工作。

【十二届市委 2017 年第八次常委会议】 5 月 13 日召开。中共吴忠市委常委、青铜峡市委书记石瑞林主持会议。市领导金永灵、杨春燕、弋忠朝、刘国强、杨旭年、马光锋、马晓贤、贺江、何元凯参加会议。市人大常委会主任姬文泽、市政协主席王洋列席会议。会议传达学习自治区党委书记石泰峰在自治区党委常委会上的讲话、全区宣传部长座谈会会议、吴忠市委书记沈左权调研青铜峡市经济社会发展情况座谈会上的讲话、全区及吴忠市扶贫开发成效考核反馈问题整改工作会议精神，研究提出青铜峡市贯彻意见；审议通过《关于2017年青铜峡市大气、水、土壤污染防治重点工作实施方案(送审稿)的请示》《关于青铜峡市农村环卫保洁市场化运作实施方案(送审稿)的请示》《关于设立国土公安联合执法办公室的请示》;研究审定《关于全市2017年效能目标管理考核办法的请示》《关于青铜峡市建立社会投资项目行政职权和服务事项工作规程试点方案及相关领导小组的请示》《关于在全市机关干部中开展新一轮"下基层"活动实施方案》《关于调整市级党员领导干部党建工作联系点的请示》《青铜峡市2017年群众评议机关作风活动实施方案》《关于命名四星级基层服务型党组织的请示》《关于在全市开展基层党建工作规范提升年活动的实施方案》《关于推进"两学一做"学习教育常态化制度化的实施方案》《关于宁夏金昱元化工集团有限公司党委换届有关事项的请示》《关于青铜峡市落实党风廉政建设"两个责任"全程纪实办法(征求意见稿)》。

【十二届市委2017年第九次常委会议】 6月10日召开。中共吴忠市委常委、青铜峡市委书记石瑞林主持会议。市领导金永灵、杨春燕、弋忠朝、刘国强、杨旭年、马光锋、王飞、贺江、何元凯、徐芸参加会议。市人大常委会主任姬文泽、市政协主席王洋列席会议。会议传达学习中国共产党宁夏回族自治区第十二次代表大会会议，中央政治局常委、全国政协主席俞正声视察宁夏讲话精神及中央办公厅、国务院办公厅关于甘肃祁连山国家级自然保护区生态环境问题督查处理情况及其教训的通报、全区干部监督工作座谈会精神;审议通过市人民政府党组《关于促进非公有制工业经济平稳增长的意见(送审稿)的请示》《关于青铜峡市2017年农业农村工作安排意见(送审稿的)请示》《关于青铜峡市深入推进城市管理综合执法体制改革实施方案（送审稿)》的请示》;研究审定全区民族团结进步创建活动示范单位推荐名单、青铜峡市志(2003—2017)修编、全市事业单位管理岗位非领导职务职责职员等级晋升等有关事宜。

【十二届市委2017年第十次常委会议】 2017年7月12日召开。中共吴忠市委常委、青铜峡市委书记石瑞林主持会议。市领导金永灵、杨春燕、弋忠朝、刘国强、杨旭年、马光锋、王飞、贺江、何元凯、徐芸参加会议。会议研究审定关于上报拟提拔干部建议人选相关事宜。

【十二届市委2017年第十一次常委会议】 2017年7月21日召开。中共吴忠市委常委、青铜峡市委书记石瑞林主持会议。市领导金永灵、杨春燕、弋忠朝、刘国强、杨旭年、马光锋、贺江、何元凯、徐芸参加会议。市政协主席王洋，市人大常委会副主任宋建宁，副市长杨红英、陈雪松、张克文列席会议。会议传达学习中央政治局常委、中纪委书记王岐山在全国扶贫领域监督执纪问责工作电视电话会议上的讲话、国务院安委会第八巡查组巡查宁夏工作反馈会议精神；听取全市上半年安全生产工作情况汇报；研究审议并原则通过市人民政府党组《关于青铜峡市全面推行河长制的意见》《青铜峡市河长制工作方案》《青铜峡市河长制考核管理办法的请示》《关于黄河金岸文化旅游带PPP建设项目实施方案、物有所值评价报告及财政承受能力论证报告的请示》《关于宁夏·国际牡丹园项目投资协议的请示》《关于开展中国人民解放军建军90周年纪念活动的请示》，市委组织部《关于进一步加强和改进离退休干部工作的实施方案》《关于加强社会组织党的建设工作的实施意见》及关于成立中国共产党非公有制经济组织和社会组织党工委等相关事宜;专题研究国防建设和双拥工作。

【十二届市委 2017 年第十二次常委会议】 2017 年 7 月 28 日召开。中共吴忠市委常委、青铜峡市委书记石瑞林主持会议。市领导杨春燕、弋忠朝、刘国强、马光锋、贺江、何元凯、徐芸参加会议。市政协主席王洋、市人大常委会副主任撒贵清列席会议。会议传达学习自治区党委书记石泰峰在自治区纪委、组织部、宣传部调研座谈会上的讲话、自治区脱贫攻坚工作会议精神及《中国共产党巡视工作条例》;听取市委第二轮巡察工作情况汇报；分析全市当前经济形势，研究部署下半年经济工作精神；研究审议并原则通过市人民政府党组《关于 4 万头肉牛养殖项目投资协议的请示》《关于宁夏特色农产品体验中心房屋租赁协议的请示》《关于宁夏特色农产品体验中心合作运营协议的请示》《青铜峡市报告会研讨会论坛讲座培训班申报审批管理细则》。

【十二届市委 2017 年第十三次常委会议】 2017 年 8 月 25 日召开。中共吴忠市委常委、青铜峡市委书记石瑞林主持会议。市领导金永灵、杨春燕、刘国强、杨旭年、马光锋、王飞、贺江、何元凯、徐芸、赵金峰参加会议。市人大常委会主任姬文泽，副主任任贵生、袁浩、宋建宁，副市长张克文，政协副主席史君、马淑玲列席会议。会议传达学习习近平在省部级主要领导干部“学习习近平总书记重要讲话精神，迎接党的十九大”专题研讨班上的重要讲话、自治区党委书记石泰峰在自治区党委统战部调研时的讲话、全区民族团结进步暨和谐寺观教堂创建互观互检吴忠座谈会及自治区党委、人民政府《关于推进安全生产领域改革发展的实施意见》文件精神；审议并原则通过《关于开展破解执行难百日攻坚战专项活动实施方案》《关于设立宁夏农业信贷担保有限责任公司青铜峡分公司的请示》《关于上半年环保重点工作完成情况及下一步环保工作的安排的请示》《关于青铜峡市利源工贸有限公司项目投资协议的请示》《关于市公安局组织实施天网监控项目的请示》《关于进一步加强督促检查工作的有关事宜》《关于深入贯彻中央八项规定精神进一步加强和改进市级领导班子作风建设的实施意见》《中共青铜峡市第十二届委员会常务委员会工作规则》。

【十二届市委 2017 年第十四次常委会议】 2017 年 9 月 14 日召开。中共吴忠市委常委、青铜峡市委书记石瑞林主持会议。市领导金永灵、杨春燕、弋忠朝、刘国强、杨旭年、马光锋、王飞、何元凯、徐芸、赵金峰参加会议。市人大常委会主任姬文泽、市政协主席王洋列席会议。会议传达学习《中共中央国务院转发〈国家发展和改革委员会关于上半年经济形势和做好下半年经济工作的建议〉的通知》，自治区沿黄县（市、区）党委书记座谈会、国有企业党的建设工作会、第三批“塞上英才”表彰大会、开展“三大三强”行动推广“两个带头人”工程经验促脱贫富民战略实施工作会议，吴忠市大干实干 100 天全面完成全年目标任务誓师大会等精神；听取全市反恐工作情况汇报；研究审议并原则通过市人民政府党组《关于审定青铜峡市农村环卫保洁市场化服务体系建设项目协议书的请示》《青铜峡市推进领导干部能上能下实施办法（试行）》。

【十二届市委 2017 年第十五次常委会议】 2017 年 9 月 29 日召开。中共吴忠市委常委、青铜峡市委书记石瑞林主持会议。市领导杨春燕、刘国强、杨旭年、何元凯、赵金峰参加会议。市政协主席王洋列席会议。会议传达学习全国社会治安综合治理表彰大会、自治区实施创新驱动战略推进会议及《关于激励干部想干事能干事干成事的若干意见》文件精神；听取市委政法委关于迎接党的十九大全市综治信访维稳工作汇报；研究审议《青铜峡市文明单位创建管理办法》、市人民政府党组《关于宁夏引黄古灌区成功“申遗”晚会活动委托策划演出制作协议及经费等有关事宜的请示》《关于审定〈古峡名师、名校(园)长评选办法(试行)〉的请示》等相关事宜。

【十二届市委2017年第十六次常委会议】 2017年10月19日召开。中共吴忠市委常委、青铜峡市委书记石瑞林主持会议。市领导金永灵、杨春燕、弋忠朝、刘国强、杨旭年、马光锋、王飞、何元凯、徐芸、赵金峰参加会议。会议研究审定关于上报拟提拔干部建议人选相关事宜。

【十二届市委2017年第十七次常委会议】 2017年10月20日召开。中共吴忠市委常委、青铜峡市委书记石瑞林主持会议。市领导金永灵、杨春燕、弋忠朝、刘国强、杨旭年、何元凯、徐芸参加会议。市政协主席王洋、市人大常委会副主任任贵生列席会议。会议传达学习自治区党委常委、纪委书记许传智在全区新任职领导干部集体廉政谈话会上的讲话及自治区第十二届人大代表选举、第十一届政协委员协商提名工作座谈会议精神；听取青铜峡市关于2018年项目谋划储备工作情况汇报；研究审议关于在全市村级党组织中开展“三大三强”促脱贫富民行动的实施意见、在全市农村开展“两个带头人”工程的实施方案、关于审定贯彻落实党中央国务院关于推进安全生产领域改革发展意见的实施方案(送审稿)的请示、关于实施同乐村及“十三五”易地扶贫搬迁移民奶牛和肉牛托管项目的请示》。

【十二届市委2017年第十八次常委会议】 2017年11月1日召开。中共吴忠市委常委、青铜峡市委书记石瑞林主持会议。市领导金永灵、杨春燕、弋忠朝、刘国强、杨旭年、贺江、何元凯、赵金峰参加会议。市人大常委会主任姬文泽、政协主席王洋列席会议。会议传达学习自治区党委十二届二次全会、自治区党委副书记姜志刚在自治区群团改革工作推进会上的讲话精神；研究审议关于召开市委第十二届四次全体(扩大)会议,《中共青铜峡市委员会关于学习宣传贯彻党的十九大精神的实施意见(送审稿)》《青铜峡市委巡察工作实施办法》及《市委巡察工作规划(2017—2022年)》,市人民政府党组关于青铜峡市实施脱贫攻坚责任制限时制实施方案(送审稿)的请示,市总工会、团委、妇联改革方案及总工会、妇联换届工作等相关事宜。

【十二届市委2017年第十九次常委会议】 2017年11月3日召开。中共吴忠市委常委、青铜峡市委书记石瑞林主持会议。市领导金永灵、杨春燕、弋忠朝、刘国强、杨旭年、贺江、何元凯、徐芸、赵金峰参加会议。市人大常委会主任姬文泽、政协主席王洋列席会议。会议听取市委十二届四次全体会议各组召集人关于《中共青铜峡市委员会关于学习宣传贯彻落实党的十九大精神的实施意见(讨论稿)》讨论情况汇报,并提出具体要求。

【十二届市委2017年第二十次常委会议】 2017年11月17日召开。中共吴忠市委常委、青铜峡市委书记石瑞林主持会议。市领导杨春燕、刘国强、杨旭年、贺江参加会议。市人大常委会副主任任贵生、副市长张克文、政协副主席史君列席会议。会议研究环境保护工作及成立青铜峡市生态建设和环境保护委员相关事宜。

【十二届市委2017年第二十一次常委会议】 2017年11月24日召开。中共吴忠市委常委、青铜峡市委书记石瑞林主持会议。市领导金永灵、杨春燕、弋忠朝、刘国强、杨旭年、贺江、何元凯、徐芸、赵金峰参加会议。姬文泽、王洋等市人大、政协领导列席会议。会议听取市属国有企业党建工作调研情况汇报;研究审议《青铜峡市推进农村产权流转服务工作的实施方案(送审稿)》《关于支持干部创业建立容错纠错机制实施办法(试行)》《关于在深化国有企业改革中坚持党的领导加强党的建设的实施意见(送审稿)》。

【十二届市委2017年第二十二次常委会议】 2017年12月1日召开。中共吴忠市委常委、青铜峡市委书记石瑞林主持会议。市领导金永灵、杨春燕、弋忠朝、刘国强、王飞、杨旭年、贺江、何元凯、赵金峰参加会议。市人大常委会主任姬文泽、政协主席王洋列席会议。会议传达学习全区深化人才发展体制机制改革工作座谈会、全区驻村第一书记和扶贫开发驻村工作队工作座谈会、落实党建"四个重要文件"推进会议、全区人大预算联网监督工作推进会议精神;听取全市安全生产工作情况汇报、近期环保整改进展情况汇报、禁毒工作汇报;研究审议青铜峡市深化监察体制改革试点工作实施方案,网民致市委书记、政府市长留言办理工作制度(试行),《市委工作报告》(送审稿)及《市委2018年工作要点》(送审稿),关于召开中共青铜峡市委十二届五次全体会议及党内工作制度法规文件修订有关事宜。

【十二届市委2017年第二十三次常委会议】 2017年12月11日召开。中共吴忠市委常委、青铜峡市委书记石瑞林主持会议。市领导金永灵、杨春燕、弋忠朝、刘国强、王飞、杨旭年、贺江、何元凯、赵金峰参加会议。市人大常委会主任姬文泽、政协主席王洋列席会议。会议传达学习习近平总书记重要批示精神,研究提出青铜峡市贯彻意见。

【十二届市委2017年第二十四次常委会议】 2017年12月13日召开。中共吴忠市委常委、青铜峡市委书记石瑞林主持会议。市领导金永灵、杨春燕、弋忠朝、刘国强、杨旭年、王飞、贺江、何元凯、赵金峰参加会议。市人大常委会主任姬文泽、政协主席王洋列席会议。会议研究审议并原则通过市人民政府党组《关于青铜峡市农业水价综合改革实施方案(送审稿)的请示》《关于青铜峡市行政事业单位职工住房货币化分配实施方案(修订稿)的请示》《关于青铜峡市公立医院改革补偿办法(送审稿)的请示》《关于调整2018年部门预算综合定额标准的请示》;研究讨论青铜峡市第十五届人民代表大会第二次会议、政协青铜峡市十一届委员会第二次会议及召开青铜峡市残疾人联合会第七次代表大会事宜。

【十二届市委2017年第二十五次常委会议】 2017年12月15日召开。中共吴忠市委常委、青铜峡市委书记石瑞林主持会议。市领导金永灵、杨春燕、弋忠朝、刘国强、王飞、杨旭年、贺江、何元凯、赵金峰参加会议。市人大常委会主任姬文泽、政协主席王洋列席会议。听取各组审议讨论《市委常委会2017年工作报告》《市委2018年工作要点(讨论稿)》情况汇报,研究审议增补政协青铜峡市第十一届委员会委员、常委,召开政协青铜峡市第十一届委员会第二次会议及中共青铜峡市监察委员会组成人员建议名单等事宜。

【十二届市委2017年第二十六次常委会议】 2017年12月19日召开。中共吴忠市委常委、青铜峡市委书记石瑞林主持会议。市领导金永灵、杨春燕、弋忠朝、刘国强、王飞、杨旭年、贺江、何元凯、赵金峰参加会议。市人大常委会主任姬文泽、政协主席王洋列席会议。会议研究审议并原则通过《人民政府工作报告》(送审稿)《青铜峡市2017年国民经济和社会发展计划执行情况与2018年国民经济和社会发展计划(草案)的报告》《青铜峡市2017年财政预算执行情况与2018年财政预算(草案)报告》《青铜峡市2017年民生计划执行情况和2018年民生计划(草案)的报告》《青铜峡市第十五届人民代表大会常务委员会工作报告》《市人民法院工作报告》和《市人民检察院工作报告》及青铜峡市第十五届人民代表大会常委会补选委员事宜。

(市委办公室)

重要会议

【青铜峡市基层党(工)委(党组)落实党建主体责任 党风廉政建设主体责任暨党管武装工作述职汇报会】 2017年1月6日召开。中共吴忠市委常委、青铜峡市委书记石瑞林主持会议。市领导金永灵、姬文泽、张铁缨、杨春燕、弋忠朝、刘国强、闫培华、杨旭年、马光锋、马晓贤、王飞、贺江、何元凯、李玉梅参加会议。吴忠市非公有制经济组织党工委专职副书记马久麟、吴忠市纪委常委任立兵到会指导。大坝镇党委、瞿靖镇党委、邵岗镇党委、卫生和计划生育局党委、嘉宝轻纺工业园区党工委等部分基层党(工)委书记汇报履行基层党建主体责任情况，青铜峡镇党委、陈袁滩镇党委、教育局党委汇报履行党风廉政建设主体责任情况，青铜峡镇党委、小坝镇党委、裕民街道党工委书记汇报党管武装工作落实情况。其他党(工)委(党组)提交书面报告。市委常委、纪委书记贺江，市委常委、组织部部长何元凯对各党(工)委(党组)书记述职工作逐一作点评，吴忠市非公有制经济组织党工委专职副书记马久麟对进一步做好基层党建工作作指导讲话。

【青铜峡市酿酒葡萄产业发展座谈会】 2017年1月19日召开。市领导石瑞林、金永灵、闫培华出席座谈会。座谈会上，中国农业大学农学与生物技术学院果树系教授、博士、市葡萄酒产业发展顾问马会勤就国际国内葡萄酒发展趋势，青铜峡市葡萄酒产业发展标准建设，以及如何准确把握发挥好地域资源优势，加强葡萄酒品质提升、品牌宣传及市场营销推介等方面提出合理化建议。禹皇酒庄、御马酒庄、梦沙泉酒庄、华昊酒庄、巴格斯酒庄等酿酒葡萄企业负责人，就各酒庄之间如何进一步强化相互交流，共同打造青铜峡酿酒葡萄产业及葡萄酒品牌影响力建言献策。

【青铜峡市2016年度全市工作总结表彰大会】 2017年1月23日召开。石瑞林、金永灵、姬文泽、王洋、杨春燕、弋忠朝、刘国强、杨旭年、马光锋、马晓贤、贺江、何元凯、任贵生、撒贵清、宋建宁、崔奇鹏、陈雪松、张克文、李玉梅、史君、马淑玲等市领导出席会议。市委副书记、政法委书记张铁缨主持会议。会上，市委常委、副市长杨春燕通报2016年度全市效能目标管理考核结果，宣读关于表彰2016年度全市效能目标管理考核先进单位的决定。会议对2016年在全市经济建设和社会各

2017年3月30日，青铜峡市组织、宣传、统战、政法综治、信访维稳工作会议召开 (市网信办 刘中锋提供)

项事业中取得优异成绩的25个效能目标综合考核先进单位、8个效能目标考核争先进位奖获得者、6个“双百”项目建设先进单位、6个促进工业发展先进单位、6个农业农村先进单位、6个旅游业发展先进单位、6个党的基层组织建设先进单位、7个纪检监察工作先进单位、7个宣传思想文化工作先进单位、7个平安建设先进单位、4个精准扶贫工作先进单位、6个城乡环境综合整治工作先进单位、16个支持地方发展先进单位、10个推动经济发展先进企业进行表彰。

【中共青铜峡市纪委十二届二次全体(扩大)会议暨全市党风廉政建设和反腐败工作会议】 2017年1月23日召开。全会由市纪委常委会主持。市领导石瑞林、金永灵、姬文泽、王洋、弋忠朝、杨旭年、马光锋、马晓贤、贺江、何元凯、任贵生、宋建宁、崔奇鹏,陈雪松、张克文、史君、马淑玲及人武部、法院、检察院、公安局、库区湿地管理局、新材料基地管委会、嘉宝轻纺工业园管委会负责人;各镇、街道、农林场负责人;市直各部门、人民团体、事企业单位主要负责人,以及特邀监察员、各镇村社区党支部书记参加会议。吴忠市纪委常委任立兵到会指导工作。会议传达学习十八届中央纪委七次全会、自治区纪委十一届八次全会、吴忠市纪委五届二次全会和市委十二届二次全会精神,听取和审议市委常委、纪委书记贺江代表市纪委常委会所作题为《强化监督执纪问责,深化反腐倡廉工作,推进全面从严治党向纵深发展》的工作报告,表决通过《中国共产党青铜峡市第十二届纪律检查委员会第二次会议工作报告》《中国共产党青铜峡市第十二届纪律检查委员会第二次全体会议公报》。

【青铜峡市委统一战线工作领导小组2017年第一次会议】 2017年2月24日召开。中共吴忠市委常委、青铜峡市委书记石瑞林主持会议。市领导金永灵、张铁缨、杨春燕、刘国强、杨旭年、马光锋、撒贵清、李玉梅参加会议。会议研究审定建立民族工作联席会议和宗教工作联席会议制度,开展全国、全区统战部长会议和全区宗教工作会议精神学习宣传培训活动以及召开全市统战工作会议等相关事宜。

【青铜峡市创建国家全域旅游示范市工作推进会议】 2017年3月15日召开。石瑞林、金永灵、姬文泽、王洋、刘国强、闫培华、杨旭年、马光锋、马晓贤、王飞、贺江、何元凯、任贵生、袁浩、撒贵清、宋建宁、杨红英、陈雪松、李玉梅、史君、马淑玲等领导参加会议。市委副书记、政法委书记张铁缨主持会议。自治区旅游发展委员会副主任万学道应邀出席会议。会议传达2017年全区旅游工作会议精神,总结2016年全市旅游工作,安排部署2017年全域旅游工作,万学道以“树立全域旅游发展观,推动青铜峡市经济社会发展”为题作专题辅导。

【青铜峡市组织、宣传、统战、政法综治及信访维稳工作会议】 2017年3月30日召开。市领导石瑞林、姬文泽、王洋、张铁缨、杨春燕、刘国强、杨旭年、马光锋、王飞、贺江、何元凯、撒贵清、李玉梅、马淑玲等参加会议。市长金永灵主持会议。会议传达自治区、吴忠市有关会议精神,总结2016年度全市组织、宣传、统战、政法综治、信访维稳工作,安排部署2017年度工作,表彰奖励2015—2016年度全市民族团结进步创建工作先进集体和先进个人、2016年度信访工作先进集体和先进个人,与各有关部门签订2017年党建、宣传思想文化和社会治安综合治理工作目标管理责任书。

【青铜峡市2017年禁毒工作暨创建全区禁毒示范市启动会议】 2017年4月25日召开。市领导石瑞林、金永灵、姬文泽、王洋、张铁缨、刘国强、杨旭年、撒贵清、崔奇鹏、李玉梅参加会议。市委副书记、政法委书记张铁缨主持会议。会议通报2016年全市禁毒工作、表彰奖励2016年全市禁毒工作先进单位,青铜峡镇、叶盛镇分别就做好2017年禁毒工作进行表态发言。中共吴忠市委常委、青铜峡市委书记石瑞林与相关部门、单位签订2017年禁毒工作目标责任书。

【中国共产党青铜峡市第十二届委员会第三次全体(扩大)会议】 2017年4月25日召开。全会由市委常委会主持。全体市委委员、候补委员出席会议。会议审议并表决通过了《中国共产党青铜峡市委员会关于深入推进全面从严治党的实施意见》《中国共产党青铜峡市第十二届委员会第三次全体会议决议》。

【青铜峡市推进"两学一做"学习教育常态化制度化 开展机关干部"下基层" 群众评议机关作风基层党建工作规范提升年工作会议】 2017年5月19日召开。市领导姬文泽、王洋、杨春燕、闫培华、杨旭年、贺江、何元凯参加会议。会议对全市推进"两学一做"学习教育常态化制度化、开展机关干部"下基层"、群众评议机关作风、基层党建工作规范提升年各项工作进行安排部署。

【全市领导干部大会】 2017年6月12日召开。市长金永灵主持会议。市领导王洋、杨春燕、弋忠朝、刘国强、杨旭年、马光锋、王飞、贺江、何元凯参加会议。会议传达学习自治区党委书记石泰峰在自治区第十二次党代会上的报告及自治区纪委工作报告,石泰峰参加吴忠代表团座谈讨论会讲话及在自治区第十二次党代会闭幕式上的讲话,吴忠市领导干部大会精神,安排部署青铜峡市贯彻落实自治区第十二次党代会精神工作。

【自治区第十二次党代会精神专题辅导报告会】 2017年6月19日召开。吴忠市人大常委会副主任季文科,青铜峡市领导金永灵、姬文泽、王洋、杨春燕、弋忠朝、马光锋、贺江、何元凯、徐芸及全市副科级以上领导干部参加报告会。市长金永灵主持会议。中共吴忠市委书记沈左权出席会议并作自治区十二次党代会精神专题辅导。

【青铜峡市学习宣传贯彻自治区第十二次党代会精神动员会】 2017年6月19日召开。市领导金永灵、姬文泽、王洋、杨春燕、弋忠朝、马光锋、贺江、何元凯、徐芸出席会议。市委常委、常务副市长杨春燕主持会议。会议就青铜峡市深入学习宣传贯彻自治区第十二次党代会精神工作进行安排部署。

【青铜峡市经济工作推进会】 2017年7月23日召开。市领导石瑞林、金永灵、姬文泽、王洋、杨春燕、刘国强、杨旭年、贺江、徐芸、袁浩、宋建宁、杨红英、张克文、李玉梅、史君、马淑玲参加会议。市委常委、常务副市长杨春燕主持会议。会议听取青铜峡市2017年上半年重大项目、重点工作进展情况汇报,全面分析总结当前全市经济运行情况,对下半年工作作出具体部署。

【青铜峡市学习宣传自治区第十二次党代会精神专题辅导报告会】 2017年7月24日举办。中共吴忠市委常委、青铜峡市委书记石瑞林主持报告会。会议邀请自治区第十二次党代会宣讲团成员、区直机关工委副书记蔡旭东作学习贯彻自治区第十二次党代会精神专题辅导报告。

【青铜峡市国防形势报告会】 2017年7月24日举办。会议邀请国防大学联合作战学院教授王建华作国防形势专题报告。中共吴忠市委常委、青铜峡市委书记石瑞林主持报告会。市领导弋忠朝、杨旭年、袁浩、李玉梅、马淑玲等参加报告会。

【青铜峡市政法综治信访维稳工作会议】 2017年7月29日召开。市领导石瑞林、杨春燕、刘国强、撒贵清、李玉梅出席会议。副市长崔奇鹏主持会议。会议传达学习中央信访维稳工作有关会议、自治区党委书记石泰峰在自治区党委常委会上研究部署全区信访维稳工作时的讲话，自治区党委常委、政法委书记徐广国在全区信访维稳工作推进会上的讲话及吴忠市委书记沈左权在吴忠市信访维稳工作调研座谈会上的讲话精神，并就做好全市当前及今后一段时期信访维稳工作进行安排部署。

【青铜峡市全面深化改革领导小组第十七次会议】 2017年8月29日召开。中共吴忠市委常委、青铜峡市委书记、市全面深化改革领导小组组长石瑞林主持会议。市领导姬文泽、杨春燕、杨旭年、马光锋、王飞、贺江、何元凯、徐芸、张克文、马玉清、史君参加会议。会议研究审议《青铜峡社会投资项目行政职权和服务事项模块化审批规程实施细则》《青铜峡市社会投资预审代办制实施办法（试行）》《关于社会投资项目审批实施“同步评”和“区域评”的意见（试行）》以及《青铜峡市推进“不见面审批（审批）”改革实施方案》。

【青铜峡市领导干部大会】 2017年10月28日召开。中共吴忠市委常委、青铜峡市委书记石瑞林主持会议。市领导姬文泽、王洋、杨春燕、刘国强、杨旭年、王飞、贺江、何元凯、赵金峰等及全市副科级以上党员干部、部分退休处级干部参加会议。会议传达学习了中共十九大精神，安排部署了全市学习宣传贯彻落实中共十九大精神工作。

【中国共产党青铜峡市第十二届委员会第四次全体会议】 2017年11月3日召开。市领导石瑞林、金永灵、杨春燕、弋忠朝、刘国强、杨旭年、王飞、贺江、何元凯、徐芸、赵金峰参加会议。全会由市委常委会主持。会议审议通过了《中共青铜峡市委员会关于学习宣传党的十九大精神的实施意见》及《中国共产党青铜峡市第十二届委员会第四次全体会议决议》。

【青铜峡市2018年工作思路汇报会】 2017年11月23—24日召开。中共吴忠市委常委、青铜峡市委书记石瑞林主持会议。市领导金永灵、姬文泽、王洋、杨春燕、弋忠朝、刘国强、杨旭年、王飞、贺江、何元凯、徐芸、赵金峰、任贵生、袁浩、撒贵清、宋建宁、杨红英、张克文、李玉梅、史君、马淑玲参加会议。会上，市委、政府各分管领导；库区湿地保护建设管理局、嘉宝轻纺工业园管委会、新材料基地管委会负责人；市直各部门、各镇、街道、农林场负责人分别汇报2018年工作思路、目标任务及重大项目、重点工作谋划情况。

【青铜峡市重点项目专题汇报会】 2017年12月11日召开。中共吴忠市委常委、青铜峡市委书记石瑞林主持会议。市领导金永灵、杨春燕、赵金峰、王飞、袁浩、张克文、马淑玲参加会议。会议听取市林业局关于青铜峡市沿山公路道路两侧绿化改造提升项目规划设计方案，市水务局关于罗家河综合治理项目设计方案，市文体广电局关于黄河文体会展中心运营筹备情况，市旅游局关于牛首山大、小西天空中玻璃观景台及索道项目建设方案，市住房和城乡建设局、卫生和计划生育局关于邵岗镇同乐村、同富村改厕排水排污及房屋维修建设方案、大坝镇牡丹园项目建设有关情况专题汇报。

【中国共产党青铜峡市第十二届委员会第五次全体（扩大）会议】 2017年12月15日召开。市领导石瑞林、金永灵、杨春燕、弋忠朝、刘国强、杨旭年、王飞、贺江、何元凯、徐芸、赵金峰参加会议。全会由市委常委会主持。会议听取并审议中共吴忠市委常委、青铜峡市委书记石瑞林代表市委常委会所作的工作报告，审议通过《中共青铜峡市委员会2018年工作要点》及《中国共产党青铜峡市第十二届委员会第五次全体会议决议》。

规委会议

【第一次会议】 2017年3月10—11日召开。中共吴忠市委常委、青铜峡市委书记石瑞林主持会议。市领导石瑞林、金永灵、姬文泽、王洋、张铁缨、杨春燕、王飞、崔奇鹏、张克文及市规委会成员单位负责人参加会议。会议对市阳光硅砂开采有限责任公司石英砂精加工项目、市金穗公司汽车美容零配件销售商贸项目、市文化馆图书馆档案馆建设项目、宁夏巴格斯醉美国际酒庄有限公司产业融合发展项目、邵岗镇特色小城镇基础设施建设项目、滨河大道景观提升项目、小坝镇先锋村美丽村庄建设项目、大坝镇韦桥村美丽村庄建设项目、叶盛镇地三村美丽村庄建设项目、陈袁滩镇滨河新村改造提升项目等选址用地或规划设计方案进行研究审定，并提出修改意见和完善建议。

【第二次会议】 2017年4月14日召开。中共吴忠市委常委、青铜峡市委书记石瑞林主持会议。市领导金永灵、姬文泽、王洋、张铁缨、杨春燕、王飞、崔奇鹏、陈雪松、张克文及市规委会成员单位负责人参加会议。会议研究并原则同意了新一中马尔堡培训示范酒庄建设项目选址意见和规划设计方案、青铜峡市文化馆图书馆档案馆规划展示馆项目选址意见和规划设计方案。

2017年8月7日，青铜峡市召开规划评审委员会2017年第四次会议 （市住房和城乡建设局 李惠提供）

【第三次会议】 2017年5月5日召开。市长金永灵主持会议。市领导杨春燕、闫培华、王飞、任贵生、杨红英、崔奇鹏、陈雪松、史君、张克文、马玉清及市规委会成员单位负责人参加会议。会议研究审定了青铜峡市库区湿地自然保护区新建小西河综合桥项目、宁夏鼎昌葡萄酒庄建设项目、宁夏陆壹葡萄酒庄建设项目、宁夏贺东葡鼎国际酒庄建设项目、嘉宝轻纺工业园区配套市政道路工程项目、鑫茂原七星生态园项目选址意见和规划设计方案，峡口镇南干沟皮草产业污水集中处理项目选址意见，青铜峡旅游服务综合改造项目、滨河公园游船码头及观光通道改造项目、青铜峡镇解放街鑫源商住楼改建项目、青铜峡市委党校异地改建工程项目、余家桥烈士陵园维修改造工程规划设计方案，以及金昱元水岸住宅小区、和府住宅小区规划变更调整方案。

【第四次会议】 2017年8月7日召开。中共吴忠市委常委、青铜峡市委书记石瑞林主持会议。市领导金永灵、姬文泽、杨春燕、王飞、徐芸、赵金峰、杨红英、崔奇鹏、张克文、马玉清、李玉梅及市规委会成员单位负责人参加会议。会议书面审议市图书馆、文化馆、档案馆、市民中心建设项目开设道路出入口方案，市交管大队开设道路出入口方案，峡口镇南干沟皮草产业污水集中处理项目规划设计方案，山东登海种业股份有限公司青铜峡市分公司综合业务用房建设项目规划设计方案，嘉宝轻纺工业园区110千伏输变电工程建设项目选址方案；现场审定宁夏科润建材有限公司年产5万吨新型高分子水泥外加剂及混凝土外加剂项目规划设计方案，宁夏大海金属科技有限公司年产80万吨交通安全设施项目规划设计方案，宁夏大禹粗细化工有限公司年产3万吨抗皱防缩树脂（硬挺剂）项目规划设计方案，宁夏青龙新型管材有限公司建设项目规划设计方案，青铜峡市利源工贸有限公司2×30万吨脱硫石膏制酸及资源化再利用建设项目选址意见和规划设计方案；决定废止2015—2016年市规委会审定的1年以上未开工项目相关事宜。

【第五次会议】 2017年9月30日召开。中共吴忠市委常委、青铜峡市委书记石瑞林主持会议。市领导金永灵、杨春燕、赵金峰、任贵生、杨红英、崔奇鹏张克文、马玉清、李玉梅及规委会成员单位负责人参加会议。会议对宁夏中涛新材料有限公司建设中国生物酶研发中心、生产基地、纳米新材料项目，宁夏鼎辉工贸有限公司再生资源回收与利用改扩建项目，城市停车场一期建设项目，大成·欧景名邸小区广场建设项目，市职教中心新建实训车间附属用房项目，瞿靖镇毛桥村村委会、时坊村村委会建设项目，市良繁场5000吨果蔬保鲜冷藏烘干及包装箱项目，南庄开心农场产业园建设及兴业泰和春天综合楼建设项目等选址和规划设计方案进行研究审定，并提出修改完善意见建议。

【第六次会议】 2017年10月27日召开。中共吴忠市委常委、青铜峡市委书记石瑞林主持会议。市领导金永灵、王洋、杨春燕、王飞、赵金峰、任贵生、杨红英、崔奇鹏及规委会成员单位负责人参加会议。会议对市中医医院医技住院综合楼建设项目规划设计方案、裕民街道东街社区综合服务中心建设项目选址和规划设计方案、塞纳庄园住宅小区规划调整方案、长河青城印象住宅小区规划调整方案及叶盛镇地三村国家农业主题公园项目、大坝镇韦桥村美丽乡村建设项目、中庄村旅游景观改造提升建设项目、滨河大道慢车道项目规划方案进行研究审定，并提出修改和完善建议。

（李　惠）

组织工作

【学习宣传贯彻中共十九大精神】 2017年，制定下发全市各级党组织和党员干部学习宣传贯彻中共十九大精神方案，分层举办中共十九大精神专题培训班。通过原原本本学、领导带头学、创新形式学、分层分类学、氛围推动学等多种形式，掀起学习宣传贯彻中共十九大精神热潮。

【“两学一做”学习教育】 2017年，建立市级领导干部党建工作联系点机制，23名市级党员领导干部包抓党建工作示范点82个、软弱涣散党组织26个。市委中心组成员带头学党章、明党规，全年举办中心组学习12次，市级领导带头讲党课23场次。针对不同领域党员实际设计“十分钟党建”“星期五党课”等经常性教育载体，引导广大党员干部在推动经济社会转型发展中践行“四讲四有”、树立先锋形象。年内举办各类主题演讲、知识竞赛30场。开展机关干部“进企业、送政策、解企忧、促发展”活动，2420名机关干部与2913名党员群众结对帮扶，为群众办实事2688件，落实帮扶资金 1453.79 万元。

【规范党内政治生活】 2017 年，从严从实执行《党内政治生活若干准则》，落实"三会一课"、组织生活会、民主评议党员等基本制度，抓好支部主题党日，提高党内组织生活质量，促进党内政治生活规范化制度化。贯彻落实十八届六中全会精神，严明党的政治纪律和政治规矩，教育引导基层干部和广大党员增强党的意识、纪律意识、责任意识。

【干部教育培训】 2017 年，实施干部能力素质提升工程，选调 100 名干部外出培训，建立 5 类 12 个青铜峡市首批干部教育培训现场教学基地，在区内外举办党务工作、旅游发展、葡萄产业、装备制造、安全生产等专题培训班，培训各领域人才 3400 人次。加强干部教育培训监督管理，完善单位集体学习、网络培训、干部在职自学和干部教育培训登记管理等制度。

【完善选人用人机制】 2017 年，完善竞争性选拔机制，拓宽干部选用视野，采取公推比选办法，选拔科级领导干部 11 名。对全市 87 个部门单位领导班子运行和领导干部履职情况进行深入调研。落实《关于加强干部选拔任用纪实工作若干意见》，坚决防止带病提拔、带病上岗。统筹做好年轻干部、女干部、少数民族干部、党外干部选配工作，持续优化班子结构，全年完成 165 名科级领导干部调整任免工作。出台《关于支持干部干事创业建立容错纠错的实施办法（试行）》，鼓励和支持干部主动尽责、锐意改革、勇于创新。

【干部日常监管】 2017 年，制定《青铜峡市推进领导干部能上能下实施细则（试行）》，坚持和完善领导干部"实绩档案""负面清单"、领导干部个人有关事项报告、干部监督联席会议等制度。严格干部日常监督管理，全年办理科级干部请销假手续 342 例、因公出国 4 例。填报收集 104 名处、科级领导干部个人有关事项报告表，配合协查 116 名干部房产信息。受理涉组涉干投诉举报 9 起，对有关责任人给予政纪处分。加强公务员平时考核工作，加大提醒函询诫勉力度，对新提拔的科级干部开展任前廉政勤政谈话。

【后备干部培养】 2017 年，建立 273 名科级后备干部队伍库，全年新接收选调生 16 名。拓宽年轻干部培养渠道，选派 5 名干部到信访部门挂职、15 名干部到驻村扶贫工作一线经受磨练、增长才干，为选准用顺管好干部奠定坚实基础。

【人才队伍建设】 2017 年，坚持"一把手"抓"第一资源"、领导干部联系优秀人才制度，组织各部

2017 年 5 月 19 日，青铜峡市召开"两学一做"学习教育常态化制度化 开展机关干部"下基层"群众评议机关作风 基层党建工作规范提升年工作会议
（市网信办 刘中锋提供）

门(单位)学习宣传贯彻《习近平关于人才工作论述摘编》，印发《2017年全市人才工作要点》，将4个方面重点工作、24项主要工作任务分解到各部门(单位)。做好政府人才管理服务清单等工作，将各单位月度人才工作进展情况纳入效能考核内容。实施“百千万人才计划”，做好第十二批“基层之光”研修人员考核暨第十三批选派工作，着重培养“永久牌”本土人才。全年培训专业技术人才2200人次、新型职业农民1.1万人次，培育“全国农村优秀科普带头人”1名、吴忠市“优秀科技特派员”5人、“科普先进工作者”1人、“吴忠英才”1人、“享受吴忠市政府特殊津贴”1人。

【人才与产业融合发展】 2017年，实施黄河文化旅游产业人才、装备制造产业高层次人才培养等14个自治区、吴忠市及青铜峡市重点人才项目，宁夏塞外香食品有限公司方便食品行业领军人才项目获自治区非公有制经济服务局10万元资金支持。巩固提升12个已命名人才示范点，深化优秀人才引领活动，发挥优秀人才辐射引领、示范带动作用。建设科技创新平台和团队，引进江南大学黄正明专家教授团为装备制造产业发展顾问，新增自治区“专精特新”企业19家。其中，示范企业5家，获奖励资金100万元。鼓励支持企业与高校开展产学研合作，市人民政府与江南大学签订装备制造、农产品食品加工生产研发两个合作框架协议，提升宁夏塞外香食品有限公司江南大学博士后流动站、宁夏顺宝现代农业股份有限公司院士专家工作站功能建设，新建成宁夏菲斯克汽车轮毂轴承有限公司院士专家工作站。

【党建工作】 2017年，建立成绩、问题、任务、责任“四个清单”，实施党建工作项目化管理、工程化推进。建立基层党组织党建工作互观互学互查制度，开展机关“四从严四增强”活动，对全市非公企业、社会组织及事业单位开展基层党建工作调研考核。对标组织、工作、管理、活动、保障5大类25项内容，在全市461个基层党组织中开展党建工作规范化建设，全市各基层党组织梳理整改各类问题120条。在农村党组织开展促脱贫富民行动和“两个带头人”工程，协调市财政安排1030万元资金用于提高办公经费标准、扶持发展村级集体经济、改善村干部报酬待遇、规范基层阵地建设等工作。建强“两个带头人”队伍，选优配强村党组织书记，完成村“两委”换届选举。结合开展庆祝建党96周年、“党建促进月”等活动，举办“不忘初心再前行”“追忆入党誓言”“践行伟大号召”等各类主题党日340场次。围绕发展壮大村集体经济，部署开展“空壳村清零2020行动”，加强村“两委”班子建设、试点打造党员中心户等。“村级党校”做法在《宁夏日报》头版刊登，党员教育管理工作接受中组部调研并获肯定。在机关开展党员星级化管理、“机关大讲堂”等活动，推动机关党建“两张皮”“灯下黑”问题得到有效解决。在非公企业和社会组织开展“五个一”工程，进行“拉网式”摸排梳理，建立起党建工作台账，选派党建工作指导员帮助开展工作，引导党员发挥示范引领作用，全市非公企业和社会组织党组织覆盖率分别达到91.93%和99%。

（于经纬）

宣传工作

【意识形态责任制落实】 2017年，制定下发《青铜峡市党委(党组)意识形态工作责任制实施细则》，与全市34个党委(党组)主要负责人签订青铜峡市党委(党组)意识形态工作责任书，市委常委会先后7次研究部署全市意识形态领域工作，听取意识形态工作汇报，5次专题研究宣传思想文化工作。各党委(党组)及意识形态工作领导小组各成员单位均向市委递交半年意识形态工作书面报告。

【理论学习】 2017年，全年举办市委中心组学习会14场次，其中，市委中心组（扩大）集体学习会9场次，国防教育等专题辅导报告会8场次。围绕“两学一做”常态化制度化，开展学哲学用哲学等专题讨论交流活动3次；举办全市领导干部学习班1次，在党报党刊发表理论文章8篇。其中，市委、政府主要领导、宣传部长各发表1篇，其他市级领导发表5篇。以“四学创建”为抓手，深化机关干部理论大讲堂和理论宣讲进社区活动，建立“微博微信、门户网站、手机客户端”三位一体理论学习平台。举办推进全面从严治党——奋力建设“四个宁夏”征文活动，征集理论文章74篇，推选上报吴忠市30篇。开展“振奋精神、实干兴宁”大讨论活动，形成调研报告64篇。

【学习宣传自治区第十二次党代会精神】 2017年，印发青铜峡市《自治区第十二次党代会主题宣传方案》，在全市设立20处自治区第十二次党代会精神擎天柱广告牌，在城区交通站牌、灯杆广告牌、公交车身、沿街门店电子屏张贴自治区第十二次党代会精神标语数千条，在市广播电视台开设“党代会精神解读”专栏，开通惠农广播“党代会精神解读”专题节目，播出党代会专题节目7期。编排党代会主题文艺节目，在全市巡回演出13场次，征集展出各类书法作品170幅。市级领导集中宣讲40场次，市直各部门开展理论宣讲127场次，各镇（场）、街道开展理论宣讲320场次。

【宣传中共十九大召开】 2017年，制发《“聚焦总目标　喜迎中共十九大”新闻宣传工作方案》，在市广播电视台开设“党代会精神解读”专栏，开通惠农广播“党代会精神解读”专题节目，在各镇、街道、部门、社区、企业、村组醒目位置以及旅游景点、公交车站台、出租车LED电子屏悬挂中共十九大宣传标语，设立5处喜迎中共十九大大型户外擎天柱宣传标语，利用户外LED电子屏、商场电视滚动播放中共十九大开幕式。同时，开展喜迎中共十九大主题书法、绘画作品征集活动，征集展出各类作品260幅。

【对外宣传】 2017年，组织集中采访9次，累计在中央、自治区、吴忠市各类媒体刊发新闻1600篇。其中，中央级媒体发稿80篇，《宁夏日报》发稿190篇（头版头条3篇，1版35篇），宁夏广播电视台发稿200条；《吴忠日报》发稿720篇（头版头条10余篇，1版稿件53篇）；吴忠电视台发稿150条，重点新闻网站300篇。

【重大活动宣传】 2017年，策划组织2017年重大项目集中开工仪式、青铜峡大米供给侧改革、生态立市等主题宣传活动。围绕助力宁夏引黄古灌区“申遗”，开展宁夏引黄灌溉古渠系申遗万人签名暨黄河拜水盛典实景演出、宁夏引黄古灌区成功申报世界灌溉工程遗产、网络达人黄河行等系列对外宣传活动，先后召开新闻发布会2场、新闻通气会4场，吸引新华社、中央电视台、光明日报社、宁夏电视台等国内30家主流媒体持续跟进报道，新媒体宣传有效网络覆盖达数百万人。其中，中央电视台在喜迎中共十九特别节目《还看今朝（宁夏篇）》中播出《青铜峡：人工灌区　精耕细作》，中央电视台《中国影像方志》完成取景拍摄。承办自治区党委宣传部“全国卫视看宁夏”启动仪式，邀请“深化走转改，见证新发展”“深度聚焦党代会　深化拓展走转改”“海外华文媒体看宁夏暨百名港澳台企业家商贸投资宁夏行”等采访采风团队走进青铜峡，全方位宣传报道青铜峡城市特色、工作亮点和成功经验。

【网络舆情监测】 2017年，围绕重点节假日和重要活动，以及“4·14”刑事案件、“5·6”安全事故等重大突发事件开展网络舆情监测，启动一级预案2次、二级预案

2017年2月28日，青铜峡市召开学习贯彻全区宣传思想文化工作会议精神大会　　（市委宣传部　谭苗提供）

14次，监测涉青舆情15件次，做到及时发现、及时报告、及时处置。年内编发《网络舆情》(月报)7期、《网络舆情周报》25期、《网络舆情专报》15期。建立网络新闻发言人、舆情信息员、网站管理员和网络评论员网络安全队伍，对66个部门、企事业单位工作人员进行培训并指导开展自查工作，全市登记备案网站11个、新媒体71个。

【宣传阵地建设】 2017年，打造社会主义核心价值观主题公园1个、主题广场2个、主题社区4个、主题街道1个，制作安装弘扬社会主义核心价值观路牌道旗342个、宣传栏、条幅90个(条)，打造文化长廊、主题墙绘40个，设置主题雕塑2处。

【精神文明创建】 2017年，将“婚丧嫁娶”纳入干部考核内容，成立红白理事会95个，实现“三会一约”镇、村全覆盖。举办“推动移风易俗　树立文明乡风”专场文艺节目大赛，评选出高质量高水准的反映移风易俗工作成绩的文艺节目13个，发放以奖代补工作经费2.8万元；评选出移风易俗先进个人7人。邵岗镇沙湖村入选全国文明村镇，黄河水电宁电分公司入选全国文明单位，叶盛镇获自治区美丽村镇称号，陈袁滩镇补号村在全区农村精神文明建设工作座谈会上作经验交流。

【道德模范选树】 2017年，韩占奎被评为自治区道德模范，虎一冰荣获“宁夏好人”称号，陈林洲当选“中国好人榜”见义勇为候选人。陈袁滩镇袁滩村巾帼志愿服务队、市公安局王志琴分获第二届“最美吴忠人”称号。全市评选青铜峡市孝老爱亲、敬业奉献、助人为乐、诚实守信、见义勇为5类道德模范共计20人。谢海平家庭被评为自治区首届“最美家庭”。陈袁滩镇唐滩村志愿服务队经验在全区推广；瞿靖镇时坊村“善行银行”试点经验在全市推广，新建村级“善行银行”12家。

【未成年人思想道德建设】 2017年，管好用好3所乡村学校少年宫，并在10所剩余乡镇中心学校开展乡村学校少年宫自建活动，其中4所乡村学校少年宫已通过吴忠市文明办验收，实现乡村学校少年宫全覆盖。全市涌现吴忠市美德少年3名、青铜峡市美德少年10名。

【文艺创作】 2017年，编纂出版《古今宁朔县》。创作展出书法、绘画作品135幅，编排歌舞、小品、合唱等文艺节目52个。创排自治区60周年大庆献礼剧目——眉户现代戏《青铜峡》。

【文化惠民活动】 2017年，全年组织开展广场文化演出44场、送戏下乡演出156场、演艺进景区12场、迎新春文艺演出15场，共计217场次。各业余团队举办小型演出活动186场。放映电影752场。

【文化扶贫】 2017年，开展扶贫政策宣传工作，在3个移民村设置政策宣传、移风易俗专题栏，发放各类宣传材料6000份，举办各类文化扶贫培训班累计50期。

【文化遗产保护】 2017年，建立宁蒙毗邻地区长城保护工作联席会议制度，会同内蒙古自治区阿拉善左旗等相关部门开展区域性长城保护，协调解决青铜峡市、左旗60公里交界长城管理工作有关问题，加强长城交界区域文物保护职能部门间协作。由宁夏文物考古研究所、中国科学院古脊椎动物与古人类研究所、青铜峡市文物管理所联合发掘的鸽子山遗址成功入选2016年度“全国十大考古新发现”。

【宁夏引黄灌溉古渠系申遗】 2017年，举办宁夏引黄灌溉古渠系申遗万人签名暨黄河拜水盛典实景演出活动和宁夏引黄古灌区成功申报世界灌溉工程遗产大型公益晚会等系列活动。其中，宁夏引黄灌溉古渠系“申遗”万人签名暨黄河拜水盛典实景演出活动吸引区内外5.3万名游客现场观看，“五一”期间，来青游客人数达20.37万人，同比增长24.16%；旅游收入达1.02亿，同比增长110%。数千万人通过网络直播等其他形式观看盛典。宁夏引黄古灌区成功“申遗”大型公益晚会通过新华网、网易等网络新媒体平台同步直播，并在宁夏电视台公共频道、卫视频道晚间黄金时间播出。

（谭 苗）

统一战线工作

【概况】 2017年，全市统一战线工作贯彻落实统战、宗教工作有关精神，发挥统战工作领导小组统揽领导作用，全年组织召开3次统一战线工作领导小组会议和5次宗教工作联席会议，研究解决牛首山寺庙群管理、清真食品监管、涉民族宗教网络舆情管控等突出问题。制定《青铜峡市社区统战工作实施方案》，逐步完善工作机制、健全社区统战工作网络，实现年底社区统战工作站及社区统战工作创建点全覆盖。

【党的政策宣传教育】 2017年，在全市统战领域开展中共十九大会议精神大学习大讨论大调研活动，推动会议精神进机关、进企业、进社区、进宗教场所、进网站“五进”活动，召开专题培训会议20次，培训600人次，实现会议精神统战领域全覆盖。健全完善统战信息奖惩制度和统战信息季度通报制度，建立“青铜峡统一战线”微信公众号，全年上报各类统战信息180期，其中被自治区级刊物网站采用65篇，。

【民主党派工作】 2017年，召开党外代表人士征求意见会、座谈会，邀请民主党派、知联会代表列席市委常委会，各党派围绕市委、市政府中心工作积极参政议政，建言献策，提交30份提案议案、90篇社情民意和调研报告。组织和引导各党派开展扶贫帮困、捐资助学、下乡义诊等咨询活动，全年组织社会活动30次。民盟青铜峡市委会创新性开展“烛光助学”爱心支教活动，为乡村小学孩子带去生动的课堂教学。民革青铜峡市委会抓好法律咨询和服务工作，被中国国民党革命委员会中央委员会评为“民革全国社会服务工作先进集体”。

【宗教事务管理】 2017年，组成巡回宣讲团，在全市开展为期4个月的全区宗教工作会议精神学习宣传活动。20家单位、部门联合在全市开展阿语标识专项整治行动，妥善治理“清真”概念泛化等苗头性、倾向性问题。加强经文班整治工作力度，坚决遣散擅自开办经文班等违规行为。坚持伊斯兰教中国化方向，探索建立“伊协指定宣讲内容+清真寺阿訇自主宣讲”解经新模式。投资3000万元，修建牛首山环山道路和停车场，成立牛首山地区综合事务管理领导小组，对牛首山寺庙进行全面排查监管，制止未经审批新建、翻建寺庙等违法违规行为10次，查处其他违法违规行为80处。

【民族团结进步创建】 2017年，全面实施创建提升行动，精心培育中华黄河楼景区、峡口镇西滩大寺、青铜峡镇艾山社区、南苑社区、文化体育广播电视局、城市公用服务中心等21个特色精品示范点，全年4家单位接待区内外民族团结进步创建观摩40批次，被自治区民委评为第七批全区民族团结进步创建活动示范单位。以军寺共建为题材创作微电影《旗帜》，获吴忠市“民族团结花更红”第三届原创微电影展评二等奖。制作编排眉户戏、花儿坐唱等特色文艺节目，举办民族团结专场文艺会演。利用“民族团结月”组织开展宗教界“感恩古峡行”特色观摩活动，结合中秋节、国庆节在怡园、紫薇、唐源等10个社区开展以“我们的节日”为主题的社区邻里节活动。

【服务经济发展】 2017年，开展“五好”（领导班子好、会员发展好、商会建设好、作用发挥好、工作保障好）县级工商联创建活动和“四好”（班子建设好、团结教育好、服务发展好、自律规范好）商会建设工作，全年组织非公有制经济企业文艺演出3场次、文化体育活动6场次。青铜峡市工商联被中华全国工商业联合会评为全国“五好”县级工商联、优秀基层工商联，被自治区工商联评为全区民营企业信息直报工作先进单位。实施企业家素质提升工程，年内举办各类培训班6场次，培训企业经营管理人员500人次。引导非公经济代表人士开展调查研究、参政议政活动，提交议案16件，其中《关于加快青铜峡全域旅游创建工作的建议》被市政协定为重点提案。组织非公有制经济人士参与社会公益活动，开展各类扶贫捐助活动9场次，累计捐款捐物达51万元、帮助困难群众300人。其中，宁夏塞外香食品有限公司在四川九寨沟地区地震灾情发生后，连夜组织爱心车队，运送自热米饭2458箱，价值50万元。

【扶贫帮困】 2017年，组织召开统战扶贫攻坚动员会和党外代表人士扶贫攻坚座谈会，引导全市统战力量参与精准扶贫。鼓励引导非公经济、各民主党派、知联会开展法律义务宣传咨询、“扶贫帮困”献爱心、义诊、民主监督等活动，捐助资金超过3万元。在同兴村开办统战扶贫车间，建设培训教育基地、生产加工基地和产品展示基地，以义务培训、订单到家、产品直销模式，带动周边妇女致富增收。年内在各移民村开展“克服等靠要，勤劳奔小康”主题“卧尔兹”巡回演讲活动3次，举办手工艺制作暨刺绣培训班和家庭教育培训班15期，培训妇女300人次。

（云　星）

2017年5月8日，青铜峡市举办2017年第一期统战宗教干部暨宗教人士培训班　（市委统战部　马惠龙提供）

政策研究工作

【改革工作】 2017年，紧扣国家、自治区、吴忠市各项改革任务，结合市委、市政府重点工作，出台《青铜峡市全面深化改革领导小组2017年工作要点》，对经济体制改革、农村改革、城乡一体化统筹发展、社会事业和社会治理创新、政府职能转变与行政审批制度改革、民主法治建设等40项具体改革任务，逐项明确责任领导、专项小组、牵头部门、配合部门。承办市全面深化改革领导小组会议4次，提请会议审议《青铜峡社会投资项目行政职权和服务事项模块化审批规程实施细则》《青铜峡市社会投资预审代办制实施办法(试行)》《关于社会投资项目审批实施"同步评"和"区域评"的意见(试行)》《青铜峡市推进"不见面审批（服务）"改革实施方案》等。坚持问题导向，加大改革督察力度，强化定期调度、督查问效等工作，梳理制约经济社会健康发展重点任务24项。总结、提炼农村全域环卫保洁市场化、社会投资项目审批规程试点、基层纪检"清风使者"等改革成果、经验，编写改革动态24期上报自治区、吴忠市改革办。社会项目审批规程试点、农村环境市场化、金融改革等工作走在全区前列。

【农业农村工作】 2017年，围绕做大自治区"1+4"产业(优质粮食、草畜、蔬菜、枸杞、葡萄)，下大力气做强优质富硒大米产业，牵头起草《青铜峡市优质大米产业提升工程实施方案(2017—2019)》《关于全市农业面源污染防治的实施意见》《完善支持政策促进农民持续增收工作的实施方案》《关于支持村集体经济发展的实施意见》《关于青铜峡市推进农村产权流转服务工作的实施方案》等文件，为农业农村可持续发展提供遵循。

【干部下农村活动】 2017年，组织机关干部深入农村工作一线，以问题为导向，到普通农户、家庭农场、专业合作社及涉农企业开展调查研究，宣讲"三农"政策，听取意见建议；邀请自治区党委农办领导宣讲农村政策，结合联系点资源禀赋、生产特点，帮助制定发展产业致富措施，落实种养计划；帮助群众做好春播，协调做好种子、化肥、农药、农膜等农资调运储备工作，帮助专业大户、家庭农场协调贷款，切实解决农民群众生产生活困难。

（杨 靖）

机构编制管理工作

【"放管服"改革】 2017年，着眼"规范审批服务流程、打造'两优'营商环境"目标，制发《青铜峡市建立社会投资项目行政职权和服务事项工作规程试点方案》《青铜峡市社会投资建设项目行政审批工作规程(试行)》以及与之配套的社会投资建设项目预审代办制等4个管理办法，委托第三方开发社会投资建设项目行政审批模块，分组召开动员培训会议，对规程试点工作进行动员部署和业务骨干集中培训，组织各审批部门对照权力清单，全面梳理涉企行政职权和服务事项，探索在社会投资建设项目审批服务中推行"六个一"(即一套规程管理，标准指引；一个平台链接，网上推送；一窗收件取件，全程代办；一库规范中介，区域同评；一批事项集中，并联预审；一盘棋联动，协同推进)工作模式。集中开展市直部门、各镇行政职权事项录入、编辑和变更工作，上传并纳入全区权力清单管理平台实施跟踪管理，接受社会监督。结合国家和自治区法规规章修改和简政放权工作情况，对照市直部门执法依据、职责变化情况，动态调整公开政府部门权力清单。承接国务院、自治区和吴忠市下放行政审批事项，本着宜放则放、宜减则减原则，精简本级行政审批事项，督促相关部门及时制定具体办法，确保取消和下放行政审批事项落实到位。

组织开展各类证照、各类证明和中介服务事项清理工作，保留企业和公民证照等事项116项（权力清单范围内的93项、权力清单外的23项），取消各类不必要的证明27项、中介服务事项2项。

【重点领域改革】 2017年，完成《青铜峡市推进城市管理综合执法体质改革实施方案》《青铜峡市劳动保障监察综合执法改革方案》《青铜峡市卫生计生综合行政执法改革方案》《青铜峡市委党校办学体制改革方案》制定和行政事项清单梳理工作，实施城市管理综合执法体质改革、劳动保障监察综合执法改革和计生综合执法改革，调整城市管理综合执法事项，组织开展全市经济社会发展较好镇经济数据摸底调查统计，报请自治区合理确定经济发达镇行政体制改革方案。配合市委组织部草拟《青铜峡市乡镇建设实施方案》，提出优化机构设置、明确岗位职责、理清权责关系意见建议。按照自治区编办安排，将盐业管理职责划给工业信息化和商务局，将盐业市场监督划给市场监管局，完成盐业体制改革职责调整工作。会同市树新林场制定《青铜峡市树新林场机构编制方案》，重新核定职能职责和人员编制。配合市环保局开展环保监测执法体制改革，对环保部门的机构编制及人员进行摸底调研。配合市卫生和计划生育局提出全市公立医院人员编制实行总量管理意见，并提交政府常务会议研究批准施行。配合相关部门做好群团机关、空间规划、河长制等行业改革机构编制调研工作。

【事业单位分类改革】 2017年，根据自治区关于推进事业单位分类改革工作有关精神，推进承担行政职能事业单位改革试点工作，对全市承担行政职能事业单位职能职责、履责依据、工作运行等进行梳理、分析汇总，制定《青铜峡市承担行政职能事业单位改革试点方案》，经自治区编办批复实施。开展生产经营类事业单位摸底调查，将事业单位从事生产经营活动情况上报自治区编办。调整优化事业单位布局结构，新组建事业单位3个（旅游产业发展服务中心、服务业发展促进中心、葡萄产业服务中心），制定机构编制方案，核定人员编制，明确职能职责；更名事业单位5个（党员教育中心、房屋交易管理中心、城市管理综合执法大队、劳动保障监察综合执法局、卫生计生综合执法所）；加挂牌子3个（不动产登记事务中心加挂农村产权流转服务中心牌子，公安局治安管理大队加挂出入境管理大队、食品药品和环境污染犯罪侦查大队牌子，农业技术和农机化推广服务中心加挂农产品质量安全检验检测中心牌子）；升格事业单位5个（党员教育中心、妇幼保健计划生育服务中心、城市建设监察大队、建设工程质量监督站、灌排管理中心）；合并事业单位2个（农业机械化推广服务中心与农业技术推广服务中心整合设置为农业技术和农机化推广服务中心，将水产技术推广中心与畜牧技术推广中心整合设置为畜牧水产技术推广服务中心）。

【事业单位登记管理】 2017年，取消事业单位法人登记事项纸质材料提交环节，采取网上登记系统电子材料上传存档。年内，完成全市126家事业单位法人年度报告书公示，接受社会监督；办理事业单位登记事项22项，其中设立登记1项、变更登记20项、注销登记1项；规范网上名称管理，对7家未挂标识网站进行调查核实、督导、规范。

【机构编制管理工作】 2017年，落实中央、自治区“机构编制只减不增、财政供养人员只增不减”总体要求，制发《关于建立机构编制动态管理机制，进一步加强和完善机构编制管理工作的意见》，建立机关事业单位补充工作人员编制预审制度、人员变动手续限期办结制度、减员备案制度，完善机构审批、编制使用、动态调整、协调配合、减编联动处置等机制，推进机构编制管理动态化、规范化。制定《机构编制实名制信息库管理办法》，明确编制实名制管理职责、管理程序，落实责任追究制，促进机构编制内控管理制度化。对照2015年全市机关事业单位机构编制和在职人员情况核查结果，逐单位、逐人校对机构编制实名制库基本信息，对编制、人员信息变动情况实行三级联审、实时更新。全面启用机构编制管理证，对全市纳入机构编制管理范围党政群机关及各类事业单位机构名称、机构性质、机构规格、经费来源、人员编制、领导职数、实有人员等信息与编制实名制库逐一核对，完成52个行政机构和241家事业单位机构编制管理证核发登记工作。不定期对各部门、单位人员编制变化情况进行核查、登记、变更，确保证（机构编制管理证）、库（机构编制实名制库）信息一致。同时，结合政府机构改革，将政府工作部门空余两年46名行政编制统一收回，分批次调增到旅游、安监、环保、工业商务等行业部门；将空余三年以上事业编制收回，统一调增给城市管理综合执法、法律援助、旅游发展、葡萄产业、社区警务等重点行业，平稳解决160名非在编人员遗留问题。结合公车改革和政府购买服务，对各部门（单位）空余机关后勤事业编制全部收回，在全市统一调剂使用。坚持编制预审管理，配合市委组织部、人力资源和社会保障局、公安局审核各部门（单位）招考计划，上报2017年免费师范生需求计划16名、特岗教师招聘计划78名、事业单位招考计划60名、公务员和选调生招录计划51名。定期召开组织、编制、人社、财政四部门联合会议，研究解决机构编制、工资待遇等方面问题，实现编制、人员、工资经费无缝对接。制发《关于加强机构编制问题整改推进审批联动的通知》，通过自己找、职工提、编办点等方式，组织全市各部门各单位开展机构编制人员问题自查自纠工作，分类建立整改台账，明确整改责任人、整改时限，整改措施，推动机构编制问题整改落实。

（李 斌）

市直机关党的工作

【“两学一做”学习教育】 2017年，扭住思想政治建设生命线，教育引导机关党员干部把严守政治纪律政治规矩摆在首位，提高“四个意识”，坚定“四个自信”，始终在思想上政治上行动上同以习近平为核心的党中央保持高度一致。坚持学原文、读原著、悟原理，引导机关党员干部不断加强马克思主义基本理论和中国特色社会主义理论体系学习，特别是深入学习习近平系列重要讲话精神和治国理政新理念新思想新战略，使之成为党员干部思维、行为方式的组成部分。针对机关党员干部思想实际和工作特点，把党章和党规党纪学习教育作为党性教育重要内容，引导党员干部自觉尊崇遵守党章、党内政治生活准则和党的各项纪律，增强党员意识，从严修身律己。各机关党组织把提高党员干部思想政治素质作为首要任务来抓，针对工作实际，重点加强宏观指导和长效机制建设。根据党员教育形势和任务要求及时做出具体安排，明确各阶段学习教育任务标准，指导各党总支、党支部抓好党员干部学习教育工作。制发《2017年机关工委党建工作要点》和机关党建工作目标责任书，从建立学习教育长效机制入手，建立党员干部学习考勤考核制度，述学、评学制度和干部学习档案，并将党员干部学习情况列入平时考核内容。市委组织部、市委办、政府办、水务局、住房金中心等单位建立信息报送奖励制度，激发干部学习积极性和主动性。

【党员教育】 2017年，推广党支部联合上党课经验，倡导集中上党课，开办“专家课堂”，邀请有关专家和上级业务部门领导进行业务培训等。在抓好经常性学习教育的基础上，组织开展普通党员讲党课、党员轮流讲党课、演讲比赛、知识竞赛、机关论坛、岗位练兵、业务技能培训等活动，增强学习教育效果。国税局党总支开通干部学习培训网络，对干部进行“每日一题，每周一测，每月一考”；检察院党总支开展“四个一”活动，即每月安排一次政治业务学习、一次体会交流、一次专家讲座、一次检察论坛。年内，市直机关联合上党课24场次，邀请专家、党课教员讲党课37场次，举办演讲比赛18场次、知识竞赛4场次、计算机操作技能比赛2场次、业务技能培训17场次，组织400名党员参加祭扫烈士陵园活动，重温入党誓词；举办入党积极分子培训班，培训入党积极分子116名。

【党组织班子建设】 2017年，按照有利于开展工作原则，合理调整党组织设置，合并重组一些党员人数少、不方便开展组织活动的党支部。对党组织班子到届、缺额的督促其按时进行改选补选。创新党支部换届改选方式，党支部换届改选推行公推直选。落实党总支、党支部书记培训制度，每季度召开一次党总支、党支部书记会议，汇报交流工作，进行业务培训。注重各党总支、党支部政工人员培训管理，建立机关工委党建博客、政工干部QQ群和微信群，确保基层党建工作有人抓，有人管，有人干，有经费保障。

【党支部规范化建设】 2017年，按照“有综合性学习活动室、有综合性制度牌匾、有学习园地、有完备的影视设备、有学习资料专柜”要求，规范党支部活动阵地；按照“活动经常、内容丰富、富有教育意义”要求，规范党组织活动；按照“分类准确、资料详实、记载完整”要求，规范支部档案资料；按照星级服务标准，规范党员干部行为，工委所属党总支、党支部全部建有学习活动室，配齐电教设备。市国税局、检察院、审计局等单位设立电子阅览室、图书室，市科技局、地税局开通网络电视，为党员学习教育、开展活动提供便利。

【党建示范点建设】 2017年，确定市国税局、司法局等13个党建工作示范点，针对不同示范点从工作标准、硬件设施、外部形象、档案资料等方面提出不同规范标准，加强示范点督导检查，组织各党总支、党支部到示范点观摩学习。总结推广市国税局、地税局、检察院、司法局、老干部局党建工作经验，通过典型引路、示范带动方式，推动整体工作上台阶。

【创先争优】 2017年，在市直机关开展“三比三创三提升”活动，各党总支、党支部结合业务工作实际，精心设计活动载体，以“一支部一特色”为目标，推行服务承诺、拉手共建、亮牌示范、阳光政务、岗位建功、星级服务，开展最佳主题实践、最佳党日、“党员星级服务”“党员先锋岗”等系列活动。在窗口服务部门、执法单位推行党员星级服务活动，整治服务环境，制定服务规范，公开办事程序，开展服务礼仪培训和劳动服务竞赛，进行星级评定，提升窗口服务部门、执法单位服务质量和执法水平。“七一”前夕，组织各机关党组织开展庆“七一”“共圆中国梦·欢歌颂古峡”主题广场文艺会演，命名表彰市国税局党总支、地税局党总支、市委办党支部等5个“先进基层党组织”、45名优秀共产党员和6名优秀党务工作者，在机关单位选树一批“文明服务、优质服务、规范服务”表率，使党员干部学有榜样、赶有目标。

【机关干部下基层】 2017年，各党组织把“服务发展、服务基层、服务群众，推进机关效能建设”作为机关党建工作出发点，从转变工作作风、提高服务质量入手，深入基层、深入农村开展服务。领导干部深入基层联系点开展调研，帮助解决实际问题；技术人员深入一线进行技术培训，提供技术指导和信息服务；干部深入企业、社区、农村开展帮扶活动。全年各部门在基层建立联系点、服务点84个，结对帮扶贫困群众356户，提供帮扶资金3万元。

【干部管理】 2017年，在机关各单位开展制度优化年和“抓促干”活动，在服务行业、窗口部门开展优质服务、文明服务、示范岗创建活动，通过修订完善各项管理制度，加强党员干部教育管理，完善干部考核办法，层层签订目标责任书，采取月考评，季度考核、临时督查、年终考核办法，把平时考核与年终奖金挂钩，调动干部工作积极性。各党总支、党支部清理和审查现有制度，废止与党和国家新近出台的法规制度相违背、与本部门(单位)反腐倡廉实践脱节、不适应部门单位科学发展要求的制度；修订优化不够严密和完善的制度；细化制定笼统、不便操作的制度，真正实现用制度管权、管事、管人。全年清理上报制度有172个，其中继续坚持的117个，废止的有5个，修改完善19个，细化31个。

【廉政文化进机关】 2017年，按照“坚持标准、严格程序、优胜劣汰、动态管理”原则，以出精品、出新品作为廉政文化示范点工作标准，对工作滑坡、没有创新、起不到示范带动作用的，进行调整，对新创建达到标准的，充实到示范点行列。通过悬挂廉政字画、开展廉政书画征集、安装廉政屏保、制作廉政文化墙、签订家庭助廉协议、开办廉政文化小报、到监狱进行警示教育等形式，营造廉政文化氛围。年内，在原有市国税局、地税局、司法局等示范点基础上，新增检察院、法院2个示范点。

【廉政风险防范管理】 2017年，总结基层单位开展廉政风险管理经验，加强重点领域、重点岗位、重点环节监督防范，各单位采取“自己找、同事帮、群众评、领导帮、组织审”方法，梳理排查风险点，制定风险等级和防范措施，实行分级负责和自防与群众监督相结合工作机制，通过聘请廉政监督员、召开廉政监督评议会等形式，加强监督，增强防范效果。市国税局、法院党总支实行廉政风险金制度，检察院、水利局等单位力建廉政工程，加强工程建设监督和防范。

【群众评议机关作风活动】 按照自治区、吴忠市群众评议机关作风活动要求，深入开展群众评议机关作风活动，通过抓突出问题治理、抓督查落实，深入查纠侵害群众利益突出问题，解决机关作风方面存在的“三不为”问题，推进各部门(单位)自查自纠和问题整改，以改促评，推动作风建设各项要求落地生根。

（张 军）

党校(行政学院)工作

【干部培训】 2017年，按照干部培训计划，配合市委相关部门组织实施全市基层党务工作者暨新任职村干部专题培训班、入党积极分子培训班、新任领导干部“扬清廉家风 建设幸福家庭”培训班、宗教人士培训班、精准扶贫培训班等主体班培训8期，培训1300人次。精准扶贫培训班首次尝试“联合延伸拓展培训”方式，优选干部39人到贵州大学开展为期3天拓展培训，学习贵州精准扶贫工作经验，异地参观精准扶贫“示范成果”，以“眼见为实”力促学习成果加速“吸收”，达到拓展培训目的。同时，实行专职班主任全程带班跟班制度，从听课考勤、统一食宿、微信管理、分组讨论、考试测评等方面，力争实现培训工作科学化、规范化和制度化。按工作需求设置课程，会同市政府办、住房和城乡建设局、交通运输局、文化体育广电局、扶贫办等部门单位开展联合培训29场次，累计培训部门业务骨干、专业技术人员3800人次。

【网络培训】 2017年，发挥干部网络培训平台作用，安排专人对68个参训单位1133人进行登记注册、学习情况跟踪指导，及时解决培训学习存在问题，确保全市在职干部网络培训工作顺利完成。

【基层辅导】 2017年，根据基层党员干部学习需求实际，年内安排专职教师到嘉宝轻纺工业园区、瞿靖镇、大坝镇、青铜峡镇、国土资源局、老干部局、北苑社区等单位开展中共十八届六中全会精神解读、“两学一做”等理论下基层专题辅导10场次，参学达600人次。

【理论研究】 2017年，鼓励培养青年科研骨干、领导干部带头组织开展调研活动，撰写《青铜峡市廉政建设问题探析》《青铜峡市富硒农业发展的方向》《浅议青铜峡市发展富硒水稻产业》等5篇调研报告。组织专兼职教师撰写《维护核心是党性观念纪律要求》《在青年党员中弘扬延安精神》理论文章2篇，参与自治区党校纪念建党96周年理论征文和区市各类征文评选活动。

【师资培养】 2017年，采取“调训”和“外训”相结合培训模式，选派3名教师到区内外参加师资培训6次，通过聆听资深教授讲授，参与教学互动，拓展教师理论宽度，多方位多渠道培养教师成长。参加2017年全区党校系统“上挂下派”活动，选派1名专职教师到吴忠市委党校学习工作半年，通过“短期拔高”，提升业务能力。

【村级党校建设】 2017年，按照基层党建工作规范化工作要求，支持瞿靖镇尚桥村建立全市第一家“村级党校”，在阵地建设、业务指导、工作流程等方面给予指导。

（余　超）

老干部工作

【概况】 2017年，全市老干部工作围绕“畅谈十八大以来变化、展望十九大胜利召开”正能量活动主题，组织引导老干部为建设活力、实力、魅力、和谐、幸福青铜峡发挥积极作用，为党的事业增添正能量。在全区老干部工作“双先”表彰大会上，市老干局被授予全区老干部工作先进集体。

【党建示范点创建】 2017年，针对全市38个离退休干部党支部960名离退休干部党员实际情况，印发《关于开展离退休干部党建示范点创建工作的实施方案》，首批选定市检察院、市场监管局、老干部局等6个离退休干部党支部为党建示范点，围绕“五好”离退休干部党支部建设标准，从组织设置、班子建设、阵地建设、制度建设、活动开展等方面提出要求，制定考核奖励机制，年底考核根据得分情况，分别给予3000～10000元经费支持，考核结果纳入本单位年终效能目标管理考核工作之中。4月初，召开全市离退休干部党支部书记工作会议，传达全区老干部工作会议精神，安排部署离退休干部党建及示范点创建工作。5月中旬，协调市委组织部、离退休干部党工委对未按规定要求成立离退休干部党支部的单位进行督查，限期完成组建工作；对离退休干部党员不足3人的17个单位，根据个人意愿，由离退休干部党工委协调组建联合党支部，实行“双重管理”。6月，市委组织部、离退休干部党工委对6个离退休干部党建示范点阵地建设、制度建设、活动开展等情况进行督促检查，落实创建工作责任。7月，市离退休干部党工委对老干部活动中心二楼闲置房屋进行改造，为全市部分党员人数较少、活动阵地不够完善的党支部建立集中学习活动场所，配备电教器材、图书杂志、文体活动设施等。9月，组织6个离退休干部党建示范点支部进行互观互查互学，座谈交流。各党建示范点支部结合自身实际，组织开展“四讲四有四合格”“三看三比”“一创两联三建四关心”主题活动。

【离退休干部思想政治建设】 2017年，印发《关于推进离退休干部党员“两学一做”学习教育常态化制度化的工作方案》，安排部署“两学一做”学习教育常态化制度化推进工作，指导各离退休干部党支部围绕“六强化四合格”目标要求，建立健全党员学习活动日制度，以党员固定活动日为平台，组织开展集中学习、讲党课、缴纳党费、走访慰问、参观学习等，增强学习教育吸引力。对年老体弱、行动不便党员，通过送学上门、走访谈心等形式，确保学习教育全覆盖和常态化制度化。9月，邀请市委党校讲师为离退休干部党支部书记宣讲解读自治区第十二次党代会精神，全年为离退休干部党支部编发《学习资料》2期、800份。

【主题活动】 2017年，按照自治区、吴忠市离退休干部党工委、老干部局安排，制定《关于在全市离退休干部中开展“畅谈十八大以来变化、展望十九大胜利召开”主题正能量活动实施方案》，围绕主题，通过召开座谈会、通报工作、参观考察、征文抒怀”等形式，指导各离退休干部党支部开展活动，激励老干部为党的事业点赞助力。组织全市处级退休干部和离退休干部党支部书记参观盐池革命烈士纪念园和重点建设项目、银川花博园和宁夏园艺产业园，感受宁夏经济社会各项事业新发展新变化，为青铜峡发展建言献策、汇聚正能量。

【文体活动】 2017年，发挥老年大学、老干部活动中心两大阵地作用，按照“大型活动主题化、小型活动经常化”思路，围绕“学、乐、为”宗旨，在抓好日常教学活动同时，组织开展文体活动。5月，举办全市离退休干部“喜迎十九大、传播正能量”趣味健身活动比赛。6月，举办全市离退休干部“喜迎十九大、颂歌献给党”广场文艺晚会和书画展，展示老干部健康向上阳光心态，为中共十九大召开传播正能量。

【关工委工作】 2017年，发挥市关工委主导作用，会同宣传、教育、司法、综治等部门组织开展“全国青少年普法教育示范区”创建活动，全市69所中小学校11300名中小学生参加“关爱明天、普法先行”—青少年普法教育活动。组织“五老”进学校、进社区开展“两史”“三爱”主题教育宣讲活动，为青少年健康成长营造良好环境。青铜峡市被中国关工委、司法部、综治委命名为“全国青少年普法教育示范区”；市关工委等3个单位被授予先进集体。

【老干部服务】 2017年，坚持走访慰问制度，每月1日、15日探望生病住院老干部，帮助解决看病就医等方面问题。走访慰问6名在外省区定居离休干部及其遗孀，了解政策待遇落实情况。节日期间走访慰问离休干部、处级退休干部及离休干部遗孀，征求意见建议，发放慰问金。全年走访慰问老干部及其遗孀480人次，发放慰问金（品）20万元。坚持每年组织离休干部进行一次健康体检，根据老干部身体状况，调整体检项目，提高体检费标准，建立健康档案，提高生活不能自理及85岁以上身患重病离休干部护理费标准。建立就医绿色通道，与市医院对接联系，为离休干部发放就医服务卡，在看病就医、上门服务等方面提供温馨便捷服务，做好去世老干部善后工作。

（张培林）

党史地方志编纂工作

【概况】 2017年，全市党史地方志工作贯彻落实《全国地方志事业发展规划纲要（2015—2020年）》，以年鉴编纂、党史编研、市志续修为重点，分工负责，精心组织，全面推进，先后完成《青铜峡年鉴》(2017)编纂出版发行和《中国共产党青铜峡市历史(1925—1978)》初稿编写及评审工作，编辑发行史志期刊《七彩古峡》6期，启动《青铜峡市志(2003—2017)》编修工作，编制完成《青铜峡市党史地方志工作规划(2015—2020)》。青铜峡市方志资料征集使用工作在全国第一次《汶川特大地震抗震救灾志》编纂工作经验交流会暨地方志质量建设研讨会上作经验交流。市史志办被自治区地方志编审委员会评为2017年度地方志工作先进集体、获青铜峡市效能目标考核一等奖。

【《青铜峡年鉴(2017)》编纂出版】 由方志出版社出版，首次采用彩色印刷、内文插图，以图文并茂形式，系统、翔实地记载2016年度青铜峡市政治、经济、文化及社会各项事业的发展状况、重大事件和最新成就。该鉴设特载、专载、大事记、市情概览、组织机构、党政、军事、法治、党派团体、公共管理、农业农村经济、工业、商贸服务、城乡基础设施、环境环境与监测、教育科技、文化旅游、大众传媒、卫生和计划生育、社会事务管理、银行·保险、镇街道农(林)场、荣誉榜、附录、索引25个类目、236个分目(含子分目)、1464个条目，共80.4万字。

【《中国共产党青铜峡市历史(1925—1978)》编纂工作】 2014年10月，《中国共产党青铜峡市历史》编纂工作启动，历经两年完成《中国共产党青铜峡市历史(1925—1978)》初稿编写工作。全书共设4篇13章36节，约22万字。2017年6月，完成送审稿；9月18日，召开评审会议，通过自治区党史研究室终审，送中共党史出版社审定。

2017年9月19日，青铜峡市召开《中国共产党青铜峡历史(1925-1978)》评审会　　(市史志办　杨森军摄影)

【基层志书编修】 截至2017年底，出版镇场志、部门志25部，完成初稿撰写35部。年内，完成《树新林场志》《青铜峡人力资源与社会保障志》《青铜峡宣传工作志》评审工作，对尚未印刷出版的《青铜峡农牧志》《青铜峡水务志》《青铜峡林业志》等12个部门志电子版全部刻录光盘。

【《七彩古峡》刊印】 2017年，将2016年创刊的《古峡月志》改版为《七彩古峡》双月刊，设置时政要闻、经贸热点、文化之窗、民生纪实、魅力古峡、历史时空、古峡风采七个版块，全方位、多视角地展示青铜峡悠久历史及跨越式发展所取得的辉煌成就。期刊编印工作，在7月31—8月3日新疆伊犁召开的全国地方史志期刊工作会议上作经验交流。

【资政服务】 2017年，适时跟进市委中心组理论学习需要，编印《历史脉搏》时政刊物，宣传解读自治区第十二次党代会精神，全年编辑发行《党史研究参阅》7期。

2017年9月22日，青铜峡市召开《青铜峡市志（2003-2017）》编修工作启动会　　（市史志办　杨森军摄影）

【《青铜峡市党史地方志工作规划》编制】　2017年，根据《全国地方志事业发展规划纲要（2015—2020）》和自治区党委办公厅《宁夏党史2016—2020年工作规划》（宁党办〔2016〕100号）精神，结合青铜峡市地方志事业发展现状和中长期发展目标，编制完成《青铜峡市党史地方志工作规划（2016—2020）》（以党史地方志编纂委员会行文下发全市各部门）。

【《青铜峡市志（2003—2017）》编修】　2017年5月，在广泛征求各方意见的基础上提出《青铜峡市志（2003—2017）》编修方案，并拟定篇目大纲，先后3次召开相关部门负责人会议讨论修改。6月，经市委常委会9次会议审议通过。9月22日，召开《青铜峡市志（2003—2017）》编修工作启动大会暨方志编纂业务培训班，中共吴忠市委常委、青铜峡市委书记石瑞林等各级各部门领导及编写人员180人参加会议。会议对市志编修工作进行安排部署，《宁夏史志》编辑部主任张明鹏、吴忠市党史研究室副调研员胡建东就二轮志书编纂作专题业务培训。《青铜峡市志（2003—2017）》上限为2003年1月，下限为2017年12月。共设置36篇、151章、576节，计划2020年10月底前完成编纂并出版。会后，全市各单位、部门组成专门机构，确定专职人员，开展资料征集工作。10月上旬和11月初，分2组先后两次深入101个市志编修成员单位，督促编修人员做好资料征集和初稿撰写工作。11月28日，再次举办方志业务培训班，全市参与市志编修单位编写人员120人参加培训。

【"5·18"地方志工作宣传日活动】　2017年5月18—19日，按照自治区地方志编审委员会办公室统一安排部署，制作展板，选送年鉴、方志类书籍50本，以展板和实物形式在银川集中展示方志编纂成果。全体编辑人员同时参加全区年鉴和方志编纂业务培训。

【史志信息化建设】　2017年，开通"史志青铜峡"微信公众号，设置红色文化、历代名人、青铜峡史话、古峡记忆、史志动态、往期信息6个栏目，宣传青铜峡历史文化和风俗人情。全年发稿60期，关注人数达6000人次，部分文章点击阅读量达5000人次。市志编修工作启动后，建立"青铜峡市志编修工作群"，101个单位120名修志工作者入群，促进史志编修工作互观互动，交流经验。

【《中国共产党青铜峡市历史（1925—1978）》评审会】　2017年9月19日召开。中共吴忠市委常委、青铜峡市委书记石瑞林，青铜峡市政协主席王洋以及市四套班子分管领导和市直各部门主要负责人参加会议。自治区党史研究室副主任饶彦久、研究一处处长胡伟东，吴忠市党史研究室副调研员胡建东，及曾在青铜峡市工作过的离退休老干部30人应邀出席。市委常委、组织部部长何元凯主持会议。会上，市委常委、政府常务副市长赵金峰通报党史的编纂情况，饶彦久对《中国共产党青铜峡历史（1925—1978）》初稿给予充分肯定和高度评价，石瑞林就如何做好党史文稿编纂、发挥党史资政育人等几个方面提出具体要求，与会离退休老干部对部分章节内容提出修改意见和建议。

（余乐海）

档案管理

【法制宣传教育】 2017年，利用"3·15""6·9"国际档案日开展档案法制宣传活动，发档案法制宣传单380份，向《中国档案报》《吴忠日报》《档案博览》等新闻媒介投稿56篇，采用8篇。配合中央电视台《中国影像方志》做好专题采访和拍摄，扩大档案工作社会影响力。

【档案业务季度巡查】 2017年，先后对65个立档单位开展季度巡查，通过季度巡查，结合年度执法检查，采取当面反馈、座谈交流、下发《整改通知书》等方式，规范机关文件材料归档和保管期限划分、档案整理和利用工作、档案移交进馆、基层档案管理执法检查等业务工作。对全市110个部门未移交档案馆的文书档案及业务档案数据进行统计，完成陈袁滩镇、市网信办、林业局等立档单位档案整理、归档。

【土地确权档案整理】 2017年，按照《自治区农牧厅、档案局〈关于加强农村土地承包经营权确权登记档案管理工作的通知〉》要求，组织做好全市79个行政村、5.5万农户农村土地承包经营权确权登记档案整理归档和信息录入工作，农村土地确权档案完成65个村调查登记类、合同类档案3070盒，信息录入扫描7000户。

【档案资料规范管理】 2017年，青铜峡市作为全区5个社会保障性住房档案规范达标试点之一，多次邀请自治区档案局相关业务处室现场指导，按照标准对市房管所文书类、项目类、业务类档案进行分类整理。其中涉及全市经济适用房、棚户安置房、廉租房、公租房住房档案1.2万户。配合市扶贫办做好全市生态移民项目档案目录、分类、归档，对全市涉及生态移民项目档案的市财政局、市环保局等15个部门进行专项检查验收，指导其规范建档并填写、上报验收申请报告和各部门档案自检报告，做到生态移民项目档案真实、有效、齐全完整。

【档案馆库建设】 2017年，启动青铜峡市档案馆（新馆）工程建设。新馆规划建筑面积4869平方米，概算投资2001.95万元。预计2018年9月竣工并交付使用。

【馆藏档案整理清查】 2017年，对馆藏4.8万卷（册）各类档案、资料进行整理、清查、保护。对馆藏部分档案进行划控，制定全市档案接收计划，增加馆藏档案数量，按要求接收市委办公室、政府办公室2016年度文件，整理归档175盒、1641件，完成档案电子目录录入。

【档案查阅服务】 2017年，改进档案查阅服务方式，将传统来人查阅变为电话查阅、来函查阅、预约查档和节假日查档制等多种查阅利用方式。年内，为536名来馆查档人员办理社保养老金、住房补贴、土地纠纷、职称评定、干部任职等档案调阅1365卷（册）、复印档案2659页。

【档案安全保密】 2017年，完善各项档案安全、保密制度，健全各项安全措施，强化档案管理岗位责任制，确保消防、保密工作落实到位。建立健全档案馆（室）应急预案工作机制和档案安全保密制度，经常开展档案安全保密自查，筹措资金配备小型消防站、安装档案防火报警、安全监控设施设备，强化与市消防中队的平时演练，提高应急处置能力。

【档案数字化建设】 2017年，借助全区政务协同办公系统，加强青铜峡市数字档案馆（一期）建设，利用现有设备对全部馆藏民国档案进行扫描、编目、装盒、验收入库，共计311卷（盒）、9816页、4162条，力争早日实现馆藏档案数字化和现行电子文书档案在线“收、管、存、用”。同时，指导公、检、法部门开展档案数字化建设，先后投入资金100万元，对业务档案进行数字化扫描和挂接，市检察院达到自治区级档案信息化规范管理标准。

【档案业务培训班】 2017年4月13日举办。各建档单位118人参加培训，编发《档案业务工作手册》230册。培训班邀请吴忠市档案局档案指导科科长马萍授课，系统讲解档案管理基础知识，档案的归档、分类、装订、编目和日常管理维护等工作规范，《机关文件材料归档范围和文书档案保管期限规定》《归档文件整理规则》等档案法规。

（赵 阳）

中共青铜峡市纪律检查委员会 青铜峡市监察委员会

【监察体制改革】 2017年12月，根据中央《关于在全国各地推开国家监察体制改革试点方案》、全国人大常委会《关于在全国各地推开国家监察体制改革试点工作的决定》和《自治区深化国家监察体制改革试点工作实施方案》精神，设置青铜峡市监察委员会，与中共青铜峡市纪律检查委员会合署办公。撤销市监察局、市人民检察院反贪污贿赂局、反渎职侵权局，将反贪、渎职、预防职务犯罪相关职能整合至市监察委员会。青铜峡市纪委、监委是市委统一领导下的反腐败工作机构，履行纪检、监察两项职责，实行一套工作机构、两个机关名称。内设机构8个，办公室、宣教室(政策法规研究室)、党风政风监督室、信访室、案件监督管理室（追赃追逃办公室）、第一纪检监察室、第二纪检监察室、案件审理室。核定行政编制49名，其中：原市纪委编制33名，从检察院划转16名。市纪委设书记1名、副书记2名、常委4名。市监委设主任1名，由市纪委书记兼任；副主任2名，由市纪委副书记兼任；委员4名，主要由市纪委常委兼任。原市纪委(监察局）的派出纪工委(监察分局)更名为市纪委监委派出纪检监察组。

【责任落实】 2017年，制发《2017年党风廉政建设和反腐败工作任务分工》，细化40项具体任务及责任领导、责任单位、责任人，做到任务清、责任明。年内，先后12次专题向市委常委会报告党风廉政建设和执纪审查工作；制发《青铜峡市落实党风廉政建设“两个责任”纪实手册》，明确组织领导、教育引导、源头治腐等6项责任44项具体工作，全市480名各级党组织主要负责人及班子成员对责任落实情况实时记录、实时自查、实时整改；在各镇、街道，市直部门、单位建立健全全面从严治党责任清单、问题清单、问责清单“三个清单”，逐级厘清责任边界，促使各级党政组织认真履行抓班子、带队伍职责，形成一级抓一级、层层抓落实、上下贯通有序的完整链条和工作格局。上半年，18个党(工)委(党组)、9个镇、街道纪(工)委专题报告主体责任和监督责任落实情况。

2017年1月23日,中共青铜峡市纪委十二届二次全体(扩大)会议暨全市党风廉政建设和反腐败工作会议召开 (市纪委 马思敏提供)

【督查考核】 2017年,坚持市委、市政府领导带队,加强党风廉政建设工作日常指导、季度督查、半年考评和年度考核,现场反馈问题79个,下发纪律检查建议书和行政监察建议书27份,印发督查通报4期,以查促改,倒逼加压。制定《青铜峡市镇(街道)纪(工)委考核办法》,对8个镇、1个街道纪(工)委实行专门考核,对执纪审查工作“零自办案件”的镇、街道纪(工)委书记进行约谈,促进镇、街道纪(工)委聚焦主责主业。

【问责追责】 2017年,召开全市基层党(工)委(党组)落实党风廉政建设主体责任述责述廉会,28名党(工)委(党组)书记围绕履行第一责任人职责进行述责述廉,市委主要领导和市纪委领导现场点评,当面质询。严格执行《青铜峡市落实党风廉政建设“两个责任”追究办法(试行)》和“一案双查”制度,加大对“不善为、不能为、不作为”干部责任追究力度,以问责倒逼责任落实。全年各级党组织共对108名履职不到位干部进行问责。其中,“一案双查”实施责任追究5起,问责12人,给予党政纪处分5人,下发通报公开曝光2起,党内通报3起。严把党风廉政建设意见回复关,加强对拟提拔考察、评先评优党员干部廉政审查,审查回复意见2368人次。

【遏制“四风”】 2017年,以纠治“四风”问题为切入点,强化作风刚性约束,持续深化贯彻落实中央八项规定精神“回头看”,召开巩固深化“回头看”推进会,详细列举14种59项负面清单,狠抓自查自纠,切实推动八项规定精神落地生根。结合全市“制度建设年”和“执纪审查规范年”活动开展,对落实中央八项规定精神方面19项相关制度进行再梳理、再校验。其中,保留12项,废止2项,修订完善5项。制发《青铜峡市严格规范党和国家工作人员操办婚丧事宜暂行办法》,筑牢防止“四风”问题反弹制度防线。联合财政、审计等部门开展违规公款购买高档白酒问题集中整治排查行动,通过查看财务账簿等方式,对全市重点部门单位公务接待、公务卡支付情况逐项核实,对发现的苗头性问题现场谈话提醒整改。抓住元旦、春节、五一、端午等重要节点,加大监督检查力度,先后7次对市内各餐饮场所、大型商场进行明察暗访,对56个单位节日值班情况、车辆封存情况进行暗访抽查,现场纠正问题26个。发挥清风使者宣传员、信息员和监督员作用,对各级党员干部“八小时以外”活动进行监督,对发现的131起不良行为,80个苗头性、倾向性问题及时提醒和制止。全年受理违反中央八项规定精神问题线索52件,立案34件,给予党政纪处分和组织处理35人。加大通报曝光力度,先后对大坝镇滑石沟党支部书记、村委会主任张克军,瞿靖镇干部宋春宁等16人违反中央八项规定精神典型案例在全市进行通报，以案示教，以案明纪。

【巡察工作】 2017年，出台《青铜峡市委2017年巡察工作方案》，把与群众利益密切相关的涉农扶贫部门和各镇党组织作为巡察监督重点对象，紧盯基层吃拿卡要、“雁过拔毛”、优亲厚友、违规摊派、向救灾救济款物伸手等不正之风和腐败问题，确保党中央惠民务实的好政策得以落实。年内，组织实施3轮常规巡察，每轮4个巡察组，共巡察16个部门单位。通过召开巡察工作动员会、听取被巡察单位工作汇报和专项汇报、抽查核实领导干部报告个人有关事项、组织开展民主测评、下发调查问卷、巡察问题反馈等13步法，形成从巡察动员到巡察督办全过程规范巡察工作的基本流程。探索实践“四分之一”工作法，坚持调阅资料、个别谈话、走访调研、座谈会征求意见和测评各占巡察时间的四分之一，着力查找问题、听出问题、深挖问题、查实问题。针对巡察中发现的不涉及深层次、又易于整改的一般性问题，建立“边巡边改”机制，整改落实立行立改一般性问题432个。针对43个党的领导弱化方面、72个党的建设缺失方面和104个全面从严治党不力方面的问题，建立巡察整改工作台账，巡察组对照上述反馈的329个问题，通过听取汇报、组织“回访”等方式，督促反馈意见整改和落实219个。全年移交问题线索31件，立案11件，给予党政纪处分11人，清退违规资金10.2万元。

【“四种形态”运用】 2017年，印发《关于实践监督执纪“四种形态”的指导意见》，在加大谈话提醒力度、规范党内政治生活、运用组织处理等方面细化规范29种“四种形态”适用情形和运用方式，推行“一单一表”制度，实行全程留痕。年内运用第一种形态173人次，第二种形态95人次，第三种形态6人次，咬耳扯袖、红脸出汗成为基层干部管理工作常态。

【执纪审查】 2017年，创新“123”组织协同机制，即实行问题线索统一归口管理，全员办信查案、案件主办人两项制度，执纪审查工作责任制、限时制，工作协作区，通报约谈考核机制三项机制，形成执纪审查工作合力。创新“123”执纪审查机制，即健全一套“问题线索领导审批、核实进展跟踪督查、核实线索请示汇报、处理意见集体决策”，狠抓执纪审查过程问题线索安全保密工作及谈话人、被谈话人人身安全工作两项安全措施，最终达到警示震慑、治病救人及监督制约三种惩治效果。全年各纪律审查协作区共核查问题线索121件，谈话函询5件，立案33起，给予党政纪处分19人。受理信访举报212件，同比增长70.97%；处置问题线索385件，同比增长145.69%；立案100件，同比增长190.91%；初步核实264件，同比增长169.38%；谈话函询16件，同比增长45.45%；党政纪处分97人，同比增长223.33%；镇街道纪（工）委自办案件34件，同比增长142.86%。创新“123”教育回访机制，即结对受处分人员帮带做到“一对一”，回访教育做到“两不弃”，让受处分人员感受到组织上“不抛弃、不放弃”，思想转化做到“三谈心”，谈受处分人员对自己违纪事实的认识、谈今后的想法、谈今后工作中如何杜绝再次发生违纪行为，切实强化受处分人员教育管理。年内，对十八大以来受处分后仍在单位任职人员进行回访，回访教育131人，回访率96%。

【腐贪惩治】 2017年，开展涉农扶贫领域腐败问题查处行动，加大对“微腐败”、侵吞挪用、克扣强占以及向扶贫民生款物伸手等侵害群众利益问题查处力度，发现一起，查处一起。梳理排查2016年受理的50起侵害群众利益的不正之风和腐败问题线索，并对28起涉农扶贫领域问题线索按照

20%比例进行复核。全年受理反映涉农扶贫领域腐败问题线索39件，已立案调查19件，给予党政纪处分23人，公开通报曝光典型案例11起15人。

【预防腐败机制创新】 2017年，坚持“关口前移、预防为主、教育在先”工作理念，发放《中国共产党党内监督条例》《贯彻落实中央八项规定精神廉政新规》《中国共产党巡视工作条例》等各类党纪条规宣传品1700册。组织全市各镇、街道、农林场，市直各部门单位及区属单位、国有企业干部职工8000人次集中观看《蝇贪之害》《权力之殇》《只有进行时》《官商一身的两面人》等警示电教片。开展“尊党章 守准则 知条例”廉洁知识网络有奖竞答活动，全市78个部门、单位2000名党员干部职工参与答题。坚持任前廉政谈话制度，市委书记为新任职180名领导干部亲授廉政第一课。围绕“扬清廉家风 建幸福家庭”主题，组织新提拔任用领导干部及其家属开展接受一次警示教育、聆听一场家风教育专题讲座、签订一份家庭助廉承诺书、赠送一本廉洁家风故事集锦和参与一次家庭助廉宣誓仪式“五个一”系列活动，以良好家风带民风、促政风、树新风。扩大廉政文化宣传覆盖面和影响力，征集优秀家风、家规、家训作品100件，32所学校3000名中小学生参加“我爱我家”廉洁家书征文比赛，举办第五届“古峡清风”廉政文艺专场演出。

【警示教育】 2017年，组织160名新提拔任用领导干部及其家属到吴忠监狱接受现场教育，把廉政教育课堂搬进监狱。出台《青铜峡市纪委典型案件通报制度》等相关制度，坚持实施“一案一剖析、一案一通报、一案一警示”警示机制，用好用活反面教材。及时转发中央、自治区、吴忠市纪委关于党员干部违纪典型案例通报，同时对查处的违反中央八项规定精神和涉农扶贫领域腐败问题等典型案例，坚持做到查处一起、通报一起。全年发党内通报14期涉及26起38人，转发上级纪委各类典型案例通报11个。

【自身建设】 2017年，贯穿“打铁还需自身硬”要求，结合纪委换届，配齐委局领导班子，纪委常委专职单设；选配4个派出纪工委书记和4个内设科室主任，人员结构趋于精、专、轻；各镇街单设纪委书记，配备1名专职纪检干事。贯彻落实《中国共产党纪律检查机关监督执纪工作规则（试行）》，强化纪检监察干部监督管理，制发《中共青铜峡市第十二届纪律检查委员会常务委员会工作规则》《干部职工管理考核办法》《青铜峡市纪检监察干部监督工作暂行办法》等9项制度，明确工作规范和纪律约束，形成纪检监察干部从业务工作要求到日常行为规范全覆盖制度网。在纪委机关开展“忠诚干净担当”主题教育月活动，借助“机关大讲堂”“周一、周四集体学”“纪委常委会前学”等载体，深入学习党纪条规、习近平系列重要讲话精神及纪检监察工作新理论、新观点，全年组织集中学习57次、专题辅导6次、学习交流4次、警示教育8次。在各镇（街道）开展执纪审查工作规范年活动，按照有标志、有办公用房、有办公办案设备等标准，在9个镇（街道）纪（工）委设立集警示教育、办案办公为一体的“纪检工作室”（提醒谈话室），确保信访接待、谈心谈话、执纪审查等工作相对独立，安全文明办案无“死角”。针对镇纪委查办案件条规运用不规范等问题，通过以案代训方式，提高基层纪委纪检监察水平。年内对5名纪检干部问题线索进行初步核实，立案并给予处分2人，问责给予诫勉谈话4人。9个镇、街道纪（工）委共初步核实问题线索74件，自办立案案件31件，全部实现执纪审查“零突破”。

【执纪审查机制】 2017年，创新

执纪审查工作举措，落实“123”组织协同机制、“123” 执纪审查机制、“123”教育回访机制，执纪审查工作成效明显。“123”组织协同机制聚焦监督执纪问责，推行全员办信查案制度、案件主办人制度两项制度和执纪审查工作责任制限时制、工作协作区机制、通报约谈考核机制三项机制，首次实现信访举报、问题线索处置、立案、谈话函询、处分人数和乡镇自办案件数量“六增长”。“123”执纪审查机制严格落实《工作规则》，狠抓线索保密及谈话人、被谈话人安全两项措施，达到警示震慑、治病救人及监督制约三种惩治功效，推进执纪审查工作向纵深发展。全年立案 72 件，涉及科级干部 9 人、一般工作人员 28 人、村干部 31 人。“123”教育回访机制结合纪律审查形势和实际，对受处分人员帮带做到 “一对一”（对受处分党员干部开展日常教育、管理和监督工作，其中党政主要领导受到处分的，由市委政府分管常委帮带；其他副科级以上市管干部受到处分的，由市纪委、市委组织部和单位党政主要负责人帮带；各单位中层党员干部受到处分的，由各单位党政班子成员帮带；一般党员干部由中层党员干部帮带），回访教育做到“两不弃”（对一部分能干事、会干事的受处分党员干部，组织上 “不抛弃、不放弃”，通过教育改造后，安排他们承担扶贫项目、土地整理、征地拆迁、文明创建、安全生产等一些重要工作任务。同时，加强对他们的关怀和帮助，清除心中的顾虑，变“包袱”为“动力”，轻装前进，大胆干事创业），思想转化做到 “三谈心”（一谈受处分人员自己对违纪事实的认识。二谈受处分人员今后的想法。三谈今后的工作中如何杜绝再次违纪行为的发生），强化受处分人员教育管理，做好执纪审查“后半篇文章”。

2017 年 6 月 10 日，全区首家农村党员警示教育基地在大坝镇建成　（大坝镇　刘忠宝提供）

【警示教育基地建设】 2017 年，市纪委投资 40 万元，在大坝镇政府机关办公楼二楼建成全区首家农村党员警示教育基地。基地建设面积 230 平方米。基地由农村违纪党员案例警示教育、影像教育、榜样树廉 3 个部分组成，主要选取在宁夏回族自治区、吴忠市特别是青铜峡市农村发生的党员典型违纪案例，从胡作非为、虚报冒领、雁过拔毛、截留挪用 4 个方面，通过文字、漫画形式集中展示典型案例 39 个。其中，涉及青铜峡市违纪典型案例 20 个、吴忠市所辖其他县区违纪典型案例 12 个。主要介绍一些基层干部在落实各项惠民政策过程中，利用职务便利吃拿卡要，骗取、冒领国家相关补贴、项目、资金，严重侵害群众利益的各类腐败行为，旨在用身边人、身边事警醒和教育广大党员干部。全市各镇、街道、农林场，市直各部门单位及区属单位、国有企业干部职工 2000 人在“家门口”接受警示教育。

（马思敏）

青铜峡市人民代表大会常务委员会

综　述

【行使权力】 2017年，青铜峡市人大常委会坚持把自治区党委和市委领导贯穿于人大工作的全过程，站在深化改革发展大局、推动民主法制建设进程的高度依法履职，从工业转型升级、农业提质增效、全域旅游发展、二三产业融合、民生实事解决等方面推进工作，围绕市委确定的经济建设、政治建设、文化建设、社会建设、生态文明建设方面的重点项目、重要工作和“五个青铜峡”建设工作部署抓好监督落实。围绕经济社会发展重点热点，依法行使重大事项决定权，讨论审议并依法批准市人民政府提请的关于调整2016年财政预算的议案、调整2017年财政预算的议案、青铜峡市至银川正源街快速通道（青铜峡段）项目贷款的议案、青铜峡市2017年棚户区（城中村）改造项目等议案，支持市人民政府解决民生项目资金短缺问题，推动重大项目和重点工作顺利实施。着眼于推进法治青铜峡建设，依法作出关于进一步开展第七个五年法治宣传教育的决议，明确“谁主管谁普法、谁执法谁普法”法定工作职责，为经济社会发展营造良好法治环境。坚持党管干部与人大依法任免干部相统一的原则，对提请任命的国家机关工作人员依法行使人事任免权。按照任前考察、法律培训、投票表决、供职报告、就职宣誓等程序，依法任免国家机关工作人员82人。重视被任命人员任后监督，先后组织对人力资源和社会保障局、环境保护局、市场监督管理局、旅游局开展工作评议，了解和掌握被评议部门在深化改革、依法行政、干事担当、廉洁自律等方面取得的成绩和存在的不足。同时，对人大常委会在“三查”等工作中提出的意见建议进行跟踪督办，专门听取部分政府组成部门和法检两院专题工作汇报，了解掌握其工作情况，推动有关部门改进工作、依法办事、提升效能。

2017年10月25日，市人大常委会主任姬文泽（左三）检查人大代表议案、建议办理情况　　（市人大办　葛树桂提供）

【依法监督】 2017年，青铜峡市人大常委会面对经济下行压力依然严峻、结构性矛盾仍然突出的态势，主动从经济发展新常态这一客观形势出发，审查上半年国民经济和社会发展计划执行情况，听取和审议预算执行、决算报告、审计工作及审计查出问题整改落实情况报告，建议市人民政府加强经济运行分析研判，加大重大项目和重点工作推进力度，加快工业转型升级；强化预算管理，加强税收征管，优化支出结构，防范债务风险，确保完成全年目标任务。工业是全市经济发展重要支撑，过去几年监督重点放在工业园区招商企业生产经营和达产达效上，2017年组织对工业园区近年来招商企业生产经营情况开展专题调查，针对招商企业投资不足、土地占多用少、企业科技研发能力不强、园区排污基础设施不够完善配套等问题提出意见建议，所提意见建议没有得到落实。为此，根据《青铜峡市人大常委会关于开展询问和质询的暂行办法》规定，首次对全市工业企业生产经营等情况进行专题询问，针对14个专题调查所提问题和专题询问确定问题，市人民政府及有关部门主要负责人逐一答复。会后，市人民政府及相关部门组织召开专题会议安排部署，制定整改方案，明确工作任务，细化责任分工，抓好整改落实，推动工业经济及招商引资工作向好发展。在对特色养殖、酿酒葡萄、优质大米等产业发展深入调研的基础上，结合全市农业发展实际以及调查中发现的特色养殖产业链短、深加工龙头企业少，酿酒葡萄种植管理水平低、品牌效应不强，优质水稻还没有形成价格优势、群众种植积极性不高等问题，建议市人民政府加大产业扶持力度，发展特色养殖基地，培育农产品知名品牌，促进农业增效、农民增收。针对广播电视工作行业管理运行体制不顺、机制不活、传统文化发展与新型媒体融合滞后、设备老化严重、专业人才严重匮乏等问题，建议市人民政府强化广播电视工作领导，深化广播电视工作改革，创新行业运行管理机制，加大引进、培养专业人才力度，增加投入更新设备，加速推进广播电视和新型媒体融合发展进程，促进全市广播电视事业健康发展。

【执法检查】 2017年，青铜峡市人大常委会开展《中华人民共和国矿产资源法》《中华人民共和国安全生产法》执行情况检查，听取和审议市人民政府关于《中华人民共和国矿产资源法》《中华人民共和国安全生产法》执法情况报告，针对执法检查中发现的乱挖盗采严重，监管措施不力，环保意识不强，执法人员力量不足，法律法规宣传不深入，安全生产的监管责任和主体责任落实不到位等问题，向市人民政府及有关部门提出检查工作建议，促使市人民政府采取措施，充实执法人员力量，完善执法工作机制，强化常态化工作举措，遏制盗采滥挖矿产资源现象；督促相关部门加大《中华人民共和国安全生产法》学习培训，明确安全生产主体责任和监管责任，增强各行业、各部门、各单位安全生产意识和防范安全隐患工作措施，解决安全生产领域中存在问题。

【执法监督】 2017年，青铜峡市人大常委会针对法院执行难问题，对市人民法院执行工作进行调查，对执行过程中存在的一些被执行人不讲诚信、逃避执行，部门联动协调机制作用发挥不够等问题，建议市人民法院加大执行工作力度，创新工作机制，部门联动，运用全国执行信息化平台，建立失信黑名单以及常规的查扣、执行担保人等措施，提升执行案件质量和效率。结合推进平安青铜峡建设，组织视察公安工作。建议公安部门要严厉打击涉众型经济犯罪、毒品犯罪等各类犯罪活动，加大公共安全管理力度，提升公众安全感和群众对社会治安满意度。市公安部门坚持“打、防、管、控、建”多措并举，在侦破大案要案、打击违法犯罪、推行执法规范化和信息化建设上取得明显成效，获“全国公安机关执法示范单位”荣誉称号。

【代表工作】 2017年，青铜峡市人大常委会针对换届后新任代表多，代表构成多元化、分布范围广的实际，从代表如何依法履行职责、怎样发挥作用以及联系选民、反映民意入手，认真开展代表学习培训，通过邀请专家专题讲座、连选代表交流履职经验、组织代表座谈讨论、举办培训班等有效形式，有计划、分层次地对全市三级人大代表进行集中培训，培训达780人次，增强各级人大代表当好代表、认真履职的责任感和使命感。先后邀请46名代表列席市委和人大常委会会议、政府常务会议，邀请97名代表参加人大常委会专题调研、执法检查和工作视察，协调41名代表参加政府部门行风评议和政风监督等活动，向代表通报重要工作和重大活动情况，抓好各镇村和社区“代表之家”“代表工作室”阵地建设，健全代表小组活动制度，完善代表活动工作措施，为代表获得知情权、参政权、知政权搭建平台，做到代表活动有场所、有安排、有制度、有渠道、有效果工作目标。紧密结合市镇人大工作实际，修订完善“三联系”和代表向选民述职、代表评议站所工作制度，重新编组各镇、裕民街道办事处代表小组，开展代表视察、调查、检查及述职评议活动，开展代表走访选民、常委会领导联系委员、委员联系代表活动，促进代表联系工作到农村、到企业、到社区、到学校、到代表与选民生产生活的地方，实现人大常委会机关、镇人大主席团、各代表小组上下联系、沟通协调。

【建议督办】 2017年，市第十五届人大一次会议期间，代表提出议案建议43件，主要集中在生态环境、道路交通、灌溉排水、造林绿化、村部建设等方面。其中，议案2件、重点督办建议8件、其他建议33件。至年底，办结34件，占79.1%；正在办理7件，占16.2%；未办理说明情况2件，占4.7%。已办结和正在办理的达95.3%。

【信访督办】 2017年，青铜峡市人大常委会针对群众反映涉法涉诉案件和执法不公等信访问题，督促有关承办单位加大协调处理力度，解决一些群众反映的执行难、执行不到位等信访案件。全年受理群众来信来访26(件)次。其中办理来信16件，接待来访78人次。

（市人大办公室）

主要会议

【青铜峡市第十五届人大常委会第二次会议】 2017年2月28日召开。市人大常委会主任姬文泽主持会议。副主任任贵生、袁浩、撒贵请、宋建宁参加会议。副市长杨红英及市法、检两院负责人列席会议。会议听取、审议和通过《关于青铜峡市“六五”普法工作实施情况和“七五”普法工作实施意见的报告》《青铜峡市人大常委会关于深入开展第七个五年法治宣传教育的决议》(草案)，表决通过市人民法院、人民检察院工作人员人事任免事项。市法、检两院新任命人员手持宪法进行庄严宣誓，部分被任命人员就如何做好本职工作做供职发言。

【青铜峡市第十五届人大常委会第三次会议】 2017年4月27日召开。市人大常委会主任姬文泽主持会议。副主任任贵生、袁浩、撒贵清、宋建宁参加会议。市领导杨春燕、王飞以及市法、检负责人列席会议。会议听取、审议和通过市人民政府关于贯彻实施《中华人民共和国矿产资源法》情况的报告、关于市广播电视工作情况的报告、关于市工业园区招商企业生产经营等情况的报告以及市人民法院执行工作情况的报告。会议以举手表决方式，通过市人大常委会关于对市人民政府贯彻实施《中华人民共和国矿产资源法》情况执法检查报告的审议意见、关于批准市人民政府调整2016年财政预算的决定、关于批准青铜峡市至银川正源街快速通道(青铜峡段)项目贷款的决定、关于批准青铜峡市2017年棚户区（城中村）改造项目贷款的决定，并以投票表决方式任命马玉清为青铜峡市人民政府副市长。

【青铜峡市十五届人大常委会第四次会议】 2017年7月12日召开。市人大常委会主任姬文泽主持会议。副主任任贵生、袁浩、撒贵清、宋建宁及常委会委员参加会议。市领导杨春燕、刘国强、徐芸及市法检两院负责人、市直各部门、市人大常委会各委办负责人列席会议。会议听取和审议市人民政府关于葡萄产业发展情况的报告，关于对代表议案、建议和意见办理情况的报告；听取和评议市公安局、市场监督管理局、旅游局3个单位工作汇报，并开展满意度测评；以举手表决方式，通过市人大常委会关于对市市场监督管理局、旅游局工作评议意见；以无记名投票方式，决定任命徐芸为青铜峡市人民政府副市长。

【青铜峡市十五届人大常委会第五次会议】 2017年8月28日召开。市人大常委会主任姬文泽主持会议。副主任任贵生、袁浩、撒贵清、宋建宁参加会议。市委常委、副市长王飞及市人民法院院长、市人民检察院检察长、市政府办公室、发展和改革局、工业信息化和商务局、财政局、审计局等有关部门负责人和部分市人大代表列席会议。会议听取和审议市人民政府关于2017年国民经济和社会发展计划上半年执行情况的报告、关于2016年度财政决算和2017年上半年财政预算执行情况的报告、关于2016年度本级财政预算执行和其他财政收支审计情况的报告；听取和评议市人力资源和社会保障局、市环境保护局工作报告；会议采取举手表决、无记名投票方式通过干部任免事项。

2017年7月12日，青铜峡市十五届人大常委会四次会议召开

（市人大办　葛树桂提供）

【青铜峡市十五届人大常委会第六次会议】 2017年10月31日召开。市人大常委会主任姬文泽主持会议。副主任任贵生、袁浩、撒贵清、宋建宁参加会议。市委常委、常务副市长赵金峰列席会议。会议听取和审议市人民政府关于落实市人大常委会《关于贯彻实施〈中华人民共和国矿产资源法〉审议意见》整改情况、关于贯彻实施《中华人民共和国安全生产法》情况及关于代表议案建议办理情况的报告，市人大常委会执法检查组关于对贯彻实施《中华人民共和国安全生产法》情况及关于代表议案建议办理情况的检查报告；通过有关人事任免议案，并举行市人民政府专项工作报告满意度测评；表决通过市人大常委会对青铜峡市贯彻实施《中华人民共和国安全生产法》情况的审议意见。

【青铜峡市十五届人大常委会第七次会议】 2017年12月13日召开。市人大常委会主任姬文泽主持会议。副主任任贵生、袁浩、撒贵清、宋建宁参加会议。会议听取并表决通过《青铜峡市人大常委会工作报告（审议稿）》和青铜峡市人大常委会2018年工作要点（审议稿）；听取和审议青铜峡市第十五届人民代表大会第二次会议议程、日程及有关名单（草案），市第十五届人大二次会议议案审查委员会名单（草案）、市第十五届人大二次会议选举办法（草案）、关于召开青铜峡市第十五届人民代表大会第二次会议时间的决定(草案)等有关事宜;通过有关人事任免议案。

【青铜峡市第十五届人大常委会第八次会议】 2017年12月18日召开。市人大常委会主任姬文泽主持会议。副主任任贵生、袁浩、撒贵清参加会议。市委常委、副市长赵金峰列席会议。会议听取和审议市人民政府关于调整2017年财政预算的议案;会议表决通过调整2017年财政预算的决定;听取、审议并通过关于补选青铜峡市第十五届人民代表大会代表资格审查结果的报告、关于补选青铜峡市第十五届人大常委会委员的报告;通过有关人事任免议案。

【青铜峡市第十五届人大常委会第九次会议】 2017年12月23日召开。市人大常委会主任姬文泽主持会议,副主任任贵生、袁浩、撒贵清、宋建宁出席会议。市委常委、纪委书记、监察委员会主任贺江列席会议。会议审议并表决通过了市监察委员会关于提请人事任职的议案,采取无记名投票的方式,选举李长华、袁续兵为市监察委员会副主任,王学华、李海文为市人大常委会委员;补选了吴忠市第五届人民代表大会代表;通过有关人事任免议案。

【市人大常委会工业企业生产经营情况专题询问会议】 2017年8月28日召开。市人大常委会主任姬文泽,副主任任贵生、袁浩出席会议。副主任宋建宁主持会议。副市长张克文及市发展和改革局、财政局、工业信息化和商务局、国土资源局、统计局、经济技术合作局主要负责人到会应询。会议对全市工业企业生产经营等情况进行专题询问。市人大常委会副主任任贵生及15名市人大常委会委员,自治区、吴忠和市人大代表采取现场一问一答、随问随答方式,分别就工业企业发展政策贯彻落实情况、扶持企业生产经营具体措施、解决工业企业实际困难、工业企业固定资产投资情况、招商引资企业税收贡献和财源培植、招商引资企业补助资金兑现情况、工业企业用地监管等问题进行询问。各应询部门直面问题一一予以回答。

【青铜峡市第十五届人民代表大会第二次会议】 2017年12月21—23日召开。市领导石瑞林、金永灵、姬文泽、王洋、杨春燕、弋忠朝、刘国强、杨旭年、马晓贤、王飞、贺江、何元凯、徐芸、赵金峰、任贵生、袁浩、撒贵清、宋建宁、杨红英、马玉清、李玉梅、史君、马淑玲出席会议。大会执行主席、市人大常委会主任姬文泽主持会议。会议听取并讨论市长金永灵代表市人民政府所作的《政府工作报告》,市人大常委会副主任任贵生代表市人大常委会所作的《市人大常委会工作报告》,市人民法院院长罗生明所作的《市人民法院工作报告》,市人民检察院检察长任少军所作的《市人民检察院工作报告》;书面讨论并审议《关于青铜峡市2017年国民经济和社会发展计划执行情况与2018年国民经济和社会发展计划(草案)的报告》《青铜峡市2017年财政预算执行情况与2018年财政预算(草案)的报告》《青铜峡市人民政府关于2017年民生计划执行情况和2018年民生计划(草案)的报告》。会议以投票表决方式,依法选举贺江为青铜峡市监察委员会主任;表决通过市人民政府、人大常委会、人民法院、人民检察院工作报告,《关于2017年国民经济和社会发展计划执行情况与2018年国民经济和社会发展计划》《关于2017年财政预算执行情况和2018年财政预算》《关于2017年民生计划执行情况和2018年民生计划》等四项决议及《关于实施青铜峡市农村饮水安全扩面工程》《关于对邵岗镇同乐村生态移民房屋进行维修》代表议案,同时将另外30件其它建议一并交由市人民政府研究办理。

(市人大办公室)

视察调研

【市人民法院执行工作调查】 2017年3月27日,由市人大常委会主任姬文泽带队,副主任任贵生、袁浩、撒贵清,市人大常委会部分委员及人大代表组成调查组,先后深入市人民法院大坝法庭、青铜峡法庭等地,实地察看基层法庭基础设施、服务窗口、信息化建设等情况。调查组一行还到红寺堡区法院进行实地观摩学习,并与红寺堡区人大常委会进行座谈交流。3月28日,市人大常委会召开汇报座谈会,听取了市人民法院院长罗生明关于2016年以来市人民法院执行工作情况的汇报,与会人员就市人民法院执行工作的基本情况、主要做法和当前执行工作中存在的问题与困难,以及今后做好执行工作的办法进行讨论,提出建议。副市长崔奇鹏应邀参加调查。

【嘉宝轻纺工业园区和新材料基地企业生产经营情况调查】 2017年3月23—24日,市人大常委会组成调查组,先后深入嘉宝轻纺工业园区宁夏杭萧汽车零部件产业园菲斯克汽车轮毂轴承有限公司、鸿亚特种钢管有限公司、宁夏轴承谷科技发展有限公司、宁夏苏锡光电科技有限公司、宁夏青铜峡绿源塑胶有限公司、宁夏博金特立体泊车设备有限公司、宁夏塞上阳关太阳能有限公司、青铜峡市仁和纺织科技有限公司,以及新材料基地宁夏锦绣轻合金循环经济产业有限公司、鼎辉工贸公司、京成天宝饲料添加剂公司、宁夏新蓝奥汽车配件公司、和兴冶金耐火材料公司和新材料基地污水处理厂等招商企业,通过听汇报、召开座谈会、实地查看等形式,详细了解企业固定资产投资、生产经营、税收收入贡献、企业转型升级情况和企业生产经营面临问题。在随后召开的座谈会上,姬文泽讲话指出,工业发展是全市经济发展的重点,市委、市政府不遗余力抓工业发展,下大力气抓工业转型,各相关部门对已经投产招商企业进行全面细致排查,梳理企业存在困难,帮助协调解决,抓住根本为企业服务,力促企业早日达产达效。市人大常委会主任姬文泽、副主任任贵生、宋建宁参加调查,副市长张克文、杨红英应邀参加。

【《中华人民共和国矿产资源法》贯彻落实执法检查】 2017年4月11日,市人大常委会组成检查组,先后深入宁夏盛弘砂石有限公司卡子庙建筑石料用灰岩矿、青铜峡市兴业新型建材厂砖瓦用泥岩矿、青铜峡市海翔工贸有限公司滑石沟建筑用砂矿、青铜峡市树新林场宏业砂石厂滑石沟建筑用砂矿等地,实地查看企业学习宣传贯彻《中华人民共和国矿产资源法》、矿产资源开采管理、采矿区域环境保护和恢复治理以及矿产资源执法监察情况。市人大主任姬文泽,副主任任贵生、袁浩参加执法检查,市委常委、副市长杨春燕应邀参加。

【全市葡萄产业发展情况调查】 2017年5月23日,市人大常委会组成调查组,先后深入鸽子山中法酒庄集群区、密登堡酒庄、御马酒庄、金沙湾酒庄、玺天龙葡萄基地、小坝镇先锋村大青葡萄基地及服务中心,通过实地查看、听取汇报、座谈讨论方式,就全市葡萄产业发展现状、葡萄基地和葡萄酒庄建设情况、葡萄酒生产经营情况进行调查。市人大常委会副主任袁浩及部分委员、人大代表参加调查。副市长闫培华、陈雪松应邀参加。

【全市公安工作视察】 2017年5月26日,市人大常委会组成视察组,先后深入大坝利民新村警务室、城关派出所紫薇社区警务室、城关派出所、市政务服务中心公安窗口、陈袁滩派出所、市公安局信访接待大厅、案管中心等地,采取听取汇报、查阅资料、观看汇报片、座谈讨论形式,对全市公安工

2017年5月26日，市人大常委会视察公安工作

（市人大办　葛树桂提供）

作进行视察。在随后召开的座谈会上，市委常委、公安局局长刘国强汇报了全市公安工作情况。市人大常委会主任姬文泽，副主任任贵生、撒贵清、宋建宁参加视察，副市长崔奇鹏应邀参加。

【市场监督管理局工作评议】 2017年6月1日，市人大常委会组成评议调查组，对市场监督管理局工作进行评议。市人大评议调查组首先召开动员会，学习《青铜峡市人大常委会关于对“一府两院”及其政府工作部门实行工作评议的暂行办法》，并听取了市场监督管理工作情况的汇报。随后，评议调查组深入宁夏喜力食品有限公司、宁夏永丰医药有限公司、陈袁滩黄河生态园有限公司、国贸生活超市、宝庆油气销售有限公司和瞿靖市场监管所等地，听取企业负责人汇报，并对市场监督管理局实施法律法规、依法行政、落实执法责任制，推进登记制度改革和深化行政审批制度改革，食品、药品和特种设备“三大安全”监管工作，市场主体服务、市场经营秩序监督管理工作，消费维权工作，落实市人大及其常委会决议决定、审议意见及办理代表议案建议情况；审计、信访问题的整改落实情况以及市场监督管理局领导班子及主要负责人履行职责情况进行实地调查。市人大常委会主任姬文泽，副主任任贵生、宋建宁参加评议。

【市旅游局工作评议】 2017年6月6日，市人大常委会组成评议调查组，对市旅游局工作进行评议。市人大评议调查组首先召开动员会，学习《青铜峡市人大常委会关于对“一府两院”及其政府工作部门实行工作评议的暂行办法》，并听取了旅游局工作情况汇报。随后，评议调查组先后深入黄河金岸低空游（凤凰岛）建设项目、“印象黄河·彩虹之上”青铜峡旅游景观标识建设项目、叶盛地三特色产业示范村项目以及青铜峡市清逸园农庄，听取相关负责人汇报，并对市旅游局实施法律法规、依法行政、落实执法责任制，全域旅游示范市创建，精品景区提升工程实施，旅游宣传营销推介、旅游服务质量提升、旅游机制创新工作及旅游融合发展情况进行实地调查。市人大常委会主任姬文泽，副主任袁浩、撒贵清参加评议。

【人大代表议案建议办理情况检查】 2017年6月19日，市人大常委会组成检查组，先后深入陈袁滩镇滨河新村、小坝镇先锋村、叶盛镇光明村、邵岗镇、瞿靖镇、大坝镇、青铜峡镇和峡口镇，通过听取汇报、实地查看形式，对市十五届人大一次会议提出的关于维修改造陈袁滩镇滨河新村下水管网的议案，对先锋村一组泵站进行修复的建议，对叶盛镇光明村、青铜峡镇广武村、沃沙村村部进行维修改造和建设的建议，解决邵岗镇集镇沿街外立面改造及道路基础设施建设的建议，对瞿靖镇中支渠进行改造的建议,完善瞿靖镇嘉禾园小区路灯、休闲健身器材和绿化美化的建议,大(坝电厂)青(铜峡火车站)路两侧绿化的建议,解决青铜峡镇河西艾山街区域工业企业污水排放问题的议案,解决铝厂社区办公用房危旧问题的建议以及实施峡口镇谭桥村民族创业街外墙加装保温层及供排水管网建设的建议等代表议案建议办理情况进行检查。市人大常委会副主任任贵生参加检查,市委常委、副市长杨春燕应邀参加。

【市人力资源和社会保障局工作评议】 2017年7月10日,市人大常委会组成评议组,采取听取人力资源和社会保障工作专题汇报、个别谈话、召开座谈会、实地调查等形式,对市人力资源和社会保障局工作进行评议。评议动员会上,宣读了对市人力资源和社会保障局评议实施方案,对评议工作具体内容、方法步骤等进行说明。市人社局负责人对市人力资源和社会保障局工作开展情况及存在的问题进行汇报。随后,评议组成员深入市政务大厅医保社保就业服务窗口和叶盛小云创业园,就创业带动就业、加强职业技能培训工作情况、劳动争议调解仲裁和信访工作、机关事业单位工作人员招录招聘工作等情况进行实地调查。市人大常委会主任姬文泽、副主任任贵生、撒贵清参加评议。

【市环境保护局工作评议】 2017年7月27日,市人大常委会组成评议调查组,对市环境保护局工作进行评议。市人大评议调查组首先召开动员会,学习《青铜峡市人大常委会关于对"一府两院"及政府工作部门实行工作评议的暂行办法》,并听取了环境保护局工作情况汇报。随后,评议调查组先后深入市环境监测站、瞿靖镇农村污水处理站、宁夏华能大坝发电公司、新材料基地污水处理厂、宁夏东吴农化公司以及龙海碧水蓝天项目建设工地,听取相关负责人汇报,并对各单位、企业环境保护工作进行实地调查。市人大常委会副主任袁浩、撒贵清参加评议。

【财政预(决)算执行审计情况审查】 2017年8月3—4日,市人大常委会组成审查组,采取听取汇报、查阅资料、座谈等形式,对市人民政府2017年上半年国民经济和社会发展计划执行情况、2016年度财政决算草案和2017上半年财政预算执行情况以及2016年预算执行和其他财政收支的审计情况进行审查。审查组先后深入汇高智能装备生产线及控制系统项目、黄河楼地下一层改造及3D艺术馆项目、残疾人康复中心项目、盛隆达煤炭物流园项目、鸽子山中法葡萄集群示范区及玉鸽酒庄建设项目、美加农牧业发展有限公司胚胎牛二期建设项目、青铜峡至银川快速通道(青铜峡段)建设现场,实地查看2017年全市重大项目工程规划、建设情况和施工进度。随后听取和审查了2017年上半年国民经济和社会发展计划执行情况、2016年预算执行和其他财政收支审计情况、2016年度财政决算草案和2017年上半年财政预算执行情况。人大常委会主任姬文泽、副主任任贵生、宋建宁参加审查。市领导王飞、赵金峰应邀参加。

【《中华人民共和国安全生产法》贯彻落实执法检查】 2017年9月25—26日,市人大常委会副主任任贵生、宋建宁带领部分人大代表组成执法检查组,采取听、看、查相结合方式,先后深入市第五小学、广武治超站、东吴农化公司等地,就《中华人民共和国安全生产法》贯彻落实情况,生产经营单位安全生产主体责任和管理制度落实情况、企业安全生产证件是否齐全等情况进行实地检查。副市长张克文陪同检查。在随后召开的座谈会上,听取了市委常委、常务副市长赵金锋关于宣传贯彻执行新《中华人民共和国安全生产法》工作情况的汇报。

【人大代表议案、建议办理情况检查】 2017年10月25日，市人大常委会组成检查组，采取实地查看、听取汇报、召开座谈会方式，先后对维修改造陈袁滩镇滨河新村下水管网的议案、叶盛镇各行政村修建垃圾收集场的建议、邵岗镇甘城子地区沿山带泄洪沟道进行治理的建议、解决铝厂社区办公用房危旧问题的建议、解决青铜峡镇河西艾山街区域工业企业污水排放问题的议案等进行检查。市人大常委会主任姬文泽、副主任任贵生参加检查，副市长赵金峰、徐芸应邀参加。

（刑　斌）

青铜峡市人民政府

综　述

【投资拉动】 2017年，青铜峡市人民政府以深化项目建设"双百"行动为抓手，完善市级领导包抓重点项目和全员招商工作机制，全年实施各类建设项目130个，新希望反刍饲料、旅游景观标识、新材料基地污水处理厂等74个项目全部建成，大坝四期、汇高智能制造、小坝至银川正源街快速通道、"三馆一厅"等自治区、吴忠市重点项目及自治区60大庆项目加快推进，大海金属科技、凤凰岛低空游、房车露营地等项目成功落地，牛首山抽水蓄能发电、银西高铁吴忠站至青铜峡快速通道等一批项目列入自治区项目储备库。年内引进招商项目65个，到位资金101亿元；争取城乡建设、旅游开发、民生改善、生态环保等项目资金23.9亿元；完成全社会固定资产投资136亿元，增长13.2%。

【工业转型】 2017年，青铜峡市人民政府实施创新驱动战略，落实自治区降低实体经济企业成本30条意见，出台促进工业经济平稳增长20条意见，深化市级领导精准包抓企业责任制，年内落实帮扶资金8900万元，为企业减负4.63亿元；实施工业项目35个，苏锡光电铜业铜杆和漆包线、锦绣轻合金铝棒等项目相继建成投产，宁夏大唐国际大坝发电有限责任公司、宁夏金昱元化工集团有限公司等7家企业实施技术改造，装备制造、新材料、现代纺织等新型产业规模不断扩大、集群初步形成。新增规模以上企业10家，民营经济占全市经济比重达到51%。淘汰落后产能9.1万吨，轻工业增长10.1%。实现规模以上工业增加值增长4.9%。

【服务业提升】 2017年，青铜峡市人民政府依托"黄河岸边、稻花香里、贺兰山下"三大旅游板块，全力推进国家全域旅游示范市、黄河大峡谷AAAAA景区"双创"工作。采取PPP模式撬动社会资本12.4亿元，实施滨河大道改造提升等黄河金岸文化旅游带项目10个。引黄古灌区列入"世界灌溉工程遗产名录"，成功举办红红火火过大年、申遗万人签名暨黄河拜水盛典大型实景演出、"中国梦·宁夏情·黄河颂"申遗成功晚会等节庆活动，"印象黄河·彩虹之上"文化旅游品牌知名度和影响力进一步扩大。全年接待游客300万人次，实现旅游综合收入13.8亿元。举办特色商品展销会、美食节等商务活动，兑现扶持餐饮企业发展资金460万元，打造利民西街、康乐东街等4条特色餐饮商业街区，新增汉餐企业和经营户28家，培育餐饮名店10家，古峡商贸中心等7个商贸物流项目有序推进。依托国家电子商务进农村示范县项目，建成市级电商服务中心1个，淘宝、京东等电子商务服务站点60家，实现线上交易额3亿元。全年实现第三产业增加值39.8亿元，增长6.6%。

【农业发展】 2017年，青铜峡市人民政府实施优质大米提升工程，种植富硒水稻4万亩，“青铜峡大米”在国家工商行政管理总局注册地理标志证明商标，塞外香牌珍珠大米在首届中国大米品牌大会上获评“中国十大好吃米饭”。年内，新增酿酒葡萄5200亩，累计栽植总面积达到13.6万亩，新建续建玉鸽等酒庄10个，维加妮等4家企业7款葡萄酒荣获国际优质葡萄酒挑战赛大奖。建成标准化肉驴养殖场3个，肉驴饲养量达到1.5万头，生猪、肉牛、奶牛、家禽等养殖业稳步发展。建成国家级现代农业示范基地1个、自治区级示范基地2个，农业产业化龙头企业达到32家，入选首批国家农业可持续发展实验示范区，叶盛镇被农业部评为第七批“全国一村一品示范镇”。实现第一产业增加值17.6亿元，增长4.2%。

【改革开放】 2017年，青铜峡市人民政府深化“放管服”改革，在全区率先推行以“六个一”为主要内容的社会投资建设项目审批服务规程试点工作，通过“网上办、集中批、联合审、区域评、代办制、

2017年6月22日，市长全永灵（右二）到宁夏塞外香食品有限公司视察（宁夏塞外香食品有限公司提供）

不见面”等措施，单项审批服务时限由178个工作日压缩至60个工作日，简政放权、优化服务取得明显成效，为全区审批服务改革工作提供青铜峡经验。稳步推进事业单位分类改革、机构编制动态管理、国有企业“三供一业”属地化工作，“五证合一、一照一码”制度改革取得显著成效。深化投融资体制改革，初步构建多元化现代金融服务体系，成立宁夏农担青铜峡分公司和东方惠民小额贷款公司，投放产业基金1.55亿元，帮助企业融资贷款10亿元，发行企业债券10亿元，古峡担保、国投、城投、交投等融资平台作用凸显。成立农村产权交易中心，林权、湿地确权等产权制度改革有序推进，农村承包土地确权登记颁证工作获全区一等奖。启动农业水价综合改革，水利改革试点工作通过评估验收。加强与清华大学、哈尔滨工业大学、江南大学、宁夏大学等重点高校交流，开展工业、农业、旅游业各领域合作，推动各类创新要素集聚。鼓励支持御马、塞外香等龙头企业积极参加“中阿博览会”“厦洽会”“酒博会”等产品宣传推介活动，在一线城市设立销售窗口，拓宽销售渠道，全年销售葡萄酒7875吨。参加“我是县长我代言”电商扶贫直播活动，当日实现农产品销售额3212万元。强化外贸进出口企业帮扶，全年出口创汇1500万美元，增长16%。

【城乡建设】 2017年，青铜峡市人民政府开展“多规合一”改革试点工作，严格执行宁夏空间发展战略规划，编制城市控制性详规等专项规划5项。年内投资10.6

亿元，实施城乡基础设施重点项目17个，城乡一体供水基础设施改造一期工程交付运行，团结巷、关家园等4个小区2349户棚户区动迁基本完成，配租保障性住房4838套；叶盛镇地三村、大坝镇韦桥村2个美丽乡村建设项目按计划实施；新建改造城乡道路18条94.3公里，被自治区交通运输厅评为“四好农村路”示范县；改造农村危涵29座、危房131户、厕所1385户，配套一体化生活污水处理设施11座，城乡服务功能日趋完善。实施城市管理综合执法体制改革，市城市管理综合执法局被评为全国城管执法改革先进集体；加大设备投入，城区主要街道机械化清扫率达到65%、生活垃圾处理率达到98%；采取政府购买服务方式，投入1458万元，推行乡村环卫保洁市场化，实现垃圾日产日清。

【社会事业】 2017年，青铜峡市人民政府实施脱贫富民战略，投入26亿元用于保障和改善民生，占财政总支出的83%，10件民生实事全部落实。落实产业扶贫、劳务就业等脱贫攻坚13项举措，2060名建档立卡群众实现脱贫，完成252户1300人“十三五”易地搬迁安置任务。坚持教育优先发展，实施同富幼儿园、职教中心实训车间等7个教育基础设施项目，免除普通高中阶段学费420万元，发放困难学生国家助学金等各类补助1640万元，高考上线率提高5个百分点，成功创建自治区教育信息化示范县。落实公共卫生服务普惠性政策，实施残疾人康复中心、社区卫生服务站等8个卫生基础设施项目，“七免一救助”惠民政策受益群众达到1.6万人次；深化综合医改，取消公立医院药品加成，实现区内异地就医即时结算。大力发展文化体育事业，文体会展中心等项目建设进入冲刺阶段，改造提升镇级文化站9个，举办文化惠民演出293场次；加大明长城、广武岩画保护力度，鸽子山遗址入选全国十大考古新发现，全年举办全国毽球邀请赛等各类体育赛事30场次。落实创业就业政策，发放支持创业贴息贷款2883万元、援企稳岗补贴资金622万元，新培育小企业187家，创造新岗位1430个，新增城镇就业5247人，转移农村劳动力2.4万人。年内发放城乡低保、临时救助等各类补助资金5500万元；60岁以上城乡居民基础养老金每人每月增加25元，共计发放800万元；“五保”集中、分散供养标准分别增加到4700元、3800元，城乡居民养老保险、医疗保险实现应保尽保。

【生态建设】 2017年，青铜峡市人民政府加快推进“生态立市”战略，以创建国家生态文明示范市（县）为契机，开展“蓝天碧水·绿色城乡”“绿盾2017”专项行动，落实大气、水、土壤污染防治计划，以“零容忍”态度铁腕治理环境污染问题，完成中央环保督察组反馈问题整改。开展非煤矿山、建筑工地及道路扬尘治理，加大秸秆禁烧及综合利用力度，拆除20蒸吨以下燃煤锅炉103台，立案查处环境违法企业32家，整合取缔非煤矿山企业11家，空气质量优良天数比例达到85%以上，完成宁夏华能大坝发电有限责任公司超低排放改造、第二和第三污水处理厂提标改造、饮用水源地企业搬迁等环保项目。大力推行河长制，实施罗家河综合整治、沟道生态护坡工程，封堵入黄排污口10处，河湖沟渠保护治理有效推进，黄河过境段面水质监测达标率100%。严格执行耕地保护制度，狠抓农业面源污染防控，加强固废收集贮存、综合利用，有效遏制土壤污染。严把新上项目环保审批关，环境影响评价执行率达到100%。实施大（坝电厂）青（铜峡火车站）路沿线、老旧小区绿化提升等5个城乡绿化工程，完成生态造林1.8万亩，新增城市绿地14.2万平方米，森林覆盖率、建成区绿化率分别达到13.5%、38.3%，库区鸟岛进入国家湿地公园行列。

【社会治理】 2017年，青铜峡市人民政府实施创新社会治理“九大工程”，扎实推进“平安青铜峡”建设，八类刑事案件破案率100%，社会治安持续稳定，信访维稳、安全生产、拖欠农民工（职工）工资专项整治成效显著，青铜峡市被中央社会治安综合治理管理委员会评为“全国平安建设先进县（市）”，市公安局被公安部评为“全国优秀公安局”。依法加强民族宗教事务管理，巩固民族团结、宗教和顺局面。“七五”普法工作顺利开展，“法律九进”活动不断深化，法治政府建设取得明显成效。主动接受市人大及其常委会法律监督和政协民主监督，办理人大代表议案建议43件、政协委员提案77件。开展国家级基层政务公开标准化规范化试点工作。严格执行中共中央《八项规定》精神，持续保持反腐高压态势，加大行政监察和审计监督力度，受理违规违纪问题线索52件，立案34件，给予政纪处分和组织处理35人。

（市政府办公室）

主要会议

【青铜峡市2017年棚户区改造动员会】 2017年1月3日召开。市领导金永灵、宋建宁、史君参加会议。副市长崔奇鹏主持会议。会议总结了2016年全市棚户区改造工作情况，安排部署了2017年棚户区改造工作，宣读了《青铜峡市2017年棚户区改造实施方案》《青铜峡市2017年棚户区改造货币化购买安置房、商品住房实施意见》。

【青铜峡市道路交通安全管理工作会议】 2017年1月18日召开。市委常委、市道路交通安全管理领导小组副组长、公安局局长刘国强主持会议。会议通报了“1·17”海原县重大道路交通事故，传达自治区、吴忠市领导批示精神，并对做好青铜峡市道路交通安全管理工作进行安排部署。

【青铜峡市2016年教育督导评估表彰暨2017年教育工作会议】 2017年2月13日召开。市委常委、副市长王飞参加会议。会议安排部署了2017年全市教育教学工作，宣读了《关于青铜峡市2016年教育教学质量督导评估先进集体暨先进个人的表彰决定》《关于表彰2016年度校园安全工作先进集体和先进个人的决定》，为受表彰的先进集体和个人颁奖。

【青铜峡市2017年公安工作会议】 2017年2月14日召开。市领导张铁缨、刘国强、撒贵清、崔奇鹏、李玉梅参加会议。会议总结了青铜峡市2016年公安工作，安排部署了2017年公安工作，表彰奖励了全市2016年度公安工作先进集体、先进个人及优秀辅警和优秀警属、2016年公安工作创新项目。

【青铜峡市2017年财政金融工作会议】 2017年3月9日召开。市领导金永灵、杨春燕、宋建宁、史君参加会议。市委常委、副市长杨春燕主持会议。会议传达了自治区财政工作会议精神，通报了2016年度全市金融运行情况、税收工作情况，安排部署2017年全市金融工作。

【青铜峡市“六五”普法总结表彰暨“七五”普法动员会】 2017年3月15日召开。市领导金永灵、姬文泽、王洋、撒贵清、崔奇鹏、李玉梅参加会议。市委常委、公安局局长刘国强主持会议。会议总结了“六五”普法工作，安排部署了“七五”普法工作，表彰奖励了“六五”普法工作先进集体和先进个人。叶盛镇、地税局、第五中学、裕民街道怡园社区、陈袁滩镇作“六五”普法工作经验交流。

【青铜峡市卫生计划生育工作会议】 2017年3月14日召开。市领导金永灵、马光锋、袁浩、杨红英、马淑玲参加会议。市委常委、统战部部长马光锋主持会议。会

2017 年 3 月 14 日，青铜峡市召开卫生和计划生育工作会议

（市卫生和计划生育局提供）

议总结了 2016 年全市卫生计生工作，安排部署了 2017 年计划生育工作。

【市安委会 2017 年第二次全体（扩大）会议】 2017 年 4 月 1 日召开。市领导金永灵、任贵生、张克文、史君参加会议。副市长张克文主持会议。会议传达学习了国务院、自治区安委会关于做好当前安全生产领域工作会议精神，通报了全市 2017 年第一季度安全生产工作情况，安排部署了近期安全生产工作及迎接国务院安委会巡查组巡查准备工作。

【青铜峡市热电联产项目建设总结表彰暨 2017 年农村环境治理动员会】 2017 年 4 月 14 日召开。市领导金永灵、崔奇鹏、史君参加会议。市委副书记、政法委书记张铁缨主持会议，并宣读了关于表彰宁夏华能大坝发电有限责任公司的嘉奖令，副市长崔奇鹏总结了热电联产项目建设情况，安排部署全市 2017 年农村环境综合整治工作。

【青铜峡市迎接国务院第四次大督查工作会议】 2017 年 6 月 6 日召开。市领导王飞、徐芸、马玉清出席会议。国务院第四次大督查重点包括：推进供给侧结构性改革、适度扩大总需求、推动新旧动能转换、保障和改善民生、防范重点领域风险等方面工作。会议要求，要准确把握督查重点内容，紧盯时间节点，做好全面细致自查工作，确保按期完成自查任务；要全面梳理各项政策措施落实情况，深入查找存在的不足和问题，及时提出整改措施，切实把各项决策部署落实到位，全面做好迎接国务院督查各项准备工作。

【青铜峡市 2017 年“一带一路”贺兰山东麓青铜峡产区葡萄酒推介会】 2017 年 6 月 16 日举办。市领导金永灵、王洋、袁浩、陈雪松、史君及来自全国 29 个省市近 300 名从事酒类贸易的经销商、国内外专家、学者、行业从业人员参加会议并品鉴产区美酒。推介会上，市长金永灵向营销专家王德惠、法国萨瓦省葡萄产区协会高级顾问让·佛朗斯拉·托马斯颁发顾问聘用证书，并与其他协会、联盟签订友好协议，宁夏八方六和葡萄酒销售联盟当场签订购买 3.6 万瓶葡萄酒协议。

【青铜峡市安委会第三次全体（扩大）会议暨国务院安委会安全生产巡查反馈问题整改工作会议】 2017 年 7 月 13 日召开。市领导金永灵、宋建宁、张克文、史君参加会议。会议对安全生产巡查反馈问题整改、开展安全生产大检查及下半年全市安全生产工作进行了安排部署。

【青铜峡市第三十三个教师节表彰大会】 2017 年 9 月 8 日召开。市长金永灵主持会议。市领导石瑞林、姬文泽、王洋、杨春燕、王飞、何元凯、袁浩、史君参加会议。

会议对初中阶段目标管理和教学质量监测先进集体、德育工作先进集体、古峡名校长、古峡名师、优秀班主任、优秀教师等27个先进集体、173名先进个人进行了表彰奖励。

【青铜峡市总河长第一次会议】 2017年9月8日召开。市长、副总河长金永灵主持会议。市领导石瑞林、姬文泽、王洋、杨春燕、赵金峰、杨红英、张克文参加会议。会议传达学习自治区党委书记石泰峰、主席咸辉在自治区总河长第一次会议上的讲话及吴忠市委书记沈左权在吴忠市总河长第一次会议上的讲话精神，听取青铜峡市全面推行河长制工作汇报，研究审定并通过《青铜峡市河长会议制度》《青铜峡市河长制信息报送制度》《青铜峡市河长制责任追究制度》《青铜峡市河长制河湖沟道巡查制度》《青铜峡市河长制工作督导检查制度》《青铜峡市河长制工作验收制度》。市水务局、环境保护局、住房和城乡建设局、峡口镇、陈袁滩镇负责人分别作表态发言。

【青铜峡市秋冬季农田水利建设暨河长制观摩促评会】 2017年10月25日召开。会上，市领导金永灵、杨春燕、袁浩、张克文、史君先后深入各镇、场农建重点片区，实地观摩2017年秋季农田水利建设亮点和河道治理情况，听取各镇和项目实施部门情况汇报，现场点评打分，查找差距和存在的问题，对全面完成秋季农田水利建设任务进行再部署。

【青铜峡市经济形势分析和统计知识培训会议】 2017年10月9日召开。市领导金永灵、姬文泽、王洋、弋忠朝、徐芸、赵金峰、袁浩、宋建宁、杨红英、马玉清、李玉梅、史君、马淑玲参加会议。会议邀请自治区统计局党组书记、副局长徐秀梅就当前经济形势分析和统计业务知识作专题辅导。

【青铜峡市创建国家公共文化服务体系示范区推进会】 2017年12月4日召开。市长金永灵出席会议并讲话。市领导王飞、袁浩、马淑玲参加会议。会议通过现场观摩、听取汇报、座谈交流等方式进行。与会人员先后深入瞿靖镇文化站、光辉村文化大院、新民村综合文化服务中心、大坝镇三棵树村文化活动室、裕民街道文化站、陈袁滩镇韵欣苑社区综合文化服务中心等地，对创建国家公共文化服务体系示范区开展情况进行观摩。

【青铜峡市洁净城乡百日专项整治行动推进会】 2017年12月11日召开。市领导金永灵、杨春燕、赵金峰、王飞、徐芸、袁浩、杨红英、张克文、马玉清、李玉梅参加会议。会议通报了全市洁净城乡百日专项整治行动进展情况，并对专项整治行动进行再动员再部署。

（张　雪）

常务会议

【市十五届人民政府第三次常务会议】 2017年1月15日召开。市长金永灵主持会议。副市长杨春燕、闫培华、杨红英、崔奇鹏、陈雪松、张克文参加会议。市人大常委会副主任袁浩、政协副主席李玉梅列席会议。会议传达学习《党政主要负责人履行推进法治建设第一责任人职责规定》，审议、讨论并原则通过市旅游局关于审定《青铜峡市旅游发展三年行动方案》的请示、市环保局关于青铜峡市环境保护全面量化管理体系等事宜的请示、市农牧和科学技术局关于审定《青铜峡市畜禽养殖禁养区划定工作方案》的请示、市司法局关于审定拟表彰全市“六五”普法先进集体和个人的请示、市国土资源局关于土地审查报告等有关事项的请示、市农综办关于审定青铜峡市农业综合开发2017年产业化发展项目资金分配方案的请示。

【市十五届人民政府第四次常务会议】 2017年2月21日召开。市长金永灵主持会议。副市长杨春燕、闫培华、王飞、杨红英、崔奇鹏、张克文参加会议。市人大常委会副主任袁浩、政协副主席李玉梅列席会议。会议审议并原则通过市编办关于审定《建立机构编制动态管理机制、进一步加强和完善机构编制管理工作的意见（送审稿）》的请示，市发展和改革局关于2017年街道维修改造工程等10个项目立项的请示、关于建立青铜峡市政府投资类业务服务及中介机构名录库的请示，市卫生和计划生育局关于合作共建青铜峡市人民医院妇产科医院的请示，市文化体育广播电视局关于审定《青铜峡市党政机关推行软件正版化工作方案》的请示，市交通运输局关于审定青铜峡市至银川正源街快速通道（小坝至永宁段）项目贷款事宜的请示等12个会议议题。

【市十五届人民政府第五次常务会议】 2017年2月25日召开。市长金永灵主持会议。副市长杨春燕、闫培华、王飞、杨红英、崔奇鹏、陈雪松、张克文参加会议。市人大常委会副主任任贵生、政协副主席李玉梅列席会议。会议传达学习自治区发展改革工作会议、财政工作会议、旅游工作会议、国土资源工作会议、水利工作会议精神及国务院第162次常务会议、《国务院公办厅关于加强困难群众基本生活保障有关工作的通知》精神；审议并原则通过市住房和城乡建设局关于青铜峡市2017年棚改户（老城区）改造项目贷款等相关事宜。

【市十五届人民政府第六次常务会议】 2017年4月4—5日召开。市长金永灵主持会议。副市长杨春燕、杨红英、崔奇鹏、陈雪松、张克文、马玉清参加会议。市人大常委会副主任任贵生、政协副主席李玉梅列席会议。会议通报了市人大常委会组织召开的工业园区招商企业生产经营情况调查座谈会有关情况；审议并原则通过了市发展和改革局关于小坝至营门滩公路等15个项目建设内容投资有关情况的请示、青铜峡市小坝北粮库资产处置实施方案的请示、关于黄河大峡谷、中华黄河坛创建国家AAAAA级旅游景区实施方案（送审稿）的请示、关于青铜峡市优质大米提升工程实施方案的请示、青铜峡市国家级玉米种植基地2017年建设实施方案的请示，市教育局关于对普通高中实行免费教育的请示，市卫生和计划生育局关于合作共建青铜峡市人民医院妇产医院有关事宜的请示，市财政局关于对全市各部门封存车辆进行处置和库区湿地保护建设管理局原办公楼资产移交的请示等23项议题。

【市十五届人民政府第七次常务会议】 2017年5月7日召开。市长金永灵主持会议。副市长杨春燕、闫培华、王飞、杨红英、崔奇鹏、马玉清参加会议。会议听取了市人民政府办公室关于人大代表议案和政协委员提案办理情况的汇报，市效能目标考核管理办公室关于自治区、吴忠市2016年度效能目标管理考核结果的通报及贯彻落实意见，市发展和改革局关于2017年一季度上争项目资金和“双百”项目推进情况的汇报，市经济技术合作局关于2017年一季度招商引资工作情况的汇报，市环境保护局关于中央环保督察组发现问题整改工作进展情况的汇报；审议通过了市住房和城乡建设局关于《青铜峡市2017年农村危房改造实施方案（送审稿）》的请示，峡口镇关于南干沟皮草产业综合治理项目征地拆迁有关事宜的请示，市人力资源和社会保障局关于进一步做好2016年全市失业保险支持企业稳定就业岗位有关工作的请示，市卫生和计划生育局关于《青铜峡市医疗卫生服务体系规划（2016—2020年）（送审稿）》的请示、《青铜峡市职业病防治规划（2016—2020）年（送审稿）》的请示，市环境保护局关于《2017年青铜峡市大气、水、土壤污染防治重点工作实施方案(送审稿)》的请示。

【市十五届人民政府第八次常务会议】 2017年5月22日召开。市长金永灵主持会议。副市长杨春燕、闫培华、杨红英、崔奇鹏、陈雪松、张克文、马玉清参加会议。市人大常委会副主任任贵生、政协副主席李玉梅列席会议。会议听取了市安监局关于国务院安委会安全生产第八巡查组来青巡查情况的汇报、市林业局关于青铜峡市滨河林场林权证申请登记的汇报；审议通过了市发展和改革局关于市人民政府门口停车场等8个项目建设内容及投资有关情况的请示、青铜峡市"十三五"农村饮水安全巩固提升工程报告的请示，工业商务和信息化局关于审定《促进工业经济平稳增长的意见》的请示,市国土资源局关于采矿权审查报批等有关事项的请示，市农牧和科学技术局关于审定《青铜峡市2017年农机购置补贴实施方案(送审稿)》的请示,市公安局关于在全市推行电动车物联网管理工作的请示，市财政局关于解决商业总公司等三家公司改制遗留问题有关事宜的请示。

【市十五届人民政府第九次常务会议】 2017年5月26日召开。市长金永灵主持会议。副市长杨春燕、杨红英、崔奇鹏、陈雪松、张克文、马玉清参加会议。市人大常委会副主任任贵生、政协副主席李玉梅列席会议。会议审议了通过市发展和改革局关于宁夏大海金属科技有限公司年产80万吨交通安全设施场地平整土方工程及市文化馆、图书馆、档案馆迁建等12个项目建设内容、投资情况的请示,市委政研室关于《青铜峡市2017年农业农村工作安排意见(送审稿)》的请示、关于《青铜峡市关于支持村集体经济发展的实施意见(送审稿)》的请示,市住房和城乡建设局关于《青铜峡市深入推进城市管理综合执法体制改革实施方案（送审稿)》的请示》,峡口镇关于《青铜峡峡口镇南干沟皮草产业园综合治理污水处理厂PPP项目》的请示,市林业局关于宁夏甘霖农业开发有限公司申请办理林权证登记的请示。

【市十五届人民政府第十次常务会议】 2017年6月10日召开。市长金永灵主持会议。副市长杨春燕、王飞、徐芸、崔奇鹏、陈雪松、马玉清参加会议。市人大常委会副主任任贵生、政协副主席李玉梅列席会议。会议研究并审议通过了市财政局关于2017年地方政府新增债券资金分配使用事项的请示。

【市十五届人民政府第十一次常务会议】 2017年6月22日召开。市长金永灵主持会议。副市长杨春燕、徐芸、杨红英、崔奇鹏、陈雪松、马玉清参加会议。市人大常委会副主任任贵生、政协副主席李玉梅列席会议。会议审议通过了市水务局关于《青铜峡市全面推行河长制的意见(送审稿)》《青铜峡市河长制工作方案（送审稿)》《青铜峡市河长制考核管理办法(试行)(送审稿)》的请示,市卫生和计划生育局关于《青铜峡市健康扶贫工程实施方案（送审稿)》的请示,市国土资源局关于土地和矿产资源审查报批等有关事项的请示,市财政局关于《黄河金岸文化旅游带PPP建设项目实施方案及财政承受能力论证、物有所值评价报告(送审稿)》的请示、关于无偿拆除原政协、地税局及原中医院办公楼的请示，市发展和改革局关于青铜峡库区鸟岛入口小西河综合桥及溢流堰建设项目等5个项目立项的请示、关于拟上报2018年农村公路建设计划的请示。

【市十五届人民政府第十二次常务会议】 2017年7月7日召开。市长金永灵主持会议。市领导杨春燕、王飞、徐芸、杨红英、陈雪松、张克文、马玉清及政府常务会议组成人员参加会议。市人大常委会副主任宋建宁、政协副主席李玉梅列席会议。会议传达学习了全国畜禽养殖废弃物资源化利用会议和吴忠市廉政会议精神，听取了市农牧和科学技术局关于全市畜禽废物处理情况的汇报，通报了全市上半年党风廉政建设工作情况，安排部署迎接国务院第四次大督查工作有关事宜。会议研究审议并原则通过了《宁夏国际牡丹园项目及盛源4万头肉牛养殖项目投资协议》的请示，《市场服务中心深化改革工作方案（送审稿）》的请示、关于开展2017年“扶贫保”工作的请示、实施生态移民有线电视入户工程的请示、《青铜峡市各级医疗机构接入全区电子政务外网》的请示等有关事宜。

【市十五届人民政府第十三次常务会议】 2017年8月11日召开。市长金永灵主持会议。副市长赵金峰、王飞、徐芸、杨红英、崔奇鹏、张克文及政府常务会议组成人员参加会议。市人大常委会副主任任贵生、政协副主席李玉梅列席会议。会议传达学习了国务院安委会办公室关于2017年安全生产巡查情况的通报，听取了市安监局关于2017年安全生产相关情况的汇报，并对青铜峡市下半年安全生产工作进行安排部署。研究审议了市文化体育广电局关于审定《第六届宁夏黄河金岸（吴忠）国际马拉松赛青铜峡赛段实施方案（送审稿）》的请示、市环保局关于上半年环保重点工作完成情况及下一步环保工作安排的请示、市发展和改革局关于陈袁滩镇滨河新村屋面防水维修工程等14个项目建设内容及投资有关情况的请示、市审计局关于审定《2016年度市本级财政预算执行及其他财政收支情况审计工作报告》的请示、市国土资源局关于土地和矿产资源审查报批等有关事项的请示、市农牧和科学技术局关于审定《青铜峡市动物防疫服务方式改革工作方案（送审稿）》的请示、市财政局关于成立宁夏农业信贷担保有限责任公司青铜峡分公司的请示、市经济技术合作局关于审定《青铜峡市利源工贸有限公司项目投资协议》的请示、市编办关于调整市城市管理综合执法局等单位权责清单事项的请示、市民政局关于成立黄河外滩社区居委会的请示、大坝镇关于申请解决青铜峡市银河钢塑管材有限责任公司拆迁补偿信访诉求的请示、市水务局关于凤凰岛低空航飞项目需搬迁12号人工湖养殖设施及管理用房所需资金的请示、市公安局关于组织实施天网监控项目建设的请示、市委宣传部关于拍摄制作与传播《中国故事之青铜峡》的请示等19项议题。

【市十五届人民政府第十四次常务会议】 2017年8月28日召开。市长金永灵主持会议。副市长赵金峰、王飞、徐芸、杨红英、张克文、马玉清及政府常务会议组成人员参加会议。市人大常委会副主任任贵生、政协副主席史君列席会议。会议传达学习了中共中央办公厅关于认真组织学习新修改的《中国共产党巡视工作条例》的通知和吴忠市委、市政府主要领导关于“蓝天碧水　绿色城乡”专项行动批示精神，审议通过了市住房和城乡建设局关于审定《青铜峡市农村环卫保洁市场化服务体系建设项目协议书》的请示、市发展和改革局关于残疾人托养中心建设等8个项目建设内容及投资有关情况的请示、市旅游局关于审定《青铜峡黄河铁桥加固维修工程水文检测影响分析评价报告》编制费的请示、市国土资源局关于国土资源管理等有关事项的请示、市农牧和科技局关于审定《青铜峡市2017年秸秆禁烧及综合利用工作实施方案（送审稿）》的请示、市环保局关于审定《青铜峡市“绿盾2017”自然保护区清理整治专项行动工作方案（送审稿）》的请示、市文化体育广电局关于审定《青铜峡市组队参加吴忠市第四届运动会的实施方案（送审稿）》的请示、新材料基地管委会关于审定《新材料基地工业蒸汽循环利用项目投资协议》的请示和关于审定《新材料基地水务一体化合作协议》的请示、市民政局关于市敬老院和老年活动中心公建民营采取委托经营管理有关事宜的请示、市农业综合开发关于特色优势产业选择及产业化发展项目申报等有关工作的请示、市教育局关于庆祝第33个教师节表彰先进集体和个人方案的请示和关于审定《古峡名师、名校(园)长评选办法》《古峡名师、名校(园)长管理办法》的请示。

【市十五届人民政府第十五次常务会议】 2017年9月4日召开。市长金永灵主持会议。副市长赵金峰、王飞、徐芸、杨红英、崔奇鹏、张克文参加会议。市人大常委会副主任任贵生、政协副主席李玉梅列席会议。会议研究并审议通过了市水务局关于审定《青铜峡市2017年秋冬季农田水利基本建设实施方案(送审稿)》的请示、市发展和改革局关于道路交通安全设施工程等6个项目建设内容及投资有关情况的请示、市国土资源局关于国土资源管理等有关事项的请示、市编办《关于公立医院实行人员总量管理的意见》的请示、市财政局关于审定《宁夏青铜峡市惠民小额贷款有限公司投资合作协议书》的请示等有关事宜。

【市十五届人民政府第十六次常务会议】 2017年9月13日召开。市长金永灵主持会议。副市长赵金峰、王飞、徐芸、杨红英、崔奇鹏、张克文、马玉清参加会议。市人大常委会副主任袁浩、政协副主席李玉梅列席会议。会议研究审议并原则通过了市旅游局关于审定《青铜峡市全域旅游发展总体规划(2016—2025)》的请示、市财政局关于审定《黄河金岸文化旅游带PPP项目合同(送审稿)》的请示、市卫生和计划生育局关于审定《青铜峡市进一步加强基层医疗卫生机构管理实施意见(送审稿)》的请示等有关事宜。

【市十五届人民政府第十七次常务会议】 2017年9月18日召开。市长金永灵主持会议。副市长赵金峰、王飞、徐芸、杨红英、崔奇鹏、张克文参加会议。市人大常委会副主任任贵生、政协副主席李玉梅列席会议。会议审议通过了市委宣传部关于审定宁夏引黄古灌区成功“申遗”晚会活动委托策划演出制作协议及经费等有关事宜的请示、市发展和改革局关于调整2017年城乡基础设施及公共服务设施等2个项目建设内容及投资的请示等有关事宜。

【市十五届人民政府第十八次常务会议】 2017年10月17日召开。市长金永灵主持会议。副市长赵金峰、王飞、徐芸、杨红英、崔奇鹏、张克文、马玉清及政府常务会议组成人员参加会议。市人大常委会副主任任贵生、政协副主席李玉梅参加会议。会议传达学习了上级部门有关会议精神，通报人大议案和政协提案办理情况，研究审议市安监局、新材料基地管委会、扶贫办、交通运输局、政府办、编办、发展和改革局、市委政研室等部门提请出台的有关文件、工作请示等有关事宜。

【市十五届人民政府第十九次常务会议】 2017年12月12日召开。市长金永灵主持会议。副市长赵金峰、王飞、杨红英、张克文、马玉清及政府常务会议组成人员参加会议。市人大常委会副主任任贵生、政协副主席李玉梅列席会议。会议传达学习了中央文件、自治区全域旅游发展推进会议精神，通报了市人民政府党组2017年党风廉政建设“两个责任”落实情况，审议通过了市水务局关于审定青铜峡市农业水价综合改革实施方案(送审稿)的请示、市发展和改革局关于交通管控系统等4个项目立项的请示、市国土资源局关于土地和采矿权审查批报等有关事宜的请示,市住房和城乡建设局关于《青铜峡市行政事业单位职工住房货币化分配实施方案

（修订稿）》的请示、关于小坝村安置小区和银河市场建设项目有关问题的请示，市财政局关于《青铜峡市公立医院改革补偿办法（送审稿）》的请示、关于全区人大预算联网监督工作推进会议有关情况的汇报、关于调整2018年部门预算综合定额标准的请示等有关事宜。

【市十五届人民政府第二十次常务会议】 2017年12月18日召开。市长金永灵主持会议。副市长赵金峰、徐芸、杨红英、张克文、马玉清及政府常务会议组成人员参加会议。市政协副主席马淑玲列席会议。会议研究审议了市人民政府办公室关于《政府工作报告（征求意见稿）》《青铜峡市2017年民生计划执行情况和2018年民生计划（草案）的报告》的请示、市发展和改革局关于《青铜峡市2017年国民经济和社会发展计划执行情况与2018年国民经济和社会发展计划（草案）的报告》的请示，市财政局关于《青铜峡市2017年财政预算执行情况与2018年财政预算（草案）的报告》的请示、关于购置卫生清扫车辆的请示、关于中政企（宁夏）合作基金（有限合伙）入股宁夏青徕投资管理有限公司的请示，通报了2017年人大代表议案建议办理情况。

（张　雪）

政务公开

【概况】 2017年，全市各级行政机关落实《自治区人民政府办公厅关于印发〈全面推进政务公开若干重点工作实施方案〉的通知》《自治区人民政府办公厅关于印发〈2017年政务公开工作要点〉的通知》等文件精神，推进决策、执行、管理、服务、结果“五公开”，改版升级门户网站，健全新闻发布、政务公开、办事服务、互动交流等板块，加强信息发布、政策解读、回应关切、平台建设、公众参与，实现公开内容覆盖权力运行全流程、政务服务全过程，保障群众知情权、参与权、表达权、监督权。全年各部门、各单位主动公开政府信息16200条。其中，制发公文标注主动公开数量为778件，政府及政府办公室制发67件，各部门、单位（不包括政府办公室）制发711件，规范性文件2件；门户网站发布政府信息共523条，政务微信公开政府信息8660条，政务微博公开政府信息758条，报刊、电视、新闻网站等传统渠道公开政府信息6259条，围绕“黄河拜水盛典”“宁夏引黄古灌区成功列入世界灌溉工程遗产名录”等开展新闻发布会4场。

【强化工作部署】 2017年，制发《青铜峡2017年政务公开工作要点》《青铜峡市全面推进政务公开若干重点工作实施方案》，细化20个重点领域、70个关键节点职责任务。市人民政府年初听取2016年度政务公开进展情况，安排部署2017年全市政务公开重点任务，政府常务会议审议通过《青铜峡市开展基层政务公开标准化规范化试点工作实施细则》，全面启动试点工作。

【完善协调机制】 2017年，调整政务公开领导小组组成人员，市长担任组长，统筹全市政务公开工作。政府办公室加挂市政务公开办公室牌子，政府办公室主任担任政务公开办公室主任，配备3名专职工作人员。各部门、单位相应成立政务公开办公室，明确1名政务公开专职人员。

【健全工作制度】 2017年，依托基层政务公开标准化规范化试点建设，建立完善《政府信息主动公开与依申请公开制度》《政府信息保密审查制度》等22项配套制度，强化制度支撑，为政务公开提供规范性依据。

【加强督查考核】 2017年，将政务公开工作纳入全市效能目标管理考核，按时开展年中、年末督查考核工作，及时下发督查通报，开展督查反馈问题回头看，以督代导，完善政府信息公开内容，规范公开流程，按照督查考核结果界定各部门、各单位全年工作成效，促使各部门、各单位强化公开意识，增强行动自觉。

【实体平台建设】 2017年，利用各部门、单位电子屏、公示栏、展板，公开事项名称、办理流程、办理时限等。在政务服务中心设立政府信息查阅点，方便办事群众及时查阅相关信息。在新档案馆投入使用后，设立政府信息查阅点，配备相关电子查阅设备。

【拓宽公开渠道】 2017年，对涉及全市经济社会发展全局重大事项、专业性技术性较强事项及与群众利益相关事项，实行公示、听证等制度，开展专家论证、技术咨询、决策评估，向社会征求意见，增强决策前预公开力度。开展“政府开放日”活动，邀请各领域代表参观政府办公室场所、重大建设项目等，了解政府办事流程和重点项目建设情况，收集意见建议，增强政府公信力。邀请“两代表一委员”列席政府常务会议，增强决策主动公开力度。

【推进试点工作】 2017年，制发《青铜峡市开展基层政务公开标准化规范化试点工作实施细则》，在自治区确定13个试点领域的基础上，增加公共文化服务和创业就业2个领域，对13项重点工作任务进行细化分解，明确责任单位及完成时限。梳理汇总15套市、镇两级政务公开事项清单和标准公开目录，涵盖市级主动公开112个项目103个子项目，镇级主动公开81个项目69个子项目，明确公开部门、公开时限等要素，建立动态调整机制，拓宽公开内容，充实主动公开清单。同时，制发《关于做好官方微博微信账号登记备案与管理工作的通知》，指导各部门、各单位完善政务“微信、微博”平台建设和管理工作，利用微信微博等载体拓宽政府信息公开渠道，做大做强“魅力青铜峡”微信公众号和“问政青铜峡”官方微博，增强政民互动，完善网上公开平台。并利用出租车LED显示屏、公交车体进行宣传，在学校、医院、办事大厅、交通干道、公园、广场等人员密集场所播放和悬挂宣传标语，在政府门户网站设立“国家级基层政务公开试点专栏”，制作专题片。

【政策解读】 2017年，制发《青铜峡市人民政府办公室关于进一步做好重要政策解读工作的通知》，明确解读范围、解读主体。坚持“谁起草、谁解读”原则，将政策解读工作嵌入公文审前程序，公文与政策解读文件同步审核、同步公开。在政府门户网站设立“政策解读”专栏，发布、归集和更新解读内容，全年发布政策解读9篇。

【舆情回应】 2017年，贯彻落实

2017年11月28日，青铜峡市举行“政府开放日”活动

（市政务服务中心　袁银章提供）

《自治区人民政府办公厅关于在政务公开工作中进一步做好政务舆情回应的通知》精神，及时了解掌握重要政务舆情，加强分析研判，及时上报通报，通过召开新闻发布会、接受媒体专访等形式予以回应。在政府门户网站“领导信箱”等渠道，主动回应群众关切和诉求，协调解决相关问题。年内，回应各类政务舆情10件，受理“领导信箱”来信51件，答复49件，正在办理2件。

【减税、降费、降低要素成本信息公开】 2017年，在政府门户网站集中发布国家、自治区、吴忠市及青铜峡市新出台减税降费政策措施，公开各类推进减税、降费、降低要素成本性文件5件，公开行政事业性收费项目目录、本级政府向社会力量购买服务指导目录8件，清理规范涉企收费、降低物流成本、降低企业用电用地用矿等要素成本文件1件。

【重大建设项目和公共资源配置信息公开】 2017年，围绕全市重大基础设施建设、城市建设等6类重大项目，以及开放青铜峡建设、“三去一降一补”“两个确保”脱贫、工业园区优化整合和低成本改造等7项重点工作，通过政府门户网站公开规划和建设审批、核准、备案结果42件，公开项目投资完成、工程进展情况等过程信息277条。

【政府和社会资本合作PPP项目信息公开】 2017年，通过政府门户网站全面公开PPP项目相关法律法规、政策文件、项目进展、专家库等信息28条。

【“放管服”改革信息公开】 2017年，把全面实行清单管理制度作为深化“放管服”改革重要抓手，通过政府门户网站公开各类推动减权、规范用权文件17件，公开投资核准目录、国家职业资格目录清单、政府定价或指导价经营服务性收费清单、工商登记前置审批事项目录等6件。围绕国家和自治区2017年年底前实现“双随机、一公开”监管全覆盖目标，汇总形成并统一公布本级随机抽查事项清单11件，通过“国家企业信用信息公示系统（宁夏）”“信用宁夏”平台及政府门户网站公开随机抽查结果和查处情况。落实《自治区人民政府关于印发加快推进全区“互联网＋政务服务”工作方案的通知》要求，完成本级政务服务事项目录编制工作，并通过政府门户网站集中公开。制定印发《关于加快推进青铜峡市“互联网＋政务服务”实施方案》，推进智慧宁夏“政务云”工程建设，促进实体政务大厅与网上服务平台融合发展，让企业和群众办事更加便捷。

【农业供给侧结构性改革信息公开】 2017年，加大强农惠农政策公开力度，定期公开工作进展情况，发布2017年农产品供需平衡表、2017年全市土地确权开展情况自查报告4件。

【财税体制改革信息公开】 2017年，通过政府门户网站发布《青铜峡市地方政府性债务风险应急处置预案》及地方债务领域信息公开相关规定，按月公开公共财政预算收支情况，加大营改增改革进展及成效公开力度。推进预决算公开，在政府门户网站开设“预决算公开”专栏，按时将政府及其部门预决算情况进行公开。

【新产业、培育新动能工作信息公开】 2017年，围绕国家实施制造强国战略和支持创业创新、推动新产业健康发展、改造提升传统产业等，通过政府门户网站、“魅力青铜峡”微信公众号等媒体，转载和发布各类政策及执行情况、典型经验做法125条。

【化解过剩产能工作信息公开】 2017年，建立健全去产能公示公告制度，实行“事前公示、事后公告”，按季度发布经济运行分析，重点公开与群众密切相关的消费品和全域旅游、体育健身、医养结合、健康管理、文化创意等新兴服务业的消费情况，引导消费升级。推进生产领域产品质量监管政策法规、标准、程序和结果公开，发布专项整治工作方案、抽查工作公示信息5条。

【脱贫攻坚和社会救助信息公开】2017年，围绕实施精准扶贫、精准脱贫，加大扶贫政策、扶贫对象、帮扶措施、扶贫成效、扶贫资金项目安排、贫困退出等信息的公开力度，发布扶贫信息173条。利用扶贫政策口袋书及扶贫政策明白卡等形式，向贫困群众宣传扶贫政策，加强脱贫攻坚相关政策解读，让基层群众及时知晓扶贫政策。按季度公开民政专项资金支出情况，让困难群众知晓政策、得到保障。

【环境保护信息公开】 2017年，通过政府门户网站和“魅力青铜峡”微信公众号公开污染源治理进展及治理成果类信息65条、中央第八环保督察组督察反馈意见整改情况类信息22条、青铜峡市“蓝天碧水·绿色城乡”专项行动等相关信息10条。按月公布全市环境空气质量情况，公开全面推行“河长制”总体工作方案、河湖水库分级名录和河长名单及“河长制”推进落实情况。

【教育卫生领域信息公开】 2017年，公布《青铜峡市教育助学脱贫工作方案》《青铜峡市2017年贫困村幼儿园建设项目规划》等重大政策性文件，针对部分适龄儿童或少年延缓入学、休学或自行实施义务教育等特殊需求，做好政策解读工作。建立健全卫生计生重大民生决策事项民意调查制度，公开规范和加强基层医疗卫生机构管理类文件11件，按月公开青铜峡市卫生和计划生育局行政处罚公示表。

【食品药品安全领域信息公开】2017年，通过政府门户网站公布全市食品抽检总体情况2件，发布食品药品生产经营企业申请、审批及监督检查类公示公告5件。

【金融风险信息公开】 2017年，围绕全市重要金融数据，按季度发布青铜峡市经济运行情况分析，针对误读、曲解、不实等情况进行解读。引导社会关注金融风险隐患和涉嫌违法金融活动，防止社会公众上当受骗。

【房地产市场信息公开】 2017年，强化土地资产管理，公开《青铜峡市人民政府发布实施青铜峡市城镇土地级别与基准地价更新成果的公告》，发布棚户区改造及配套基础设施建设、农村危房改造相关政策措施信息47条。

【重特大生产安全事故公开】2017年，明确风险隐患排查信息公开发布原则、范围和方式，通过手机短信等形式，发布预警信息和安全提示，扩大预警预报受众面。全年公开安全生产隐患排查、常规检查执法、暗查暗访、突击检查、随机抽查等执法信息20条。

【人大代表建议和政协提案办理结果公开】 市十五届人大一次会议和市政协十一届一次会议期间，交付承办人大代表建议42件、政协提案77件，2017年年底前全部办理答复完毕，办理或答复结果凡不涉密的，全部向人大代表、政协委员予以公开，并通过门户网站进行公开。

（郑 翔）

信访工作

【概况】 2017年，全市信访工作创新信访工作机制，畅通信访渠道，规范信访秩序，开展矛盾纠纷排查化解和市级领导接访下访活动，及时解决群众反映的各类突出问题。1—11月，全市共接待受理群众信访205批468人次，同比批次下降38.81%、人次下降77.65%。其中，受理群众来信19件，同比上升171.43%；受理群众网上信访116件，同比上升866.67%；受理群众来访70批333人次，同比批次下降77.85%、人次下降83.95%。信访事项及时受理率100%，按期办结率100%，群众对信访部门满意度评价参评率89.76%，满意率98.77%；群众对责任单位满意度评价参评率90.08%，满意率99.38%。办理上级部门转交信件115件，办理上级部门转交网上信访124件，办结率100%。发生到北京重点地区涉访人员10人次（跨地区、跨部门、跨行业和人事分离、人户分离、人事户分离的“三跨三分离”信访事项2起）。

【健全完善信访工作长效机制】2017年，制定青铜峡市信访工作实施方案，建立信访工作联席会议制度，坚持每季度至少召开一次信访工作联席会议，听取信访工作汇报，分析信访形势，研究解决信访工作突出问题，协调处理进京、赴银、到吴越级访、集体访、重复访等重大信访案件。坚持领导接访机制，市委书记、市长长期坚持视情况接访或约访信访群众，其他市级领导坚持排班轮流到信访接待大厅接访，各镇、街道（农林场），市直重点信访部门单位建立信访接待日制度，做到群众信访有人接、有人管、有人办。市级领导接待信访事项，及时转交相关责任单位，落实责任，确定专人跟踪督办、协调，保证信访案件按期办结。年内，市级领导信访接待日接访群众182批1632人次。坚持重要会议和重大活动期间信访值班制度，在各种重要会议和重大活动期间，市信访局在搞好日常矛盾纠纷排查化解工作的同时，带队现场值班维稳，坚持信访信息“零”报告制度，建立信访预警信息报告制度等。建立和完善信访案件督查督办制度，对中央、自治区、吴忠市交办案件和青铜峡市重点信访案件，按照“一个案子、一名领导、一个专门班子、一套工作方案、一抓到底”要求，落实五级包案责任制，做到信访案件件件有着落、事事有交待、案案有结果。加强信访工作督查督办，对重视查办单位予以通报表扬；对工作不力、措施不到位、办理工作不及时，导致引发群众越级上访、群体性事件或造成不良影响的单位，予以通报批评。建立信访工作目标责任制，按照“属地管理、分级负责，谁主管、谁负责”原则，全面推行信访工作目标责任制和镇、部门“一把手”负责制，把信访工作纳入各镇、市直有关部门年度工作目标考核管理，明确各镇、各部门一把手对信访工作负总责，做到责任、措施、工作“三到位”。

2017年10月11日，市信访局对全市信访工作进行督导检查

（市信访局　杨振宇提供）

【初信初访处理接待】2017年，对群众来信、来访及网上投诉进行登记、录入、转办，督促相关责任单位按程序规范办理；对到市人民政府集体上访的突发性信访事件，协调当天接访领导及相关责任单位领导到达现场接访处理；对涉及部门单位多的信访问题，召集相关责任单位领导，到信访大厅进行联合接访集中交办；对一时化解

不了的疑难复杂信访问题，建立“五级”包案责任限期解决，确保初信初访一次性解决。各镇、部门加强初信初访接待办理工作，认真办理群众来信及网上投诉，热情接待群众来访，做到小事不出村、大事不出镇、重大问题不出本市。做好信访信息系统深度应用工作，引导群众通过青铜峡市信访督办局网上信访投诉平台反映问题，网上登记、网上转办、网上受理、网上查阅、网上评价。年内完成16个重点部门法定途径分类处理信访诉求清单，经政府法制办审定后装订成册报送自治区信访局。

【矛盾纠纷排查化解】 2017年，按照“排查得早、发现得了、控制得住、解决得好”要求，深入开展矛盾纠纷排查化解活动，掌握可能引发集体上访的重点事、重点人和一些苗头性、动态性问题，做到未访先知、接访有备。对排查出的问题，落实包案化解责任制，坚持能调则调、案结事了原则，综合运用人民调解、司法调解、行政调解等手段，超前做好理顺情绪、化解矛盾工作，减少和预防各类信访矛盾。

【信访问题处理】 2017年，摸排全市范围内各类重信重访问题，查出重点信访、信访积案问题32件，落实包案市级领导、牵头责任单位、责任单位领导和办案人员、办结时限、稳控措施，全部实行五级包案责任制。凡法律和政策有明确规定，有条件能够解决的，限期解决到位，不留尾巴；对暂不具备解决条件，需逐步给予解决的，给群众解释说明政策情况，尽快按政策规定逐步予以解决；对涉法涉诉信访案件，由司法部门给予法律咨询和法律援助，引导群众通过仲裁、诉讼和行政复议等途径依法公正解决问题；对进入司法程序的信访案件，人大、政法、信访部门跟踪督办，维护信访人合法权益；对行为过激、无理取闹、扰乱信访秩序的上访群众，通知公安机关及时介入，采取必要措施，依法予以处置，维护信访秩序。

【“四无”镇（街道）创建】 2017年，制定青铜峡市开展信访工作“四无”镇（街道）创建活动实施方案，组织各镇开展信访工作“四无”（“无进京非正常上访、无进京越级上访、无到区集访、无到市重复集访”）镇（街道）创建活动，并对创建工作实行“以奖代补”，奖补分为四个档次。凡一次性创建成功的，奖励资金50万元，其他按下降百分率分别奖励资金20万元、10万元、5万元。年内，小坝镇、大坝镇、叶盛镇成功创建“四无”镇，各兑付奖励资金12.5万元；峡口镇“四无”指标下降30%，兑付奖励资金125万元。

（杨振宇）

政务服务

【概况】 市政务服务中心成立于2009年6月。2015年2月，由原来的市政府办公室所属的副科级事业单位升格为市人民政府直属参公事业单位，核定全额预算事业编制9名，其中，主任1名，副主任2名，工作人员6名，设置综合事务、运行协调、代办受理、信息技术服务岗位。同时整合组建“七厅”合一市政服务大厅（原市政服务大厅、公安局办证大厅、工商局注册登记大厅、运政业务大厅、房管所办证大厅、医保社保办事大厅、不动产登记中心），另设镇（街、场）民生服务中心11个、村（社区）代办点107个。市政服务大厅进驻窗口部门22个，涵盖单位35个，设置办事窗口85个，进驻工作人员96名、事项212项。大厅设立商务中心、休息等候、银行缴费窗口、报刊杂志、ATM柜员机、电子图书借阅机等便民设施。2017年，按照“网上办、集中批、联合审、区域评、代办制、不见面”要求，开展社会投资建设项目审批服务改革，建立工作规程，开发审批平台和操作软件，设立代办服务窗口，为涉企投资审批提供高效便捷服务；开展“多证合一”、企业登记全程电子化等商事制度改革，全年受理办理各类行政审批及服务事项

120万件，按时办结率100%，无群众投诉、延期办结现象。2014年至2017年，中心连续评为全区政务服务先进集体。

【完善服务机制】 2017年，制定出台《加快推进青铜峡市“互联网+政务服务”实施方案》《青铜峡市建立社会投资项目行政职权和服务事项工作规程试点方案》《青铜峡市社会投资建设项目行政审批工作规程（试行）》《青铜峡市社会投资建设项目预审代办制（试行）等四个管理办法》《青铜峡市“云惠宁夏·服务城乡”暨政务云推广应用工作实施方案》等相关文件，突出改革创新，规范审批行为。

【规范服务事项目录】 2017年，建立市级政务服务事项目录212项，“不见面、马上办”事项目录53项，镇（街道）服务事项目录27项，全部推送至网上办事大厅和实体大厅集中办理，所有目录通过宁夏政务服务网上办事大厅、青铜峡政府门户网站等载体向社会公开“晒权”，并在大厅通过办事指南、电子屏、公示栏公开，实行目录管理，接受社会监督。

【优化办理流程】 2017年，规范进驻大厅政务服务事项，制定标准化办理流程，采取精简申报材料、并联审批等方式，压缩“内循环”，212项政务服务事项审批时限由原来3887个工作日压缩到1361个工作日，压缩率达65%以上。开展社会投资建设项目审批改革，推行预审代办制，申报材料由139份压减到74份，压减率47%；审批时限从178个工作日压减到47个工作日，压减率73%。组织实施“多证合一”登记业务办理，建立“容缺后补”机制，办理时限由原来15天压缩为即办件。开展增加企业和公民负担证照清理工作，取消社会保险证等10项证照，并面向社会公布。

【不见面审批服务】 2017年，贯彻自治区不见面审批服务推进会精神，印发《青铜峡市推进不见面审批服务工作通知》，举办全市部门负责人、业务骨干和窗口工作人员不见面事项划转、确认、填报操作培训班，组织政务服务中心、编办、法制办审核录入事项要素，出台《青铜峡市政务服务事项目录清单》和《青铜峡市不见面事项目录清单》，全部推送网上办事大厅和实体办事大厅集中办理，不见面办理事项达到总量60%。落实“县证乡制”，为各镇（街）配备、配全制卡机、高拍仪、打印机等设备，开展“老年人优待证”等3个证件办理程序调整、培训工作，新制发证件1.3万张。做好“政务云”与“民政云”“社保云”整合对接工作，举办“政务云”办理民政、社保类政务服务事项实操培训班，跟踪督查落实办理情况，镇（街道）不见面办理事项达到80%。

【服务事项在线办理】 2017年，加快构建“不见面马上办”审批服务模式，60%的政务服务事项实现不见面办理；建立全市上下联审联办事项目录，利用宁夏投资项目在线审批监管平台开展投资项目在线审批，实现上下联审联办；实施社会投资建设项目审批资料“一窗受理”，企业登记全程实现电子办理，11项民政类、7项社保类政务服务事项通过“政务云”办理，镇（街道）80%的事项申报材料实现全程电子化、不见面办理。

【政务云推广】 2017年，实施“政务云”项目建设，建成市、镇（街道）、村(社区)三级互联互通政务服务网络，市、镇（街道）、村（街道）三级电子政务外网接入率100%，代办点覆盖率100%；构建网上办事大厅、手机终端、微信关注和政务大厅 “四位一体”服务模式，推行“代办服务、上门服务、延时服务、预约服务”等贴心服务，实现网上审批、网上代办，在全区率先完成政务云推广应用工作任务。年内，采取现场集中培训方式，举办基层工作人员“政务云”业务操作培训13场次650人次。

【政务服务数据统计】 2017年，建立季度政务服务数据统计制度，明确职责，确定专人做好市、镇(街道)政务服务网上办事等数据统计工作，每季度末的次月10日前上报自治区政务服务中心，按季度对市、镇(街道)办件情况予以通报，并将统计上报工作纳入年度效能目标管理考核。

【队伍建设】 2017年，市政服务大厅实行岗位轮换制度，窗口工作人员坚持每年度进行岗位轮换，定期开展窗口服务文明礼仪、业务技能培训。完善《窗口单位和窗口工作人员绩效考核奖励办法》，将绩效补助按照人均每月500元标准列入财政预算，统一考核，严格奖惩。按季度开展“优秀窗口”“服务之星”评选活动，通报表彰工作成绩突出的部门窗口、镇(街道)和工作人员并给予加分激励，将政务服务工作人员年度评先评优比例提高至20%。

【政务大厅标准化建设】 2017年，对政务大厅进行扩容改造，统一规范大厅标示标牌，更新座椅、增装监控。在大厅设置网上办事自助服务区，配备电脑、查询机等设备6台，制作、发放网上办事宣传海报、塑封卡2000份。修订完善各项运行管理制度，制定标准化办理流程，按照“应进全进、进必授权”工作要求，推进事项集中办理。

2017年6月21日，青铜峡市举办全市政务服务专题讲座

（市政务服务中心　袁银章提供）

【镇（村）政务服务标准化建设】 2017年，建成全市8镇2场1街道标准化民生服务中心、87个行政村、20个社区为民办事全程代办点。为镇(街道)、村(社区)配备高拍仪、电脑、打印机、制证机、电视机等设备，统一刻制并发放电子印章，覆盖率达100%。印发标准化建设方案，建立“五统一、一督查”(岗位设置、人员配备、事项进驻、制度建设、标识标牌统一，每季度督查通报一次）工作推进落实机制，打造镇、村标准化示范点4个。

（席元春）

机关事务管理

【建章立制】 2017年，修订完善《市政府餐厅管理绩效考核办法》《市政府综合办公大楼安全保卫管理制度》《市政府综合办公大楼卫生保洁管理制度》及考勤、学习、人员岗位责任等规章制度，明确机关安全保卫、卫生保洁、餐厅服务等岗位工作人员职责，细化工作人员责任范围，为中心正常运行提供保证。

【公务接待】 2017年，贯彻落实中央八项规定，按照《党政机关厉行节约反对浪费条例》《党政机关国内公务接待管理规定》及自治区、吴忠市及青铜峡市若干规定，规范公务接待行为，实行接待物品招标制度。加强及时沟通衔接，精心编制接待方案，客情签批全程跟踪，宾馆就餐住宿超前安排，做到零差错、零失误。大型接待，协调公安、卫生医疗、食品安全等部门，做好接待督导检查工作。年内，完成中央环保督查、国家安委会巡查、黄河拜水盛典、引黄古灌区成功"申遗"晚会等后勤接待服务保障工作。

【餐厅管理】 2017年，规范机关餐厅原材料供应，通过市场考察择优选定证照齐全、价优物美供货方，组成3人巡查小组每月不少于3次询价，从源头上把好原材料进口关。同时，对菜肴制作、操作程序、食材溯源等方面提出明确要求，定期对膳食结构进行调整，增加饭菜花色品种，坚持每天供应菜品24小时留样，确保干部职工就餐安全。优化功能分区，新增专用洗菜间24平方米，安装防蝇灯6台、防火门2扇、防火窗户2个。组织机关餐厅相关人员参加2017年中国技能大赛—宁夏机关食堂烹饪及餐厅服务技能竞赛，取得优异成绩。参赛选手获得"中式烹饪一等奖"和"宁夏机关事务中式烹饪技能标兵""中式面点三等奖""全区机关食堂烹饪及餐厅服务行业优秀青年岗位能手"荣誉称号，中心被评为"优秀组织单位"。

【政府办公大楼管理】 2017年，强化政府大院安全管理，加强安全防范工作，安装电梯黑匣子，实现电梯运行24小时无缝隙监控。加强门卫值班和查验登记制度，严格落实大楼巡逻巡视制度，全年盘查外来办事人员4400人。配合消防部门对办公大楼消防系统开展安全排查，改造提升消防安全设备，更换消防报警系统主机1台，安装消防通道指示标志154个，机关餐厅安装防火门及防火窗，确保全年消防安全无事故。规范政府大院车辆行驶与停放，实行进院凭通行证出入，全年劝阻、疏导各类上访人员1720人次，实现政府大楼安全保卫工作零事故目标。加大政府大院绿化投资力度，铺设草坪1000平方米，栽植月季花500株、胶东卫矛24株，制作悬挂树种识别牌。与市政服务中心沟通，提前做好入冬前供暖检修，对政府大楼1～8层16家驻楼单位供暖设施集中清洗，确保政府办公大楼冬季取暖无障碍。

【会议服务】 2017年，规范会议预订流程，严格按照参会人数和规格确定会场，做到因地制宜，减少场地浪费。协调相关部门做好会场音响、灯光、空调等设备设施调试工作，提高会议服务质量。全年累计服务大小会议220场次，服务参会人员5813人(次)，实现各类会议筹办零失误。

【公务用车保障】 2017年，制定《公务用车服务平台车辆管理制度》《公务用车服务平台驾驶员管理制度》，公务用车实行统一集中管理，定点停放，定点维修，定点加油，定点投险。大型接待活动、会议用车统一调度安排，严格履行派车手续。全年出车1500次，实现安全零事故。

【公共机构节能工作】 2017年，在古峡广场开展节水宣传活动，向市民讲解有关节水、节能等知识，发放宣传资料2300份，组织全市82家单位完成节水型单位申报工作。协办全区公共机构节能新版能耗统计软件系统培训班，全市各单位公共机构节能人员约130人参加会议。督促指导全市176个单位公共机构做好能耗数据统计、汇总、复核、上报工作。

（王宝茹）

政协青铜峡市委员会

综 述

【凝聚共识】 2017年，政协青铜峡市委员会坚持以中国特色社会主义理论引领政协事业发展，把增进和凝聚共识作为思想政治建设的根本，通过党组、中心组理论学习，深入学习贯彻中共十九大精神及习近平治国理政新理念新思想新战略，加深对习近平新时代中国特色社会主义思想的认识；深入学习贯彻自治区第十二次党代会精神，增强委员履职主体意识、责任意识、担当意识，坚定维护习近平核心地位的思想自觉、政治自觉和行动自觉。贯彻落实中央、区、市党委关于进一步加强人民政协工作的新部署新要求，准确把握人民政协性质地位，切实把“懂政协、会协商、善议政”要求贯穿于政协履职全过程。发挥政协党组领导核心作用，定期召开党组会议研究部署工作，坚持重大问题、重大事项和重要会议向市委请示报告制度，把思想和行动统一到中央和区、市党委决策部署上来、贯彻落实到政协工作各个方面，确保政协工作正确方向。深入推进“两学一做”学习教育常态化制度化，党组成员带头讲党课、进行专题辅导、讨论交流等活动20场次，引导政协委员和各族各界人士增进对新时代中国特色社会主义的政治认同、思想认同、感情认同，增强不忘初心、牢记使命责任感，为全市经济社会发展凝聚强大合力。

【政治协商】 青铜峡市政协十一届一次会议期间，委员们围绕全市工业经济转型发展、服务业提档升级、现代农业质效双增、深化改革、依法治理、生态环保、保障改善民生等重大议题，提出关于加大招商引资力度、鼓励企业加大研发投入、实施品牌战略、打造黄河金岸旅游产业带、完善农村饮水管网改造、提升改造市民运动场所、解决停车难等意见建议118条。针对全市经济社会发展重大事项、重点工作和人民群众普遍关心的重大问题及提案办理等方面工作，开展专题协商，提出关于落实招商引资政策、扶持壮大本土企业、打造具有黄河文化特色休闲农家乐、发展壮大特色种植业养殖业等意见建议86条。市政协班子成员参与市委重大决策部署、重点工作安排，在事关全市经济社会发展和保障改善民生等重大决策前开展协商，提出意见建议；参与重大项目建设和重点工作督查、专题调研视察、脱贫攻坚、精准包抓企业等活动，围绕决策实施重要问题提出意见建议105条。

2017年2月14日，吴忠市政协主席孙瑛（左二）调研青铜峡市政协工作 （市政协办 刘杰提供）

【民主监督】 2017年，政协青铜峡市委员会把专项视察作为民主监督重要方式，围绕全市重点工业项目建设、酿酒葡萄产业发展、义务教育均衡发展、人民调解等工作开展专项视察活动，提出关于完善政策健全机制加快工业转型发展、探索集团化办学模式推动教育优质均衡发展、加强队伍建设提高人民调解员化解社会矛盾能力等意见建议。其中，《关于全市重点工业项目建设进展情况视察报告》引起市委、市人民政府高度重视，制定出台《关于促进工业经济平稳增长的意见》，为加快工业园区建设，推动一批大项目、好项目落户，促进工业经济转型升级起到积极推动作用。同时，把政协民主监督与党内监督、法律监督、行政监督和舆论监督工作有机结合，将监督触角延伸到党风政风行风建设各个方面，推荐47名委员担任民主监督员，参与行风评议、电视问政、执纪执法等活动，对政务环境、民生事业、行政执法等群众关心关注的热点问题从不同视角提出改进措施，履行监督职能，实现民主监督工作常态化。

【参政议政】 2017年，政协青铜峡市委员会围绕全市工业经济转型升级、文化产业发展、社会事业进步等课题深入调研，形成关于大力推动全市工业经济转型升级、文化遗产保护和利用、机关事业单位养老保险制度改革等调研报告，提出关于集聚人才技术推动酿酒产业创新发展、保护利用并重推动文化旅游融合发展、尽快解决部分未占编人员参保登记问题等意见建议。完善社情民意征集、报送、跟踪督办机制，广泛收集社情民意。全年收集社情民意54件，报送《社情民意》38期。《关于加强宁夏贺兰山东麓葡萄酒产区品牌保护的建议》《关于修建宁夏工委纪念碑的建议》得到自治区政府领导批示，并批转自治区相关部门办理；《关于加强清秀园基础设施建设的建议》《关于加强流动餐车管理的建议》等12期社情民意得到市委、市政府主要领导批示。

【突出主题】 2017年，政协青铜峡市委员会健全与各民主党派、人民团体、工商联和无党派人士走访联系制度，支持市政协各参与单位在民主监督中积极作为、列席政协常委会议，参加市政协组织的调研、视察等活动，为各党派团体参政议政搭建平台。协调做好民族团结创建工作，教育引导信教群众爱国爱教、和睦相处，发挥宗教场所团结信教群众、促进一方和谐重要作用。坚持重大节日走访慰问宗教界人士，与民族宗教界人士和信教群众沟通交流，增进思想共识，促进民族和睦、宗教和顺、社会和谐。

【提案办理】 青铜峡市政协十一届一次会议以来，收到提案157件，审查立案85件，提案办复率达100%。《关于加快国家全域旅游示范市创建工作的建议》《关于加大对酿酒葡萄产业发展扶持力度的建议》等提案得到落实，解决一批涉及经济社会发展、群众切身利益的热点难点问题。

【宣传交流】 2017年，政协青铜峡市委员会参与自治区、吴忠市政协调研视察活动，全年接待区内外政协来青考察、调研、学习30次；加强文史撰稿员队伍建设，开展文史资料的征集、整理、研究工作，聘请文史资料撰稿员40名，征集“三亲”史料32篇、《百年回族实录》史料23篇，撰写完成《青铜峡市政协改革史》。

【扶贫帮困】 2017年，政协青铜峡市委员会依托全市政协委员基层联系点，组织三级政协委员察民情、解民忧、纾民困，开展政策宣传、科技咨询、扶贫帮困、圆梦微心愿等活动47次，魏晓明、哈颜波、高金山等委员为3名患重特大疾病贫困户救助8万元，为109户困难群众送去价值5万元电视机、洗衣机、轮椅等生活用品。《华兴时报》对此进行专题报道。

（市政协办公室）

重要会议

【市政协十一届委员会第一次常委会议】 2017年3月23日召开。市政协主席王洋主持会议。副主席李玉梅、史君、马淑玲参加会议。会议传达学习全国政协十二届五次会议精神，讨论通过政协青铜峡市第十一届委员会常委会议事规则和各专委会工作通则。

【政协文史资料工作座谈会】 2017年5月18日召开。市政协副主席李玉梅主持会议。会议全文传达学习了《自治区政协主席齐同生同志在自治区文史专员聘任仪式暨文史工作座谈会上的讲话》，安排部署了市政协征集出版《青铜峡文史资料》第八辑工作，宣读了《关于聘请吴怀章等人为青铜峡市第八辑文史资料撰稿人的决定》，向部分撰稿人颁发聘书；应邀参加座谈会的各位委员和撰稿人围绕做好《青铜峡文史资料》第八辑征稿工作发表了意见建议。

【市政协十一届委员会第二次常委会议】 2017年7月14日召开。市政协主席王洋主持会议。副主席李玉梅、史君、马淑玲参加会议。市委常委、副市长杨春燕应邀参加会议。会前，与会人员深入宁夏新希望反刍动物营养食品有限公司年产20万吨反刍饲料加工项目、“印象黄河·彩虹之上”青铜峡旅游景观标识建设项目、青铜峡市残疾人康复中心建设项目、宁夏金昱元化工集团有限公司、宁夏锦绣集团轻合金循环经济产业园、恒辉牧业肉驴养殖场、宁夏盛隆达煤炭物流园区等地，通过实地视察，详细了解上半年全市经济社会发展情况和各项目进展情况。随后召开座谈会，市人民政府通报了2017年上半年全市经济社会发展情况。

2017年3月23日，市政协十一届一次常委会

（市政协办公室 刘杰提供）

【市政协十一届委员会第三次常委会议】 2017年10月20日召开。市政协主席王洋主持会议。副主席李玉梅、史君、马淑玲参加会议。副市长马玉清应邀参加会议。会前，与会人员深入怡心园小微游园改造项目、“三馆一厅” 建设项目、“印象黄河·彩虹之上”旅游景观标识建设项目、市职业教育中心学生餐厅改扩建项目、青秀园健身步道建设项目及文化艺术长廊等项目建设现场，通过实地视察、听取汇报、协商座谈等方式，了解政协提案办理情况。随后，召开集中会议。会上，会议听取了提案委员会十一届一次会议以来提案督办情况汇报，市人民政府通报了市政协十一届一次会议以来提案办理情况；审议通过了关于辞去侯新等6人市政协十一届委员会委员资格和撤销胡湘宁市政协十一届委员会委员资格决议。

【市政协机关事业单位养老保险制度改革工作调研座谈会】 2017年9月12日，市政协通过听取工作汇报、座谈交流形式，对机关事业单位养老保险制度改革工作进行调研，并召开座谈会。市政协副主席李玉梅及部分政协委员参加会议。副市长杨红英及有关部门、单位主要负责人、相关人员应邀参加调研座谈会。会议听取了市人力资源和社会保障局关于全市机关事业单位养老保险制度改革工作情况汇报，市编办关于全市机关事业单位人员编制基本情况及参保人员编制落实情况汇报，市财政局关于全市养老保险制度改革中财政资金保障情况汇报，市公安局、裕民街道办、农牧和科学技术局关于本部门、单位人员编制社会保险参保情况、存在问题及建议的汇报，政协委员就机关事业单位养老保险制度改革工作存在的问题、意见建议进行专门讨论。

【市政协十一届委员会第四次常委会议】 2017年12月16日召开。市政协主席王洋主持会议。副主席李玉梅、史君、马淑玲参加会议。会议审定了市政协十一届二次会议会务材料、十一届政协常委会工作报告、十一届政协提案工作报告，审议通过《政协青铜峡市委员会民主评议部门工作暂行办法》，协商通过市政协十一届委员会增补常委、委员的情况汇报。

【市政协青铜峡市第十一届委员会第二次会议】 2017年12月20—22日召开。153名委员参加会议。市政协副主席李玉梅主持会议。会议听取了市政协主席王洋向大会所作的常委会工作报告，副主席马淑玲所作政协提案工作报告；列席青铜峡市第十五届人民代表大会第二次会议，听取并讨论政府工作报告及其他报告。审议通过《青铜峡市政协2018年协商工作计划》《政协青铜峡市第十一届委员会第二次会议决议》；审议政协青铜峡市第十一届委员会第二次会议提案审查情况；增选丁澜进、朱志刚、李丽华、李国军、沙萍、范永华、赵波、赵文学、徐怀俊为政协青铜峡市第十一届委员会常务委员。

【市政协十一届委员会第五次常委会议】 2017年12月23日召开。市政协主席王洋主持会议。副主席李玉梅、史君、马淑玲参加会议。会议听取了市政协十一届二次会议各小组讨论情况的汇报；审议了市政协十一届二次会议决议；审议了市政协2018年协商计划；听取了选举办法、侯选常委名单。

（邢　斌）

视察调研

【全市重点工业项目建设情况视察】 2017年3月10日，由市政协主席、党组书记王洋带队，组织经济界部分委员组成视察组，在副市长张克文，市政协副主席李玉梅、史君、马淑玲陪同下，先后深入宁夏兴豆缘清真豆制品有限公司、宁夏新希望反刍动物营养食品有限公司年产20吨反刍饲料加工项目基地、宁夏杭萧实业有限公司二期项目基地、宁夏可可美生物工程有限公司、宁夏苏能节能科技有限公司节能洁净燃烧装备生产项目基地、宁夏锦绣集团有限公司轻合金循环经济产业项目基地等，进行实地查看和听取汇报，全面了解重点工业项目建设进展情况、相关部门服务企业情况等，并就存在的问题提出意见和建议。市工业信息化和商务局、经济技术合作局负责人及其各委室主任参加视察。

【全市义务教育均衡发展情况视察】 2017年4月12日，由市政协主席、党组书记王洋带队，组织教科文卫体界部分委员组成视察组，在副市长闫培华，市政协副主席李玉梅、史君、马淑玲，秘书长贾志中陪同下，先后对邵岗镇甘城子中心学校、第五小学、第七中学，通过听汇报、实地查看、召开座谈会，详细了解全市义务教育均衡发展总体状况及学校布局、教育经费投入、教师队伍建设、教育教学管理等方面情况，并就全市义务教育均衡发展存在问题提出意见和建议。

【全市清真食品管理工作视察】 2017 年 4 月 20 日，由市政协主席、党组书记王洋带队，组织部分政协常委、委员组成视察组，在市委常委、副市长王飞，市政协副主席李玉梅陪同下，先后深入国贸商场、宁夏顺宝清真食品有限公司、叶盛镇富汇龙门农家乐、青铜峡市明珠圆清真食品乳业有限责任公司，通过实地查看、听取汇报的方式，全面了解了全市清真食品管理工作情况。在随后的召开的座谈会上，视察组听取了市民族宗教事务局和市场监管局负责人对全市清真食品管理工作情况汇报，并交流探讨规范清真食品市场重点、难点和方向。

【十一届一次会议提案办理情况督查】 2017 年 5 月 24—25 日，市政协组织各委室主任会同市政府办公室对全市政协提案办理工作进行督查，市政协副主席李玉梅、史君、马淑玲参加督查。督查组采用实地查看、听取汇报、查阅资料、询问、集中座谈督办、一对一到各承办单位督查等形式，先后深入市民政局、住房和城乡建设局、旅游局、工业信息化和商务局、文化体育广电局、叶盛镇、“印象黄河　彩虹之上”旅游景观标示牌施工现场等地，听取相关单位关于提案办理情况汇报，详细了解提案办理进度、当前存在问题及下一步打算，并就进一步提高提案办理质量进行交流座谈。

2017 年 4 月 12 日，市政协主席王洋（左二）视察全市义务教育均衡发展情况　（市政协办公室　刘杰提供）

【全市文化遗产保护和利用工作情况视察】 2017 年 6 月 12 日，由市政协副主席马淑玲带队，组织部分政协委员组成视察组，先后深入市第三小学、唐正闸、鸽子山遗址，通过实地察看，听取汇报方式，全面了解全市文化遗产保护和利用工作现状。在随后召开的座谈会上，市文化体育广电局负责人汇报了全市文化遗产保护和利用工作情况，政协委员们就推进全市文化遗产保护和利用工作的提出意见和建议。副市长王飞应邀参加视察，市文化体育广电局、文物所负责人参加视察。

【全市工业转型升级情况调研】 2017 年 6 月 15 日，由市政协副主席史君带队，组织经济界部分委员组成调研组，先后深入宁夏塞上阳光有限公司产品升级换代项目、汇高科技有限公司全自动智能装备生产线及控制系统项目、宁夏菲斯克汽车轮毂轴承有限公司生产项目、宁夏锦绣集团有限公司轻合金循环经济产业园项目、宁夏京成天宝饲料添加剂有限公司生产项目、宁夏天达环保股份有限公司生产项目等地，就全市工业转型升级基本情况、存在问题，以及加快推进工业转型升级力度、转变经济发展方式的意见建议进行全面了解。座谈会上，市工业信息化和商务局、市农牧和科学技术局就全市工业转型升级情况进行汇报。委员们结合汇报内容和调研实际，围绕工业转型升级现状，从政策支持、企业产业结构调整等方面建言献策。副市长马玉清应邀参加调研，市政协主席、党组书记王洋参加座谈。

【全市人民调解工作视察】 2017年7月19日，由市政协副主席李玉梅带队，组织部分委员组成视察组，采取实地查看、听取工作汇报、座谈交流形式，先后深入裕民街道怡园社区调委会、大坝镇利民村调委会、小坝司法所、黄河生态园调委会、人事劳动争议纠纷调委会等地，采取查阅人民调解档案和台账资料、听取各视察点工作汇报的方式，全面了解人民调解工作开展情况、专业性行业性人民调解组织建设、人民调解员聘用任用、大调解机制运行、人民调解“四张网络”建设、调解委员会和司法所软硬件建设情况及人员配置、工作成效、人民调解工作问题和困难。座谈会上，市司法局汇报了全市人民调解工作开展情况，市人力资源和社会保障局汇报了全市劳资纠纷调解工作情况，与会人员分别从进一步加大调解工作宣传力度、加强调解员队伍建设、经费保障等方面提出意见建议。副市长杨红英应邀参加视察，市政协主席、党组书记王洋参加座谈讨论。

【全市酿酒葡萄产业发展情况调研】 2017年8月25日，由市政协副主席史君带队，组织经济界部分委员组成调研组，先后深入到贺兰山中法葡萄酒酒庄集群示范区项目现场、宁夏玉鸽酒庄、御马国际葡萄酒业（宁夏）有限公司、宁夏甘土酒业基地，详细了解酿酒葡萄产业发展情况。在座谈会上，政协委员们围绕打造酿酒葡萄产业链建设、提升葡萄酒知名度提出意见和建议。副市长张克文、市林业局负责人及政协相关委室主任参加调研，市政协主席、党组书记王洋参加座谈会。

【全市机关事业单位养老保险制度改革工作调研】 2017年9月12日，由市政协副主席李玉梅带队，组织部分委员组成调研组，采取听取工作汇报、座谈交流的形式，详细了解全市机关事业单位养老保险制度改革、全市机关事业单位人员、编制的基本情况及参保人员的编制落实、养老保险基金收支等情况。座谈会上，听取了市人力资源和社会保障局关于全市机关事业单位养老保险制度改革工作情况的汇报、市编办关于全市机关事业单位人员编制基本情况及参保人员编制落实情况的汇报、市财政局关于全市养老保险制度改革中财政资金保障情况的汇报、市公安局、裕民街道办、农牧和科学技术局关于各单位人员编制社会保险参保情况，存在的问题及建议的汇报。政协委员们就机关事业单位养老保险制度改革工作及存在的问题进行了讨论。副市长杨红英及有关部门、单位主要负责人、相关人员应邀参加调研座谈会。

（邢　斌）

军 事

编辑◎乔才山

青铜峡市人民武装部

【思想建设】 2017年，落实吴忠军分区理论学习和政治教育制度，狠抓习近平系列重要讲话特别是“军事篇”“国防动员篇”“改革兴军篇”等内容学习，突出抓好“7·26”“7·30”沙场阅兵、庆祝建军90周年大会讲话和中共十九大精神等内容学习贯彻，先后6次观看辅导录像。通过开展谈心交心、沟通联系、培训帮带、帮难解困、心理服务、检查讲评等形式，准确掌握干部职工思想心理状况，疏导解决问题矛盾，确保个人思想稳定、单位团结和谐。结合庆祝建军90周年，开展“改革强军风采”系列文化活动，激励官兵士气。

【政治教育】 2017年，在制定计划、购买学习资料、组织再动员、严明教育纪律等充分准备基础上，开展“维护核心、听从指挥”主题教育，推进“两学一做”学习教育常态化制度化，强化干部职工“四个意识”“四个自信”。青铜峡市学习教育活动得到宁夏军区通报表扬。

【党委工作】 2017年，坚持用习近平系列重要讲话精神武装头脑、强化班子成员“四个意识”、自觉维护中央权威、维护核心、贯彻军委主席负责制思想，加强民主集中制建设，组织班子成员学习民主集中制理论，强化集体领导、民主决策观念。坚持重大问题集体研究决策，充分发扬民主，不搞个人说了算，调动班子成员参与集体领导积极性。组织党员干部积极参加上级反腐倡廉“每季一课”教育，观看《以抓铁有痕、踏石留印的决心推进全面从严治党》《增强“四个意识”，争做合格党员》等辅导视频，帮助大家从思想根子上正本清源、筑牢防线。坚持把上级关于作风建设方面违规违纪问题通报作为开展警示教育教材，传达学习违规违纪通报20份，观看《作风建设永远在路上》《巡视利剑》《忏悔录》等警示教育片，引导大家知敬畏、存戒惧，在检视内省中受警醒、受教育，增强“不敢腐”意识和落实中央八项规定精神自觉性，彻底肃清郭伯雄、徐才厚流毒影响，持续打好思想清理和组织清理两场硬仗。以深入学习领会中共十八届六中全会精神为主题，围绕“三对照三查纠”，召开党委专题民主生活会，从严从实拷问灵魂、砥砺作风，培塑党员干部模范形象。

【队伍管理】 2017年，加强干部队伍日常管理，狠抓请销假、请示报告和一日生活等制度落实。结合政治教育、每周交班会，抓好干部经常性思想教育及讲评工作落实情况，表扬先进，激发工作积极性。加大专武干部队伍教育培养力度,2 月 20—3 月 1 日，组织全市专武干部进行以政策法规、军事理论及业务常识学习、单个军人队列动作、“四会”教学(会讲、会做、会教、会做思想工作)、手榴弹使用及轻武器操作为内容的封闭式训练,提高专武干部及民兵骨干业务素质和组训能力,采取“听、查、看、测、考”方式,围绕“德、能、勤、绩、体”五个方面对专武干部进行考核,强化基层武装干部责任意识,营造创先争优氛围。

【基层建设】 2017 年，针对基层武装工作质量参差不齐、个别乡镇武装部建设水平较低等问题，贯彻落实军区《军分区人武部正规化建设标准和考评细则》,强力推进基层正规化建设，建立挂钩帮建制度，加强对基层武装部面对面指导。按照三年一个轮回,抓好小坝镇、青铜峡镇武装部正规化建设，统一规范软硬件建设内容和标准，组织开展巡回观摩活动。制定基层武装部效能目标管理考核细则,11 月下旬,对基层武装部年度工作落实情况进行全面考核。

【机关训练】 2017 年，落实每月 1 次党委议训制度，采取集中辅导、个人自学等方法,抓实首长机关军事理论、识图用图、航空判读、装备管理知识和体能等学习训练。着眼提高专武干部和民兵骨干组训任教育能力，年初组织武装专干和民兵骨干封闭式训练 10 天，集训做法被吴忠军分区转发。结合迎接上级检查考核,6 次组织民兵应急分队进行“反恐维稳和抗洪演练”行动,累计训练 23 天。6 月 10 日,协调市旅游局游艇所，组织抗洪防凌分队水上救援分队进行为期 5 天冲锋舟操作和水上救援训练。11 月 27 日,市应急维稳分队代表吴忠军分区参加宁夏军区“军事斗争准备检验评估考核”,参考 12 项课目,夺得 5 个单项第一,总评成绩优良。

【战备工作】 2017 年，坚持把战备工作作为重点工作紧抓不放,严格执行《战备工作条例》,结合重大节日、敏感时期抓经常性战备形势和职能任务教育，强化干部职工战备意识。落实首长值班和作战值班等制度，修订完善应急方案,确保配套、实用。按照“应急队伍、支援队伍、储备队伍”三种类型,和“起作用、有作为”要求,结合民兵整组,调整情报信息领导小组和情报信息员队伍,健全完善民兵信息网。

【征兵工作】 2017 年 7 月 27 日，召开市征兵工作会议，安排部署征兵工作任务。通过设置宣传拱门 3 个、大型户外音响设备 1 套,制作宣传展板 40 块,设立征兵宣传、咨询、报名点 9 个,印制征兵宣传彩页(宣传单)2 万份,悬挂宣传横幅 100 幅等,营造浓厚氛围,激发适龄青年履行兵役义务积极性。从 7 月 28 日开始,集中 3 天时间对全市人武、专武干部进行以《征兵工作条例》《中华人民共和国兵役法》和廉洁征兵有关规定为主要内容的培训。8 月 11 日,集中 26 名体检医生,学习征兵政策法规、《应征公民体格检查办法》和《应征公民体格检查办法补充规定》。8 月 17 日,组织政治审查领导小组人员学习培训。征兵工作坚持“五公开、五公示”,落实廉洁征兵“零报告”和监督员制度,严把体检、政审关。

【安全管理】 2017 年,结合“学、训、整”活动,组织全体人员学习条令条例、《安全工作条例》和《预防犯罪工作条例》等内容,增强干部职工条令法规意识。树立依规依纪严格管理的鲜明导向,先后 3 次组织队列会操和军容风纪检查。坚持从一日生活制度严起,从点滴养成抓起，从日常行为规范管起,从严从细正规“四个秩序”(规范战备秩序，规范训练秩序，规范工作秩序，规范生活秩序)，提高人武部法制化建设水平。针对年后个别干部职工军便服混穿现象，及时进行整治和规范，先后5次对机关办公秩序、作战值班情况进行检查讲评。落实安全管理制度，每季度组织召开安全形势分析会，分析研判形势，制定对策措施。按照军委国防动员部《安全管理检查考评暂行细则》《国防动员系统安全大检查情况通报》，开展安全大检查，逐项对照查找问题，整改问题隐患，形成人人讲安全、人人抓安全。组织开展“百日安全活动”，紧盯重大节日和敏感时期，常态开展安全检查，发现和纠治隐患苗头，守住安全底线。

2017 年 9 月 8 日，海原县考察组到青铜峡市考察双拥工作

（青铜峡镇　侯雪媛提供）

【双拥共建】　2017 年，按照市委统一部署，采取走访慰问、思想引导、技能培训、介绍务工、扶持养殖等方式，巩固深化精准扶贫成果。在 2016 年帮助 10 户扶贫对象中 4 户脱贫基础上，2017 年投资 5 万元对 10 户扶贫对象进行养殖帮扶，帮扶对象每户年均增收 960 元，促使剩余 6 户扶贫对象实现脱贫目标。同时，为同兴村小学购置 5000 元体育器材，2 名团职干部分别对 2 户帮扶对象子女资助 1000 元。牢固树立驻宁夏、爱宁夏、建宁夏思想，投身驻地生态文明建设，组织干部职工和民兵预备役人员多次参加植树造林活动，植树 1 万株。开展“四进一升”军寺共建促和谐活动，协调指导基层武装部确立共建对象，定期入寺宣传中共十九大、自治区十二次党代会精神及党的路线方针政策，重大节日开展走访慰问，纳入共建范围 20 座清真寺坚持常态升国旗。小坝镇新林清真寺被评为吴忠市级“和谐寺观教堂”和“民族团结示范点”。协调地方党委政府落实转业安置、优抚待遇、随军就业、子女入学等政策规定，走访移防部队，跟进解决官兵入厕、用水用电等实际困难，帮助青铜峡镇通信连硬化篮球场。

【后勤保障】　2017 年，围绕精准高效抓服务保障，着眼急时应急，依据遂行多样化军事任务行动方案，修订完善后勤战备方案和协调保障计划，购置补充后勤战备给养器材，组织应急分队进行野外生活保障训练。落实武装库管理制度，定期组织武器检查、保养和库室卫生整治，开展枪弹专项清查工作，签订枪弹零持有承诺书 11 份。贯彻军委国防动员部《关于厉行节约、严格经费管理实施细则》，落实党委理财、联审会签、大宗物资集中采购制度，确保经费使用严格正规。加强营房设施建设，先后投资 1 万元，对营院和门窗、暖气罩破损部分进行维修。协调市政府分别投资 14 万元和 30 万元，修建运输车库，整修干部职工食堂和供暖系统。

【国防动员】　2017 年，落实党管武装制度，组织召开市人民武装工作会议和各镇（街道）党管武装述职会，协调市委将党管武装理论和国防法规知识纳入党委中心组学习、党校干部培训内容范围，利用国防教育基地、军寺共建等平台、文艺演出、升国旗、八一军事日等活动和仪式开展国防教育。邀请国防大学王建华教授为全市副科以上干部作国防形势报告。指导市交通战备办公室和交警队完成4支换防部队13批次道路保障任务。

（陈　铎）

武警青铜峡中队

【概况】 2017年，武警青铜峡中队按照“政治思想强、军事技术强、作风纪律严、完成任务好”要求，围绕《军队基层建设纲要》统筹部队建设，以推进两大主题教育为牵引，以实现强军目标和助力全面建设过硬一流中队为目标，以学习促行动、以党建带团建、以行动促发展，中队秩序正规、管理严格、发展平稳。年内，1名战士入学士官院校，2名团员入党，1名青年入团，6名战士参加各类培训，3名上等兵转改士官。

【主题教育】 2017年，以推进“两学一做”教育常态化制度化为抓手，把学习贯彻习近平重要讲话精神和中共十九大精神作为部队思想政治建设头等大事，坚持做到真学、真用、真信，固强党员理论基础、思想根基与思维层次。活动坚持将主题教育与遂行多样化任务结合起来、与部队经常性基础性工作结合起来，依托宁夏武警APP、微信公众号、综合信息网等渠道和“四个半小时”载体，采取组织官兵参与一次大课辅导、两个小课串讲、主题演讲、向党旗军旗宣誓等形式，抓实“维护核心、听从指挥”主题教育，开展“我讲党史军史一件事”“讲好故事背后的故事”及“投身改革强军实践，争做‘四有’革命军人”活动，运用经常教育常态抓、思想疙瘩跟进解、心中疑惑大家解办法，把握“思想调查、课堂讲授、讨论消化、谈心互助”四个环节，摸清官兵思想底数，找准思想教育“靶心”，引导官兵增强政治担当，持续筑牢听党话跟党走思想根基。

【执勤工作】 2017年，学习贯彻“湖北会议”精神，对照执勤正规化等级评定标准，探索运用中队主官跟班检查“查控法”、勤务值班员“四全”盯守“督导法”、网络查勤员全面覆盖“监控法”、每日回放执勤录像“调阅法”、严格哨兵奖惩“激励法”，规范日常勤务运行。以“学规范、查隐患、找问题、补漏洞”为目标，开展执勤安全隐患大排查大整治活动，落实支部每月、班每周议勤制度，总结经验，查摆问题，补救措施，解决安全漏洞，提升执勤安全系数。将“三员一兵”（作战勤务值班员、领班员、网络查勤员、执勤哨兵）评比与“双争活动”（争创先进单位、争当优秀士兵）相挂钩，表彰奖励优秀哨兵，落实执勤工作一票否决制，提高官兵执勤核心意识。同时，结合执勤任务特点，抓好专勤专训与经常性训练，做到勤训结合、训用一致，达到作战勤务值班规范、领班员领班秩序规范、哨兵执勤动作规范要求，提升单兵执勤能力。针对吴忠市多个看守所并入目标单位、执勤安全风险加大实际，按照“真、难、严、实”要求，突破传统组训模式，运用干部查哨“随机训”、方案演练“专题训”、哨兵互通“随时训”三种方法，提高哨兵及应急力量快速机动、专业施救和综合保障三种能力。围绕完成执勤处突中心任务，常态保持“两个不经、一个保持”战备水平，完善出动预案、规范出动流程、购齐便携配装，不定时开展以处突、反恐、抢险为背景的拉动演练，保持箭在弦上、引而待发的高度戒备态势。年内，完成春节、全国“两会”、“一带一路”高峰论坛、穆斯林斋月、中阿博览会环宁安保圈设卡、十九大安保警戒设卡等战备执勤任务。

【军事训练】 2017年，按照军事训练“八落实”(人员、内容、时间、质量、弹药、摩托小时、教练员、场地)要求，以士官集训、总队“四会”(会讲、会做、会教、会做思想工作)教练员评比为契机，制定中队教学预案，强化士官教练员帮带，教学实践注重运用“郭兴福式”教学法，提升教练员任课水平与训练质量，在年底总队“四会”教练员评比中，中队长和副中队长取得较好成绩。坚持支部、班级议训制度，根据支队训练计划，科学制定周工作安排表，按照先单个后整体、先分练后合练、由基础到应用、由技术到战术、先单兵后分队原则，用好比武和对抗“两个杠杆”，推动训练水平提高。开展“比学赶帮超”活动，注重运用奖励激励手段，通过选送技术学兵、转改士官、评先评优、入党考核名额向训练尖子倾斜等方式，激发官兵训练热情。同时，结合安全工作八个规范（安全教育、安全训练、安全组织、安全制度、安全环境、安全设施、安全活动、安全责任)要求，严把预防关，训练前注重检查训练场地、器材与活动身体，训练中注重保护防护，训练后注重放松身体，并根据天气情况适时调整训练时间与内容。每月进行训练安全形势分析，研究查找安全隐患，杜绝训练事故发生。

【安全防范】 2017年，学习贯彻条令条例，采取广播、板报、理论抽问、知识竞赛等方法，促使官兵熟记重点内容，增强学条令、用条令、守条令意识，将各级各类人员职责变成具体工作细化到人，大到执勤训练、教育管理，小到门窗玻璃、电灯开关，做到人人有事干、事事有人管。将人车枪弹酒、水火电毒密和内外关系、预防激情犯罪作为重点，开展“安全警句人人说、安全法规人人记、安全常识人人学、安全隐患人人找”群众性创安活动，每日坚持做到“四个一遍”，即早晨开饭前提醒一遍，操课训练前检查一遍，工作部署前强调一遍，熄灯就寝前讲评一遍，实现“苗头展露”有人察、“特殊时段”有人管、“问题解决”有人担。同时，坚持“严格管理、耐心说服、教育引导、启动自觉”十六字方针，做好一人一事思想工作，设立“连心箱”开门纳谏，开展谈心广开言路，组织文体活动减压释负，引导官兵以队为家，安心稳心。

【后勤保障】 2017年，将后勤专业纳入周工作计划表统筹安排，开展常态化后勤岗位练兵活动，强化公勤人员服务意识、自律意识和形象意识，教育引导后勤班炊事员当好普通一兵、立足本职搞好后勤保障。年内，一名种养殖员和炊事员参加总队培训。强化部队经费管理，落实双主官联签制度，坚持每月由经委会清查账目，实行账务公开。遵从《武警部队伙食管理规定》和《伙食规范化管理考评标准》，按照“1126、6211”组伙模式搭配饮食，确保官兵满意。制定年度农副业生产计划，聘请专业技术人员指导生产，种植大田蔬菜和温棚蔬菜，养殖各类家禽350只，丰富官兵“菜篮子”。争取地方政府经费6万元，栽植各类果树60株、灌木花卉近万株，绿化、美化营区环境。

（樊 瑛）

消防救援

【概况】 2017年，全市消防救援工作以冬春火灾防控、夏季消防安全大检查、高层建筑专项治理为重点，高标准完成黄河金岸马拉松消防安保、中共十九大消防安保等工作任务，全年接警出动240次，出动车辆611次、人员4217人次，抢救人员39人，疏散人员697人，挽回人民财产328.9万元。

【思想政治建设】 2017年，把“建设过硬的领导班子、带过硬的业务队伍”作为硬性任务紧抓不放，发挥“五微”党建工作法和“五星”党员管理办法作用，抓好每周专题教育，深入开展“维护核心、听从指挥”“喜迎十九大、忠诚保平安”主题教育及中共十九大精神专题学习教育等活动，思想政治教育应知应会知识熟悉率达到95%以上；抓好党报党刊和消防行业报刊杂志入(科)室入战斗班，入班率达到100%。强化班子成员各项规章制度、条令条例和习近平重要讲话精髓学习领会，引导官兵树立正确人生观、价值观及道德观，增强官兵党性修养。定期分析队伍管理形势，掌握官兵思想动态，通过谈心谈话解决现实困难和思想顾虑，筑牢干事创业氛围。

【作风纪律建设】 2017年，以执行部队条例条令作为日常管理切入点，结合半年、全年廉政建设形势分析会开展廉政风险分析排查2次，定期组织官兵观看廉政建设片《永远在路上》和警示教育专题片等，坚决贯彻落实中央“八项规定”、公安部“三项纪律”“五条禁令”等有关规定，严守财经纪律，切实用制度来约束人、管理人，杜绝消防执法不规范、不公正、不廉洁行为。开展安全教育，落实安全责任，成立安全领导小组，班确立安全员，并与班长、驾驶员签订驾驶员安全行驶承诺书，严防各类事故、案件和违纪问题发生。重点抓好车辆安全管理，杜绝非灭火用车，车辆外出灭火、执勤、加水加油必须由干部带领，负责往返途中安全，严防车辆事故发生。部队管理“四个秩序”正规，无亡人责任事故、无刑事案件、无自杀事件、无酒驾、无严重违纪事件。

2017年11月9日，青铜峡市开展消防宣传月活动
（市消防中队　魏杉提供）

【消防安全责任落实】 2017年，建立“党政同责、一岗双责、失职追责”消防安全责任体系，提请市政府召开消防工作会议，分析评估研判消防安全形势。全年组织召开夏季消防安全检查、电气火灾防控以及中共十九大消防安全保卫等动员部署会议10次。推进消防安全委员会实体化运行，协调指导各行业、部门开展消防安

全专项治理，重点单位落实消防安全“户籍化”“标识化”管理、“六加一”措施和消防设施定期维护保养制度，重点单位“四个能力”建设管理全部达标。做好消防安全网格化管理系统与社会综合治理工作平台对接工作，推动、指导乡镇（街道）建立完善消防安全组织。年内，80%的乡镇（街道）消防安全网格实现规范化管理，60%的社区达到消防安全标准。开展夏季消防检查、冬春火灾防控、创建消防安全社区及电气火灾防范专项整治。先后10次与相关部门联合对旅游景区、清真寺、易燃易爆场所、城乡结合部等开展检查。全年检查单位2770家次，发现隐患或违法行为2362处，督促整改2323处，下发整改通知书1333份，处罚单位97家，临时查封单位15家，“三停”（停产停业、停止施工、停止使用）单位10家，罚款38.37万元，拘留10人。

【消防产品专项督查】 2017年，会同市场监管部门开展强制性认证消防产品监督检查及使用领域消防产品监督抽查，实现消防产品违法案件查处率、网上录入率、抽样送检率100%，市场监管和认证机构函告率100%，案卷执法质量达标率100%。

【消防科技信息化建设】 2017年，配齐配强通信岗位人员，升级4G单兵图传、高清摄像机、三脚架等设备；做好信息化设备日常运维保障工作，营区监控、视频会议、查铺查哨等系统完好率100%；开展应急通信训练，每周定时组织开展通信操法、重点单位通信测试，每月最后一周组织开展应急通信拉动演练，按照“高层、地下、大跨度、化工”场所界定标准配备应急通信测试演练视频资料。

【公共消防设施建设】 2017年，落实全国重点镇消防专项规划，100%建制镇编制完成消防专项规划或消防专篇，并纳入本地空间战略发展规划体系。会同市政服务中心开展市政消火栓普查，新增市政消火栓26个，建有率和完好率分别达到100%和98%。推动独立式感烟火灾探测报警器安装和简易喷淋安装工作。年内，新增安装独立式感烟火灾探测报警器283个，安装简易喷淋设备70套。

【微型消防站建设】 2017年，按照《微型消防站建设和管理标准》，推动消防安全重点单位和街道社区全部建成微型消防站，消防安全重点单位和60%的街道社区微型消防站达到建设管理标准。完善区域联防协作机制，分地区、行业、业态加快消防安全区域建设，所有重点单位微型消防站加入联防协作组织。组织全市46家微型消防站开展比武竞赛，强化“三知四会一联通”工作能力。在名峡人家住宅小区召开消防安全社区创建现场会。

【消防执法规范化建设】 2017年，应用移动执法终端和执法记录仪，推进网上执法办案和执法过程、结果公开。查、改、罚、停、拘、判六项执法数据平稳上升，执法质量达标率达到100%。无违法违规执法情况，无行政复议变更或者撤销案件及行政诉讼败诉案件。

【岗位练兵】 2017年，落实《吴忠市消防支队2017年执勤岗位练兵暨比武竞赛活动方案》，坚持按纲施训、全员参训，开展执勤岗位练兵活动，做到灭火救援岗位士兵职业技能鉴定考核通过率不低于90%，军人体型标准达标率不低于90%，基础体能合格率不低于90%。开展《执勤战斗条令》和《灭火救援业务训练与考核大纲》“学习月”活动，制定重点场所、区域灭火救援预案和安保方案，建立与辖区专职消防队、微型消防站联勤联训机制。依托辖区废旧厂房、建筑，开展实战化真烟、真火训练，深入辖区人员密集、易燃易爆场所和高层、地下建筑等开展实战演练110次。参加支队公安现役和多种形式消防队伍比武竞赛活动,中队干部通过指挥能力考评,大、中队预案制定率达到60%,审订率和系统录入率达到100%。年内,组织对微型消防站队员开展培训2次,开展联合演练2次。

【消防宣传】 2017年,采取政府购买公共服务方式,改进消防宣传教育活动,推行消防宣传服务外包。将消防安全纳入市委党校培训内容,推动60%以上中小学校落实消防教育课程、师资、教材,全年实施公益消防培训12000人;消防控制室操作人员持证上岗率达到100%。构建常态化消防宣传工作格局,利用微信、短信及时发布消防安全知识,在中央主流媒体发稿3条,微信关注人数增至5180人。定期开放消防站,在LED显示屏、古峡广场大屏幕、楼宇电视和KTV点歌屏幕上滚动播出消防提示字幕和消防安全动漫1000条。全年组织开展各类宣传培训87次,发放资料5000份,受众达3万人。会同团市委组织消防志愿者服务队深入农村、社区和企业开展消防志愿活动10次,评选消防宣传教育示范社区和社区消防宣传大使。

【警营文化建设】 2017年,围绕"快乐工作、快乐生活"目标,加强警营文化建设,建成三合一LED液晶数字荧屏红门影院、标准化电子阅览室、部队荣誉室。联系市图书馆引进电子图书借阅机,按照干部每人1台、战士每2人1台标准配备电脑。开展文艺创演等群众性活动,编排鼓舞《荣耀之光》,参与支队建军90周年文艺演出获好评。

【后勤装备建设】 2017年,争取市财政划拨业务经费310万元(190万元消防业务经费、120万元政府专职消防员及文员经费),根据总队装备统型工作方案,完成中队装备统型工作,按要求装备维护员(装备技师)。投资14万元,改造绿化营区;投资3万余元,建设大屏幕红门影院。

(魏 杉)

人民防空

【概况】 2017年,全市人防工作以军事斗争人防应急准备为主线,以宣传贯彻《中华人民共和国人民防空法》、提升城市防御能力为重点,创新工作思路,全面完成各项目标任务。年内,续建人防工程开工面积2000平方米,收缴人防易地建设费938587.20元;开展人防进社区、进校园和人防宣传工作,新增人防进社区2个、人防进校园1个。

【宣传教育】 2017年,利用全国第九个防灾减灾日(5月6—12日)、国防教育宣传周和"9·15"警报试鸣日等活动,开展人防进社区、校园活动,会同消防、地震等单位深入市第七中学、高级中学开展国防教育、防空防灾科普宣传活动,发放宣传册2500册,向学校捐赠《应急救灾宣传手册》5000册。同时,制作宣传展板,走进广场、社区、重要经济目标单位,宣传人防法规和防空减灾知识,增强人民群众防空防灾意识。

【社区人防工作】 2017年,选择2个社区,建立人防工作站,树立工作样板。裕民街道8个社区全部建立人防工作站,实现人防进社区全覆盖。

【警报鸣放和防空防灾应急疏散演练】 2017年,4月,利用一周时间,对警报器进行检查、保养和测试,升级改造老化线路,确保全市防空警报处于良好工作状态。5月12日，配合全市防灾减灾活动鸣放警报，会同市地震、消防部门指导、组织市第七中学师生开展应急疏散演练。

【通信电台联络与管理】 2017年，协同自治区、吴忠市、中卫市人防办移动指挥车，分别在吴忠、青铜峡境内进行通信互通演练，查找通信互通中存在问题，为战时应急做准备。严格电台值班管理制度，做到责任到人、专人管理、按规程操作，确保电台与区人防办通信畅通，值班记录真实、准确、完整。

【经济目标普查】 2017年7月，组织开展全市重点经济目标单位目标分类、防护分级普查，明确经济目标单位等级标准，建立重点经济目标单位信息档案，指导重点经济目标防护单位完善防空防灾应急预案。

【人防工程建设】 2017年，按照"以建为主，以收促建"原则，对"结建"工程坚持在市政务大厅人防工程联审联批，严格审批程序，按照工作流程，提供报建、审批、办结一站式服务。凡属不能建的做好"结建"费收缴工作，变事后管理为事前审查。年内完成云天华府小区人防工程续建验收工作。

【易地建设费收缴】 2017年，核查全市民用建筑，依法追缴建设单位所欠易地建设费，对43家建设单位发放人防易地建设费催办、催缴通知书，送达"关于限期办理结合民用建筑新建防空地下室手续的通知"34份、"关于限期缴纳人防工程易地建设费的通知"43份，电话催缴催办37次，开展人防行政执法检查6次、防空警报人防行政执法检查8次。

【人防工程管理】 2017年，对早期人防工程、现使用人防工程安全情况进行评估检查，排查不安全隐患，确保人防工程安全。加强在建人防工程管理，全年开展检查6次，针对存在问题提出整改建议限期整改。

（张朝军）

法 治

编辑◎乔才山

政 法

【概况】 2017年，全市政法工作以深化平安建设为抓手，以提高人民群众的安全感和满意度为目标，从加强源头性、基础性、前置性工作入手，确保全市社会大局稳定。全年发生命案2起，破案2起；立刑事案件736起，同比上升2.22%；破现行案件544起；立八类案件21起，破21起，破案率100%；无到北京重点地区涉访人员；无发生50人以上规模群体性事件；没有发生较大及以上道路交通事故、火灾、公共场所聚集、食品安全事故和工矿商贸领域安全生产事故；发生到自治区初信初访7件，到自治区越级访30批379人。青铜峡市被中央综治委授予2013—2016全国平安建设先进市。

【维护社会稳定】 2017年，加强公共安全风险预测预警预防，深化“合成作战”，打防并重，强化对要害部位、重点场所的防控，坚决维护政治安全和社会稳定。围绕重大节会、敏感节点，严密防范和依法打击邪教组织、非法宗教组织的捣乱破坏活动，对百余名申领护照干部进行国家安全知识告知。持续推进“无邪教创建”活动，对35名重点邪教人员与各镇签订管控责任书，确保全国“两会”、自治区第十二次党代会、黄河金岸马拉松赛、中共十九大期间社会稳定。加强国家安全人民防线建设，组织开展“反策反、反窃密、防泄密”专项斗争，严密防控境内外宗教渗透活动，提高自我防范能力。保持高压态势，加强命案防控，严厉打击暴恐犯罪、严重暴力犯罪和“两抢一盗”，开展涉众型经济犯罪、“扫黄打非”、流动人口和出租房屋清查整治等专项行动，加大金融诈骗、电信诈骗、食品安全等领域犯罪打击整治力度，整治陈袁滩镇欧景名邸小区和裕民街道兰馨苑小区等挂牌重点社会治安问题。

【司法体制改革】 2017年，深化法检两院法官、检察官员额制、司法责任制、职业保障制改革。建立和完善公检法推进刑事诉讼制度改革联席会议，《案件质量评查实施细则》，员额法官、检察官、司法辅助人员和司法行政人员业绩档案等机制，提升案件办理质量和效率；推进诉讼服务大厅、诉讼服务网、“12368”热线“三位一体”诉讼服务中心建设；开展“司法能力提升工程”，推行网上办案、网上办公，打造智慧司法；以重大案件办理过程、终结性法律文书公开为重点，向社会公开发布案件信息，推行司法公开，以公开促公正。持之以恒开展执法规范化建设，2017年1月市公安局被公安部表彰为“2016年全国公安机关执法示范单位”，2017年5月被公安部第三次授予“全国优秀公安局”称号。开展五星级司法所创建活动，2个四星级司法所创建进入五星级司法所行列。

【依法治市工作】 2017年，调整充实市依法治市领导小组，市委书记任组长，市长、四套班子分管领导、法院院长、检察院检察长任副组长，成员单位由20个增加到32个，领导小组下设办公室、法治政府建设办公室、普法办公室，细化领导小组及各办公室工作职责，出台《青铜峡市法治政府建设实施方案（2016—2020年）》《法治政府建设指标体系》及《考核标准》，明确市、镇、部门各级负责人主要职责，全面推进法治青铜峡建设。在市委、市政府及市直各部门、各镇落实法律顾问制度，开展法治政府示范单位创建活动。

【矛盾纠纷排查化解】 2017年，创新建立“统筹协调、综合联动、信息互通”三级联调机制，每月5日召开综治干部矛盾纠纷排查化解例会，对未化解的矛盾纠纷由市综治办督查督办，逐案落实，明确责任时限，推动矛盾纠纷及时化解。全市29家单位（部门）开通应用矛盾纠纷排查化解信息系统，排查出矛盾纠纷1051起，化解1019起，未化解32起，化解率为96.96%。

2017年7月29日，青铜峡市召开政法综治信访维稳工作会议

（市委政法委 梁军提供）

【综治信访维稳】 2017年，围绕重要节点、重大活动，按照“一案一包、一案一档、一案一策”原则和要求，通过及时接访、主动约访，开展涉警信访案件化解“清零”行动，从网上网下加强重点人员稳控。全年完成黄河金岸国际马拉松赛、黄河拜水节盛典、鸿乐府宗教活动等安保任务34次，出动警力5000人次。“两会”期间、中共十九大期间，全面启动安保工作，成立“三个不发生”创建领导小组、10个专项工作组，逐日推进安保“十大行动”，实现“五个严防”“三个不发生”和“四个确保不发生”“三个决不出现”目标。成功处置峡口镇新田、跃进村村民到自治区党委门口上访事件和陈袁滩镇马晓东、邓林国、李伏祥信访案，与信访人签订息诉罢访协议。

【命案防控和预防打击“两抢一盗”犯罪专项治理】 2017年，以天网工程为抓手，进行视频监控建设，实现全市所有乡镇、街道、交通要道、治安卡口、重要目标、公共聚集场所、宾馆、学校、医院及治安复杂场所视频监控全覆盖。以特巡队为主力，以派出所、社区巡逻为补充，强化巡逻管控，根据发案时段、区域变化调整警力部署，突出重点场所、重点区域巡逻防控，开展刑侦“四大战役”和“三打击一整治”专项行动，全力打击盗抢骗违法犯罪行为。推行“4+1”合成作战模式，对现发命案做到快侦快破，年内发1起破1起，现行命案破案率100%，连续11年实现命案全破，成功破获中宁县“4·14”杀人案和1999年“5·23”故意杀人案，抓获潜逃18年命案逃犯李自升。

【预防打击电信网络诈骗和非法集资犯罪专项治理】 2017年，落实打击治理电信网络新型违法犯罪工作联席会议制度，完善与金融、通信等部门联动快速反应机制，健全即时查询、紧急止付、快速冻结、通报阻断等长效机制；举办电信诈骗案件侦办业务培训班，强化电信诈骗案件侦查破案协作平台信息录入、网上串并案等工作。全年立电信诈骗案件60起，破获电信诈骗案件45起，破案率75%，为群众挽回直接经济损失15万元。加大经济领域不稳定因素摸排力度，会同市场监督管理局对全市42家“四类公司”登记造册，排查非法吸收公众存款案件信息6条，立案4起，破案4起，破案率100%，为受害群众追回经济损失420万元。

【道路交通安全和矿山安全生产隐患专项治理】 2017年，按照“全覆盖、零容忍”原则，对全市道路交通事故易发、高发路段、危险路段、急弯、陡坡路段进行全面排查，上报吴忠市挂牌治理隐患点13处，100%完成治理。清理整治“四类重点车辆”（大型公路客车、大型旅游客车、危险品运输车和重型货车），重点车辆、驾驶人检验率、审验率、换证率、清理率均达100%。监督重点运输企业落实主体责任，重点运输车辆动态监控使用率、在线率达到100%。全年组织开展12个专项整治行动、156次夜间统一查处行动，重点整治大货车、营运性客车饮酒后驾驶、醉酒驾驶、无证驾驶、超载、超速、闯越交通信号灯等交通违法行为。其中，结合中共十九大交通安保工作，开展“除隐患、查违法、压事故、保安全”专项治理行动，重点查处“酒驾、毒驾”“涉牌涉证”等严重交通违法行为；与交通运输部门开展联合执法，在国道109线广武、叶盛地三、青铜峡黄河大桥、吴青路设立4个执法点，集中整治危险化学品运输车辆、运输货物及大货车交通违法行为。全年查处饮酒驾驶36起、醉酒驾驶42起、私改车型830起、涉牌涉证104起、报废10起、超载594起、超员32起。配合开展矿山安全隐患专项整治，出动警力200人次，严厉打击非法采矿行为。

【工程建设领域突出问题专项治理】 2017年，稽查项目33个，涉及建设单位18家、施工企业18家、监理企业13家，下发工程建设领域突出问题专项整治行动限期整改通知书20份、质量整改通知书13份、安全隐患整改通知书16份，当场下发停工通知书15份，分别对10名不到岗履职建造师、8名项目总监不到岗履职监理公司下达扣分通知单，对未批先建4个项目建设项目下发停工通知，按照一般程序对2家建设单位启动行政处罚。

【拖欠职工（农民工）工资突出问题专项治理】 2017年，落实建设方、施工方分别交纳中标价2%的农民工工资保证金制度，对未缴清农民工工资保证金建设项目坚决关停、限期缴清。同时，强化工程建设环节监管，对未足额缴纳农民工工资保证金、未按项目缴纳工伤保险费、未开设农民工工资专户的企业，坚决不予办理施工许可。年内，49家企业缴纳农民工工资保证金1470万元，新开工建设项目农民工工资保证金缴纳率达100%，农民工劳动合同签订率达97%，分账管理率达100%，实名制管理率达100%，工资银行支付率达100%。建立工资支付监控机制，对两个园区110家入园企业逐一跟踪监控，对风险点实行重点监控，坚持日巡查、月督查、季排查。对两个月未支付工资的，协调市政府分管领导约谈企业法人；对3个月未支付工资的，下发整改通知书，责令企业限期支付。开展施工企业诚信评价工作，将劳动用工、工资支付情况作为企业诚信评价依据，完善拖欠工资企业“黑名单”制度，对存在拖欠农民工工资企业，取消各类奖补资金。全年检查工业企业186家、各类建设项目47个,涉及农民工3055人;为613名企业职工追回被拖欠工资253万元,补缴社会保险77.6万元,补签劳动合同628份;对1起涉嫌拒不支付劳动报酬犯罪案件,依法移送司法机关追究刑事责任,坚决打击和震慑恶意欠薪和欠薪逃匿违法行为。

【预防青少年违法犯罪专项治理】2017年,以重点人群和重点领域为目标,定期开展涉校矛盾纠纷排查化解、校园周边行业场所检查及学校人防物防技防建设检查工作,督促学校落实各项安保制度,开展"防溺水"等主题安全防范宣传教育活动。全年出动警力2000人次,举办法制讲座35场,发放宣传资料1万份,受教育师生2万人次。

【集体土地征收和房屋拆迁突出问题整治】 2017年,规范征地拆迁操作程序和要求,明确监管责任人,按照自治区用地批复征收土地,坚决杜绝"未批先征、边征边批"现象发生。落实"两公告、一登记"有关规定,征地拆迁补偿工作协调国土、财政、监察、审计等部门全程参与、现场登记、签字确认。健全完善征地台账等相关资料,核算征地拆迁补偿费,确保土地征收和房屋拆迁管理工作情况清、底子明,做到征用一批、兑付一批,坚决杜绝拖欠、截留、挪用征地补偿费行为。完善失地农民养老保险制度,解决被征地农民后顾之忧,确保被征地农民长远生计有保障、生活水平不降低,坚决杜绝因征地补偿问题引发涉诉涉访案件发生。全年征收农村集体土地1812.5亩,征地补偿费全部兑付,无信访举报和其他问题。完成棚户区改造2349户(自治区住房和城乡建设厅下达改造任务2150户)。其中,国有土地住户1579户、集体土地住户770户。小坝镇200户,签订协议146户,占任务数的73%,拆除122户,占协议签订数的83.6%;大坝镇200户,签订协议195户,占任务数的97.5%,拆除113户,占协议签订数的57.9%;陈袁滩镇370户,签订协议41户,占任务数的11%,拆除32户,占协议签订数的78%。实施快速通道拆迁项目,小坝镇74户,签订协议71户,占任务数的95.9%,拆除房屋55户,征收耕地531亩;瞿靖镇328户,签订协议231户,占任务数的70.4%,拆除房屋225户,征收耕地1173.6亩。

【基层社会治理组织建设】 2017年,清理社区办公场所各类组织机构及挂牌,只悬挂社区党组织、社区居民自治组织标牌及"中国社区"标识,压缩工作人员办公场所面积,合理调整服务用房功能,在全市各社区创办"市民学校",并将之前各类站点、讲堂、工作室及教育、培训活动全部纳入"市民学校",实现"小办公,大服务"要求。清理规范市直各部门延伸到社区的各类创评活动,取消、合并创评活动15项。同时,将各部门面向社区的评比、达标、表彰、创建等项目全部纳入"星级和谐社区"统一考评。压缩各部门及乡镇(街道办事处、农林场)要求社区参加的各类会议及活动,减少针对社区的各类台账和材料报表,与社区工作无关的会议一律不得要求社区居委会参加,对可以通过信息平台上报的报表,一律通过信息平台报送,不再报送纸质报表,各社区只保留网格化服务管理基础信息台账和网格员入户走访登记表册2项台账。将各类信息平台逐步合并至青铜峡市社会管理综合信息服务平台,减少交叉重复工作,提高社区治理工作时效。实行网格员个人盖章证明责任制,社区居委会只出具收养登记证明,其他确需证明的事项,由网格员通过入网巡查、入户走访等方式,掌握实际情况,出具情况说明,不做定性证明。制定《青铜峡市本级政府向社会力量购买服务指导目录》,将有专项经费的各类普查、调查、统计、认证、核查工作全部纳入购买服务范围，对不具备购买服务条件的，按照费随事转原则安排工作经费后实施。

【流动人口服务管理】 2017年，推进“以房管人”“以业管人”“以证管人”三位一体流动人口管理模式，对辖区内流动人口用工单位和房屋中介机构进行梳理，指导其做好内部流动人口管理工作。全年排查流动人口用工单位65家、房屋中介机构5家，登记出租房屋信息1125条、流动人口信息5040条，办理居住证2684个。在外来人员集中的用工企业（港菜基地）建立流动警务工作站，落实季节性流动人口用工单位登记、管理和服务工作；在自流移民聚居、偏远的同进村、甘城子村警务室安装身份证、居住证办理设备，方便外来人员办理并领取证件。全市共有流动人口9477人。其中，流入人口5372人，占56.68%。包括跨省流入2216人（男性1230人，15岁以下229人，女性986人，15岁以下175人，务工经商1511人，随同流动404人），占41.25%；省内流入3156人（男性1623人，15岁以下413人，女性1533人，15岁以下320人，务工经商2018人，随同流动727人），占58.74%。流出人口4105人（男性2082人，15岁以下377人，女性2023人，15岁以下285人，务工经商2924人，随同流动662人），占43.32%。

【特殊人群服务管理】 2017年，开展集中收治管控专项行动，对录入精神病人管控系统的298名精神病人逐一排查走访，更新基本信息，落实监护责任；建立派出所、村（组）、家庭“三位一体”管控机制，落实定人、定责、定措施日常管控模式，实行责任捆绑，将涉及精神病人警情作为一级警情，第一时间调警，第一时间响应，第一时间处置，第一时间善后，严防案（事）件发生，通过日常警务工作救助精神病人25人次，协助家人将14名精神病人送往医院进行治疗。

【社区矫正工作】 2017年，加强社区矫正信息化建设，规范社区矫正档案管理，设立电子栅栏，实行人防和技防相结合，思想教育与心理矫治相结合，提升社区矫正执行效果。全市累计接收社区矫正人员629人，解除矫正460人，在矫正169人，社区服刑人员无脱管漏管现象发生，重新违法犯罪率控制在0.2%以内，帮教率达到98%，安置率达到90%以上，重新犯罪率控制在3%以下；未成年社区服刑人员6人（男性6人；小学文化程度1人、初中5人；盗窃罪1人、故意伤害罪2人、非法拘禁1人、强奸罪1人、交通肇事罪1人），未成年社区服刑人员男性比例占到100%。针对这类特殊人群身心特点，贯彻“教育、感化、挽救”方针，坚持因人施教、分类施矫，集体教育与个人教育相结合，加强管理帮教工作，6名在矫人员表现稳定。

【禁毒戒毒工作】 2017年，强化毒品源头管理，开展禁种铲毒宣传活动，张贴禁种公告5000份、举报奖励办法8000份，散发禁毒知识手册1万份，落实禁种铲毒责任，确保罂粟、大麻等原植物“零种植”“零产量”。推进青少年毒品预防教育“6·27”工程，开展科普剧编演、主题演讲、故事会、制作校园“禁毒网页”、剪纸等校园禁毒教育活动。实施“归融计划”，搭建戒毒康复人员回归社会新桥梁，举办培训班5场（次），走访并慰问贫困吸毒人员家庭25户。加强复吸人员回访和家访工作，对戒断3年未复吸人员每年至少回访1次，对社会面初吸人员每年开展不少于2次的家访和法律法规宣传教育，动态掌握社会面有吸毒史人员。开展“大收戒”专项行动，查获吸毒人员259人，完成任务108%；强制隔离戒毒108人，完成任务101%；破获案件22起，任务完成率100%，逮捕犯罪嫌疑人16人。全市建立社区

2017 年 2 月 14 日，市公安局召开 2017 年缉毒执法工作部署会

（市公安局　张超提供）

戒毒康复中心 10 个、村(社区)禁毒工作站 102 个、美沙酮治疗延伸点 1 个,配备禁毒专职工作人员 52 名、禁毒信息员 102 名、医务人员 4 名；登记在册吸毒人员 1726 人，社区戒毒康复执行率 100%，复吸率 8%，强戒出所吸毒人员管控率 81%,社会面阿片类戒毒康复人员就业安置率 85%，新增吸毒人员增幅 2.14%，戒断 3 年未复吸巩固率达到 35%，实现社区戒毒康复人员执行率提升、强戒出所吸毒人员管控率提升，吸毒人员复吸率降低，吸毒人员滋生率降低,戒断率巩固“两升两降一巩固”目标。将 20 名吸毒人员纳入城市低保救助范围，为 912 人办理养老保险、1434 人办理医疗保险、31 名参加社区戒毒康复人员申请廉租房和公租房。

【食品药品安全管理】 2017 年，制发《关于进一步规范基层医疗机构药品采购工作的通知》,明确医疗机构药品申购、使用具体流程及责任。通过药品交易平台网上监管系统，实时监控采购双方购销行为，动态监督医疗机构采购药品品种、数量、价格、使用情况以及配送企业配送、服务等情况。建立药品集中采购网上监管制度与预警机制，充分利用监督管理平台，对各基层医疗机构药品申购情况进行监测，对每月使用量、使用金额排名前 10 名的药品进行分析，对不合理用药情况进行预警和通报。同时,会同市疾控中心加强食品安全风险监测，通过食源性疾病监测信息系统，审核分析辖区内病例信息和实验室检验结果,发现有共同饮食史的聚集性病例或可能导致食源性疾病暴发的食品安全问题或隐患,进行信息核实处置。哨点医院通过“食源性疾病监测报告系统”网报食源性疾病病例监测信息标本 172 例。全年有效处置食源性疾病暴发突发公共卫生事件 2 起。

【寄递和物流业风险管控】 2017 年，抓住源头管控、动态监管、规范管理等关键环节，以健全完善动态化安全监管机制、常态化隐患排查机制、全覆盖安全责任体系为重点，强化监督检查，严格责任倒查，对寄递物流企业经营场所消防器材配备、货物堆放、用电线路等安全隐患进行排查整治，设置安全检查设备，配备安检人员，开展货物安全检查，凡寄运物品 100%先验视、后封箱，100%实名制。

【“雪亮工程”建设】 2017 年，按照中办、国办《公共安全视频监控建设联网应用“十三五”规划方案》相关要求和吴忠市安排部署，组织实施“天网监控”工程建设。工程概算投资 6400 万元，建设高清治安监控点位和综合治安卡口 436 路、高空瞭望 1 套、全景摄像机 2 处，更换 2011 年、2012 年治安监控点位 109 路设备，在大型商场、医院、火车站、汽车站及大型小区出入口等重点区域规划部署智能人像采集单元 11 套，新建电子警察系统35套、交通信号灯控制系统21处、一体化违章取证系统17处、高清测速卡口系统28套，智能交通综合管控平台系统1套，交通新型违法分析系统1套、机动车不礼让行人系统5套，设立指挥中心及合成作战室，建设云存储系统1套。全市建成高清监控点位739路，其中2017年新增470路，总计监控达到1200路，全部接入吴忠市视频共享平台，实现治安防控、城市管理网络"三个覆盖"，即：覆盖所有乡镇、街道；覆盖所有交通道路治安卡口、重要目标、公共聚集场所、宾馆、学校、医院以及治安复杂场所；覆盖所有企事业单位，中心城区和重点部位监控点无缝对接。同时，依托大数据、云计算等先进技术手段，建设完善市公安指挥中心及合成作战室，提高公安机关现场组织指挥协调处置能力。

【"城市智能联网报警系统"应用】 2017年，根据吴忠市八部门下发《关于在全市部分重点单位和特殊行业推广使用"城市智能联网视频报警系统"的通知》要求，在市卫生计生局机关大楼和17家医疗卫生单位（含3家民营医疗机构和11家镇、社区卫生院）配备监控主机18台，安装监控探头280个。其中，市人民医院安装监控探头208个（数字高清探头53个）。全市卫生系统各单位发挥总控机房作用，24小时全天候专人值守，在化解医患纠纷、查询住院患者走向、提供案件线索、震慑犯罪等方面发挥作用。协调指导全市中小学安装监控探头。其中，34所城区中小学、3所公办幼儿园，安装30所；26所农村完、初小及22所民办幼儿园，安装39所。全市125辆客运车辆和校车、337辆出租车、6家危险化学品运输企业危险化学品运输车辆，全部实行GPS定位系统管控，出租车在副驾驶安装自动抓拍系统。

【乡镇综治信访维稳资源整合】 2017年，在全市8个镇、1个街道办建成6个综治中心，小坝镇、大坝镇、陈袁滩镇、裕民街道办综治中心以及南苑社区、林东村、利民村、三棵树村、韦桥村、陈俊村、沙湖村、甘城子村、地三村、张庄村、光辉村、蒯桥村镇村综治阵地开始发挥作用。

【重点道路交通问题整治】 2017年，建立隐患排查常态化机制，坚持日常排查与重要时间节点、重大活动前动态排查相结合的排查机制，设立隐患清单，逐一进行治理销号。年内完成7处挂牌隐患点段治理任务，治理率达100%。投资411万元，完善全市农村道路、城市道路交通安全设施，安装减速带2523米、交通标牌451套、大型指路标牌66套，施划标线48703米，布设防撞桶100个、隔离栏100米。全年查处交通违法行为67133起。其中现场查处58853起，现场查处率87.67%。开展大货车、危险化学品运输车、渣土车、工程车综合执法行动4次，查处违法行为8669起。其中，驾驶报废车辆上路行驶1起、私改车型165起、涉牌涉证26起、超载89起、飘洒载运货物218起，拆除52辆大货车私自加装高栏。全市道路交通秩序安全、畅通、有序，未发生一次死亡3人以上道路交通事故，4项指数与2016年同期相比，事故起数下降16%，死亡人数下降25.6%，受伤人数下降25%，直接经济损失下降0.28%。

【欧景名邸小区问题整治】 2017年，欧景名邸小区位于青铜峡市城市东区，是新建的封闭式小区，内有12栋家属楼，其中多层6栋、高层6栋，住户250户900余人，配备保安人员4名。有技防设施，但配备不够完整，存在盲区。陈袁滩派出所深入欧景名邸小区，勘察技防存在盲区，加大巡逻力度，强化流动人口摸排登记工作。年内，采取调查摸底、查看监控视频方式，与刑侦部门配合，快速侦破刑事案件8起，抓获犯罪嫌疑人4名，为群众挽回经济损失3万元。

【兰馨苑小区问题整治】 2017年，将兰馨苑小区A区列为2017年社会治安重点整治区域，协调指导裕民街道、城关派出所、物业公司、居委会深入小区摸底排查，通过明察暗访、召开座谈会、发动群众举报等方式，查找存在问题。针对小区安全技术防范设施不足、治安巡逻人员较少、非机动车辆乱停、楼道堆放杂物情况较为严重等突出治安问题，组织住建、公安、社区、物业等部门建立问题台账，一一销号整治，确保整改效果。

【“平安细胞工程”创建】 2017年，根据吴忠市综治办《关于印发〈全市“平安细胞工程”实施方案〉的通知》要求，制发工作方案，通过开展“平安村居（社区）”“平安校园”“平安交通”“平安家庭”“平安医院”“平安市场（商厦）”“平安寄递物流”“平安宾馆（旅馆）”等创建活动，以点带面、全面铺开，打造“平安名片”“平安品牌”，逐步形成创建工作长效机制。

【铁路护路工作】 2017年，落实吴忠市铁路护路联防工作争先创优、全区“五位一体”铁路护路联防工作机制现场推进会议精神，通过会议座谈、督查调研、现场办公、沟通交流等形式，建立“五位一体”九项工作制度，加强路地、部门联动，实行“三色动态管理”，强化突出问题、安全隐患排查整治。利用综治宣传月和全国爱路护路宣传月，开展铁路护路宣传工作，加强中小学生护路知识安全教育及“精神病人”监护人、机动车驾驶员、养殖大户、废旧金属收购站点业主等重点人群教育管理。全年化解涉路民事纠纷27次，排查隐患77起，制止人员或牲畜上道42起。

（乔丽华）

法治政府建设

【组织机构设置】 2017年，根据人员变动情况，及时调整依法治市工作领导小组，新成立法治政府建设办公室、普法办公室，各镇、街道及市直各部门分别调整成立相应组织机构，建立完善“一把手”亲自部署、分管领导全面主抓、指定专人具体落实的工作推进机制，明确责任分工，细化目标任务，做到领导、机构、人员“三到位”。

【舆论宣传引导】 2017年，聚焦“关键群体”“关键少数”“关键对象”，利用广播电视、板报画廊、宣传条幅等载体，持续办好《与法同行》《法律伴我行》电视专栏，宣传《国家安全法》《行政复议法》《民法总则》等法律法规。在图书馆增添法律图书，开设法治电子阅览室，在车站、影剧院等公共场所设立法律便民窗口，在政务大厅窗口免费提供法治宣传资料，拓宽公众获取法律信息渠道。举办各类法治讲座和报告会36场次，开展集中宣传活动12场次，发放宣传资料8万份，开展法治文艺演出30场次，放映法治电影60场次。

【强化教育培训】 2017年，落实市委中心组和政府党组集体学习制度，增强领导干部依法行政、科学行政和民主行政意识，提高依法行政水平。各行政执法机关严格执行每周两次集体学习制度，加强干部职工依法行政法律法规学习。举办法治政府建设及行政执法人员培训班，邀请自治区法制办专家解读相关政策法规。

【完善规章制度】 2017年，制发《青铜峡市全面推进依法行政五年规划和实施方案》《青铜峡市行政执法考评办法》《青铜峡市依法行政责任制度》《青铜峡市行政执法错案追究办法》《青铜峡市行政首长出庭应诉办法》和《青铜峡市行政复议工作制度》等文件，为全面推进依法行政、加强法治政府建设提供制度保障和执法依据。

【严格决策程序】 2017年，按照《青铜峡市人民政府工作规则》《青铜峡市人民政府重大行政决策程序规定》，把公众参与、专家论证、风险评估、廉洁性审查、合法性审查和集体讨论决定等作为必经程序，通过听证会、座谈会、问卷调查等方式征求社会公众意见，确保决策科学化、规范化。

【建立预审制度】 2017年，对提请市政府常务会议议定事项，先由市政府法制办公室进行合法性审查，再由政府法律顾问把关，法制办负责人列席会议。对未经合法性审查、经审查不合法或者未按照合法性审查意见整改完善的，不得提请市政府审议。对涉及重大经济、民生项目事项邀请政府法律顾问列席会议，为集体重大决策及时提供法律依据，确保决策合理性、合法性。

【设立法律顾问】 2017年，成立以市政府法制办工作人员为主体，聘请2名专职律师组成的政府法律顾问团，8个镇、16个部门分别聘任法律顾问，为政府及部门重大事项决策、重要合同签订及时提供精准高效的法律服务。全年法律顾问参加各类会议50场次，提出合法性法律建议30条；出庭应诉重大矛盾纠纷调处化解案件14件。

【行政复议】 2017年，加强行政复议机构建设，调整2名具有法律职业资格的专职复议人员，充实队伍力量。按照行政复议案件办理程序规定要求，完善办案文书，规范办案程序，探索实施行政复议案前调解制、公开听证制、部门联动制等相关制度。市政府分管领导定期听取行政复议工作情况汇报，协调解决存在问题。收到行政复议申请10件，经审核不予受理8件，维持1件，调解结案1件。

【行政应诉】 2017年，按照法律法规相关规定，把行政机关负责人出庭应诉制度作为推进政府法治建设的突破口，配合上级机关行政监督和司法监督，定期召开全市重大行政案件讨论分析会，听取法制办及相关单位汇报，分析研判，增补措施，完善证据资料，做好行政应诉答辩工作。全年行政机关负责人出庭行政诉讼案件有14件，结案2件，暂无败诉案件，出庭应诉率达到100%。

【行政审批制度改革】 2017年，坚持把深化行政审批制度改革作为转变政府职能、优化发展环境切入点，在全区率先推行以“六个一”为主要内容的社会投资项目行政职权和服务事项工作规程试点，审批服务时限由178个工作日压缩至47个工作日，压缩率73%，企业申报材料压减率52%。建立全市行政审批事项目录，实行编码化管理。组织开展“乱收费、乱罚款、乱摊派”减轻增加企业和公民负担证照整治清理工作，通过政府门户网站等媒体，公布证照清理结果。完善投资项目在线审批监管平台，全面实行投资项目在线审批，在线监测率和监测结果向社会公开达100%。

【健全动态管理机制】 2017年，按照“科学厘权，严格控权”原则，审议通过《关于公布市本级政府部门和镇行政权力事项保留暨清理调整意见的决定》和《关于公布政府部门和镇政府行政职权责任清单决定》，并在市政府政务网公布。在全区率先开展城市综合执法体制改革，成立城市综合执法局，梳理划转市城市管理综合执法大队行政权责清单206项，确保2018年底前公安、环保等6个部门涉及城市管理行政执法权顺利移交。建立完善权责清单管理系统,完成32个部门责任清单信息录入,并通过自治区权责清单公示平台向社会公布。

【优化政务服务环境】 2017年,坚持把简政放权、放管结合、职能转变落实到优化服务上,稳步推进"两集中、两到位"工作,优化网上审批流程,推广"政务云"应运全覆盖。开展各类不必要"证明"清理工作,规范和简化公权力,方便群众办事创业。加大机关效能检查力度,对各行政执法机关履行职责、依法行政、工作效率、服务质量、廉洁勤政等情况进行不定期督查和定期评议,做到以环境聚人气、靠环境促发展。

【推行行政执法责任制】 2017年,成立全市推行行政执法责任制工作领导小组,将行政执法责任制纳入年度效能目标考核,完善考核细则,量化评分标准,确保考评工作科学严谨。完成33个行政执法主体执法依据梳理及权力清单公告,编印行政执法责任制度汇编,明确执法权限,规范执法标准,将行政执法责任落实到每个岗位,并通过市政府门户网站向社会公开各部门行政职权目录、职权运行流程图。

【规范性文件管理】 2017年,成立市清理行政规范性文件工作领导小组,开展政府行政规范性文件清理工作,明确清理范围、原则和重点,修改废止不符合法律、法规、规章规定、国务院"放管服"各项改革相关要求、与生态文明建设和环境保护有关法律、行政法规不一致的规范性文件。年内,清理规范性文件22件,其中,拟废止3件、拟修改8件、保留11件。同时,将规范性文件报备纳入年度法治政府建设考评体系,制定规范性文件备案审查办法,向市人大常委会报送备案。

【行政执法督查】 2017年,坚持每年开展全市行政执法监督专项检查活动,把行政执法作为各行政执法机关年终效能考核重要指标,重点查处行政处罚定性不准、处罚不当、程序违法、处罚卷宗不规范,不作为和乱作为等违法违规现象。实行行政执法责任追究制度,对造成严重社会影响的行政执法错案,严格追究主管领导和具体工作人员的责任。

【执法证件管理】 2017年,严格执行行政执法人员持证上岗、亮证执法法定程序,严把行政执法证件年检注册关,对未报送年审、执法考核不合格及调离执法岗位的行政执法人员执法证件予以注销。年内,各行政执法单位新增持证执法人员116人,全市行政执法持证人员达到860人。

【社会各界监督】 2017年,自觉接受人大、政协监督,定期向市人大及其常委会报告经济社会发展重大事项,听取市政协对政府工作意见建议,办理人大代表议案建议43件、政协委员提案77件。同时,组织人大代表、政协委员、企业负责人及群众代表,对全市行政执法部门执法行为、服务质量进行民主测评,并将结果作为各部门年终效能目标考核重要依据。健全公示举报制度,公开全市行政执法部门执法依据、执法程序、收费标准、举报电话等,保障群众知情权、参与权和监督权,推进"阳光执法"。

（王　清）

公 安

【案件侦破】 2017年，青铜峡市公安局深入开展“六大战役”和“三打击一整治”专项行动，全年共立刑事案件736起，破544起，抓获犯罪嫌疑人244人，打掉犯罪团伙9个，成功破获中宁县“4·14”杀人案和1999年“5·23”故意杀人案，抓获潜逃18年命案逃犯李自升；立电信诈骗案件52起，破获45起，破案率86.53%，为群众挽回直接经济损失15万元；会同市场监督管理局对全市42家“四类公司”登记造册，最大限度预防涉众型经济犯罪，排查非法吸收公众存款案件信息6条，立案4起，破案4起，破案率100%，为受害群众追回经济损失420万元；推进禁毒人民战争和禁毒示范县市创建活动，按时间节点完成禁毒执法3项指标，查获吸毒人员259人，完成计划任务的108%，强制隔离戒毒108人，完成计划任务的101%，破获案件22起，任务完成率100%，逮捕犯罪嫌疑人16人；全市1725名吸毒人员入册率100%，准确率100%，知晓率100%。

2017年1月10日，市公安局在古峡广场开展“110宣传日”活动

（市公安局 张超提供）

【公共安全管理】 2017年，青铜峡市公安局牢固树立“隐患就是事故，安全生产没有淡季”理念，紧盯交通安全、高层建筑消防安全、易制爆危险物品管理、寄递物流安全管理和打击制贩枪支犯罪5项重点，全面强化安全管理。截至10月底，组织道路交通查处行动156次，查处各类交通违法行为56021起，行政处罚123人；治理交通隐患点13处，增设交通标牌10块、减速带49米，优化交通信号9处，提前完成上级下达淘汰黄标车和老旧车辆任务；排查高层建筑98栋，开展消防安全隐患专项治理2401家(次)，治理火灾隐患点1939处，行政处罚存在火灾隐患单位79家，临时查封14家，组建高层物业小区微型消防站17个，聘用消防站队员56名；强化危爆物品安全管理和隐患排查，对全市32名涉爆人员逐一进行背景审查并建立档案纳入系统管理，处罚2名非法运输贮存液化汽罐人员，严防涉爆物品被盗、被抢，第一时间消除隐患；开展物流寄递行业专项整治，与24家物流寄递企业签订安全责任书，严格落实安全主体责任和“三个100%”制度。年内，查获山东省枣庄市“6·01”非法制贩枪支弹药案涉案人员，收缴各类气枪9支，处置哑炮1枚，全年未发生“打响”“炸响”案事件，未发生重特交通事故和火灾事故，未发生群死群伤案事件。

【社区警务建设】 2017年，青铜峡市公安局深化“一村一警”社区警务建设，提请市委、市政府专题研究并协调解决辅警配备、经费保障等“瓶颈”问题，落实社区民警兼任村（居）委会党支部副书记职务，将社区警务纳入全市平安建设和精神文明建设，全方位推动工作落实，形成党委政府主导“一室一品、地格管控、掌上管理、精准服务、动态考核”五种社区警务工作模式，其中大坝利民新村警务室“天网·警铃”获全区公安机关首届“微改革微创新”大赛二等奖。

【后勤装备建设】 2017年，青铜峡市公安局巩固“全国执法先进示范单位”成效，依托案管中心、视频监督中心、涉案财物管理中心和培训中心，持续提升执法规范化建设，投资500万元在全区率先完成14个执法办案场所升级改造工作，投资500万元改造占地面积4900平方米交管大队办公楼，投资37.5万元采购350兆数字对讲机100部，配发基层实战单位，保障安保警卫任务和各类警务工作需要，建成标准化、正规化刑事科学技术室并通过省级实验室资质认证，投资7万余元更换各派出所和交管大队“五小工程”设备。

2017年2月14日，青铜峡市召开2017年公安工作会议

（市公安局　张超提供）

【队伍建设】 2017年，青铜峡市公安局将队伍建设作为中共十九大安保维稳工作基础和前提，全面启动战时队伍管理机制，坚持从严治警与从优治警并重，严格队伍教育管理，严防队伍发生违法违纪问题，确保队伍凝聚力和向心力持续提升。年内，举办“两学一做”学习教育主题演讲比赛4次，组织收看各类警示影视作品35期；将每周五作为“训练日”，开展警务技能培训20次，培训民警1000人次；组织开展廉政谈话和廉政约谈73次，给予党政级处分2人。严格落实公安部“三项纪律”和自治区公安厅“八条禁令”，重申值班备勤、领导带班、公务用枪管理、警车管理等铁规禁令；对内部单位进行全面安全检查，针对执法办案区、接处警等易发生问题环节，及时整改解决，全年未发生涉警信访案件。

（张　超）

检　察

【机构调整】 青铜峡市人民检察院内设12个机构，分别为：政工科、侦查监督科、公诉科、反贪污贿赂局、反渎职侵权局、办公室、控告申诉检察科、民事行政检察科、监所检察科、检察技术科、后勤装备科、法警大队。2017年，根据司法体制改革精神及上级检察机关关于内设机构改革要求，将

2017 年 5 月 19 日，青铜峡市人民检察院举办"忠诚铸检魂"主题演讲比赛

（市检察院　马楠提供）

12 个内设机构整合为侦查监督部、公诉部、诉讼监督部、控告申诉检察部、业务管理部、综合保障部。其中，反贪污贿赂局、反渎职侵权局保持现状。是年 12 月 23 日，反贪污贿赂局、反渎职侵权局干警转隶到青铜峡市纪委监委工作。

【刑事犯罪受理】　2017 年，青铜峡市人民检察院全面落实创建平安青铜峡部署，依法行使逮捕、起诉职权，全年受理提请逮捕各类刑事案件 107 件 139 人，批准逮捕 93 件 117 人；受理移送审查起诉各类刑事案件 226 件 277 人，提起公诉 200 件 235 人，批捕、起诉准确率为 100%。准确适用宽严相济刑事司法政策，不批捕 22 人，不起诉 33 人。依法严厉打击严重暴力犯罪、"两抢一盗" 等多发性侵财犯罪，批准逮捕故意伤害、绑架、抢劫等犯罪嫌疑人 59 人，提起公诉 48 人。加大打击毒品犯罪力度，批捕涉毒犯罪嫌疑人 16 人，提起公诉 21 人。

【职务犯罪查办】　2017 年，青铜峡市人民检察院依法查办工程建设、教育、环保等领域职务犯罪案件 15 件 19 人，立案人数居全区第二。其中 20 万元以上大案 3 件 3 人、县处级要案 2 件 2 人，查办科级干部 5 人，法院作有罪判决 14 件 18 人。

【职务犯罪预防】　2017 年，青铜峡市人民检察院加强职务犯罪特点、规律研判，有针对性地提出预防对策建议，撰写《关于涉农惠民扶贫领域职务犯罪预防调查报告》等专题分析报告 7 篇，提出检察建议 2 件。开展行贿档案查询 1174 次，助力社会诚信体系建设。会同中国邮政集团青铜峡分公司开展"预防职务犯罪邮路"活动，利用邮政服务构建 "检察蓝 + 邮政绿"模式开展宣传，推动形成覆盖城乡的预防职务犯罪网络。

【社会综合治理】　2017 年，青铜峡市人民检察院加强服务型窗口建设，开展矛盾纠纷排查化解专项行动，落实各项信访维稳安保工作制度。参与毒品犯罪多发地区集中整治，协助瞿靖镇开展禁毒工作。启动检察官村官 "双助理"联动工作机制，聘任瞿靖镇 14 个行政村(居)委会党支部书记、主任担任检察官助理，检察院 14 名检察官担任村党支部书记、主任助理，通过履行矛盾纠纷调解、司法工作联络等职能，提高为民服务水平。推进"两法衔接"信息共享平台建设，在吴忠市"法治政府建设"工作考核中，青铜峡市人民检察院负责的"两法衔接"工作考核成绩位居前列。开展"法律六进"、干部下基层、综治宣传月等活动，落实全市精准扶贫工作部署。开展司法救助，向 5 名刑事案件被害人发放救助资金 16 万元。举办 "防治校园欺凌　护航未成年人成长"检察开放日，在全市启动 "法治进校园" 检察官巡讲活动，提高未成年人遵纪守法和安全防范意识。

【诉讼监督工作】 2017年，青铜峡市人民检察院监督公安机关立案3件3人、撤销刑事案件13件18人，依法纠正漏捕8人、漏诉7人、遗漏罪行2起，排除非法证据3份，因排除非法证据决定不起诉1人。对侦查活动中的违法情形提出书面纠正意见13件，发出检察建议7份，有效纠正有案不立、有罪不究、以罚代刑等问题。依法办理各类民事行政案件85件，其中执行活动监督案件21件，审判活动违法监督案件37件，督促履行职责监督案件24件，支持起诉案件2件，公益诉讼诉前程序案件1件。向法院发出检察建议58件，向行政机关发出检察建议25件。通过办理督促起诉案件，收回国有资产4053209元。

【刑罚执行监督】 2017年，青铜峡市人民检察院加强社区矫正工作法律监督，对全市9个司法所169名社区矫正人员矫正情况进行监督，依法纠正脱管2件2人，发出检察建议2份。建立交付执行、社区矫正、财产刑执行等检察档案，促进监督规范化。开展羁押必要性审查工作，建议办案单位对3名犯罪嫌疑人变更强制措施，均被采纳。开展财产刑执行专项检察"回头看"活动，进一步深化财产刑执行法律监督。

【司法体制改革】 2017年，青铜峡市人民检察院执行《检察官办案责任制暂行规定》，员额制检察官均依法独立办案。落实领导直接办案规定，院班子成员均直接参与司法办案。明确业务岗位职责清单和权力清单，制定《内设机构改革试点方案》《检察人员分类管理实施方案》，建立符合检察权运行规律和检察工作特点的内设机构体系。出台《执法办案内部监督实施办法》，建立规范办案流程、加强监督制约、错案责任追究、完善执法考评等方面配套制度，以及案件统一受理、随机分案为主、指定分案为辅的案件承办机制。修订完善《检察官绩效考核办法》《员额制检察官考核细则》，建立科学合理的业务考评体系，办案规范化、精细化水平进一步提升。

【检务公开】 2017年，青铜峡市人民检察院贯彻市人民代表大会及其常委会决定决议，先后就司法改革、公益诉讼等工作向市人大常委会作专题报告。开展检察官分组联络人大代表、政协委员工作，通过走访座谈、观摩庭审等形式，广泛听取意见建议。落实《人民检察院案件信息公开工作规定》，通过案件信息公开系统向社会公开发布案件程序性信息306条、重要案件信息14条、终结性法律文书143份。全年在各级报刊刊发检察新闻信息155篇。构建立体式检务公开网络，实现案件公开系统、电子卷宗系统、远程视频接访、两微一端、新闻发言人、检察开放日"六个全覆盖"，保障人民群众对检察工作知情权、参与权、表达权、监督权。

【检察队伍建设】 2017年，青铜峡市人民检察院推进"两学一做"学习教育常态化制度化，学习中共十九大、习近平系列重要讲话及自治区第十二次党代会精神，组织干警观看《将改革进行到底》《巡视利剑》《为了公平正义》等政论专题片，持续开展社会主义核心价值观和检察职业道德教育。开展富有时代性、创新性主题党日活动，贯彻执行《准则》《条例》等党纪党规，落实"两个责任""五项制度"，规范党内政治生活，强化党内监督。开展群众评议机关作风、庸懒散拖突出问题大整治、贯彻落实中央八项规定精神"回头看"等活动，加大检风检纪、公务接待等方面监督执纪力度，突出抓好检察人员八小时以外作风建设。组织参加教育培训、岗位练兵及检察机关业务竞赛、评比活动，推动队伍专业素质提档升级。全年在区市级刊物发表调研文章 14 篇,2 篇论文在吴忠市检察机关“检察论坛”分获一、二等奖。坚持文化育检,升级检察“文化墙”,开展爱国主义教育、廉政警示教育以及“读书月”、演讲比赛、团支部志愿服务等,增强集体凝聚力。在吴忠市检察机关第十届“检察文化节”中,多个集体项目和文学艺术作品获奖。

【执法规范化建设】 2017 年,青铜峡市人民检察院贯彻落实防止干预司法“三个规定”,紧盯办案程序、法律适用、案件当事人权利保障等执法关键环节,对执法办案活动进行全程、动态管理和监督,确保规范执法。落实案件风险评估预警制度,化解可能存在的社会风险和办案风险。完善案件质量考评办法和错案追究机制,实行日常督查、定期评查、纪检督查相结合,建立执法规范、责任追究、内部监督机制,促进干警形成遵规守纪、规范司法的行动自觉。

（马　楠）

法　院

【概况】 青铜峡市人民法院内设办公室、政工科、纪检监察室、司法警察大队、立案庭、审判监督庭、刑事审判庭、民事审判第一庭、民事审判第二庭、行政审判庭、执行局及执行一庭和执行二庭、小坝人民法庭、青铜峡镇人民法庭、大坝人民法庭、瞿靖人民法庭、机关后勤服务中心。2017 年,市人民法院受理各类案件 6409 件(含旧存 928 件),结案 5473 件,结案率 85.39%,同比上升 2.98%。

【刑事审判】 2017 年,青铜峡市人民法院坚持宽严相济刑事政策,审结各类刑事案件 207 件,判处罪犯 230 人、罚金 153.6 万元,没收违法所得 55.1 万元;审结涉毒案件 20 案,判处罪犯 21 人;审结贪污贿赂犯罪案件 16 件,判处罪犯 18 人。公开审理“12·5”价值 240 万元黄金盗案并当庭宣判。

【民商事审判】 2017 年,青铜峡市人民法院着眼于保障民生权益,聚焦依法治市、棚户区改造、精准脱贫等全市中心工作,审结各类民商事案件 3322 件;审结金融借款、民间借贷等案件 782 件;审结买卖、租赁、保险等合同纠纷案件 624 件;审结婚姻家庭、赡养抚养等案件 459 件;审结三农、医疗、人身损害等涉民生案件 308 件。

【行政审判】 2017 年,青铜峡市人民法院全年受理行政诉讼纠纷 14 件,经过多方协调,其中实质性化解 9 件,化解率 65%。同时,加大环境执法支持力度,对市环保局处罚的 11 起非诉执行案件及时裁定予以执行。

【案件执行】 2017 年,青铜峡市人民法院充实执行人员,加强执行装备建设,强化团队协调联合,开展“三反一打、涉民生案件集中执行、清理执行积案、百日攻坚行动”等专项活动,执结各类案件 2223 件,执结标的 1.2 亿元。加强执行信息化建设,建立执行指挥中心,发挥“总对总”“点对点”网络查控系统作用,全年查询信息 5700 万条,涉及案件 1900 件、当事人 2334 名,在解决“被执行人难找、财产难寻”问题上取得突破。完善与公安、工商、国土、房产、车管和金融机构联动执行威慑机制,依法打击拒不执行判决、裁定违法犯罪行为,移送公安机关侦查 11 案,判决 3 案 3 人,司法拘留 304 人,公布失信被执行人黑名单自然人 985 人,法人 46 人;公众媒体曝光失信自然人 384 人。45%的被执行人慑于法律惩罚和信用惩戒履行义务。

【人员分类管理】 2017 年,青铜

峡市人民法院实行法官员额制、司法辅助人员、司法行政人员分类管理改革，采用统一考试加考核方式，在第一批遴选基础上再次择优遴选7名法官进入员额。按照专业化要求科学组建审判团队10个，将法官由“单兵作战”升级为“团队攻坚”，优化配置审判资源。硬性规定院领导办案比例，补强办案力量，员额法官全部在一线办案，26名入额院庭长参与审理案件4043件。出台《诉讼案件分案工作暂行规定》，改革案件分配制度，确立“随机分案为主，指定分案为辅”案件分配模式，解决分案不均和随意性问题。

2017年9月18日，市人民法院召开整风肃级动员大会

（市人民法院　田野提供）

【司法责任制落实】 2017年，青铜峡市人民法院按照“让审理者裁判，由裁判者负责”改革要求，完善《法律文书签发权限暂行规定》《独任庭、合议庭、专业法官会议、审判委员会工作规则》等制度，探索建立新型审判权运行机制，减政放权，明晰权责，下放裁判文书签发权。除个别重大疑难案件，审委会不再讨论具体案件，法官对案件终身负责，院领导监督全程留痕，确立法官、合议庭办案主体地位，确保法官有权又有责。

【法官职业保障】 2017年，青铜峡市人民法院制定绩效考核办法，建立员额法官、审判辅助人员和司法行政人员业绩档案，委托第三方研发绩效考核管理系统软件，立足工作业绩量化指标，确定绩效考核档次。成立法官权益保障委员会，对涉及破坏法庭秩序、暴力抗拒执法、侮辱法官、侵害法官及其近亲属人身安全等各类不法行为，采取相应保障措施，彰显人民法院维护司法权威决心。完善外部干预司法活动、插手具体案件处理记录、通报和责任追究制度，确保法官公平公正依法独立行使审判权。与自治区高级人民法院、自治区人力资源和社会保障厅对接协调，完成工资上划、单独职务序列套改等工作，人财物统管改革全部完成。

【审判管理】 2017年，青铜峡市人民法院牢固树立“放权不放任、监督不缺位”理念，创新“四建立三通报”审判监督和审判管理方式，即通过建立电子卷宗、裁判文书、庭审光盘“三评查”工作机制，建立数字化法院业务应用系统程序节点监控机制，建立责任到案到人预警通报机制，建立督查问责机制，运用信息通报、审务通报、督查约谈通报方式，加强审判权监督管理，变审批监管为节点监管，变事后监督为预警提示，变定期监督为动态管理，做到监督不失责不越权。全年上诉案件179件，比2016年减少54件，服判息诉率由2016年的94.53%提高到2017年的95.15%，发改率由2016年的1.75%降低到2017年的1.41%，平均结案时间由2016年的78.9天下降为61.3天。

【司法服务】 2017年，青铜峡市人民法院构建全覆盖、立体式、多元化登记立案新模式，以当场立案为主体，形成网上立案、跨域立案、上门立案为支撑的立案新格局，老百姓打官司更加方便快捷。落实司法为民承诺，升级改造窗口服务，建成面积270平方米集诉讼服务大厅、诉讼服务网、“12368”服务热线、微信公众号于一体的诉讼服务中心，为群众提供收案、审查、受理、收费“一站式”服务。利用“便民服务流动法庭”车，深入村口地头、社区学校巡回审判，打通司法服务群众“最后一公里”。落实涉诉信访改革要求，通过采取远程视频接访、落实四级接访等措施，变“被动受访”为“开门接访”和“主动化访”。加大中共十九大期间重大矛盾纠纷排查力度，妥善化解涉诉信访积案，年内未产生新的信访案件，被评为“全区党的十九大安保维稳工作先进集体”。加强司法救助，加大困难弱势群体救助力度，依法减缓免诉讼费9.8万元，为特困当事人发放各种救助金93.2万元。开展新一轮“百名法官下基层”和“干部下农村送政策促发展”活动，107名干警常年帮扶学校、幼儿园、村镇等13192户；青年干警组建志愿者服务队和代理妈妈深入敬老院、帮扶村户、学校40次。落实“谁执法谁普法”普法责任，开展法治宣传30场(次)，被青铜峡市委评为“六五”普法先进集体。

【司法调解】 2017年，青铜峡市人民法院运用“四位一体”便民矛盾纠纷化解网络和法官、村官双助理模式，把立案庭、基层人民法庭作为多元解纷工作主要平台，通过委派调解和上门调解，调节纠纷走向，实现繁简分流。建立专职特邀调解员队伍，组建诉调对接团队，壮大解纷力量。加强镇、村、社区、信访、妇联、行政机关、仲裁机构等部门联动，在法律框架内最大限度平衡矛盾双方诉求和利益。建立律师驻法院咨询服务室、基层法庭法律援助工作站，吸纳律师、人民调解员、法律志愿者入驻诉讼服务中心，提供法律咨询、心理疏导、代写诉状、代理申诉、协助调解等服务。全年诉讼外化解各类民事纠纷2106件。

【司法公开】 2017年，青铜峡市人民法院升级裁判文书公开网、审判流程信息网、执行信息公开网、中国庭审公开网“四大平台”，全年发布生效裁判文书2242份，直播庭审25次，实现审判执行工作流程一体运行，倒逼法官自觉规范司法行为。坚持新闻发言人制度，完善门户网站、电子屏幕等服务平台，开通微信公众号，公开工作信息及动态，增强司法透明度和公众参与度。深化司法民主，人民陪审员参与案件审理2487件，陪审率达97.08%。加大司法宣传，全年在媒体、网络发表法治宣传文章160篇，组织200名群众参加“法院工作观摩日、主题开放日”活动，为人民群众了解司法、监督司法搭建平台。

【司法能力建设】 2017年，青铜峡市人民法院推进“司法能力提升工程”建设，开展“大学习、大培训、大调研、大规范和大评比”活动，通过业务研讨、庭审观摩、案件评查等方式，重点从驾驭庭审、审核证据、制作文书、调解纠纷等司法能力入手，加强岗位练兵。实行三级评查机制，逐案进行“体检”，倒逼增强基本功。利用法官教法官、案例教学、结对帮带等形式，多层次多角度全方位拓展提升干警司法专业能力、群众工作能力、科技应用能力和社会沟通能力。年内，参加自治区高院主办或协办各类培训6期，培训干警210人次，外出到中山大学、西南政法大学培训干部90人次。

（田　野）

司法行政

【机构调整】 2017年，青铜峡市根据自治区关于调整依法治区领导小组通知精神，调整完善青铜峡市依法治市领导小组，下设办公室、法治政府建设办公室、普法办公室，明确3个办公室工作职责。

【普法工作】 2017年，青铜峡市制定《2017年全市普法工作要点》，聚焦三个方面、两大普法重点和两个关键对象持续加力，突出抓好宪法和党纪法规宣传教育，突出抓好领导干部“关键少数”和青少年“关键群体”，突出抓好普法队伍和环境氛围营造。会同市委组织部、宣传部、人力资源和社会保障局等五部门，制发《关于完善国家工作人员学法用法制度的实施意见》，由市普法办牵头组建覆盖各部门(单位)、各行业(系统)的法治宣传教育联络员和通讯员队伍，调整充实普法讲师团。会同电视台、电台持续办好《与法同行》《法律伴我行》栏目，与联通公司开办“一信通”普法平台，开通青铜峡司法局微信公众号，着力打造广播、电视、网络、移动终端“四位一体”法治宣传教育平台。做好“七五”普法教材征订工作，印发青铜峡市“七五”普法学习笔记1万本，征订“七五”普法教材1.2万本。

【法治宣传】 2017年，青铜峡市开展“尊法学法守法用法”主题法治宣传实践活动，重点组织开展好“八个一”活动，即制作发放一批普法宣传品、赠送一批法律知识宣传手册、利用重要时间节点开展一系列集中宣传、组织一次法律知识考试、举办一场法律知识讲座、开展一次微电影大赛、举办一次法治文化作品征集评选活动、每周在《吴忠日报》《宁夏法治报》等媒体刊登一篇普法工作新闻。年内在《宁夏日报》《吴忠日报》《宁夏法治报》及各类网站刊登稿件73篇。开展“政法综治宣传月”活动，组织各部门、单位在广场、市场等公共场所集中开展宣传，利用电子显示屏、灯箱、公益性广告牌、公交车载电视、村广播等载体开展阵地宣传；组织干部职工学习《中华人民共和国国家安全法》《中华人民共和国安全生产法》《民法通则》等，通过举办专题讲座、知识竞赛、演讲会等形式，提升宣传教育效果。组织全市副科级以上领导干部及规模以上企业经营管理人员参加《中华人民共和国安全生产法》集中考试，协助市人大常委会组织新提拔干部和新一届政府组成部门一把手任前法律知识培训考试。全年举办各类法治讲座和报告会26场次，开展集中宣传活动20场次，发放宣传资料12万份，制作普法

2017年3月15日，青铜峡市召开“六五”普法总结表彰暨“七五”普法动员会
（市网信办　刘中锋提供）

手提袋2万个、法治纸杯5万个、法治围裙1万个。

【法治文化建设】 2017年，青铜峡市制定《关于进一步加强社会主义法治文化建设的实施意见》，在市地税局、国税局、大坝镇政府、第六中学，建设以财税、廉政、禁毒等为内容的法治宣传教育基地，在怡园社区、新民社区、南庄村建设法治文化长廊，依托市演艺公司及9个业余文化团队开展法治文化宣传，举办法治文艺演出30场次，放映法治电影60场次。

【法律援助】 2017年，青铜峡市成立民生任务工作领导小组，制定《法律援助为民办实事工作方案》和《开展法律援助精准扶贫专项活动的实施方案》，把全市移民村的精准扶贫对象、移民合法权益受到侵害等与民生密切相关的民事行政法律援助事项、经济困难的刑事案件纳入法律援助范围，在各镇、街道、社团组织、部队等建立22个法律援助工作站、103个法律援助联系点，搭建三级便民网格体系，打造“半小时法律援助服务圈”；组建法律援助精准扶贫志愿服务队，组织律师、公证、法律服务人员进村入户送法；完善法律援助便民服务大厅设施，布设多区域多功能便民大厅，开展“三心”法律援助服务；完善经费保障机制，规范补贴领取程序，实行法律援助“一卡通”；规范案件办理流程，严格案件质量标准，加强卷宗档案管理，提高法律援助质量。全年办理各类法律援助案件489件，完成计划任务的122%，解答群众法律咨询9800人次，为群众避免和挽回经济损失980万元，办理精准扶贫法律援助案件4件。市法律援助中心连续三次被司法部确定为全国联系点，连续两次评为全国先进单位，2017年被评为全国“中央彩票公益金法律援助项目先进单位”。

【完善人民调解网络】 2017年，青铜峡市贯彻落实全区人民调解组织“四张网络”推进会议精神，结合青铜峡市创新社会治理“九大工程”建设，参与并推动各镇综治中心建设，将人民调解工作纳入综治中心、村（社区）综治工作站，动员社会力量集中排查，集中汇总，集中研判，集中化解。抓好规模以上企业人民调解组织建设，重点抓好劳动争议、消费争议、婚姻家庭、医疗纠纷、道路交通、环境保护、物业纠纷等行业性人民调解委员会建设。

【建立大调解工作机制】 2017年，青铜峡市建立多调联动、调处责任、所所联调、律师参与化解、调解服务、宗教人士参与调解等工作机制，完善工作制度，统一工作流程，强化人员培训，促进人民调解工作制度化、规范化。

【矛盾纠纷排查调解】 2017年，青铜峡市深入开展矛盾问题排查化解专项行动，全面排查涉及群众切身利益的资源、经济、劳资、房屋拆迁、土地征收、医患纠纷，重点排查家庭婚姻、邻里纠纷，特别是对群众反映强烈的热点难点问题。组织镇、村（社区）、企业及行业性专业性人民调解组织和人民调解员，落实矛盾问题“边排查、边建档、边化解”和“滚动排查、滚动化解”制度，对排查出的问题，逐一登记入册，逐一梳理归类，逐一汇总分析。全年调解各类纠纷1225件，调解成功1200件，成功率98.4%，化解疑难复杂案件265件。

2017年，贯彻落实自治区党委办公厅、政府办公厅《关于全面推进社区矫正工作的意见》及《宁夏社区矫正执行规定》，以提高社区矫正质量为主线，坚持管理与服务并重，规范和创新结合，紧扣调查评估环节，严把社区矫正适用关，紧扣规范档案管理环节，筑牢社区矫正防火墙；紧扣考核奖惩环节，严把社区矫正执行关，人防和技防相结合，思想教育与心理矫治相结合，最大限度减少重新违法犯罪。加强社区矫正信息化建设，设立电子栅栏，提升社区矫正执行效果。全市累计接收社区矫正人员 629 人，解除矫正 460 人，正在接受矫正 169 人，没发生脱管漏管和重新违法犯罪现象。

【社区矫正队伍建设】 2017 年，青铜峡市根据自治区司法厅、民政厅联合印发的《关于通过政府购买社会工作服务建立社区矫正社会工作者队伍的意见》精神，在原有专职调解员队伍基础上，从年龄、学历、工作经历等几个方面进行优化重新选聘，建立 27 名社区矫正社会工作者队伍，采取政府财政保障一点、司法局拿一点、镇(街道)补一点办法，将社区矫正社会工作者生活补贴由每月 1000 元增加到 1800 元至 2000元。

【安置帮教】 2017 年，青铜峡市开展安置帮教人员安置情况调查，协调指导各司法所调动村、居、罪犯家属力量做好回访工作，利用全国安置帮教管理系统，对罪犯入监时和预释放前信息进行核查，做到底数清、情况明。动员罪犯家属和基层组织到监狱接回刑满释放人员，把好衔接关。2017 年，接受刑满释放人员 100 人，5 年内刑满释放人员达到 613 人。

【特殊人群法规技能培训】 2017 年，青铜峡市利用安置帮教基地，针对社区矫正人员、刑满释放人员、社区戒毒人员不同情况和需求，开展政策法规、创业意识、就业技能培训 20 场次，培训人员 1200 人次。

2017 年 6 月 6 日，全区刑满释放人员安置帮教工作培训班在青铜峡市举办
（市司法局　李建功提供）

【法律服务】 2017 年，青铜峡市落实政府法律顾问制度，在全市 8 个镇、1 个街道办、24 个政府组成部门落实法律顾问。针对一些上访时间长、且复杂的疑难信访案件，协调组织律师独立开展涉法涉诉案件调查，为市委、市政府依法决策提供参考依据。全年公证处办理各类公证案件 2660 件，提供法律咨询 2150 人次；4 个律师事务所代理各类案件 496 件，开展法律咨询 1970 人次；法律服务所办理民事调解案件 315 件，法律咨询 465 人次；司法鉴定中心办理鉴定案件 9 件。

【“星级司法所”创建】 2017 年，青铜峡市制定《星级司法所创建攻坚年活动实施方案》，围绕窗口单位“建设标准化、服务亲民化、公开常态化、管理规范化”和星级司法所创建“组织机构正规化、队伍建设专业化、业务工作效能化、基础设施标准化、所务管理规范化”目标，年内青铜峡镇司法所、陈袁滩镇司法所创建为“五星级司法所”，实现“五星级司法所”百分之百目标，星级司法所创建工作走在全区前列。根据自治区编委会“关于明确基层司法所机构规格”相关文件精神，申报 9 个司法所为副科级机构。

（李建功）

民主党派

编辑◎乔才山

中国国民党革命委员会青铜峡市委员会

【参政议政】 民革党员中担任各级政协委员15人、自治区人大代表1人。2017年,民革党员参与各类会议建言献计,有6人、8次就城市建设、农民增收、行风建设、法制建设等问题作会议交流发言。

【课题调研】 2017年,围绕“关于加快农村电子商务发展”开展课题调研,梳理农村电子商务发展存在问题,撰写《关于加快农村电子商务发展,推动农业经济转型升级的调研报告》和《关于加快农村电子商务发展,推动农业经济转型升级的建议》,作为吴忠市委会集体提案,在吴忠政协全委会上进行交流。同时,围绕市委、市政府中心工作,对全市现代物流发展进行调研,提交《青铜峡市现代物流发展情况调研报告》。

【提案工作】 2017年,向吴忠市政协四届三次会议提交集体提案立案6件,提交个人提案立案8件。其中,《关于农村富余劳动力就业一体化的建议》在大会作交流发言;向青铜峡市政协提交集体提案6件、个人提案12件。其中,《关于将怡心园纳入小微游园进行改造的建议》《关于挖掘宣传俞益谟事迹的建议》《关于对外墙保温工程实施回头看的建议》,被确定为青铜峡市政协十届四次会议主席督办提案和重点提案。

【社情民意】 2017年,全年向自治区、吴忠市、青铜峡市三级政协反映社情民意18条,报送各类信息14条。其中1条信息被《宁夏日报》刊载。

【思想建设】 2017年,组织党员集中学习中共十九大精神、民革十三大以及区、市相关重要文件精神。利用吴忠市委会培训活动,开展统战条例知识培训2场,参加培训23人次。加大党员培训力度,组织18人参加吴忠市骨干党员培训班, 20人参加全区党员培训班,选派方艺松参加民革全区“观故居,走多党合作之路”活动,张勇、刘向华参加由吴忠市委组织部、统战部联合举办的吴忠市党外人士培训班。组织16名党员赴盐池县开展红色教育,组队参加全区“不忘合作初心,继续携手前进——纪念民革成立70周年”知识竞赛,获第三名。协助区委会在青铜峡市龙海宾馆举办2017年民革新党员培训班。

【“读书月”活动】 2017年,组织36名党员参加吴忠市统战系统第八届“读书月”活动,开展统战理论大讲堂、好书推荐、学习革命传统、国防教育、“下基层”观摩、文艺作品比赛等。参与“读书月”统战理论征文活动,市委会《关于切实加强吴忠回族文化的建议》获二等奖,《试论民主党派参政议政能力建设》(马长青撰写)获自治区统战理论征文评比三等奖。

【组织建设】 2017年，按照《中国国民党革命委员会章程》规定和民革中央组织工作会议精神，把握方向，坚持标准，切实加强组织发展，力求做到发展与改善党员结构相结合，与参政议政能力建设相结合，与后备干部队伍建设相结合，有针对性地做好组织发展工作，全年发展党员3名。

【损赠活动】 2017年，联系山东明日之星教育基金会，开展"助力教育信息化"捐赠活动，为青铜峡市32所小学捐赠教育信息化管理平台2个、平板电脑60台，价值40万元。

【法律援助】 2017年，青铜峡市法律服务中心先后向社会提供免费法律咨询684次，无偿代写法律文书240份，开展上街宣传4次，进校园普法宣传2次，进移民村普法宣传2次，进宗教场所普法宣传2次，受益群众累计达到3000人次；先后为农民工、下岗职工提供无偿法律援助64人次，挽回直接经济损失68万元。被评为民革全国社会服务先进集体。

【合作共建】 2017年，与市卫生和计划生育局、交通运输管理所、司法局、民族宗教事务局开展对口联系，收集社情民意5条、提案3件，免费发放价值2000元的药品及保健品，发放计划生育宣传及法律宣传资料500份。

（马长青）

中国民主同盟青铜峡市委员会

【主题学习】 2017年，市委会成员深入学习中共十九大会议精神、中央统战工作会议精神及中央、自治区、吴忠市、青铜峡市重要会议精神，定期开展专题学习，50人次参与学习。开展"不忘合作初心 继续携手前进"主题教育活动，12位盟员赴固原参观六盘山红军长征纪念馆，探寻革命先烈足迹，追思红色记忆根源，切身感受"不到长城非好汉"的宁夏精神。

【参政议政】 2017年，围绕青铜峡市委、政府中心工作及相关课题，组织开展调研活动，就经济建设、教科文卫体、社会管理、民生等领域展开思考，做到"建言建在点子上"。政协青铜峡市十一届二次会议期间，14件提案立案，其中个人提案8件。盟员曹文德撰写的《积极推进国家级公共文化示范县（市）创建工作》作为吴忠及自治区政协会议的大会发言材料，在吴忠市政协五届一次会议上作交流发言。

【社会服务】 2017年，发挥家庭教育咨询服务中心作用，从家庭教育入手，加强青少年教育引导。市委会组织盟员、青铜峡市法治办公职律师张烨到市第五中学八年级（10）班，举办未成年人保护专题法律知识讲座。6月1日，民盟青铜峡市委会组织参加中滩中心小学"六一"儿童节活动，向10名家境贫困、品学兼优的少年儿童赠送价值2000元学习用品。上半年，在小坝镇林皋小学开展"烛光助学"活动。自6月1日起，每周安排一位盟员到学校义务讲课，高振海、秦宁霞、文云霞、张烨4位盟员围绕音乐基础知识、合唱发声、口腔卫生保健及成长与法律意识作专题辅导。

【自身建设】 2017年，完成小坝支部换届选举工作，发展新盟员2名，民盟青铜峡市委会被民盟吴忠市委会评为先进盟组织。刘俊琴、高振海等盟员参加市政协组织的"微心愿"活动。盟员刘俊琴辅导学生参加吴忠市第三届青少年机器人大赛获二等奖；参与宁夏第32届青少年科技创新大赛被自治区教育厅、自治区科协评为"十佳优秀科技辅导员"，辅导学生参加全国第三十二届青少年科技创新大赛，3件科技实践作品获自治区级二等奖、4件作品获吴忠市一等奖、1件作品获吴忠市三等奖，被市政府评为"古峡名师"。

盟员陈文婷被评为自治区级骨干教师。盟员黄秀玲获青铜峡市“古峡名师”荣誉称号。盟员秦宁霞参与自治区教育厅“2016年我身边的民族团结小故事”征文活动，获“优秀指导教师奖”。盟员朱永忠获吴忠市青少年毒品预防教育才艺大赛“优秀指导教师奖”。盟员曹文德摄影作品《牛首庙会人如潮》获2017全区“印象黄河·彩虹之上”摄影大赛二等奖，《看病记》获吴忠市首届摄影艺术大展一等奖，《欢乐时光》等3幅作品入展“美丽家乡·幸福生活”全区文化系统干部职工摄影艺术展，《对话与寻找》等2组作品入选宁夏首届青年摄影艺术展，被民盟吴忠市委会评为参政议政先进个人。

（关秀林）

中国民主促进会青铜峡市委员会

【主题学习】 2017年，发挥市委会中心学习组引领示范作用，班子成员带头学习贯彻中共十九大及习近平系列重要讲话精神、市党代会精神，学习《中华人民共和国宪法》及《中国共产党统一战线工作条例》，自治区、吴忠市统战、宗教会议精神及统一战线基本理论，深刻领会精神实质。

2017年1月16日，民进青铜峡市委会在东街社区开展“迎新春送春联”活动

（民进市委会　张萍提供）

【组织建设】 2017年4月，按期完成换届工作。同时，注重改善队伍结构，增强组织活力，全年考察发展新会员3名。

【主要活动】 2017年，结合民进区委会成立35周年，举办“我身边的先进”集中宣讲、趣味运动会、学习交流座谈会、主题征文活动等，弘扬民进优良传统。开展活力支部创建活动，营造“讲先进、学先进”浓厚氛围，提升各支部参政议政热情及支部活力。

【参政议政】 2017年，探索民主党派参加政治协商有效途径，全面履行党派职能，坚持党派工作与全市中心工作紧密结合。青铜峡市“两会”召开期间，提交建议、提案18件，其中重点督办提案2件、建议1件。7名会员被市直有关部门聘为行风评议员，张萍被聘为特邀监察员。年内，举办会内骨干会员及政协委员“关于加强参政议政能力建设”“关于加强信息建设”学习班，邀请主委董克勤系统讲授如何加强参政议政能力建设及写好提案、社情民意等知识。

（刘　敏）

社会团体

编辑◎乔才山

青铜峡市总工会

【概况】 2017年，全市工会工作一心一意谋发展、全力以赴促转型、千方百计惠民生、持之以恒转作风，各项工作成效显著。先后接待中华全国总工会、自治区、吴忠市总工会及兄弟县(区)工会观摩12批300人次，获自治区经审规范化建设A级示范单位称号，4项创新亮点工作经验在吴忠市进行交流。

【工会改革】 2017年，青铜峡市总工会提请市委审议通过并印发《青铜峡市总工会改革方案》，研究制定26条改革措施。改进领导机构人员构成，市总常委会委员、全委会委员和市工会代表大会代表中，一线人员比例分别提高到30%、50%、60%；改进部室设置，资源力量向基层倾斜；加强社会化工会工作者管理，实行社会化工会工作者周例会制度。

【工会第十次代表大会】 2017年12月6日，青铜峡市总工会第十次代表大会在龙海宾馆召开。115名工会代表和20名特邀代表出席会议。自治区总工会副主席毛洪峰、吴忠市总工会副主席彭健应邀出席会议。市领导石瑞林、姬文泽、王洋、杨春燕、何元凯、赵金峰等莅临会议。会议审议并通过青铜峡市总工会第九届委员会工作报告、财务工作报告和第四届经费审查委员会工作报告。在随后召开的十届一次全委会和五届一次经审会上，史君当选为青铜峡市总工会第十届委员会主席，王银英、王爱萍、马尚忠、陈少峰(兼职)当选为青铜峡市总工会第十届委员会副主席；马蓉当选为青铜峡市总工会第五届经费审查委员会主任。

【劳动竞赛】 2017年，青铜峡市总工会在宁夏新希望反刍饲料年产20万吨主体工程、宁夏昊天实业有限公司年产20万台制冷设备建设项目建设现场开展“双比双赛”主体工程劳动竞赛，助推嘉宝工业园区11项重点项目打造精品工程。组织广大职工开展科技创新、技术改造、工艺优化、产品升级等技术创新活动，12家企业创新成果获自治区专项资金补助。举办全市餐饮礼仪、导游讲解员、家政服务及“好吃米饭”技能大赛。培育班组建设示范点3个，完成结对共建班组4对。

【劳模服务管理】 2017年，青铜峡市总工会完善劳模档案，深化劳模“一创两联三建四关心”和“五个一”活动。免费为73名自治区级以上劳模每人订阅一份《宁夏日报》、为62名劳模办理旅游惠民年卡。举办庆“五一”劳模观摩座谈会，安排5名劳模赴区内外进行疗休养。开展劳模宣传周活动，组织“劳模聚服务”活动3场次。新建劳模创新工作室2家，推出创新成果4项。宁夏塞外香食品有限公司、宁夏金昱元化工集团有限公司等单位、铁彬等个人分获自治区、吴忠市“五一”劳动奖状、奖章、“工人先锋号”。

【职工权益维护】 2017年，召开政府与工会联席会议及全市劳动关系三方委员会会议，研究解决涉及工会发展和职工利益问题。办理市政协第十一届委员会提案1件。印发工会“七五”普法规划，在12家企业开展法治宣传和法律进企业“以案示法”宣讲活动。开展“购买式”法律服务，建立职工法律维权服务站1个，受理农民工追索劳动报酬案件4件次，为13名农民工追讨欠薪7.4万元；建立基层劳动争议调解组织81个，举办全市劳动争议调解员培训班和技能大赛，调解劳动争议案件14件次，为38名职工挽回经济损失14.8万元。畅通信访渠道，受理职工信访案件24案37人。配合市劳动监察大队开展拖欠农民工工资清理工作，办理宁夏银熠物质循环利用股份有限公司、宁夏盛业建筑工程有限公司等7家企业拖欠农民工工资案件，为243名农民工追讨欠薪136万元。配合市人力资源和社会保障局、住房和城乡建设局对全市各类企业、建筑工地开展劳动用工和社会保险缴纳情况专项检查，发出劳动保障监察限期整改指令书12份，为153名职工催缴社会保险260万元。参与职业病防治工作，开展“查、保、促”活动，举办劳动保护监督检查员培训班1场次。实施“358”工会劳动保护项目，联合市安监局组织324家企业1025班组开展“安康杯”竞赛，举办全市“安康杯”知识竞赛和万人答题活动。

【民主管理】 2017年，青铜峡市总工会创新职代会制度建设，在全市规模以上企业和职工人数较多事业单位推行职工代表“竞选制、常任制、评估制、奖励制”活动，获多方认可。规范厂务公开工作，在全市镇、街道和52家企事业单位开展厂务公开民主管理规范化建设提升年活动，11家企业达到厂务公开民主管理示范单位标准，33家企事业单位达到星级职代会标准，宁夏金昱元化工集团有限公司被评为全国厂务公开先进单位。完善职工董事监事制度，指导9家公司制企业按照“三规范”“两制度”开展职工董事监事工作。深化职工“抱怨单”工作机制，创新开展“三单三提升”活动，征集“职工维权菜单”1500份、“企业需求订单”183份、“工会维权受理单”26份，80%予以解决。

【工资集体协商】 2017年，青铜峡市总工会启动工资集体协商“春季要约”行动，发出要约书178份；建立集体协商专兼职指导员队伍和指导服务团，深入全市52家规模企业开展集体协商质量追踪周活动，采取上级代理、专家协商、质量评估等办法，推行五种合同文本，实施协商模式精细化、协商程序规范化，培树区域（行业）集体协商典型6个、企业集体协商典型10家，签订工资集体协议178份，覆盖企业336家、职工13848人，合同履约率达92%，得到全总集体协商调研督察组好评。

【扶贫帮困】 2017年，青铜峡市总工会推行“4+X”帮扶模式（即生活救助、助学救助、就业扶助和综合服务），规范困难职工档案1835户。筹措资金193.82万元，走访慰问劳模、困难职工（农民工）、同进村帮扶户1803人，对30名身患重大疾病职工进行救助，资助117名贫困学子圆求学梦、读书梦，深入25家企业及重点建设项目施工工地开展“送清凉”活动。

【职工医疗互助】 2017年，青铜峡市总工会兑现第二期医疗互助活动补助49人，发放互助金17.99万元。8月1日，正式启动第三期医疗互助活动，扩大参与面，提高受益率，取消“两个限制”，吸引全市160家单位8270名职工参加。

【就业服务】 2017年，青铜峡市总工会联合市就业局，举办春季人力资源招聘洽谈会，提供就业岗位12448个，现场达成就业意向3400人，接受就业指导服务300人；收集企业用工需求信息，发布就业信息40期，提供就业岗位857个，推介就业200人。

【女职工工作】 2017年，青铜峡市总工会开展女职工“建功立业”“维权行动月”、权益保护专题调研、心理疏导专题讲座、团体安康保险等活动，青铜峡水泥股份有限公司马冬梅获自治区“最美家庭”荣誉称号。

【“网上工会”建设】 2017年，青铜峡市总工会健全完善困难职工帮扶系统，构建全新服务体系，推进“互联网+”工会普惠化服务工作，建立青铜峡市总工会网站和微信平台、企业、镇（街道）工会微信群。推进普惠化服务，录入基层工会351个、会员26936人、劳模87人、困难职工1882人，办理工会会员服务卡4852张，实现帮扶、救助、普惠化服务一卡通。

【职工教育】 2017年，青铜峡市总工会深化“创建学习型组织、争做知识型职工”活动，举办道德讲堂、读书征文、“读书点亮人生”演讲比赛、文艺汇演等活动，引导职工多读书、好读书、读好书，品书香、增知识、提素质。筹资5万元，与市文明办联合打造青铜峡市级职工书屋示范点10家。

【技能培训】 2017年，青铜峡市总工会推行“订单式”培训服务，在宁夏威格瑞斯电力有限公司、宁夏金昱元化工集团有限公司等企业举办电工、电焊工、锅炉工及家政服务培训班4期，培训职工196人，135人获职业技能等级证书。各基层工会结合实际，举办各类培训200场次，培训职工2万人次。

【文化生活】 2017年，青铜峡市总工会举办全市职工钓鱼大赛、女职工“千人万步走”、职工毽球比赛及非公企业职工趣味运动会、广场文艺演出，组织职工参加全区“随手拍”活动，开放职工文化活动中心，新建职工室外活动场地1处；成立黄河楼职工书画美术馆，接待中非文化交流、举办书画笔会创作等活动17场次；组队参加吴忠市乒乓球比赛、歌咏比赛，获优异成绩。

【组织建设】 2017年，青铜峡市总工会新建基层工会、联合工会、商圈工会36个，发展会员3387人，工会组建率和会员入会率分别达到95%和96%。制定基层工会换届计划，指导15个基层工会按期换届。整顿僵尸工会13家，清理空壳工会103家。加快工会法人资格证和组织机构代码证“两证合一”工作，为120家基层工会办理新“身份证”。落实“会、站、家”一体化思路，加大工会经费向基层倾斜力度，为8镇1街道配备电脑、打印机等设备；开展“区域化职工之家”建设，投入资金69.5万元，支持基层工会新建区域化职工之家9个、职工文化活动中心5家、党群服务中心（站）2家、农民工幸福驿站和流动职工之家各1家。组织干部下基层150次，走访联系点企业108家（次），访谈职工2530名，基层工会组织规范化率达85%以上。筹集资金11万元，为44名困难职工解决实际困难，帮助嘉宝工业园区等5家基层工会建立活动阵地，配备活动器材。

【全市工会干部培训班】 2017年10月26日，在市委党校举办全市工会干部培训班。培训班邀请自治区信访局副局长、副巡视员保建国和自治区总工会权益保障部部长王冬焰就如何做好工会信访维稳、劳动争议调解和工资集体协商工作等内容进行讲解。全市各机关、企事业单位的150名工会主席、工会专干、劳动争议调解员和工资集体协商指导员参加培训。

【信息调研】 2017年，青铜峡市总工会围绕全市工会中心工作，编发信息210期，其中《工人日报》采编5篇、全国总工会信息采编4篇、自治区政府采编1篇、《宁夏日报》采编1篇、宁夏工会网市县动态采编41篇、《吴忠日报》采编12篇、吴忠工会信息采编126篇。全年撰写调研文章7篇，其中4篇文章分别在《工会经审工作》（全国总工会编办）及《宁夏工作研究》《宁夏工运》等杂志刊登。

（袁　芳）

共青团青铜峡市委员会

【思想政治建设】 2017年，共青团青铜峡市委员会抓住建团95周年等重大契机，结合“3·5”学雷锋活动日、“5·4”青年节等重大节日，开展“弘扬雷锋精神·助力青铜峡建设”“清明祭英烈·共铸中华魂”“我的青春我的梦——学习总书记讲话·做合格共青团员”等主题实践活动，引导青少年将个人奋斗融入实现中国梦之中。开展“鲜花朵朵送雷锋”活动，选树先进典型10人。开展“青春激扬红五月·不忘初心跟党走”主题活动，选树“青铜峡市第四届优秀青年”19人，举办“青春激扬红五月·不忘初心跟党走”评选表彰暨青年文艺晚会。联合市教育局开展国学经典图书捐赠活动，其中神华宁煤集团“爱心书屋”捐赠图书价值175万码洋，北京润泽九州科技有限公司捐赠图书价值20万码洋。

【基层组织建设】 2017年，共青团青铜峡市委员会扩大共青团基层组织覆盖面，关注青年“8小时之外”业余时间和生活空间，着力推进“两新”领域等非公团建工作。加强团干部教育管理监督，在团干部中开展“学习总书记系列讲话、做合格共青团员”学习教育，引导团干部切实坚定理想信念，转变工作作风。抓好团员队伍建设，从解决共青团员先进性入手，严格团员标准和入团程序，控制团员增量，提高团员发展质量。优化团员存量，引导团员做网络文明志愿者，推动团员成为注册志愿者，2017年注册比例达到70%。开展团员意识教育，执行戴团徽、唱团歌、过团日和“三会两制一课”制度，增强团员政治、模范和组织意识。

2017年9月3日，团市委开展“携手帮扶孤残儿童 助力移民脱贫攻坚”志愿者服务活动　　（团市委　马小燕提供）

【创新创业创优】 2017年，共青团青铜峡市委员会深化青年文明号、青年安全生产示范岗等品牌工作，开展各领域“最美”争创活动。实施返乡创业行动、农村青年电商培育工程，举办青年电子商务培训班2期，培训创业需求青年103人。加强青年创业孵化平台建设，会同市就业局建成塞上e家网创园，会同市委组织部成立“大学生村官创客联盟”。全市54家企业入驻园区，98名创业青年投身创业项目，全年举办创业培训10场次，覆盖团员青年800人。

【志愿服务】 2017年，共青团青铜峡市委员会打造青铜峡市志愿服务网络平台，组织党团员志愿者进行专门培训，开展志愿者网上注册活动。深化关爱留守儿童、农民工子女、助残“阳光行动”和大型赛会志愿服务等重点工作，做好2017年西部计划志愿者招募工作。建立健全禁毒志愿服务工作机制，规范服务活动管理，选树最佳禁毒志愿服务项目。围绕2017年宁夏引黄灌溉古渠系“申遗”万人签名暨黄河拜水盛典活动，会同市就业局招募100名志愿者，提供会务接待、秩序维护等志愿服务。为宁夏引黄古灌区成功“申遗”大型公益晚会招募50名志愿者。选树并推荐吴忠市表彰最美志愿者5名、最佳志愿服务项目3个、最佳志愿服务社区2个、最佳志愿服务组织2个。

【青少年结对帮扶】 2017年，共青团青铜峡市委员会对全市留守儿童和特需青少年进行排摸，最终确定11名青少年为结对帮扶特需青少年，由团市委全体工作人员和部分基层团委书记进行“一对一”结对帮扶。

【亮路计划】 2017年，共青团青铜峡市委员会实施“亮路计划”贫困高中生结对帮扶工程，组织青铜峡镇、邵岗镇开展前期摸底工作，摸排建档立卡贫困高中生96人。

【希望工程】 2017年，共青团青铜峡市委员会实施助力大学生圆梦行动，设立“青少年大病救助基金”，启动实施希望工程大病救助计划，年内资助家庭经济困难学生100名。

【新媒体平台建设】 2017年，共青团青铜峡市委员会加强共青团微博、微信、青年之声等团属新媒体平台建设，通过开展扫码、集赞送礼等新媒体推广活动，新增关注人数2000人，发布活动信息396条。推动线上发布与线下活动相结合，增强互动性，紧贴青年，精准发声。推出“小伙伴对话共青团”，围绕共青团改革，谈理解、提意见、讲建议。

（马小燕）

青铜峡市妇女联合会

【概况】 2017年，全市妇女工作以服务大局、服务妇女、服务基层为宗旨，以建设“坚强阵地”和“温暖之家”为目标，团结、动员、组织广大妇女在助推经济社会持续发展中主动作为、建功立业，圆满完成各项工作任务。先后获全国“‘中华大家园’少年夏令营活动”优秀组织奖、全国妇女新闻宣传阵地建设“突出贡献奖”、全区实施妇女儿童发展规划先进集体、吴忠市先进妇女组织、吴忠市创建“无毒家庭”先进集体等奖励。

【“巾帼创业创新 共建实力古峡”表彰会暨贫困母亲“两癌”救助金发放仪式】 2017年3月8日，召开青铜峡市“巾帼创业创新 共建实力古峡”表彰会暨贫困母亲“两癌”救助金发放仪式，表彰奖励42名近两年妇联系统涌现出的巾帼创业之星和巾帼建功标兵，为58名贫困母亲“两癌”发放救助金，为8名妇女发放妇女创业小额担保贷款80万元。

【女领导干部和女企业家座谈会】 2017年3月6日，青铜峡市举办“美丽人生　同心筑梦”女领导干部和女企业家座谈会，全市100名女领导干部和30名女企业家参加会议。

【“万名妇女学法律·法制宣传进万家”主题活动】 2017年，青铜峡市妇联立足家庭主阵地，会同市人民检察院、人民法院、司法局、大坝镇等部门、单位共同开展《中华人民共和国反家庭暴力法》《中华人民共和国婚姻法》《中华人民共和国妇女权益保障法》以及禁毒知识为主要内容的“三八”维权周宣传活动。

【“春风行动”创业就业人才招聘活动】 2017年，青铜峡市妇联会

2017年11月30日，青铜峡市第十次妇女代表大会召开

（市妇联　李金红提供）

同市就业局共同举办“春风行动”创业就业人才招聘会，2000名妇女参加，其中有就业意向751人。

【“巾帼志愿服务月”活动】 2017年，青铜峡市妇联会同团市委、总工会、文明办、图书馆，在社区开展“邻里守望，姐妹相助”主题巾帼志愿服务活动10场。

【“香飘万家好吃米饭”技能大赛】 2017年，青铜峡市妇联在全市8个镇和2个农林场组织开展“黄河岸边　稻花香里—香飘万家好吃米饭”技能大赛，选出11名选手参加全市美食文化节好吃米饭决赛，2人获优胜奖。

【巾帼脱贫行动】 2017年，青铜峡市妇联深入推进巾帼脱贫行动，“三八”妇女节期间，在各镇举办“巾帼科技致富工程”培训班8场次，培训近千人，为30名贫困母亲发放“母亲邮包”6000元。年内会同市就业局等单位在移民村举办“巾帼科技致富培训班”，培训内容涉及家政服务、手工编织、农村电商、中式烹饪等，参加培训3000人次。

【“关爱女性　关注健康”讲座】 2017年，青铜峡市妇联在全市各镇（场）、街道、村（社区）开展女性健康教育，普及健康知识，倡导健康生活方式，帮助女性关注自身健康，增强健康意识，养成良好卫生习惯，提高自我保健能力。

【“女干部职工千人万步走”活动】 2017年，青铜峡市妇联倡导“我运动、我健康、我快乐”生活方式，会同市总工会组织1100名机关企事业单位女职工在青秀园开展健步走活动，并对前300名人员给予奖励。

【“母亲节”活动】 2017年，青铜峡市妇联以关爱母亲为荣，组织开展庆祝母亲节系列活动。举办家庭教育、健康知识讲座和妇女维权培训班。聘请自治区妇联专家在全市各基层单位“妇女之家”举办培训班24场次，培训妇女3000人次。开展关爱帮扶活动。委全市15名贫困单亲母亲送去慰问金和慰问品，同时对5名“两癌”患者进行回访，慰问环卫、绿化女工20人。组织引导基层妇联开展庆祝活动。小坝镇开展“感恩母亲　温暖五月”演讲比赛；青铜峡镇开展“粽香浓郁　传递党情”趣味运动会；瞿靖镇开展“片片粽叶裹真情　老少同乐迎端午”系列活动；峡口镇举办“经典传承文明　书香温润峡口”诗文朗诵比赛；陈袁滩镇举办“读书点亮人生”演讲比赛；叶盛镇开展以“关爱母亲健康”体检活动。

【“六一”儿童节活动】 2017年，青铜峡市妇联会同市教育局举办庆祝“六一”儿童节文艺晚会，来自城区各小学、幼儿园300名少年儿童表演合唱《快乐的节目》

《少年中国梦》，舞蹈《上学堂》等节目，1000名小朋友及家长观看文艺节目。会同市公安局、司法局等单位开展“关爱儿童、打击拐卖”宣传活动，发放宣传资料1万份，摆放宣传展板16块，设立咨询点5个，现场解答群众提问20人次。开展节日送温暖慰问活动，慰问贫困儿童30人，发放慰问品和慰问金共计5000元。

【妇女创业小额担保贷款发放】2017年，青铜峡市妇联按照财政部《关于印发〈普惠金融发展专项资金管理办法〉的通知》文件精神，对85个村逐户调查，测算符合新政策贷款家庭数量，并将调查结果逐级上报。同时对有创业意愿的申请人，分两类情况登记造册，对没有申请过妇女创业贷款且符合新政策农户，按照妇女创业贷款流程及时办理贷款；对申请时间超过1年的农户，暂时登记造册，留待自治区配套政策下来后，根据政策变动情况予以办理。年内发放贷款164户767万元。

【巾帼创业示范基地建设】2017年，青铜峡市妇联打造小坝镇先锋村葡萄长廊建设基地、树新林场妇女创业小额信贷经果林建设基地、陈袁滩镇君萍家庭农场示范基地等11个巾帼创业示范基地，申报国家级巾帼创业示范基地2个。

【和谐家庭创建】2017年，青铜峡市妇联在全市唱响“俭、廉、学、德、美、富、乐、和”八字经，东街社区“八在家庭八关爱”家庭文明建设经验写入自治区妇代会工作报告。牵头市综治办、禁毒办、司法局、就业局，开展“阳光救助”“清零”行动、“青春护航”“康乃馨”关爱单亲母亲行动、“蒲公英”社区自我成长行动、“百合花”行动、“爱妮保”行动、“护航春雷”“亲情帮扶”活动。依托“妇女之家”，开展示范家长学校创建活动，在市第五小学、第二小学、第四中学、玉南小学等开展“我爱我家”教育实践、“喜迎十九大 书香润童年”“和雅文化进校园”“聚焦创新 聚力脱贫”“梦想风车·童鞋奔跑”等活动。聘请相关专家在全市各镇、街道开展家庭教育进村（社区）、进企业、进机关活动，举办家庭教育专题讲座15场次。开展“油菜花开 我约你来 寻找家乡老味道家庭厨艺大赛”“书香飘万家，亲子读书月”“抵制高价彩礼，倡导婚嫁新风”“家庭文化节”等主题活动，丰富家庭文化生活。深化家庭教育载体，率先在全区建立“家庭文化基地”“家庭教育实训基地”，小坝镇南庄村、裕民街道怡园社区被确定为吴忠市家庭教育示范点。

【“无毒家庭”创建】2017年，青铜峡市妇联会同市司法局、禁毒办，建立“阳光中途”之家妇女禁毒教育基地，设立禁毒宣传实训点8个，培育“无毒村（社区）”示范点10个。对尚未受到毒品侵害的家庭，开展预防教育；对涉毒家庭进行调查摸底，建档造册，长期跟踪。组织村（社区）各类群众自治组织，对涉毒妇女及家庭成员开展禁吸戒毒帮教工作，举办“巾帼巧手脱贫”手工培训班，帮助吸毒人员及家属自主创业，522户家庭受益。在城郊结合部，开展“关爱流动人口”禁毒宣传活动，协调多部门将18名涉毒人员纳入城市低保救助范围，为368人办理养老保险，为797人办理医疗保险，为20名参加社区戒毒（康复）人员申请廉租房和公租房。

【寻找“最美家庭”活动】2017年，青铜峡市妇联将寻找“最美家庭”活动与开展乡村（社区）好人家、好婆婆、好媳妇等特色家庭创建活动及“我推荐我评议身边好人”“最美人物”、学雷锋志愿服务等活动结合起来，把好家风好家训征集、家风故事演讲、家庭才艺展演、“四德”表彰、“睦邻一家亲”家风家训展示、立家规传家训等贯穿活动全过程，通过群众自述、自编、自演，展示普通家庭风貌。全市共寻找到市级“最美家庭”103户、吴忠市级“最美家庭”20户、自治区“最美家庭”2户、全国“最美家庭”1户。全国首届文明家庭鲁中义家庭先后多次代表宁夏在各地巡回演讲。同时，编印《青铜峡市“最美家庭”故事》600册，发放到各基层妇女组织和全市各行业、各单位。邵岗镇沙湖村、陈袁滩韵馨苑社区打造家风家训展示长廊、展示巷等，在潜移默化中弘扬家庭美德，传承良好家风。

【“两规划”工作】 2017年，青铜峡市妇联协调市卫生和计划生育局实施“消除幼儿贫血行动”项目，为全市4923名6—24月龄幼儿免费发放、服用营养包26680盒。协调市民政部门在全市85个村配备“三留守”关爱督导员，新建“儿童之家”4个。开展妇女健康知识宣传、预防新生儿出生缺陷知识宣讲，力促妇女“两癌”发生起到早预防、早发现、早治疗。免费“两癌”(乳癌癌、宫颈癌)筛查妇女20895名，争取自治区民生项目资金9万元，救助9名“两癌”贫困母亲。协调石家庄少年宫，邀请同兴村小学学生参加2017年“中华大家园”全国关爱各族少年夏令营活动，确定5名特困儿童参加北京夏令营主营活动。

【妇女维权工作】 2017年，青铜峡市妇联结合“平安家庭”“禁毒防艾”“防拐打拐”“千场妇女法制宣传教育进村(居)”等活动，以法律六进、现场咨询、进村入户、民生座谈会、文体活动等形式，以“3·15”“三八”等节日为契机，以《中华人民共和国反家庭暴力法》、禁毒知识等为重点，开展法制宣传活动500场次，参加人数近万人，发放各种宣传资料2万份。健全基层维权长效机制，成立市、镇、村三级婚姻家庭调委会，在市民政局、司法局、法律事务所建立婚姻家庭调解室。加强维权干部网络培训管理，开展家庭暴力知识培训，提升维权站服务妇女工作能力。实行来信来访联接、矛盾纠纷联排、维权服务联动，着力解决信访突出问题。年内，全市妇联系统受理来信来访36件，其中市妇联6件，处理率100%。

【基层“会改联”工作】 2017年，青铜峡市妇联根据全市各镇、街道妇女人口数量、分布等情况，确定基层妇联组织成员数量。各镇(街道)选任主席9名，兼职副主席43名，常委97名，执委155名。将基层妇联组织区域化建设工作和妇代会改建妇联工作结合起来，组织各镇妇联主席和部分基层妇女干部到利通区、银川市等地观摩学习，印发《青铜峡市村(社区)妇代会改建妇联工作实施方案》。按照“党建带妇建，妇建促党建”工作原则，敞开大门建妇联，将妇联组织向村民小组、城市居民网格、非公有制经济组织、社会组织、机关、学校、“两新”组织、功能园区、专业市场拓展，把各方面妇女骨干吸纳到村(社区)担任兼职副主席或妇联执委，确定村(社区)妇联设主席1名(原则上由村、社区“两委”班子女性成员担任)，兼职副主席2人，执委15人，形成村、社区女性共同参与、开放互动、全面覆盖妇女工作新格局，解决妇联工作“倒金字塔”问题。全市85个行政村和14个社区完成“会改联”工作，实现“会改联”基层妇女组织全覆盖。选举产生主席99人、兼职副主席198人、执委1491人。

【青铜峡市第十次妇女代表大会】 2017年11月30日召开。市领导石瑞林、金永灵、王洋、杨春燕、宋建宁、杨红英、李玉梅参加会议。自治区妇联副主席常虹出席会议。会议选举杨建光为第十届执行委员会主席；陆婧、韩淑文为第十届执行委员会副主席；李秋梅为第十届执行委员会兼职副主席；何珊为第十届执行委员会挂职副主席；杨建光、陆婧、韩淑文、李秋梅、何珊、朱丽娟、刘惠萍、邹雪梅、姜海欧、王紫玉、蒋宁侠为第十届执行委员会常务委员。

（李金红）

青铜峡市科学技术协会

【概况】 2017年，青铜峡市科学技术协会切实履行科协组织“四服务一加强”职能，深入推进《全民科学素质纲要》实施和科技助力精准扶贫工作，面向基层，加强领导，完善机制，提升能力，不断强化科学技术教育、传播与普及工作。市科协被评为全国科协系统标兵单位、全区科普工作先进集体。

【深化科协改革】 2017年，制定《青铜峡市科协深化改革实施方案》，开展“会员日”活动，召开科技工作者代表座谈会1次，看望慰问工作在科技一线工作者34人。申报推荐第十五届中国青年科技奖候选人2人、第二届宁夏最美科技人1人、宁夏科技人才托举工程人选3人，其中1人获奖。

【贯彻落实《纲要》】 2017年，编制《青铜峡市全民科学素质行动计划纲要实施方案（2016—2020）》《青铜峡市全民科学素质行动计划纲要实施方案（2016—2020）2017年度目标任务》《青铜峡市全民科学素质行动计划纲要实施方案（2016—2020）工作考核办法》，将《纲要》工作纳入全市效能目标任务考核范畴，明确领导小组成员单位职责，各负其责，形成社会化科普工作格局。

【未成年人科学素质行动】 2017年，以青少年科技活动为载体，开展青少年科技创新大赛、科技实践、科普进校园、“大手拉小手”等科普活动，利用校园网、校园广播、文化角、宣传橱窗等，宣传生态环境建设与保护、交通安全、卫生与健康、节约粮食等各方面科学知识。组织参加第三十二届宁夏青少年科技创新大赛暨第十七届机器人大赛，获自治区各类奖项23项、吴忠市各类奖项122项，市第五中学被评为自治区科技教育创新优秀学校。组织参加自治区科普剧展演，市第五小学“我和我的妈妈臭青篙”参加宁夏第三届科普剧大赛，获吴忠赛区一等奖。

【农民科学素质行动】 2017年，以实施“新型农民培训工程”、科普基层行动计划、“科普惠农兴村计划”为抓手，强化为“三农”服务思想，突出农民增收主题，着力提高农民科学素质。举办优质粮食生产技术等培训班138场次，受训13800人次。征集农民群众最需要解决的技术难题6件，依托百名专家宁夏行活动，邀请3位专家举办专题讲座32场次，受训2700人次。

【城镇劳动者科学素质工作】 2017年，协调团市委、市人力资源和社会保障局、就业局等部门，在各镇集市、创业就业网、人力资源

2017年1月5日，青铜峡市组织开展2017年文化科技卫生“三下乡”集中服务活动

（邵岗镇　武霞梅提供）

网等，举办职业道德、安全生产、职业技能等宣传培训。全年开展送文化、送知识、送健康等志愿服务3次，举办职业技能培训班13期，培训学员645人次。

【领导干部和公务员科学素质行动】 2017年，建立健全机关工作人员教育培训工作制度，将领导干部和公务员科学素质培训内容纳入全市干部年度教育培训工作总体规划和效能目标考核范畴。开展干部培训、公务员网络培训、科普进机关活动等，面向领导干部和公务员普及现代科技知识，传播科学思想、科学方法、科学精神，提高领导干部和公务员科学素质。

【社区居民科学素质工作】 2017年，依托社区科普活动室、青少年科学工作室、科普图书室、科普画廊等科普阵地，发挥街道科协、社区科普小组、科普宣传员和科普志愿者队伍作用，面向社区居民长期开展科学、安全、健康生活等科普宣传和教育。联合相关部门深入社区开展科技、文化、卫生、法律、环保和消费维权等宣传咨询、讲座、报告会及文艺演出等活动52场次，制作科普喷绘挂图120幅，提供科普知识宣传资料1300册(份)、科普宣传画130张，每季度定期更换宣传栏内容，宣传节能减排、生态保护、应急避险、卫生健康等知识，教育居民远离伪科学和邪教、封建迷信，杜绝黄、赌、毒，倡导科学文明生活方式。组织全市干部群众参加2017年宁夏公民科学素质网络(微信)知识竞赛活动，营造科学素质工作氛围。

【科技周活动】 2017年，组织市农牧和科学技术局、工业信息化和商务局、环境保护局、国土资源局、妇联、卫生和计划生育局、司法局、就业局等12个单位在古峡广场开展科普宣传活动，悬挂宣传条幅5条，吸引3400名群众参与，现场接受群众咨询1200人，发放实用技术光盘200张、科技图书400册、计生药品500份、科普宣传挂图及各类资料3.2万份。5月12日，在古峡广场举办防震减灾知识宣传，摆放宣传展板10块，发放地震科普资料及宣传品1600份，开展防震自救模拟训练，增强市民防震减灾意识。

【健康养生知识普及】 2017年4月，邀请市健康教育所养生专家，在各社区、镇场举办健康知识系列讲座，普及“健康生活66条”，讲解健康养生、疾病预防、食疗保养等健康知识，为群众发放春、夏、秋、冬四季健康养生保健手册。

【科技服务】 2017年，发挥科技指导员、科技专家服务团资源优势，安排3名农业技术专家和2名科技特派员深入农业园区、基地设施大棚、农户对科技示范户进行一对一的技术指导服务，举办技术培训班3期，培训人数达200人，发放培训资料1200份。邀请自治区科协、吴忠科协领导深入市农技协、科普示范基地、企业开展调研指导。发挥广播电视宣传广覆盖，易接受的特点，在青铜峡市广播电视台开设科普专栏进行科普宣传。

【科普“七进”】 2017年，实施“科普大篷车行动计划”，促进科普“七进”活动常态化。创办校园科技广角、科普橱窗、科技活动室及社区科普活动室等科普宣传阵地，开展日常科普宣传工作。全年组织科普“七进”活动21次，受益群众7900人次，新建科普画廊2处。

【巩固科普示范市创建成果】 2017年，发挥全国科普示范县示范作用，完善科普设施，壮大科普队伍，实施《全民科学素质纲要》，促进科普工作群众化、社会化、常态化、规范化，建成科普教育基地3个、院士专家工作站2家。

【实施“科普基层行动计划”项目】 2017年，做好已立项“科普基层行动计划”项目实施工作，开展新一轮“科普基层行动计划”项目申报立项工作，培育农村专业技术协会、科普示范基地，培养科技带头人。2017年，创建吴忠市科普示范基地1个、科普示范社区1个、科普示范学校1个，1名农村优秀科普带头人、1个先进农村专业技术协会受到全国表彰。

【实施“助力创新工程”】 2017年，为68家工业企业开展免费“专利数据应用”工作，提高企业自主创新和技术攻关能力；成立院士专家工作服务站，组织企业与院士结对为企业提供技术指导、解决生产技术难题；组织企业参与“自治区创新工程师培养项目”培训，68名工程师受训；经自治区专家团筛选，宁夏新大众农机制造有限公司入选2017年创新工程师培养项目；组织3名青年工程师参与“自治区青年科技人才托举工程”评选，宁夏塞外香食品有限公司张洁获奖。

【科技扶贫】 2017年，会同市扶贫办举办月嫂、家政等培训班，培训学员120人。会同其他部门举办手工技能培训5场次，培训贫困家庭妇女300人。组织相关协会深入贫困户家中，提供劳务需求信息、就业机会，开展劳动技能培训。有4家协会组织劳务务工1200人次，实现务工收入9万多元。向同进村、同乐村赠送电脑4台、图书1000册，建科普宣传栏4个。

（姜仲华）

青铜峡市工商业联合会

【概况】 2017年，青铜峡市工商业联合会紧紧围绕“两个健康”工作主题，坚持“团结、服务、引导、教育”工作方针，带领干部职工和广大非公有制经济人士，以创新求突破，以改革求转型，以转型求发展，各项工作取得较好成效，再次获全国县级“五好工商联”称号。

【形势政策宣传教育】 2017年，青铜峡市工商联合会深入学习宣传习近平总书记治国理政新理念新思想新战略，特别是习近平总书记来宁视察重要讲话精神；制定和完善理想信念教育活动方案，在11个商协会和会员企业开展“守法诚信、坚定信心”理想信念教育实践活动，组织会员学习习近平总书记“7·26”重要讲话，邀请自治区党校教师深刻解读《中共中央、国务院关于营造企业家健康成长环境，弘扬优秀企业家精神，更好发挥企业家作用的意见》，宣传优秀企业家先进事迹。

【履行社会责任】 2017年，工商联学雷锋志愿服务队——亮点造型工作室在学雷锋日、“三八”妇女节、重阳节等节日，为社区群众义务理发80人。宁夏塞外香食品有限公司在四川九寨沟地区发生地震灾情后，连夜组织爱心车队奔赴救灾第一线，运送救援物资塞外香自热米饭2458箱，价值50万元。青铜峡市博冠运输维修联合商会组织“爱心送考车”志愿服

2017年4月12日，全国工商联直属商会百名企业家到青铜峡市观摩考察

（市工商联　马翠霞提供）

务活动，高考期间组织65辆出租车两天义务接送考生2200人次。“八一”建军节，30名民营企业家慰问青铜峡某部官兵，为部队官兵送去3000元慰问品。全年各会员企业组织开展各类公益扶贫慈善活动9场次，累计捐款捐物51万元，援助困难群众300人、贫困学生2人；组织学雷锋志愿服务活动2次，服务社区居民60人次。

【企业文化示范点创建】 2017年，制发企业文化创建标准、具体细则和考核办法。宁夏新大众机械有限公司举办“感恩心连心、全员共奋进”主题元旦文艺晚会，职工自编节目，歌唱党的领导，展示公司员工主人翁风采。工商联食品商会、嘉宝园区华山商会举办迎新年会员联谊会，促进会员之间沟通交流，增进各会员企业之间友谊，加强同业间交流与合作。食品商会举办端午节“团康”活动，通过踢毽子、跳绳、踩气球等趣味活动，丰富节日氛围。宁夏金昱元化工集团有限公司以“全面落实企业安全生产主体责任”为主题，组织员工开展隐患排查整治、行为规范自查自纠、安全生产应急预案演练、安全生产知识竞赛、“杜邦”安全理念推广等安全生产实践活动，并于12月举办“感激金昱元，争当好员工”演讲比赛，12名员工分获一二三等奖。年内，市工商联举办“福润香”杯第二届非公企业趣味运动会，17个代表队、211名运动员参加拔河、跳绳等10个项目比赛；举办全市非公企业“不忘初心，永远跟党走，争做优秀中国特色社会主义事业建设者”专场广场文艺演出，11个商(协)会和会员企业代表队参加演出，宁夏新大众机械有限公司小合唱《咱们工人有力量》、青铜峡市圣花幼儿园舞蹈《撸起袖子加油干》，展示非公企业员工积极向上、奋勇争先精神风貌。

【服务会员办实事】 2017年，联合市就业局举办2017年春季人力资源招聘洽谈会，现场设立企业招聘区、产品展销区、政策宣传区、培训招生区。193家单位入场，提供就业岗位8300个。80家会员企业、10个商(协)会参加人才招聘会，现场签约300个工作岗位。市工商联现场发放《国务院关于促进中小企业发展的若干意见》和《宁夏回族自治区暂免或取消的15项小微企业行政性收费》等政策宣传资料1000份。

【非公经济人士学习培训】 2017年，实施企业家素质提升工程，举办第九届执委培训班，邀请自治区党校党史党建研究室副主任、副教授王琼围绕《全面深化改革进程中非公企业的历史使命和担当》作专题辅导，工商联主席、副主席、执委及会员80人参加培训。组织副主席及工商联各商(协)会会员50人参加吴忠市工商联举办的自治区第十二次党代会精神辅导讲座。协助青铜峡市嘉宝园区华山商会选送7名企业家参加北京蓝海商业四维分享培训班。8月25—30日，会同市非公经济服务中心举办轴承制造行业专业技术人才培训班，为期6天，邀请河南科技大学机电学院轴承系副教授周近民和吴忠职业技术学院讲师范立荣讲授《轴承套圈加工工艺》和《PLC综合控制系统的应用》等课程，宁夏勤昌轴承制造有限公司、宁夏菲斯克汽车轮毂轴承有限公司等9家企业50名技术人才和技能人才参加培训。全年举办各类培训班6场次，培训企业经营管理人员500人次。

【“四好”商会建设】 2017年，围绕“班子建设好、团结教育好、服务发展好、自律规范好”标准，组织食品商会、室内装饰协会、亨通建筑建材商会、嘉宝园区华山商会开展“四好商会”创建活动。

【参政议政】 2017年，关注全市经济社会发展重大问题和热点、难点问题，深入开展调查研究，为全市经济社会发展出谋划策。在市政协十一届一次会议上，市工商联提交多个议案，16件提案立案，其中《关于加快青铜峡全域旅游创建工作的建议》被立为重点提案。

【招商工作】 2017年，根据《全国工商联十一届十次常委会议暨民营企业助推宁夏创新发展大会企业信息》名录，向市经合局提供285家企业信息。先后3次到浙江、上海、山东等地开展招商引资工作。邀请外省住宁夏商会会长17人参加宁夏引黄古灌区申遗招商考察活动。

【服务业提升年活动】 2017年，协助市工业信息化和商务局举办“黄河岸边 稻花香里——香飘万家好吃米饭”比赛，56家会员餐饮企业参加比赛活动，9家会员餐厅获优胜奖。配合市餐饮商贸服务领导小组做好餐饮业明厨亮灶改造及特色小吃开发挖掘工作，参加餐饮酒店考核考评，提升全市餐饮住宿及服务行业档次和水平。春节前，动员工商联会员到东区市场摆摊设点，参加特色商品展销。

（马翠霞）

青铜峡市伊斯兰教协会

【教职人员学习培训】 2017年，青铜峡市伊斯兰教协会制定《2017年“三定”学习安排》，全市各清真寺开学阿訇人手1份，从学习时间、内容、纪律等方面提出要求。全年分别在协会会议室和峡口镇政府会议室召开伊斯兰教界人士“三定”学习会议6场次，市伊斯兰教协会副会长、委员和各清真寺开学阿訇300人次参加会议。同时，利用“三定”学习进行爱国主义教育，引导伊斯兰教人士发扬爱国爱教优良传统，坚持“四个维护”原则，在重大问题上是非分明，立场坚定，旗帜鲜明，与党和政府保持高度一致，自觉维护各民族之间、各教派之间和教派内部团结。

【协会五届二次全委会议】 2017年3月7日，在市环境保护局三楼会议室召开青铜峡市伊斯兰教协会五届二次全委会议。市伊协全体委员，部分清真寺代表，市委统战部分管副部长、市宗教局局长参加会议。市委常委、统战部部长马光锋参加会议并讲话。伊协常务副会长丁少云向全委会作工作报告，回顾总结协会2016年工作，安排部署2017年工作。协会会长杨万宝宣读吴忠市伊协《关于倡导移风易俗，崇尚勤俭节约，树立文明新风的倡议书》，号召各清真寺教长要向穆斯林群众倡导树文明新风，推进移风易俗，培育健康文明的社会风尚。

【自治区宗教工作会议精神培训会】 2017年2月13日，市委统战部、市民族宗教事务局在市委党校召开全市宗教界人士学习自治区宗教工作会议精神培训会。全市伊斯兰教界人士约100人参加会议。会议邀请自治区宣讲团成员、自治区宗教局一处处长李宝银就“深入领会中央关于宗教问题的新思想新观点新要求，切实把思想和行动统一到中央的部署上来；坚持宗教中国化方向，积极引导宗教与社会主义社会相适应；切实加强党对宗教工作的领导，巩固好、发展好我区民族团结、宗教和顺、社会和谐的大好局面”作深入讲解。吴忠市民族宗教局马建余联系吴忠市宗教工作实际情况全面解读全区宗教工作会议精神。

【《古兰经》诵读和“卧尔兹”演讲比赛】 2017年3月，在鸿乐府拱北、西滩清真大寺、杨滩清真寺、同富村清真寺等场所，围绕贯彻全区宗教工作会议精神为主线，以“勤劳致富两世吉庆”主题，举办“卧尔兹”巡回演讲活动10场次，1200余名回族群众聆听演讲。5月23日，吴忠市举办全市伊斯兰教界践行社会主义核心价值观文化交流活动暨第六届《古兰经》诵读和主题“卧尔兹”演讲比赛，青铜峡市9人参赛并获奖。6月6

日，在青铜峡镇同进清真大寺举办伊斯兰教界《古兰经》诵读暨倡导移风易俗主题“卧尔兹”演讲比赛活动。参赛选手围绕移风易俗反对高额彩礼、孝敬父母、禁毒戒毒、谨守中道，反对极端等主题，号召穆斯林群众既要为现世而奔波奋斗，过幸福安康的日子，更要弃恶扬善，着眼于将来，积善存德，两世幸福，破陈规，除陋习，传文明，树新风，为创建全国文明城市营造清纯简朴社会风气。全市21名选手参加比赛，同进清真大寺及清真寺附近回族群众300人旁观比赛。9月，“民族团结月”期间，组织以移风易俗健康教育为主题的“卧尔兹”巡回演讲4场次，来自市委统战、宗教、伊协等部门和各清真寺坊穆斯林1000人参加演讲活动，峡口镇、青铜峡镇、陈袁滩镇、裕民街道、市农牧和科学技术局、市健康教育所向到场穆斯林群众发放戒毒禁毒、农业技术、健康教育宣传品2000份。

【维护团结稳定】 2017年，在正月十三、三月二十七、四月初八、五月初十等大型宗教活动日，配合统战、宗教部门事先掌握动向，向信教群众宣传法律法规，引导他们依法进行宗教活动，自觉维护社会稳定和民族团结，不定期到各清真寺，了解伊斯兰教方面情况，发现问题及时处理。先后深入小坝清真寺、铝厂清真寺、西滩清真大寺排查，维护伊斯兰教领域稳定。

【军寺共建】 2017年3月2日，新华社副社长到小坝镇新林清真大寺，就军寺共建活动进行调研、采访、观摩。在“八一”建军节前夕，青铜峡市22座清真寺伊斯兰教界人士带着羊肉、油香、馓子、西瓜等慰问品，慰问驻青部队、武警青铜峡中队和青铜峡消防中队。

【《青铜峡市新编卧尔兹演讲集》出版】 2017年，收集“卧尔兹”比赛选手获奖文稿件进行修改、整理，编辑出版《青铜峡市新编卧尔兹演讲集》（第三辑）。同时，从中国伊协、自治区伊协《卧尔兹演讲集》中，精选一部分经典“卧尔兹”讲稿，编辑出版《2017年卧尔兹演讲推荐篇目》，全市伊协委员、开学阿訇人手一册，作为“卧尔兹”宣讲范文。

【干部队伍培训】 2017年5月7—9日，选送4名干部参加在自治区社会主义学院举办的青铜峡市第一期统战宗教干部和宗教界人士培训班，增强理论素养，提高宗教工作本领。

（马耀宗）

青铜峡市残疾人联合会

【概况】 青铜峡市残疾人联合会成立于1989年8月，有在职干部职工46人，内设5各科室、1个直属康复中心。各镇、农林场、街道办设残联，有专兼职残联干部12人。2017年，全市残疾人工作履行“代表、服务、管理”职能，实施残疾人民生计划，扩大残疾人基本生活保障和服务覆盖面，解决残疾人康复、教育、就业、扶贫、社会保障、组织建设、法律维权、文化体育等方面的问题。峡口镇郝渠村社区康复站、小坝镇林东社区康复站、邵岗镇玫香园社区康复站被命名为省级规范化残疾人社区康复站；紫薇社区康复站、南苑社区康复站、中西医结合医院康复站被命名为吴忠市级残疾人社区康复示范站。

【残疾人康复】 2017年，为230名精神类残疾人免费发放精神类治疗药品26万元；为10名精神类住院患者给予每人1500元救助；为贫困肢体残疾人捐赠轮椅260辆、辅具1250件；为5名听力残疾人免费配戴助听器，捐赠斯达克助听器专用电池4550粒；对42名0~6岁残疾儿童进行抢救性康复训练；为11名肢体残疾人免费安装假肢、13名肢体残疾人免费装配矫形器23例；为150名肢体残疾人提供社区康复指导和训练；筛查上报6名肢体残疾患者进行骨关节置换手术，免费为4名残疾儿童做肢体矫形手术；转介300名白内障患者到定点医院免费治疗；义诊癫痫病患者147名，对36名盲人进行盲人定向行走培训，为60名低视力患者验配助视器120件；会同市卫生和计划生育局举办“2017年青铜峡市精准康复服务暨社区康复员培训班”，培训学员120名。全年为3500名各类残疾人提供精准康复服务，服务率达到72%。

2017年12月6日，市残联举办全市精准康复服务暨社区康复员培训班 （市残联　李莹提供）

【残疾人就业培训】 2017年，会同市就业局等单位举办2017年春季人力资源招聘洽谈会，12名残疾人与用人单位签订就业意向。依托各镇举办残疾人农村实用技术培训班4期205人次。筹集资金10万元，委托宁夏义工联合会承办残疾人刺绣、手工艺品制作培训班7期36天，累计培训820人次。同时，在培训期间组织义卖活动，卖出手工制品1800件，为残疾人创收1.2万元。在青秀园设立流动专柜，安排残疾人长期售卖手工艺制品。为45名残疾人提供价值1000元学习卡。

【残疾人保障金征收使用】 2017年，会同市地税局、财政局做好残疾人就业保障金年审暨征收工作，入库金额达到334万元。为30户符合条件的新增自主创业残疾人申请项目扶持资金6万元；为4名创办盲人保健按摩所残疾人发放补助和奖励资金2.6万元。持续抓好金科达残疾人就业创业基地和恒源林牧场、天徕农牧发展有限公司贫困残疾人扶贫基地建设指导工作。

【扶残助学】 2017年，实施自治区民生计划扶残助学项目，为10名符合标准的贫困在园残疾儿童发放助学资金1万元，为4名考入大中专院校的贫困残疾学生发放助学资金1.3万元，为2名贫困残疾人家庭子女资助学费2000元。经过摸底排查，全市有3~7岁残疾儿童60名。其中，持证残疾儿童49名、疑似残疾11名，完成数据录入分析上报工作。

【残疾人社会保障】 2017年7月1日，按照自治区人民政府要求，将“两项补贴”审批、发放工作移交市民政、财政部门。采取“一卡通”形式，为3152名残疾人发放生活补贴378.24万元，为3506名残疾人发放护理补贴336.58万元，为符合条件的25名残疾人和2家企业申请康复扶贫贷款贴息资金，为42名残疾人个体工商户申请养老保险补贴，为42名申请智力、精神和重度残疾人进行残疾评定补贴。全年慰问残疾人804户，发放慰问金63万元。

【换证维权】 2017年，按照国家标准，做好残疾评定和核换发残疾人证工作，审核换发残疾人证7851本。为残疾人提供优先、优惠法律援助服务，处理残疾人来信来访12人次。为1103名肢体残疾人申报燃油补贴28.67万元。筹措资金31万元，为瞿靖镇60户贫困残疾人进行坡道改造、卫生间扶手、低位灶台、多功能床等无障碍设施改造。

【残疾人文体活动】 2017年，围绕2017年助残日主题，采取政府购买、残联搭台、宁夏义工联合会协办方式，组织27户残疾人及其家庭成员开展“五个一”残疾人文化进家庭活动（即看一次电影、读一本书、游一次园、参观一次展览、参加一次文化活动），吴忠广播电台FM916全程进行报道。开展残疾人康复体育进家庭项目，将康复体育器材、使用方法、康复体育服务送进50名无法走出家门的贫困重度残疾人家中。加大残疾人工作宣传力度，向各类报刊、电台等新闻媒体发表文章信息62篇。其中，自治区残联网站采用30篇、中国残联官网刊发4篇。

【政府购买残疾人服务】 2017年，市政府安排专项资金30万元，通过政府采购招标，由中标机构利通区宁居通智能化社区服务中心为300名残疾人提供上门服务。

【残疾人信息调查】 2017年，制定《青铜峡市开展残疾人基本服务状况和需求信息数据动态更新工作实施方案》，于2017年7月1日启动全市7763名残疾人入户调查。其中，入户调查7102人、电话调查288人、查无此人68人、迁出59人、空挂户32人、外出83人、死亡131人，入户调查率达到96.1%。8月底，完成信息采集和审核录入工作。9月底，完成残疾人服务状况和需求信息数据动态更新事后质量抽查工作。

【康复中心建设项目】 青铜峡市残疾人康复中心项目属2016年国家下达的中央预算内投资项目，项目地址位于青铜峡市唐源街以北，亲民街以西，星河尚城小区东南。工程概算总投资1744万元。其中，中央预算内投资800万元、市财政配套资金344万元、自筹资金600万元。项目占地面积10亩，建筑面积6100平方米，主要建设综合康复设施、残疾儿童康复设施、辅助器具中心设施、室外运动场地、车库及辅助用房及停车场。截至2017年年底，完成主体楼及附属用房外墙保温、室内外墙体抹灰、屋顶防水、挂瓦、窗框、上下水管道、消防管道、电气安装。计划2018年5月底竣工验收，6月30日前投入使用。

【残疾人托养中心建设项目】 青铜峡市残疾人托养中心项目属2017年国家下达的中央预算内投资项目。项目地址位于新建青铜峡市残疾人康复中心院内，工程概算总投资600万元。其中，中央预算内投资480万元、市财政配套资金120万元。工程建筑面积2000平方米，主要建设生活技能训练用房、康复治疗用房、培训与教育用房、就业训练与劳动技能培训用房、托养住宿用房、日间照料用房、生活用房、辅助用房等。截至年底，项目办完所有建设手续，开工建设。计划2018年7月底竣工验收，8月30日前投入使用。

【中残联工作调研】 2017年8月24日，中残联副理事长王梅梅在自治区残联理事长娄晓萍陪同下，到青铜峡市实地调研市残疾人康复中心建设项目情况。

【“集善扶贫健康行”项目考察】 2017年11月27—29日，中国残疾人福利基金会、中国康复研究中心（“集善扶贫健康行”骨关节项目专家组）到青铜峡市实地考察“集善扶贫健康行”项目执行情况。《人民日报》、中央电视台《人民政协报》《公益时报》《健康报》。新华社宁夏分社记者全程进行手术拍摄、患者采访慰问、手术医生采访及术后患者家庭探访，中央电视台于11月29日播出。

（李　莹）

经济管理

编辑◎乔才山

宏观经济管理

【概况】 市发展和改革局是市人民政府直属工作部门，挂市物价局、粮食局牌子。有下属事业单位1个:青铜峡市服务业发展促进中心。内设办公室、项目管理科、综合科、价格监督检查所。行政编制27名,实有人员24名;后勤编制4名,实有人员3名;事业编制13名,实有人员12名。2017年,全市宏观经济管理工作牢固树立创新、协调、绿色、开放、共享发展理念，主动适应经济社会发展新常态，以提高经济发展质量和效益为中心,以“谋发展、抓投资、筹资金”为重点,加强经济运行监测,狠抓投资项目监管，努力夯实基础工作，力促全市经济社会稳步发展。

【计划编制】 对照2017年国民经济和社会发展计划，结合上半年经济运行分析、各部门半年工作总结，起草完成青铜峡市2017年国民经济和社会发展计划上半年执行情况报告，并经人大常务会审查组审查通过。

【经济运行分析】 2017年，草拟每月经济形势预测分析报告,并上报自治区发改委。配合自治区和吴忠市发改委，开展经济运行调研6次。执行经济运行预测分析制度,密切关注经济运行走势,围绕“摸清情况、分析原因、预测趋势、研究对策、提出建议”五个重点,加强定量定性分析,强化经济运行监测预测,做到月简析、季分析,为市委、市政府决策提供依据。2017年,全市实现地区生产总值150.4亿元,同比增长6.2%。其中，第一产业实现增加值17.6亿元,增长4.2%;第二产业实现增加值93亿元,增长6.4%;第三产业

2017年7月23日,青铜峡市召开经济工作推进会

（市网信办　刘中锋提供）

2017年10月9日，青铜峡市召开全市经济形势分析和统计知识培训会议　　（市网信办　刘中锋提供）

实现增加值39.8亿元，增长6.6%。完成社会消费品零售总额22.5亿元，同比增长9.4%；完成地方公共财政预算收入7.95亿元，同比增长11.2%；实现城乡居民人均可支配收入25547元、13135元，分别增长8.1%、9.1%。

【上争资金】 将2017年25.8亿元目标任务分解下达全市47个责任单位。为确保目标任务完成，深入研判国家投资方向、民族地区优惠政策及自治区工作重点，采取“吃透政策找项目、预判政策造项目、影响政策要项目”等方法，协调指导各部门、单位做好项目前期准备及申报工作。同时，采取以通报促进度、以考核推任务等方式，促进各项工作有序推进，全年落实上争资金23.9亿元。

【项目审批】 2017年，对所有非涉密投资项目实行在线审批制，做到全透明、可核查，实现“平台受理、在线办理、限时办结、依法监督、全程监察”。年内，审批各类政府投资项目71项、企业备案136项。

【“双百”行动】 2017年，经过全面筛选整合，确定130个项目，年度计划投资150亿元。将每个项目建设任务细化分解到责任领导和责任单位，明确时间表，制定路线图，坚持周调度、月督查，定期召开项目建设调度会，力促所有项目按时限要求、按进度计划、按质量标准有序推进。至年底，开工104项，开工率80%，累计完成投资115亿元。

【固定资产投资】 2017年，结合“双百”项目建设行动计划，分类梳理投资入库项目，按月分解投资任务，协调市统计局和项目建设单位完善入库手续，跟踪落实项目投资情况，千方百计盯入库、促投资。全年完成固定资产投资136亿元，同比增长13.2%。

【项目储备】 2017年，抓住国家、自治区支持“产业结构调整、统筹城乡发展、能源资源节约和环境保护、区域协调发展、民生改善”等重大发展机遇，建立“谋划一批、立项一批、建设一批、投产一批、储备一批”项目循环推进机制，谋划储备2017年建设项目。年内，筛选储备项目170个，总投资335亿元，年度计划投资113亿元。

【政府投资项目监管】 2017年，规范基本建设程序，落实项目法人责任制、招投标制、工程监理制、合同制和项目建设工程质量责任制，依法履行行政监督职能，从项目申报、方案设计等方面严格把关，对项目建设进行全程监管，密切关注项目进度和建设质量。资金使用上严格按照项目建设进度拨付建设资金，确保专款专用和政府投资项目顺利实施。

【粮食流通管理】 2017年，开展“中国好粮油”示范县创建活动，争取中央及自治区补助约1.06亿元；开展大农户科学储粮仓项目建设，争取国家及自治区项目补助资金近70万元。加强全市61家粮食经营者经营活动监管，加大粮食流通领域执法力度，严厉打击违法行为。严格粮食收购资质，对粮食收购许可证进行年审，46家通过资格年审，注销9家收购资格。确定宁夏塞外香食品有限公司等4家粮油加工企业为应急粮油加工点，确定军供站、宁夏青铜峡市法福来面粉有限公司、宁夏国平油脂有限公司3家企业为成品粮油应急储备承储企业，全市储备应急粮油570吨。开展辖区粮食库存情况检查，做好自治区库存检查领导小组复查迎检工作。解除粮油收储公司27名职工劳动合同，发放经济补偿金227.5万元。

【物价管理】 2017年，开展价格调控工作，对1家平价农贸市场、4家平价商店执行价格巡查，全年调整、发布各平价商店（市场）执行价格86次。发挥“12358”价格举报平台作用，开展节日市场价格、化肥和种子价格、民办幼儿园收费、商业银行收费、电力价格等各类价格收费执法检查工作，受理价格举报咨询案件27件，结案率100%；完成涉案价格认定案件77起，涉案标的总金额308.24万元。同时，做好蔬菜价格政策性保险宣传、牵头协调工作，与市人民财产保险股份有限公司协调争取上级部门蔬菜政策性保险资金237.92万元；上报蔬菜生产基地冷链设施项目2个，投资金额3955.68万元。

【服务业发展】 2017年，完善服务业发展机构，成立青铜峡市服务业发展促进中心。做好服务业项目收集汇总工作，建立服务业发展项目库，上报自治区服务业引导资金项目4个，争取项目2个，落实项目资金1320万元。抓住黄河楼景区被批准为国家AAAA级旅游景区有利时机，举办“红红火火过大年”“欢天喜地闹元宵”及春季特色产品展销会活动和黄河古灌区申遗文化宣传晚会，会同市旅游局开展全域旅游惠民年卡发售和文化旅游赴外宣传推介活动，引导企业、商户开展促销，有力带动全市消费市场。

（张治民）

国土资源管理

【项目用地保障】 2017年，国土资源管理工作按照“积极主动、严格管理”要求，做好全市重大基础设施、民生项目建设及招商引资项目用地服务保障，通过提前介入、主动对接、全程服务，提高土地报批效率，确保项目早日开工建设。全市新增建设用地总量133.33公顷。其中，农用地100公顷（耕地46.67公顷）、未利用地33.33公顷。截至6月1日，上报新增建设用地项目5个批次、面积79.69公顷。其中，经自治区人民政府批准建设项目用地2个批次6个项目，批准用地面积4.33公顷；上报待批2个批次5个项目，批准用地面积56.69公顷。挂牌出让建设用地13宗，成交10宗，流拍3宗，成交土地面积752.45亩，成交金额13475万元，成交率达到77%。办理建设项目用地用途变更5宗，补交价款474.61万元；办理企业改制用地4宗，补缴出让金681.47万元；审查办理临时用地及临时土场6宗，收缴租赁费516.85万元、生态恢复保证金608.8万元。协调市农牧等相关单位审查设施农用地13宗，面积1738亩，办理备案8宗，备案面积537.3亩，收取土地租赁费 37.78 万元。完成新材料基地、嘉宝轻纺工业园区工业用地清查。截至年底，已审批工业用地中，新材料基地闲置 131 公顷（含批而未供）；嘉宝轻纺工业园区闲置 43 公顷（含批而未供）。开展城镇低效用地评价工作，完成标准制定、外业调查，正在进行内业整理工作。

【重点项目征地】 2017 年，组织实施银川市正源街至青铜峡市快速通道征地 1860 亩、京藏高速公路拓宽征地 420 亩、境内黄河堺砌护征地 180 亩、干渠渠堺加宽改造征地 45 亩及“十三五”生态移民土地回购工作。所有项目征地，均按照“两公告、一登记”有关规定，补偿费以一卡通方式兑付给农户，确保农户利益不受损害。

【耕地保护】 2017 年，按照永久基本农田划定成果，落实耕地和基本农田保护责任制，层层签订耕地保有量和基本农田保护责任书，压紧压实各镇及相关部门耕地保护责任，招标制作永久基本农田标识，确保耕地保有量 53.14 万亩、基本农田 42.23 万亩保护工作落到实处。年内，按照“先补后占，占一补一”原则，保证耕地占补平衡，建立占补平衡台账，征收耕地开垦费 491.534 万元。编制鸽子山和青铜峡市恒源林牧有限公司马长滩“占补平衡”项目设计方案，经自治区国土资源厅验收认定。

【推进项目实施】 2017 年，组织实施青铜峡铝业股份有限公司自备电厂周边矿坑填埋恢复工作；完成大坝、小坝、瞿靖、叶盛镇村庄改造清渣项目总工程量的 65%。组织实施青铜峡镇广武生态移民项目、三趟墩高标准基本农田项目，分别完成总工程量的 98%、95%，11 月底广武生态移民项目筹备验收；9 月 8 日，雷布梁矿山地质环境治理项目通过自治区国土资源厅验收。做好相关项目申报工作，2018 年峡口镇鑫田村、跃进村高标准基本农田建设项目通过国土资源厅专家预审，正在编制初设方案。

2017 年 2 月 20 日，自治区国土资源厅检查非煤矿山安全工作
（市国土资源局　王新枝提供）

【土地利用总体规划实施】 2017 年，做好土地利用有关数据核查上报工作，为自治区及吴忠市空间规划编制，提供准确基础数据和相关图件，配合做好图斑核对、地类调整等工作。抓好各类建设项目用地规划审查、预审，完成青铜峡市至银川正源街快速通道项目涉及基本农田调整、补划及调整峡口皮草产业园等项目规划用地。完成城乡建设用地增减挂钩三期项目变更、资料整理和验收工作。

【国土资源执法】 2017 年，坚持事前巡查、事中监督、事后查处工作方法，加大国土资源巡查力度，落实巡查责任追究，将非法占地、破坏耕地和违法采矿等违法行为消灭在萌芽状态。全年开展土地和矿山动态巡查190次，责令停工67次，下发整改通知33份；土地和矿产违法立案66起，罚款1492375元，收缴1361394元。其中，土地违法立案35件，罚款384703元，收缴343722元；矿产违法立案31件，罚款1107672元，收缴1017672元。扣押采矿机械60台，拆除采矿设备和附属设施7家，立案查处盗采行为36次，对白某非法采矿案上报自治区国土资源厅进行开采价值鉴定，待鉴定报告出具后移交公安机关处理。同时，开展2016年度土地矿产卫片核查。2016年度涉及土地面积19901.5亩，其中耕地面积2427.2亩。违法用地63宗，涉及土地面积437.5亩，其中耕地面积为46.92亩，应立案40宗，立案38宗并查处完毕。矿产资源卫片图斑2个，处置2个。违法占用耕地比例降为4.8%（2015年为8.9%），工作成绩位列全区第五、吴忠市第二。并抓好“12336”违法举报电话受理工作。举报信件做到受理转办有登记、有专人负责、有完成时限、有上报情况，及时回复反馈，确保“件件有着落，事事有回音”。全年“12336”电话受理6件，回复办结6件。

【不动产登记】 青铜峡市不动产数据整合工作于2016年9月10日正式开展，2016年9月28日全面实施不动产统一登记工作，截至2017年年底，不动产登记事务中心窗口受理各类不动产登记业务1.3万件，发放不动产证书7790本（不动产权证4429本，不动产登记证明3361本），注销登记1270件，查封登记310件。完成土地落宗2457宗，权籍测量及调查22.45平方公里，房产信息录入业务数据库48071户。

【矿产资源管理】 2017年，加强矿政管理，对所辖区矿山企业定期检查，核实矿权界线、爆破范围，及时制止越界超层开采行为。全年挂牌出让采矿权8家，摘牌5家，核发采矿许可证3家，收取采矿权价款238万元。落实矿山企业扬尘治理主体责任，组织矿山企业开展中央环保督察组矿山扬尘治理整改工作，对整改不彻底的矿山企业全部实施停产、停运措施。非煤矿山完成混凝土硬化道路14家、沙石硬化6家，完善除尘设施14家，安装防风抑尘网12家。强化矿山安全生产和地质灾害防治，坚持矿山安全监督检查制度，对夜猫子山有安全隐患的矿井予以封堵。同时，落实地质灾害防治措施，坚持24小时值班制度，建立健全群防群测网络，保证无地质灾害事故发生。

【资源保护宣传】 2017年，在“地球日”“土地日”等节日，采取上街咨询、发放资料、悬挂标语、举办培训班等形式开展宣传教育活动。全年开展上街宣传咨询活动10次，制作宣传展版20块，悬挂宣传标语18条，发放宣传材料8000份，接受群众咨询100人次。

（刘彩云）

市场监督管理

【概况】 2017年，全市市场经营主体总量达到16511户。其中企业3614户、农民专业合作社715户、个体工商户12182万户。有网店240家，其中企业164家、个体工商户76家。食品生产经营单位3300家。其中，餐饮1313家、小作坊224家、流通环节1680家、生产环节83家。2016年，应公示企业3168户，已公示2613户，注销79户，完成85%。2016年，应公示个体工商户11763户，已公示个体工商户10899户，注销833户，完成99.74%。2016年，应公示农民专业合作社672户，已公示499户，注销14户，完成76.3%。全市有药品批发企业2家、药品零售连锁总部1家、零售药店101家；医疗机构185家；医疗器械生产企业2家，医疗器械批发企业4家，医疗器械专营企业9家，医疗器械兼营企业89家，共计393家。登记在册特种设备2252台件。其中，电梯358部、锅炉126台、压力容器1039台、起重机552台、大型游乐设备37台套、厂内专用机动车140台。各类气瓶2万只，压力管道120公里。

【登记注册改革】 2017年，推进“五证合一、多证合一”改革，抓好存量企业、农民专业合作社“一照一码”营业执照换发，全年换发2488户；实施个体户营业执照和税务登记证“两证整合”，全年办理证照3014户；履行“双告知”职责，实现注册登记和审批监管有序对接，降低投资创业制度性成本，全年新增各类商事主体2757户，同比增长20%。

【产品质量监管】 2017年，研究制定《青铜峡市发挥品牌引领推动品牌建设工作实施方案》，深入市内规模以上企业走访调研，确定全年品牌培育计划。5月23日，《宁夏日报》公布宁夏品牌产品名录，青铜峡市8家企业11种产品榜上有名。

【诚信体系建设】 2017年，组织开展年报公示工作，企业、个体工商户及农专社年报率均高于上一年度。推进“一张网”建设，公示许可部门许可信息1万条，归集各部门行政处罚信息400条。完善经营异常名录、商事主体信息公示制度，将672家未参加年报市场经营主体载入经营异常名录，对10家市场经营主体实施业务锁定。全市以信息平台为支撑、信息共享为基础、信息公示和信用约束为手段的信用监管体系初步形成。开展星级信用市场创建及个体工商户履行社会责任评价工作，提高经营户诚信经营意识。推荐申报自治区守合同重信用企业24家。办理股权质押登记19件，出质股权3.2亿元，为企业融资3.3亿元。办理动产抵押登记39件，融资金额达5.9亿元。帮扶宁夏沃野肥业有限公司贷款融资1259.81万元。

【食品安全监管】 2017年，将食品安全工作纳入各单位共性目标考核，层层签订目标责任书，实行发生食品安全事件年度考核“一票否决制”。深化三级“网格化”监管机制，形成“区域布网、网内定岗、岗上有人、人负其责”监管机制。修订重大食品安全事故应急预案、重大食品安全事故信息报告等工作制度，实行食用农产品、食品生产企业分类监管和追溯制度，完善食品安全管理制度，加强质量风险监测。配合自治区食品检测中心完成国家抽检2次8批次。在全市11家大型商场超市市场建立快检室，完成2017民生计划抽检145批次、食品快检420批次。推行“明厨亮灶”工程，组织开展非法添加和滥用食品添加剂等专项整治行动2次，检查食品经营户12家次，取缔无证无照经营户2家，下发责令整改通知书20份，查办违法案件6起，罚没款1.4万元。

【药品安全监管】 2017年，组织开展GPS跟踪检查、“两小一室”（小药店、小诊所、村卫生室）药品专项检查、医疗器械经营专项检查等各类专项行动，查处案件17起，查获假药5品种批次、劣药1个品种批次，举办药品安全知识宣传活动10次，印发宣传材料2万份。推进医疗机构规范化药房建设，开展风险分类评定，受理、审核零售药店变更47家。开展药械质量专项抽样，抽样药品医疗器械73批次。实行药品不良反应通报制度，上报药品不良反应457例，其中严重8例、一般137例。

【特种设备监管】 2017年，健全特种设备安全监察数据库，落实特种设备目标管理责任制，签订特种设备安全责任书和使用承诺书。开展电梯、气瓶、锅炉、压力容器等专项整治，检查使用单位136家，下达特种设备安全监察指令书28份、特种设备检查意见通知书32份，办理案件17起。加强特种设备定检工作，开展特种设备作业人员培训与考核工作，提高特种设备作业人员持证上岗率。年内举办作业人员培训2次，培训人员36名。

【案件查办】 2017年，全年立案查处各类违法违章案件295件，结案295件，案值100.5万元，罚没金额58.1万元，实现年度立案、罚没总额、案均罚没、大案罚没、最高个案"五项并联同增"。强化合同监管，企业报备合同格式条款审查率及违法格式条款修改率达到100%。

【消费维权】 2017年，开展物业、供暖、供水行业服务质量消费满意度社会调查，发放调查问卷500份，涉及8家物业公司、11个居民小区。采取"政府＋企业＋公众"立体宣传模式，开展食品、药品宣传，引导群众安全消费。全年发放宣传资料10万份，解答消费咨询159人次、《吴忠日报》发表消费维权专版2期。"12315、12331、12365"举报电话和局官方微博、微信5条途径受理举报投诉等各类诉求1147件。其中，咨询类1067件、投诉49件、举报22件、建议9件，办结率100%，为消费者挽回经济损失4.5万元。

【商标名牌战略】 2017年，实施商标战略，全市注册商标总量达到919件，中国驰名商标总数达到7件，宁夏著名商标总数达到41件。年内，全市新增注册商标171件、地理标志原产地证明商标1件（青铜峡大米）、农产品商标129件，商标申请量和注册量较2016年相比分别上升70%和83%，地理标志证明商标实现"零"的突破。

【计量标准工作】 2017年，完善计量基础档案，市场固定计量器具受检率达到92%，加油机、汽车衡、医疗卫生单位在用计量器具、眼镜店在用光学计量器具受检率达到95%，定量包装商品抽检合格率达到85%。

【执法检查】 2017年，探索建立打、防、控、管长效机制，与各镇及成员单位签订打击传销工作目标责任书，严厉打击传销违法行为，规范直销企业经营行为。全市未出现传销预警，无传销县（市、区）创建覆盖面达100%。开展扫黄打非工作，先后出动执法人员30人次，检查书店报亭等经营业户68户、音像店20家、印刷厂8家。

（李凌凯）

安全生产监督

【概况】 2017年，全市安全生产工作以强化红线意识为主线，以改革创新为动力，以指标控制为核心，落实安全生产"三大责任"，强化安全生产监管执法，加强隐患问题排查治理，抓好重点行业和领域的专项整治，不断提高安全生产意识和安全防范能力。全年累计发生各类安全生产事故5起，死亡5人，增长25%。其中道路交通4起，死亡4人，分别增长33%；工矿商贸1起，死亡1人，与2016年持平。亿元GDP死亡率0.063，比吴忠市下达控制指标0.087低0.024点。

【安全生产宣传教育】 2017年，提请市委、市政府分别召开专门

2017 年 6 月 12 日，青铜峡市举办安全生产月"安康杯"知识竞赛

（市安监局　席建丰提供）

会议传达学习《中共中央国务院关于推进安全生产领域改革发展的意见》（以下简称《意见》），安排部署迎接国务院安全生产巡查工作，听取国务院巡查提出问题整改情况工作汇报。举办全市安全生产政策法规培训班，组织市安委成员单位聆听国务院宣讲团《意见》视频解读，利用各镇、部门安监员例会，全文学习《意见》，以会代培。举办全市企业安全管理人员"反三违"能力提升培训班，加强安全管理人员培训，增强企业管理人员安全意识。开展"安全生产月"活动，召开安全生产月启动会议，提请市长作电视讲话。联合市电视台开展企业家谈安全活动，6 家企业负责人在电视直播节目上作工作交流。会同市总工会开展全市"安全生产月及安康杯安全生产知识竞赛活动"，组织 80 家企业到青铜峡水泥股份有限公司、大坝发电厂四期工地"互观互学"。

【安全生产责任落实】　2017 年，国务院安委会（安委办）安全生产巡查组巡查和督查宁夏安全生产工作 3 次。结合巡查和督查工作，与各镇、街道、农林场、工业园区、各行业部门签订安全生产承诺书，与重点企业签订安全生产目标责任书，明确安全生产目标责任，督促引导各相关单位、企业按要求开展安全隐患排查，做好国务院督察组安全生产督查和反馈问题整改落实工作。

【安全生产大检查】　2017 年，根据国务院、自治区、吴忠市《关于开展安全生产大检查的通知》精神，严格落实各部门、行业安全生产监管责任和生产经营单位主体责任，紧盯安全生产责任人、隐患排查整治、重点行业领域三个关键，对辖区行业企业进行全面排查。针对查出问题，建立整改销号台账，能立即整改的，现场督促立即整改，不能立即整改的，将责任落实到人，限期整改，跟踪督查，直至隐患整改完毕。

【安全生产专项整治】　2017 年，以隐患治理为切入点，组织开展危险化学品、非煤矿山、道路交通、人员密集场所、粉尘防爆、有限空间作业、高空坠落、电气火灾等行业领域专项整治行动，全年检查各类生产经营单位 1010 家，排查隐患 453 项，整改 406 项，整改率 89.62%，投入整改资金 32 万元。

【应急管理体系建设】　2017 年，加强和完善市、镇（农林场）、街道、部门、社区、企业四级安全生产应急救援体系，修订《青铜峡市重特大事故应急救援预案》，出台危险化学品、民用爆炸物品、道路交通、非煤矿山、烟花爆竹等分项预案 12 个，各镇、相关部门制定应急预案 23 个，各生产经营单位制定应急救援预案 110 个，并定期组织演练，在全市初步建立分工明确、责任到人、优势互补、反应快速、运转协调的事故应急救援体系。

（席建丰）

统　计

【企业统计直报】 2017年，全市统计工作按照“有机构、有人员、有制度、有台账”要求，建立健全统计台账、原始记录和统计人员定期报表短信提醒预警制度，把常规报表质量、时效纳入工作人员绩效考核。各统计专业分工负责，通过QQ远程、电话交流或上门服务，指导统计人员做好网上直报系统安装、证书下载和网上填报等工作，协商解决出现问题，确保企业网上直报数据质量，网上直报率达100%。完善规模以上工业企业、限额以上商贸企业和资质内建筑企业、房地产企业统计制度，尤其是对规模以上工业企业、重点耗能企业和固定资产投资进行重点监测，及时反映重点企业、重点行业节能降耗和固定资产投资报表报送情况，运用行政、法律和经济手段，提高“四上”(规模以上工业企业、资质等级建筑业企业、限额以上批零住餐企业、规模以上服务业企业)企业上报数据准确率。年内，按时完成工业、农业、投资、建筑业、商贸、能源、劳动工资、科技、文化产业、基本单位名录等专业定期报表上报工作。

【统计调查】 2017年，开展生态移民、小康监测、成本费用、能源消费、妇儿“两纲”监测、“一套表”调查单位入库申报、资源产出率等统计调查工作，按照《名录库维护更新实施办法》，调查各单位详细情况，填写纸质表格，及时、准确地对名录库进行维护更新。做好企业“纳规入统”工作，分期分批将达到直报要求规模企业纳入网上直报范围。

【统计服务】 2017年，坚持为市委、市政府及部门决策提供优质服务，印发《青铜峡市2016年统计公报》，每月分析、预测主要专业经济运行情况，形成综合分析报告；每季度进行全面分析预测，印制统计分析手册，全年提供统计服务200人次。同时，创新统计服务理念，借助现代技术平台，利用青铜峡市政务网，撰写统计分析32篇、统计专报6篇，编发各类统计信息120条。

【业务培训】 2017年，通过统计内网、宣传手册、集中培训、上门指导等形式，宣传统计知识，提升基层统计人员业务素质和法律意识。年内利用年报会对“四上”企业400人进行法制培训。

【统计执法检查】 2017年7—9月，按照全区统计执法检查工作要求，组织开展全市统计执法检查。在前期全面自查基础上，9月下旬组织专业执法人员对21家企业进行重点执法检查，处罚存在问题企业。同时，利用开展工业企业核查、成本费用调查、基本单位名录等调查，重点检查规模以上工业企业、房地产企业、商贸企业情况，对少数存在问题调查对象进行通报，并限期整改。

【专业数据核查】 2017年，按照全区专业数据核查要求，先后组织开展“一套表”调查单位、规模以上工业、规模以下工业、投资项目、农业、批发零售餐饮业、服务业、劳动工资、能源、建筑房地产等专业数据核查工作，指导纠正企业报表存在问题，提高统计数据质量。

【第三次全国农业普查】 2017年，按照国务院、自治区和吴忠市统一部署，将第三次全国农业普查工作纳入各镇(场)、涉农部门效能目标考核，各项工作早准备、早谋划、早部署，做到组织领导、人员选调、经费落实、宣传发动、人员培训、清查摸底、物资保障

2017年1月1日，青铜峡市第三次全国农业普查登记工作全面展开
（市统计局　任兴军提供）

"七个到位"。辖区8个镇、1个街道、3个农林场各成立农普领导小组及办公室，108个村（居）委会成立普查工作组，选配普查员701名、普查指导员244名，落实普查经费120万元。通过电台、电话彩铃、青铜峡统计微信平台、展板、横幅、标语、宣传画、文艺节目下乡等宣传普查工作，共悬挂横幅130条，张贴宣传画3000张，发放一封信5000份，制作发放普查宣传小礼品5.7万份，举办文艺专场演出6场次，观看演出观众达2000人。举办普查入户登记和手持终端使用方法业务培训班，130名普查指导员参加培训。各镇分别开展普查员、普查指导员岗前培训，组织人员进行入户试填。在普查登记工作中，推行"一线工作法"，实行包镇制度，分3个指导小组对全市12个镇（街道、农林场）进行督查和指导。同时，加强普查数据质量控制，4月1日全区普查工作进入平台处理程序，市统计局安排专人每天对全市数据进行汇总，将普查数据与部门数据进行比对，确保普查表登记数据不重、不错、不漏。经自治区统计局质量抽查，普查各项指标均符合青铜峡市实际情况。

（任新军）

审　计

【概况】 青铜峡市审计局有在职职工28人。内设机关事务管理室、法规审理室、经济责任财政金融审计室、政府投资审计室等4个科室。2017年，组织实施28项常规财务收支审计项目，占年初计划任务19项的147%；完成政府投资建设项目工程施工招标控制价预算审计项目79项、已完工工程竣工结（决）算审计项目281项。

【审计监督】 2017年，坚持上下联动、密切配合、紧盯重点，发挥审计监督职能，关注自治区重点项目、民生实事以及重大政策措施等落实情况，配合上级审计机关完成重大政策措施落实、保障性安居工程、扶贫政策措施落实情况以及基本养老服务体系建设4个项目跟踪审计。同时，从规范全市财务核算、强化制度管理等方面入手，针对审计发现问题，向市委、市政府提交《财政收支矛盾日益突出政府运行能力受到影响》等审计专报4期。

【财政资金监管】 2017年，完善日常审计，在促进资金安全使用中推进审计工作向下延伸，全力弥补审计短板。年内，完成2016年度市本级财政预算执行、其他财政财务收支情况审计和市地方税务局2016年度组织预算收入及税收政策执行情况审计，实施市住房和城乡建设局预算执行及下属单位城市公用事业服务中心财务收支情况等4个项目审计、市公安局财务收支审计项目。

【民生资金监督】 2017年，以教育、卫生资金为重点，组织实施对市职业中学、瞿靖镇卫生院、叶盛镇卫生院3个单位审计。同时，配合上级审计机关完成对涉及全市相关民生资金和项目审计。

【经济责任审计】 2017年，组织实施市人民医院、峡口镇、叶盛镇、民政局、市工业信息化和商务局、树新林场、经济技术合作局等17个部门(单位)主要领导干部任期经济责任审计，其中任中审计4项。抓好事后监督，实行任中审计和离任审计相结合，逐步提高任中审计比重，把监督关口前移，强化权力运行监督和制约。

【投资项目审计】 2017年，选好选强社会中介力量，严格政府投资项目招标控制价预算和已完工工程竣工决(结)算审计，完成对政府投资建设79项工程招标控制价预算、281项工程竣工决(结)算审计，两项核减工程造价14027万元。开展2015年棚户区改造清渣及余土外运工程、市残疾人康复中心建设项目室外配套及附属设施工程、青铜峡镇同兴村扶贫园区道路工程3个工程项目前期审计。

【审计信息化建设】 2017年，加大计算机审计培训力度，推进信息技术与审计业务、审计管理相互融合。加快金审三期工程基础建设，配齐配全开展计算机审计所必需计算机、打印机等设施设备。推进AO管理系统运用，开展财政、地税等部门计算机审计，关注其财务、业务数据，加大数据的集中和关联分析力度，深层次、多角度、全方位挖掘存在问题，拓展审计覆盖面，增强审计深度，提高审计质量和效率。

【审计法治建设】 2017年，强化审计干部法治教育和业务规范培训，提高依法审计观念和素质。探索财政大格局审计、内部控制系统评价、计算机信息系统数据审核测试等先进审计技术方法，提高审计效率。贯彻执行中央重大政策措施，开展权力集中、资金密集部门和岗位深层次审计，提升审计层次，扩大审计成果。强化审计项目质量管理，建立健全审计业务管理和质量检查等制度，严格依据法定程序、方式、标准开展审计工作。

(刘翠云)

农　业

编辑◎何艳珍

综　述

【概况】 2017年，全市实现农林牧渔业总产值33.2亿元，比2016年增长4.5%。其中：农业产值20.9亿元，增长3.3%；林业产值0.2亿元，增长6.5%；牧业产值9.4亿元，增长7%；渔业产值1.6亿元，增长5.3%，农林牧渔服务业产值1.1亿元，增长5.3%。落实农作物播种面积87.1万亩，比2016年下降3.2%，其中：粮食作物播种面积54.7万亩，下降10.2%；蔬菜种植面积14.5万亩，增长3.6%。粮食总产量27.2万吨，比2016年下降4.1%。蔬菜总产量50.9万吨，比2016年增长6.3%。年末生猪存栏8.9万头，比2016年增长14.1%；生猪出栏13万头，比2016年增长10.6%。牛存栏6.7万头，比2016年增长11.2%；牛出栏2.1万头，比2016年增长10.9%。羊只存栏17.8万只，比2016年下降1.8%；羊只出栏23.4万只，比2016年增长3.5%。家禽存栏为166.6万只，比2016年下降18.2%；家禽出栏72.8万只，比2016年增长0.5%。全年肉类总产量1.9万吨，比2016年增长10.5%；禽蛋总产量1.6万吨，比2016年下降7%；奶类总产量18.2万吨，比2016年增长10.5%。完成造林面积2.8万亩，比2016年增长80.1%。水果面积20.5万亩，比2016年下降2.1%，水果总产量14.4万吨，比2016年下降6.2%。葡萄总面积达到13.2万亩，其中酿酒葡萄面积10.9万亩。全市拥有农机总动力达52.24万千瓦，主要粮食作物农机化综合作业水平达93.5%。

【机构设置】 2017年1月，设立青铜峡市葡萄产业服务中心，为市林业局所属副科级定额补助事业单位，核定主任（副科级）1名，编制8名。同时，将市农牧和科学技术局下辖的市农业技术推广服务中心和农业机械化推广中心整合为市农业技术和农机化推广服务中心、市畜牧技术推广服务中心和水产技术推广服务中心整合为市畜牧水产技术推广服务中心，至此市农牧系统共有事业单位23个。即市农业综合执法大队、农业广播电视学校、农村合作经济经营管理站、农村能源工作站、农业技术和农机化推广服务中心、草原工作站、动物疾病控制中心、动物卫生监督所、畜牧水产技术推广中心、科学技术服务中心、农业机械安全监理站，小坝、大坝、峡口、瞿靖、邵岗、叶盛镇农业服务中心和畜牧兽医工作站各1个，参公事业单位1个（市扶贫办）。农口党委管辖11个支部，其中机关支部1个。

【粮食生产】 2017年，全市共落实粮食作物播种面积64万亩，其中小麦12.5万亩、水稻20万亩、玉米22万亩、杂粮9.5万亩。以农业供给侧改革为重点，继续压减籽粒玉米种植面积，增加制种、经济作物、青贮玉米和牧草种植面积，年内压减籽粒玉米种植面积4.21万亩。同时，实施优质富硒水稻提升工程，重点依托宁夏塞外香食品有限公司、宁夏青铜峡市法福来面粉有限公司、宁夏正鑫源现代农业发展有限公司等龙头企业联合专业合作社培育新型优质大米经营主体，建成优质富硒大米生产基地4.2万亩，落实工厂化育秧大棚706栋。采取大户参与、订单生产、土地托管、技术服务和承包经营等方式，建设优质富硒水稻种植基地20个。其中，万亩示范基地1个、5000亩示范基地1个、3000亩示范基地2个、500～1000亩基地16个。以滨河大道为主线，在道路两侧建设稻田画5处。

【龙头企业培育和品牌监测】2017年，市农牧和科学技术局组织12家市级规模企业申报吴忠市级农业产业化重点龙头企业。引导宁夏塞外香食品有限公司、山东冠丰种业科技有限公司等大米加工、农作物制种企业，通过土地流转和订单农业增强规模效益，落实农业订单35.3万亩。组织农产品加工企业，参加绿色食品博览会、宁夏特色优势农产品推介会、好吃米饭大赛等宣传推介活动20场次。组织全市“三品一标”获证企业5个产品2个产地进行复查换证工作，监督检查“三品一标”认证产品36个，继续巩固26个农产品品牌创建成果。组织申报“一村一品”专业示范村镇3个，叶盛镇获得“一村一品”专业示范镇称号。

【农作物新品种展示示范园区建设】2017年，在瞿靖镇瞿靖村建设300亩农作物新品种展示示范园区，展示优质水稻新品种10个、青储玉米新品种12个，审定及引种玉米新品种25个；展示水肥一体节水节肥、等离子播种等农技、农机新技术8项。同时，采取请进来，走出去方法，全年在园区举办各类培训班12期。其中，农民培训班4期1200人次、技术人员培训班4期400人次、农资经营人员培训班4期400人次。筹办区、市、镇、村领导、技术干部及种子公司、种田大户、农资经营人员、农民观摩会10场次，观摩人数900余人次。在大坝镇中滩村建设500亩制种生产能力测定与技术研究基地，试验示范制种玉米组合14个，通过试验示范，帮助制种企业和农户掌握不同制种组合生产技术，解决因花期不协调造成经济损失的问题。

【动物疫病防治和检疫】2017年，按照“预防为主、防治结合”工作方针，加强畜禽疫病防治，做到应免尽免。全年免疫畜禽1119.6万头（只、羽），发放各类消毒药品6600公斤，检测血样35604份。开展动物卫生监督执法工作，保障动物产品质量安全和公共卫生安全。全年检疫动物62.2万头（只）、动物产品8925.5吨，无害化处理病死动物3230头（只）、动物产品13.4吨。

【农村土地改革】2017年，在全市开展农村承包地确权登记颁证工作，全年8个镇82个行政村合同签订率达98.2%，承包经营权证发放率达97.8%，率先在全区完成数据汇交。同时，创新土地流转和规模经营模式，引导农民以土地经营权入股，建立“土地变股权、农民当股东、保底又分红”新型土地经营机制，复制推广五星村经验，在全市9个村成立9家土地股份合作社，入社社员1428户，入股土地面积6486亩。协调市农村信用社宣传“农地贷”业务，探索农村土地承包经营权抵押贷款试点工作。截至年底，市农村信用社累计发放农村土地承包经营权抵押贷款709笔，贷款金额达3225万元。

【农民培训】2017年，市农牧和

科学技术局组织实施基层农技推广体系改革建设补助项目，选聘技术指导员90名，遴选科技示范主体540户，建成农业科技实验示范基地2个、农科教产学研一体化农技推广联盟1个，特聘农技人员5名；开展农民科技培训工作，完成冬春科技培训及普及型引导性农民培训3万人次，培训新型农业经营主体带头人570名，培训生态移民农业实用技术600人次，培训庭院种植示范户6户；遴选212名新型农业经营主体带头人、种养殖大户等，通过科技培训提升农民科技技能，提高全市农牧业科技生产水平。

【科技创新】 2017年，全市实施各类科技项目49项，转化新技术成果19项，开发新产品53个，获得省部级以上科技成果奖9项。专利申请量达到161件，专利授权量达到105件，万人拥有有效发明专利达到1.85件。全市科技特派员354人，创办领办企业、协会、合作社99个，建立示范户7995户，辐射带动农户11790户。建立科技示范点82个，示范推广先进实用技术48项，引进试验示范新品种66个。

【“两大任务”】 2017年，市农牧和科学技术局围绕优质粮食、酿酒葡萄、畜牧养殖、适水产业、农作物制种等优势特色产业，引项目、争资金，全年落实上争资金项目41个、资金1.8亿元，占市委、市人民政府下达目标任务的82%；引进农业招商项目8个，完成投资3.6亿元，占市委、市人民政府下达目标任务的102%。市水务局全年完成上争项目资金1亿元、招商引资资金2亿元，占市委、市人民政府下达目标任务的100%。市林业局按照“争项目、引资金、谋招商、促发展”工作要求，制订奖励办法，对于引进项目和资金科室和个人，按照引进项目和资金多少给予一定比例奖励，以此促进全体干部职工争项目、谋招商积极性。截至10月年底，争取项目资金6319万元，完成全年上争项目资金2.0亿元任务的31.6%；落实招商引资2项，到位资金2408万元，完成全年招商引资0.5亿元任务的48.16%。

（何艳珍　杨治明）

设施农业

【概况】 2017年，设施农业坚持扩量和提质并重，以大小拱棚和无公害蔬菜种植为重点，提高设施农业效益。全年落实瓜菜种植面积12.12万亩。其中，设施温棚面积0.727万亩（新建334.3亩）、拱棚生产面积2.29万亩（新建大中拱棚866.7亩）、供港蔬菜面积2.17万亩、露地春夏瓜菜面积4.83万亩、露地秋菜面积2.1万亩。

【日光温室】 2017年，全市累计发展设施温棚面积0.727万亩。其中，大坝镇蒋东、瞿靖镇尚桥千亩以上温棚园区2个，小坝镇小坝、瞿靖镇蒋顶、瞿靖镇蒯桥500亩以上温棚园区3个，大坝镇蒋南、瞿靖镇东升300亩以上温棚园区2个。瓜菜种植品种主要以番茄、黄瓜、辣椒、茄子为主，豆角、韭菜、油菜等为辅，生产面积5970万亩，棚均经济效益2.5万元；葡萄、花卉、食用菌等种植面积1300万亩。其中，葡萄种植经济效益较2016年亩均减少5000元，食用菌经济效益较2016年亩均提高1万元。

【拱棚生产】 2017年，全市落实拱棚面积2.29万亩，其中大中拱棚3270亩。35%进行蔬菜制种，经济效益稳定在亩均3万元；10%种植两茬鲜食玉米，亩均经济效益

叶盛镇地三村大棚复种蔬菜

（农业和科学技术局 杨治明提供）

9000元；55%种植两茬瓜菜，亩均效益12000元。新建大中拱棚866.7亩，其中大拱棚44.8亩、中拱棚821.9亩。小拱棚落实面积1.96万亩，以西瓜生产接复种秋菜为主，亩均经济效益8000元，较2016年经济效益下降2000元/亩。

【露地蔬菜种植】 2017年，全市露地春夏菜种植面积3.19万亩，主要种植番茄、辣椒、茄子、黄瓜和豆角，其中集中连片20亩以上规模化种植占总面积的60%以上，亩盈利1300元左右；露地秋菜面积2.1万亩，主要种植大白菜、甘蓝、辣椒和豆角，大白菜0.24元/公斤、大甘蓝0.3元/公斤、小甘蓝0.52元/公斤、大葱0.8元/公斤，秋菜总体经济效益与2016年持平。

【露地西瓜及压砂瓜种植】 2017年，全年落实露地西瓜和压砂瓜面积1.63万亩，其中露地西瓜1.03万亩、压砂瓜0.6万亩。压砂瓜经济效益持续平稳，露地西瓜较2016年平均下降300元/亩。

【蔬菜生产基地建设】 2017年，市农牧和科学技术局争取永久性蔬菜生产基地建设项目，配套实施新建项目和精准水肥一体化项目，建成永久性蔬菜生产基地12个。其中，设施基地5个、露地基地7个，面积达到1.05万亩。带动发展100亩以上瓜菜生产基地36个，基地总面积3.28万亩，占到年度瓜菜总面积的27%；产量达到7.39万吨、产值2.9亿元，占全年瓜菜总产值的36%。

【瓜菜外销】 2017年，市农牧和科学技术局组织人员参加“全国知名菜商走进宁夏”活动，主动联系外地菜商和销售市场，到青铜峡市订单收购瓜菜产品、参与基地建设。年内，有3家菜商与青铜峡市合作社或家庭农场共同建设基地形成经营共同体（供港蔬菜基地不在统计范围），15家菜商常年在青铜峡市收购产品，本市菜商和基地与外省市的10个蔬菜批发市场形成稳定供货联系。

【优新品种和技术推广】 2017年，推广应用大中拱棚新建技术、水肥一体化技术和秸秆生物反应堆技术，在克服连坐障碍、茬口安排、节省劳动生产成本方面取得明显成效。是年，新建大中拱棚亩均经济效益在1.2万元，较小拱棚高4000元左右、较露地瓜菜高0.6万元左右；推广滴灌和喷灌3.3亩，亩均节省生产成本1000元，增加经济效500~1500元。

【技术服务】 2017年，市农技人员协调指导基层技术人员与大中型瓜菜生产基地签订技术服务协议，不定期组织种植户外出参观学习无公害、标准化生产技术。全年组织瓜菜基地种植户到孙家滩、贺兰、银川、永宁等地进行参观学习7场500人次，优新品种、优新技术基地应用率达到80%以上。

（蔡卫国）

产业化服务

【概况】 2017年，农业产业化服务工作围绕全市优势特色产业发展，做好农业财政项目和农业产业化项目申报、资金争取工作。在抓好全市农业产业化龙头企业培育和监测工作的同时，积极完成农产品推介和品牌创建工作。全年申报农业项目54个，组织参加各类推介活动13场次。

【项目申报】 2017年，做好优质粮食、清真牛羊肉、适水产业、奶产业、瓜菜产业、现代农业示范基地、农业产业化龙头企业主农产品质量安全等项目申报工作，全年组织相关部门、农业产业化龙头企业和农业专业合作组织申报农业财政专项项目54个，批复资金7534.94万元。

【产品品牌创建】 2017年，巩固26个农产品品牌创建成果，开展“三品一标”获证企业5个产品、2个产地复查换证工作，监督检查“三品一标”认证产品36个。

【农产品加工企业监测】 2017年，做好农产品加工业统计调查及休闲农业企业调查，对全市591家农产品加工企业进行4次全面监测。

【农产品推介】 2017年，宣传展示青铜峡大米品牌，推介青铜峡市农产品企业参加展示展销活动，组织企业参加绿色食品博览会、宁夏特色优势农产品推介会、第二十届中国农产品加工贸易洽谈会等活动8场次，举办青铜峡市春季特色商品展、青铜峡市美食节、好吃米饭大赛等地方性宣传推介展销活动12场次。同时，做好农业订单工作，协调各企业落实订单农业35万亩。至年底，签订优质粮食、瓜菜、制种米等各项订单35.3万亩。

【龙头企业培育和监测】 2017年，按照《自治区龙头企业管理运行办法》，开展14家吴忠市级农业产业化重点龙头企业日常监测，及时完成农业产业化龙头企业监测报表。全年对全市30家龙头企业运行情况监测4次，12家市级规模企业申报吴忠市级农业产业化重点龙头企业。

【专业示范村镇产业调查】 2017年，组织开展“一村一品”专业示范村镇主导产业调查工作。全年调查上报专业示范村镇主导产业10个，组织申报“一村一品”专业示范村镇3个，叶盛镇获农业部“第七批全国一村一品专业示范镇”称号。

（袁　涛）

硒产业发展

【概况】 2017年，青铜峡市以打造“中国塞上硒都”核心区为目标，调整种养结构，优化产业布局，完善基础设施，强化政策扶持，全年共争取自治区、吴忠市农业优势产业发展项目富硒产业资金50万元。

【基地建设】 2017年，按照“规模化、标准化、产业化、品牌化、生态化”要求，将宁夏正鑫源现代化农业发展有限公司、宁夏法福来食品有限公司水稻种植基地打造成为现代农业的示范区、富硒大米的标准区、特色农业的功能区，实现农业与旅游等多项产业融合发展新态势。富硒基地采取公司 + 合作社 + 协会 + 家庭农场 + 农户的模式，经吴忠市硒办认证，青铜峡市富硒水稻种植基地数量达到10个、面积35191亩，辐射区种植5万亩；富硒小麦种植基地数量达到4个、面积13375亩；年产富硒鸡蛋5000吨，富硒鸡10万只。

【产品开发和认证】 2017年，依托宁夏塞外香食品有限公司、宁夏青铜峡市法福来面粉有限公司、宁夏正鑫源现代化农业发展有限公司、青铜峡市顺宝食品有限公司、青铜峡市宁朔香粮油食品公司等龙头企业，稳固富硒大米、面粉、鸡蛋和鸡肉品牌和质量，培植富硒新品种，开发有机富硒肥料、富硒挂面、米汁、鸡蛋干4类产品，并做好富硒产品申报和认定工作。

【产品宣传展示】 2017年，依托“宁夏大米”区域公共品牌，以吴忠市“中国塞上硒都”地方品牌为补充，注册“硒宝宝”“硒博士”专用商标，打造塞外香、法福来、叶盛“塞上一宝”富硒品牌。完善宁夏塞外香食品有限公司、宁夏青铜峡市法福来面粉有限公司、宁夏正鑫源现代化农业发展有限公司、青铜峡市顺宝食品有限公司、青铜峡市宁朔香粮油食品公司5家企业1500平方米展厅，普及富硒知识，展示富硒产品，采用声光电高科技技术手段，宣传全市富硒产业发展。同时，在高速公路、企业厂部周边树立富硒广告宣传牌，更换公交车体广告，营造硒文化氛围，提高人们对硒元素认知度。

【产品推介】 2017年，组织企业参加北京、广州、上海等城市食品推介会，湖北恩施第四届硒博会和宁夏中阿博览会，内蒙等地旅游推介会，着力宣传富硒农产品，提升企业产品知名度。

【技术培训】 2017年，组织技术人员赴北京、四川、黑龙江、湖北等地学习硒产业发展先进经验，邀请江苏、内蒙、湖北等省区领导来青铜峡考察学习，力促青铜峡市硒产业再上新台阶。在吴忠市硒产业培训和科技宣传周期间，发放硒产业宣传彩页1000份，举办种植、养殖等各类新型经营主体富硒培训班7期，培训350人。

（倪建林）

畜牧养殖

【概况】 2017年，全市畜牧业生产加快标准化、优质化和品牌化建设步伐，建立种养结合、绿色发展模式，提升综合生产能力、市场竞争能力和可持续发展能力，新建规模养殖场5个。其中，奶牛规模养殖场1个、肉羊养殖场1个、肉驴规模养殖场3个。全市规模化养殖场达到90处，生猪饲养量达到29.6万头，存栏奶牛5.6万头，羊饲养量达37万只，家禽饲养量达430万只。

【特色养殖】 2017年，全市肉驴饲养量达到1.5万头，肉驴存栏达到0.7万头。肉驴规模养殖场达到7处，分别是恒源肉驴养殖场、恒辉牧业肉驴养殖场、兴盛达肉驴养殖场、绿宝园林肉驴养殖场、金水渊肉驴养殖场、塞上兰山肉驴养殖场、塞上云端肉驴养殖场。

【良种繁育体系建设】 2017年，建立市、镇、村三级良种繁育体系，结合生猪、奶牛良种补贴项目实施，健全畜禽良种繁育体系，推动畜禽品种改良，提高畜禽品质和养殖业效益。年内，完善生猪集中供精站及16处牛冷配改良点和50处猪改良点，冷配改良牛

邵岗镇沙湖村万只栈羊养殖

（邵岗镇提供）

1.6万头，供应优质奶牛冻精3.2万枚、生猪冻精6.8万份，改良生猪1.8万头。

【秸秆调制利用】 2017年，依托青铜峡市农作物秸秆丰富资源优势，推广“三贮一化”饲料生产技术，做好秸秆加工调制、储运、配送，确保饲草料均衡供应。全年制作青黄贮32.8万吨，青贮池累计达到51万立方米，玉米秸秆利用率达到100%。

【畜牧科技培训】 2017年，加强与区内外科研机构、业务主管部门合作，采取送出去培训、请进来讲课、现场操作指导、发放技术资料等形式，开展科技培训活动，重点推广全混合日粮、生鲜乳标准化生产、奶牛性控冻精推广应用、奶牛DHI性能测定、生物养猪、猪舍环境调控、猪人工授精、肉牛快速育肥、农作物秸秆加工调制、肉羊舍饲育肥繁育和畜禽无公害养殖技术等。全年举办各类培训班46场次，培训4934人次。

【项目申报和实施】 2017年，加强与自治区、吴忠市业务部门联系，争取国家、自治区项目支持，增加畜牧业投入。全年争取奶牛养殖大县种养结合整县推进试点、粮改饲试点、自治区节本增效、标准化肉牛规模养殖场4个项目补助资金2450万元。

（盛维华）

草原生态管理

【概况】 2017年，全市草原工作围绕生态环境保护与建设，重点做好禁牧封育、优质牧草种植、退牧还草、草原生态补奖和草原防火工作。全年发放《草原法律法规选编》1000余份、宣传材料5000份，刷写标语25条，设立禁牧封育警示牌15处，出动禁牧巡查1850车次，驱赶偷牧羊群57群次，处理偷牧案件11起，拆除临时搭建羊圈22个。

【草原监管执法】 2017年，通过电台、电视台宣传，制作禁牧标示及界牌，发放宣传资料，广场法制宣传等手段，提高群众保护草原生态意识。协调指导各镇(场)按照禁牧封育管理主体责任，开展辖区禁牧封育工作全面巡查和专项整治，对工作滞后镇(场)、单位提出诫勉，并按照相关规定追究单位及责任人责任。建立禁牧封育举报和重点案件督办制度，每月就禁牧封育工作撰写专题报告，报送市四套班子领导。严厉打击非法占用草原、滥采乱挖、破坏草原违法行为，全年出动执法35车次110人次，制止非法破坏草原行为3起，立案1起，移交公安机关1起，发放未履行草原征占用审核手续开工建设项目停止通知书9起。

【培育壮大草产业】 2017年，编制2017—2026年退牧还草规划，涉及草原面积75万亩，其中退化草原30万亩。印发《2017年退牧还草实施方案》，以草地补播方式，实施草地补播面积5000亩。

【落实补助奖励政策】 2017年，根据《自治区人民政府办公厅转发农牧厅、财政厅关于新一轮草原生态保护补助奖励政策实施指导意见（2016—2020年）的通知》《宁夏回族自治区新一轮奖励政策实施方案（2016—2020年）》《自治区人民政府关于实施新一轮草原生态保护补助奖励政策的批复》，起草《青铜峡市草原生态保护补助奖励政策实施方案》上报自治区农牧厅和财政厅。项目涉及峡口镇新田、跃进两个村158户承包户、草原承包面积16.42万亩，兑付补助资金123.15元。其中，新田村93户8.11万亩，兑付补助资金60.85万元；跃进村65户8.31万亩，兑付补助资金62.31万元。8月，开展2015—2017年草原生态保护补助奖励资金专项检查，未发现骗补、挪占现象。

【草原防火】 2017年，加强草原地带石灰窑、采砂场，进山上坟，挖苁蓉，抓沙葱等人员活动频繁场所防范，对重点地段实行专人看守。同时，实施2016年宁夏贺兰山东麓草原防火基础设施项目，建设青铜峡市草原防火站。年内，按照建设程序，先后在政务大厅办理建设项目选址意见书、用地规划许可证、工程规划许可证、施工许可证，并在消防部门进行备案。至年底，草原防火站建设工程完成地基铺垫。

（李文胜）

渔业生产

【概况】 2017年，全年渔业养殖面积稳定在7.2万亩，与2016年持平；水产品总产量达1.9万吨，比2016年增长5.1%。年内，改造旧池塘5000亩；开展稻鱼种养示范推广，落实高标准稻渔综合种养面积1134亩。

【特种水产品养殖】 2017年，在叶盛、陈袁滩、库区、树新林场、小坝镇推广银鳕鱼、斑点叉尾鮰、河蟹、黄河甲鱼、南美白对虾等特种水产品养殖，落实养殖新技术项目面积2735亩，涉及养殖企业15家。

【物联网智能监控管理】 2017年，在天源渔业养殖基地建设渔业云服务平台，监控养殖面积130亩，包括3个流水槽、2.6亩的温室和5个池塘，对养殖水温、pH值和溶氧量等各项基本参数24小时全程监测，手机短信远程控制池塘增氧机，实现渔业生产管理信息全方位感知、信息安全可靠传输、健康养殖过程智能决策、养殖设施智能控制。年内，建成水产品安全可溯平台5处，在建11处。

【稻鱼综合种养】 2017年，采取"公司＋基地、合作组织＋基地"模式，分别在叶盛镇地三村、陈袁滩镇开展稻渔综合种养新技术示范推广，推广面积1134亩。其中，宁夏汇丰源有机水稻种植专业合作社种养面积1040亩（稻鱼200亩、稻鸭400亩、稻蟹440亩）、个人种养面积94亩。

【水产品质量检测】 2017年，加强水产养殖生产监督管理和检验检测，指导广大养殖户合理养殖、科学用药，从源头上确保水产品质量安全。年内，举办水产品质量安全生产培训大型培训班2场次、小型培训班39场次，建立档案200户，填写水产健康养殖记录册150本，签订水产品安全生产责任书200份；技术人员下乡开展水产品安全生产技术指导450人次，发放科技指导书籍600余份；开展国家农业部、自治区水产站水产品养殖生产产地随机抽样检测4批次63个样(农业部48个样、区水产站15个样)，检测合格率达到100%。水产健康养殖面积达到7.2万亩。成功创建自治区“平安渔业示范县”。

【渔农培训】 2017年，实施基层农技推广服务体系建设科技示范县项目，多渠道、多层次、多形式开展渔业科技培训，培养有文化、懂技术、善经营、会管理新型渔农。截至年底，举办培训班41场次，培训农民和技工3100人次。

【科技项目推广】 2017年，实施水产品健康养殖技术大面积推广项目，推广面积7.2万亩，加强河蟹、银鳕鱼、台湾泥鳅、黄河鲶、黄河甲鱼、草鱼等优质鱼类传统养殖经验与现代养殖技术组装配套，推广池塘标准化高产高效健康养殖、池塘底排污节水高效养殖、微生态制剂调水调藻、微孔增氧、叶轮式增氧机和水车式增氧机与涌浪机配合使用增氧、水产养殖智能监控、池塘流水槽循环节水降本增效设施养殖、鱼病综合防治、地下温室养殖名优品种、渔业物联网电子监控高效管理10项新技术，加快微生态制剂推广应用，调节和改良水质，减少养殖水体自身污染，维护养殖水体微生态平衡，促进鱼类健康生长。

现代渔业温室养殖银鳕鱼

（市农牧和科学技术局提供）

【渔业技术服务】 2017年，以科技示范户建设为先行，以优势水产品为重点，以推广主导品种、主推技术和实施主体培训为主要措施，建立科技人员直接到户、优良品种直接到塘、技术要领直接到人“一线”渔业技术推广长效机制。年内，落实渔业科技入户200户，培育科技示范点20个。

【池塘设施改进】 2017年，引进新设备，加快渔业标准化池塘基础设施建设及新装备配套使用，提高渔业生产效益。年内，改造标准化池塘示范场2处，指导养殖大户、企业安装涌浪机、叶轮式增氧机和水车式增氧机298台、微孔增氧设备35台套、智能监控系统13台套。

【休闲渔业发展】 2017年，根据青铜峡全域旅游市建设规划，发展养殖垂钓型、休闲垂钓型、观赏娱乐型、节庆旅游型、亲身体验型休闲渔业基地25家。

【渔业经济合作组织发展】 2017年,鼓励养殖大户、运销大户及各类涉渔企业在自愿、平等、互利基础上,围绕养殖、生产、流通、服务等环节,加入渔业合作组织,壮大市场主体,增强抵御市场风险的能力。至年底,发展渔业合作组织20家。

【渔业监管】 2017年,贯彻《中华人民共和国农产品质量安全法》《兽药管理条例》《水产养殖质量安全管理规定》等法律法规,加强渔业生产过程渔药使用监管,推广安全用药技术和方法,逐步实施处方药制度,严格推行休药期制度,引导广大养殖户科学养殖、安全用药。开展违禁药物、违禁饲料添加剂专项执法检查,从源头确保水产品质量安全。开展外调苗种检验检疫制度,根据外调苗种方式多样化趋势,加强陆路外调苗种检验检疫工作,主要是池塘出售苗种检疫。年内检疫4批次9000万尾,外销3500万尾。开展黄河宁夏青铜峡段休闲渔业执法联合检查工作,张贴“禁渔通告”220余份,出动宣传车辆65次,渔业执法65次。

(刘瑾冰)

农村能源

【概况】 2017年,全市农村清洁能源围绕实施农村大型沼气项目和阳光沐浴工程,探索畜禽粪污资源循环利用模式,推进农业农村节能减排,改善生态环境,加速推进美丽乡村建设。年内,开展安全生产检查12次,无安全事故发生。

【规模化大型沼气工程】 2017年,按照国家发展和改革委员会、农业部农村沼气工程转型升级方案要求,会同市发展和改革局申报2017年顺宝现代农业股份有限公司规模化大型沼气项目,经自治区农牧厅专家评审、国家相关部门审核,5月正式下达批复,建设工程完成期限1年。8月,项目开工建设。

【“阳光沐浴”工程】 2017年,在全市7个镇30个村组织实施,安装任务为6125台。7月,完成设备采购招标,项目总投资764.4万元。其中,自治区财政补助资金612.5万元、农户自筹资金151.9万元。聘请宁夏慧源监理有限公司对项目安装、产品质量检测等全程进行监理。10月,完成全部设备安装任务。

【畜禽粪污资源化利用】 全市有规模化养殖园区(场)126处,年产生粪尿约61.3万吨。2017年,争取国家发展和改革委员会农经司和农业部发展计划司2017—2019年种养结合一体化(标准化规模养殖)项目资金4500万元,采取种养一体化+循环利用和粪污污水深度处理再利用等模式,对全市30家奶牛养殖场粪污处理设施、设备等进行建设改造,实现生态养殖、粪污循环利用目标;规模化生猪养殖推行“干清粪+贮粪池+污水沉淀池+农业还田”“沼气工程+能源利用+还田利用”“生物发酵床”3种方式,建设贮粪池、污水沉淀池、生物发酵床等粪污处理设施,解决种植业季节性施肥问题;针对中小规模养殖场粪污处理难问题,支持企业成立专业服务公司,采取合同形式定期清运养殖场粪污,进行集中发酵制肥,再通过管网或运输机械运送到种植基地进行还田。

【清洁能源数据调查测报】 2017年,加强与各镇对接,做好第五批小康示范村农村清洁能源有关数据调查测报工作，测报项目包括沼气、太阳灶、太阳能热水器、天然气和液化气使用户，全年上报测报数据2次(期)。

（王东勇）

农业技术推广服务

【概况】 2017年，农业技术推广工作以示范方点建设为抓手，加强技术培训和技术指导；以重大项目实施和新技术试验、示范为依托,提高服务质量。全年落实农作物播种面积64万亩。其中,小麦12.5万亩、水稻20万亩、玉米22万亩、杂粮9.5万亩。落实瓜菜生产面积10.22万亩。其中,设施温棚0.7万亩、大中小拱棚瓜菜2.32万亩、优质外销蔬菜(原供港蔬菜)2.31万亩、露地春夏菜4.89万亩。

【绿色高产高效创建和绿色模式攻关示范】 2017年,推行水稻绿色高产高效创建和绿色模式,全面带动新品种新技术推广应用,促进大面积平衡增产。核心示范区工厂化育秧大棚，实现品种统一规划布局、统一育秧管理、统一测土配方施肥、统一机插机收、统一病虫害防治“五统一”;万亩示范区良种覆盖率达到100%、水稻病虫害专业化统防统治100%、测土配方施肥技术应用率100%。在示范区带动下，全市良种覆盖率达到98%以上。工厂化育秧培育壮秧,全程机械化插秧,统一病虫害专业化防治,降低了投入成本,新品种普及推广增产约5%。

【水稻、玉米绿色增产模式化攻关栽培示范】 2017年年内,在小坝镇林皋村落实水稻绿色增产模式攻关示范面积200亩，重点围绕水稻推广主导品种，配套推广水稻工厂化育秧机插秧、播后上水旱直播及保墒旱直播、配方施肥、稻瘟病防治等技术；在小坝镇新林村落实玉米绿色增产模式攻关示范面积320亩，重点围绕玉米不同品种及密度、不同施肥方式等试验,主抓“一增四改”技术,挖掘单产增产潜力,提高技术到位率。

【冬牧70黑麦复种两熟模式示范】 2016—2017年,全市示范冬牧70黑麦种植8263亩。其中,在邵岗镇下桥村、邵西村落实面积1732亩,前茬为青贮玉米;在大坝镇三棵树村、滑石沟村、新桥村、陈俊村落实面积4092亩,前茬为籽粒玉米；在大坝镇王老滩村落实面积180亩,前茬为水稻;在叶盛镇地三村落实面积2253亩,前茬为水稻。冬牧70收草+水稻由青铜峡市广源农作物专业合作社实施;冬牧70收草+籽粒玉米、冬牧70收草+青贮玉米由青铜峡市兴盛达农牧专业合作社实施；冬牧70绿肥示范由宁夏汇丰源有机水稻种植专业合作社实施。

【蔬菜生产基地建设】 2017年，全市新建日光温室和大中拱棚1700亩。其中,日光温室236亩、大跨度全钢架拱棚400亩、大中拱棚1064亩。11月底,全部投入生产。申报永久性蔬菜生产基地5个,其中设施温棚基地2个、露地基地3个。设施温棚主要分布在大坝镇蒋东村和青铜峡镇马长滩。露地蔬菜主要分布在叶盛镇叶盛村、瞿靖镇尚桥村、陈袁滩镇陈滩村。

【病虫害专业化统防统治与绿色防控融合技术推广】 2017年,市农业技术推广服务中心在叶盛镇、瞿靖镇、邵岗镇、小坝镇、峡口镇、大坝镇、陈袁滩镇、青铜峡镇8个镇建立小麦专业化防控及统防统治示范区,示范面积5万亩。全面推行专业化统防统治示范，展示新型植保器械，减少农药使用次数和使用量。

【农技推广运作服务】 2017年，市农业技术推广服务中心会同宁夏益禾植保专业合作社，采取公司搭台、科技人员指导运作方式，创建青铜峡市粮食绿色增产攻关模式示范基地。基地位于小坝镇林皋村3组，核心面积300亩，辐射面积1000亩。

【测土配方施肥】 2017年，市农业技术推广服务中心承担测土配方施肥各类田间试验示范10项，推广测土配方施肥面积64万亩，其中小麦12.5万亩、玉米22万亩、水稻20万亩、杂粮9.5万亩，建立肥智能化配肥站4家。各配肥站根据地块测土结果、目标产量和种植意向，由专家施肥决策系统制定个性化施肥配方，由配肥站按方生产、直供到户。截至年底，各智能化配肥站为全市31家新型农民经营主体按方生产配方肥1236吨，制定个性化施肥方案42个。其中，单种玉米186吨、制种玉米50吨、水稻1000吨。

【示范区建设服务】 2017年，市农业技术推广服务中心以宁夏青铜峡市法福来面粉有限公司、宁夏正鑫源现代农业发展有限公司、宁夏塞外香食品有限公司3家龙头企业为主，引导龙头企业参与万亩示范区和核心示范区建设，带动专业合作社35家。其中，正鑫源建设叶盛万亩水稻基地示范区，法福来建设陈袁滩万亩水稻示范园区，塞外香建设邵岗万亩水稻示范园区。全市万亩水稻绿色高产高效创建示范片达到4个，辐射面积10万亩。同时，推行技术人员定人、定片、定点、定责、定效和包面积、包技术、包效益、包病虫防治“五定四包”责任制，为示范区建设提供全程全方位技术服务。

【优质大米提升工程】 2017年，以宁夏正鑫源现代化农业发展有限公司优质稻米标准化体系与技术品牌为支撑，依托宁夏塞外香食品有限公司、宁夏青铜峡市法福来面粉有限公司、宁夏正鑫源现代农业发展有限公司等粮食生产龙头企业及农民专业合作社，提升水稻生产水平。全年种植水稻20万亩，其中插秧面积3万亩，落实工厂化育秧大棚706栋。采取大户参与、订单生产、土地托管、技术服务、承包经营等方式，建设优质富硒水稻种植基地20个。其中，万亩示范基地1个（位于叶盛镇地三村、蒋滩村）、5000亩示范基地1个（位于陈袁滩镇陈滩村）、3000亩示范基地2个（位于大坝镇新桥村、邵岗镇邵西村和二旗村）、500~1000亩基地16个（位于小坝镇、大坝镇、叶盛镇、陈袁滩镇、邵岗镇）。农资供应、测土配方、统防统治、农机作业、信息服务、土地托管等社会化综合技术服务站4个。结合全市观光农业发展，在滨河大道两侧建设稻田画5处。

【绿色防控订单服务】 2017年，在小麦绿色高产高效创建过程中，调动植保专业合作社积极性，通过公开招投标形式，统一采购防治水稻病虫害药剂。年内，加强与铭泽植保专业合作社、益禾植保专业合作社两家社会化服务组织合作，签订防治服务协议，对植保机械、药剂、防治现场会等费用予以补助，两家植保专业合作社投入22架无人飞机对小麦核心示范区锈病、白粉病、蚜虫实行一喷三防飞防服务，防治面积达到5万亩。

【农业综合信息网络服务】 2017年，建成青铜峡市“12316”农业信息服务平台。建立13个益农信息服务社。其中，县级1家、村级12家。涵盖农林专业、电子商务（淘宝）、农资超市、兽药等多个行业、多项服务。同时，设立信息服务监督平台、聘用具有中级以上专业技术职称坐席专家12名，涉及粮

无人机施肥

（市农牧和科学技术局提供）

食、经济作物、畜牧、林果、水产及法律法规、农业执法等相关专业。至年底，配套信息采集人员及信息服务平台管理人员225人，通过农业综合信息服务站落实进村（社）、入户、落地、上路四大举措，解决农村农业服务最初一公里信息资源整合难题和最后一公里信息服务入户难题。

【新型农民经营主体"个性化"施肥服务】 2017年，应用智能化决策系统，为全市新型农民经营主体提供测土配方施肥"个性化"服务。根据推荐方案选肥、配肥、施肥，为31个种植大户开展测土配方"个性化"施肥指导服务；建立"个性化"配方施肥标志性示范区7个、面积1500亩，其中水稻1000亩、玉米500亩。

【化肥减量增效服务】 2017年，结合绿色粮食公关项目，根据作物种类、土壤类型、耕作制度等，合理布局示范地点，细化示范片建设内容，以科学施肥为核心，配套病虫害综合防治和农机措施，实现高产高效和经济环保目的。年内，建立化肥减量增效示范区方点7个、面积0.15万亩，各示范片有包片指导专家、有科技示范户、有示范对比田、有醒目标示牌。

（蒋万兵）

农机技术推广与服务

【概况】 2017年，农业机械化工作坚持以"引领农业现代化和社会化服务带动适度规模经营"发展思路，落实农机化发展政策措施，优化农机装备结构，推进农机农艺深度融合。年内，先后组织召开全区秸秆综合利用现场会和机育秧、机械深松、无人机飞防现场会，培育年收入5万元以上农机大户30户，完成农作物秸秆还田13.3万亩。

【购机补贴】 2017年，争取中央及自治区购机补贴资金670万元，提取2016年结余资金624.30万元，补贴各类农机具464台、资金1281.70万元。

【农机化示范园区建设】 2017年年内，建设全程机械化生产农机农艺融合示范园区2个、面积4150亩。其中，在陈袁滩镇陈滩村建设水稻全程机械化生产农机农艺融合示范园区1个，建设面积2150亩；在瞿靖镇瞿靖村建设玉米全程机械化生产农机农艺融合示范园区1个，建设面积2000亩。在全市建立机育插秧示范点14个、面积1.96万亩，建立旱穴播示范点5个、面积0.37万亩。

【农机服务组织建设】 2017年，组建青铜峡市五星农机作业公司，培育年收入5万元以上农机大户30户。组织青铜峡市隆盛等8家农机服务作业公司开展水稻、玉米、小麦等农作物全程机械化作业43.2万亩，实施跨区作业17.6万亩,其中订单作业2.4万亩。

【实用技术指导和培训】 2017年,围绕农时季节,深入各镇指导工作。根据农民需求,开展不同形式农机化实用技术培训班。全年举办各类培训班23场次,培训农机人员1860人次。

【质量监督检查】 2017年，全年检查农机经销企业4家、农机零配件销售网点10家、农机维修网点20余家，组织技术人员对14个厂家的54台农机产品进行质量跟踪调查,发放《农业机械质量投诉宣传手册》1000余份，受理、处理农民投诉2起。

【新技术、新机具引进研发】 2017年，围绕全市优质大米提升工程，率先在全区示范推广窄行机插秧技术，引进窄行插秧机36台,作业面积2.15万亩,比传统机插秧增产10%~11.5%，全市2万余亩可增收粮食120万公斤。引进大型栅条犁，开展秸秆深翻还田工作，一次性将玉米等秸秆深翻还田,有效解决秸秆焚烧问题。加强与农机生产企业合作，研制水稻穴播机、玉米一穴三苗播种机、螺丝菜挖掘机3款机械,其中水稻穴播机获国家实用新型专利。推广使用新型技术，在叶盛镇、邵岗镇建成2个日处理200吨以上粮食烘干中心,解决全市5万亩秋粮晾晒问题。

【秸秆禁烧和综合利用】 2017年,以“不见烟雾、不见火光、不见黑斑”为目标，建立健全宣传发动、责任落实、督查督改“全覆盖”工作机制，将秸秆综合利用和秸秆禁烧责任落实到每一个人头、每一个地块。建立镇、村巡查队，开展24小时值班和巡查工作,盯紧秸秆禁烧空档和死角，做到辖区全覆盖、时段无盲点。

【农作物全程机械化技术模式探索与创新】 2017年,重点围绕玉米、水稻种植和聚焦耕作、种植、植保、收获、烘干、秸秆处理等六大环节，探索熟化机械化生产技术路线,推广农机化新技术,全年完成水稻机械化种植18.4万亩，水稻机收水平达到100%;完成玉米机播20.6万亩,玉米机收18.62万亩,农作物秸秆还田13.3万亩，玉米青贮田间收获4.2万亩。示范推广机插秧侧条施肥技术,完成面积1200亩;完成机械深松(翻)作业10万亩。

（蒋万兵）

农机监理

【概况】 2017年，全年完成拖拉机、联合收割机入户登记226台，开展驾驶员免费培训760人,实施拖拉机、联合收割机检查检验11000台次，其中检验合格6080台、不合格4920台,审验驾驶员3500名。建立农机安全联组96个,其中镇(场)农机安全中心联组10个、建立农机作业公司农机安全联组4个、建设村级农机安全联组82个。组织实施农机安全生产大检查、隐患排查、百日安全生产行动等专项治理4项，排查治理各类隐患60起。

【安全宣传教育】 2017年，结合农机安全专项整治、“打非治违”“农机隐患清零行动”“安全生产月”等活动,开展安全宣传教育。年内,在小坝古峡广场、叶盛镇农贸市场、各镇“三夏三秋”作业现场,设立宣传咨询点,利用横幅、展板、橱窗、标语，发放宣传单，出动宣传车等形式进行安全宣传；结合农机检审验、农机免费挂牌、驾驶员培训等活动，举办农机安全教育31场次，受教育人数达到4500人；成立安全排查小组，会同各镇、村农机安全联组深入镇村、作业区域，免费为拖拉机粘贴警示标语3100份，发放《宁夏回族自治区农业机械安全管理监督条例》和《安全知识手册》9600余份。

【农机检审验】 2017年年内，通过悬挂横幅、发放宣传单、开通信息服务平台、发送农机驾驶操作人员一封信、设立检审验点、出动宣传车等形式，推动农机检审验工作。在检审验工作中，将办公地点设在基层，简化手续，方便群众，开展一站式便民服务。落实"谁检审、谁签字、谁负责"农机安全责任机制，坚决杜绝"检验不见车，审验不见人"现象发生。11月底，全面完成全市拖拉机、联合收割机及农机驾驶操作人员检审验工作。

【农机免费管理】 2017年，采取定时间、定任务、定人员和监理人员包镇、整村推进办法，将农机免费管理工作与农机检审验工作、农机免费管理有机结合，深入基层，服务家门。同时，按照农机监理规章和农机培训工作有关规定，推行入户、挂牌、培训、喷号、照相、制证一条龙服务，做到免费管理不降标准、不走过场，提高农机"三率"，消除事故隐患。

【路检路查】 2017年，按照"防控道路、延伸集市、找准切入点、扩大防控面"要求，开展上路从事运输和田间作业拖拉机、联合收割机、玉米收获机安全隐患排查，发现问题及时纠正，清理和查处拖拉机违章作业、带病作业、客货混装、超速超载行驶、无牌无证上路行驶、违法载人以及酒后驾驶等违法违规现象。

【"三夏三秋"安全检查】 2017年，在"三夏三秋"农忙期间，深入田间地头，对现场作业收割机、拖拉机进行安全技术检查，严禁无牌无证、牌证不全联合收割机作业。加大农机跨区作业监管力度，严格跨区作业农机造册登记管理，维护机收市场秩序。

【农机执法工作】 2017年，在重大节日、"三夏三秋"期间，会同公安交警部门，以治理违法载人、无牌无证上路、超速超载、长期不参加检审验拖拉机为重点，开展农机安全执法活动，有效遏制拖拉机、收割机违章、违法行为，提高安全生产保障。全年出动960人次、出勤136天，检查机车2100台次，纠正违章310起。

【设施农业安全管理】 2017年，对卷帘机、微耕机、机动脱粒机、饲料粉碎机、插秧机和铡草机"六小农机"实行备案管理。指派专人，深入辖区6个设施园区，对1086台卷帘机和180台微耕机电路、电机、机头、支架及联接螺栓进行安全检查，发放卷帘机、微耕机安全操作注意事项、操作规程等宣传单1000余份，制作安装固定式宣传牌53副，举办安全教育培训班3场(次)，培训人员116人。

【维修网点管理】 严厉查处违规开展农机维修、在维修网点制售假冒伪劣农机零配件和私自拼装、改装、加大速比等违法违规行为，集中整治存在安全隐患农机维修服务网点。截至年底，开展农机维修市场检查2次，检查农机维修网点30家，到期换证6家。全市农机维修行业从业人员持证率达100%，农机维修网点合格率达100%。

【队伍建设】 2017年，先后承办全市农机检验员、考试员、事故员培训班及全国第四届农机手大赛宁夏地区比赛，选派10人参加全区农机监理员业务知识培训和检验员、考试员、事故员培训。开展"文明监理，优质服务"示范窗口创建活动，严格执行《监理员守则》，按照监理员上岗"五必须"要求，不断提高农机监理队伍工作水平和服务质量。

【作业公司监管】 2017年，市农业机械监理站与全市36家农机合作组织、作业公司签订农机安全责任书，建立安全监管台账，登记管理在册农机户179名。同时，对全市拥有农机动力60千瓦以上农机大户进行调查摸底，建立监管基础台账1本，登记管理在册农机大户160名。结合农机安全联组建设，在各农机作业公司、合作组织内部建立各项制度，指定专人担任联组长、安全员，负责日常及作业期间安全检查，及时上报相关信息。

【安全联组建设】 2017年年初，各镇与村委会、农机合作组织，农机安全联组与农机驾驶员分别签订责任书，建立安全管理责任制，落实安全责任。建立农机安全联组学习、安全检查等各项制度，规范农机安全联组日常运行。建立镇、村农机安全联组工作手册，规范农机台账、驾驶员台账和“六小农机”备案登记台账。加强农机联组长培训，聘请区站专业讲师，在青铜峡市龙海宾馆举办农机安全联组长培训，96人参加培训。发挥农机安全联组职能联动作用，采取“业务关口前移、服务重心下沉”模式，深入农机经销商、镇、村，开展业务知识和宣传培训。

【事故演练】 2017年6月21—22日，在青铜峡市龙海宾馆、叶盛镇嘉禾源农机公司开展农机应急救援队伍培训及农机事故应急救援演练活动，提升监理人员应对农机事故快速反应和应急处置能力，及时有效实施应急救援工作，最大限度减少人员伤亡和财产损失。

（谢　忠）

动物疾病防控

【概况】 2017年，全市动物疾病防控工作强化基础免疫工作，抓好疫病监测和监管工作，探索动物防疫社会化服务运行模式和管理方法。全年免疫畜禽1119.6万头(只、羽)，监测、检测各类血清、样品35604份。年内无重大动物疫情发生。

【动物防疫】 2017年年初，市人民政府与各镇、场等成员单位签订目标责任书，并将动物防疫工作列入镇、场年终“双文明”目标责任考核，实行行政一把手负总责和分管领导负责制。在春秋两季防疫期间，市动物疾病防制疾控中心派进10名技术人员包镇进行技术指导，站技术人员、各级防疫员与各镇(场)配合人员对全市畜禽进行拉网式免疫和消毒。截至年底，全市口蹄疫免疫猪33.4万头、牛19.1万头、羊51.2万只；禽流感免疫家禽441.5万只(羽)次；免疫羊小反刍兽疫51.2万头；免疫羊布鲁氏菌病22.1万头；免疫猪瘟33.4万头；鸡新城疫免疫441.5万只(羽)；羊四防免疫27.6万只、羊痘26.2万只。

【疫病监测】 2017年，市动物疾病防控中心不定期对各镇、农林场畜禽进行抽样监测，及时掌握全市动物疫病情况，按时完成区、市监测下达任务。截至年底，全市检测血样30251份。其中，H5N1禽流感Q抗体监测3376份、合格率96.8%，H7N9检测640份、全部为阴性；牛口蹄疫检测5715份，合格率98.1%；羊口蹄疫监测1186份、合格率79.6%；奶牛布病3132份、阳性率6.5%，结核病检测18809头、全部阴性；羊布病检测688份，阳性率31.9%；猪蓝耳病监测396份、合格率71.9%，猪瘟监测554份、合格率84.8%，猪口蹄疫监测1108份，合格率81.6%。通过监测对全市免疫效果进行科学评估，对抗体监测水平不合格及水平较低进行及时补免，保证畜禽免疫密度及免疫效果。

【防疫工作监管】 2017年，对各镇场动物防疫实施情况进行不定期督导检查，确保督察工作经常化、制度化。加强防疫物资使用管理，实行专人专账，凡物资计划申报、保管、调配储运、出入库记录、实物台账和使用报损等，必须准确细致、账物相符，确保疫苗等物资使用效率，杜绝浪费。加强免疫档案管理，严格填写免疫档案，农户畜禽免疫登记入户率达到100%。加强防疫操作督导检查，针对疫苗箱是否有冰袋、注射针头是否达到数量已用未用分开、注射是否消毒、注射室是否更换针头、注射药物是否足量等存在问题，及时提出整改意见和解决办法。做好畜禽饲养场所、交易市场、屠宰场点、运载工具和畜产品批发市场消毒工作，各镇村组派出专人对所有饲养场所跟班进行拉网式消毒，有效阻止疫病的发生流行。至年底，全市发放各类消毒药品6600公斤。

【养殖场(户)监管】 2017年，实行市、镇两级监管机制，与辖区规模养殖场(户)签订青铜峡市规模养殖场（户）动物防疫目标责任书、青铜峡市规模养殖场(户)监管协议，明确职责，落实监管任务。各镇畜牧兽医站加强规模养殖场(户)防疫督导检查，建立规模养殖场(户)电子信息档案，并通过督查、月报表及时更新饲养、免疫信息。

【动物防疫社会化服务改革试点】 2017年，在大坝镇、叶盛镇开展动物防疫社会化服务试点，探索运行模式和管理方法，精简畜牧兽医站工作人员，撰写并上报《青铜峡市动物防疫服务方式改革试点工作方案》《青铜峡市开展向畜牧兽医服务专业合作社购买动物防疫服务工作考核验收办法》，明确动物防疫以免疫数量和质量确定劳动报酬，取消以村定酬。改革方案于8月11日经市人民政府第十三次常务会议通过，在全市范围全面组织实施。

【人畜共患病防控】 2017年，开展人畜共患病宣传培训工作，举办培训班4期，发放宣传资料1万余份。制定奶牛结核病净化方案，奶牛养殖场按存栏数100%比例检疫监测，春秋两季各监测一次。年内，开展奶牛检测18809头，全部为阴性；排查乙型脑炎养殖场户1306户，发放宣传单2200份，消毒104.7万平方米；开展包虫病驱虫14.62万头次；开展H7N9流感、炭疽、检测、流调2240只次；免疫狂犬病8887头份。

（刘学军）

动物卫生监督

【概况】 2017年，全市动物卫生监督工作以提高从养殖到屠宰全链条畜产品安全监管能力为核心，加强动物卫生监督，强化兽药、饲料和畜禽屠宰监管，保障动物产品质量安全和公共卫生安全。全市有畜禽定点屠宰场4个，其中生猪1个、牛羊1个、家禽2个。全年屠宰生猪1.87万头、牛0.55万头、羊0.09万只、鸡14.1只，检疫动物50.98万头(只)、动物产品292.3万公斤，无害化处理病死动物0.94万头(只)、动物产品0.63万公斤；通过GSP认证兽药经营企业6家，完成农业部和自治区兽药残留检测任务45批次、饲料经营企业备案23家；立案查处违法案件17起，其中违法

《中华人民共和国动物防疫法》案件15起、《兽医管理条例》案件2起。

【动物产地检疫和屠宰检疫】 2017年,全面实行检疫申报制度,开展产地检疫报检点监督检查,规范产地检疫出证条件和出证行为,确保全市14个报检点能够正常开展申报和实施检疫工作,产地检疫开展面达98%以上。完善各项制度,规范检疫行为,严格按照《屠宰检疫操作规程》实施检疫,严把"入场关""待宰关""同步检疫关""宰后处理关"。出具动物检疫合格证明率达100%,动物产地检疫证明回收率100%。

【动物卫生信息化管理】 2017年,在全市8个乡镇、2个规模化养殖场、5个动物定点屠宰场安装电子出证系统,实现电子出证全覆盖。加大运输、交易和屠宰环节监管,确保动物检疫电子出证工作有序、稳步、扎实推进。

【活畜禽移动监管】 2017年,严格执行农业部跨省调运各项规定,规范跨省调运检疫出证行为。全年跨省调运牛63批次1492头、驴16批次1219头、鸡88批次39.45万只。未发生重大动物疫情,确保畜牧业健康发展。

【动物卫生监督分级管理】 2017年,开展规模养殖场动物防疫条件专项整治和养殖场分级管理评分活动,量化评定养殖场(户)85个。其中,A级5个、B级20个、C级39个、D级21个。加大养殖环节动物卫生监督执法力度,监督养殖场落实畜禽免疫、消毒、检疫、无害化处理、用药等制度,全年开展监督检查活动18次。

【病死畜禽无害化处理】 2017年,加大病死动物无害化处理工作力度,建设占地23亩病死畜禽无害化掩埋场,结合全市实际情况,出台《青铜峡市生猪养殖无害化处理工作实施方案》,构建养殖业主、保险公司、无害化处理企业与动物卫生监督机构"3+1"四方联动无害化处理长效运行和监管机制,现场出具由养殖户、无害化处理人员、保险理赔人员、动物卫生监督所人员四方签字确认无害化处理凭证和理赔手续。截至年底,集中无害化处理奶牛833头、基础母羊857只、能繁母猪362头,有效杜绝病害肉流入市场。

【兽药监管】 2017年,围绕保障畜产品质量安全目标,以兽药质量规范化管理为主线,开展畜禽抗生素、禁用化合物及兽药残留专项整治活动,养殖环节违法使用兽用抗菌药物专项检查,兽药经营使用双百创优示范活动,兽药GSP后续监管及兽药GSP复验审核,假药清查和日常巡查,兽药GUP实施推广等工作。全年检查兽药经营企业及养殖场46次,出动执法人员112人次,共立案查处违法案件2起,罚(没)款2000元,没收假劣兽药73盒(袋),到期GSP复验企业5家。

【屠宰行业监管】 2017年,落实屠宰企业食品安全和企业法人责任,确保出场肉质量安全,严禁检疫不合格动物产品流入市场,对不合格动物及产品依法进行无害化处理。与5家屠宰企业签订"屠宰监管责任书"。建立投诉举报制度,全年屠宰场监管检查8次、日常检查25次。开展"瘦肉精"检测工作,协助屠宰企业购买"瘦肉精三联"卡1600条,规定屠宰企业"瘦肉精"检测不低于屠宰量的3%;落实生猪屠宰环节病害肉无害化处理制度,凡生猪屠宰场摘除的"三腺"和检出的病害肉、病变内脏,每天须在肉品品质检验人员、检疫人员监督下进行称重、记录、签字确认,封存放入冷库,由市动物卫生监督所统一拉运至无害化处理厂处理。全年开展生猪"瘦肉精"企业检测856头份、监督所检测245头份。

【畜禽屠宰专项整治】 2017年1月4日,召开严厉打击私屠滥宰专题会议，研究部署此项工作，抽调市场监管局、农牧和科学技术局、公安局执法人员组成打击私屠滥宰工作小组，在市电视台播放“严禁私屠滥宰牛羊告知书”，并在辖区主要交通路口、乡镇集市和易发生私屠滥宰行为的聚集地张贴“严禁私屠滥宰牛羊的告知书”200余份，开展易发生私屠滥宰重点区域、重点地段工作巡查，制作现场勘验笔录9份，收缴私屠滥宰工具1套，没收驴肉15公斤。

【清理换证】 至2017年底，全市4家畜禽屠宰企业中，2家通过吴忠市验收，颁发屠宰许可证；2家因排污不达标，按环保部门要求整改，通过市级验收。年内，新建1家肉驴屠宰企业，因国家尚未出台屠宰操作规程未取得屠宰许可证。

（赵振林）

农村合作经营管理

【概况】 2017年，全市农村合作经营管理（以下简称“农经”）工作围绕社会主义新农村建设主题，服务三农，狠抓农村“三资”管理、农村土地承包经营权确权登记颁证、培育农村新型经营主体、农民负担监督管理、发展壮大村集体经济等工作，各项工作取得新进展。农村土地承包经营权确权工作成绩位居全区前列，被自治区农牧厅表彰为全区农村土地承包经营权确权工作先进集体。

【农村土地承包经营权确权登记】 2017年，市农经站贯彻落实自治区农村承包地确权登记颁证工作部署，以“赋权于民、谋利于民”为核心，以土地权属清晰、空间位置明确、四至边界清楚、面积准确无误为目标，在坚持农村土地集体性质不变前提下，强化政策宣传，规范操作程序，采取“九步”工作法，开展农村承包地确权登记颁证工作。全市8个镇82个行政村土地承包经营权确权率达98.2%，颁证率达97.8%，顺利通过自治区验收，成为全区率先完成向农业部进行数据汇交县（市）之一。

【土地承包经营权抵押贷款试点】 2017年，市农经站针对农民发展生产资金不足问题，协调农村信用社进村入户强化“农地贷”业务宣传，探索开展农村土地承包经营权抵押贷款试点工作。截至年底，农村信用社累计发放农村土地承包经营权抵押贷款709笔，贷款金额3225万元。

【新型农业经营主体培育】 2017年，市农经站开展新型农业经营主体规范化创建活动，明确示范内容，引导规范运行，鼓励和支持农村土地向新型农业经营主体流转，提高规模经营水平和市场竞争力，促进各类经营主体产加销衔接、经营服务对接和利益联结。全市有各类农民专业合作社356家，入社社员7850户，带动农户3.82万户，占全市农户总数的74%，比非会员增收20%~30%。在工商部门注册、农经部门备案家庭农场有221个。其中，自治区级四星级示范家庭农场14家、吴忠市三星级示范家庭农场11家、市级二星级示范家庭农场39家。

【农村土地承包管理】 2017年，市农经站制定农村土地承包档案借阅制度，设置借阅登记册，由专人负责档案借阅和登记备案。全年接待司法办案人员、律师、农民等4人次，查阅合同21份。建立农村土地承包问题上访情况逐级定期报告制度，全面落实土地承包政策，依法维护农民承包土地合法权益，全年上报相关信息12期。

【土地流转管理服务】 2017年，市农经站依托确权登记颁证，为培育专业大户、家庭农场、农民合作社等新型农业经营主体搭建平台和加快土地流转创造条件。截至年底，全市农村土地流转面积15.1万亩，涉及农户2.36万户，流转面积占承包地面积的42.7%，比2016年增加1.44万亩。在流转面积中，流入专业合作社6.14万亩，占40.7%；流入企业4.1万亩，占27%；流入农户4.9万亩，占32.3%。达到100亩以上规模经营的流转面积11.3万亩，规模经营流转面积占总流转面积的74.8%。

【农村"三资"管理】 2017年，市农经站在全市各镇建立"三资"监督管理网络平台、登记资产台帐和资源登记薄，"三资"管理实行电算化、网络化、信息化、规范化管理。从5月下旬开始，抽调相关人员组成审计组深入各镇村，对全市村集体经济组织近年来财务收支和经济活动进行全面审计，采取报送审计和就地审计相结合方式，以镇为单位，统一收集会计资料，集中在各镇农经站进行报送审计；针对个别情况复杂、会计资料不规范、群众意见比较突出的村组进行就地审计，依法提出审计意见和建议，及时处理审出问题。同时，做好财务及时公开工作，组织人员采取抽查形式对各镇村级财务公开情况进行检查。全市各村组通过公开栏、明白墙形式，对村级财务收支情况、村干部及家属出工、公益事业筹资方案和涉农收费、村级经营项目发包、机动地承包情况以及惠农补贴进行及时公布，公开率达到96%以上。

【农村土地股份合作社】 2017年，市农经站复制推广五星村试点经验，在全市9个村成立9家土地股份合作社，总数达到10个，涉及5镇10村，入社社员1428户，入股土地面积6486亩，放大改革释放"制度红利"。同时，组织专业人员深入土地股份合作社，指导帮助建章立制，规范经营和财务管理，防范经营管理风险。

【发展壮大村集体经济】 2017年，市农经站争取财政发展壮大村集体经济项目，通过村集体经营或改造新建养殖场、农产品交易市场、停车场等出租形式为村集体增加收入。根据项目所在村实际情况，抽调人员做好建章立制指导工作，规范管理，提质增效。健全集体土地承包经营制度，村集体的"机动地""荒地"承包费坚持"逐年递增"原则，提高资产发包透明度，防止集体资产流失。

【农民负担监督管理】 2017年，按照农村集体生产公益事业筹资筹劳限额，市农经站对8个镇农村集体生产公益事业筹资筹劳方案进行严格审核，对提高标准、超限额行为，坚决予以纠正。全市2017年农村集体筹资52.6万元，比2016年61.8万元减少9.2万元；"一事一议" 酬劳预算69.8万个，比2016年79.1万个减少9.3万个；劳均5.8个，比2016年6.76个减少0.96个。从5月下旬开始，抽调人员组成检查组，结合正在开展的农村财务审计工作，采取全面检查与抽查农户办法，逐镇开展农民负担执法检查工作。同时，在市、镇两级建立健全信访责任制，各负其责，一级抓一级，全年没有发现加重农民负担信访案件发生。

（郑连柱）

农业综合执法

【概况】 2017年，全市农业综合执法工作坚持“标本兼治、着力治本、打防结合、综合治理”原则，结合绿剑护农行动、种子执法年活动，开展春季农资打假和生鲜乳专项整治，加强农业法律法规宣传培训和农资市场检查监管，推进放心农资下乡进村，继续完善农资监管信用体系建设，及时接待、处理农民投诉。全年出动执法人员1154人次、执法车辆340余次，检查农资经营企业、农产品生产加工基地、企业、生鲜乳收购站等管理对象298家，备案222家。其中，农资店种子经营备案126家；种子经营企业备案12家，备案品种32个；种子生产企业备案6家；农药备案62家，备案农药产品596种；化肥备案16家，备案化肥56种。抽检种子样品168批次、农药10批次、肥料5批次，产品合格率达到100%。抽检生鲜乳82批次267个样品，检测合格率达到100%。审核办理生鲜乳收购许可证、生鲜乳准运证明、种子生产经营许可证等行政许可事项22件，办结22件，办结率100%。主要农产品生产基地、农业投入品100%纳入监管范围。

【农产品质量安全监管】 2017年，市农业综合执法大队深入农贸市场和农产品生产基地，向广大农民群众广泛宣传农产品质量安全法，农药科学选购和合理使用，如何防止农业污染，真假种子、化肥、农药识别方法等农产品质量安全知识，增强涉农企业安全、守法生产农产品意识。对全市农药经营户进行不定期市场检查，坚决杜绝高毒高残留农药流通销售。加强无公害、绿色种植、养殖生产基地、农业标准化示范区（场）和无公害认证企业监管，帮助健全生产技术档案，规范使用绿色产品标识。全年未发生违规使用违禁农药和添加剂违法行为。开展蔬菜产品质量安全检验监测工作。年内，例行监测和日常检测抽检23个品种、1071批次，检测平均合格率达到99.8%。其中，对蒋东蔬菜基地进行例行监测9次，抽取19种蔬菜样品，检测88批次；对张岗农贸批发市场进行例行监测11次，抽取蔬菜样品23个品种，检测138批次。对新宁超市、世纪华联超市、国贸超市、新百超市等实行日常检测，抽取23个蔬菜品种，检测845批次，对不合格蔬菜进行下架销毁处理。

【完善农产品监管机制】 2017年，实施农业投入品在线管理制度，在全市175家经营网点建立农业投入品在线管理体系，实现农业投入品经营、使用档案在线管理及产品二维码追溯。加强农产品市场监管，实行月巡查记录制度，强化市场源头管理，推行经营企业年度信用等级评定和经营人员持证上岗管理制度，落实执法责任制，遏制假冒伪劣农产品，提高农产品质量。

【规范农资市场经营秩序】 2017年，市农牧和科学技术局协调市法院、公安、工商、质监等部门开展联合执法行动，采取集中查处与日常监管相结合、重点打击与综合治理相结合、质量抽检和督查暗访相结合、投诉举报与主动出击相结合等形式，开展农资经营主体专项整治行动，依法对所有农资经营网点进行全面检查，清理、整顿违法行为企业。

【案件受理投诉举报】 2017年，开通“12316”农业投诉电话，设置投诉举报箱，安排专人做好农民来信来访接待工作，运用行政调解、行政处罚等方式，“快”“准”“实”将矛盾纠纷化解到基层。全年办理农药行政处罚案件1起，查处、没收不合格农业投入品67.5公斤；受理农民投诉案件36起，调解36起，调解率100%。

【法律法规宣传】 2017年，开展“放心农资下乡进村宣传周”活动，以举办大型咨询活动、开办培训班、组织优质农资下乡推介等形式，向农民宣传农业和农资管理法律法规，介绍识别真假农资常识，提高农民维权意识。举办农资经营人员培训班，结合农资市场检查，进行法律法规宣传教育，发放各种宣传资料，扩大法律法规宣传覆盖面。全年出动普法宣传人员96人次，发放宣传资料2.6万份，培训农资经营人员2560人次。

（施润国）

扶贫开发

【概况】 2017年，全市扶贫开发工作围绕打赢脱贫攻坚目标，按照“六个精准”（扶贫对象精准、项目安排精准、资金使用精准、措施到户精准、因村派人精准、脱贫成效精准）要求，落实“五个一批”（发展生产脱贫一批、易地扶贫搬迁脱贫一批、生态补偿脱贫一批、发展教育脱贫一批、社会保障兜底一批），实施十一项扶贫行动计划，通过机制创新、产业带动，教育和技能培训等措施，取得脱贫攻坚工作新成效。全年完成移民安置252户1300人，完成移民培训2550人次，引导帮助移民就业7280人。

【“十三五”易地搬迁】 2017年，采用“五个一”(一户一套房、一头奶牛、一个就业岗位、一个培训机会，人均1亩地)安置措施，坚持移民搬迁安置和发展脱贫增收措施并举，发展奶牛、肉牛养殖和酿酒葡萄产业，实现“搬得出、有事做、能脱贫”目标。年内，采取插花安置方式，在邵岗、瞿靖、叶盛3个镇回购装修住房252套，安置搬迁移民。

【产业扶贫】 2017年，市扶贫办着眼增强贫困户“造血”功能，完善土地流转、奶牛托管和务工管理服务“三项机制”，发挥龙头企业在增加贫困户收入方面重要作用，壮大酿酒葡萄、奶牛养殖、肉牛养殖、光伏发电和务工就业“五大产业”，确保贫困人口产业脱贫全覆盖，多渠道帮助移民增收致富。2017年生态移民实现人均可支配收入6385元，比2016年增长10.9%。加强龙头企业培育，把培植壮大产业化扶贫龙头企业作为新阶段扶贫开发工作大事来抓，发挥龙头企业在增加贫困户收入、调整农业结构、创立农产品品牌等方面重要作用。市恒源林牧、牧源牧业等6家企业被批准为自治区扶贫产业化龙头企业。

【技能培训】 2017年，市扶贫办推进技能培训，发展劳务就业增收。整合各类培训资源，有针对性地开展社会紧缺技能型人才职业技能培训，完成培训2850人。其中，技能培训1700人、雨露计划150人、驾驶员培训950人、致富带头人50人。采取双向选择自主就业、经纪人组织就业和企业吸纳就业等方式，引导帮助移民就业7280人。

【教育扶贫】 2017年，全市实施“雨露计划”补助150人，1531名贫困户学生享受免费午餐、516名贫困户学生享受初中寄宿补助，117名建档立卡贫困家庭儿童享受幼儿园一免一补政策。

【政策扶贫】 2017年，落实政策

性保障兜底扶贫，核查对比农村贫困人口，将符合条件1110人低保人口纳入建档立卡范围，通过统筹使用各类扶贫救助资源，对有脱贫能力的贫困家庭“应扶尽扶”，对无法依靠产业扶持和就业脱贫的贫困户实施政策性保障兜底“应保尽保”，实现按期退出目标。同时，为做好“扶贫保”落实工作，提高贫困农户抵御风险能力，市财政局为全市建档立卡贫困人口1897户7901人购买“扶贫保”，保障贫困农户和贫困人口因意外事故或大病返贫得到补偿，尽快恢复生产。

【金融扶贫】 坚持政府投入与金融扶持相结合，引导和鼓励商业性金融机构创新金融产品和服务，增加贫困户信贷投放。2017年，开展评级授信工作，完成建档立卡贫困户评级授信1897户，为扩大信贷投放工作奠定坚实基础。推进互助资金增资扩面，互助资金规模达到999.4万元，覆盖移民村农户1718户。其中，贫困户853户，发放贷款937.6万元，户均发放互助资金借款5450元。同时，运用贫困村互助资金自动化监督平台，统一管理6个互助社账目，提高互助资金规范化管理水平。扩大扶贫小额贷款规模。市财政设立扶贫小额贷款风险补偿金1550万元，探索“贫困户+合作社+龙头企业+金融机构”“贫困户+互助社+金融机构”等扶贫融资模式，实现有贷款意愿贫困户5~10万元免担保、免抵押基准利率贴息扶贫小额信贷全覆盖，年内新增贷款1.84亿元。

【项目申报】 2017年，结合全市脱贫攻坚实际，围绕改善贫困村人居环境、强化产业扶贫、提高全市贫困地区产业发展整体水平、壮大贫困村集体经济、促进贫困户持续稳定获得收益等方面，筛选申报扶贫资金项目6项。其中，完善贫困村基础设施扶贫项目3项、贫困户资产收益扶贫项目2项、壮大贫困村集体经济扶贫项目1项。项目概算投资86942万元。同时，组织住建、交通、水务、环保等部门和相关镇村，对生态移民村住房、道路、排水、有线电视服务等开展排查，着力解决“十二五”生态移民遗留问题，制定同富村和同乐村排水、排洪实施方案和建设同乐村文化活动广场实施方案。

【贫困户建档立卡】 2017年，按照管理精准、不漏一户、不落一人要求，把数据精准度作为衡量工作质量标准，查漏补缺，准确定位，精准调整。对2016年、2015年、2014年脱贫贫困户信息进行反复核查，在扶贫云系统进行统一标示。对信息重复录入贫困人口进行核实，按照户籍所在地或者现居住地保留其中一条数据，在国办系统进行人口自然增减处理。对近600名建档立卡贫困户身份证号码存在问题人员，与公安局进行户籍核查修改。开展自发移民贫困户识别工作，对举家在青铜峡市常住一年以上、有房有地、在区内原户籍地未识别农户逐户调查。加强与市民政、水利、人社、住建、教育等部门对接，及时更新贫困户低保、饮水、医保、住房和义务教育等信息，确保数据精准。针对青铜峡市2016年建档立卡贫困户脱贫人口中有352人未参加城乡居民基本医疗保险问题，认真核查并上报结果。全年补录建档立卡人口7人，初核清除人员102人。

【帮扶制度落实】 2017年，市扶贫办落实领导干部承包联系、部门干部帮扶机制，建立“横向到边、纵向到底”网格化精准帮扶责任机制，协调指导各方深入贫困村宣传扶贫政策，监督扶贫项目实施，落实扶贫项目、资金和招商引资，指导贫困村党建工作，提升基层组织带领贫困群众脱贫致富奔小康能力。瞄准1897户建档立卡贫困户，采取结对帮扶到户模式，组织全市71个部门，落实“五个一”（每季度至少走访一次、春节等重大节日至少给帮扶家庭送温暖一次、为每户确定一个致富项目，帮助贫困户解决一个就业岗位，帮助贫困户掌握1~2项致富技能技术）帮扶措施，一户一策，挂图作战，促进建档立卡贫困户发展生产、脱贫致富。完成第二轮"第一书记"和驻村工作队派驻工作，实现4个移民村"第一书记"和驻村工作队全覆盖。加强驻村工作队日常管理，及时填写工作日志和民情日记，严格考勤制度和请销假制度，保证每月驻村时间不少于20个工作日，不定期开展工作督导，确保群众满意度达到95%以上。

【扶贫资金监管】 2017年，市扶贫办贯彻国家和自治区关于统筹整合使用财政涉农资金试点意见精神，按照责任、权力、资金、任务"四到县"要求，建立项目库，制定扶贫资金统筹整合使用方案，确保扶贫规划项目、工作任务与财政资金相衔接，发挥扶贫资金使用效益。制发《青铜峡市"十三五"易地扶贫搬迁资金管理办法》和《青铜峡市脱贫攻坚建档立卡贫困户脱贫奖励暂行办法》，加强和规范"十三五"易地扶贫搬迁资金管理，切实保障资金安全。牵头组织扶贫资金使用监管相关部门，依据扶贫资金管理各项规定对2016年扶贫专项资金使用情况开展专项检查，做到资金到项目、管理到项目、核算到项目、检查到项目，确保扶贫项目顺利实施，保证扶贫资金安全运行。

（汤学斌）

林业生态建设

【概况】 2017年，全市林业工作围绕生态造林绿化、园林城市建设、经济林产业发展、封山育林和林业生态项目建设等方面，加快林业生态体系和林业产业体系建设步伐，加强资源保护力度。全年完成新造林28173亩。其中，生态防护林7073亩、封山育林1万亩、退化防护林改造提升7000亩、经济林4100亩（苹果1600亩、枸杞1500亩、其他1000亩）。完成酿酒葡萄种植5200亩。补植造林3200亩。新增城市公共绿地面积14.2万平方米。新栽补植各种苗木50.2万株。义务植树500亩，栽植各类苗木5.1万株。

【生态造林】 2017年，市林业局实施灌区"绿网"建设工程，以109国道、京藏高速公路、省道201、滨河大道沿线两侧为重点，依托"三北"防护林工程、天然林保护工程、农业综合开发、世行防沙治沙等项目，完成造林13425亩。其中，营造防护林3225亩、退化林改造7000亩、未成林补植造林3200亩。重点工程有：鸽子山中法葡萄酒庄集群示范区道路绿化及防护林带建设项目。投资285.24万元，完成中央大道、长城路、长鸽路16.5公里防护林及部分酒庄周围绿化400亩建设任务，栽植树木2.97万株。大（坝电厂）青（铜峡火车站）路两侧绿化工程项目。投资599.6万元，完成涉用工程项目面积370亩，栽植树种3.1万株。中新马尔堡酒庄绿化工程项目。投资256万元，完成景观绿化240亩。

【城市园林绿化】 2017年，开展春季城区绿地补植补种，新栽补植各种苗木50.2万株。其中，乔木7.5万株、花灌木26.2万株、花卉16.5余万株。补种草坪5.4万平方米。实施黄河金岸文化旅游带景观绿化改造提升、吴忠市黄河文化体育会展中心建设项目室外配套工程绿化、黄河缤纷园2017年宿根花卉种植、兰馨路北侧（原红旗沟）绿化改造提升及唐源街南侧和云天华府南侧绿化5个新建项目工程，绿化面积100.5万平方米。实施城区老旧小区改造提升工程，重点对紫薇小区、建民小区、汉坝小区进行绿化提升改造，改造提升面积2.8万平方米，栽植各类乔木、花灌木3.4万株，种植草坪0.9万平方米。

【全民义务植树】 2017年春，利用2天时间，组织吴忠市和青铜峡市134个机关单位干部职工5500余人，在树新林场大坝梁开展大规模义务植树活动，栽植新疆杨、刺槐、榆树、红柳、沙枣苗木5.1万株，面积500亩。工程采用机械整地、开沟和混交造林方式，先灌水再人工栽植、栽后复灌，苗木一律采用胸径4厘米大杆苗。栽后加强管护，年底成活率达90%以上。

【苹果小杂果产业】 2017年年内，在青铜峡镇、邵岗镇、叶盛镇、瞿靖镇、树新林场栽植苹果及红枣小杂果4100亩。其中，苹果1600亩、枸杞1500亩、大青葡萄350亩、其他650亩。

【打击涉林违法】 开展“2017利剑行动”，加强野生动物保护，严厉打击非法占用林地和改变林地用途等各类毁林活动。会同市林政资源管理站、检疫站等单位对全市野生动物训养繁殖场所、木材经营(加工)场所和市场经营场所进行检查整治。全年接警128余起，立案查处37起。其中，涉林刑事案件8起，处罚10人；行政案件29起，处罚30人。行政罚款213875元。

【林政资源管护】 2017年，加大林地申报、审批管理力度。全年办理使用林地审批3宗，使用林地24.74亩。其中，青铜峡市至银川正源街快速通道(小坝至永宁段)工程项目19.52亩，市图书馆、文化馆、档案馆迁建项目3.42亩，青铜峡铝业股份有限公司青铜峡分公司电解铝自备供电线路工程项目1.8亩。收缴森林植被恢复费26.06万元。严格程序，限额采伐。年内，审批林木采伐83宗，采伐树木40933株，活立木蓄积12922.4立方米。其中，林地采伐1216.2立方米、非林地采伐11706.2立方米。办理审批林木移植3宗。严把木材经营加工许可证及野生动物驯养繁殖许可证行政审批关。全市有野生动物人工驯养繁育场所4家、面积688.73亩、人工驯养繁育种类16种。年内，新增办理木材经营加工许可证1宗。深化林权制度改革，开展林权抵押贷款监证工作。全年办理林权证抵押贷款监证3宗，抵押林地面积2382.2亩，贷款金额1420万元。做好森林防火工作，安排两辆警车分南北片进行巡查督查，发现隐患及时责令相关单位限期整改。同时，建立市、镇、村、队四级防火体系，召开全市有林单位负责人防火视频会议，加强防火工作宣传。

【有害生物监测】 2017年，在全市确定监测员11名，设置监测点15个，制作标准地标识牌15个，并在每个监测点悬挂监测样株标识牌30个。每月20日前及时通过新版林业有害生物信息管理系统上报本市主要林业有害生物发生、防治，全年发布虫情动态及生产性预报15期。加强苹果蠹蛾、美国白蛾、松材线虫病等危险性林业有害生物监测工作，对苹果蠹蛾疫点、疫点周围果园实行统防统治，有效控制虫口数量和密度。制定《青铜峡市2017年松材线虫病监测普查工作实施方案》，会同市森林派出所调查12家单位，未发现松材线虫病疫情。加大产地检疫力度，年内全市检疫林业生产苗木面积6000亩，签发产地检疫证365份，苗木产地检疫率达100%；开展森林植物检疫登记工作，对辖区35户涉木企业、花卉经营户进行摸底调查，登记造册，全年办理调运检疫证535份，检疫苗木235万株。实施林业有害生物防治项目，全年完成防治面积 8.8 万亩。实施监测面积 61.55 万亩次，监测覆盖率 100%，测报准确率 90%，种苗产地检疫 0.75 万亩、检疫率达 100%。

【国有林场改革】 2017 年，完成滨河林场工商登记注册工作，将滨河林场编内人员费用纳入市财政预算。将树新林场卫生室移交青铜峡市卫生和计划生育局管理。推行以购买服务为主的公益林管护机制。其中，树新林场以集体投工投资形式，加强公益林管护，滨河林场将绿地养护管理费用纳入财政预算。将树新林场未纳入财政预算的职工，采取以地养人、以林养人办法，即以承包土地顶工资收入方式进行安置，维持现有在职职工经营面积不变。同时，将两个林场职工全部纳入社保、医保和失业保险范围，参保率达到 100%。全面推行绩效工资制度，重新设置内部管理、专业技术岗位，完善林场内部管理制度，签订职工聘用合同，实行竞聘上岗。

【信息化建设】 2017 年，配备计算机、摄像机、照相机、扫描仪等硬件设施，夯实网站基础。安排人员参加国家级和市级培训班，加强信息员队伍建设，及时更新信息，完善网站内容，提高网站点击率。全年编发信息宣传稿件 175 条(篇)，累计点击量 2 万人次。

【行政执法】 2017 年，市林业局将行政执法工作纳入林业工作目标管理，层层夯实责任，严格规范执法行为，年中和年底分 2 次对各执法站所林业依法行政工作进行考核检查。加强对森林派出所、林政站、检疫站、园林监察队等林业行政执法站所监督管理，定期听取毁林案件查处、林木采伐、林木管护、征占用城市公共绿地等林业行政执法汇报。针对群众反映林业行政执法方面干部作风不实、效率不高、执法不严等问题，责成相关站所限期整改。规范行政审批工作，全年办理使用林地审批 3 宗、林木采伐 83 宗、林木移植 3 宗、调运检疫证 535 份，行政处罚 29 起。

【林果技术推广】 2017 年，建设示范园，实施老果园改造提升技术工程。年内，邀请西北农林科技大学教授李丙智、区内首席苹果专家王春良现场授课，在全市 8 镇 1 场举办科技培训班 13 场次，培训 1500 人次。

(张志华)

葡萄产业

【概况】 2017 年，全市葡萄总面积达到 13.2 万亩，销售额 14300 万元。其中，酿酒葡萄面积 10.9 万亩、产量 1.95 万吨(酒庄企业 1.6 万吨、种植户 0.35 万吨)，销售额 7800 万元；鲜食葡萄面积 2.6 万亩、产量 2.2 万吨，销售额 6600 万元。至年底，葡萄酒库存量 1.4 万吨。年内，聘请中国农业大学教授马会勤担任顾问指导葡萄产业发展，举办酿酒葡萄科技、葡萄酒品鉴培训班，培训企业高技术人才及葡萄种植农户，为全市葡萄产业发展提供强有力科技支撑。

【鸽子山中法葡萄酒庄集群示范区建设】 至 2017 年年底，已引进签约葡萄酒企业 11 家，签约面积 8698 亩，按照《中法葡萄酒庄集群示范区酿酒葡萄栽植技术规范》栽植葡萄 5200 亩，占计划任务的 104%。同时，引进宁夏葡萄与葡萄酒研究院在示范区内建设 200 亩科技示范园，为全市葡萄产业实现品种区域化、良种化，栽培技术标准化、机械化等提供科学试验示范。

2017 年 9 月 22 日，自治区葡萄产业发展局领导调研鸽子山项目区葡萄产业发展情况　（市林业局　张志华提供）

【品牌酒庄建设】 2017 年，投资 2.2 亿元，推进维加妮酒庄、丹麓酒庄、古城人家酒庄、贺兰芳华酒庄、容园美酒庄 5 个续建工程建设，年底全部投入生产。投资 70498 万元，协调实施宁夏天下通夏酒庄、巴格斯酒庄、裕峰酒庄、马兰花酒庄、贺东葡鼎酒庄、玉鸽葡萄酒庄 6 个新建酒庄建设。加强葡萄酒品牌创建，组织引导酒庄企业开发具有青铜峡地标特征优质葡萄酒品牌，参加列级酒庄评选、葡萄酒博览会金奖评选等，贺兰芳华、金沙湾酒庄成功晋级五级列级酒庄。

【优质葡萄园建设】 2017 年，重点对树新林场、甘城子、广武地区低产园进行改造，解决葡萄园管理不规范、品种质量良莠不齐等问题。全年投资 3000 万元改造葡萄园 5000 亩，实现亩产葡萄 500 公斤、平均糖度达到 22℃以上。组织企业、种植大户参加葡萄种植技术培训班和贺兰山东麓优质葡萄园评选活动，提升葡萄品质和葡萄园田间管理水平。

【葡萄酒市场营销】 2017 年，制作青铜峡产区葡萄产业宣传片 1 部，组织酒庄企业参加四川成都糖酒会、广州和深圳葡萄酒推介会、西安葡萄酒大使座谈会及葡萄酒销售大师班培训、青铜峡产区葡萄酒专场推介会、重庆秋糖会、贵阳酒博会和第十届国际葡萄酒论坛。引进全国 300 余家葡萄酒企业和经销商来青参观考察，与酒庄企业面对面、点对点交流合作。引导酒庄企业建立葡萄酒营销窗口，构建国内一二三线城市青铜峡产区葡萄酒营销网络，提升青铜峡产区葡萄酒品牌影响力和市场竞争力。

【产业监管】 2017 年，加强对酒庄企业质量、卫生、商标等方面的监管力度，特别是新建基地品种苗木、种植方法、种植密度及酒庄葡萄产量、酿造方法（工艺）监管，按照《葡萄酒企业卫生规范》《葡萄酒企业良好生产规范》、CN-CA-CTS0025-2008 食品安全管理体系要求，要求所有酒庄企业必须使用产区专用标志，在酒瓶正标醒目位置标明“宁夏贺兰山东麓葡萄产区”字样。同时，督促酒庄企业积极申请使用贺兰山东麓酿酒葡萄、贺兰山东麓葡萄酒地理标志证明商标和贺兰山东麓葡萄酒国家地理标志保护产品专用标志。

（李建飞）

水务管理

【概况】 2017年，全市水务工作深化水利改革，依法开展农业水资源使用权确权登记，有序推进河长制工作。全年43万亩农田得到适时适量灌溉，夏秋灌实用水量4.02亿立方米，比2016年同期节水1500万立方米，节水率8%。

【水资源使用权登记】 2017年年内，完成全市398条干渠直开口农业及生态用水水权和工业引黄用水量测算，将水资源使用权确权到村。至年底，完成水资源使用权证书发放和工业水权许可证工作，农业水资源使用权确权102户5.17亿立方米，工业水资源许可27家0.26亿立方米。

【小型水利工程管理体制改革】 2017年，对全市5490条各级沟道、10454条各级渠道及36390处小型水利工程进行分类定性，明晰工程产权、使用权和管理权，印制产权证书336本、管理权证书113本、使用权证书223本，签订管护协议书336份。同时，制定《青铜峡市小型农田水利工程管护办法》《青铜峡市小型水利工程管理与运行维护监管方案》《青铜峡市小型水利工程维修养护标准》等管理制度，初步建立工程管护主体明确、维修养护经费有保障良性运行管理机制，完成证书发放和小型水利工程管理体制改革工作。

【农业水价综合改革】 2017年，在水资源确权和小型水利工程管理体制改革基础上，推进农业水价综合改革试点工作，根据自治区水利厅《关于印发2017年水利重要目标任务责任分工的通知》，完成农业水价综合改革实施方案编制工作，上报市人民政府。

【“河长制”管理】 2017年，在全市8镇2场挂牌成立河长制办公室，建立各项制度，健全责任体系。将黄河(青铜峡段)、罗家河、反帝沟、中干沟、南干沟(青铜峡段)、第一排水沟、红旗沟、三道湖、库区、红卫沟、胜利沟、团结沟、永涵沟13条重点河湖沟道纳入市级保护，确定市级河长11人；将96条河湖水库沟道纳入镇、村级保护，确定镇级河长82人，初步实现全市河湖沟道有名录。同时，在每条河流上聘请人大代表、政协委员作为监督员，编制青铜峡市河长制手册，印制市、镇、村三级河长体系一览表。至10月底，设立市级河长公示牌45块、镇级河长公示牌85块。10—11月，开展“跟着河长去巡河”主体实践活动，加强市级河长巡河工作，查处涉河涉湖违规问题，并以河长交办令形式跟踪督办、整改落实。

【重点工程建设】 2017年，市水务局承担高效节水、中小河流治理、农田水利建设、水系连通、水库移民等水利重点建设项目22个，计划总投资10257.59万元。年内，完成2016年农田水利财政切块补助资金项目、西夏渠鸽子山扬水骨干二期工程及2017年度中央财政水利发展专项资金项目青铜峡市盛庄、友谊等村高效节水灌溉工程；开工建设2017年度盐碱地治理支沟整治项目青铜峡市青邵沟、玉西支沟等沟道治理工程，2013年度中央财政农田水利设施建设结余资金项目青铜峡市联丰、庙山湖等片区高效节水灌溉等工程；正在招标落实规模化节水灌溉增效示范项目结余资金2017年青铜峡马长滩高效节水灌溉工程、中央财政农田水利设施建设专项资金青铜峡市沙坝湾等村高效节水灌溉等工程。

【防汛工作】 2017年，根据市有

关领导调整变动情况，提出防汛抗旱指挥部成员调整意见，落实重点防洪工程和防汛地段责任人，督促各成员单位对预案进行修订并落实防汛责任及防汛抢险队伍，及时调整市、镇、村三级山洪灾害防御系统人员，调试维护监测预警广播及短信平台，确保预警系统通讯畅通。编制防汛工作手册，筹备召开全市防汛抗旱工作会议。开展防汛检查。3月底，完成汛前检查，形成报告上报上级防汛部门和市人民政府。针对存在问题，及时提出整改意见，责令有关单位或个人采取有效措施限期整改解决。制定并上报黄河水毁工程、应急度汛工程和水毁岁修工程建设计划，配合吴忠市水务局开展黄河二期整治工程建设征地协调工作。规范防汛值班记录，按时完成雨情、汛情、凌情、灾情信息收集和上报工作；加强防汛值班考勤，规范值班秩序。争取防汛项目，实施防汛抗旱物资储备仓库建设。

【抗旱保灌】 2017年，市水务局依据“丰增枯减”原则和水资源调度预案，结合全市农业水资源确权，将年度引水总量配置到镇（场），落实到干渠直开口，加强镇（场）总量控制管理。制定2017年抗旱保灌预案，划定禁稻区，并通过市人民政府专题会议等形式，强化抗旱保灌宣传，多渠道确定抗旱水源。指导镇、村两级协会做好直开口渠道轮灌用水计划，按照先急后缓、先难后易、控近灌远原则，确保上下游均衡受益。同时，协调自治区水资源局、渠首管理处等水管单位，将渠首管理处灌域300万立方米水量，调至七星渠峡口镇新田、跃进村，缓解灌溉矛盾。

（邱立斌）

农业综合开发

【概况】 2017年，全市农业综合开发工作以提高农业综合生产能力、改善农业生产生态条件、夯实农业基础为重点，以质量和效益为突破口，坚持高起点规划，高标准建设，高水平管理的原则，强化各项工作落实。全年完成高标准土地治理项目8个（续建4个、新建4个）、产业化项目27个（续建12个、新建15个）、农田建设模式创新试点项目1个、亚行续建项目1个及甘城子以色列滴灌项目一期，办理人大提案2件，上争资金5996.34万元。

【土地治理续建项目】 2017年，续建项目4个，分别是：2016年小坝镇新林、永丰高标准农田建设项目，土地治理面积1.5万亩，项目投资1560万元；2016年邵岗镇东方红高标准农田建设项目，土地治理面积1.5万亩，项目投资2585万元；2015年叶盛镇正闸高标准农田建设项目，土地治理面积0.5万亩，项目投资694万元；树新林场华硕专业合作社高标准农田建设项目，土地治理面积0.06万亩，项目投资97万元。4个续建项目工程，完成排灌站建设7座，开挖疏浚沟渠149.15公里，衬砌渠道213.49公里，埋设管道60公里，新建维修渠系建筑物17758座；平田整地1.1万亩；营造防护林393亩；技术培训1930人次，示范推广7310亩，其中土壤有机质2500亩、病虫害防治4910亩，硬化干道3.07公里、支路34.33公里，7月通过自治区农发办组织的年度验收。其中邵岗镇东方红项目区获区年度验收优秀项目区奖。

【土地治理新建项目】 2017年，新建项目4个，分别是：2017年叶盛镇龙门、蒋滩高标准农田建设项目,总投资1268万元,高标准治理土地面积0.85万亩;2017年小坝镇永丰高标准农田建设项目,总投资956万元,高标准治理土地面积0.73万亩;2017年大坝镇王老滩高标准农田建设项目,总投资955万元,高标准治理土地面积0.63万亩;2017年青铜峡镇沃沙高标准农田建设项目,总投资855万元,高标准治理土地面积0.5万亩。其中,叶盛镇龙门、蒋滩高标准农田建设项目建设排灌站1座,开挖疏浚渠道87.76公里,衬砌渠道8.16公里,渠系配套建筑物668座,硬化良种晒场6000平方米、道路11.95公里,营造防护林100亩,改良土壤6100亩;小坝镇永丰高标准农田建设项目开挖疏浚渠道15.9公里,衬砌渠道58.15公里,渠系配套建筑物4281座,硬化道路4.57公里,营造防护林100亩,改良土壤4800亩;大坝镇王老滩高标准农田建设项目开挖疏浚渠道26.67公里,衬砌渠道30.40公里,渠系配套建筑物1792座,硬化道路11.40公里,防护林100亩,改良土壤2780亩;青铜峡镇沃沙高标准农田建设项目,建设排灌站2座,衬砌渠道49.81公里,渠系配套建筑物3693座,硬化道路4.88公里,营造防护林100亩,改良土壤300亩。至年底,4个项目区完成全部工程任务的80%。

【产业化经营续建项目】 2017年,续建项目12个。财政补助项目5个,补助财政资金630万元。分别为:青铜峡市1.5万吨优质大米加工新建项目,补助资金140万元;青铜峡市15000吨优质大米加工新建项目,补助资金140万元;青铜峡市2000吨玉米种子加工扩建项目,补助资金140万元;青铜峡市4000吨粮食种子加工技改扩建项目,补助资金140万元;青铜峡市800米高标准日光温室大青葡萄延后采摘长廊新建项目,补助资金70万元。年内项目全部完成,7月通过自治区农发办年度验收。贷款贴息项目7个,贴息资金783万元。分别为:宁夏可可美生物工程有限公司25万吨玉米深加工扩建项目,贴息资金151万元;宁夏家道回乡农业开发有限公司8000吨特色大米制品加工扩建项目,贴息资金148万元;宁夏塞外香食品有限公司10万吨大米加工扩建项目,贴息资金174万元;宁夏青铜峡市西夏贡米有限公司年加工5万吨优质大米加工扩建项目,贴息资金61万元;青铜峡市明珠圆清真食品乳业有限责任公司5000吨农副产品加工扩建项目,贴息资金120万元;御马国际葡萄酒业(宁夏)有限公司8000吨葡萄年加工扩建项目,贴息资金31万元;宁夏青铜峡市禹皇酒庄有限公司3000吨酿酒葡萄加工扩建项目,贴息资金98万元。贷款贴息项目建设全部完成,7月通过自治区农发办年度验收。

【产业化经营新建项目】 2017年,争取产业化发展项目15个。财政补助项目6个,资金473万元。分别为:山东登海种业股份有限公司青铜峡市分公司4800吨玉米种子加工新建项目;青铜峡市兴盛达农牧专业合作社9栋设施园艺温室新建项目;青铜峡市九月紫葡萄种植专业合作社200吨葡萄酒窖建设项目;宁夏鑫茂源冷链物流专业合作社1500平方米保险冷藏库新建项目;吴忠市青铜峡市1200平方米水稻原粮库新建项目;吴忠市青铜峡市600吨酿酒葡萄加工扩建项目。至年底全部完成建设内容。贷款贴息项目9个,争取中央财政贴息资金587万元。分别为:御马国际葡萄酒业(宁夏)有限公司1.2万吨酿酒葡萄加工扩建项目,贴息58万元;宁夏青铜峡市禹皇酒庄有限公司8600亩优质葡萄种植新建项目,贴息39万元;宁夏家道回乡农业开发有限公司5万吨优质大米加工扩建项目,贴息91万元(该项目已终止实施);宁夏天和顺米业有限公司1.5万吨优质大米深加工扩建项目,贴息23万元;宁夏法福来清真食品股份有限公司8万吨面粉深加工扩建项目，贴息190万元；宁夏鑫德粮油工贸有限公司3万吨优质面粉加工扩建项目，贴息27万元；宁夏可可美生物工程有限公司25万吨玉米深加工扩建项目，贴息143万元；青铜峡市清真食品有限责任公司3000吨农副产品加工扩建项目，贴息14万元；宁夏国平油脂有限公司3000吨食用油加工扩建项目，贴息2万元。贴息资金全部拨付到位。

【农田建设创新试点项目】 2017年，续建项目为2016年全市高标准农田建设模式创新试点项目。含高标准农田建设项目1个、产业化发展项目2个，批复资金1768万元，治理面积0.85万亩。年内，产业化发展项目全面完成，其他项目完成建设任务的80%。项目开挖疏浚支斗沟14.17公里，砌护永昌沟3.01公里、斗渠2.26公里、农渠25.43公里，暗管排水1000亩，修建建筑物1767座，其中农田口1704座，平田整地2300亩，其中推土机平地500亩、激光平地仪平地1800亩，硬化宽4米道路1.08公里，宽4.5米道路2.44公里，宽5米道路3.92公里，铺垫宽4米砂石路2.94公里，栽植防护林70亩、乔木8000棵。推广农业实用新技术5项，分别为：中科院合肥研究所实施的缓释肥和增效剂技术1500亩；中科院成都研究所绿色高值S诱抗素技术推广4000亩；中科院兰州寒旱所符合缓释淀粉芽孢杆菌微肥制剂示范推广500亩；中科院东北地球物理研究所水稻和玉米高光效种植技术400亩；宁夏农林科学院水稻侧条施肥新技术推广1200亩。至年底，完成剩余20%建设任务。产业化发展项目2项，分别为：宁夏福润香农业发展有限公司年加工1万吨大米改扩建项目；青铜峡市广源农作物种植专业合作社承建的年加工5000吨大米技改项目。至年底全部完成。新建项目。2017年全市高标准农田建设模式创新试点项目1个，含高标准农田建设项目1个、产业化发展项目1个，批复资金1500万元，治理面积0.85万亩。其中，高标准农田建设总投资1268万元、产业化财政贴息中央资金232万元。至年底完成建设任务的80%。

【亚行项目】 2017年，投资673.34万元，续建完成瞿靖镇尚桥、友谊片区两个标段工程，建设高标准农田0.11万亩。

【甘城子以色列滴灌项目】 2017年，投资2700万元，实施甘城子以色列滴灌项目一期，灌溉面积0.94万亩。年内，新建蓄水池10座、扬水泵房10座，完成5300亩田间管道铺设。

【人大代表提案办理】 全年投资24万元，办理人大代表提案2件。其中，投资18万元，完成邵岗镇梁才等3名代表提出的关于邵岗镇沙湖村农渠砌护及配套提案；投资6万元，完成先锋村陶军等代表提出的维修中沟1组泵站提案。

【上争资金】 全年上争项目22个，资金5996.34万元。土地治理项目4个，上争资金4034万元。分别为：叶盛镇龙门、蒋滩高标准农田建设项目，资金1268万元；小坝镇永丰高标准农田建设项目，资金956万元；大坝镇王老滩高标准农田建设项目，资金955万元；青铜峡镇沃沙高标准农田建设项目，资金855万元。产业化经营项目17个，上争资金1289万元（含产业融合1个，产业化发展项目232万元）。亚行贷款项目1个，上争资金673.34万元。

（袁少军）

渠首管理

【概况】 2017年,宁夏引黄灌区3月31日开闸放水,11月25日停灌,全年安全灌溉202天,实现安全生产零事故和灌区均衡受益工作目标。引黄灌区13条干渠实引水量50.239亿立方米,比2016年少引12.5%。其中,大清渠、泰民渠灌域实引水量1.838亿立方米,比2016年少引9.5%,商品率85.3%;总干渠各直开口实用水量0.719亿立方米,比2016年少用11.5%。取水许可管理工作成效显著,渠首管理处被宁夏黄河委员会评为"2014—2016年度取水许可管理先进集体",获"自治区巾帼建功先进集体""2017—2020年自治区文明单位""节水型单位"荣誉称号。

【灌溉管理】 2017年,严格水资源管理"三条红线",强化水量统一调度机制,通过落实水资源"双控"和"农业节水领跑"行动,实现灌区节水增效持续发展。提高供水调控能力和用水效率,以调整作物结构、优化水资源配置与高效利用为抓手,形成总量控制、定额管理、水权明晰水资源调配运行机制。编制《抗旱应急预案》,完善与青铜峡市人民政府、受益镇和协会抗旱保灌联系机制,落实抗旱保灌"八项"措施,打赢抗旱保灌攻坚战。坚持抓早促灌,采取渠系轮灌、集中续灌等措施,缓解高峰时段用水压力,做到均衡受益。坚持灌溉例会和灌区回访制度,化解灌溉矛盾,推广大清渠灌域精细化管理经验,实现水资源配置科学高效,保障灌域13万亩农田适时灌溉。

【安全生产】 2017年,通过开展岗位安全技能培训、火灾应急及防汛演练等11项"安全生产月"专题活动,压实安全管理主体责任,持续改进安全生产水平。以安全生产标准化达标为抓手,修订安全管理制度42个、应急预案15个、操作规程7项,确保安全生产各项工作有章可循、有规可依。建立安全风险等级管控和隐患排查治理双重预防体系,严格执行渠道安全隐患"2313"四级排查制度,做到整改措施、资金、期限、责任人和应急预案"五落实"。强化安全风险、隐患排查治理动态监控,建立隐患登记挂牌督办台账,抓好隐患排查、建档分类、落实整改、验收销号闭环管理。全年成功处置西干渠进水闸停电应急故障、民生渠斗口渗水等险情3次。落实工程建设安全生产责任和"三同时"制度,实现工程建设全时段、全过程和全员安全生产监管。加强渠道建筑物、水闸等重点工程和重点部位安全检查与维护,严格机电设备操作规程和水量调度规程执行监管,年内开展渠道安全检查15次、专项维修50余次,查处安全隐患32处。

【工程建设与管理】 2017年,整治泰民渠14.5公里渠道,有效解决渠道工程老化、渠堤安全超高不足、输水不畅、调控能力不强安全隐患,提高供水保证率。编制《渠首管理处2018—2020年度维修养护工程实施方案》《大中型水工建筑物水闸等冬季施工保温及施工技术导则》,参与泰民渠分水闸、团结沟穿汉惠干渠涵洞除险加固工程前期工作。制定《涉外工程审批有关规定》,争取青铜峡市交通局项目投资600余万元,对汉惠干渠小坝至唐正闸13公里渠堤按照公路等级高标准硬化,设立警示标示,安装靓化护栏,打造汉惠古渠安全灌溉保障线、渠道靓化风景线、水文化旅游观光线,高标准完成河西总干渠、惠农渠上下游砌护,提高工程安全输水能力。加强基层基础设施建设,完成渠道4个所段房屋建设和改造,完善古秦渠所、余桥段院落靓化配套工程，实现全处31处“花园式”所段全覆盖。在为秦坝关段、龙门桥段等穿村渠道安装护栏，保障群众出行安全。借助唐徕渠跃进桥闸中型病险水闸除险项目翻建蒋西村泵站，解决群众灌水难问题。年内，整治渠道90公里，清理违章建筑1490平方米，设置穿城沿路渠道巡护公示牌85处，在潜坝栽植苗圃，绿化渠道6公里，凸显“美丽渠道”闸、堤、林、路与水生态一体景观融合效应。

【水政管理】 2017年，以贯彻落实“河长制”促进河长治为契机，会同地方水利、公安、环保等部门开展联合执法，封堵整治排污口21处，保障岸绿水清生态环境。

【信息化建设】 2017年，根据宁夏智慧水利“十三五”规划和青铜峡灌区信息化发展新要求，编制《渠首灌区信息化建设总体实施方案》。协助自治区水利厅实施潜坝等11座水闸自动化远程监控项目，建设覆盖渠首管理处15条干渠水闸、33处重点工程、72处支渠和25处所段视频监测系统，完成干渠水文管理系统软件升级。抽调技术专职人员，做好宁夏黄河水资源管理与调度系统监控39个水位点、19个视频点、4个闸控点设备维护保障工作。以“互联网+智慧水利”工程建设为契机，对全处31个所段实施网络连通工程，构建水利信息化网络体系。“全自动缆道测流系统应用”获得自治区水利厅科技进步三等奖。

【水费收缴】 2017年，严格财务管理，合理编制年度预算，推进财务规范化、科学化、信息化。修改完善内控管理制度，建立内控部门联动机制，提升管理处内控保障能力。加强银行代收水费和集中核算工作，全年实收水费900.6万元，完成计划100.6%，保障管理处良性发展。

【水文化建设】 2017年，践行社会主义核心价值观，树立“与处共进、处兴我荣”价值理念，以精神引领强动力、人文关怀聚合力。年内，举办道德讲堂4期，开展读书交流2场，组织“好家风好家训”“最美水利人”评选活动，举办手工艺制作培训，参加“清凉宁夏”演出，开展“美丽渠道”示范所段评选活动。是年，渠首管理处被自治区文明委评为第十七批“自治区级文明单位”。开展灌域古渠系环境整治，制作安装引黄古渠口、闸坝等标识牌，整修宁夏水系全景沙盘，设置木质楹联，对古树进行修复保护，提升唐正闸水利景区品牌优势，彰显潜坝汉唐风格，提升党建、廉政文化和水文化等创建格局。搜集整理古灌区视频、图片等资料，组织开展“申遗”万人签名活动，开通引黄古灌区微信平台，举办引黄古灌区历史文化展。组织人员对遗产遗迹进行勘察，编制古灌区保护利用规划，保障“申遗”工作稳步推进。配合国家灌排委专家开展引黄古灌区实地调研、现场评估评审工作，筹办“申遗”成功新闻发布仪式。

（黄旭阳）

农业经济调查

【概况】 2017年，全市农业调查工作全面贯彻落实中央《关于深化统计管理体制改革提高统计数据真实性的意见》精神，加强队伍建设，完善管理机制，推进依法统计工作有序开展。全年完成居民收支、农产量、畜禽监测、农民工监测、规下工业、规下服务业等常规调查工作15项。

【住户调查样本轮换工作】 2017年，通过悬挂横幅，发放海报，在电视台播放市长一封信，利用宁夏调查微信平台制作播放住户样本轮换专题片，扩大宣传面，争取住户配合。做好入户前准备工作，绘制调查小区图，编制建筑物清单、住宅名录，实地走访居委会和村组，及时反馈和解决工作中存在的普遍性问题，切实把住户样本轮换作为锻炼队伍"试金石"。

【民意调查】 2017年，成立机构，明确责任，做好PDA设备、网络通讯等保障工作。强化协调沟通，加强与选中企业联系，核实企业性质、符合条件调查对象人数和地理位置等信息。同时，向中选企业下发调查工作通知，宣传调查目的意义，争取企业支持配合。深入抽中社区实地调查，核实相关信息数据，确保各个环节工作操作规范、落实到位。

【数据质量】 2017年，深入基层网点开展数据回访工作，贯彻落实基层联系制度，执行数据质量审核办法，强化基础工作督导检查，确保源头数据质量。4月，开展为期两周生猪监测基础工作检查，深入走访，详细记录各网点基本情况、存在问题，主动了解生猪生产、销售、价格变动、饲料成本、效益、疫情以及对全市生猪生产带来的影响，进行系统分析，为有关政策制定提供依据。

【队伍建设】 2017年，优化人员配置，跨专业实行A、B岗制度，提高工作效能。采取"走出去、请进来"方式，加强与省内外兄弟市县队交流学习，查找不足，取长补短，激发干部队伍工作活力。结合队内业务工作，举办"业务大讲堂"活动，通过"个人讲学、领导评学、全员测学"，形成上下联动、内外结合，层层讲、定期讲，立体式、全覆盖学习模式。同时，组织干部职工参加总队和青铜峡市政务信息写作培训班，提升干部工作水平和信息分析写作能力。

【统计核查】 2017年，围绕加强统计基层基础建设，"分片包点"，加大统计核查力度。深入开展城乡住户调查、畜禽监测调查、农产量调查、规下工业、规下服务业等专业数据质量检查，查纠并举，切实解决相关专业漏报、瞒报、错报问题。强化统计执法检查，针对部分乡镇、企业基层基础工作及数据质量方面存在问题，勒令整改，取得较好效果。

【统计宣传】 2017年，建立青铜峡调查队信息发布平台，每季度末采编发布各专业信息，确保地方政府领导和部门主要负责人第一时间了解调查数据，全年发布调查分析信息53期、重大信息33期，编写工作动态40期。其中，《青铜峡市前三季度农村居民收入持续稳中向好》《青铜峡市上半年城镇居民收入稳中有增》两期调查分析被市领导批示，1期工作动态被国家统计局内网采用。

（潘　鑫）

科技服务

【概况】 2017年，全市科技服务工作围绕市第十二次党代会确定的"1155"战略目标以及"两优一特"工作思路，协调推进农业供给侧结构性改革、科技创新、优势特色产业培育、脱贫攻坚等项工作。是年，青铜峡市与区内外科研院所、大专院校共签定农业科技合作协议16项，引进新技术12项、新品种69个。

【科技特派员创业行动】 2017年，加强科技特派员动态管理，对新申请的科技特派员在创业规模、服务产业等方面进行摸底调查，对示范引领带动作用不强的科技特派员进行及时调整，组织专家对“葡萄优质高效综合栽培技术应用酿酒示范推广”“新品种宁春50号春小麦示范推广”科技成果转化项目、科技特派员专项等项目进行验收。申报实施《低碳环保生态渔业名优养殖技术示范与推广》《瓜菜滴灌水肥一体化技术示范与推广》等科技特派员专项10个，引导法人科技特派员开展联合创业,组建3个科技特派员创业联盟,形成优质粮食、酿酒葡萄等4个科技特派员创业链条，全市354名科技特派员创办领办企业、协会、合作社99个,建立示范户7995户，辐射带动农户11790户;建立科技示范点82个，示范推广先进实用技术48项,引进试验示范新品种66个，示范面积16.6万余亩；建成县级农业综合信息服务中心1个、乡镇农业综合信息服务站12个、村级科技信息服务平台33个、国家级科技特派员创业链1个、农业科技创新团队11个、自治区级农业技术创新中心6个、农业科技型企业20个，培育自治区农业高新技术企业2家。

【科技示范园区建设】 2017年，引进、示范、推广农业新技术、新品种、新装备,强化科技对优势特色产业发展的引领、支撑作用,推动农业优势特色产业快速发展，建成优质粮食、酿酒葡萄、畜牧养殖等国家级、自治区级科技园区和特色产业基地20个，带动发展粮食、葡萄等各类示范园区160余个。

【科技培训】 2017年，开展放心农资下乡、农技知识进农家等活动，举办新型职业农民培训780人、冬春科技培训及普及型引导性农民培训442场次22506人次,全市建成农民田间学校6家。依托生态移民村科技信息化服务站培训移民350人次,新增培育庭院种植示范户7户,总数达24户。

【科技研发】 2017年，全年申报自治区技术创新中心3家，建立自治区级院士专家工作站2家，认定科技型中小企业9家，总数达到40家。实施科技基础条件建设项目2个。强化企业自主创新能力，落实自治区企业科技创新后补助政策，引导和激励企业自主开展科技创新工作，全年获批科技后补助项目3个。宁夏银河钢塑滴灌设备公司等企业自主研发的9项新工艺和新产品通过自治区科技成果鉴定，获自治区科技进步奖4项;7家企业科技创新平台在吴忠市科技创新暨人才工作会议受表彰，获得科技创新奖补资金70万元。

【专利申报】 2017年，组织企业参加区内外知识产权应用培训班6场次,参训人数130人次。全年申请专利161件，获专利授权量105件。12家企业19件发明专利获自治区知识产权奖励补助18.5万元。

【科技金融专项】 2017年，开展科技型中小企业风险补偿资金试点业务，通过企业科技创新项目实施，为14家企业累计低息、抵押贷款6215万元,有效缓解中小微企业融资困境。实施科技金融专项,50家采用新技术、新工艺、新产品项目企业,获贷款贴息160万元,42家知识产权评估企业核发补助资金592万元。全年科技型中小微企业在各银行融资规模达到5.9亿元。

（田咏海　撤钰）

财政·税务

编辑◎何艳珍

财 政

【概况】 市财政局是市人民政府的综合经济管理部门,内设9个科室。分别是:办公室、预算股、经建股、行财股、金融股、农财股、社保股、综合会计监督股、企财股。有局属事业单位2个,分别是国库支付中心、政府采购中心。有干部职工45人。其中,行政人员18人、事业人员27人。2017年,全市财政工作强化综合治税联动机制,建立收入分析月报制度,加大税收征管力度,从严监管重点税源行业和重点税源企业,强化重点税源、一般税源和零散税源分类管理措施,大力清缴欠税,确保依法征收,应收尽收;加强非税收入监管,开展水资源费、排污费等非税收入专项清理检查,挖掘非税收入增收潜力。同时,盘活存量资产,对闲置学校、保障性住房工程配套附属商业用房等闲置国有资产进行处置,确保国有资产保值增值。全年完成一般公共预算收入7.95亿元,增长11.2%;政府性基金预算收入完成1.51亿元。

【优化支出结构】 2017年,合理调度资金,保证工资、经费、民生、重点项目等支出需要。针对财政资金紧张、收入下行压力加大等不利因素,在预算执行中坚持有保有压、突出重点原则,优先保工资保运行,保证企业养老、老干部医疗统筹、医疗保险,农村新型合作医疗等社保资金兑现,按照轻重缓急合理安排项目资金支出。全年完成一般公共财政预算支出29.1亿元,增长3%;政府性基金预算支出1.66亿元。

【财政支农】 2017年,全年拨付各类财政支农项目资金4.2亿元,完成2017年第一批一事一议项目申报和管理工作,批复8镇2场一事一议项目50个、项目资金

2017年3月9日,青铜峡市召开2017年全市财政金融工作会议

(市财政局 马晓锐提供)

2250万元，概算投资4373万元。同时，创新财政和金融协同支农机制，撬动吸引金融和社会资本投资农业，形成农业多元投入机制。整合农业特色优势贷款担保基金、风险补偿基金2016万元，依托青铜峡市古峡担保公司累计发放农业特色优势产业担保贷款19户，共计6590万元。筹措资金1100万元，完成宁夏农业信贷担保有限责任公司青铜峡市分公司组建及登记注册工作。

【支持民生事业发展】 2017年，推进医药卫生体制改革，改进实施社区卫生服务、计划免疫、地方病防治、“七免一救助”、普惠性体检等基本公共服务和重大卫生服务，支持中医药发展，兑现离岗村医生活补贴。全年拨付各类资金8608万元。同时，加强城乡社会救助体系建设，为全市10850名城乡低保和2037名城乡高龄人群发放生活补贴和高龄4515万元，支付城乡居民医疗救助资金605万元。拨付1609万元，为困难残疾人和重度残疾人发放生活补贴和护理补贴，为残疾人提供技术培训，为残疾儿童提供康复训练。提供1220万元资金支持，实施就业创业及技能提升等各类培训，提供贴息支持，为全市“三支一扶”大学生发放生活补贴、社会保险补贴。

【涉农资金监管】 2017年，对全市2015—2016年涉农项目资金管理、使用情况进行检查，通过建账销号等方式，全面梳理、核实邵岗、小坝、叶盛等镇因上账失败未发放“一卡通”存折农户信息，成功发放47万元，对确属无法发放的11.33万元，由市农村信用社缴回市财政粮补专户；对瞿靖镇挤占农田水利建设资金、叶盛镇挤占涉农项目资金等问题，责令调整有关会计账目，归还被挪用资金。

【项目资金争取】 2017年，申报重大项目9个，项目总投资32亿元。其中，申请中央财政补助24.4亿元、市县自筹4.36亿元、融资3亿元、其他2500万元。

【公车改革】 2017年，对全市57个行政单位、6个事业单位（调剂后交回车辆单位）329辆公车进行处置和调拨处理。评估拍卖58辆，拍卖资金173.65万元。

【国有资产清查】 2017年，对全市129个单位资产进行清查会审，完善行政事业单位资产管理信息数据库基础数据，提升行政事业单位国有资产管理水平。截至2016年年底，全市共有国有资产452139.4万元。其中，流动资产138381.66万元，固定资产125441.8万元，在建工程168943.81万元，无形资产548.93万元，公共基础设施13392.7万元，长期投资839.3万元，其他资产4591.2万元。

【“三供一业”分离移交】 2017年，与驻青中央、区属企业及相关单位制定职工家属区“三供一业”移交工作方案，在规定时间内逐企逐项开展调查摸底，做好信息统计上报，协调接收企业与移交企业对接，对分离移交中需要维修改造的项目进行实地查勘和前期费用测算，编制上报分离移交维修改造费用预算指标，引导移交企业与接收单位签订分离移交工作框架协议。

【动态监控】 2017年，动态监控资金8098笔2.53亿元，退回作废处理81笔940万元。同时，通过动态监控，督促预算单位使用公务卡结算，对预算单位公务卡使用不力单位督促及时进行整改，各预算单位公务卡使用率逐步提高，年内公务卡报销3100笔，报销金额达到1131万元。

【政府采购】 2017年，加强全市政府采购管理，扩大政府采购范围和规模，全年接受采购申请182次，采购预算金额12667.46万元，实现采购合同金额11792.94万元，节约采购资金874.52万元，资金节约率为7%。接受零星备案采购

171次，备案合同金额578.5万元。

【财会人员培训】 2017年，根据自治区财政厅函授学习安排和年初制定培训计划，全年举办7期各类财会人员和农村基层财务人员业务培训，培训2000人次。

【财政票据管理】 2017年，强化票据保管、发放等日常管理工作，落实以票管费、以票促缴、以票治乱工作，严把票据计划、领购、审核、核销“四道关”。全年发放门诊收费票据330箱、118.8万份；住院收费票据20箱、3万份；非税收入统一票据（手工）842本、机打5万份；行政事业单位资金往来结算票据272本；代收罚款收据110本；土地出让使用专用票据30本；物业专项维修基金票据3箱。核销门诊收费票据319.32万份；住院收费票据（机打）9万份；四联门诊票据138本；非税收入统一票据（手工）2437本、机打26908份；行政事业单位资金往来结算票据254本；代收罚款收据32本；物业专项维修基金票据2500份；社会保险基金支付凭证2.1万份；中小学收费专用票据217本；行政事业性（政府性基金）收费票据336本；定额票据600本。

（肖延青）

国家税务

【概况】 青铜峡市国税局内设9个科室、1个事业单位（信息中心）、1个直属机构（稽查局），外设4个税务分局（小坝税务分局、大坝税务分局、河东税务分局、河西税务分局），有干部职工83人。至2017年年底，共承担辖区9136户各类纳税人的税收征管工作。其中，增值税一般纳税人1048户，占总管户数的11.47%；小规模纳税人1474户，占总管户数的16.13%；个体工商业户6150户，占总管户数的67.32%。全年累计组织收入9.9亿元，完成年度计划任务9.7亿元的102.11%，同比增长10.53%，增收9441万元。

【税收分析和税源监控】 2017年，坚持按季分析经济形势和税源状况，及时查找问题、堵塞漏洞。加强重点行业、重点企业经济税收形势分析，密切关注重点税源生产、经营及税负变化等情况，准确把握税源变动趋势，提高税收收入预测准确率。

【风险应对和欠税管理】 2017年，按季组织召开税收风险分析评估会，及时查找风险点，采取应对措施提高风险管理质效。全年累计完成风险应对36户次，入库税款1544.7万元。成立清理欠税小组，督促纳税人缴清欠税。截至11月底，累计清理欠税457.63万元。

【部门协作和邮政代征】 2017年，完善部门信息共享机制，累计获取并运用第三方涉税信息25条，增加税收收入350万元。深化邮政“双代”工作，重新签订委托“双代”协议，强化日常检查监督。完成8个代征网点通用机打发票向增值税普通发票的票种切换工作。截止11月底，累计代开发票16287份，入库税款1651.04万元。

【法治税务建设】 2017年，开展法治税务基地创建活动，清理税收规范性文件，落实行政审批清单制度，开展执法案卷评查工作，完成全区国税系统内控机制建设试点工作。抓好市局党组巡察、税收执法督察、重点工作督察及专项审计287个反馈问题整改销号工作，建立整改台账，逐项对照整改。落实各项税收优惠政策，尤其是国务院六项减税政策。前三季

2017 年 5 月 1 日，“营改增”后，青铜峡市开出首张增值税发票

（市国税局　郭建民提供）

度，为 229 户小型微利企业减免税款 221.68 万元。

【“营改增”工作】 2017 年，强化“营改增”政策辅导，主动向纳税人问计问需，累计对 48 户纳税人进行“一对一”辅导。全年举办“营改增”专题辅导 8 期，培训企业人员 1800 人次、税务干部 260 人次，发放“营改增”资料 2600 份。落实增值税简并税率政策，做好“营改增”疑点和错误信息修正校验工作，对“营改增”政策效应进行总结分析和全面评估。

【纳税人分类分级管理】 2017 年，按照《纳税人分类分级管理办法》及 6 个相关配套制度，推行纳税人分类分级管理，开展总局千户集团在 44 家分支机构财务报表报送监督考核工作，确定 131 户年应纳税额在 30 万元以上重点税源企业。做好出口退（免）税企业分类评定管理工作，对 7 户实际发生出口业务企业实施分类管理，办理出口退税 120 万元。做好纳税信用等级评价工作，评出 A 级纳税人 86 户，B 级纳税人 519 户，根据评价结果，帮助纳税人获得纳税信用贷款 2250 万元。

【征管体制改革】 2017 年，根据《深化国税、地税征管体制改革方案》，细化分解 11 项改革任务，明确措施、要求和时限，加强与相关部门协作配合，推进企业“五证合一”、个体工商户“两证整合”、企业简易注销登记制度改革，简化税务信息确认手续，激发市场主体活力。截至 11 月底，累计办理企业“五证合一”960 户、个体户“两证整合”3782 户。

【基础性征管】 2017 年，开展 2016 年度企业所得税汇算清缴工作，汇算清缴企业 1664 户，申报率和汇算面均达到 100%。推广应用电子发票与卷式普通发票，完成增值税发票管理新系统升级工作，为 4 户企业核定电子普通发票票种，领用电子普通发票 28 万份；为 5 户企业领用新版卷式普通发票　5.9 万份。开展疑点征管数据核查处理工作，累计核查处理疑点数据 378 项 3 万条、单管户数据 8 个批次 1.6 万条。推广跨区域涉税事项报验管理和实名办税工作，累计接受报验登记 15 户次，开具跨区域涉税事项 5 份，累计采集新办纳税人信息 230 户次、办税人员信息 230 人次。

【便民服务】 2017 年，开展便民办税春风行动，推出便民办税措施 5 类 18 条，推行网上办税，引导纳税人自助办税，实现“线上线下”服务互补互促。落实涉税事项“免填单”服务，累计实现各类涉税业务“免填单”25371 笔。开展涉税事项“同城通办”工作，落实办税事项 22 笔。推行发票“线上申领、线下配送”业务，累计为 6 户纳税人配送发票 792 份。加强国地税领导干部轮流值班和联合导税服务管理，添置税务机器人，提供预约服务和延时服务，为纳税人提供更加智能和便捷优质服务。2017年,在国家税务总局委托第三方机构对全国纳税人满意度专项调查中，青铜峡市国税局在宁夏被抽查的3个县级局中,以总成绩80.04分名列全区第一名。

【国地税合作】 2017年,落实《国地税合作规范(3.0版)》,创新合作项目,提升合作层级,打造出全区县（区）级国地税深度合作的“升级版”。5月份,率先在全市国税系统推行“一人一窗一机双系统”办税模式,实现纳税人进一家门、一个窗口办两家业务目标。推动国地税深度融合做法，被新华网、宁夏卫视以及青铜峡电视台等多家媒体采访报道。在2017年全市国税系统创新项目评比中，青铜峡市局国地税合作项目荣获第一名,并参加全区国税系统创新项目评比。

（郭建民）

地方税务

【概况】 2017年，青铜峡市地税局以组织收入工作为中心，深化税收征管改革,探索实施科学化、规范化、精细化管理,扛实“两个责任”,践行“三个职责”,强化“四个意识”,多措并举,狠抓落实,圆满完成年度各项工作任务。截至12月31日，累计完成各项收入106373万元。其中，税收收入37806万元,完成年度计划任务的37100万元的101.9%，超收706万元;社保费45755万元,完成年度计划任务36681万元的124.74%,超收9074万元;机关养老保险11668万元；其他收入完成11144万元。

【税费征收】 2017年，强化征收措施,从年初就谋划抓收入,组织力量深入宁夏金昱元化工集团有限公司、青铜峡铝业股份有限公司和大坝电厂等重点税源企业和嘉宝轻纺、新材料工业园区进行调研,对2017年市场预期、产业结构变化、经营收入、经营成果及行业发展趋势等基本情况进行调查,准确掌握税源变化情况。召开组织收入工作会议，对全局税收任务进行部署和分解，一把手与班子成员、所长与干部层层签订收入目标责任书。分管领导强化收入任务排名靠后税务所工作督导,层层压实工作责任,把握组织收入主动权。按月开展税收分析、税费变化分析和征管指标分析，加强内部统筹,建立科、所横向协作、纵向联动机制。强化外部沟通协调，主动与市财政等部门加强收入对接，紧盯重点税源企业营收和税收动态，抓牢重点税种监管,对企业所得税等管控难度大、入库不均衡税种做好预测分析，通过既抓重点、补短板、强弱项，又持续抓申报、夯基础、控欠税、强风控，圆满完成年度收入目标任务。

【税源户籍管理】 2017年，深化与国税、市场监管等部门数据交换、信息比对和户籍清查工作,摸清税源底数，全年清理补录各类信息数据21685条。

【定额核定管理】 2017年，推进商事制度和放管服工作改革,加强税务登记后续管理和数据清洗,全年新增或补录税费种认定信息3645条；严格非正常户、停业、注销登记户日常管理,会同国税部门强化定期定额户联合控管，做好临界点和季节性经营管户动态监控。

【企业税收风险管理】 2017年，引入纳税评估、税收专项检查等风险应对措施，完成196户企业

2017年4月1日，青铜峡市国税局、地税局联合开展税收宣传活动

（市国税局 郭建民提供）

推送管理流程，累计入库税款及滞纳金1116.94万元，风险应对率达到100%，风险识别率达到99.49%。

【重点税源监控管理】 2017年，组织开展辖区金融保险业、电力、上市公司等31户重点企业2016年以来地方各税纳税义务履行情况税收自查，查补入库地方各税229.72万元，加收滞纳金7.48万元。

【欠税清缴管理】 2017年，按照自治区、吴忠市地方税务局《关于开展欠税清理工作的通知》要求，成立5个清理小组，逐户约谈，摸清成因，对158户次纳税人采取欠税公告、税收保全和强制执行等措施，清理欠缴税费8454.89万元。其中，税收清理848.89万元、社保费7606万元。

【税费代征】 2017年，实现“三代”单位入库税收6117.34万元，同比增长23.17%。征收工会经费2533万元，同比增收215万元。征收残疾人保障金310万元，同比增收215万元。会同国税部门对重点建设项目进行联合巡查和项目共管，组织入库地方各税1421.35万元。

【信息管税成果转化】 2017年，推行宁夏地税系统征管档案电子信息系统，与市国税局共建电子档案室，全年录入案卷5539份、文件1.98万份，初步建立税收资料电子化采集、一户式存储、多方共享、随机查询的信息化管理模式。通过加强宣传、辅导等4项服务举措，网报签约率达到93%。

【所得税管理】 2017年，开展2017年度企业所得税征收方式认定工作和2016企业所得税汇算清缴工作，汇算清缴企业412户，汇算面100%，汇算补缴企业所得税1036.77万元。同时，开展年所得12万元以上纳税人自行申报工作，2217户纳税人个人所得税全员全额明细申报率和准确率达到100%，入库税款2025.44万元，减免税10.13万元。

【土地增值税管理】 2017年，对12户房地产企业32个开发项目尾盘销售情况进行清查，全年征收土地增值税1023万元，同比增收227万元。

【契税征管】 2017年，强化房屋交易环节管控，契税组织入库2172万元，同比增长52万元。开展印花税征收方式认定、股权变更信息、车船税征收疑点数据核查及房产税、土地使用税、耕地占用税税源清查工作。进行“以地控税系统”差异数据比对核查，清理更正755户、数据1130条。截至12月31日，征收入库印花税2304万元，同比增收872万元；房产税4348万元，同比增收350万元；车船税1097万元，同比增收165万元。

【依法治税】 2017年，制定依法行政议事准则，按季召开依法行政工作会议，依托宁夏地税依法治税（法治政府建设）管理平台，落实法治建设工作任务。推行“企业减负宣传周”“12·4”宪法日等宣传活动，推进“放管服”改革工作，开展“税收执法公示”等3项制度试点，市地税局被命名为吴忠市地税系统法治税务示范基地。

【减免税管理】 2017年，优化减免税管理工作，推动网络申请审批事项业务“拓面提质”，举办税企培训班2期，网络受理并审批企业备案减免事项28户。截至12月31日，受理备案类减免事项415户次，减免金额4420.31万元；受理并批复核准类减免12户，减免金额820.58万元。

【水资源税试点和环境保护税开征】 2017年，成立“两税改革”领导小组，分解细化节点任务，明确职责分工，畅通部门协作，建立会议联系、信息共享、数据移交等5项制度。同时，加强政策宣传、人员培训和舆情管理，举办组织税企培训班4期，发放宣传资料1500份。

【纳税服务】 2017年，开展便民春风行动，接受预约办税1200户，落实延时服务240次，为189户纳税人提供办税绿色通道，全区地税系统纳税人满意度测评，青铜峡市地方税务局排名第十一位，较2016年上升5个位次。同时，开展国、地税深度合作，联合走访纳税人1000户，发放宣传资料8000份，开办纳税人学堂20次，辅导企业人员2800人次，帮助36户小微企业获得信贷资金3900万元，地税河东税务所与国税河东分局实现全区国地税首家合署办公。

（金　鑫）

宁夏金岸明珠国有资本投资运营有限公司

【概况】 2017年，宁夏金岸明珠国有资本投资运营有限公司按照强化国有企业管理和深化投融资体制改革工作要求，以助力青铜峡市城市建设、经济社会发展和企业科学规范运营为主要任务，整合资源与业务，扩大公司规模，提升市场竞争综合实力；优化法人治理结构，完善组织架构体系，明晰部门岗位职责，建立健全市场化运作和具备市场竞争能力企业法人治理机制，逐步向科学规范、务实创新、社会效益与经济效益同时兼顾国有企业发展。

【国有资产监管】 2017年，按照青铜峡市人民政府办公室《关于开展国有资产清查及产权移交工作的通知》要求，从全市各部门抽调8名业务骨干人员组成国有资产清查整合工作小组，对全市已登记和未登记国有土地、房屋、林业、旅游、水域滩涂、闲置校舍及粮库等国有资产进行摸底清查、分类登记价值评估。为防止国有资产闲置流失，组织专业测量机构对全市各镇和城市规划区内43所闲置小学校园土地、校舍面积及附属设施进行测量登记，形成学校基本情况统计表，与市教育局、各镇中心小学签订闲置学校资产移交协议，草拟闲置学校处置方案，为政府处置工作提供数据参考。加强与宁夏欧蓓莎置业有限公司协商，委托工程造价和会计师事务所审计机构进驻欧蓓莎·商海城项目，驻点核算工程量、造价等，形成《宁夏欧蓓莎置业有限公司欧蓓莎·商海城项目工程量核算及财务审计报告》。根据青铜峡市人民政府2015年2月12日第三次专题会议纪要精神，组织开展设施农业借款司法清收工作，由市财政局牵头，市国资公司承办，成立司法清收小组，起诉欠款农户4户，1户胜诉，进入执行阶段，同时向市政府提交《关于对农发行设施农业贷款种植户逾期借款利息停止计提挂账的请示》。做好经营性资产出租管理工作，对所有出租房进行出租前公告、同地段租金调查摸底、对比分析，召开办公会议商定租金，采取先交租金再签合同、一年一租、动态管理、租金一次性收取等方式，与租户签订制式合同，明确各方责任，避免纠纷确保安全。

【企业债券发行】 2017年，筹组宁夏金岸明珠国有资本投资运营有限公司，将城市公用事业服务中心、青铜峡市保障性住房建设运营管理有限公司、市水利建筑工程公司、市国有资产经营有限公司、宁夏黄河文化旅游公司、市惠民水泥制品厂变更为宁夏金岸明珠国投公司全资子公司，按照《中华人民共和国公司法》依法注册登记，将各公司资产、项目、收入汇入统一投融资平台，通过对全市国有资产盘点、清查、分类、整理、统计、评估，整合历年已建成和形成的国有资产、资源，涉及土地、房屋、旅游资源、林地、水域滩涂、湖泊、管网、市政管理和污水处理设备等，调整企业隶属关系，变更股权结构，盘活国有资产。全市国有资产由分散变为聚集，经营性总资产由15亿元增加到47亿元，净资产由8亿元增加到38亿元，实现资产资源有效捆绑和共享，增加投融资平台现金流动和资产规模，形成高效、集约化投融资组织架构。同时，加强与武汉长江证券、大华会计事务所等项目可研机构、信用评级机构、增信担保机构通力协作，启动10亿元企业债券发行工作，梳理、审计国投公司及各子公司2014年至2016年三个年度资产、财务，将资产中公益性资产全部剔除，确保资产合法、合规和有效，以满足国家发改委对发债资产审核要求。

【财政融资】 2017年，以信用保证方式在中国银行融资3000万元、在宁夏银行融资6260万元；由市国资公司担保，市保障性住房公司为2017年棚户区改造项目向农发行融资2.4亿元，共计融资3.33亿元。

【立体停车场项目选址】 2017年，根据青铜峡市人民政府2016年第80次常务会议和青铜峡市规划评审委员会专题会议〔2016〕5号、〔2017〕5号文件精神，对新老城区住宅、商业、办公、旅游、广场、公园等区域进行实地考察，并征求发改、财政、住建、国土、公安、交通等部门意见建议，结合新老城区道路交通和车辆通行停车泊位需求，建议城市停车场一期建设项目建设地址重新选定为清真寺南对面转角处，即永庆街东侧、裕民街道南侧、建民南路西侧、古峡西街北侧。该地段地处小坝商城西南转角，紧临建民南街西侧，为人车通行密集商业圈，属于2017年棚户区城(西)片区改造范围，可提供给立体停车场建设区域空间充足，周边停车场少，停车位需求量大，适合建设立体停车场，待拆迁工作结束后，即可开展地堪测绘工作。

【助推旅游产业发展】 2017年9月，宁夏金岸明珠国投公司与银川交通投资有限公司、银川交旅中宁桥投资基金、银川第二市政工程有限公司、中设设计集团股份有限公司合资，筹组宁夏青徕投资管理有限公司，助推青铜峡黄河金岸文化旅游带PPP项目建设。

(张丹琼)

工 业

编辑◎乔才山

综 述

【概况】 2017年，受国内宏观经济形势持续向好、成本下降和青铜峡市《关于促进工业经济平稳增长的意见》等政策效应逐步显现等有利因素拉动，全市工业经济保持平稳较快增长、效益持续向好态势。全年规模以上工业企业完成产值219.6亿元，增长6.1%;工业增加值增长4.9%。

【健全工作机制】 2017年,市委、市政府下发《关于市级领导精准包抓工业企业的通知》，安排23名市级领导干部和22个主要经济部门,对30户重点骨干企业实行精准包抓责任制，每月2次深入企业了解生产经营情况，摸排企业发展现状、存在困难和现实需求,分类建立台账,因企施策,协调解决企业用电、用工等问题,鼓励企业坚定信心，尽快恢复生产。针对转型升级困难企业,争取新型工业化、淘汰落后产能及节能改造补贴、亏损企业城镇土地使用税减征等利好政策，鼓励企业扩大生产经营规模。健全经济运行分析月调度制度，准确研判经济走势,破解企业融资、用工等难题，全年解决青铜峡铝业股份公司等企业产品销售、融资贷款、原材料供应、用电等生产经营困难和问题200件。

【政策引领】 2017年，青铜峡市加强工业经济运行监测和要素保障,落实国家、自治区各项促进工业经济发展政策措施,修改完善《青铜峡市促进工业经济发展的意见》,严格执行自治区“降低实体经济企业成本”30条政策意见，通过青铜峡工业微信群和QQ群等宣传各项政策措施,并按照自治区经信委和吴忠市工信局《关于降低实体经济企业成本实施意见的政策指南》指导企业申报项目,保障政策落地见效。

【破解融资难题】 2017年，针对企业反映融资难问题，青铜峡市工业信息和商务局会同市财政局、新材料基地及嘉宝轻纺工业园区召开银企对接及政策解读会，搭建政银企合作平台,缓解融资难题。30家企业进入建行“助保贷”中小企业池,14家成为“政银保”试点企业。组织44户企业申报2017年新型工业化资金项目、32户企业申报工业企业贷款风险补偿资金企业和项目、2户企业申报融资租赁费率补贴政策项目。全年争取自治区新型工业化流动资金贷款及技术改造项目贷款贴息资金3623万元、融资租赁补贴资金302万元、担保基金贷款2700万元。

【项目建设】 2017年，以开展项目建设“双百”行动为抓手,按照“投产项目抓效益、在建项目抓工期、未动工项目抓开工”工作思路,全力做好跟踪、协调、服务等工作,确保项目尽快落地,弥补减量,扩大增量。全年计划实施重点工业项目 35 个,已开工建设 30 个。其中,宁夏大唐国际大坝发电有限责任公司机组超低排放改造和宁夏青铜峡水泥股份有限公司综合节能技改等 6 个技改项目建设完成,宁夏锦绣轻合金循环经济产业有限公司、青铜峡市鼎辉工贸有限公司等项目一期建设完工投入运行,完成年度投资 51 亿元。

【安全生产监管】 2017 年,青铜峡市根据《自治区安全生产行政责任规定》,印发《夏季消防检查工作方案》《青铜峡市工贸系统深化安全生产责任落实年活动实施方案》等,明确相关工作要求,与重点监管企业签订安全生产目标管理责任书,督促企业落实"一岗双责"和企业主体责任,把企业评先选优、享受自治区各项扶持政策与安全生产相挂钩,强化安全生产执行力度。指导企业制定安全教育培训计划,督促企业开展新职工、转岗工、特殊工种、专兼职安全员、义务消防员、农民工等安全培训;结合"3·15"质量宣传月、综治宣传月、节能宣传周、安全生产月活动,在市古峡广场设置宣传点,发放各类安全生产宣传单 3000 份。坚持安全检查与整改事故隐患并重,实施日常检查、节前检查、专项整治相结合方式,以查促整,以整促管,消除各类安全事故隐患。

【节能降耗】 2017 年,督促重点用能企业分解落实节能降耗目标,对电解铝、火电、建材等行业开展专项节能监察,按季度对规模以上工业能源消耗情况进行分析,及时对监测数据异常企业提出预警。加大工业企业节水统计培训,指导企业建立完善节水管理机构、制度及各项用水指标监测台账,组织指导青铜峡铝业发电有限公司、宁夏京成天宝饲料添加剂有限公司等企业创建自治区级、吴忠市级节水型企业。同时,加大落后产能淘汰力度,对全市水泥及水泥粉磨站、企业使用中频炉、大宗固废资源利用和淘汰产能行业情况开展调查,依法依规督促青铜峡市佳兴新型建材有限责任公司等 3 家水泥粉磨站企业淘汰落后水泥磨设备、宁夏科进峡光纸业有限公司关停 5.1 万吨造纸生产线和宁夏天峰化工有限公司关停 4 万吨合成氨生产线,争取淘汰落后产能补助资金 364 万元。深入开展节能宣传周活动,组织各成员单位在古峡广场集中开展宣传,展出宣传展板 4 块,发放节能法律法规读本、节能小常识口袋书 3000 本、节能宣传折页 500 张、节能宣传品 1500 套。组织重点用能企业参加自治区、吴忠市节能监察、能源管理、节能新技术推广应用等培训班 7 期。全年规模以上工业综合能源消费量 391.9 万吨标准煤,单位工业增加值能耗同比下降 2.5%。

(金 辉)

2017 年 2017 年,宁夏能源铝业青铜峡分公司邓宏兴劳模创新工作室被自治区人力资源和社会保障厅、财政厅授予"自治区技能大师工作室"称号 (宁夏能源铝业青铜峡分公司提供)

2017年中央区属及园区外市属规模以上工业企业实际完成产值统计表

单位：万元

序号	企业名称	1-11月实际完成产值数					1-12月实际完成产值数				
		本月数	本期累计	2016年同期	同比增减	增速%	本月数	本期累计	2016年同期	同比增减	增速%
	一、中央区属										
1	青铜峡铝业股份有限公司	43514	461531	411483	50048	12.2	45702	507233	452262	54971	12.2
2	宁夏大坝发电有限责任公司	15367	128325	111065	17260	15.5	17919	149594	124182	25412	20.5
3	宁夏大唐国际大坝发电有限责任公司	15450	110725	100863	9862	9.8	15132	125857	117343	8514	7.3
4	宁夏中航郑飞塞外香清真食品有限公司	12885	117115	101257	15858	15.7	16517	133632	124415	9217	7.4
6	青铜峡铝业发电有限责任公司	5212	71080	54989	16091	29.3	5846	76926	60414	16512	27.3
7	宁夏青铜峡水泥股份公司	1773	37923	36146	1777	4.9	349	38272	38155	117	0.3
8	宁夏普华冶金制品有限公司	123	21189	26459	-5270	-19.9	1250	22439	30502	-8063	-26.4
9	中电投宁夏能源铝业青鑫碳素有限公司	2231	19164	17505	1659	9.5	3259	22423	20096	2327	11.6
10	黄河上游水电开发有限责任公司宁电分公司	2259	19129	17061	2068	12.1	1510	20640	18380	2260	12.3
11	国电电力宁夏风电开发有限公司青铜峡分公司	1074	10571	8981	1590	17.7	964	11535	10214	1321	12.9
	二、园区外市属										
1	宁夏金昱元化工集团有限公司	17140	201320	183138	18182	9.9	18946	220265	204397	15868	7.8
2	宁夏可可美生物工程有限公司	6074	47026	35009	12017	34.3	7487	54513	40208	14305	35.6
3	宁夏玉蜜淀粉有限公司	2629	26729	23709	3020	12.7	4041	30770	26847	3923	14.6
4	御马国际葡萄酒业（宁夏）有限公司	1661	19054	17939	1115	6.2	1443	14671	14655	16	0.1
5	宁夏青铜峡市禹皇酒庄有限公司	2988	11903	11043	860	7.8	2799	14702	11864	2838	23.9
6	青铜峡市祥云皮草有限责任公司	1176	9433	6971	2462	35.3	569	10002	7457	2545	34.1
7	青铜峡市佳美纸业有限责任公司	1056	11563	11743	-180	-1.5	998	12561	12751	-190	-1.5
8	宁夏骏马化工有限公司	1386	18616	15733	2883	18.3	3480	22096	16884	5212	30.9
9	宁夏西夏天杰水泥有限公司	1412	10862	6081	4781	78.6	280	11142	6081	5061	83.2
10	青铜峡市利源工贸有限公司	1600	14693	14287	406	2.8	2300	16993	15423	1570	10.2
11	青铜峡市城市公用事业服务中心	1933	7789	8243	-454	-5.5	2326	10115	9968	147	1.5
12	宁夏鑫电铝合金线缆有限公司	2080	30139	8768	21371	243.7	2019	32157	14336	17821	124.3

（青铜峡市工业信息化和商务局提供）

嘉宝轻纺工业园区

【概况】 截至2017年年底，嘉宝轻纺工业园区有入园企业81家（征地建设企业74个），55家企业投入生产。其中，涉及农产品加工企业17家（粮食加工企业8家、食品加工企业9家），装备制造加工企业25家（轴承、汽车零部件制造企业7家、铜材加工企业3家、农业机械制造企业3家、太阳能设备制造1家、其他加工制造企业11家），包装印刷企业9家（塑料制品包装袋4家、纸质品包装制造3家、印刷制品2家），纺织业企业1家，其他企业3家。全年累计完成固定资产投资35.8亿元，同比增长131%；完成工业总产值35.5亿元，同比增长5.3%；完成工业增加值9.6亿元，同比增长6.7%；实现销售收入33亿元，同比增长10%；实现利润6791万元，同比增长-45%；缴纳税金1469万元，同比增长93%。

【项目建设】 2017年，成立项目包保推进工作组，落实精准包抓项目责任制，做好跟踪服务，切实解决影响项目建设问题，全力推进15个“双百”重点工业项目开工建设。宁夏汇高科技有限公司智能制造项目10栋车间近20万平方米基础施工完成，数控机床及消失模车间到位设备200台套，年底投入试生产；宁夏新希望反刍动物营养食品有限公司反刍饲料加工及动物营养研究所项目主生产车间完成设备安装、成品库、原料库建设完成，办公楼内外装修已完成，配套设施基本完成；宁夏苏锡铜业科技有限公司新材料项目1#车间安装上引炉8台、拉丝机15台，2#车间安装漆包线生产线14条（5条试生产），3#车间安装10万吨生产能力立式炉生产线1条及辅助设备，5#6#7#车间正在进行钢结构安装，公司已具备15万吨生产能力；青铜峡市仁和纺织科技有限公司年产15万锭纺纱项目1#车间8000锭细纱机、自动络筒机、清梳联等设备安装完毕开始生产；宁夏勤昌滚动轴承制造有限公司高精密轴承工业机器人自动化生产线示范应用项目1#车间到位数控机床10台、机器臂45台，安装连线调试，2#车间门窗安装，3#车间立柱安装完成；宁夏圣源春食品有限公司果蔬饮料生产项目设备到位，室外锅炉管网铺设完成，正在进行连线调试准备试生产；宁夏塞外香食品有限公司产业园科研检测中心及生产线配套建设项目完成3层办公楼装修及景观池建设；宁夏昊天实业有限公司制冷保险柜及展示柜生产项目完成4栋车间基础施工、2栋车间钢结构安装。苏锡铜业科技有限公司新材料项目、汇高科技有限公司智能制造项目于7月初代表青铜峡市接受吴忠市产业发展现场会观摩，获得好评。

【招商引资】 2017年，坚持“招大商、大招商”，采取领导带队招商、以企招商、以商招商、产业链招商等形式，先后组团外出招商14次，接待外来客商16批次，吸引宁夏昊天实业有限公司、宁夏新希望反刍动物营养食品有限公司、青铜峡市仁和纺织科技有限公司、宁夏苏锡铜业科技有限公司、宁夏汇高科技有限公司、宁夏大海金属科技有限公司等项目落户园区。全年完成招商任务20.4亿元，占目标任务30亿元的68%；完成上争资金450万元，完成年度目标任务。

【基础设施建设】 2017年，投资5596万元，开工建设园区北环路、东环路、汇高路等道路及排水工程5.9公里，架设混凝土板桥3座，安装路灯118盏；建设汇高、苏锡、新希望、昊天项目供电外网

2017 年 9 月 13 日，嘉宝轻纺园区管委会举办政策解读报告会

（嘉宝轻纺工业园区　马昱昕提供）

及万上路供电改线工程 15.35 公里，万上路通信工程 9 公里、供水工程 5 公里；铺设园区企业天然气管线 2.5 公里，完成杭萧二期项目场地 163 亩土方铺垫、平整工程。

【安全生产】 2017 年，加强安全生产“三个责任”治理，建立完善安全生产各项规章制度，层层签订安全生产目标管理责任书、承诺书，协调市公安、消防、安监、住建等部门，采取联合检查、召开会议、印发材料、示范创建等形式，加强园区安全企业生产监管和宣传教育培训。同时，聘请安全专家督查园区企业，开展安全生产企业主体责任年活动和安全生产专项检查，着力营造企业安全发展环境。抓住国务院大督查契机，全面排查园区在建项目和生产企业安全隐患。全年召开安全生产会议 12 场次，开展专项检查 10 次，排查企业安全意识淡薄、防护设备短缺、安全措施落实不到位、现场混乱等安全隐患 122 件，督促整改 94 件，限制期限未到或已申请延期整改 28 件。开展电器火灾事故应急救援演练和“安全月”活动，增强企业做好安全生产工作责任感和使命感，为企业增产达效、加快发展提供安全保障。年内园区未发生安全生产事故。

【企业服务】 2017 年，落实市委、市政府推进工业经济发展举措，协调市发改、住建、国土、环保等相关职能部门，代办项目建设手续。协调担保公司及银行为企业融资贷款 1.2 亿元，解决企业资金短缺问题。同时协助完成园区环保、安全、水资源论证等“区域评”手续，简化入园企业审批程序，切实解决手续繁多等影响制约企业加快发展问题；按照精准包抓工作部署，要求园区干部对 82 家企业和项目开展重点包扶，每月入企调查不少于 2 次，全年梳理企业和项目建设存在问题 46 个，协调解决 35 个(未解决的多数是融资无抵押问题)；争取自治区人才培训项目资金，通过人社、工会等部门开展企业技能人才培训、消防及安全管理培训，邀请律师举办“七五”法律知识讲座，全年培训电工、电焊工初级及中级人才 260 人次；引导宁夏塞外香食品有限公司、宁夏勤昌滚动轴承制造有限公司等 12 家企业与江南大学、宁夏大学等 5 家大专院校、科研机构建立合作关系，申报国家级实验室 1 个、院士工作站 1 个、劳模创新实验室 1 个。

（马昱昕）

2017 年青铜峡市嘉宝轻纺工业园区规模以上工业企业实际完成产值统计表

单位:万元

序号	企业名称	1—11 月实际完成产值数					1—12 月实际完成产值数				
		本月数	本期累计	去年同期	同比增减	增速%	本月数	本期累计	去年同期	同比增减	增速%
总计		40769	403236	435717	-32481	-7.5	51645	429590	470891	-41301	-8.8
1	宁夏塞外香食品有限公司	12885	117115	101257	15858	15.7	16517	133632	124415	9217	7.4
2	中盐宁夏金科达印务有限公司	112	2350	1786	564	31.6	147	2497	2001	496	24.8
3	宁夏法福来食品股份有限公司	4026	37722	61115	-23393	-38.3	4533	42255	67704	-25449	-37.6
4	宁夏家道回乡农业开发有限公司	976	17599	19322	-1723	-8.9	1363	18962	21005	-2043	-9.7
5	青铜峡市清真食品有限责任公司	543	6031	7558	-1527	-20.2	700	6731	8260	-1529	-18.5
6	青铜峡市明珠园清真食品乳业有限公司	1385	6386	6339	47	0.7	1655	8041	7551	490	6.5
7	宁夏宁园果汁有限公司	2485	5775	5589	186	3.3	3158	8934	8900	34	0.4
8	青铜峡国雄饲料有限公司	1202	15082	14224	858	6.0	988	16070	15406	664	4.3
9	宁夏青铜峡市绿源清真食品有限公司	234	2583	2598	-15	-0.6	157	2739	2897	-158	-5.5
10	宁夏华泰塑料管业有限公司	0	0	2330	-2330	-100.0	0	0	2330	-2330	-100.0
11	青铜峡市恒源砼业有限公司	584	4276	5946	-1670	-28.1	0	4276	6746	-2470	-36.6
12	宁夏勤昌滚动轴承制造有限公司	3892	38732	40344	-1612	-4.0	4301	28853	28204	649	2.3
13	宁夏金环轴承制造有限公司	2510	23692	23258	434	1.9	3106	15609	12722	2887	22.7
14	宁夏天马滚动体制造有限公司	521	5409	6855	-1446	-21.1	502	5911	7416	-1505	-20.3
15	宁夏菲斯克汽车轮毂轴承有限公司	884	14396	24832	-10436	-42.0	251	14647	28964	-14317	-49.4
16	宁夏鸿亚特种钢管有限公司	976	13734	22957	-9223	-40.2	197	13931	27063	-13132	-48.5
17	宁夏众虎智农实业股份有限公司	464	4966	4789	177	3.7	407	5373	5239	134	2.6
18	宁夏新大众机械有限公司	213	2202	3362	-1160	-34.5	251	2452	3543	-1091	-30.8

续表

序号	企业名称	1—11月实际完成产值数					1—12月实际完成产值数				
		本月数	本期累计	去年同期	同比增减	增速%	本月数	本期累计	去年同期	同比增减	增速%
19	青铜峡市民乐农业机械有限公司	333	2262	3520	−1258	−35.7	288	2550	3821	−1271	−33.3
20	宁夏银河钢塑滴灌设备有限公司	476	5871	9164	−3293	−35.9	550	6421	9914	−3493	−35.2
21	青铜峡市银河钢塑管材有限责任公司	282	2795	3569	−774	−21.7	295	3090	3700	−610	−16.5
22	宁夏塞上阳光太阳能有限公司	785	16209	14383	1826	12.7	528	16737	14935	1802	12.1
23	宁夏润昌实业有限公司	926	8795	9972	−1177	−11.8	1211	10006	10989	−983	−8.9
24	青铜峡市强力塑料包装制品有限公司	305	6412	5842	570	9.8	450	6862	6693	169	2.5
25	宁夏青铜峡绿源塑胶有限公司	207	6225	7364	−1139	−15.5	207	6432	7689	−1257	−16.3
26	宁夏森源印务有限公司	228	2512	2387	125	5.2	257	2768	2754	14	0.5
27	宁夏威格瑞斯电力有限公司	390	3587	3481	106	3.0	388	3975	3741	234	6.3
28	宁夏兴豆缘清真豆制品有限公司	227	2574	2387	187	7.8	401	2975	2597	378	14.6
29	宁夏塞佰果食品有限公司	2	338	2035	−1697	−83.4	16	354	2415	−2061	−85.3
30	宁夏其乐清真食品有限公司	360	3040	3773	−733	−19.4	462	3502	413	−633	−15.3
31	宁夏冠锐种业科技股份有限公司	1050	3343	5100	−1757	−34.5	2509	5852	5753	99	1.7
32	宁夏仁和纺织科技有限公司	692	5168	4893	275	5.6	2068	7235	6106	1129	18.5
33	宁夏苏锡铜业科技有限公司	614	8627	3386	5241	154.8	3782	12490	5283	7207	136.4
34	宁夏苏锡电工材料科技有限公司	0	3626	0	3626		0	3626	0	3626	
35	宁夏苏锡光电科技有限公司	0	3802	0	3802		0	3802	0	3802	

（青铜峡市工业信息化和商务局提供）

青铜峡新材料基地

【概况】 截至2017年年底，青铜峡新材料基地占地面积1006.85公顷（15102.75亩），入园企业42家，其中规上企业17家，重点以合金新材料、精细化工新材料、建筑新材料、装备制造为主导产业。全年实现工业总产值30亿元，同比增长27.7%；实现工业增加值7.51亿元，同比增长17.3%；完成固定资产投资19.97亿元，新增规上企业3家。

【招商项目建设】 2017年，加大园区招商力度，组织外出招商活动10次，接待外来客商到园区考察20次，全年实施项目18个，总投资64.28亿元，年度计划投资26.76亿元。建成投产项目3个(宁夏锦绣集团有限公司轻合金循环经济产业园项目、宁夏长鑫防腐工程有限公司油管修复及内衬防腐项目、青铜峡市鼎辉工贸有限公司再生资源回收与利用项目)；正在建设项目1个（宁夏嘉汇道路资源再生利用有限公司项目)；置换项目4个（宁夏苏能节能科技有限公司建设节能洁净燃烧装备项目用宁夏大海金属科技有限公司年产80万吨交通安全设施项目置换；金奥腾轴承保持器项目用青铜峡市利源工贸有限公司年产25万吨工业硫酸项目置换；新蓝奥科技研发中心建设项目用东吴农化资源循环利用扩建及污水处理站项目和宁夏青龙管业股份有限公司钢筒车间及输水管道工程检验检测实验室项目置换；宁夏金昱元化工集团公司多元醇项目用宁夏国昌实业有限公司年产5万吨铝铸件项目、宁夏亿昀特种工程材料有限公司年产5万吨固井低密度混合材料和减轻剂项目、青铝自备电厂超低排放改造项目、宁夏京成天宝饲料添加剂有限公司硫酸锌、氧化锌清洁生产项目、宁夏天达环保有限责任公司脱硫剂项目置换)；未开工项目2个（宁夏新蓝奥汽车节能环保科技有限公司多功能智能汽车节能减排和(DPF)防爆矿用柴油机尾气净化系统、宁夏盛圆机械科技有限公司年产50亿套轴承精密套圈）。截至年底，建成投入试生产项目9个，其中当年建设当年投产项目4个，当年达到规上企业1个；正在按照时序进度建设项目9个，协调新开工项目3个。园区实际完成投资21.7亿元，完成目标任务的114.2%。

【基础设施建设】 2017年，完成上争资金2628万元。实施重点基础设施项目5个。其中，已建成投入运行项目2个（新材料基地污水处理厂(一期)PPP项目(续建)；天然气建设项目(续建))；未完成项目3个（青铜峡新材料基地供水扩建项目(新建)；青铜峡新材料基地工业园区污水处理厂中水回用工程(新建)由新材料基地工业蒸汽循环利用项目替代，项目完成备案、选址、土地预审、建设用地规划许可等手续，计划2018年继续实施；新材料基地纬三路道路建设项目(新建)，完成项目选址意见书、土地预审、水土保持、环评等)。

【安全环保监管】 2017年，履行安全生产、环境保护属地监管责任，全年组织检查50次，排查各类问题隐患405处，整改394处，整改率为97.3%，对暂时不能整改到位问题，强化防控措施，限期整改，防止事故发生。同时，结合中央第八环境保护督察组反馈问题整改，集中整治大气污染、水污染，加大巡查排查力度，督促问题企业逐一整改落实，改善园区环境质量。

（石国祥）

2017年青铜峡市新材料基地规模以上工业企业实际完成产值统计表

单位:万元

序号	企业名称	1–11月实际完成产值数					1–12月实际完成产值数				
		本月数	本期累计	去年同期	同比增减	增速%	本月数	本期累计	去年同期	同比增减	增速%
总计		26215	253535	206779	46756	22.6	42165	286612	217618	68994	31.7
1	青铜峡铝业发电有限责任公司	5212	71080	54989	16091	29.3	5846	76926	60414	16512	27.3
2	宁夏普华冶金制品有限公司	123	21189	26459	–5270	–19.9	1250	22439	30502	–8063	–26.4
3	宁夏大唐国际青铜峡光伏发电有限责任公司	0	1068	4160	–3092	–74.3	0	1068	4506	–3438	–76.3
4	宁夏东吴农化有限公司	3242	35868	18213	17655	96.9	5420	41289	19306	21983	113.9
5	青铜峡市青龙新型管材有限公司	5508	15871	2407	13464	559.4	1994	17864	2592	15272	589.2
6	青铜峡市中源铝材有限公司	541	5244	3088	2156	69.8	449	5693	3164	2529	79.9
7	宁夏盛远新型建材有限责任公司	96	1564	4584	–3020	–65.9	0	1564	4893	–3329	–68.0
8	青铜峡市凯旋商贸有限公司	232	1883	2493	–610	–24.5	199	2081	2591	–510	–19.7
9	青铜峡市盛通再生资源有限公司	0	0	4344	–4344	–100.0	0	0	6258	–6258	–100.0
10	宁夏嘉祺隆冶金化工集团有限公司	1365	3916	8222	–4306	–52.4	1500	5416	10080	–4664	–46.3
11	宁夏银熠物质循环利用股份有限公司	88	1003	1867	–864	–46.3	18	1021	2128	–1107	–52.0
12	青铜峡市利源工贸有限公司	1600	14693	14287	406	2.8	2300	16993	15423	1570	10.2
13	宁夏和兴冶金耐火材料有限公司	2949	30169	31607	–1438	–4.5	2602	32771	33143	–372	–1.1
14	宁夏蓝伯碳素有限公司	570	6038	5177	861	16.6	551	6588	5734	854	14.9
15	宁夏嘉华化工有限公司	1174	10472	7296	3176	43.5	1226	11697	7956	3741	47.0
16	宁夏京成天宝饲料添加剂有限公司	3065	27036	17586	9450	53.7	3347	19274	8928	10346	115.9
17	宁夏鼎辉工贸有限公司	450	4429	0	4429		360	4789	0	4789	
18	宁夏嘉惠道路资源再生利用有限公司	0	2012	0	2012		110	2122	0	2122	
19	宁夏锦绣轻合金循环经济产业有限公司						14993	17017	0	17017	

（青铜峡市工业信息化和商务局提供）

中小企业服务

【概况】 2017 年，市非公有制经济服务中心依托中小企业公共综合服务窗口平台，简化程序，优化服务，着力为中小企业提供项目申报、人才培养、政策咨询等各项服务，促进非公有制经济和中小企业持续健康发展，被自治区非公有制经济服务局评为减轻企业负担先进单位。

【政策宣传】 2017 年，编印《中小企业扶持政策汇编》(2017 年版)，收录国家促进中小微企业发展政策 9 项、自治区促进中小微企业发展政策 19 项、相关政策解读 4 项、相关名词解释 8 项，面向全市中小微企业做好国家、自治区促进中小微企业发展政策措施宣传。印制宣传折页，抓住 2017 年春季人力资源招聘洽谈会有利时机，在现场设立政策宣传台，集中宣传自治区“降成本 30 条”“专精特新”中小企业认定管理办法、小微企业“助保贷”业务管理办法等政策。年内，通过上门走访、企业来访、打电话、QQ 及微信等方式，为 100 家企业提供人才项目申报、“专精特新” 项目申报、“助保贷”网上申请等政策咨询服务。

2017 年 4 月 20 日，青铜峡市召开 2017 年政银企合作签约会议

（市经合局　胡晓伟提供）

【“专精特新” 中小企业培育】 2017 年，根据自治区非公有制经济服务局、自治区财政厅《关于组织申报 2017 年自治区中小企业及非公经济发展专项资金项目的通知》要求，申报“专精特新”(专业化、精细化、特色化、新颖化)企业 24 家，经县、市初审，自治区非公局组织专家评审、实地核查、网上公示等程序，19 家企业被认定为“专精特新”企业。其中，“专精特新”示范企业 5 家(宁夏菲斯克汽车轮毂轴承有限公司、青铜峡市绿源清真食品有限公司、宁夏卿龙生物质能源开发有限公司、宁夏博金特立体泊车设备有限公司、青铜峡市祥云皮草有限责任公司)，每家企业获得 20 万元奖励资金；“专精特新” 中小企业 14 家，颁发认定证书。

【小微企业创业创新示范基地培育】 2017 年，加强塞上 e 家网创园等小微企业指导培育，深入企业分送《自治区小微企业创业创新示范基地认定管理办法》《自治区众创空间认定管理办法》，按照管理办法评审条件，从健全完善制度、运营管理、网上申报、资料准备整理、专家评审现场答辩、自治区非公有制经济服务局实地考察等环节进行指导，协助企业申报自治区小型微型企业创业创新示范基地，经专家评审、自治区非公有制经济服务局实地考察，塞上 e 家网创园被认定为自治区小微企业创业创新示范基地。

【非公企业人才工作】 2017 年，8

月25日至30日，在宁夏菲斯克汽车轮毂轴承有限公司举办为期6天轴承制造行业专业技术人才培训班。邀请河南科技大学机电学院轴承系副教授周近民和吴忠职业技术学院讲师范立荣为参训学员讲授《轴承套圈加工工艺》和《PLC综合控制系统的应用》等课程，宁夏菲斯克汽车轮毂轴承有限公司、宁夏鸿亚特种钢管有限公司、宁夏勤昌滚动轴承制造有限公司、宁夏金环轴承制造有限公司等公司50名技术人才和技能人才参加培训。协助宁夏塞外香食品有限公司申报稻米深加工——方便食品行业领军人才培训项目，获10万元专项资金。引导小微企业创业孵化示范基地开展预入园企业培训。协助成泰农机市场举办无人机喷洒农药培训班、塞上e家网创园开展银企对接企业家沙龙、青年创业分享交流会等活动，举办农村电子商务信息服务工作培训班、电子商务职业技能培训班、大学生电子商务培训班等各类培训班12期，培训300人次。

2017年6月15日，青铜峡市召开工业转型升级情况调研座谈会

（市政协办公室　刘杰提供）

【平台搭建】 2017年，完成青铜峡市中小企业公共综合服务窗口平台网络建设任务，提供政策宣传、信息、法律、创业、人才与培训、技术创新、管理咨询、投融资、受理投诉等各类服务。平台注册小微企业55家、服务机构27家。全年平台开展各类活动8次，参与企业300家（次）、人数350人次。

【融资服务】 2017年，采取发放宣传资料、走访企业、提供平台服务和QQ群发布等形式，着力推介自治区非公经济服务局针对小微企业开展的“助保贷”“财保贷”、转贷基金等融资业务，引导符合条件企业进入建行“助保贷”中小企业池。截至12月底，29家企业进入“助保贷”中小企业池，其中9家企业获得“助保贷”贷款3477万元。

【餐饮住宿业发展满意度测评】 2017年，按照全市促进餐饮住宿业发展任务分工要求，对全市餐饮住宿业进行调查摸底，建立餐饮业、住宿业基本信息库。结合餐饮住宿业改造提升标准，印制《青铜峡市餐饮业满意度测评表》《青铜峡市住宿业满意度测评表》，开展餐饮住宿企业测评活动，发放测评表1000份，经汇总梳理，形成分析报告上报市商贸领导小组办公室。

【编纂青铜峡市非公有制经济年鉴资料】 2017年，按照宁夏非公有制经济年鉴编委会关于编纂《宁夏非公有制经济年鉴（2015—2016年）》通知要求，向有关部门单位征集青铜峡市2015—2016年非公有制经济发展文字资料和图片，整理编纂，上报《青铜峡市非公有制经济年鉴》文字资料10000字、照片16幅。

（朱永霞）

商　贸

编辑◎乔才山

商业贸易

【概况】 2017年，全市完成社会消费品零售总额22.5亿元，同比增长9.4%。其中，城镇市场实现社会消费品零售额18.3亿元，增长9.8%，占社会消费品零售总额的80.9%；农村市场实现社会消费品零售额4.2亿元，增长7.7%。

【电子商务】 2017年，实施全国电子商务进农村综合示范市项目，改造装修公共服务中心，建设镇村服务站点30家；举办电商培训班36期，培训人员达3000人次。引进知名牌电商企业6家，建成市级电商服务中心2个、电商孵化园1个、市级电商人才培训示范基地2个、村级电商服务站60个、社区服务站7个，全年实现电子商务交易额3亿元。

2017年4月28日，青铜峡市在黄河楼欧蓓莎商业广场举办黄河文化美食节暨特色商品展销会　　（市工业信息化和商务局　王丹提供）

【餐饮住宿】 2017年，落实促进餐饮住宿业发展政策措施，举办"迎新春"特色商品展销会、黄河文化美食节暨特色商品展销会、"黄河岸边 稻花香里——香飘万家 好吃米饭"技能大赛等展销、促销活动，拉动餐饮增长；初步形成利民西街、天一街、康乐东街、银河广场4条特色街区。全年新增餐饮住宿企业76户，带动就业300人，实现营业额7.2亿元，增长8%。

【对外贸易】 2017年，引导企业开拓国际市场，扩大外贸出口，年内累计实现外贸进出口9146万元，同比增长23%，其中出口8828万元，同比增长22.5%；进口318万元，同比增长33.6%。

（金　辉）

招商引资

【概况】 市经济技术合作局由原青铜峡市招商局根据青铜峡市委、人民政府《关于青铜峡市人民政府职能转变和机构改革方案的实施意见》文件更名而成，是青铜峡市人民政府直属的参照公务员管理事业单位，核定全额预算事业编制15人，实有工作人员14人。内设5个科室，分别为综合事务管理办公室、综合业务管理部、经济技术合作部、项目信息管理部、外商投资服务部。2017年，市经济技术合作局对外加大经济技术协作及招商力度，对内发挥招商项目综合管理部门作用，协调、支持责任单位做好项目跟进及落地服务工作。自十一届全国工商联活动开展以来，成功组织签约项目19个，签约项目资金200.27亿元。截至年底，实际开工项目16个，开工率84.2%，累计完成投资107.12亿元。

【外出招商】 2017年，依托两大园区，围绕六大产业，由市四套班子领导带队赴长三角、珠三角、环渤海等东中部经济发达地区招商40批次，考察对接装备制造、文化旅游、食品加工、金融合作等领域企业103个，成功签约苏州蓝锐纳米科技、宁波酶赛生物工程有限公司生物酶、宁夏翼扬航空旅游管理有限公司黄河金岸低空旅游等项目13个；四川生旌物流固废回收综合利用、昊天保鲜及制冷柜制造等24个全国工商联活动签约项目全面开工，计划总投资244.29亿元。

【平台招商】 2017年，依托自治区“10+3”节会经贸交流平台，组队参加中阿博览会、全国工商联十一届十次常委会暨民营企业助推宁夏创新发展大会、亚布力中国企业家论坛夏季高峰会等各类节会活动14批次，邀请中商国能集团、重庆三峡旅游投资公司等企业42批次380人次来青考察，举办宁夏引黄古灌区成功“申遗”青铜峡经贸商务座谈会暨项目集中签约仪式，签约7个项目，拟投资金额120亿元。

【精准招商】 2017年，围绕全市三次产业布局及现有重点优势产业上下游配套，着力引入产业关联度高、带动能力强“增链补链”项目，锦绣轻合金、新希望反刍饲料等一批项目稳步推进，巴格斯、玉鸽、天河通夏等10家知名酒庄成功落地，黄河金岸低空游、黄河大峡谷自驾车房车露营地、宁夏国际牡丹园等4个旅游项目签约落户。

【招商活动】 2017年2月13—18日，由中共吴忠市委常委、青铜峡市委书记石瑞林，市长金永灵带队组成双向招商小组，带领市委常委、常务副市长杨春燕，市人大常委会副主任袁浩，市政协副主席史君及嘉宝轻纺工业园区管委会、市委办、经济技术合作局、旅游局相关负责人，历时6天，分赴北京、广东、云南等地对接考察首都旅游集团、中青旅控股股份有限公司、北京京广龙科技有限公司等7家企业共10个项目。2月26—3月7日，市长金永灵、副市长崔奇鹏、政协副主席史君带领青铜峡市嘉宝轻纺工业园、住房和城乡建设局、环境保护局、地税局、旅游局、经济技术合作局相关负责人及干部赴天津、山东、浙江、江苏、四川、云南等地，历时10天对接考察山东德州恒丰纺织集团、山东冠县正昊机械设备制造有限公司、浙江清华长三角研究院杭州分院、四川巨龙电气（集团）有限公司、江苏远东控股集团有限公司等23家企业共25个项目。5月27日，中共吴忠市委常委、青铜峡市委书记石瑞林，市政

2017 年 8 月 27 日，青铜峡市举行 4 万头肉牛养殖项目签约仪式

（市经合局　胡晓伟提供）

协主席王洋，市委常委、常务副市长杨春燕带领市委办、市经济技术合作局、吴忠市文化旅游产业投资有限公司相关负责人赴北京对接考察中商国能集团有限公司文化旅游产业项目。8 月 13—18 日，中共吴忠市委常委、青铜峡市委书记石瑞林带领市政协主席王洋、市人大常委会副主任任贵生、副市长王飞以及新材料基地管委会、嘉宝轻纺工业园管委会、市委办、工业信息化和商务局、经济技术合作局等部门负责人前往江苏宿迁市宿豫区，浙江宁波市海曙区、鄞州区考察学习经济社会发展情况。9 月 17—22 日，市委副书记、政法委书记、新材料基地党工委书记、管委会主任杨春燕带领新材料基地管委会、工业信息化和商务局、环境保护局、农牧和科学技术局、经济技术合作局等部门相关负责人组成考察组，赴福建参加厦洽会，到广东、浙江、江苏、安徽、四川等地考察宁波酶赛生物工程有限公司、苏州蓝锐纳米科技有限公司、四川生旌物流有限公司等 6 家企业，并与 4 家企业达成意向协议，总投资额 10.7 亿元。

【招商服务】 2017 年，对投资项目坚持“一事一议、因企施策”，采取一站受理，简化办事程序，缩短审批时限，全程代理服务；对重大项目实施“一个项目，一套方案，一套班子，一抓到底”的方法，跟踪督查解决新建项目存在问题，力促签约项目早落地、早开工，开工项目早建成、早达效。其中，山东登海种业年产 5400 吨农作物种子项目、鑫电电缆铝产品深加工项目、盛世宝鼎智慧物流园项目、黄河负一层 3D 艺术馆等 15 个项目实现当年开工、当年投产。

（段鹏阳）

供　销

【概况】 青铜峡市供销合作社于 2016 年 11 月注册登记为事业单位法人，挂“青铜峡市农村合作经济组织联合会”牌子。有社属企业 4 个、基层供销社 7 个，职工 45 人。其中，市供销社机关 6 人、社属企业及基层社 39 人。2017 年，全市供销工作围绕做好农业生产资料储备和供应工作，引领、指导农村合作经济组织发展，组织开展农产品经纪人培训，积极申报供销总社项目，扶持基层合作组织加强基础设施建设，协调农民专业合作社开展土地托管服务，扩展农产品销售市场，加强农资配送中心和基层经营服务网点建设。全年完成销售总额 3800 万元，完成目标任务的 106%，实现利润 13.8 万元。市供销合作社申报的青铜峡市小云林果专业合作社被农业部、中华全国供销合作总社等 9 部委认定为“农民合作社示范社”;宁夏法福来食品有限公司“法福莱”、青铜峡市清真食品有限责任公司“老苗”品牌被中国农产品流通经纪人协会认定为“2017 全国百佳农产品品牌”。

【农资储备库和基层供销社建设】2017 年，支持青铜峡市农业生产资料有限公司完善配送中心 4 个化肥储备库服务功能,改造提升 8 个镇级农资中心店和 30 家村级农家店。协助青铜峡市丰叶供销有限责任公司提升叶盛镇农资配送中心及村级连锁经营网络建设,设立益农信息社、综合服务社开展农业技术咨询及信息服务、农机具租赁、电信代办、幼教、餐饮等综合服务，方便当地群众生产生活。瞿靖、叶盛、峡口等基层社开展送肥下乡、为种植大户及困难户赊销农资商品及代储种子、化肥、免费包衣拌种、拆袋称斤零售等多项便民服务措施。

【基层服务体系建设】 2017 年，按照《自治区党委、人民政府关于深化供销合作社综合改革的意见》和《青铜峡市委 人民政府关于深化供销合作社综合改革的意见》精神,重点抓好基层组织服务体系建设工作,完成瞿靖、叶盛、甘城子 3 个新型基层社改造,申报宁夏正鑫源现代农业发展集团和青铜峡市成泰农机市场为自治区供销社 2018 年“两个体系”试点建设项目落实单位。与民营企业合资成立青铜峡市磊鑫供销电子商务公司。

【农业生产资料储备和供应】2017 年，以农资公司配送中心 4 个大型农资储备库为龙头，以基层供销社 40 个化肥连锁零售店为前沿,完善批发、配送功能,建立农资流通配送网络,淡储旺供,稳定市场,保证农业生产供应,平抑化肥价格,保护农民利益。

【日用消费品经营配送】 2017 年，指导市工业品有限责任公司改造日用消费品配送中心，完善连锁配送经营服务，让农民群众和社区居民在家门口享受安全、优质的商品和良好的消费环境。

【烟花爆竹经营管理】 2017 年，监督市工业品公司做好烟花爆竹连锁配送和安全经营管理工作，加强安全监督检查，举办全市烟花爆竹安全经营管理培训班,邀请自治区鞭炮公司、市安监局专业人员开展安全培训，提高全市烟花爆竹市场经营管理水平,保障节日期间全市烟花爆竹安全供应。12 月,按照自治区、吴忠市及青铜峡市烟花爆竹禁、限放规定,做好宣传引导工作,严格执行《青铜峡市城区禁放限放烟花爆竹工作实施方案》,安全有序做好烟花爆竹安全经营工作。

【农村合作经济组织服务】 2017

2017 年 8 月 27 日,青铜峡市举办农村电子商务专题讲座

（市网信办 刘中锋提供）

年，帮助广武学锋林果、甘城子山果果业、叶盛华标等基层流通型农民专业合作社在网上发布销售信息，参加全国农产品网上交易会，寻找区外市场，畅通外省销售渠道，把瓜果蔬菜销往外地，带动农民增收。联合瞿靖铭泽现代农业服务公司、汇丰源农机服务合作社、华标园艺合作社开展土地流转托管、统防统治等服务。抓住全区供销社“两个体系”建设项目及农业综合开发供销社合作示范项目建设契机，指导恒源牧业等20家农业产业化龙头企业加入“项目库”，并组织申报项目，为全市涉农龙头企业、基层供销社、农民专业合作社“十三五”期间重点项目建设和供销合作社“两大任务”完成奠定基础。

【农产品经纪人才队伍建设】2017年，会同各专业合作社举办农产品经纪人培训班13期，聘请区、市专家为基层专业合作社讲授《农民专业合作社法》《农产品经纪人基础知识与实用技能》以及优质瓜菜、苹果、葡萄管理技术，病虫害防治，水果套袋技术，果树改型技术和农产品流通、测土配方施肥知识，培训960人次。

【全区高级农产品经纪人培训班】2017年6月11—18日，配合自治区供销社在青铜峡市举办第十期全区高级农产品经纪人培训班。全区高级农产品经纪人120名参加培训，其中青铜峡市11名“农合会”及基层专业合作社管理骨干参加培训。培训期间，参训人员实地观摩叶盛镇五星村土地股份合作社、鑫茂源物流合作社、凯瑞鑫冷链物流合作社、宁夏捷智通电商服务中心。

（梁建宫）

盐　业

【概况】2017年，青铜峡盐业分公司实施盐业体制改革，以加强市场管理为基础，统筹做好保市场、稳增长、促改革、调结构等各项工作，企业经营效益稳中有增。全年购进盐产品2732.9吨，销售各类盐2450.6吨，较2016年同期增销160.9吨。其中，食用盐销售1099.5吨，同比增销273吨，完成年计划900吨的122.17%；畜牧用盐销售494吨，同比减少57吨，完成年计划500吨的98.8%；工业盐销售856.6吨，同比减少55.6吨，完成年计划799吨的107.2%。实现营业收入392.58万元，完成年计划460万元的85.34%，同比减少96.23万元；多种经营销售收入46.29万元，同比下降3.35万元。毛利额100.76万元，同比减少34.24万元，毛利率27.16%，同比减少0.93个百分点。实现利润总额-23.43万元，较2016年同期-18.74万元增亏4.69万元。增亏主要原因：销售2016年购进的33吨腌制盐，减少利润3万元；销售青铜峡铝业股份公司370吨工业用盐，减少利润1.5万元。

【完善客户档案】2017年，全员出动进行零售终端访查铺货、客情维护，建立精准客户档案。据统计，公司在册登记食盐网点806家。其中，食盐零售网点525户、餐饮业239户、中小学食堂及职工灶20家、食品酱制品加工业22户。另有工业盐用户28家、畜牧业养殖用盐户15家。

【建设片区责任制】2017年，将全市终端客户分为7个片区，每个片区配备一定数量营销人员和后勤管理人员，实行“电话预约，配送上门”服务，并开展分组回访检查，根据回访检查及时送销补货。全年发放便民服务卡1500张。

【市场调研】 2017年，成立市场调研小组，班子成员带头走访企业、机关、学校、零售、餐饮和食品加工等用户，了解市场状况和消费趋势，根据客户需求现场解决问题，同步开展盐业体制改革政策宣传工作。

【食用盐营销】 2017年，定期召开中层以上人员销售分析会议，根据市场监测分析，及时调整价格与灵活促销活动方案。同时，按照批发业户、餐饮超市、学校幼儿园和零售商等四类进行市场分类，确定重点目标，制定营销举措，因店施策，将零售商超网点由原来直供320克深井岩盐调整为400克天然湖盐或者400克精制盐，食品加工专供50千克大包装，餐厅食堂专供500克小包装，学校、幼儿园及职工灶按需供应。针对北大池“晶湖”牌和甘肃漳盐销售通过降低批发价格抢占市场、致使公司销量5月开始下滑，为确保市场占有率，7月与自治区盐业公司营销部协商新增400克加碘精制盐。截至10月底，销售小包装食用盐846.5吨，同比增销114.9吨，完成年计划694吨的121.97%；销售大包装253吨，同比增销158.1吨，完成年计划206吨的122.82%。

【工业盐营销】 2017年，根据各企业实际情况，采取一厂一策营销措施，客户档案由专人管理。其中，青铜峡铝业股份有限公司实行按月网上公开竞标采购制度，全年竞标10次，中标8次，销售370吨，较2016年同期425吨减少55吨；宁夏普华冶金制品公司转让给三和冶炼后销售74.26吨，较2016年同期增销35.76吨；城市公用事业服务中心销售78.7吨，较2016年同期119.8吨减少41.1吨，其他用盐单位基本稳定。

【畜牧盐营销】 2017年，加强与青铜峡国雄饲料有限公司沟通合作，签订2017年供货合同，保证销量与2016年同期基本持平。

【非盐库存清理】 2017年，针对5万元积压库存商品，采取以营销盐产品促销非盐产品买赠活动，清理原库存奇强洗涤用品。全年实现非盐商品销售收入43.63万元。其中，销售小苏打46.6吨、白糖50.3吨。

【资产出租】 2017年，报经集团公司同意，将位于青铜峡市裕民街77号的原公司办公楼、院内库房及辅助用房一并出租，公司另租经营场所办公，解决分公司库容不足问题。每年增加企业收入13万元，减少1名门卫人员薪酬支出。

【市场监管】 2017年，市辖区跨省区营销盐品有北大池“晶湖”牌、甘肃漳盐、四川益盐堂牌和“千年川盐”等10家以上，占有市场份额达到15%。为规范盐业市场，维护市场稳定，保障食盐安全，建立并完善营销、宣传、检查三位一体工作机制，在宣传、服务中规范营销、管好市场。同时，开展食盐市场定期检查，查获违法案件22起，没收违法盐产品1274千克。利用“3·15”消费者权益日，会同市市场监管局、疾控中心、市医院、中医院、卫生监督所等10余家单位开展“中盐”品牌和科学补碘意识宣传，引导群众鉴别真假碘盐，宣传碘缺乏病防治知识；针对“脚臭盐”及碘含量不达标盐品案件发生，会同市市场监督管理局开展食用盐市场专项排查工作，印发《关于全面排查“异味盐”及不合格碘盐的紧急通知》，检查餐饮经营店1300家、食品流通经营店1652家、小作坊经营店221家、学校托幼机构食堂44家、食品企业用盐51家。

（罗丽娟）

烟 草

【概况】 2017年，青铜峡烟草分公司实现销量8855箱，完成年度计划100%；销量同比增长0.08%。实现毛利5406.7万元（含扣点），完成年度计划的101.02%，同比增长4.96%。实现单价98.7元，同比增长4.7元，现代终端比重达到21.5%。

【品牌培育】 2017年，从拓宽品牌宽度入手，设置品牌宽度目标，确定新品投放目标客户，实施差异化品牌培育；以提高客户获利为目标，按照库存、货源供应和历史数据，指导零售客户制作订单，让零售客户有钱可赚、有利可图。以细支卷烟、新品卷烟为突破，从政策导向、消费趋势、毛利率3个层面加大细支卷烟推广力度，设置细支烟、新品卷烟陈列专区，强化细支卷烟对销量、结构的促进作用。

【终端建设】 2017年，回顾终端建设经验，明确工作思路，多措并举，让品牌展示"活"起来、让终端陈列"靓"起来、让卷烟售卖"易"起来、让库存分类"管"起来。全年向269户零售客户推广使用推烟器2.7万个，业态转型比重达到4.8%，烟柜改造客户比重达到14.03%，客户改造投资达19万元。

【市场监管】 2017年，加强与市场监管部门协调沟通，清理无证经营行为，清除流动摊点销售外省卷烟顽疾；突出货源投放监管，协同营销部门规范货源投放，切断非法流通渠道。强化物流寄递环节贩售假冒行为查处，查获物流寄递环节销售非法生产烟草专卖品案件8起、涉案卷烟1.82万支。同时，开展"卷烟市场保卫战2017-Ⅰ号""卷烟市场保卫战2017-Ⅱ号"专项行动机，全年查处各类案件47起，查获涉案卷烟数量25.93万支，涉案金额20.64万元。

【内部监管】 2017年，按照《工作规范》及《工作标准》，采取对比销售数据、核实客户基础信息、实地走访调查或者通过启用内管员、市场管理员联动实地核查方式，提高监管效率。全年，处理内管信息系统各类预警3692起，启动调查核实程序142起，实地核查率达到4%；下发规范经营建议通知书12份、工作信息反馈单75份，提出规范经营建议26条。

【行政许可】 2017年，严格执行"宽准入、严管理、重服务"办证原则，改进零售许可证办理流程，改变工作方式，缩减受理、信息传递、实地核查和送达等环节办理时间，严格执行5日办结制，提升申请户满意度，树立良好社会形象。全年新办64户，停业11户，歇业、注销115户，恢复营业1户，延续19户，变更8户。

（董　刚）

城建·交通

编辑◎乔才山 何艳珍

城乡建设

【概况】 2017年，全市住房和城乡建设工作加快城市基础设施建设，着力打造城市建设新形象，全年实施城乡建设重点项目17项，项目总投资4.6亿元。其中，市政基础设施建设项目投资3.1亿元，图书馆、档案馆迁建项目投资6700万元、市民大厅项目投资4700万元、农村基础设施建设项目投资3600万元。全市城市化率达到58.3%；城市污水处理率达到93%；生活垃圾无害化垃圾处理率达到92.5%；完成农村危房改造129户。

【道路项目】 2017年，新建、续建、改造7条城市道路15.02公里。其中，投资9400万元，新建嘉宝园区道路4条、桥梁1座；投资3500万元，新建跨惠农渠公路桥梁1座；投资600万元，实施新民街扩建改造工程；投资400万元，实施老城区第六中学南门、新宁百货门前、职教中心门口路段等防洪排涝工程。

【城市停车场项目】 2017年，计划投资1000万元，新建改建停车场6处，总面积2.5万平方米。朔方路、新民街、古峡停车场完工投入使用；政府门口停车场正在招标；团结巷、建民南街停车场正在进行征地拆迁；汉坝街停车场因金三角停止建设，该项目停止实施。

【小微游园项目】 2017年，计划投资1000万元，建设老城区小微游园3处。怡心园改造工程完工，团结巷、关家园小微游园项目正在进行拆迁。

【城乡一体供水基础设施改造项目】 2017年，一期项目总投资

2017年9月26日，参加全区住建系统“互学互帮互检互评”活动人员到青铜峡市观摩 （叶盛镇　蒯丽提供）

2017 年 4 月 5 日，棚户区改造项目房屋征收与补偿协议签订工作正式开始　（市住建局　段文定提供）

2800 万元，建设大坝加压泵站 1 座、清水池 3 座，改造完成水处理间及农村饮水管道 38 公里，全部完工投入使用。

【第二、三污水处理厂改造项目】项目计划总投资 3611 万元，改造建设日处理能力 1 万吨污水处理厂 2 座，出水标准由一级 B 标提高到一级 A 标。2017 年，第三污水处理厂改造建设完工投入使用；第二污水处理厂完成土建工程总量 80%，设备招标工作结束。

【农村基础设施建设项目】投资 3600 万元，实施美丽乡村、农村改厕及生活污水处理项目，建设大坝镇韦桥村 2、3 组，叶盛镇地三村 1、2、6 组 2 个美丽村庄建设点，工程列入黄河金岸旅游带 PPP 项目。2017 年项目开建设。投资 2700 万元，改造叶盛镇、峡口镇、大坝镇 1385 户农村厕所及生活污水处理，2017 年工程建设完工。是年，投资 400 万元，实施青铜峡镇沃沙村、广武村，叶盛光明村村部建设。

【棚户区改造】2017 年，完成棚户区改造 2349 户。其中，国有土地上 1579 户、集体土地上 770 户。棚改户订购安置房 212 套、商品房 524 套。针对棚户区居民困难群体多、特困户比较集中实际，成立棚户区改造投诉救助中心，为困难群众申请公租房，全面核查 3870 户享受保障房的家庭信息，租金收取标准为城镇低收入家庭执行原廉租住房租金、城镇中低收入家庭及外来务工人员执行公租房租金。全年收取保障性住房租金 400 万元。

【房地产管理】2017 年，全市商品房网签 1706 套(包括棚户区改造购房)，较 2016 年同期下降 10.07%；网签面积 19.33 万平方米，较 2016 年同期下降 10.3%；签约金额 5.84 亿元，较 2016 同期年增长 0.69%。其中，住宅网签 1630 套，较 2016 年同期下降 7.39%；网签面积 17.34 万平方米，较 2016 年同期下降 9.4%；签约金额 4.89 亿元，较 2016 年同期下降 2.4%；签约均价为 2812 元 / 平方米，较 2016 年同期增长 5.08%；非住宅网签 123 套，网签面积 2.04 万平方米，签约金额 7886.42 万元。核发项目预售许可 3 个，完成房产企业的信用等级评定 21 家。

【城市公用服务】2017 年，全市供热总面积 588.9 万平方米。新增换热站 3 座、供热管网 2400 米，拆除燃煤锅炉 65 台，改造换热站 7 座，配置 10 兆瓦机组 2 台、8 兆瓦机组 3 台、4 兆瓦机组 3 台、2 兆瓦机组 2 台。

【城乡规划编制】2017 年，制定《开展宁夏空间发展战略规划体系规划编制工作实施方案》，编制城市中心区、河东河西控制性详细规划 70.9 平方公里、小城镇控制性详细规划 7.25 平方公里，测绘完成城市及小城镇地形图 78.15 平方公里。

【空间规划试点改革】 2017年，印发《青铜峡市推进吴忠市空间规划(多规合一)改革试点工作实施方案》，成立以市委书记为组长，政府市长为第一副组长，各市委常委、政府副市长为副组长，各相关部门、镇场负责人为成员单位的领导小组。同时，召开工作推进会议，协调各成员单位根据广州规划设计院要求提供资料。年内，按照项目报建要求，组织召开建设项目规划评审委员会6次，审定项目71个；办理选址意见书23件、规划设计条件书31件、用地规划许可证25件、建设工程规划许可证56件、施工许可证52件、乡村规划许可证23件，跟踪监督56项33.4万平方米建设工程质量安全。

【规范建筑市场秩序】 2017年，办理施工许可证56项，总投资6.7亿元，房屋建筑面积33.4万平方米，收缴农民工工资保证金1261万元，收缴率99.2%。落实工程招投标项目105个，中标价68106万元。开展在建项目3次综合执法检查、8次质量安全专项检查及建筑施工工地消防、防尘、农民工工资、食品卫生、起重设备专项检查，对未办理施工许可证、擅自开工建设的21家建设单位、房地产开发企业实施行政处罚，罚金110万元；下发停工通知书13份，当场处罚决定书44份；对3名总监理工程师发出不良行为扣分告知书；对6名建造师发出不良行为扣分告知书。同时，推行建设工程标准化，引领行业整体提升。按照《宁夏建筑工程安全生产标准化实施指南》和年初工作安排，要求建筑面积达到2000平方米建筑施工现场必须达到自治区或吴忠市标准化工地。2017年，15个开工项目达到吴忠市标准化工地条件、11个达到自治区标准化工地条件。

【城市综合执法体制改革】 2017年，贯彻落实中央城市工作会议及自治区城市工作会议精神，实施城市综合执法体制改革，青铜峡市城市综合执法管理局挂牌运行，新招录城市协管员30名。青铜峡市城市综合执法体制改革被列入全区城市综合执法体制改革观摩点。

【扬尘治理】 2017年，按照扬尘污染控制实施方案要求，对施工场地进行实体围墙封闭、拆除房屋现场配置高压水枪，房屋拆除施工，采用湿法作业，拆除过程洒水降尘，拆除现场每天不低于2次湿化防尘，建筑垃圾及时清运，五级以上大风天气要求停止作业。年内，各个项目按标准总计设置围挡22560米，清理垃圾70700立方米，覆盖绿色防尘布125000平方米。

【城市运行秩序维护】 2017年，查处违反城市规划建设管理违法建设行为6起，违法面积507.75平方米。开展市容环境综合整治工作，向沿街各门店经营业主和流动商贩印发各类宣传材料及整治通知1万份，下发责令限改通知247份，取缔店外延伸占道经营、乱摆摊设点累计1500处、店外延伸摊点680处，规范乱堆乱放3000处。加强非机动车乱停乱放的管理，规范自行车摩托车乱停乱放800人次、各街道门头广告牌匾172块，责令更换陈旧、破损牌匾27块，拆除不符合容貌标准一店多牌106块。加强日常监督检查，规范青铜峡火车站广场、停车场周边卫生保洁和车辆停放，确保市容环境卫生干净整洁。

【市容保洁】 2017年，将城区22条主要街道细划为9条公交化收集线路，设置176个公交站点式垃圾收集点，使用垃圾压缩车实行循环收集。安排20部电动垃圾收集车对商户门店遗漏垃圾和果皮箱垃圾实行循环流动收运，实现机车与人力车垃圾收集全覆盖、垃圾日产日清，城乡生活垃圾处理率达到92.5%。抓好城市路灯维护管理工作，全市9033基120807盏路灯通过路灯远程控制系统实现智能化管理，确保路灯亮灯率达到98%。强化环卫设施定期保养工作，经常性对果皮箱等设施进行擦洗清洁，做到常用常新。全年疏通雨水篦子211处，维修下水井、雨水篦子120个，疏通化粪池24座，维修果皮箱117个，设置公共垃圾站点24处。

【工程招投标】 2017年，监管进场工程招投标项目105个，中标价68106万元。其中，政府投资项目103个，中标价64625万元，招标控制价72920万元，节约资金8295万元。

【建筑工程质量监管】 2017年，监督工程91项，建筑面积63万平方米。其中，2016年结转工程44项，建筑面积32万平方米；2017年新开工工程47项，建筑面积31万平方米，工程质量监督覆盖率达100%，人均监督面积9万平方米；办理建筑节能设计审查备案登记63宗；加强新型墙体材料监管，全市生产新型墙体材料1.2亿标砖，占全年墙体用料总量93%，建设工程应用比例达92.6%；建成节能建筑19万平方米。

【意见建议提案办理】 2017年，办理人大议案1件，建议14件（吴忠市人大建议3件、市人大建议主办8件、2016年滚动建议3件）。截至年底，办结8件，按程序正在办理5件，因客观原因或政策原因无法办理1件。

（段文定）

城建监察

【概况】 2017年1月，青铜峡市城市建设监察大队经市机构编制委员会批准，机构规格由不定级别调整为副科级，其隶属关系、职能职责、人员编制不变。9月，更名为青铜峡市城市管理综合执法大队，受青铜峡市城市管理综合执法局委托，依法履行城市管理综合执法职责。年内，全市城市管理工作依据国家城市管理执法体制改革要求，以“抓队伍、树形象、促工作”为目标，集中开展市容市貌综合整治工作，城市环境卫生得到明显改善。市城市管理综合执法大队被国家住房城乡建设部办公厅评为“强基础、转作风、树形象”专项行动表现突出单位。

【城市规划执法监督】 2017年，全年查处违反城市规划建设管理违法建设行为12起，违法面积41847平方米，实施行政处罚并限期改正5起、罚款金额679845元；拆除3起、拆除面积359平方米。

【市容环境综合整治】 2017年，向沿街各门店经营业主和流动商贩发放各类宣传材料2万份、整治通知645份，下达责令限改整改通知335份，取缔占道经营乱摆摊设点累计2365处、店外延伸摊点535处，清理沿街门店乱堆乱放735处、各小区及商业网点门口私自栽桩设置隔离栏8起，恢复道路面积1260平方米。按照全区碧水蓝天攻坚战役部署及全市争创自治区“旅游特色街区”总体目标和要求，规范龙海商业街店外摆放烧烤炉44家，暂扣不服从管理烧烤炉8个；整治城区及环城路店外堆放废旧轮胎行为，规范进店106家，暂扣废旧轮胎13家186条；加强废品收购站管理，规范整治城区废品收购站3家，取缔不符合要求废品收购站2家，清理废品收购站门口乱堆乱放3处。会同市爱卫办、市场监管局、环保局等相关部门开展城区夏季夜间啤酒烧烤摊点集中整治,做好青铜峡火车站广场、停车场周边卫生保洁和车辆规范停放工作,维护青铜峡火车站周边市容环境卫生秩序。

【户外广告牌匾管理】 2017年,规范各街道门头广告牌匾51块,责令更换陈旧、破损牌匾39块,拆除城区及西北环路不符合容貌标准陈旧破损、超高超大、一店多牌广告牌匾38块,查处不符合安全标准牌匾11块,与广告公司及广告牌产权单位(人)签订安全设置协议32份;加大小广告清理治理力度,拆除沿街及店面悬挂废旧条幅142条,清理沿街乱涂乱画、店面门窗上乱贴零星广告宣传品530处。

【市政设施管理】 2017年,全年查处损坏市政设施行为6起,责令改正6起。签订挖掘城市道路协议18份,监督挖掘面积900平方米。

【垃圾乱倒监管】 2017年,加大城市东区道路及施工工地拉运建筑垃圾、渣土及沙石车辆遗漏遗撒污染城市道路行为监督检查力度,与施工方签订拉运建筑渣土等施工协议7份,收取施工押金4.2万元,查处遗漏遗撒运输车辆60辆,责令施工单位清扫污染路面3万平方米。加强环城道路乱倒垃圾行为监督检查,查处乱倒建筑垃圾行为3人次,责令清理垃圾50余吨,自行清理垃圾4吨,查处和制止私自焚烧垃圾、树叶、秸秆行为13起。协调有关部门、企业利用防尘网覆盖裸露地面1200平方米,清理覆盖煤堆800平方米。

【执法体制改革】 2017年,根据中共中央、国务院、自治区《关于深入推进城市执法体制改革改进城市管理工作的指导意见》,在全区范围率先出台《青铜峡市城市管理综合执法体制改革方案》,理顺管理体制,保留在青铜峡市住房和城乡建设局加挂“青铜峡市城市管理综合执法局”牌子,将青铜峡市城市建设监察大队更名为城市管理综合执法大队,根据城市管理法律法规规定行使城市管理综合执法权,其隶属关系、单位性质及级别保持不变。按照规定做好城市管理执法权力责任清单梳理及公示工作,梳理住房和城乡建设局、公安局、环保局、水务局、林业局、市场监管局6个单位划转行政执法权206项,其中行政处罚权202项、行政强制权4项,涉及住房和城乡建设局行政执法权182项。做好执法制式服装、标志标识换发工作,面向社会公开招考30名复转军人及大专以上学历社会人员充实城管执法队伍,落实城管执法人员资格管理要求。10月,对新招聘协管人员和全体在编人员进行军军事化训练和业务培训。加大执法队伍装备投入,着眼于实现执法全过程记录、推进城乡一体化管理,全员购置执法取证数字记录仪、对讲机等设备,在保留原有执法用车基础上,为8个镇新购置执法用车8辆和应急指挥车2辆,为协管人员配备执法巡查电动车50辆。在此次改革中,市财政拨付专项改革经费399.34万元。城市管理在编人员办公经费参照公、检、法人员办案经费执行,年人头办公经费调整为2.5万元,市财政每年列支预算资金150万元;协管人员每人每年3.5万元工资薪酬待遇及办公经费同时列入财政预算。

【城市管理执法宣传】 2017年,举办法规培训班1场次,发放法律法规宣传材料2万份,打印发放环境整治、安全隐患排查等专项整治通知2万份。

(赵志勇)

工程质量监督

【概况】 2017年，全市工程质量监督工作落实建设工程五方主体质量责任，做好住宅工程分户验收工作。全年监督工程91项，建筑面积63万平方米，其中2016年结转工程44项，建筑面积32万平方米；2017年新开工工程47项，建筑面积31万平方米，开展在建工程工程质量安全大检查3次、春季复工大检查1次、工程质量专项巡查6次，下发质量整改通知书150余份，工程质量监督覆盖率达100%；竣工工程验收60项，验收合格率100%；竣工工程验收备案160项，备案率达90%。全市工程质量处于受控状态，全年未发生工程质量事故。

【工程质量检查和专项巡查】 2017年，全年开展在建工程综合大检查3次、专项巡查6次，全面检查市场行为、工程质量、建筑节能和商品砼等，下发质量整改通知书80份、停工通知书30份，曝光建设工程质量行为不规范、质量安全意识不强、保证体系不健全、责任落实不到位等不良现象，增强参建各方责任感和质量意识，提升建设工程管理水平。

【工程质量提升年行动】 2017年，制定《青铜峡市质量提升三年行动方案》，落实参建各方质量行为；推行建设工程监理报告制度，要求监理单位每月上报监理信息1次；严查监理人员到位情况和业务能力，完善样板引路制度，加强工程质量通病治理，制定《工程质量常见问题治理方案》，从制度建设、工艺标准、原材料等方面对工程常见质量问题治理和防范提出明确要求；做好住宅工程分户验收，开展业主开放日活动。

【建设工程标准化创建】 2017年，明确要求所有在建工程必须创建标准化工地，重点工程必须达到区级标准化工地。组织参建各方技术人员到银川、吴忠等地工程建设现场观摩学习。全年有4项工程被评为自治区标准化工地、8项工程被评为吴忠市标准化工地。

【房屋质量投诉受理】 2017年，严格执行《宁夏建设工程通病防治导则》，制定房屋质量通病防治实施方案，将现浇板裂缝、墙体裂缝、屋面、卫生间渗漏等作为监督重点，按照谁监督的工程谁处理投诉原则，组织技术人员协调有关各方做好房屋质量处理工作并要求限时办结，质量问题处理满意率达到90%以上。开展住宅工程参建各方责任主体，尤其是监理单位、施工单位人员知识培训，充实建设从业人员业务知识，提高参建各方责任主体质量责任意识。同时，坚持对分户验收进行抽测，严把住宅工程质量关。

【商品砼专项检查】 2017年，依据《宁夏回族自治区预拌砼质量管理暂行规定》以及《关于开展全区预拌砼质量专项检查的通知》等文件要求，对本辖区内商品砼进行专项检查2次，对预拌砼企业质量管理和市场行为进行督查，提高商品砼质量水平。

【质量安全专业技术培训】 2017年3月中旬，举办全市建筑技术培训班，系统讲授质量安全法规、工程质量常见问题、统一验收标准等，190人参加培训。

【工程质量月活动】 2017年9月，开展工程质量大检查和质量专家进企业活动，组织业内专家到部分开发企业和建筑公司，进行现场指导，发放宣传册300份，在各企业及在建工地展出展板30块，刷写悬挂宣传标语、横幅100条。

（罗　莉）

房屋产权产籍管理

【棚户区改造项目】 2017年，全市投入棚改资金5亿元，计划改造2349户（自治区住房和城乡建设厅下达改造任务2150户）。其中，国有土地上1579户，集体土地上（城中村）棚户区改造770户。至9月底，签订货币补偿协议2150户，兑付棚改资金3.8亿元。棚改居民用货币补偿款购买商品房529套、安置住房215套。

【保障性住房管理】 2017年，根据自治区住房和城乡建设厅《关于廉租住房和公共租赁住房并轨管理的通知》精神，核查4570户享受保障房家庭信息，租金收取标准为城镇低收入家庭的，执行原廉租住房租金标准；城镇中低收入家庭及外来务工人员的，执行公租房租金标准。全年收取保障性住房租金450万元。

【审计问题整改】 2017年，对违规享受廉租补贴1.57万元的8户家庭，通过发放催缴通知单、约谈、上门劝退等方式，追缴违规享受全部廉租住房补贴；对违规享受实物配租的60户住户，27户收回住房，12户提高租金标准后继续享受保障，剩余21户正在调查处理。

【商品房预售办理】 2017年，住宅房预售办理51176平方米，共计503套；商业房预售办理12730.71平方米，共计134套。

【物业监督管理】 2017年，解决27个老旧小区改造遗留问题18项377件，为各老旧小区捐赠电动垃圾收集车30辆，答复并解决电话投诉20起、来访投诉30起、市信访局转办信访件7件。维修改造裕民街13#楼下水管道、永庆B区房顶漏雨、华福御景小区电梯7部，协调联系施工方维修处理5个物管企业18栋楼37户住户投诉问题，维修韵欣苑、惠泽苑、兰馨苑等小区87户房顶漏雨、49处单元门口破损路面、康乐四区商贸住宅管道63米，改造下水管道3处，铺设道路面砖两处167米。整理归集维修资金1000万元，归集住宅专项维修资金2851万元。

【行政事业单位干部职工住房货币化工作】 2017年，修订《青铜峡市行政事业单位职工住房货币化分配实施方案》《青铜峡市行政事业单位干部职工住房货币化分配方案实施细则》，协调指导市地税局、人民法院、人民检察院、渠首管理处、微波发射台、运管所、宁夏水利博物馆等区属单位做好2017年住房补贴申报发放工作。全年接待来访人员685人次，回复信访案件27起。办理住房补贴个人档案转移手续23宗。

【房屋交易业务受理】 2017年，受理各项交易业务6642件、新建商品房合同备案1706件、二手房网签967件、合同备案967件、商品房租赁备案22件，出具交易确认单3991件，接待群众交易档案查询利用4859件，针对行动不便等特殊情况客户开展上门服务58次、延时服务73次。

【房屋面积测量业务受理】 2017年，测量房屋面积491991.6平方米。其中，实测房屋面积271308.58平方米，预测房屋面积137904.05平方米（主要指开发公司申请预测），棚户区改造及其他道路修建等测量面积82778.97平方米，出具分户图及面积认证书791户。

（张槿杉）

城市公用事业服务

【概况】 2017年，全市城市公用事业服务工作以重点促全局、以改进促发展、以机制促落实，强力推动各项工作，供暖实现转型升级，供水优质平稳。全市供热面积达588.9万平方米，较2016年增长4%；实现暖费收入523.4万元，增长3%；累计售水874.3万立方米，水费收缴1568万元，增长14%；供水综合漏失率为13.3%，较2016年下降1.08%；实现工程收入171万元，较2016年减少9%。

【供水基础设施建设】 2017年，实施城乡一体供水基础设施改造一期工程（续建），主要建设内容包括：在大坝水厂新打深井5眼，敷设输水管道1.6千米，新建1700立方米清水池一座，扩建水处理间，改造二级泵房及变配电室；敷设大坝水厂至包兰铁路段新材料基地加压泵站转输管道5.1千米；在新材料基地加压泵站新建1100立方米清水池一座；在立新转盘新加坡加压泵站新建800立方米清水池一座；改造农饮管道38.8千米，新打深井1眼。通过实施供水改扩建工程，全市日供水能力达到6万立方米。

【欧蓓莎商城供暖支管及换热站管道施工建设】 2017年，敷设DN250直埋保温管1496米，安装DN250焊接球阀4个、DN250波纹补偿器8个，挖填沟槽2378立方米，固定支墩7个，新建检查井5座，建设换热站2座，安装换热站设备、工艺管道及自动化设备2套。工程概算投资388.83万元。

【车管所、检测中心供暖工程建设】 2017年，敷设DN200直埋保温管708米，安装DN200焊接球阀2个、DN200波纹补偿器10个，挖填沟槽686立方米，新建检查井7座，固定支墩7个，拆除及恢复混凝土、方砖路面216平方米，安装换热站设备、工艺管道及自动化设备1套。工程概算投资128.38万元。

【看守所、气调库供暖外网建设】 2017年，敷设DN125—DN150直埋保温管1238米，安装DN150焊接球阀2个、DN125—DN150波纹补偿器8个，安装DN80采暖入口装置4套，挖填沟槽980立方米，固定支墩6个，新建检查井5座，拆除及恢复混凝土路面120平方米，布设过路顶管24米。工程概算投资60.57万元。

【二手车交易市场接暖工程建设】 2017年，敷设DN150—DN200直

2017年4月14日，青铜峡市热电联产项目建设总结表彰暨2017年农村环境治理动员会召开　　（市公用事业服务中心　马玥提供）

埋保温管465米，安装DN150焊接球阀2个，挖填沟槽48立方米，新建检查井1座，拆除及恢复混凝土路面66平方米，安装换热站设备、工艺管道及自动化设备1套。工程概算投资98.46万元。

【中西医结合医院接暖工程建设】 2017年，敷设DN125直埋保温管146米，安装DN125采暖入口装置5套，挖填沟槽158立方米，新建检查井4座，拆除及恢复方砖路面486平方米。工程概算投资10.58万元。

【吉龙宾馆接暖工程建设】 2017年，敷设DN80直埋保温管65米，安装DN80采暖入口装置1套，挖填沟槽158立方米，新建检查井1座。工程概算投资2.45万元。

【张岗村办公楼接暖工程建设】 2017年，敷设DN65直埋保温管549米，安装DN65焊接球阀2个、DN65采暖入口装置3套，挖填沟槽266立方米，新建检查井2座。工程概算投资12.04万元。

【嘉宝工业园区供暖工程建设】 2017年，敷设DN65—DN200直埋保温管1836米，安装DN150—DN200焊接球阀4个、DN150波纹补偿器2个、DN65—DN125采暖入口装置10套，挖填沟槽2259立方米，新建检查井16座，拆除及恢复混凝土、方砖路面218平方米，安装换热站设备、工艺管道及自动化设备1套。工程概算投资175.04万元。

【金科达等企业供暖工程建设】 2017年，敷设DN65—DN200直埋保温管699米，安装DN150—DN200焊接球阀4个、DN65—DN125采暖入口装置6套，挖填沟槽726立方米，新建检查井6座，建设换热站1座，安装换热站设备、工艺管道及自动化设备1套。工程概算投资132.17万元。

【小坝村3组及老109国道西侧商住户供暖工程建设】 2017年，敷设DN65—DN250直埋保温管1864米，安装DN150—DN250焊接球阀6个、DN250波纹补偿器2个、DN80采暖入口装置10套，挖填沟槽940立方米，新建检查井13座，拆除及恢复混凝土、方砖路面1028平方米，建设换热站1座，安装换热站设备、工艺管道及自动化设备1套。工程概算投资206.35万元。

【王海涛汽修中心供暖工程建设】 2017年，敷设DN100直埋保温管500米，安装DN100焊接球阀2个、DN100采暖入口装置1套，挖填沟槽330立方米，新建检查井2座，拆除及恢复混凝土、方砖路面275平方米。工程概算投资18.28万元。

【供水管理】 2017年，利用自治区水利厅农村饮水安全项目资金，成立水质检测中心，每天对小坝、大坝、青铜峡镇3个水厂以及农饮水样22项水质指标进行全面监测，严格控制铁、锰离子，管网末梢压力大于0.2兆帕，出厂水总硬度低于每升260毫克，水质达到高品质饮用水卫生标准。加强水源地建设、维修和保护，保证水源充沛及安全。按照操作规程做好滤池、软化设备及二级泵操控，确保水质合格、水压达标。强化生产调度、管网巡线和抢修维护，充实抢修队伍，增置抢修设备，供水突发事故处置及时率达到100%。全年解决自来水爆管漏水事故100起，城乡供水质量优质平稳，未发生大面积停水停暖事故。

【供暖管理】 2017年，完善中控室监控管理功能，实行24小时在线监控。同时，加强收费员登记收费及维修工温控阀、流量阀调控技能培训，合理调整用户系统供热温度。加强与大坝发电有限责任公司合作联系，确保热点供热系统稳定运行。全年热电供热系统平稳运行150天，居民室内温度较往年提高2℃~3℃。

【业务整合】 2017年，对内部机

构进行撤并重组，将原来暖费收费所、小坝供水营业所业务合并，按区域划分成立民生、嘉宝水暖收费所。将农饮工作从安监科和各水厂双重管理中分离出来，成立小坝农饮收费所，统一管理小坝地区各农饮站供水、服务及收费工作，大坝、青铜峡镇水厂统一管理各自区域农饮工作。成立信息管理部，全力打造各项任务信息化管理平台。成立"三供一业"移交办公室，全面负责各大企业供水供暖移交与接受工作。将水质检测工作从小坝水厂分离出来，成立水质检测中心，负责全市水质监测和检查工作。

【服务创新】 2017年，建立覆盖全市网络化服务信息管理平台，准确掌握维修及时率、用户满意率等各项数据指标，形成纵向到底、横向到边供热服务网络。同时，创新水费收费模式，增加第三方支付平台，推出银企通、支付宝、微信支付等网络缴费方法，确保用户交纳水费方便快捷。

【规范服务】 2017年，开展优质服务活动，安排值班人员24小时接听用户报修电话，协调维修人员24小时随时解决用户突发用暖事故。建立健全监督制约机制，对用户服务质量进行跟踪核实，对违反服务规范责任人及时通报处理。同时，开展用户"大回访"活动，回访用户8000户，解决群众用水用暖热点难点问题70个，确保"服务群众最后一公里"畅通无阻。

【信访接待处理】 2017年，坚持做到群众来访必接、有问必答。对上级部门转发群众来信，仔细核实，认真答复。全年答复上级部门转办信件4个，接待来访用户200人。

（铁　彬）

城乡供电

【概况】 2017年，青铜峡供电公司售电量累计完成60.67亿千瓦时，比2016年增长2.59%；电费回收累计24.87亿元，比2016年增长3.59%；配网综合线损率累计完成6.25%；台区线损合理率完成89.62%，综合采集成功率99.85%，营配贯通一致率99.99%，三项指标均位列吴忠排名第一。累计受理业扩报装4485户、容量133512.4千伏安，报装接电率100%，开通远程缴费用户1.41万户。截至2017年12月31日，安全运行6427天，全年实现3个安全生产100天。城市供电可靠率累计完成99.96%，同比降低0.008个百分点。农网供电可靠率累计完成99.896%，同比降低0.016个百分点。电网综合供电电压合格率累计完成99.97%，同比降低0.01个百分点。青铜峡"盛家墩变10千伏配出工程"被宁夏电力公司评为年度优质工程。6项成果荣获国家实用新型专利，3项成果获自治区级以上奖励。其中，1项获宁夏公司2017年运检业务职工创新实践活动大赛二等奖，1项获第十七届"海洋王杯"QC成果发表赛一等奖，1项获宁夏电力行业QC成果发布二等奖。2017年3月，公司营业班获宁夏回族自治区"青年文明号"称号。

【安全管理】 2017年，坚持"安全第一、预防为主、综合治理"方针，结合开展"双创双树"活动，以"春秋季安全大检查""两排查一整治""迎峰度夏""迎峰度冬""防洪防汛""电气防火灾"及"隐患排查治理"等专项活动为主线，以提升安全基础管理为目标，通过会议培训、相互讨论、现场检查、微信群审核等方式，狠抓现场安全，全年督查作业现场251次，查出各类安全隐患5400处，治理3413

处，分析上报质量事件13篇。截至12月31日，未发生电网、人身、设备、信息、交通、火灾、恶性误操作等各类事故，公司实现长周期安全生产6427天。

【生产运维管理】 实行城网运、检分离管理模式，清晰生产班组界面，提升管理成效，开展线路巡视624条/次，执行计划检修167项，治理缺陷1245项，清理鸟巢等异物2300余处；开展两排查一整治、电气防火灾、电缆通道设备隐患排查及评估等专项工作，排查电缆通道14条，完成电缆线路及设备超声波局放、暂态地电波带电检测74台212处，完成电缆震荡波和介损试验6条、配电设备重点部位红外测温1700处次。推进城区配电自动化调试、10千伏线路配调推图、PMS系统图数治理等专项工作。履行服务党和国家大局、经济社会发展宗旨，完成党的十九大召开、高考、黄河楼拜水盛典等重大活动保电27次。全年电网设备运行稳定，运维成效显著提升，截至2017年10月31日，线路跳闸、接地事件同比下降14.4%。

【电网建设】 2017年，完成年度配电网规划调整修编，储备2018年城农网项目29项，计划投资4200万元。完善工程管理体系，规范业主、监理、施工项目部，首次建立施工驻点，推进2017年各类项目实施。年内，计划实施6个批次32项工程2748.72万元投资项目，除下半年下达的城网项目正在等待初设批复、成本项目等待物资供货暂未开工以外，其余4个批次19项均开工建设并完工送审。全年新投运10千伏线路4条、线路长度33.25公里，改造10千伏线路82.54公里，新增变压器10台、总容量1200千伏安。其中，盛家墩变10千伏配出工程施工建成投运解决沿山公路周边工矿企业及农村居民用电增长需求，负载率达到50%以上，被宁夏电力公司评为2017年度吴忠地区2项配电网优质工程之一，并被推荐申报国网2017年度农网百佳工程。

【营销服务】 2017年，夯实营销基础管理，强化电费回收责任落实，同期线损和营销基础管理完成情况良好。开展信息化、智能化"互联网+电力营销"，实现互联网服务功能，低压非居民用户业扩线上办理率、高压客户业扩线上办理率均为100%。开通远程缴费1.41万户，电e宝推广高压用户完成购电金额720万元。同时，按照电力体制改革要求，配合吴忠公司营销部推进电能替代工作，力推自备电厂"停转公"，宁夏金昱元化工集团有限公司自备电厂实现替代电量1.72亿千瓦时。

【农电管理】 2017年，推进"全能型"供电建设工作，加强和完善"末端融合、网格化管理"。其中，大坝、城郊供电所率先完成试点工作，得到宁夏、吴忠公司认可。强化星级供电所创建工作，针对基础管理、安全生产、营销管理、供电所服务、队伍建设五项专业管理制定实施方案。陈袁滩、大坝、城郊星级供电所创建通过区公司验收，大坝供电所考评综合得分排名全区第二，被吴忠公司推荐申报国网五星级供电所等待验收。

【台区线损管理】 2017年，编制《青铜峡市供电公司台区线损管理考核办法》，以月为周期，落实计量班、电费班、营业班和供电所人员责任，提升台区线损合理率指标，0～10%台区合格率从年初72.85%提升至88.35%，提升15.5个百分点。

【微课堂】 2017年，开展"互联网+营销远程缴费业务"微课堂，在宁夏公司第六届"供电服务之星"暨营销专业"班组微讲堂"劳动竞赛中，获一等奖，并代表宁夏公司参加国网公司"班组微讲堂"劳动竞赛决赛，获优秀主讲人荣誉称号。

（林　有）

住房公积金管理

【概况】 2017年，全年实缴存住房公积金单位284个，实缴存人数16833人。当年归集住房公积金23781.83万元，比2016年增长3.09%。累计归集住房公积金216295.13万元，归集余额86282.77万元。当年提取住房公积金20265.71万元，比2016年增长13.22%，占当年归集总额的85.22%。累计提取使用住房公积金130212.83万元。当年向全市328户职工家庭发放住房贷款8201.30万元，比2016年增长23.03%，占当年归集总额的34.49%，个贷率为39.73%。累计为12334户职工家庭发放住房贷款115397.30万元，贷款余额34201.52万元。

【风险防控】 2017年，落实管委会决策、管理中心运作、银行专户存储、财政监督管理，坚持重大事项报吴忠市住房公积金管理中心行政会审议，不断完善归集、提取、信贷、储蓄、账户机制，确保基金运行安全。进一步强化事前、事中监督，加强贷后跟踪监管，按月分析个人贷款情况，通过健全完善"黑名单"制度、风险管控预警机制和统计月报制度，有效降低贷款逾期违约率。至年底，贷款连续多年实现零逾期。

【归集扩面】 2017年，以清理、纠正"少缴、漏缴、不按月缴、停缴"等突出问题整治为重点，规范日常缴存行为，防止个别缴存单位挤占截留住房公积金现象发生，及时足额将公积金归集到位。根据国家住房城乡建设部等四部门关于规范和阶段性适当降低住房公积金缴存比例通知要求和吴忠市《关于规范和阶段性适当降低住房公积金缴存比例的暂行办法》，检查审核全市住房公积金缴存工作，确保"控高保低"政策落到实处。2017年，新增开户37人，新增缴存单位11个、缴存职工225人。

【贷款管理】 2017年，出台多项惠民政策，发展住房公积金个人贷款业务，扩大住房公积金贷款范围。缩短贷款期限、实行全国通贷、放宽父母子女之间使用范围和条件，取消商业贷款对住房公积金贷款限制，用活用足住房公积金，满足住房消费需求。加大按揭贷款力度，加强各开发楼盘实地调研，对房地产开发企业的每个按揭楼盘的"五证一书"进行认真审查、备案，签订商品住宅房按揭协议。2017年，发放住房公积金贷款328户、金额8201.3万元。其中，本地缴存异地购房申请贷款72笔2900万元，占当年发放贷款的36.25%；本地购房申请贷款261笔5301.3万元，占当年发放贷款的63.75%。当年平均每笔放贷量为24万元，个贷率为39.64%。

【提取管理】 2017年，按照吴忠市住房公积金管理中心提取相关规定政策，严把提取审批关口，做到"四个核对"，严防骗取套取住房公积金等现象发生。落实租房、偿还商业贷款、延长购房提取年限、放宽直系亲属之间使用条件等优惠政策，最大限度用于住房消费提取，实现"应取尽取"。2017年，办理各类提取业务资金20265.71万元，占当年归集额的85.22%，与2016年提取金额同比增长13.22%。

【窗口服务】 2017年，坚持"六公开一监督"管理，优化业务办理流程，在服务大厅制作业务流程图，设立征求意见箱、服务监督台、查询机和叫号机，悬挂温馨提示，利用LED电子屏滚动宣传政策流程、办理时限等，方便群众办理业务。推行贷款受理"零"填单和网银划拨业务，提供多方面人性化和智能化服务，打造服务受理“零推诿”、服务方式“零距离”、服务事项“零积压”、服务质量“零差错”、服务结果“零投诉”的“五零”服务品牌。

（朱玉明）

市政管理

【概况】 青铜峡市市政管理服务中心是隶属青铜峡市住建局管理事业单位，承担着城市（一城两区）环境卫生238.5万平方米清扫保洁、生活垃圾收集转运、城市排水和公厕管理、路灯亮化服务、全市城乡垃圾无害化处理及生活垃圾处理费收缴等工作职能。2017年，围绕健全城乡环卫长效管理机制、打造宜居宜业生态环境目标，把探索城乡环卫一体化作为统筹城乡发展、持续改善民生重要载体，强化要素保障，创新管理方式，健全长效机制，建立“统一收集、统一清运、统一处理”生活垃圾清运体系，实现城乡环卫保洁工作全方位覆盖、无缝隙对接、一体化管理。

【街道卫生保洁】 2017年，在市区中心街区推行“机扫、普扫、保洁、果皮箱清理、流动垃圾收集、管理人员巡回检查”街道清保作业“六合一”管理模式，以点线面为单位分配任务，网格式作业，明确标示，一扫多保，全天候保洁，实现市区卫生深度清洁、精细化管理，提高环卫保洁质量。

【城区生活垃圾清理】 2017年，采取垃圾压缩车和电动流动收集车联合作业，按照公交化流动收集方式，将城区22条主要街道划分为9条公交化收集线路，设置176个公交站点式垃圾收集点，使用垃圾压缩车实行循环收集；安排20部电动垃圾收集车按照环卫队辖区分片，对商户门店遗漏垃圾和果皮箱实行循环流动收运，形成机动车与人力车垃圾收集全方位覆盖，实现垃圾日产日清。

【垃圾无害化处理】 2017年，全面落实垃圾无害化处理工作标准，实行垃圾处理目标责任制管理，从分层分区填埋到垃圾渗滤液回收，做到车辆出入有登记、垃圾填埋有记录、作业责任有签名，确保垃圾无害化处理措施落实到位，城乡生活垃圾处理率达到92.5%以上。

【城市亮化】 2017年，狠抓亮灯率、完好率、启闭准时率三项指标，对全市9033基120807盏路灯通过远程控制系统实施路灯智能化管理，及时调整启闭时间，根据人流需求调整亮灯时间，满足夜间照明和群众出行。同时，加强路灯巡检维修，对故障实行限时处理机制，确保全市路灯亮灯率达到98%以上。

【市政设施维护】 2017年，落实直管公厕免费开放惠民措施，确保公厕星级化服务标准不降低。加强城市排水管网、公用箱点、转运站等设施检查，确保运行良好安全稳妥，全年设施完好率达到98%以上。定期保养，经常性对果皮箱等设施进行擦洗保养，做到常用常新，确保市政设施整洁美观。全年疏通雨水篦子211处，维修下水井、雨水篦子120个，疏通化粪池24座，维修果皮箱117个、公共垃圾站点24处。

【安全管理】 2017年，严格落实安全管理“一岗双责”有关规定，层层签订安全目标责任书。坚持每月1次安全排查制度，实行隐患整改销账式管理、安全奖惩一票否决制，使安全管理形成常态趋势，有效杜绝各类安全事故发生。

【农村环境卫生管理】 2017年，建立市、镇、村、组“四位一体”环境卫生管理机制，推行“组保洁、村收集、镇转运、市处理”农村环境清洁作业模式，统一管理镇级垃圾压缩转运站、调配环卫专用车辆、处理农村垃圾，杜绝农村垃圾随意倾倒污染环境、环卫设施闲置资源浪费问题，提高农村环卫设施使用效率。

（葛冬玲）

交通运输

【概况】 2017年，全市交通运输工作坚持公路建设、养护管理和运输服务并重，着力增强交通客货运输保障能力，加快发展现代交通运输业，为全市经济社会快速发展提供安全、畅通、便捷、绿色交通运输保障。青铜峡市被命名为全区首批“四好农村公路”示范县。青铜峡市运输集团公司党支部被评为全区非公企业“双强六好”党组织、全区挂牌评星活动先进集体。包作军被交通运输部授予全国交通运输行业精神文明建设先进工作者荣誉称号，徐永宏被推荐为吴忠市党代表，董建云被自治区交通厅评为“最美养路工”。

【公路建设】 2017年，投资58962万元，实施鸿（乐府）牛（首山）公路延伸段、任（桥）三（星塘）公路延伸段、大沟村二附设渠路、银光村9组路、蒯桥村1组至新林村路、邵岗镇二旗村2组路、甘玉路、同兴村扶贫园区道路等18条94.3公里道路建设工程，完工16条。投资95万元，改造危涵29道。投资3.17亿元，抓好青铜峡市至银川市正源街快速通道项目、省道201线至煤炭园区道路等重点项目建设。配合自治区交通厅实施3个投资建设项目，即叶盛公路黄河大桥续建项目，完成投资6562万元；京藏高速青铜峡段改扩建项目，完成投资50000万元；110改建项目，完成投资28900万元。

【意见建议提案办理】 2017年，承办吴忠市人大五届一次会议代表建议、青铜峡市人大十五届一次会议代表建议及市政协十一届一次会议委员提案共计11件。其中，吴忠市人大代表建议4件，市人大代表建议2件，市政协委员提案5件，全部办理完毕。

【两大任务】 2017年，市政府下达上争项目资金任务17000万元、招商引资任务3000万元。实际完成上争资金70935万元、招商引资3000万元，分别占目标任务的417%和100%。上争资金中：叶盛黄河大桥5660万元、农村公路建设资金2275万元、京藏高速37100万元，110国道改造工程25900万元。

【道路运输保障】 2017年，加强组织协调，制定详实方案，周密安排落实，完成重点时期各项运输任务。其中，40天春运期间，投入运力230辆，日均发班289班次，累计输送旅客近30万人次；牛首山庙会期间，抽调两家客运企业80辆客车，3天共计发班240个，运送旅客7000人；圆满完成“吴忠国际马拉松赛”运输保障工作。

【优化城市公交布局】 2017年，深入各镇、社区、工业园区和运输企业开展公交服务能力调研，根据城区空间和高低峰出行需求对城区公交运行线路、班次进行合理调整，采取车辆循环经营、发班疏密有致、政府视情补助方式，降本增效，满足居民出行需求。

【农村客运转型】 2017年，针对农村客运下滑趋势，引导运输企业、业户树立运力小型化、服务便捷化经营理念，提升服务质量，灵

2017 年 7 月 10 日，青铜峡市举办交通运输行业安全知识竞赛
（市交通运输局　李瑞琼提供）

活开通接驳运输，发行赶集班、学生班、固定班、预约班等，稳定市场、化解矛盾，适应农村客运变化，解决偏远地区群众出行。

【智慧交通建设】 2017 年，推进车站互联网网上售票和实名制售票业务，提升行业服务标准。完善运政信息中心功能，对客运、危货运输和重型载货等车辆行驶动态及汽车客运站安全管理、驾驶员培训等重点领域实施网络信息共享，实现行业管理远程化、实时化、专职化，提高执法效能和应急处置能力。组织辖区 2 家出租车公司成立雷锋送考车队，组建蓝丝带“爱心送考车队”，为考生提供安全便捷免费送考服务，传递社会正能量。

【运输市场监督管理】 2017 年，查扣非法营运车辆 42 辆，处理违章案件 101 起，受理转办回复投诉案件 163 件。办理许可普货运输企业 37 家、维修企业（业户）23 家（二类 1 家，三类 22 家），许可个体运输经营业户 335 家，发放道路运输证 814 辆本。年审营运客车 183 辆、出租车 337 辆，审验率均为 100%。审验危货运输车辆 125 辆，危货车辆审验率达到 100%；普通货运车辆 2935 辆，普货车辆审验率达到 81%。同时，推进运输行业服务质量信誉考核，开展“挂牌评星”及“星连心”活动。3 家客运公司被评定为 AAA 级客运公司、1 家出租公司被评定为 AA 级客运公司，另有 3 家危货运输企业、10 家一二类维修企业和 230 家三类维修企业（业户）通过考评。全市评选五星级驾驶员 38 人、四星级驾驶员 82 人、三星级驾驶员 205 人、二星级驾驶员 352 人；诚信驾驶员 4270 人，2914 人次接受驾驶技能再教育。

【公路养管】 2017 年，按照“政府统一领导，交通运输部门、镇（场）分级负责”原则，创新农村公路养管模式，实行分级养管，将市、镇 405.74 公里主干道路按地理位置划分为 6 个片区，内部实施招标承包养护，并将创建“四好农村路”工作纳入年终乡镇考核。全年清扫路面 11.57 万平方公里，整修路肩边坡 983.52 平方公里，疏通桥涵 517 道，增补、维修交通标志 481 块，刷白路树 58442 株等。省道优良路率达到 63.30%，超计划指标 7.2%；县道优良路率达到 65.83%，超计划指标 4.63%；镇道优良路率达到 48.32%，超计划指标 0.52%；村道优良路率达到 31.88%，超计划指标 0.18%；专用道路优良路率达到 100%。

【路面病害处治】 2017 年，按照《公路养护技术规范》要求，投资 14.9 万元，灌缝修补滨河大道、石中高速连接线 28.5 公里 178981 延米路面纵横裂缝；投资 32 万元，修补路面破损 2266 平方米；投资 96.4 万元，改建镇村道路危涵 30 道。

【公路绿化管护】 2017 年，投入

121.96万元，开展农村公路路域环境整治及养护保洁工作。其中，6个承包养护片区投入76.14万元，各镇道路站投入45.83万元。投资20.1万元，用于滨河大道、治超检查站绿化林带管护、补载、浇水，庙山湖绿化责任区树木管护、浇水等。

【路权维护】 2017年，加强路政宣传工作，出动路政宣传车27次，发放宣传材料7000份，悬挂宣传横幅10条。开展路巡路查，清理路障、堆积物等，清除堆积物264起18304平方米，清理摆摊设点158起5370平方米、打场晒粮99起17510平方米。办理路政许可7起，处理赔(补)偿案件15起，依法收取公路路政规费34万元，路政案件查处率、结案率、收费率均达到100%。

【公路治超】 2017年，投资128万元，在全市农村公路重要出入口及节点位置设置限高、限宽龙门架35个，设置监控设备2处。年内查处车辆7200辆，处罚超限车辆98辆，卸载530吨，处罚掉落、遗洒、飘散车辆35辆。

【运输安全监管】 2017年，履行"三关一监督"管理职责，集中开展打非专项行动、交通运输安全生产大检查大整治行动等安全生产整治活动，组织运管执法人员深入辖区车站、市医院、商城、移民村等客流量比较集中区域，采取不定点不定时巡查、电话预约录音、跟踪拍摄违法事实等方式集中查处非法营运车辆。加强客运汽车站源头管理，严格落实"三不进站、六不出站"制度，坚决杜绝危险物品进站、上车。以危险货物罐车为重点，开展危货运输车辆专项整治，检查危货车辆紧急切断阀配备及使用、车辆安全设施、人员资质、GPS监控等情况，遏制重大道路交通事故发生。落实县、乡两级安全管理责任制和第一安全责任人制度，与沿河4个镇、5家有船单位签定水上交通安全管理目标责任书。年内，组织运输企业自查226次，出动运政执法人员756人次，检查企业42次、重点运输企业151家次，排查客车2900辆、危货运输车870辆、出租车3033辆，开展从业人员安全教育培训24场、安全宣传活动4次；会同相关部门开展联合执法4次，出动执法人员50人次、执法车辆15车次，检查车辆742车次，查处各类违法违章92起，其中查处私家车非法经营39辆、出租车违规经营11起，查处违规从事危险货物运输车辆1辆、货车检测超期29辆(普货)、危货罐车检测超期12辆，查出一般隐患及问题48条，责令现场立即整改36条，限期整改12条，下达整改通知书19份。开展水上交通安全"打非治违"活动，进行水运企业安全检查92次，现场纠正违章17次，发现安全隐患限期整改7项，现场整改8项。拨付道路工程安全生产费用6万元，确保农村公路建设安全施工。

（毛万祥　李瑞琼）

邮政快递

【概况】 2017年，青铜峡市邮政分公司坚持以效益为中心，以市场为导向，发挥专业联动，拓展营销市场，不断提升企业运行质量和效益。全年实现营业收入977.09万元，完成市分公司下达计划1319万元的74.08%，较2016年同期840.96万元净增加133.13万元，同比增长16.19%。

【专业收入】 2017年，代理金融业务收入完成397.01万元，较

2016年同期367.82万元，增长7.94%，完成年预算543万元的73.11%。其中,储蓄完成323.69万元;保险完成72.89万元;汇兑完成0.43万元;函件业务完成31.48万元,较2016年同期32.18万元,增长-2.18%,完成年计划任务51万元的61.73%；集邮业务收入完成113.24万元，较2016年同期131.48万元,增长-13.87%,完成年计划任务149万元的76%;报刊业务收入完成79.42万元,较2016年同期70.33万元，增长12.92%,完成年计划任务94万元的84.49%；包裹快递业务收入完成133.5万元，较2016年同期106.25万元,增长25.65%,完成年计划任务268万元的49.81%;电商业务收入完成83.17万元,较2016年同期50.88万元，增长63.46%,完成年计划任务86万元的96.71%;分销配送业务收入完成95.40万元,较2016年同期39.08万元,增长144.11%,完成年计划任务80万元的119.25%；其他收入完成43.09万元，较2016年同期42.26万元,增长1.96%,完成年计划任务46.5万元的92.67%。

【代理金融业务】 2017年，完成金融业务收入397.01万元，完成年收入计划的73.11%。其中,储蓄收入完成323.69万元，完成全年计划的70%;保险收入完成72.89万元,完成全年计划的91.11%;汇兑收入完成0.43万元，完成全年计划的71.67%。截至10月31日，分公司储蓄余额达到2.16亿元，年净增1216.67万元;保险费收入达到3085万元，其中趸交2884.89万元、期缴200.1万元;理财保有量9548万元，较2016年下降403.6万元。1月,开展保险开门红比赛，组织后台人员到各网点组织流水作业，提前蓄客做好准备工作,4天时间完成保费2759万元。。元宵节、情人节、母亲节、“六一”儿童节等节假日开展专题营销活动,活动期间揽储186万元,保险期缴5.3万元,收集客户信息447户，销售邮品4218元,分销其他产品3022元、刮刮卡821张。开展网点联系社区和乡镇活动，邀约社区客户及乡村拆迁户金融产品介绍和游戏活动,争取客户认可支持。8月,组织开展“邮爱进社区,共创文明城”暨青铜峡市“邮政杯”广场舞大赛。31个团队、695人报名参赛。9月9日复赛,5个团队进入吴忠决赛。经6天13场海选,收集客户信息968户,销售刮刮卡405张。开展2017—2018跨年度营销活动,新增邮支付客户178户、手机银行客户323户。意向出租车邮支付团办客户240户。邵岗营业所通过走访、展业揽收秋收粮款200万元，收集客户信息160户，联系科泰公司和冠丰公司发放种子款550万元，代发土地流转项目款260万元，落实政府粮食补贴款1700户新开户工作。文化街营业所联系蒋东村蔬菜大棚项目种植大户，挖转特色资金150万元。全年分公司手机银行新增1688户,邮支付新增178户。

【精细化管理】 2017年，加强营销队伍管理,通过定岗定编,优化营销队伍、网点人力资源配置,采集营业、投递、网运等各个环节基础数据，调整投递及网运作业组织。实施《网点效能提升方案》,重新核定网点人员，对具有较大发展潜力的农村网点邵岗所配置渠道经理,对金融业务发展缓慢、效果不佳的大坝电厂所停止办理金融业务。完善绩效考核办法,健全员工收入增长机制,支撑部门、金融网点、揽投员分别考核,奖励政策向一线员工倾斜。加强员工培训,组织员工参加反假币、理财资格、职业技能鉴定等考试。对4个金融网点负责人进行调整、组织任职考核,打通员工竞升渠道。年内,通过公开招聘、笔试、面试等程序,招聘员工14名。

【包裹快递业务】 2017年，优化整合包裹快递业务，开展“抓客户、促增长”劳动竞赛,开发协议客户、政务类客户,抓好青铜峡铝厂、大坝电厂、驻青部队等大客户维系，确保窗口主阵地寄递量不减。优化投递业务服务，要求投递人员做到投递“四个一”(一个电话、一张名片、一句话，一张照片)、出班“六必带”，每人建立一个微信客户服务群。年内，紧抓军人退伍时机，集中揽收退伍转业军人快包 1926 件，实现收入 8.57 万元；对叶盛米业进行上门营销，10 天时间收寄 5982 件，实现收入 3.3 万元；联系创客，收寄 6121 件，实现收入 3 万元。加强揽投渠道和自提点建设，累计建设邮件自提点 54 家，7 家快递公司叠加邮政便民业务，设立盘驳员 2 名。

【服务平台建设】 2017 年，全市累计建设有效便民服务站 16 处，邮乐小店转发注册安装 472 户，发生订单 463 笔，在每个金融网点周边建设示范网点 1 家。

【代理车险、短信国税双代业务】 2017 年，完成代理车险保费收入 13.77 万元、短信业务收入 24 万元。国税“双代”业务累计代征税款 11408 笔、金额 1249.87 万元，实现收入 50 万元。

【分销业务】 2017 年“福至新春”营销活动期间，对进口食品、脐橙、酒水、面点、瓜子等产品进行组合营销，成功开发大坝电厂年底福利采购，实现销售收入 54 万元。组织开展 2017 年“家乡粽”营销工作，实现销售收入 8.6 万元。组织网点、渠道经理、代理商参加分销订货会，实现酒水等销售收入 12 万元、“思乡月饼” 销售收入 20.8 万元。

【集邮业务】 2017 年，开展集邮文化季活动，以生肖文化季、节目营销、邮票首发仪式、品鉴会等活动为主线，打好首发、重大节日纪念和金融活动组合营销拳，实现销售收入 113.24 万元。

【报刊业务】 2017 年，抓好收订渠道建设和校园报刊投递业务发展，市政府开展“全民阅读”活动，开展图书进社区进部队活动，抓好网点日常补订及外训部队续订工作，推广微信订阅，实现业务收入 79.42 万元。其中，与市民政局合作开发农村儿童书屋项目，实现收入 4 万元，成为全区首单小微图书开发项目。

【函件传媒业务】 2017 年，开展厅堂活动和销售刮刮卡活动，开发“商函闹新春”、公积金账单等项目，组织企业和市直部门参加腾邮峰会，同时对其他重点行业客户和商户进行走访宣传发展新媒体业务，开展广场舞大赛招商，执行职工奖励政策推动旅游联票销售，全年实现销售收入 31.48 万元。

【内控管理】 2017 年，开展“平安邮政”“安全生产月”“信息网安全运行竞赛”活动，落实“金融从业人员十条禁令”“金融合规经营回头看”“人员岗位轮换及行为排查工作”等工作，强化风险管控，确保资金安全。加强两大窗口检查力度，抓好制度落实，夯实基础管理，促进企业合规经营。用户投诉、总包邮件丢失损毁率、机要邮件管理、时限管理、网上清单及时准确率、账单妥投率及回执率等重点考核指标达到考核要求，各网点及空白乡镇邮政所运行正常。

（王　莉）

生态环境与监测

编辑◎乔才山

环境保护

【概况】 2017年，全市环境保护工作贯彻落实全国、自治区、吴忠市环保工作各项决策部署，以改善环境质量为核心，以强化执法监管为抓手，深入开展大气、水、土壤污染防治，扎实推进“蓝天碧水·绿色城乡”专项行动，全市环境综合质量不断提升。1—12月份，黄河干流青铜峡段水体水质总体保持稳定，叶盛公路大桥断面出水水质为二类优质水质；小坝饮用水水源地水质符合《地下水质量标准》Ⅲ类水质标准值，与2016年相比保持稳定；城市环境空气质量应监测天数365天，有效监测天数342天，优良天数291天，空气质量优良率为85%。

【执法监管】 2017年，出动环境监察人员860人次，检查企业500家次，发现环境问题146个。其中，立案查处环境违法企业32家次，行政处罚230万元，责令改正环境违法企业56家，移交司法机关案件3起，行政拘留企业法人代表3人；对2家违法排污企业机器设备实施查封扣押。加大贺兰山东麓葡萄种植基地保护区范围环境保护力度，要求葡萄酒庄按期完成环境治理任务。完成环境监察移动执法系统建设，实现执法工作流程的程序化和规范化。

【绿盾“2017”专项行动】 2017年，根据环境保护部等7部委《关于联合开展“绿盾2017”国家级自然保护区监督检查专项行动的通知》和自治区环保厅《关于开展全区自治区级自然保护区遥感监测实地核查和问题查处工作的函》要求，按照“全覆盖、零容忍、明责任、严执法、重实效”要求，聘请专业技术人员与市直相关部门配合，成立3个外业组、1个内业组，精准核查、科学建档、依法整治、不留死角、不留隐患，完成库区自然保护区447处人类活动点位的实地核查、建档立卡和宣传告知工作，对不符合《中华人民共加国自然保护区条例》规定企业，一律予以关停、取缔。青铜峡库区自然保护区共有人类活动点447处，实地核查确认青铜峡境内285处、中宁县境内139处、渠口农场境内23处。分析各点位人类活动情况，青铜峡境内需要清理整治点位35处、中宁县境内65处、渠口农场境内19处；经核查无问题点位269处；与中宁、渠口加强协管有望自然消除点位59处。按照属地划分清理整治原则，青铜峡、中宁、渠口分别承担各自行政区划内人类活动点位清理整治任务。年内，青铜峡市清理整治完成26处点位，关停采石场2处，完成保护区边界校准工作。

【排污申报和排污费征收】 2017年，按照《排污费征收使用管理条例》要求，做好排污申报登记与核定工作，全年受理排污申报企业42家，审核发放排污许可证20家，征收排污费525万元。

【环境信访案件办理】 2017年，拓宽环境信访投拆举报渠道，确保“12369”投拆举报电话24小时畅通。规范信访接待办理程序，接到群众环境信访投诉，及时安排环境监察人员赶赴现场调查处理，并将处理情况答复信访人。全年办理大代表、政协委员提案议案2件，受理群众来信来访及污染纠纷128起，处理率100%。

【环境影响评价】 2017年，严格执行环保法律法规及产业政策，切实规范操作程序，对在建项目环评审批做到不违规、不越级、不降低等级。全年受理建设项目151个，审批143个（其中2个报告书、60个报告表、81个登记表），因选址不合理不予审批项目8个，环评执行率100%。

【环保督察反馈意见整改落实】 2017年，制发《青铜峡市市级领导同志包抓重点环保问题工作方案》《关于新材料产业基地及周边区域环境整治工作方案》等，建立领导牵头包抓环境突出问题机制，落实责任主体，实行项目管理、台账推进、挂账销号，定期开展中央环保督察反馈问题整改工作“回头看”，督促企业按整治要求进行整改。年内下发督查通报22期，下达环境违法行为整改通知书42份，责令停产整顿企业24家，关停1家，限期整改餐饮企业16家，实施行政罚款87万元。中央环境保护督察组进驻宁夏期间交办的32件群众举报环境问题全部办结，中央环保督察反馈的6个问题整改完毕。

【大气污染防治】 2017年，严格落实国家“大气十条”、自治区大气污染专项整治和吴忠市大气染防治行动计划要求，控制大气污染物排放增量，综合治理大气污染，推进煤尘、烟尘、扬尘、汽尘“四尘”同治。年内，会同相关部门依法取缔小木炭窑2处32门，淘汰燃煤锅炉85台；实施推进燃煤电厂超低排放改造项目，宁夏大唐国际大坝发电有限责任公司6#机组、宁夏华能大坝发电有限责任公司1#、2#机组超低排放改造项目建设完成投入运行，青铜峡水泥集团股份有限公司2#生产线除尘改造、3#生产线完成脱硝改造工程；加大矿山扬尘污染治理力度，采取联合执法形式，监督矿山企业规范开采行为，对11家矿山企业行政处罚37万元，对12家矿山企业下达整改通知书，关停11家整改不到位和矿权到期企业；加强道路扬尘防治，开展道路机械清扫工作，道路机械化清扫率达到60%，购置喷雾车4台、清扫车2台，定期对主干街道进行喷洒和清扫，抑制城市道路扬尘。

【水污染防治】 2017年，全面落实国家“水十条”、自治区水污染专项整治行动和吴忠市水污染防治行动计划，制定下发《青铜峡市取缔直接入河流、湖泊、干渠、排水沟企业直排口工作实施方案》，取缔宁夏金昱元化工集团有限公司、宁夏科进峡光纸业有限公司直接入黄排污口和罗家河沿线5家生活废水入沟、渠排污口，峡口皮草产业园集中污水处理设施项目建设方案编制、拆迁及土地预审等工作按计划有序推进，市第二、第三污水处理厂提标改造项目全部完成，新材料基地污水处理厂、各镇污水处理站提标改造、过境段南干沟沿沟生活污水收集处理工程建设完成并投入运行。定期开展集中式饮用水源及供水水质检测，确保饮用水源安全。

【土壤污染防治】 2017年，贯彻落实国家“土十条”，开展自治区土壤污染专项整治行动，做好土壤污染重点行业企业空间位置遥感核实工作，完成国家圈定青铜峡市47家企业信息核定及空间位置工作，上报青铜峡铝业股份有限公司等4家土壤污染环境重点监管企业名单。强力推进固体废物环境管理，切实加强固体废物收集贮存、转移运输和处理处置各环节监管。

【农村环境治理】 2017年，争取上级部门环保专项资金394万元，为各镇（场）配置258辆电动垃圾清运车辆，提升和完善全市垃圾收转运系统。以美丽乡村建设和精准脱贫村庄环境整治为契机，对各镇已建成污水处理项目设施进行维修、改造和提升完善，确保城乡一体化长效管理机制得到有效落实。在成功创建成自治区级生态县（市）基础上，全力推进国家生态文明建设示范市（县）创建工作，印发《青铜峡市国家生态文明建设示范市（县）创建工作总体实施方案（2016—2020年）》《青铜峡市生态文明建设工作方案》。

【环境质量监测】 2017年，开展环境质量监测和公布工作，完成各季度《环境质量分析季度报告》和2016年《环境状况公报》的编制发布工作。1月，青铜峡市空气质量自动监测站通过自治区环境保护厅验收，做好空气自动站正常运行维护工作，每月对监测结果进行汇总，及时上报至吴忠市环境保护局和自治区环境监测中心站自动监测站管理平台，按月将环境质量状况在市政府门户网上进行公示。开展地表水环境质量监测，配合吴忠市环境监测站对黄河入出境断面、罗家河入黄河口、南干沟入黄河口每月进行1次监测。加强中干沟、惠农渠、蚂蚁沟、团结沟等13个地表水监测点位每月1次监测工作，全年上报监测数据1000个，及时掌握青铜峡市境内地表水排放状况。开展声环境质量监测，对青铜峡市小坝地区区域环境100个网格点和交通噪声监测点进行每日2次昼间监测，对划定的4个功能区每个点位连续实施24小时监测，准确掌握声环境质量。抓好污染源常规监测，组织对青铜峡铝业集团股份有限公司、宁夏金昱元化工集团有限公司、宁夏可可美生物工程有限公司等生产性粉尘、烟尘排污企业进行监测，及时出具监测报告；对宁夏可可美生物工程有限公司、青铜峡市祥云皮草有限公司、宁夏金昱元化工集团有限公司、宁夏东吴农化有限公司等排放废水企业进行每季度1次监测，并对超标企业加大监测频次；对全市工业企业57台锅炉及炉窑进行不定期监测；对11家农村环保污水处理站出水水质进行每季度1次监测，及时将监测报告送达各镇，为乡镇污水处理站管理提供第一手资料；对青铜峡市3个集中污水处理厂进行每月1次监测。全年获得有效监测2000个，为环境监管科学决策提供依据。10月，开展洁净城乡百日专项整治行动，推进压能、减煤、治企、降尘等重点工作，控制污染物排放，改善环境空气质量。第四季度，全市城市环境空气质量应监测天数92天，有效监测天数86天，达标天数（优良天数）为

2017年6月5日，青铜峡市举办世界环境日宣传活动

（市环保局　邓胜兵提供）

75天，达标比例为87%。

【企业扬尘污染治理】 2017年，制订绿色施工标准，加大企业物料堆场扬尘治理，采取棚式等密闭储存或在堆场周边建设防风抑尘网（墙），配套喷淋降尘设施和运输车辆冲洗设备，“关停限”实施企业错峰生产方式，全面落实工业扬尘防控长效管理措施。开展重点行业和大型燃煤供热锅炉污染物排放情况集中检查，立案查处仍然存在超标排放的青铜峡铝业股份有限公司、青铜峡铝业发电有限公司。全年遮盖各类堆场137万平方米。

【建筑工地扬尘污染治理】 2017年7—9月，按照自治区、吴忠市要求，在建筑工地落实“三全”措施，设置施工围挡276处9780米、围墙276处1.2万米，治理工地防尘34处，苫盖工程物料堆199处，实现建筑工地扬尘全防控。同时，运用滤网遮盖裸露地面210万平方米，实施浇水全冻540万平方米。

【道路扬尘污染治理】 2017年，投入1000万元，购置机械化清扫车17辆，城区主干道路全面落实湿式机扫工作，提升道路机械化清扫率，全年出动喷雾降尘车240车次，布雾出水1080立方米；出动洗扫车120车次，洗扫街道220万平方米，清扫道路8000万平方米。加强国、省道路政执法和路面管控，累计检查车辆300辆，处罚15辆。拉运红砂800立方米，对西环路、北环路两侧16万平方米道路浮尘进行覆盖并洒水冰冻。

【矿山扬尘污染治理】 2017年，组织矿山巡查120次，关停全市所有矿山开采和加工企业，遣散作业人员1100人，覆盖各类采场、破碎料6.5万平方米，封闭采区道路及作业面40处，封存作业车辆及装载设备400台，封闭破碎料生产线30台套，关闭粘土烧砖窑炉13个。同时，加大执法处罚力度，下发责令停止违法行为通知书11份，依法查扣违规作业装载机6台，拆除变压器2台，立案查处环境违法案件1件，覆盖防尘网20万平方米，洒水5.6万立方米，冰冻面积2200亩。

【煤场扬尘污染治理】 2017年，建立散煤流通领域质量监控体系和属地管理、分级负责全区域行政管理体系，在煤矿煤场运煤出口安设运煤车辆清洗设施，对外出运煤车辆实施100%冲洗并采用帆布密封。加强煤炭市场监管，全年建立健全煤炭经营户监管档案60户，出动执法人员172人次、执法车辆20台次，检查市场经营主体285户次，依法取缔流动无照经营业户3户，责令986家城市餐饮及烧烤经营业户不得使用高污染烟煤等燃料。投资1100万元，铺设供热管道9.2公里，建成换热站7座，入网面积20.5万平方米。

【工业企业污染治理】 2017年，全面排查无环保处理设施从事有色金属熔炼加工、橡胶及其制品生产、炭素生产、木炭窑、废塑料加工及涉及涂料、油墨、胶黏剂、有机溶剂使用等印刷、家具小型制造加工企业，按照“关停取缔一批、限期搬迁一批、停产整治一批”要求，对不符合国家产业政策、应办理而未办理相关手续或无污染防治设施、不能稳定达标排放、治理无望“散乱污”企业依法采取措施，责令立即停止生产，坚决予以关停取缔。共整治“散乱污”企业91家，关停21家，查处取缔非法塑料粒子加工企业6家，移送公安机关1家。

【秸秆禁烧和综合利用专项行动】 2017年，加大关键时段、重点部位、薄弱环节巡查频次，对城市周边、高速公路、铁路、国省道公路干线两侧等重点区域实行24小时不间断巡查，及时发现并制止焚烧秸秆现象。整合国家、自治区及本市各类项目资金1680万元，对秸秆“收、建、用”三大环节实施补贴。加大沟渠杂草和农村垃圾清理力度，清理杂草13500吨、各类垃圾61520吨，从源头防治次生污染。

【机动车污染防治专项行动】 2017年，停止工程车、渣土车进城通行证办理工作，所有工程车、渣土车一律不得进入城区，物流车辆只允许在夜间规定时间段凭通行证方可进城卸货，全市安装各类限高杆42处、道路封堵69条。采取固定设卡查处和流动巡逻查处相结合方式，严厉查处拉运渣土、砂石、煤碳、散装石料车辆不遮盖篷布、抛洒载运物等违法行为和违规进城现象，一经查出一律按照规定上限处罚。利用公路、街道电子监控设备，及时抓拍违规车辆，依法进行处罚。全年清理违停车辆320辆次，检查各类车辆4800辆次，查处大货车、渣土车、工程车违反禁令标志进入城区236起、查处大货车不遮盖篷布45起、超载178起、改型78起、涉牌涉证4起、其他违法行为981起，行政罚款229200元，完成年度黄标车、老旧车淘汰任务。

【环保宣传】 2017年，加大《中华人民共和国环境保护法》《中华人民共和国大气污染防治法》和《宁夏回族自治区环境保护行动计划》等法律法规宣传力度。“6·5”环境日期间，市长金永灵发表电视讲话，发布2016年度全市环境质量状况公报，制作环境保护工作专题片在市电视台播放。6月5日，在青铜峡市第一中学组织千名学生开展百米长卷描绘环保宏伟蓝图绘画活动，在市第五中学、汉坝小学举办纪念环境日“践行绿色生活·从我做起”主题班会及诗歌朗诵演讲比赛活动，邀请宁夏大学教授为汉坝小学学生举行环保知识讲座，引导青少年学生保护环境从小事做起，从身边做起；在银河广场组织举办纪念“6·5”环境日“绿水青山就是金山银山”大型广场文艺演出活动，来自辖区企业和社会各界人士1000人观看演出；由市政府办公室牵头，协调环保、公安、农牧、水务等部门在古峡广场设立咨询点，发放宣传资料，组织开展“6·5”环境日主题宣传咨询活动。

（邓胜兵）

污水处理

【概况】 市污水处理中心负责第一污水处理厂、中水厂、第二污水处理厂、河东区（第三）污水处理厂运行和管理。2017年，第一污水厂累计处理污水585万吨，实现COD减排1935吨、氨氮减排207吨；中水厂向宁夏大唐国际大坝发电有限责任公司供应中水193万吨，实现COD减排38.5吨、氨氮减排2.35吨；第二污水厂累计处理污水36.5万吨，实现COD减排22吨、氨氮减排13吨；河东区（第三）污水厂累计处理污水116.8万吨，实现COD减排65吨、氨氮减排12吨。

【安全生产】 2017年，落实日常运行、维修作业环节安全防范措施，通过定时巡检排查，清除各种事故隐患。采取“请进来、走出去”方式开展培训，选派人员参加全区污水行业仪表培训会，组织人员到西吉、固原、海原新区污水处理厂参观学习。争取自治区人力资源和社会保障厅专项资金5万元，承办全区水泵系统节能改造新技术高级研修班。开展“安全生产我来谈”活动，强化干部职工的安全意识和责任意识。凡设备购置厂家技术人员到场维修设备，安排人员现场观摩，学习借鉴区内其它同行作业经验，完善内部安全生产制度和落实安全生产操作规程，杜绝安全事故发生，确保污水处理厂和中水厂出水稳定达标。

【项目争取】 2017年，根据国家及自治区资金投向，申报争取到河东区污水处理厂、第二污水处理厂提标改造工程等项目，概算总投资3666万元，上争资金2393万元，其中，中央预算资金1593万元、地方债务资金800万元。

【项目建设】 2017年，成立项目管理办公室，承担河东区污水处理厂、第二污水处理厂提标改造工程等建设任务。建立健全工程管理制度，严格履行工程管理程序，完善安全保障体系，确保工程质量和工程进度。河东区污水处理厂提标改造工程，6月底完成全部建设内容，7月初投入试运行，11月30日通过环保验收。第二污水处理厂提标改造工程完成主体建设任务及部分设备安装。

【城市东区排水管网和提升泵站管护】 2017年，落实每月2次定期巡检制度，在重大节日及下雨等特殊时节由主要领导带队组织生产技术科强化巡查。年内更换破损井圈、井盖26次，疏通清淤18次。

【公共排污设施维修】 2017年，按照住房和城乡建设部《城镇排水管道维护安全技术规程(CJJ6-2009)》，组织人员对防护用具操作进行集中演练，保证全体人员会使用、懂操作。年内，定期、不定期组织对全市排污设施进行大排查20次。在日常公共排污设施维护、维修过程中，为施工单位作业提供有毒有害气体检测，及时维修存在安全隐患公共排污设施，确保施工人员和排污设施维修安全。全年检查排污设施16次，进行老旧小区、主要街道等有毒有害气体检测工作8次，维修排污设施16处。

（李　剑）

青铜峡库区湿地保护

【巡防监管】 2017年，青铜峡库区湿地保护管理局在中宁县渠口农场、库区鸟岛、青铜峡镇三趟墩村二组入口设立保护站，雇佣32名巡护人员24小时轮流值班，采取“凡进必查、凡进必管”管理方式，减轻保护区人类活动干扰程度。联合库区森林派出所开展专项整治行动6次，处理“三偷”(偷捕、偷猎、偷牧)案件3起、违垦湿地案件2起、违法行为当事人6人，制止渠口农场在保护区内砌护农渠违规行为。

【疫源疫病监测】 2017年，配合自治区疫源疫病监测中心站，开展春季野生鸟类咽肛拭子采样工作，采集咽肛拭子200份，监测分析野生动物异常死亡情况1起，做到早发现、早防控。完善监测体系布局，扩大监测防控覆盖面，为保护区野生动物种群生存与繁衍提供良好环境。3月10日，国家林业局督导组对库区疫源疫病监测防控工作进行检查，充分肯定保护区疫源疫病监测防控成效。通过实施强制性管护措施，库区湿地自然保护区动植物资源显著改善。年初候鸟迁徙时期，库区首次发现被《国际鸟类保护公约》列为濒危鸟类、国家一级保护动物——鸟中“大熊猫”黑鹳。

【防火主体责任落实】 2017年，按照属地管理原则，与辖区11家防火责任单位、24户渔业养殖户、32名防火巡查队员、多家牛羊养殖户、22名智障人员监护人签订防火目标责任书，划分防火责任区，将重点林区、重点地段防火责任落实到岗位和人头，实行生产经营单位包片、镇村干部包组、各保护站分片监管包干责任制，为建立库区防火大联防工作格局提供制度保证。

【防火隐患排查】 2017年，坚持“宁可千日无火，不可一日无防”理念，组织人员在保护区与村庄接壤地带清除可燃物，杜绝因周边群众烧荒引发火灾发生。组织力量对保护区用电设施进行拉网式排查，安排人员清除各类电器周边30平米范围内杂草，用电线路全部实现地埋，排除人为用电造成火灾隐患。

【防火队伍建设】 2017年，为防火巡查人员配备对讲机、摩托车，并随车携带灭火器和一二号扑火工具，提高火情初期处置能力。从保护区毗邻的三趟墩村和广武村抽调部分精干力量充实防火队伍，协调安排村干部兼任扑火应急分队队长，建成100人义务扑救队伍，按标准配备扑火装备，并邀请上级防火办人员宣讲森林防火知识和扑火机具操作使用技术，提升防火队伍整体素质。

【防火基础设施建设】 2017年，根据保护区阻隔现状，利用河道、沟渠、道路完善火灾阻隔系统建设。完成防火隔离带12.9公里和水系阻隔系统建设，新建围栏690米，维修保护区西线部分损坏围栏。

【重点项目建设】 2017年，提请市委、市政府将鸟岛小西河入口综合桥梁工程被列为全市2017年“双百”项目，投资330万元，完成桥梁桩基、连接梁、溢流堰毛石护坡等工程。全年开工建设自建项目7个，总投资750万元。其中，纬二路、中洪路、中北路、防火通道完工投入使用。向自治区环保、林业部门编制申报《青铜峡库区湿地自然保护区退耕还湿试点方案》《青铜峡库区湿地自然保护区环境保护水系治理项目》《青铜峡库区湿地自然保护区生态恢复能力建设项目》，落实项目资金2100万元。

【保护区勘界校准工作】 2017年，新勘察确定青铜峡库区湿地自然保护区总面积为190.2平方公里（原为189.7平方公里），较原有面积增加0.5平方公里。其中，核心区面积为76.7平方公里，占保护区总面积的40.3%；缓冲区面积36.0平方公里，占保护区总面积18.9%；实验区面积77.5 平方公里，占保护区总面积40.8%。

【生态保护创建工作】 2010年8月，青铜峡鸟岛国家湿地公园总体规划通过国家林业局专家评审。2011年3月，进入国家湿地公园试点单位行列。经过5年试点建设，2016年10月21日，国家林业局专家组对鸟岛国家湿地公园（试点）进行验收。2017年1月，青铜峡鸟岛国家湿地公园试点通过国家林业局验收并授牌，正式进入国家湿地公园行列。

（史占军）

2017年7月7日，山东省青岛市人大常委会考察组到青铜峡市考察环境湿地保护工作　　（青铜峡库区湿地保护管理局　孙丽提供）

气象测报

【精准脱贫气象保障】 2017年，青铜峡市气象局在同兴、同富移民村建设电子显示屏、预警大喇叭、自动气象站等气象监测和信息服务设施，发布天气预报预警。组建气象科普志愿小分队，携带气象科普宣传资料，为村民讲解气象防灾减灾知识，增强村民气象防灾减灾意识，推广使用气象微信公众号。在移民村小学开展防灾减灾日科普宣传活动，结合青铜峡市本地气候特点，运用实际事例，向师生讲解各种气象灾害成因和防范气象灾害方法，在活动现场放置气象防灾减灾知识展板，发放气象灾害防御指南、气象科普知识书籍等700份。组织气象服务人员深入酿酒葡萄种植基地、奶牛养殖场进行调研，了解不同季节气象条件对产业影响，改善服务供给侧结构，并收集种养殖基地负责人手机号码、微信号、电子邮箱，开展点对点气象服务。

【气象防灾减灾】 2017年，调整市气象灾害防御领导小组和人工影响天气领导小组成员。5月27日，组织召开全市气象灾害防御工作会议。6月22日，举办全市气象信息员培训班。7月4日，召开全市防汛紧急工作会议，安排部署气象灾害防御工作。同时，为加强汛期气象防灾减灾工作，以市政府办公室下发《关于加强大风雷电暴雨冰雹等灾害性天气防范应对工作的紧急通知》《关于做好强降水天气防范应对工作的紧急通知》和《关于做好高温天气防范应对加强安全生产工作的紧急通知》等文件，完善政府主导气象防灾减灾工作机制。

【小喇叭广播气象服务】 2017年，固定小喇叭播报天气预报，着眼于解决气象预报预警"最后一公里"瓶颈问题，年初，一方面以政协委员名义提交《关于在市"惠农广播"节目中插播气象预警信息的建议》，提请市政府督促市文化体育广电局协助配合，以政府购买气象服务方式，争取地方经费5万元。另一方面，与厂商联系，编写《气象预警信息接入"广播惠农"应急信息网实施方案》，于7月11日正式调试开通气象预警信息在小喇叭广播中播报，实现把气象信息送上"惠农广播"直通快车。获宁夏首届气象服务创新大赛团体奖三等奖。

【灾害性天气气象服务】 2017年，完善《气象灾害预警信号发布及服务工作制度》等业务流程。做好2月20—21日大到暴雪及6月4—5日、7月28日暴雨天气过程服务工作。完成"宁夏引黄灌溉古渠系'申遗'万人签名暨黄河拜水盛典活动"气象保障服务工作。年内，启动重大气象灾害应急响应14次，发布预警信号103条、手机短信8.7万人次，制作发布气象服务材料153份。

【人工影响天气作业】 与各乡镇签订人工影响天气安全生产责任书。4月15日，举办人影作业岗位培训，完成4部火箭架年度检定保养工作。完成人影标准化作业牛首山增雨地面烟炉园建设项目。全年实施火箭增雨雪作业8点次，累计发射火箭弹51枚。

【直通式气象服务】 对种植园区、专业大户、家庭农场和农民合作社等新型农业经营主体等信息进行更新，将联系方式加入国家突发公共事件预警信息发布系统平台和移动云MAS手机短信平台，将电子邮件加入服务平台，及时发布预报预警、中长期天气预报、生产建议和防灾减灾科普知识。

【新媒体气象服务】 2017年，制作二维码扫描宣传册，推广宣传官方微博、微信气象服务模式。同时，规范推送内容，延伸和扩大气象服务覆盖面。年内，微信关注用户达到599人次，图文阅读量5.2万次，转发量1.1万次；微博粉丝达到565人次，阅读量87.4万次。

【现代气象业务发展】 2017年，调整完成中国气象信息员平台、国家突发公共事件预警信息发布系统平台和企信通手机短信平台人员更新工作。7月20～25日，在8个镇政府协同举办智慧气象阿里钉钉手机客户端推广使用培训班，与协理员、信息员签订目标责任书，安排业务人员详细讲解平台安装、功能布局和使用方法，进行一对一指导，确保参训人员正确熟练操作使用。

【地面观测无人值守工作】 2017年8月2日，组织观测员学习国家地面气象观测站无人值守业务技术相关规定，前往广西观摩。11月，测试观测站网络通信质量、视频监控系统及观测场内仪器安装运行情况，安装远程控制软件并进行测试，监控观测数据采集传输情况。

【气象行政审批】 2017年，按照青铜峡市政务服务中心《关于加快推进“不见面”审批工作的通知》文件要求，对照《青铜峡市气象局权力清单和责任清单指导目录》、办事指南及流程，从优化事项流程、创新审批方式入手对涉及本级气象行政许可服务事项进行全面梳理，构建“不见面”、马上办新审批模式。

【防雷安全监管】 2017年，根据《国务院关于优化建设工程防雷许可的决定》和中国气象局等11部委关于贯彻落实《国务院关于优化建设工程防雷许可的决定》文件精神，6月1日完成与市住房和城乡建设局建设工程防雷工作交接，确立各自监管范围。年内，组织开展全市易燃易爆和危险化学品企业防雷安全隐患专项检查，涉及企业50家。

【地方经费争取】 2017年，根据青铜峡市财政局《关于印发〈青铜峡市本级政府向社会力量购买服务指导目录〉的通知》文件，将气象服务等6项内容纳入政府购买目录清单。2017年，市财政划拨气象专业经费53万元。其中，津补贴21万元、气象维护维持等经费32万元；另争取补贴2万元。

【气象科技创新】 2017年8月，完成2013年青铜峡酿酒葡萄气象服务技术研究项目验收各项准备工作。撰写论文《青铜峡春小麦倒伏气象条件的影响分析》，申报中国气象局旱区特色农业气象重点实验室开放研究基金项目获自治区气象局批准。年内，在公开刊物上发表论文4篇、内部刊物发表论文2篇。

【业务培训】 2017年，选派1名业务骨干到区气象台交流学习。3月，选派业务骨干到天津参加为期1周新型自动化观测站业务培训。5月，选派1人到西安参加为期1周气象台长培训班。8月，选派测报股长到广西参加地面观测无人值守调研学习。9月，选派1人到北京参加为期1周中国气象行业新闻采编及新媒体运营培训。

【气象科普宣传】 2017年，结合“3·23”“科技活动周”等宣传日，采取进校园、进移民村、进单位、上街头等形式，开展气象防灾减灾宣传活动9次。全年完成CMA采稿13篇、《中国气象报》采稿3篇、《今日关注》采稿24篇、宁夏气象局综管网站采稿92篇、门户网站投稿44篇。

（陈兴财）

教　育

编辑◎何艳珍

综　述

【概况】 2017年，全市共有各类学校88所，其中职业中学1所、普通高中2所、普通初中11所、普通小学43所、幼儿园31所。全市教职工3384人，其中专任教师2892人。在校学生总数43606人，其中普通高中4984人、普通初中9324人、小学19304人、幼儿园7087人。58所中小学(教学点)实现光纤宽带全覆盖。其中，普通高中学校2所，职教中心1所；城区初中学校4所，农村初中学校(含九年一贯制学校)7所；城区小学6所，农村小学37所；教学点1个。有自治区信息化示范校4所(其中代建1所)。

【创建教育信息化建设达标县】 2017年，市教育局成立教育信息化建设领导小组，制定《青铜峡市教育信息化发展规划》《青铜峡市中小学校宽带网络"校校通"实施方案》，明确宽带网络校校通、优质资源班班通、网络学习空间人人通及教育信息化平台建设与应用等各项目标任务，筹措经费为全市中小学升级改造网络中心机房，采购云计算机教室5个，并为856个教学班级配备多媒体教学一体机或电子白板。至年底，所有学校实现互联网全覆盖，多媒体"班班通"、多媒体终端"班班通"比例达到99%，学校空间开通和使用率达100%。同时，加强信息化终端建设，为专任教师配备备课用机2327台，达到一人一机；配备学生用计算机4444台，中学生用机比例达到7.7∶1，小学生用机比例达到6.5∶1，计算机配置高于自治区验收标准。加强技术培训，提升教师信息技术应用能力，制定资源应用及考核管理办法，对全市中小学教师进行信息技术应用能力测评，测评合格率均达到100%。

【机构设置】 2017年9月，青铜峡市人民政府将市教育督导室并入市教育局，保留青铜峡市人民政府教育督导室牌子。至年底，市教育局机关内设科室5个（机关行政事务管理科、人事与信息科、计财与内审科、教育管理科、体卫艺与安全管理科)，下辖事业单位37个。其中，副科级单位4个(普通高中2所、中等职业学校1所、教研室1所)，无级别单位33个；市第一幼儿园和市第二幼儿园(含第三幼儿园)为定额补助事业单位，其它35个单位均属全额预算事业单位；青铜峡市人民政府教育督导室、青铜峡市教育考试中心、青铜峡市教研室为教育局机关内设事业单位。

【教学质量管理】 2017年，开展创建全区"基础教育质量先进县"活动，加强义务教育学校标准化管理，制定学校督导评估办法，印

2017 年 2 月 28 日，中小学质量监测卷面分析会，通过网络与分会场同时进行 （市教育局 乔小军摄影）

发教育质量综合评价实施方案和教学工作指导意见，严格落实教学常规和目标责任考核，完善“一校一案”式教学质量目标分类管理考核体系，深化薄弱学校“跟踪督导”和教学质量“生源地追踪”活动，以学校为单位建立校本人才培养质量监控体系，促进教学质量稳步提升。

【考试招生制度改革】 2017 年，落实自治区《关于进一步推进高中阶段学校考试招生制度改革的指导意见》，改革高中阶段学校考试招生制工作。实施“阳光工程”，严格执行招生报名考试公开制度；加强考试信息、考风考纪和志愿填报等宣传和考试诚信教育，选聘培训监考教师，逐级签定责任书；加强试卷保密工作，开展考试环境综合治理；实行分级管理，确保高考顺利完成。

【教育经费管理】 2017 年，完善工程建设、物资采购、后勤管理、招生录取和经费管理等制度，强化内部审计监督。以单位预算编制执行和资金监督管理为重点，履行财务监督职责。年内，完成各学校固定资产系统录入工作，开展中小学校往来账款督查清理工作，按月进行交叉互审，抓好市第二中学、第三中学、汉坝小学等 10 所学校财务收支情况内审工作，配合学校完成政府性债务审核上报工作，化解学校债务，减轻办学负担。

【传统文化教育】 2017 年，坚持立德树人，深化中小学生德育教育三年行动计划成果，弘扬中华民族优秀传统文化和社会主义先进文化，构建基础教育德育体系，强化文明礼仪教育和法制教育，培养学生良好道德品质。

【素质教育】 2017 年，推进学校特色、品牌发展建设，深化“体育、艺术 2+1 项目”。举办青铜峡市第十二届小学生学生田径运动会及团体操表演赛，开展校园足球联训联赛，组队参加各级各类比赛，获全区青少年锦标赛排球比赛第 4 名、吴忠市第四届运动会青少年组比赛田径项目甲组第 1 名，羽毛球包揽前 4 名，排球赛男、女队均获第 1 名，篮球赛获男子甲组第 3 名，球赛(U12)获第 2 名。举办青铜峡市戏曲进校园活动，建立戏曲进校园示范学校 4 所、戏曲传承基地 1 个。全年组织戏曲进校园演出 15 场，承办青铜峡市首个教师个人独唱音乐会。

【德育教育】 2017 年，推进学校教育、家庭教育和社会教育有效衔接，丰富校园文化生活。全市 13 所中心学校按规划建设乡村学校少年宫，6 月投入使用；利用“三五”“三八”“五一”等重大节日，组织中小学生参加社会实践活动；举办庆“六一”广场文艺演出，开展“三好”学生、美德少年评选表彰活动。

【学前教育】 2017 年，构建政府

主导，公办、民办、公建民营等多种形式办学格局，瞿靖中心幼儿园等9所公建幼儿园面向社会公开招租办园。加大学前教育投入，争取政府购买学前服务资金50万元，为4所民办幼儿园585名幼儿购买学位，为40名教师购买养老保险，完成峡口中心幼儿园、同富幼儿园建设。全年受资助幼儿园29所，其中公办9所、民办20所，受资助幼儿1873人次，在园儿童享受政府资助保教费等102.75万元，覆盖比例占幼儿园总人数20%。开展民办培训机构（幼儿园）年检暨民办幼儿园分类定级、普惠园复验工作，规范学前教育办园行为，提高学前教育保育保教质量。

【义务教育】 2017年，落实自治区《关于统筹推进县域内义务教育一体化改革发展的实施意见》和《宁夏回族自治区消除义务教育大班额专项规划（2017—2020）》文件精神，严格执行义务教育段划片招生、免试就近入学招生政策，落实阳光招生，严格控制城区学校大班额，切实做好进城务工人员随迁子女接受义务教育工作。组织开展“初三联考”活动，承办吴忠市中考复习研讨会，抓好义务教育阶段教学质量监测工作，帮助学校总结经验、发现差距、寻找对策、促进提升。组织实施国家义务教育质量监测工作，推进城乡学校捆绑发展，提高义务教育均衡发展水平。年内，投入2498万元，实施“改薄计划”改善中小学办学条件，有4615人次享受义务教育阶段寄宿生生活补助230.75万元，对4所生态移民小学实施营养午餐计划。

【普通高中教育】 2017年，完善“综合评价，择优录取、切块到校”高中招生制度，推行平行班教学模式。改进普通高中学校人事管理工作，激活用人机制，调动教师工作积极性，促进学校发展和教学质量提高。组织开展全市高三联考、卷面分析和高考研讨会，通过专家和名师教学分析，及时总结发现问题，提高高考备考工作针对性和实效性。从秋季学期开始落实普通高中免学费制度，提高普通高中公用经费拨款标准。

【职业技能教育】 2017年，落实《宁夏回族自治区职业教育助推精准扶贫工作实施方案》，加强职业教育师资队伍和特色、品牌专业建设，开设机电技术类、信息技术类、农业技术类3大类12个专业。推进校企合作和产教融合，采用订单培养模式，提升人才培养能力和学生就业水平，先后与区内外40多家大中型企业签订校企合作协议，有3700多名学生安置到中宁锦宁铝镁新材料有限公司、宁夏锦宁巨科新材料有限公司、宁夏电力建设工程公司、内蒙古欧意德发动机制造有限公司，毕业生就业率达到98%。加强职业技术教育招生工作，引导初中未升入普通高中、高中未升入高等学校的毕业生免费接受职业教

2017年10月12日，市一中举办“放飞梦想、实现自我”心理辅导讲座
（市教育局提供）

育或技能培训。

【师德师风建设】 2017年，开展师德宣传教育活动，完善师德建设长效机制，把师德建设作为各级各类学校工作考核、办学质量评估重要指标及教师业绩考核、职称评审、岗位聘用重要内容，实行师德表现一票否决制。开展师德师风整顿专项活动和教师有偿补课、违规收受礼品礼金专项治理行动，严肃查处社会反响强烈师德师风问题。

2017年8月27日，全市中小学校长论坛（德育论坛）在高级中学举办 （市教育局 乔小军摄影）

【师资队伍建设】 2017年，落实乡村教师支持计划，改善农村学校教师工作、生活条件，提高农村教师待遇，鼓励优秀教师到农村薄弱学校任教。开展校长和教师轮岗交流制度，促进县域义务教育均衡发展。继续开展名师名校长培养工程，选派50名中小学校长赴吉林教育学院参加“西部乡村中小学校长培训计划”培训学习。年内，推荐上报自治区级乡村教学名师1人、中小学骨干教师培养对象9名，吴忠市骨干培养对象28名，评选古峡名校长7人、名师16人；推荐18名30年以上教龄优秀在职教师外出培训疗养，会同市编办、人社局对全市中小学、幼儿园教职工编制和人事管理工作等进行全面深入调研；争取事业单位编制，招聘教师20名、特岗教师78名、免费师范生2名，面向社会认定中小学及以下教师资格人员32名；配合市委组织部做好全市公推比选副科级领导干部报名、资格审查等工作。

【教师培训】 2017年，落实中小学教师培训学分管理指导意见，加强教师素质能力培养，探索建立培训学分银行，激发教师参训动力。开展“一师一优课，一课一名师”活动，组织中小学教师开展信息技术应用能力测试，加强骨干教师、青年教师培养培训，对全市240名35岁以下青年教师进行专业测试，组织200名五年以下教龄青年教师参加“教学能力提升”培训，选派7名小学英语教师赴北京参加“爱基金英辅教育”培训，组织100名高中教师赴重庆进行考察学习。开展学科名师“送教下乡”和名师示范课等活动，交流分享工作经验。

【基础设施建设】 2017年，争取自治区薄弱学校项目资金3000万元，完成2016年度职教中心实训车间等3个续建项目建设，实施同富幼儿园等4个新建项目，建筑总面积20373平方米。截至年底，完成17601平方米校舍建设项目，改造完成邵岗中学等12所中小学运动场，购置生活设施设备114件（食堂设备58件、饮水设施56件）、图书52529册、课桌椅1694单人套、计算机523台、多媒体教学设备187套、实验实习设备2770件、音体美器材3266件、其他配套设施设备26139台（件、套）。

【信息技术应用与研究】 以创建“信息化示范县”为目标，开展信息技术应用与学科资源整合研究工作。做好“一师一课”学科教师网上晒课工作，全市教师网上注册2200余人，晒课2000节。开展全市中小学、幼儿园教师信息技术应用能力提升培训和测评工作，精选9所学校、19个网络教研组利用宁夏教育云资源平台，进行8门学科网络教研试点。

【落实教育惠民政策】 2017年，完善家庭经济困难学生资助体系，精准对接家庭经济困难学生，普通高中享受国家助学金共计2488人次，发放资金225.2万元。其中，建档立卡等四类学生减免学费共计554人次、资金22.16万元；331名经济困难普通高中及大学新生家庭学生享受社会力量捐助资金257.4万元，办理2017年生源地助学贷款合同1697份，贷款金额1110.6万元。义务教育阶段4615名初中生享受寄宿生生活补助230.75万元。中等职业学校享受免学费政策共计5045人次、资金504.5万元；享受国家助学金共计2818人次，发放资金281.8万元。

【教育督导】 2017年，市教育局贯彻落实《教育督导条例》和《督学管理暂行办法》，修改完善《中小学责任督学挂牌督导工作制度》和考核办法、细则，调整细化中小学责任督学挂牌督导工作责任区，规范中小学责任督学管理，提高挂牌督导工作实效。依照《中小学校责任督学单项督导评估细则》，开展经常性督导工作，每月按时召开督学工作交流会议。组织开展全市义务教育阶段“体育、艺术2+1项目”、教学仪器设备图书管理使用情况专项检查，通过实地查看、现场质询、查阅档案资料、随机抽测和现场反馈等方式，对全市中小学（幼儿园）三年发展规划2016—2017学年度规划目标实施情况进行督导评估，有效落实国家义务教育质量监测工作。

【校园安全管理】 2017年，市教育局定期召开全市中小学、幼儿园安全管理工作会议，明确校园安全管理工作要求；将安全教育课纳入教学计划，充分利用全国校园安全网络平台上好安全教育课，学生参与率达到100%；严格落实“党政同责、一岗双责、失职追责”管理机制，树立安全发展理念，不断推进安全生产体制机制、安全保障能力、安全监管队伍“三项建设”；修订完善各类应急预案，组织开展校园安全隐患排查，每学期开展校园安全检查不少于2轮，建立安全排查台账，全年查处一般隐患71条，现场监督整改56条，限期整改15条，下发整改通知书2份，整改率100%；加强防溺水宣传教育工作，下发告家长书16万余份、飞信65万条，制作警示牌380块，张贴警示标语340幅；加强卫生监督管理工作，强化中小学校（幼儿园）食堂管理人员、从业人员培训，开展全市44所学校学生食堂食品监督检查及中小学校、幼儿园传染病防治、饮用水安全及健康教育工作督查，会同市消防大队对全市中小学校、幼儿园进行消防安全专项检查。年内，创建“毒品预防教育示范学校”国家级1所、自治区级3所、吴忠市18所，参与自治区、吴忠市青少年毒品预防教育竞赛获11个等级奖，市教育局被评为优秀组织奖，“全区青少年毒品预防教育数字化平台应用”课题研究获自治区禁毒委通报表扬。

【教育宣传】 2017年，市教育局安排专人做好信息采集，发布、统计和档案建设工作，完善培训、报送和奖励制度，制定年度宣传计划，坚持正面宣传，营造教育改革发展良好氛围。年内，举办教育系统通讯员培训班，选派人员参加区市、教育厅新闻写作培训班，提高通讯员写作水平；表彰4个2016年全市教育宣传工作先进集体，14名优秀通讯员、16名广场文艺节目优秀辅导教师。至10月，编发青铜峡教育信息68期，在《宁夏日报》(含人民网、新华网)上稿10篇、宁夏电视台(含宁夏新闻网)4篇、吴忠日报(含吴忠电视台)上稿43篇、宁夏教育厅网站刊登33篇、教育电视台报道34条。

(席　艳)

学前教育

【概况】 2017年，全市共有幼儿园31所，教学班231个。城区14所、教学班131个，其中教育部门办3所52个、民办11所79个；镇区11所、教学班64个，其中教育部门办1所11个、民办10所53个；乡村6所、教学班36个，其中教育部门办5所33、民办1所3个。小学附设幼儿班有22所23个班级，当年离班幼儿551人、入园幼儿196人，在园人数386人。全市教职工总数754人。其中，公办幼儿园教职人数270人、民办484人；专任教师401人；学前教育专业305人。市第一幼儿园附设特教班1个，招录学生1人，在校学生5名，专任教师3名(均为专科毕业)。

【青铜峡市第一幼儿园】 2017年，以幼儿游戏教学为教育特色，开展各类系列活动，以多元的教育策略促幼儿全面发展。创设礼仪教育环境，在楼梯间悬挂张贴师幼之间日常交往照片，教育引导孩子规范行为；将文明用语布置在楼道走廊，规范教师、家长言行；在各班级创设幼儿喜爱礼仪连环画和儿歌、自制礼仪图书、礼貌用语等主题墙，促进幼儿良好行为习惯养成。抓好区域游戏，丰富区角内容，创新游戏形式，拓展区角活动功能，增强游戏教育属性。同时，根据幼儿爱模仿特点，运用幼儿生活经验，在班级中为孩子提供“自助餐厅”“可乐超市”“回族面食”等常见公共场景，使幼儿在游戏中学会交往、懂得规则、掌握生活技能。

(孟学军)

【青铜峡市第二幼儿园】 2017年，落实《3~6岁儿童学习与发展指南》，探索无班界游戏教学模式，打破同年龄段班级界限，引导幼儿根据自己兴趣自主选择区域进行活动。活动中，每个孩子可在自由、宽松心理环境下，按自己意愿和需求进行活动，满足个性化兴趣，激发学习探索原动力，体现个人经验、特点，促使幼儿在玩中相互合作、相互交流、相互探讨，锻炼和提高语言表达能力、思维想象能力和动手操作能力。11月10日，全区各市县56所幼儿园

2017年11月，市第一幼儿园举办亲子活动

(市教育局提供)

园长及教师226人到市第二幼儿园观摩。

（刘　晖）

【青铜峡市第三幼儿园】 2017年，坚持实施美术特色教育，根据班级实际情况和自身特点，选择不同美术材料和方式，开展美工活动，以区域活动形式指导幼儿学习操作，鼓励幼儿用不同美术形式，大胆表达自己情感和想象，在废旧物上粘贴，用喷刷画、拓印画、扎染、刮画、撕贴和折剪等美术形式自由表现。同时，给幼儿提供展示作品机会，使幼儿在主题实施过程中与环境发生积极互动，获得丰富而有益体验，个性得到充分凸显和张扬。特色教育活动——“废旧物品换新颜”，在宁夏电视台少儿频道《大话十分》栏目播出。

（赵菁华）

小学教育

【概况】 2017年9月，撤销市余桥中心小学，将师生并入青铜峡市第三中学（九年一贯制学校）。同时，还将个别生源减少部分小学就近合并。至年底，全市有小学43所、教学班500个、教职工1122人，其中少数民族学校2所、教学班23个。城区学校8所、教学班197个、教职工535人，镇区学校9所（含少数民族学校1所）、教学班113个、教职工203人，乡村学校26所（含少数民族学校1所）、教学班190个、教职工384人。

【青铜峡市汉坝小学】 2017年，开展良好行为习惯养成教育活动，严肃升旗仪式、国旗下讲话和集体班会，将队列训练作为学生常规教育突破口，规范课间操和上下楼梯秩序，加强学生精神风貌建设。组织参加2017年宁夏青少年校园足球夏令营暨嘉年华活动、全市第十二届小学生运动会，开展学生体艺技能展示及“雏鹰杯”校园足球联赛，活跃校园文化氛围。围绕社会主义价值观教育，加强学生品德教育，丰富充实“日行一善”活动内容。“日行一善”志愿服务活动项目获第二届吴忠市“最佳志愿服务项目”。

（李培虎）

【青铜峡市第二小学】 2017年年初，在学校东墙设置古诗词、三字经、成语故事、节气歌等内容传统文化宣传墙，让学生在课余时间浏览学习知识，感受浓浓书香氛围；开发《少年成长记录册》《亲子阅读卡》《雅言集》《雅行集》等“和雅”文化校本教材，从12个方面打造文雅学生文化，教育引导学生学雅观、尽孝雅、读文雅、说话雅、就餐雅、走路雅、着装雅、爱校雅、上课雅、课间雅、集合雅、树雅星，时时处处与雅相伴、与爱同行，学礼仪、讲规范，人人争做“快乐、文雅自信、进取”和雅好少年；加强家校共育工作，评选“书香家庭”“和雅家长”，让“和雅”文化从学校走向家庭，走进社区，走向社会，最终形成“人人和雅”良好社会道德新风尚；开展“红领巾学雷锋志愿者”“学英雄、祭英烈、学做和雅少年”主题教育活动，举行“诵读中华好经典，争做和雅二小人”诗文诵读和民族团结月学生演讲比赛，开展戏曲进校园活动，丰富德教内容，以德促教，提高学生综合素质。

（丁　琦）

【青铜峡市第三小学】 2017年，探索实践生活化德育理念和导教管理模式，组织全体教师学习党的政策法规、德育教育理论，通过举办“全员德育”论坛会，召开家长会，搭建人人通、微信公众号、校讯通等平台，构建德育教育网络，初步建立全员、全程、全方位育人德育教育模式。开展丰富多彩校园活动，坚持每月一主题,开展规范汉字书写周等各类文体活动,活跃学生校园生活,展现学生个性特长;利用开学典礼,对入学新生进行“开笔礼”仪式教育,通过正衣冠、拜孔子、授弟子、朱砂启智、启蒙描绘等庄重古礼,让家长、老师、学生感受中华传统文化魅力;结合重大节日和纪念日,开展“尊师重教”“我们的节日中秋”“向国旗敬礼”等主题教育活动,“我们的节日中秋”和“向国旗敬礼”网上签名寄语活动登录量达万人次。开展雅行教育,利用国旗下讲话、班队会、晨会等教育阵地对学生进行爱国主义、集体主义和礼貌教育,规范行为,促使学生养成文明习惯。抓好体艺“2+1”活动,创建特色班级,成立足球、武术、田径、乒乓球、书法、装饰画、水粉画、动漫画、纸盘画、陶艺、合唱、民族舞、拉丁舞、电脑动画、电脑绘画等社团，调动学生探索学习积极性和思考主动性,丰富校园文化生活,活跃校园气氛,让学生在活动中获取知识、培养能力、开拓思维。

（秦　烨）

【青铜峡市第四小学】 2017年，坚持以活动为主线,寓教于乐,利用学校晨会课、班队课、大课间对学生进行阳光自护安全教育、行为习惯养成教育、健康知识教育。开展国学诵读活动，让孩子感受儒风圣韵，传承中华古老文化精髓。抓住母亲节等重大节日,开展“感恩师长感恩母校放飞梦想”“我健康、我成长、我快乐”亲子活动、“我为长辈做件事”感恩活动、“缅怀革命先烈、继承革命传统”系列活动,“经典阅读温润校园”经典诗文明诵比赛，通过丰富多彩校园文化活动，提高学生综合素养。开展“节约水资源保护生命线共筑中国梦”宣传教育和“喜迎十九大我向习爷爷说句心里话”等活动，引领学生多学课本上学不到的知识，搭建家校互动平台，形成家校教育合力。

（马金环）

【青铜峡市第五小学】 2017年，抓好学生养成教育工作，及时发现并纠正学生不良行为。组织开展“感恩教师献花活动”“向国旗敬礼”、纪念毛主席诞辰124周年诗词诵读、抗战胜利72周年及纪念南京大屠杀遇难者纪念等活

2017年4月26日,青铜峡市在市职教中心体育场举办第十二届小学生田径运动会

（市教育局　乔小军）

动，对学生进行爱国主义、民族精神教育。开展“节粮、节水、节电”勤俭节约和“爱劳动、爱学习、爱祖国”教育活动，组织师生1500余人参加游览黄河楼、清秀园实践活动，对学生进行爱美、尚美、创造美教育，丰富学生“家”文化教育空间。打造书香班级，创建书香校园，会同团市委、教育局、妇联等7家部门组织开展第一届“书香浓浓做到润童年”读书节活动，拓宽师生读书渠道，引领广大师生与经典为友、与名著为伴，激发师生读书兴趣，享受阅读快乐。丰富班级读书吧，美化班级读书走廊，创设易于师生阅读文化氛围。分年级、分段别推进“我爱我家”特色实践活动，让学生在学校、家庭、社会，在与父母、亲人合作中体验“家”的味道，健康快乐成长。12月15日，“我爱我家”特色教育工作通过吴忠市教育局复查验收。

（王瑞琳）

【青铜峡市第六小学】 2017年，2017年，推进素质教育、特色教育和法制教育，开展“习惯达标”活动，促进学生文明习惯养成。开展“古诗词”诵读比赛活动，力促学生学习中国传统文化。狠抓体艺“2+1”工作，制定体艺工作管理方案，开展阳光体育大课间活动；开设播音主持、舞蹈、合唱、乒乓球、篮球、手工、绘画7个社团，提高学生综合素养。会同校车公司开展“爱心小屋”，定期对家庭贫困孩子进行心理疏导，帮助他们增强学习信心。号召全体教职工捐助3600元，挽救身患重大疾病学生吴佳。

（俞　成）

【青铜峡市红星中心学校】 2017年，下辖红星、新林2所小学。有教学班13个、学前班4个，在校学生（幼儿）共390余名。教师41名，其中高级教师5名、一级教师34名、二级教师2名；区、市骨干教师7名；大专学历30人、本科学历11人。学校坚持依法治校、民主理校、科研兴校、质量强校办学宗旨，全面推进素质教育，狠抓教学常规管理，强化教师队伍建设，大力实施基础教育质量提升等工程，规范学校管理，提高教育教学质量。1月和7月全市教学质量检测中，各科教学成绩总评获农村组第三名，被青铜峡市人民政府授予“教学质量监测先进集体”“德育工作先进集体”，被市教育局授予“教学质量督导评估先进集体”“学校安全工作先进集体”。其中，六年级英语、数学成绩居全市第一名。党支部被市教育局党委授予“先进基层党组织”荣誉称号。

（罗永华）

【青铜峡市大坝中心小学】 位于大坝村三组。占地面积16960平方米。2017年，下辖大坝小学、蒋东小学2所学校，设教学班12个、学前班6个。有学生201人、教师31人。

（杨建宝）

【青铜峡市光辉中心小学】 2017年，下辖光辉、蒋顶2所完全小学，有教职工32名、教学班13个、学生234人。学校从课堂入手，坚持“导学＋活动”课堂教学模式，创建特色学校和打造高效课堂，教育教学质量稳步提高。

（张彦军）

【青铜峡市瞿靖中心小学】 占地面积17400平方米，其中建筑面积2723平方米。2017年，下辖瞿靖小学、毛桥小学2所完全小学。有教学班13个、学生314名，其中“十三五”西吉移民学生14名。有教职工52名。设有多媒体室、计算机室、图书室、科学实验室、音乐室、美术室、体育器材室、卫生保健室、心理咨询室、综合实践活动室等各种功能室，教学仪器、设备配备达标率100%。学校以“让每一个学生、让每一个教师、让每所学校从表象和内涵都得到健康、持续发展”为办学理念，拓展学生兴趣，提升学生素质，突出技能发展，教学质量和学生整体发展走在全市农村学校前列。

（董立宏）

【青铜峡市陈袁滩中心小学】 2017年，下辖陈袁滩小学、唐滩小学、杨滩小学3所完全小学。有专职教师48人、教学班19个、学生415人。学校以练习器乐、乒乓球来促进学生良好行为习惯养成，坚持“眼中有生命，心中有学生”理念，教育引导学生“走好人生的每一步”；以“打造高效课堂”和“创建特色学校”为办学遵旨，以“提高教育教学质量”为核心，办特色鲜明、社会满意素质教育学校。

（卢学军）

【青铜峡市中滩中心小学】 占地面积22750平方米，其中建筑面积2173平方米。原辖中滩、新桥、上滩3所小学，2017年9月，将新桥小学并入大坝电厂学校，上滩小学并入中滩中心小学。至年底，市中滩中心小学只剩本部一所学校。有教学班6个、学生127名，附设学前三年教育3个班，有幼儿22人。有教师24名，其中，高级教师4人，一级教师19人，二级教师1人；本科4人，专科20人；市级骨干教师3人。有藏书2788册。有多媒体电教室2个、微机室1个、实验室1个、电子备课室1个、实验活动器材齐全。新建150米环形跑道和1600平万米人造草坪足球场。学校秉承“让每一个孩子阳光快乐”理念，创新教育模式，拓宽德育途径，成立“校园妈妈关爱团队”7个关爱工作室。关爱活动工作先后在宁夏人民广播电台、《吴忠日报》和青铜峡电视台报道。学校坚持科研兴校，推行“四三三”高效课堂教学模式，教育教学质量稳步提升，先后被吴忠市教育局、教育工作委员会评为“青少年科技创新大赛优秀学校”“先进基层党组织”，被青铜峡市人民政府评为“学校德育工作先进集体”。

（包明宗）

【青铜峡市叶盛中心小学】 位于青铜峡市人民政府驻地北部，为自治区办学条件标准化建设示范学校和农村现代远程教育示范学校。2017年，下辖3所完全小学，有教职工60人、教学班22个、在校学生431名。学校秉承“一切为了学生的发展而服务”办学宗旨。以办好人民满意的教育为目标，深化教育教学改革，切实加强校级领导班子和老师队伍建设，坚持发展抓公平、改革抓机制、安全抓责任、整体抓质量，注重内涵发展，全面提高教育教学质量。年内，学校先后被评为吴忠市“德育工作先进集体”“少先队规范化建设示范学校”“毒品预防教育示范学校”“全国教育科研先进学校”。

（刘自立）

【青铜峡市邵岗中心小学】 地处青铜峡市人民政府驻地西北部，主要服务邵岗镇和连湖农场小学义务教育阶段儿童。2017年，学校辖邵岗、连湖2所完全小学。在职教师51名，其中高级教师5名。有教学班21个。其中，邵岗小学占地9918平方米，有教职工25名、学生351名；连湖小学占地面积16352平方米，教职工24名、学生438名。是年，学校持续开展“中华经典诵读”活动，挂牌成立吴忠市乡村学校少年宫，大力实施啦啦操、哑铃操、腰鼓等传统特色项目，深受学生喜爱。

（王 硕）

【青铜峡市沈闸中心小学】 2004年，原峡口学区改制为沈闸中心小学。2007年，由于区划调整，将原中宁县白马乡跃进小学、新田小学并入沈闸中心小学管理。2017年，学校下辖任桥回民小学、沈闸小学、郝渠小学、西滩小学、汉渠民兴小学、巴闸小学、跃进小学、谭桥小学8所完全小学，其中任桥回民小学为自治区“百所标准化学校”。在职教职工124名，有教学班52个、学前班4个，在校学生1438名。学校全面贯彻党的教育方针，认真落实党的民族政策，挖掘学校内涵，坚持特色办学，获司法部、自治区教育厅“零犯罪学校”荣誉称号。

（高天飞）

【青铜峡市河西中心小学】 位于青铜峡镇河西地区。2017年,下辖河西口小学、河西小学2所完全小学。占地面积41464平方米,其中校舍占地面积4691平方米。有教学班15个,在校学生386人;学前班3个,幼儿78人。在职教职工43人,其中高级教师15人、一级教师22人,教师学历达标率100%。学校建有图书室、美术室、音乐室、实验室、计算机室、体育器材室、综合实践室和舞蹈室等功能室,班班安装交互式电子白板。2017年,学校不断完善内部管理,实施高效课堂,打造精品学校,开展体艺"2+1"活动,创建腰鼓、棋艺、舞蹈"等14个社团,丰富学生课外活动,激发学生活动和学习兴趣,学校教育教学质量稳步上升。

（哈　文）

【青铜峡市广武中心小学】 2017年,下辖广武、三趟墩、同兴、同进4所完全小学,其中同兴、同进小学为生态移民学校。学校有教职工73人,有教学班35个,在校小学生1198人;学前班12个,在校幼儿387人。同兴小学和同进小学为自治区"百所回民标准化学校"。是年,学校将功能室一举两用,拓展建设"乡村学校少年宫",充分利用优质教育资源培养学生兴趣爱好,促进学生全面发展。先后荣获"学校德育工作先进集体""教学质量监测先进集体""乡村少年宫示范学校""民族团结模范学校"等多项荣誉。

（王自荣）

初中教育

【概况】 2017年,全市有初级中学11所、教学班195个、专任教师684人。其中,市第二中学、第四中学、第五中学、第六中学、第七中学、邵岗中学为三年制初中学校,有教学班140个、专任教师488人(城区4所121个教学班405人,镇区1所9个教学班42人,乡村1所10个教学班41人);铝厂学校、大坝电厂学校、甘城子中心学校、峡口回民中学、青铜峡市第三中学为九年一贯制学校,有教学班55个、专任教师196人(镇区2所27个教学班92人,农村3所28个教学班104人)。

【青铜峡市第二中学】 2017年,会同瞿靖镇团委创建"善行银行",激励全体学生做文明人、行文明事、做现代活雷锋;借助集会、升旗、班会等载体,对学生进行良好行为习惯养成教育,通过创建"书香校园",举办美文诵读比赛等形式,对学生进行传承民族精神、弘扬中华文化及爱党、爱国、爱校等教育。修改完善课堂评价标准,开展"信息技能赛课"活动,扩大公开课、示范课范围,对骨干教师实行动态化管理,建立科学合理考核评估办法,从评优评先、晋职晋级等方面向"教学能手"和骨干教师倾斜,以落实国培计划和全员岗位培训为抓手,开展以"多媒体课堂教学达标"等为内容,开展教学研训活动,通过筹办送教下校活动,加强与甘城子学校、邵刚中学、市第五中学、第六中学交流与合作,学习先进课改经验。年内,134名学生参加普通高中升学考试,上线学生64人,升学率47.8%,2名教师分别被授予"自治区最美乡村教师"和"吴忠市最美乡村教师"荣誉称号。以"规范+特色"为目标,开展"中华长拳"和"竹竿舞"等活动,打造农村寄宿制学校特色校园文化。开展适合学生特点的校园课外文体艺术活动,增强学生体质,培养学生参与体育锻炼等综合实践活动兴趣爱好、创新精神和实践能力，提高学生艺术修养。

（石国华）

【青铜峡市第三中学】 是一所九年一贯制学校。2017 年，有教学班 37 个，其中幼儿园 6 个、小学 22 个、初中 9 个，在校学生 1521 名，教职工 97 名。学校利用每周国旗下讲话和各种集会，加强学生行为习惯养成教育，引导学生养成尊老爱幼、互相帮助、讲文明、讲礼貌、关心热爱集体、保护环境、讲究个人卫生等良好行为习惯。依托《中华大家庭》《民族常识》《道德与法制》课本，利用宣传栏、黑板报、手抄报、征文、红领巾广播站、校园网络等工具，开展民族团结教育，组织学生收看民族优秀传统文化宣传教育片、学唱民族歌曲、学跳民族舞蹈，激发学生参与热情。通过上好《安全教育第一课》，举办《消防安全伴我行》等主题班会，组织开展“毒品预防教育”手抄报、征文比赛及无毒青春·健康生活师生签名活动，提高师生安全防范意识和自我保护能力。同时，组织教师到外校参加教研学习交流、校内示范课展示、校本培训交流学习等活动，促进青年教师成长，提升教师信息技术素养及课堂教学实践应用能力。公开课信息化手段教学覆盖率达 100%，学科覆盖率达到 100%。在 2017 年“一师一优课”评比中，3 人次获部级、区级、市级优课。12 月，学校被吴忠市命名为首批“文明校园”荣誉称号。

（李 涛）

【青铜峡市第四中学】 2017 年，围绕“314”高效课堂模式，开展教科研活动，落实领导“推门听课”“骨干教师示范课”“学科教师公开课”、青年教师“亮相课”和“汇报课”，对发现问题及时反馈、整改。开展古诗文积累竞赛、经典诵读、数学竞赛等学科知识竞赛活动，调动学生学习兴趣。安排专人整理信息档案，做好希沃 5 触控一体机培训。继续实施班级学生“微目标”教育及“精细化”管理，建立班级管理相关责任制，加大学生一日常规监管和考核力度，以“微目标”落实，规范学生行为。以“安全教育日”教育周“安全生产月”为契机，开展日常性学校安全教育活动；利用信息网络技术，创新安全教育形式，充分运用安全教育平台和安全主题班会，对学生进行防溺水、防校园欺凌、防意外伤害、防传染病及交通、食品、消防等安全教育，通过看视频、听讲座、完成安全作业，增强学生安全意识和自护自救能力。

（汤莹丽）

【青铜峡市第五中学】 2017 年，学校以全面提高教育质量和效益为重点，围绕三年规划和目标，强化措施，细化管理，挖掘潜能，开拓创新，教育管理和教学质量取得显著成绩。落实教学工作计划，深化“三段五步式”高效课堂教学改革，构建高效智慧课堂，提高教学质量；加强教学过程监督，规范教师教学行为，完善教学常规管理，打造素质精良师资队伍；创新学生德育教育新模式，开展丰富多彩德育活动，德育工作成效明显。年内，在七年级 11 个班级 400 多名学生中正式使用作业管评系统，中考上线率、上线总人数 600 分以上人数名列全市第一，6 门学科成绩名列全市第一，学校被评为中考教学目标管理先进集体、教学质量监测先进集体。

（周茂才）

【青铜峡市第六中学】 2017 年，开展“文明礼貌月”“继承和发扬革命传统，弘扬民族精神”主题教育及爱国卫生运动，促进良好行为习惯养成。开展“一师一优课一课一名师”活动，64 名教师讲授公开课。组织开展学科竞赛训练活动，9 名学生获全国英语能力竞赛奖，6 名学生获全国数学能力竞赛奖，6 名学生获吴忠市第三届青少年机器人竞赛创意奖，3 名教师、5 名学生获 2017 年全国青少年“未来之星”阳光体育大会文化交流展示活动个人奖。选派 11 名教师参加区外交流培训和第七届全国农村及少数民族地区中小学英语课堂教学优秀课展评活动，组织教师参加各类教学竞赛活动，促进教师专业化成长。开展防震、防火、防暴力侵害应急逃生疏散演练，增强学生安全意识和自我保护能力。全年实现安全零事故。开展体艺“2+1”活动及大课间、冬季长跑比赛，组建篮球、足球、棋类、书法、音乐、美术等50个兴趣小组，配置专职足球教练，落实全国校园足球特色学校训练工作。推进书法特色学校创建工作，成立书法指导组，开设书法课，设立“翰墨飘香”书法活动室，悬挂书法练习小黑板和水写幕布，全面打造书法特色校园。

（乔铁山）

【青铜峡市第七中学】 2017年，落实《班级日常管理考评细则》《文明班级、宿舍评比方案》等规章制度，强化班会课管理，协调指导各班主任利用班会课实施针对性教育。坚持每天对学生日常行为进行检查评比、每周小结、每月汇总排名，并将考核结果纳入学期末班级和班主任考评之中；从《班级日常管理考评细则》和《中学生日常行为规范》落实入手，重点从养成教育、学习习惯、社会公德和文明礼貌等方面进行教育。同时，依托班会课、新生军训、第四届校园文化体育艺术节、教师节节目参演等活动载体，加强学生思想品德教育。抓住吴忠市中小学特色学校复验契机，加强“阳光社团”管理，充分展示“阳光社团”特色工作。开展校园安全排查，利用安全教育平台开展安全教育工作，投入资金为男女生宿舍安装门禁系统和安全防护栏，并对宿舍安全出口指示牌、开关、插座进行更换维修，对教学楼过道、楼体拐角进行加固，防止安全事故发生。

（哈少锋）

【青铜峡市邵岗中学】 属自治区体育传统项目学校。占地面积26680平方米。有教学班10个，在校学生418人。有专任教师37名，其中高级教师14人。2017年，学校组织学生开展法制在我心中手抄报、绿色家园征文、全区“民族团结”征文等比赛，举办禁毒、公共卫生、普法讲座及“珍爱生命，远离毒品”主题演讲比赛，观看电影《大山深处的保尔》；利用“一台”（校园之声广播台）、“一式”（周一升旗仪式）、“一岗”（校文明行为监督岗）、“一会”（主题班会）等，加强学生良好习惯养成教育；开通局域网，接通20M宽带网，安装常用办公软件，完善学校微机室、多媒体教室、教师电子备课室、课题研究室服务，为多个教学班安装互助式电子白板教学设备；开展“师徒帮带”活动，组织青年特岗教师与政治素质好、业务能力强、教学基本功过硬骨干教师结成师徒帮带关系。学校被团市委授予“五四红旗团总支”“共青团工作先进集体”，被吴忠市文明委、吴忠市团委授予“最美基层志愿者服务组织”、共青团中央“五四红旗团总支”。

（常荣华）

【青铜峡市甘城子中心学校】 地处青铜峡市邵岗镇甘城子村，是一所九年一贯制学校。占地面积15351平方米。有教学班15个，其中初中6个、小学6个、学前班3个。在校学生521人，其中初中生267人、小学生171人、学前幼儿83人。在职教职工36人。下辖大沟、玉西、同富和同乐4所完全小学，学区共有教学班51个，教职工104名，在校学生1560人。2017年，学校以“为学生终身发展负责，为民族奠基美好未来”为办学宗旨，坚持义务教育免试入学制度，实行按学生户籍所在地划片招生，确保辖区内适龄儿童全部入学接受义务教育，及时完成学籍电子注册。同时请进市第一幼儿园、大坝电厂学校、红星中心小学、大坝中心小学、中滩中心小学、第二中学共26名外校教师到学校进行为期一年捆绑交流，选派30余名教师参加自治区内优质课观摩16

次、18人次赴外省市培训学习。

（施学武）

【青铜峡市大坝电厂学校】 原属宁夏大坝发电有限责任公司投资建设，是一所九年一贯制职工子弟学校。2007年1月，学校移交地方管理，更名为青铜峡市大坝电厂学校。占地面积27405平方米，其中建筑面积7079平方米。至2017年，有教学班12个，学生388人。有教职工57人，其中专任教师56人，教师学历达标率100%。拥有图书15813册，生均41册。是年，学校以“质量立校，教研兴校，特色强校”为目标，围绕“故事德育，习惯育人”，开展读书节、《美就在你身边》《我与老师的故事》征文活动；探索、开发艺术教育途径和方法，丰富体艺“2+1”活动；组织教师开展“高效课堂、精彩展示”活动，每科推选骨干教师利用例会时间展示风采，深化课堂教学改革；强化学生养成教育，通过典型引路、先进带动、现场观摩、经验介绍、督促后进等方式，落实《中学生日常行为规范》和《中学生礼仪常规》；利用升国旗仪式，精选讲话主题和内容，把爱国主义、集体主义、理想教育、勤俭教育、遵纪守法教育渗透其中，引导学生树立正确的人生观、世界观和价值观。年内，新建操场两侧体育活动宣传栏，统一制作班级制度牌及门口标牌，按照一走廊一主题原则，加强走廊文化建设；拓宽安全教育和安全培训渠道，通过安全教育主题班会、手抄报、国旗下讲话，加强安全教育知识培训，做好交通安全、防火安全、防溺水安全、防人身意外伤害、防拥挤踩踏教育及饮食饮水卫生教育；组织校车紧急逃生、教学楼紧急疏散应急演练，增强全校师生逃生技能。

（薛忠祥）

【青铜峡市铝业学校】 属九年一贯制学校。原隶属于青铜峡铝业集团公司，占地面积72160平方米。2004年9月，学校进行体制改革，成立青铜峡铝业集团子弟学校，有小学、初中、高中三个学部。2006年11月1日，移交青铜峡市人民政府管理，更名为青铜峡市铝业学校。2010年9月，学校高中部撤并到青铜峡市第一中学，将广武中学、河西中学并入青铜峡市铝业学校。2017年，有36个教学班，学生1572名。有教职工101名，其中高级教师35名。学校秉承“质量立校、文化铸校、特色兴校、民主理校”办学理念，在实现班班通、人人通校园信息化建设基础上，抓住“自治区信息化示范学校”验收契机，完善并启动“宁夏学安”之分系统“安全巡检”及“隐患上报”系统，设置25处巡检二维码，同时安装访客机一部，对进入校园来访人员实行验证入校；安装城市智能联网报警器1部，提高应急处置水平。学校信息化建设水平居全市前列，被自治区教育厅命名为“全区信息化示范学校”。

（王　忠）

高中教育

【概况】 2017年，全市有高级中学2所，教学班级99个。在校学生4984人，年内毕业1714人、招生1671人。有教职工425人，其中专任教师391人。是年，参加高考人数2078人，一、二类本科上线人数794人（含体育、艺术），上线率达38.21%，比2016年提高5.05%。

【青铜峡市第一中学】 2017年，高考取得历史性突破，实现“低进高出、高进优出”办学目标。上线人数423人，首次突破400大关，上线率40.6%。其中，重点上线

220人，上线率21.1%；音乐、美术上线43人，上线率100%；体育上线7人。重视师德师风建设，从“倡师德、铸师魂、塑形象”出发，实施教师形象整治工程，强化教师队伍管理，加强教师队伍技能培训、严格落实教育系统行风效能建设“五条禁令”，切实建立教育、管理、监督、奖惩并重长效机制，转变师德师风，促进教育事业健康发展。组织开展“畅想中国梦，抒发报国情”演讲比赛、“中国梦·一中梦——畅想我的2049”国旗下古诗文诵读比赛，“预防校园欺凌”法治安全报告会、2017年中国科协“大手拉小手”科普报告希望行宁夏活动，“消防安全知识”讲座“文明就餐，从我做起”签字仪式，培养学生养成良好习惯，挖掘学生潜能，增强拼搏动力。提升课堂教学质量，以制度制约、以机制激励，抓好教学流程各个环节，规范教师教育教学行为；组织开展学科竞赛活动和科技创新工作，多方收集信息，关注高考，提升教学质量；与吴忠回民中学结成友好学校，开展学科教研和观课议课活动，充分发挥各学科示范引领作用。推进学校教育信息化建设，与学科网和高考资源网合作，开通高端服务，依托网上组卷通，为教师教学提供更多教学资源和便利。深化“一师一优课，一课一名师”活动，全面提升教科研工作质量，除做好常规教研工作外，先后组织教师开展电子白板培训4次，完成市教育系统教师信息技术用于能力测试协办工作。年内，组织青年教师参加全市中小学教师信息化能力大赛，开展青年教师上汇报课活动，参加汇报课教师人数达34人。全年学校取得各项荣誉320项，其中集体荣誉12项、单项荣誉308项。加强信息化管理工作，完善《青铜峡一中教育技术装备管理使用制度》，签订功能室管理安全目标责任书，建立信息管理中心，加强学校网络信息建设和教师信息技术能力建设。是年，投入资金5万元，新购图书4940册。先后获自治区青少年排球锦标赛男子甲组第六名，吴忠市青少年科技创新大赛优秀学校和首届青少年科技创新“市长奖”，青铜峡市“高中阶段教育教学管理先进学校”。

（何永宏）

【青铜峡市高级中学】 2017年，高考学生一档上线371人，其中一本上线200人。学校获“高考目标管理先进单位”荣誉称号。不断完善师德评价考核制度，认真落实《中小学教师职业道德行为规范》“十不准”“五条禁令”，规范教师执业行为；加强学校财务管理，坚持“收支两条线”规定和收费公示制；严格按照中小学用书目录推荐教辅用书，严禁教师征订教辅资料；全面落实教代会和校务公开制度，定期召开家长会，评议行风。开展校园文化建设，落实教育部“体育、艺术2+1项目”技能标准，成立田径队、篮球队、足球队等竞技队，开展体卫艺社团训练及比赛活动，丰富校园文化生活，促进学生全面发展。是年，艺考生中被各大艺术院校录取学生40名，其中1人被北京师范大学录取。1名教师被吴忠市第四届运动会“田径”比赛评为优秀裁判员。学校毽球队先后获全市职工毽球比赛男女混合花键“一等奖”、职工毽球比赛平推混合花键“三等奖”。同时，经常性地开展形式多样的宣传教育活动和应急逃生演练，提高师生安全意识、防范自救能力，全年无重大安全事故发生。学校获2017年度消防工作先进单位。加大资金投入，建设校信息管理中心，方便教师录课和开展教研活动，教师全部实现多媒体教学。先后接受自治区教育厅“信息化建设达标示范县”“教师信息化技术应用能力提升工程”检查验收，参与中学教师“信息化应用能力”大赛中，总分排名位列全市第一。加强学生遵纪守法教育，对住校生和走读生实行全封闭半封闭管理，结合领导值周制度，配备保安人员24小时坚守岗位，对学生进出及校外人员

2017 年 9 月 22 日，青铜峡市高级中学举办中华经典诵读比赛

（市教育局提供）

实行登记准出、准入制度。加强教师队伍建设，提高课堂教学水平。年内，1 名教师获“自治区级优秀教师”荣誉称号，1 名教师获吴忠市教育系统“好老师”称号、5 名教师获吴忠市首届“古峡名师”称号，15 人被评为青铜峡市级优秀教师、模范班主任，16 人被评为教育督导评估优秀教师。在“一师一优课”优质课评比中，6 人分获吴忠市级、自治区级、国家级等次奖，11 人承担青铜峡市教研室专题讲座、优质观摩课，其中 1 名教师承担的课题获宁夏第四届基础教育教学课题研究区级三等奖。开展特长竞赛活动，提升学生综合能力。组织学生参加全国中学生英语能力大赛、数学联赛、物理竞赛、生物奥赛，22 人获全国、区市等次奖。学校先后获“弘扬长征精神，鼓起理想风帆”全市中小学生书信征文大赛优秀组织奖、全区青少年普法教育零犯罪学校、2017 年度消防工作先进单位。

（王　彬）

职业教育

【概况】 宁夏青铜峡市职业教育中心成立于 1997 年，是一所集普通中专、技工教育、高等学历函授和职业技能培训鉴定为一体的职业教育中心，是青铜峡市唯一一所职业教育机构。2017 年，应届毕业生 983 人，其中就业 929 人、升学 54 人；新招生 1145 人；在校学生 2907 人，其中住宿生 2254 人。有教职工 121 人，专任教师 108 人，其中正高级职称 25 人、中级 43 人、初级 25 人。学校恪守“学习做人、学好技能、学会共处”校训，坚持“创办管理有序、专业特色鲜明、人民满意的职业名校”办学目标，以提高学生综合素质和职业能力为宗旨，严抓细管，精心施教，努力帮助学生提升自身价值、成为适应社会需求优质人才。先后被自治区关心下一代工作委员会、自治区公安厅评为“全区青少年普法教育零犯罪学校”，被吴忠市教育工作委员会、吴忠市教育局评为“好学校”，被青铜峡市命名为“戏曲传承基地”。

【专业设置】 2017 年年内，学校增设无人机专业和老年服务与管理专业。至年底，学校设有供用电技术、汽车运用与维修、老年人服务与管理、学前教育、医学护理、高铁乘务、无人机操控与驾驶等 16 个专业。

【基础设施建设】 2017 年，学校建立多个专业配套实训室，并与多家企业合作，建设校外实训实习就业一体化专业基地，开展顶岗学习。同时，开设国家和自治区职业技能鉴定中心，进行20余种职业技能鉴定，方便学生在校期间获取至少两个国家认可的技能证书，为学生就业之路奠定基础。年内，争取国家专项资金，建成汽修、电子电工、机加工实训楼1万平方米，续建餐厅2000平方米，完成运动场、舞台搭建及学生宿舍室外楼梯建设，为17级新生采购配置高低床和床垫，为办公楼阴面房间加装暖气片。

【教师队伍建设】 2017年，学校开展师德师风学习活动，组织教师学习《教师职业道德规范》《中华人民共和国教育法》《八项规定》等法规，举办"做一名好老师"演讲比赛，切实提高教师思想政治素质和师德修养。加强教师队伍管理，通过聘任引进、进修等措施，提高"双师型"教师比例，依托说课、赛课等活动，提升教师教学针对性和有效性。强化教师学习培训，组织医护专业教师到宁夏民族职业技术学院康复护理系旁听观摩、学前教育学部和医护学部教师分别到宁夏幼儿师范学院和宁夏民族职业技术学院听课；组织全校120余名教师先后到宁夏小巨人机床制造有限公司、花溪谷花圃基地、丝路通集团及宁夏共享铸钢有限公司参观学习，推进校企合作、专业共建，提高教师教学能力。开展新老教师结对帮扶活动。至年底，学校有专业带头人17人，骨干教师40余人，"双师型"教师60余人。雷振清被自治区教育工作委员会、教育厅评为"优秀教育工作者"，被青铜峡市评为"古峡名校长"；杨耀臣、徐梦莹、刘亚军3人被青铜峡市评为"优秀教师"，常福宝、赵淑芳2人为"优秀班主任"。哈学存、陈少娴两名教师参加吴忠职教联盟信息化教学大赛分获一、三等奖；孟佳丽、高彦婷参加北京商鲲控股教育集团说课比赛获二、三等奖。

【教学工作】 2017年，学校做好教材征订、岗位设置、课务安排等准备工作，抓好教师教学计划、备课、上课、作业、听课等教学各个环节检查。每学期进行教学检查4次。加强晚自习、课堂教学管理整顿。安排教师查堂、领导抽查，所有教学班级安装监控设备；开展每月一次学生问卷调查，汇总学生对教学工作意见建议并及时反馈给相应老师。坚持推门听课，分阶段、分学部、分层次、分理（论）实（操）开展听评课活动，帮助青年教师快速成长。

【技能训练】 2017年，学校开展专业技能竞赛活动。从10月中旬到12月下旬，组织全校各专业开展校级技能大赛，参赛学生覆盖全校所有班级。组队参加全国、区、市职业院校技能大赛。全年共有73名学生参加区级25个项目比赛，52名学生获等级奖。其中8人获一等奖，27人获二等奖、17

2017年9月28日，市职教中心举办首届汽修专业学生技能大练兵
（市职教中心　陈少林摄影）

人获三等奖；15 名教师获优秀指导奖。组队参加全国技能大赛，6 名学生代表宁夏分赴浙江、天津、长春、江苏、扬州参加机械装配等 4 个项目比赛，2015 级生物班学生张艳获果蔬嫁接三等奖。11 月，派出 34 名学生参加吴忠职教联盟技能大赛 11 个项目比赛，5 人荣获一等奖，12 人获二等奖，5 人获三等奖，王秀芹、哈学存、常福宝等 12 名教师获优秀指导奖，学校获优秀团体奖。

【综合素质培养】 2017 年 5 月，在银河广场举办第三个职业教育宣传周活动专场文艺晚会，集中展示学校近年来办学成果和师生良好精神风貌。年内，根据学生实际情况，组建男女篮球队、足球队、排球队；组织全校学生聆听“圆梦中国人”宣讲，举办感恩演讲比赛，展示学生个性特长，引导学生懂得知恩、感恩、报恩和施恩；配合市教育局、公安局开展禁毒预防教育，让学生珍爱生命、远离毒品；开展周三德育教育及法制宣传进校园活动，引领学生遵规守纪做阳光青少年；组织全校师生在校足球场观看戏曲，举办消防安全知识讲座，邀请市疾控中心马巧玲副科长进校作预防艾滋病、结核病知识专题辅导，帮助学生认识并预防艾滋病和结核病，共享健康权利，共建健康中国，通过丰富各类活动，养成良好行为习惯。

【顶岗实习】 2017 年，学校通过多种渠道收集用工信息，主动与几十家企业联系、沟通，特别是加强与区内骨干企业联系，巩固已有合作企业，拓展新型企业，与北京海军总医院、北京同仁医院、北京儿童医院、北京香山炮兵医院、青铜峡市人民医院、同心县人民医院、宁夏小巨人机床制造有限公司、宁夏丝路通信息科技有限公司、宁夏润丰电力有限公司、宁夏乐口福食品有限公司等多家企事业单位达成合作意向，为 2015 级 708 名学生顶岗实习提供充足岗位。同时，还深入企业，做好跟踪回访，了解用人单位评价及实习安全情况，避免学生因环境改变过大、思想准备不足及人际关系不协调等原因造成离岗和脱岗，协调各企事业单位为部分不适应学生调岗、换岗，最大程度保证用人单位新入职人员稳定和思想平稳过渡。2017 年度，初次实习就业率达到 99.7%，对口就业率达到 88.19%；学生在岗稳定率达到 90.13%。

【招生工作】 2017 年，开展进村入户宣传，举办第三个职业教育宣传周专场文艺晚会，强化招生举措，是年招生人数达 1145 人。

【工学结合】 2017 年 8—12 月，安排 5 批学生进行勤工俭学和工学交替活动。其中，在宁夏乐口福有限公司勤工俭学 40 人，赴长江三角洲、珠江三角洲进行工学交替社会实践活动 614 人。

【校校合作】 2017 年 5 月，与北立方教育集团联合办学，提升汽修专业办学知名度和教学质量；与宁夏民族职业技术学院签订护理专业联合办学协议，做强护理专业。6 月，与宁夏丝路通集团等公司洽谈“订单培养”事宜，为学校平面专业和财会专业学生提供定向培养机会；与宁夏乐口福有限公司洽谈引企入校工作，为食品生物工艺专业学生搭建学、教、产平台。

【定向培养】 2017 年，学校调整并加强各个专业建设，加盟多家职教集团并开展专业共建，广开办学就业门路；与宁夏电力建设工程公司、宁夏共享铸钢有限公司、太平洋生物科技有限公司等近百家企业共建人才培养基地，为企业订制培养技能人才；与宁夏大学等院校联合开设专升本学习班，帮助更多学生继续深造、圆梦大学。学校毕业生一次性就业率达 98%以上，名列自治区职业教育类学校前列。在校报名套读提升学历学生约 100 人。

2017年3月30日，15级医护专业实习面试在青铜峡市职教中心举行　（市职教中心　陈少林摄影）

【安全管理】 2017年，开展安全文明校园创建活动，制定《职教中心学生安全管理防范工作制度》，邀请警官李志军给学生讲解法制、禁毒宣传知识，邀请张宗涛警官给学生讲消防安全知识，提高学生防火意识和自救能力，全年举办安全主题教育讲座3次。做好2017级新生传染性肺结核筛查和常规体检，以“珍爱生命”为主题，开展安全教育活动，通过办理手抄报、黑板报，举办征文比赛和召开班主任安全工作会议，与校外住宿学生、离校（顶岗）就业学生签订家长、学生、学校三方安全管理协议书，明确责任，确保师生安全、校园和谐。

（雷振清）

民族教育

【概况】 2017年全市有“百所标准化回民中小学”6所。其中，小学4所、中学2所。分别是：任桥回民小学、杨滩小学、同兴小学、同进小学、市回民中学和第四中学。年内，落实少数民族教育政策，加强学校清真食堂监督管理，深化各类“民族团结进步示范学校”创建活动。各学校通过召开主题班队会，开设橱窗、民族知识团结宣传墙，印发宣传画册、折页，编写校本教材，制作手抄报，举办网络知识竞赛，开展手拉手快乐大课间等主题实践活动，加大民族政策宣传力度，提高学生民族认知教育工作水平。

【青铜峡市任桥回民小学】 2017年，学校围绕“1235”目标，在确保学校安全稳定前提下，紧盯立德树人、提高教育教学质量两项工作任务，着力优化课堂教学、加强教师队伍建设和改善办学条件，努力实现教育信息化、教师专业化、管理精细化、学校品牌化和党建规范化。在加强常规管理同时，注重学校内涵建设，开展以赛促思，提升教师整体素质；加快教师队伍建设，打造名师工程；开展校本研训活动，改进学校办学品质。

（高天飞）

【青铜峡市杨滩小学】 占地面积9870平方米，有教学班6个，在校学生123人，教师11名。2017年，学校牢固树立“科学管理、创新发展、面向全体、综合进位”办学理念，规范学生行为习惯，提升教育教学质量。先后承担“十三五”规划教育部课题和区市实验课题，获全国优秀成果三等奖、自治区一等奖，被评为自治区级“器乐教学合格学校”，市级“安全文明校园”“三化” 建设达标单位、“少先队红旗大队”“教育教学先进集体”等。

（卢学军）

【青铜峡市同兴小学】 位于青铜峡镇同兴生态移民村。2012年4月投入使用，学生全部来自于宁夏同心县搬迁至青铜峡的生态移民家庭，属少数民族集聚区，学生均为回族。2016年被自治区教育厅确定为“百所回民标准化项目学校”。2017年，学校占地面积35亩，其中建筑面积5600平方米。有教职工24人，教学班11个、学生410人，学前班4个、幼儿120人。学校有图书7200册、计算机60台，各功能室齐全，基础设施比较完善，建有校史馆、乡村学校少年宫、道德讲堂、舞蹈排练厅、录播室、科学探究室、特教室、爱路护路教育基地等。学校注重内涵发展，在加强常规管理、师资培训、教育教学管理、民族团结教育、学生良好行为习惯养成教育、安全教育、校园文化建设和校本教材开发等工作的同时，提倡特色办学，将跳校园集体舞、经典古诗词诵读、阳光体育、唱红歌、体艺“2+1项目”、班级小型文体等活动制度化、常态化，成立阅读、书法、美术、音乐、电脑绘画、棋艺、乒乓球、科学探究、综合实践、舞蹈、合唱、道德讲堂12个兴趣小组，开展班级特色文体活动。

（王自荣）

【青铜峡市同进小学】 位于青铜峡镇同进生态移民村，隶属于青铜峡市广武中心小学管理，2013年6月投入使用，学生全部来自于宁夏同心县、海原县搬迁至青铜峡的生态移民家庭，属少数民族集聚区，学生均为回族。2015年被自治区教育厅确定为“百所回民标准化项目学校”。2017年，学校占地面积50亩，其中建筑面积6500平方米。有教职工28人，教学班12个、学生508人，学前班4个、幼儿158人。有图书11750册、计算机76台，各功能室齐全，基础设施比较完善，设有舞蹈排练厅、禁毒教育室等。近年来，在市文化馆、图书馆等部门帮助下，学校成立舞蹈、合唱、绘画、书法美术、武术等兴趣小组，各类活动开展的有声有色，学生参与率达80%以上。

（王自荣）

【青铜峡市蒋东小学】 位于大坝镇回族聚集地——蒋东村。2017年，学校以“创建规范加特色现代化小学”为目标，改善办学条件，利用品德课、班队会、家长会、国旗下致辞等形式，加强学生思想道德、行为习惯养成教育，积极打造高效课堂，教学成绩稳步提高。

（杨建保）

【青铜峡市同乐小学】 属宁夏生态移民学校，由宁夏农垦集团投资兴建，市教育局筹措资金按照义务教育均衡发展国家评估验收标准，配备各种仪器设备，协调兄弟学校捆绑交流教师，解决师资不足问题。2015年3月投入使用，划归青铜峡市甘城子中心学校管理。2017年，学校占地面积18144平方米，有教学班10个，在校学生375人。其中少数民族学生349人，占全校学生总人数的93.1%。有专任教师21名。建有图书阅览室，科学实验室、综合实践室、微机室、音乐室、美术室、体育器材室、心理咨询室7个功能实验室。近两年，学校确定“以德立校、依法治校、质量强校、发展兴校”办学思想，创设实施素质教育环境，加强文化科学知识传授及思想品德教育，力促学生德智体全面发展。

（王春山）

【青铜峡市同富小学】 位于邵岗镇同富北村。筹建于2011年年初，2012年9月建成投入使用。学校占地面积9177平方米。建有教学楼、教师周转宿舍楼、幼儿园教学楼3幢。2017年，有教职工18人，其中专任教师15名。设有两年制学前教班2个，适龄儿童75

2017 年 9 月，市沈闸中心小学开展民族团结月教育活动

（市教育局提供）

名；小学教育教学班 8 个，适龄儿童 295 人。配有科学实验室、科学准备室、体育器材室、综合实践活动室、心理咨询室、卫生保健室、音美器材室等功能室。图书室藏书 5000 余册，微机室配备学生用计算机 40 台。在教育教学管理方面，开足开齐课程，从学生行为习惯入手抓学生养成教育，利用班会课让学生学习小学生一日常规，在校时间要求学生说普通话，通过全校师生共同努力，学生养成教育有了很大进步，教育教学质量与兄弟学校差距逐年减小。

【青铜峡市回民中学】 是一所九年一贯制学校。占地面积 50400 平方米，其中建筑面积 9600 平方米。有教学班 24 个、学生 945 人。有教职工 79 人，其中吴忠市骨干教师 5 人、青铜峡市骨干教师 9 人。2017 年，学校以“深化课程改革，打造高效课堂，全面提高教育教学质量，促进义务教育均衡发展”为中心，立足校本，按照“重师德、树名师、培新秀”工作思路，对青年教师采取“压担子、配对子、搭台子、树样子、育苗子”办法，建立传帮带机制，培养教坛新秀，先后组织参加“高效课堂”研讨，开展“一师一优课、一课一名师”活动；以“立德树人”为宗旨，开展“特色校园”创建活动。年内，学校被评为全区“零犯罪”学校、“宁夏信息化示范应用学校”“市教育系统职业教育招生先进集体、”“德育工作先进集体。”

（张爱平）

成人教育

【概况】 2017 年，青铜峡市成人教育以市电大工作站、市职业教育中心、市农业广播电视学校为阵地，面向社会开展学历教育短期培训，满足不同层次学员学习需求。年内，青铜峡市电大工作站升格为青铜峡市电大分校，开设行政管理、法学、金融学等 11 个本科专业，会计、工商管理、药学、学前教育等 12 个专科专业，在册本、专科学员 700 余人，培训本、专科人才 3000 余人。市农业广播电视学校组织实施全国基层农技推广服务体系改革与建设项目、新型职业农民培育项目、新型农民培训项目、农民田间学校建设项目，培训新型农业经营主体带头人 570 名、新型种养大户 210 名。农民田间学校填补青铜峡市西南部地区农民培训，特别是生态移民培训设施不足空白。市职业教育中心增强学校服务社会能力，以实施成人学历培训开展社会专业鉴定为内容，全年培养成人函授学员专、本科毕业生119人，完成各类人员鉴定2721人、普通话测试1000余人。

【电大教育】 2017年，拓宽办学渠道，实行全员招生办法，春、秋两季注册专、本科新生280余名。改进授课方式，针对学生学习有浓厚兴趣的《会计核算模拟实验》《计算机应用基础》《基础会计》《建筑制图基础》等课程，安排各专业教师增加授课次数，全年授课500余课时，听课学生3000余人次。青铜峡电大分校被区电大授予"办学先进集体"。加强学员管理，有序做好学籍注册、教材征订发放、作业批阅、学费收交、毕业证发放等各项工作。年内，为学生注册报考课程4000余门次、采集照片300余人次；强化网络学习技能培训，培养学生自学能力和自学习惯，提升学生网上学习行为次数；规范学员咨询、交费、办事及班级管理行为，利用QQ群、微信群、短信平台等手段为学生提供网上在线咨询、答疑、成绩查询、信息发布、学习资料交流、网上学习技能指导等服务。加强学生考试工作和毕业实践活动。全年组织自开课、补修课、网络考试及期末考试等170余场次，安排专、本科11个专业200余名学生参加实践活动；设立市级"优秀电大学员"奖学金，评选优秀学生10名；购置6台电信信号屏蔽仪、4台办公用电脑，解决电大办公及考试问题；自筹资金13万元，争取区电大资金12万元建设"云教室"。

（席　阳）

【农广校教育】 2017年，实施生态移民农业实用技术培训及示范户跟踪服务培训，培训移民600人次，新增庭院种植示范户6户、示范园1个，总计24户。制定农民培训计划，组织协调市农牧和科学技术局下属各单位完成冬春科技培训及普及型引导性农民培训3万人次。开展农村实用人才培养工作，完成农村实用人才培养计划入库管理，遴选212名新型农业经营主体带头人、种养大户，发挥人才引领示范作用。组织市农牧和科学技术局全体农技推广人员开展网上"农科讲堂"培训学习，指导安装使用农技推广APP软件，为农户提供线上线下技术交流与服务。

（席　宏）

教学研究与教师培训

【概况】 2017年，全市教学研究和教师培训（以下简称"研训"）工作以"推动全市教育事业全面、协调、可持续发展，努力办好人民满意的教育"为目标，以提高教育教学质量为核心，创新机制，强化管理，切实履行"研究、指导、管理、服务"工作职能，各项工作都取得可喜成绩。年内，选派教研员参加各级各类培训学习活动38人次。其中，国家级培训11人，上级部门中、高考复习研讨及讲学、听课学习活动27人次。

【专业引领职能发挥】 2017年3月，市教育局召开全市教科研工作会议，总结表彰2016年教科研先进集体、"一师一课"活动先进集体及先进个人，安排部署2017年教师培训、信息化测试及建设、名师工作室、"一师一课"、主题教研、课题研究、送教下乡、国培项目等工作。全年教研员带头上公开课、示范课91节次。

【质量监测及卷面分析会】 2017年，市教育局开展教学质量监测工作，全年监测16门学科，参加测试学生5万余人次。3月，在市第五中学举办2017年上半年教学质量监测中小学专场卷面分析会，从命题依据、成绩分析、答题情况等方面深入分析，提出合理化指导意见建议，34 所学校 400 余名教师参加会议。9 月，组织召开第二学期期末教学质量监测卷面分析会，学科教研员从命题思路、答题情况、成绩汇总进行分析，协调成绩优异教师进行经验交流、成绩薄弱学校分析反思，300 余人参加会议。

【高考复习备考】 2017 年 2 月，组织由区教研室专家、区内高中名师、全体高三教师及教研员共计百余人参加的全市 2017 年高考复习研讨暨百日动员会，9 名名师和 9 名高三教师上观摩课 18 节，通过专家授课指导，探讨交流复习课教学方法，解读 2017 年高考考试说明。1 月和 3 月，组织高三学生开展两轮联考活动，帮助学校及时发现复习工作存在问题，增强高考复习工作针对性、时效性。

【中考复习备考】 2017 年，组织初三教师参加 2017 年全区中考复习讲习会，听取专家中考说明解读。4 月，承办吴忠市教研共同体暨中考备教复习研讨会，分学科上同课异构教学观摩课 24 节，现场采取互动方式开展讨论，解读中考《考试说明》、命题趋势和复习重点，探讨中考复习课教学方法，600 余名教师及教研员参加研讨会。开展中考联考活动，组织初三学生进行两轮联考。10 月，组织 200 余人参加 2017 年中考质量分析研讨会，通报中考整体情况及区间分布，分析交流各中考学科质量，通过中考成绩横、纵向比较分析，了解全市各学科成绩在校分布，找出问题及原因，提出解决问题对策建议。

【“一师一优课、一课一名师”评选】 2017 年，3—6 月，开展“一师一优课、一课一名师”评选活动，通过召开动员会议，做好教师注册、晒课(教师注册 2289 人、晒课数 2349 节)，提升活动成效。全市评选出市级优课 232 节，推荐上报吴忠市优课 55 节，其中进入自治区级优课 32 节，获区级优课 18 节、部级优课 13 节。

【名师送培送教】 2017 年 6 月，组织学前教育、小学语文和数学、中学数学及思品学科骨干开展送课活动，送课到 2 所幼儿园、4 所边远薄弱学校，各学科共送课 14 节，听课教师 200 余人，召开研讨会 6 场。11 月，协调组织吉林省教育学院名师团队 24 人，会同青铜峡市相关学段教师和学科教研员 230 人，开展“送教下乡”活动。活动期间，承担上课教师 20 余人次，举办校本研修交流汇报 5 次，完成活动总结 4 份。

【联片教研】 2017 年，市教研室召开各学科教研组长会议，开展“关注学生核心素养”“我的特色我的课”、学科课程社区研讨等主题联片教研活动，为全市网络联

2017 年 4 月 28 日，吴忠市区域教研共同体中考备考研讨会在青铜峡市召开　　（市教育局　乔小军提供）

片教研工作起到引领作用。全年开展联片教研活动8次，其中市级以上活动5次，

【学科主题教研】 2017年3月，组织中小学22门学科300名学科教研组长参加学科教研组长会议，征求基层学校意见、建议及探讨研训工作新思路、新方法，设计中小学16门学科“主题教研”方案。5月，协调小教组语文、数学、英语三个学科分别在市汉坝小学、第二小学、第五小学组织召开全市“主题教研”活动，采用课下和网上研讨相结合形式，开展学术交流。9—11月，协调中小教部以指导特岗教师、提升薄弱学科教学质量为主题，先后对17个学校进行教学视导，指导教师200余人次，检查教师教案和学生作业，撰写调研报告18份，组织、参与指导校本教研、片区教研活动54场次。

【参加全区教师基本功大赛】 2017年，开展自下而上中小学（园）教师基本功暨“三字一化”大赛，经过学校初赛、市级复赛和全市决赛，推荐5名教师参加自治区级比赛，邀请“三字一化”方面专家对选手进行培训，获大赛一等奖3人、二等奖1人、三等奖1人。

【寒暑假培训】 2017年，市教研室在学生寒暑假期间，开设46个学科班级，由各专兼职教研员、名师工作室成员、骨干教师等承担培训任务，组织开展全市中小学（园）部分教师教学能力提升专项培训。培训内容主要以信息技术和信息化资源在学科教学中的应用为主，将所学理论知识同教育教学管理实践相结合，提升教师应用信息技术和信息化资源开展课堂教学能力。其中，寒假7个班培训特岗教师194名，暑假班分学科培训教师1500余名。全体学员培训结束后均采取闭卷方式进行专业测试。

2017年10月20日，全市区域网络教研工作启动会议在市第五中学召开 （市教育局 乔小军摄影）

【网络教研试点工作】 2017年7月，青铜峡市被确定为首批自治区级“区域网络教研试点县（区）”。为了做好此项工作，经过大量调查研究，出台《青铜峡市开展区域网络教研试点工作实施方案》。9月，开展试点学校及学科申报工作。10月，在宁夏教育资源公共服务平台——课程社区广场（http://yun.nxeduyun.com）建设学科课程社区36个，参与试点学校9所、学科教师569人。至年底，有10个学科参与学科教师人数增加到1455人。

【教师全员网络研修培训】 2017年，全市参加网络研修培训1600余人次。其中，中国教师继续教育网1200余人次，奥鹏远程教育、中国教育电视台有300余人次，乐高教育71人次。承担并完成全国中小学教师继续教育网络培训坊主、管理员等工作教研员7人次。教师参加上线学习率达

100%，合格率达100%；坊主批阅作业完成率达100%。

【特岗教师培训】 2017年8月，开展全市特岗教师、青年教师岗前培训。通过培训，帮助年轻教师了解教学常规工作，增强专业意识，规划职业发展。

【骨干教师课标及专业知识测试】 2017年7月，在高级中学对全市中小学各级骨干教师进行文化课及课标、教材教法考试，提升骨干教师课堂教学能力及教育研究能力。

【名师工作室建设】 2017年3月，召开名师工作室工作推进会。邀请自治区教研室专家对名师工作室工作进行点评，安排部署2017年名师工作室工作。90余人参加会议。

【"国培计划"项目实施】 2017年6月，组织全市50名中小学校(园)中层以上领导赴吉林教育学院参加"提升中小学校长学校内部管理、改进思行能力"主题培训学习，聆听专家名校校长授课，实地参观名校风貌，提出青铜峡市教育发展思考。9月，组织全市中小学(园)52名教师赴吉林教育学院参加培训学习，聆听专家授课，围绕教学设计、课题研究等方面进行探讨交流，受到承办单位好评。

【课题研究】 2017年9月，完成50项区级立项课题结题督查和资料汇总工作。经过区级科研部门评审，24个课题获奖，其中一等奖4个、二等奖7个、三等奖13个。12月，完成青铜峡市第四届基础教育课题结题资料收集工作，收到结题课题97项，评选市级一等奖课题19项。

【教师信息技术应用能力测试】 2017年4月，完成2所高中、1所职教中心和3所公办幼儿园教师信息技术能力测试工作。8月，举办全市中小学教师信息技术应用能力培训及教师全员测评工作，提高教师信息技术应用能力，推进信息技术示范县创建工作。

【信息技能竞赛】 2017年，市教研室组织教师参加全区中小学教师教育教学信息化大赛活动，41人次获吴忠市奖励、17人次获自治区奖励。组织教师参加网上中国教育技术论文评选活动，组织学生参加吴忠市中小学生电脑作品制作活动，选送作品240件，其中荣获一等奖14人、二等奖27人、三等奖53人。5月，完成全市九年级信息技术等级考试工作。

（商俊斌）

文化·体育

编辑◎何艳珍

文　化

综　述

【概况】 2017年，全市有国办文化体育事业（广播影视）单位15个，其中:文化馆1个、图书馆1个、文物所1个、广播电视台1个、农村电影放映中心1个，镇文化站8个，街道文化站1个，林场文化站1个。有专业文化艺术表演团体1个，业余文艺团队42个。有村级文化室85个，标准文化大院10个，村级文化体育中心户154个，文化信息资源共享工程基层服务点12个。

【国家公共文化服务体系示范区创建】 2017年，市文化广播电视局争取各级财政资金，改造提升8个镇和裕民街道文化站工作环境，完善配套服务功能。加快公共文化数字化、信息化建设，筹措资金为文化馆、图书馆新建电子阅览室配备电脑50台，为8个镇、裕民街道文化站新建电子阅览室配备电脑106台，为20个村新建电子阅览室配备电脑100台。拨付各镇、裕民街道办事处、文化大院创建经费38万元，用于扶持民间文艺团体、文化大院建设，抓好农村自乐班扶持培育，为20个民间演艺团队配置便携式多功能组合音响系统1套，委派辅导老师进行专业辅导，提高团队表演水平。定制手袋、围裙、宣传单和纸杯，印发各社区、镇村，加强宣传，营造创建工作氛围。

【元旦、春节系列文化活动】 举办春节社火大赛，来自各镇、街道、机关党委15支社火队参加比赛。筛选优秀团队参加吴忠及自治区社火大赛，邵刚镇和瞿靖镇分获吴忠市社火大赛一、二等奖，市文化馆获优秀组织奖。开展文化下乡义务送春联活动，义务送春联1126副。举办“走——黄河岸边吼秦腔”秦腔票友大奖赛，为广大秦腔爱好者提供展示交流平台，营造“红红火火”过大年良好氛围。节日期间，宁夏演艺集团、青铜峡文化演艺公司及民间业余文艺团队共同演出“庆元旦、迎新春”专场文艺演出15场。

【群众文化活动】 2017年年内，举办2017年“彩墨素尺”白静雯写意花鸟画作品展，展出白静雯写意花鸟作品56幅。举行宁夏引黄灌溉古渠系“申遗”万人签名暨黄河拜水盛典活动。举办中国梦·宁夏情·黄河颂——宁夏引黄古灌区成功申遗大型公益晚会，来自全区水利系统及青铜峡市各界群众代表3000余人共同欢庆宁夏引黄古灌区申遗成功。举办青铜峡市“千年毓色、妖娆唯牡丹”牡丹文化艺术节。活动期间，安排精彩文艺演出和太极拳、南营武术等健身团体表演，同期展出“我在黄河边等你”摄影大赛90幅反映青铜峡市经济、文化、人民生活发展摄影作品。承办第二季中国新歌声全国城市海选赛，在青铜峡赛区举办4场选拔比赛。承办第十五届中国戏剧节在青铜峡演出精品剧目5场。举办黄河文化周活动——“惠民演出戏曲周”，演出传统秦腔剧目《生死牌》《火焰驹》等剧目，传承戏曲文化，丰富群众文化生活。

【文艺创作】 2017年，发挥青铜峡市黄河文化优势，坚持“二为”方向、“双百”方针，本着发现人才、培养人才、打造精品原则，组织创作人员潜心创作。截至年底，在各类文学刊物、艺术书画展、文艺展演中获奖、入选、发表各类艺术作品122(篇、幅、首、项)，编排《多彩家园》《移民心声》等歌舞、小品、合唱等文艺节目50个。以建设青铜峡水利枢纽工程为主题，创作眉户现代戏《青铜峡》。

【文艺演出服务】 全年组织各类演出293场次。其中广场文化演出48场、送戏下乡演出100场、进景区演艺20场，进校园演出15场、邀请自治区级专业演出团队来青铜峡演出20场次、组织业余文艺团队开展下基层演出90场。同时，各业余文艺团队依托镇文化广场、青秀园和怡心园开展各类文化活动数次。

【图书借阅】 2017年，利用宁波西门商会捐赠的流动图书车开展“送书刊”“送信息”“送视频”“送光盘”“送培训”等活动，为农民群众免费举办讲座，进行科技培训4期，发放致富信息资料5000份。在东街社区、怡园社区、韵欣园社区增设3个图书馆分馆。其中，韵欣园社区分馆配置1台内存3000种电子书报超星电子借阅机，扩大图书馆服务半径，延伸服务范围。在吴忠市消防支队青铜峡大队安装超星歌德电子书借阅机1台。会同自治区图书馆在贺兰山训练基地为86262部队建立图书分馆。开展免费送书上门活动，招募志愿者参与图书馆事务。举办青铜峡市假期少年儿童读书月、“我读书、我快乐”主题征文比赛、优秀纪录片展播等系列活动，全年共举办读者活动12场次，有4000人参加活动。

【文化扶贫】 按照精准扶贫、精准帮扶、精准脱贫要求，自2017年3月开始，深入同进村了解帮扶对象基本情况、发展愿望，会同市文化馆、图书馆在同进村小学开设艺术培训班，每周五下午进行书法、绘画、舞蹈、音乐4个门类授课。市图书馆在做好图书进校园的同时，筹措经费购置笔墨纸张40套，各类教材60套，铅笔、转笔刀、舞蹈鞋、练功服等40套无偿捐赠帮扶村贫困学员。5月27日，在同进村小学举办“精准文化扶贫”成果展暨庆“六一”文化进校园系列活动。

2017年3月10日，市文化系统在同心小学举办“精准文化扶贫”艺术培训班

（市文化馆　曹文德摄影）

【文物保护】 2017年，通过印发宣传册、建立微信平台、制作宣传片等形式，宣传文化遗产保护知识、文物法规等，提高群众文物保护意识。做好古长城日常巡查和监测保护工作，开展文物法人违法案件专项整治、文物安全状况大排查活动，加大文物遗址保护力度。完善文物保护三级网络建设，充分发挥文物保护员和志愿者作用。完成《泉涌万年 古营遗珍——青铜峡鸽子山遗址陈列展》布展工作，全面展示鸽子山遗址文化价值及出土文物科学价值。围绕宁夏引黄古灌区申报世界灌溉工程遗产工作，开展系列活动，传播优秀传统文化，引导社会公众参与文化遗产保护工作。

【非遗传承保护工作】 2017年，深入各镇筛查非物质文化遗产，掌握民间文化艺术基本情况，完善档案数据资料，为制定和完善全市非物质文化遗产保护传承政策措施提供依据。开展第五批吴忠市级非物质文化遗产代表性项目和第四批吴忠市级非物质文化遗产代表性传承申报工作。《牛首山佛教音乐》传承人刘明华成功申报第四批吴忠市级非物质文化遗产代表传承人。开展“非遗保护——传承发展的生动实践”主题文化遗产日广场文艺宣传活动，向广大群众发放非物质文化遗产宣传册500余份。

【人才培训】 2017年，以“十百千”文艺人才培训工程为抓手，免费开设音乐、视唱练耳、书法讲堂10期，培育各类骨干200人。结合全市精准扶贫工作，开办舞蹈、书法、美术、声乐等文化扶贫培训班，举办各类培训班50期，受益学生近300人。抓好文艺人才进校、入村（社）工作，为市第三小学学生举办书法培训班10期，为老年大学举办美术、声乐培训班各10期，在各镇、街道办社区培育秧歌社火队13个、健身操队23个。

【活动场所免费开放】 2017年年内，文化馆、图书馆坚持每周免费开放56小时，各镇文化站、农家书屋、村文化室、文化大院均实现每周免费开放40小时。

（韩　波）

群众文化

【概况】 2017年，市文化馆以创建第三批国家公共文化服务体系建设示范区为目标，以开展春节系列文化活动、黄河文化周、百花奖大赛、送文化下乡等精品品牌文化活动为载体，以十百千艺术人才培训工程为抓手，推进艺术普及免费开放工作。全年举办、承办、协办书画展2次，外派人员参加各艺术门类艺术交流活动11次。

【文艺演出】 2017年年内，市文化馆组织各类演出活动331场次。其中，元旦春节系列活动31场次、基层文艺自乐班文艺活动173场、下基层演出90场次。观众累计达9万人。

【群文活动】 2017年，市文化馆以组织开展公益性活动为主体，提升各类活动档次和品味。配合市委、政府中心工作，开展“春节社火表演”“黄河岸边燎疳节”“拜水盛典”“牡丹节”“乡镇广场文艺展演”“秦腔专场演出”、广场舞大赛及秦腔大赛等定向主题活动；邀请宁夏演艺集团歌剧舞剧院至青铜峡市开展进社区、下乡镇、入学校、进军营“四进”演出活动。全年组织广场文艺51场次，开展“四进”活动21场次。

【作品参赛】 2017年，市文化馆创排广场舞《魅力古峡》等作品，参与2017年全区广场舞比赛，分获一、二、三等奖。创排歌伴舞《稻花飘香宁夏川》、小品《迎接检查》和相声《美丽家园》，参与2017年“欢乐宁夏”全区优秀文艺节目展演获奖。辅导并选送表演队参加吴忠市运动会体操表演，获第二名。创排广场啦啦操《最美中国》参加全区广场舞啦啦操比赛，获一等奖。创排广场舞《最美中国》《阿哥的白牡丹》参加全国广场舞大赛湖南南线站比赛，问鼎特等奖。

【艺术普及】 2017年，市文化馆利用馆内人才和外请区、市专业教师，举办“十百千”培训班6期，在文化馆、老年大学及各民间自乐班等地，定点免费开办美术、声乐培训班120场次，老年古筝免费班16场次。组织文艺骨干，深入各镇、社区、学校等开展艺术教育培训班24场次。其中，结合文化下乡，在同进村、同进小学开展“结对子种文化”文化精准扶贫活动，开设少儿合唱班、书法班、美术班和舞蹈班，每周五下午由文化馆专业老师定点辅导，全年辅导18次，200名学生参加培训。年内。组织业务人员参加国家、自治区和吴忠市专业能力提升培训；邀请名师授课、点评，长期定点在市场文化馆、怡心园组织书法公益培训班160次。全年开办舞蹈、声乐、摄影、书法美术等各类培训班259班次，免费培训各基层骨干2000人次。

【基地免费开放】 2017年，市文化馆开设美、影、书法、非遗展厅，每周开放56小时。免费为各业余文艺团队提供排练场地累计1600个小时。

【文艺创作】 2017年，市文化馆馆员创作各类艺术作品122件(篇、幅、首、项)，全部在各类文学刊物、艺术书画展、文艺展演中获奖、入选、发表。其中，86件(次)书画、摄影、文学作品、舞蹈表演在自治区及区以上获奖、入展或刊登发表，14件在吴忠市展出、获奖，22件在青铜峡市级获奖、展出或发表。

（刘　锋）

文艺创作与演出

【概况】 2017年，市文化演艺有限公司坚持文艺为人民服务理念，围绕市委、政府中心工作，做好青铜峡市“走——黄河岸边吼秦腔”秦腔票友大赛宣传、筹备及演出及中共十九大和自治区十二次党代会精神宣传工作，做好文艺下基层工作。12月，被中宣部、文化部、新闻广电总局评为第七届全国服务基层服务农民文化先进集体。

【文艺演出】 2017年，市文化演艺有限公司参与全市“迎新春”文艺晚会、《黄河拜水盛典》实景演出；开展送戏曲进校园活动，深入市高级中学、汉坝小学、第二小学、第三小学等学校巡回演出。协调并参与中国戏剧家协会主办的全国性戏剧展演活动，在青铜峡影剧院分会场演出剧目《红的归来》《白罗衫》《庄妃》《菲亚飞》《全家福》；在影剧院举办戏曲演出周活动。做好中共十九大和自治区十二次党代会精神宣传，排练节目，深入峡口、叶盛等镇进行巡回演出；排练节目，深入驻青部队进

2017年3月12日，召开《我的青铜峡》第二次剧本研讨会

（市文化演艺有限公司提供）

行慰问演出。

【文艺创作】 2017年元旦、春节期间，市文化演艺有限公司编排《吉祥如意》《情系人民》《古峡圆梦人》《国法与家规》等反映青铜峡市地方特色、人情风光歌舞、小品等节目。创作以讴歌青铜峡水利枢纽工程建设为主题，现代眉户戏《的青铜峡》初稿，年内经过有关专家两次研讨，继续进行修改。创编历史剧《窦娥冤》，10月搬上舞台与观众见面。以扶精神、扶智力、扶文化为主旨，编排情景剧《我的中国梦》、快板《高歌颂唱十九大》《万众一心奔小康》、表演唱《城乡共奔小康路》、秦腔对唱《当干部就要多吃亏》、小品《国法与家规》等节目，深入各镇和同进、同心、同福、同乐4个移民村，以文艺节目为载体把中共十九大精神及自治区党代会精神带到群众身边，丰富广大群众文化生活。

（龙建侠）

文物保护

【概况】 2017年，全市文物保护工作坚持以“本体抢险加固、消除安全隐患”为目标，以挖掘青铜峡引黄灌溉历史文化和鸽子山遗址为重点，开展文物保护宣传，加强重点文物抢救性保护和申遗工作。年内，鸽子山遗址成功入选2016年度“全国十大考古新发现”，宁夏引黄灌溉古灌区入选2017年世界灌溉工程遗产名录。

【古长城监测保护】 2017年，市文物所加强境内古长城日常巡查和监测保护，争取北岔口长城抢险加固修缮项目，开展抢救性保护，组织相关设计单位编制《北岔口段长城抢险加固维修工程建设方案》上报国家文物局待批。建立宁蒙毗邻地区长城保护工作联席会议制度，会同阿拉善左旗等相关部门开展区域性合作，协调解决青铜峡市、内蒙古阿拉善左旗60公里交界长城管理工作有关问题。

【文物安全监管】 2017年，市文物所结合全国开展文物法人违法案件专项整治行动，重点查处破坏、损毁不可移动文物本体及在文物保护单位保护范围、建设控制地带违法建设从事开发活动造成不可移动文物大规模消失等现象，遏制文物法人违法案件高发态势；结合开展全国文物安全状况大排查行动，梳理全市工业遗产，排除一百零八塔、“五七”干校等文物保护单位安全隐患，落实文物安全责任，完善相关信息，为工业遗产资源保护与合理利用奠定基础。建立文物监管常态化机制，完善文物保护三级网络建设，发挥35名文物保护员和152名文物保护志愿者作用，加强贺兰山东麓、古墓葬、长城、广武岩画等文物保护单位巡查，及时掌握田野文物状况。开展文物保护单位、博物馆单位火灾隐患排查整治活动，全面排查并消除牛首山寺庙群、黄河铁桥等文物古建筑和近现代代表性建筑火灾隐患。

【鸽子山遗址开发利用】 2017年，鸽子山遗址成功入选2016年度“全国十大考古新发现”，中央、宁夏等各媒体予以关注报道。鸽子山遗址是一处旧石器时代末期向新石器时代过渡的古人类文化遗址，该遗址2006年被国务院公布为第六批全国重点文物保护单位。自2014年以来，对该遗址第10地点发掘，发现了数枚直径不足2毫米的串珠，小巧、精美，是目前世界范围内旧石器时代最小装饰品；在12000年的层位揭露出一组条带状分布的柱洞，是在我国旧石器时代遗址中首次发现的房屋建筑遗迹。发掘出土的尖状器、磨食器等大量石制品以及动植物标本，对研究中国西部古人类文化传播、植物采集加工驯化和原始农业的萌生具有重要意义。年内，组织完成《泉涌万年 古营遗珍——青铜峡鸽子山遗址陈列展》布展工作。借助图文展板、雕塑绘画和多媒体等手段，从遗址概览、分布区域、文化价值、科研展望四个部分，全面展示鸽子山遗址文化价值及出土文物科学价值。

【引黄古灌区申遗】 2017年，市文物所围绕宁夏引黄古灌区申报世界灌溉工程遗产工作，参与、组织全市万人签名助力申遗、《黄河·拜水盛典》实景演出、《黄河颂》申遗成功大型公益晚会等活动，撰写万人签名活动方案、倡议书、拜水盛典演出画外音，为申遗成功晚会节目编排提供历史文化素材。协助自治区水利部门做好申遗相关宣传验收工作提供历史图片、文物保护单位“四有”档案等资料。

【文物保护单位申报及开发】 2017年，市文物所开展全区第五批文物保护单位申报遴选工作，将市级文物保护单位汉延渠、惠农渠作为推荐申报对象，突出青铜峡市历史文化资源软实力。配合市国土、公安等部门调查“五七”干校土地权属及其关联情况，组织相关人员赴实地勘察，编制文物保护修缮、开发利用方案，为有效保护和合理利用这一近现代重要实迹、代表性建筑做好前期各项准备工作。

【文化遗产宣传】 2017年，市文物所以中国文化和自然遗产日为契机，通过微信平台开展“青铜峡十大文物古迹”评选活动，经过社会各界投票参与，最终选出一百零八塔、鸽子山遗址、长城、唐徕渠等青铜峡十大文物古迹。年内，组织编印《青铜峡市文化遗产宣传手册》2000册，将文化遗产知识、文物法规摘录、各级文物保护单位简介、馆藏文物及第一次全国可移动文物普查成果汇编成册进行广泛发放；在甘城子古城址外围树立文物警示宣传牌，有效遏制侵占文物保护区违法行为发生，巩固甘城子古城遗址围栏保护成果；与宁夏旅游广播频道《神奇宁夏》栏目合作，推出精选内容4集，通过直播连线采访播出形式，全面宣传展示青铜峡文化遗产资源优势。全年在人民网、新华网、宁夏电视台、《宁夏日报》《吴忠日报》等媒体刊播青铜峡文物保护方面新闻信息18条，利用青铜峡文物微信平台发布历史文化、文物古迹微信26条，累计浏览阅读量10万人次以上。

(谢晓燕)

图书管理

【概况】 2017年，市图书馆有中文馆藏图书18.12万册、地方文献资料611种1348册、期刊合订本17460册、报纸合订本2000余册；内设阅览坐席417个（总馆276个，分馆105个，小木屋图书室36个）；每周开馆62小时；拥有计算机113台，读者使用计算机终端数92台。全年征订期刊276余种（少儿读物38种），报纸43种；新增办证1029个，补证195个，累计办证7033个；解答读者咨询260人次，接待读者12万人次；流通书刊22万册次，电子阅览室接待读者1万余人次。组织读者活动49次，参加近6000人次；举办展览18场，观众近1.1万人次；举办各类讲座培训10场次，参加近300人次。

【基础设施建设】 2017年7月26日，市图书馆新建项目正式破土动工。建成后馆舍面积将由现有1593平方米提升至4100平方米，成为全市文献保障、公共图书馆数字资源及服务、地方文献数字化建设、纸质图书采编配送、公共图书馆业务培训教育以及公共图书馆服务网络发展中心。

【服务读者】 2017年，市图书馆按照图书馆评估定级工作要求，免费在吴忠市消防支队青铜峡大队安装一台超星歌德电子书借阅机，方便消防官兵随时通过数字系统读书、看报。以“共享书香浓 同祝中国梦”为主题，开展驻馆作家及读者签名活动，2000名读者参加活动。驻馆作家鲁兴华、董永红和广大读者交流互动，把各自最新出版图书500余册签名赠与读者。发挥“流动图书馆车”功能，开展图书流动服务工作。活动实施启动以来，开展送书下乡9次，服务读者达7000余人次。

【图书分馆建设】 2017年，按照公共文化示范区创建要求，市图书馆在东街社区、怡园社区、韵欣园社区增设3个图书分馆，分编图书12052册，并按图书分类标准逐册进行分类编目，初步实现总分馆通借通还，资源共享目标。同时，在韵欣园社区分馆配置1台内存3000多种电子书报借阅机，实现24小时不间断实时服务；会同宁夏图书馆开展拥军活动，在68216部队驻训基地建立宁夏图书馆、青铜峡市驻宁68216部队流动分馆，挑选哲学、军事、文学、历史类等适合部队图书980册上架，丰富驻训部队官兵业余文化生活。

【特殊群体服务】 2017年，市图书馆在开展为弱势群体送书上门服务、招募志愿者参与图书馆事务活动基础上，购置电脑，设置残障人士阅览专门座位，购置盲文图书、期刊，落实特困读者优惠政策，开通办证、图书借阅绿色通道，组织开展“图书传递 爱心知识 铸就梦想”“心系孤贫儿童，奉献一片爱心”等主题活动，向孤残儿童捐赠图书200册，募集现金4000元。开展为未成年人服务活动，从购置读者爱读的书、想读的书着手，通过微信平台征求意见等方式，让读者自己选书，图书馆审定招标采购；参与“手牵手——农村青少年阅读行动”活动，举办青铜峡市寒假少年儿童读书月活动；开展“我读书、我快乐”主题征文比赛，举办好书互换漂流、“我爱阅读”讲座、“读千年美文 做少年君子” 中小学生诵读会及好书推荐、优秀纪录片展播等系列内容，全年举办读者活动12场次，4000人次参与活动。开展为农民工服务活动。正月十五和“三八”妇女节，在青铜峡市叶盛镇晓云劳务公司举办“庆元宵读书促耕”和“庆‘三八’送书慰妇”活动，通过猜谜、对歌等形式，与晓云劳务公司员工开展阅读推广、诵读国学经典。

【农家书屋建设】 2017年，市图书馆为基层图书室免费提供图书个别登记账（财产明细账）、读者办证登记表、读者借还书登记表和书标等证表，不定期深入社区及农家对书屋管理员进行图书期刊分类与上架培训，帮助社区及农家书屋图书管理员掌握图书分类等业务常识，使图书得到最大程度利用。同时，推进全区数字卫星农家书屋整改工作，青铜峡市数字卫星农家书屋设备完整率达到100%，卫星信号接收率达到97%。年内，举办基层图书室图书管理人员培训班2期，下基层辅导30余次，累计辅导培训160余人次。

【流动图书服务】 2017年1月，开启图书流动服务车，让图书动起来，实现市图书馆与镇图书室、村农家书屋快速融合。全年开展送书下乡9次，服务读者7000余人次。

【共享工程建设】 2017年，市图书馆发挥共享工程资源作用，在“4·23”读书日期间，针对未成年人播放爱国主义教育片、科普类等影片，引导到馆青少年读者亲密接触数字文化，活动期间播放电影4场次，举办纪念毛泽东画展及获奖图书展销2次。在甘城子文化活动中心设立“4·23”世界读书日分会场，通过国学经典诵读及演讲比赛，促使农村少儿读者学习国学经典和传统美德。

【数字图书馆建设】 2017年1月，市图书馆开通青铜峡市图书馆网站和微信公众号，通过整合微信、手机APP、图书馆网站等新媒介，搭建全方位、多媒体便民服务平台，方便市民随时随地上网查询最新图书资讯及读者活动等情况。截至11月，在网站、微信公众号发布信息272条，上网浏览人数26140次，微信关注粉丝392人。

【评估定级】 按照《文化部办公厅关于开展第六次全国图书馆评

估定级工作的通知》要求，做好评估前各项准备工作，通过评估定级工作开展，加强图书馆内部管理，提升服务水平和服务质量，拓展服务范围，更好发挥图书馆公共文化服务阵地作用。

（方 军）

图书发行

【概况】 2017年，青铜峡市新华书店全年实现销售收入838.6万元，与2016年相比增加43.24万元，增幅5.4%。其中：教材销售508.4万元，增长11.2万元，增幅2.25%；教辅销售227.6万元，增长11万元，增幅5%；一般图书销售102.5万元，增加21万元，增幅25.8%。全年实现利润4万元。是年底获中共中央宣传部、文化部、国家新闻出版总局“第七届全国服务农民、服务基层文化建设先进集体”荣誉称号。

【教材教辅征订和发行】 2017年，新华书店采取“三上门”(征订上门、送书上门、结算上门)服务，完成教材教辅发行、统计、结算工作，保证学校教学工作正常开展。面对近年来中小学生人数持续下降、教材发行上升空间越来越小窘境，在稳住现有教材品种、提高服务质量同时，拓展教辅市场，积极向学校、家长和学生推荐优质教辅品种，抓住2017年1月中共中央办公厅、国务院办公厅联合印发《关于实施中华优秀传统文化传承发展工程的意见》契机，收集多种中华优秀传统文化样书，挨个走访全市各学校宣传，取得良好效益。是年秋季，增订《中华优秀传统文化读本》《国学》《英语读写教程》《高中语文读本》等7个品种图书，增加销售收入21万元。

【图书发行】 2017年，利用春节、“三八”妇女节、新华书店成立80周年、“4·23”世界读书日、“五一”劳动节、“六一” 儿童节等重大节日，组织开展图书营销活动，到各学校现场摆摊销售幼儿教材，实现销售收入1.6万元；与青铜峡市第一中学联合举办庆祝“4·23”世界读书日系列活动启动仪式，流动售书1500元；参加黄河拜水盛典活动，流动售书3000多元；参加“书香吴忠”活动启动仪式，销售图书800多元；组织开展图书进军营活动，在市消防大队流动售书1500元。从5月下旬起，每周六上午在门市部和青铜峡市汉坝小学开展常态化亲子阅读活动。激励全店职工走出办公室和店堂，开展岗外销售活动，年内一般图书岗外销售总额达到42万元，超过2016年度销量50%。职工全部完成岗外销售任务，其中：岗外销售码洋超过4万元的4人，超过6万元的3人，超过10万元的1人，有力推动一般图书的销售增长。全年一般图书销售突破100万元大关。

【改善门市部营销环境】 2017年，亮化门市部，更换门市部照明灯管，由以前的白炽灯更换为LED灯；维修启用门头电子屏；优化门市部库存和图书分类结构，更换图书分类牌；施行门市部绩效工资销售提成制度，鼓励和引导门市部员工提高服务质量；启用微信和支付宝支付系统，方便读者购书。

【发行渠道拓展】 2017年，新华书店利用发行中共十九大学习材料时机，统计和分析市直各部门征订图书信息，了解支部、党员和职工人数，掌握购书单位数量以及购买意愿，为准确判断市场总体容量、有条不紊组织图书奠定基础。收集优质图书信息，制作优秀图书书目向顾客推送，成功与76集团军驻宁某旅建立业务关系，销售图书4.9万元；开辟银川市一般图书发行市场，销售图书16.2万元。

【理论读物发行】 2017年，新华书店发挥理论宣传阵地作用，大力倡导全民阅读，共建书香青铜峡，全年发行《全面从严治党面对面》销售1509册、《中国共产党章程》6849册、《决胜全面建成小康社会夺取新时代中国特色社会主义伟大胜利》5252册、《党的十九大报告辅导读本》1837册、《党的十九大报告学习辅导百问》1031册、《中国共产党第十九次全国代表大会文件汇编》714册、《习近平谈治国理政》第二卷789册、《习近平七年知青岁月》440册。

【助力引黄灌溉古渠系申遗】 2017年4月28—30日，配合宁夏人民出版社有限公司，组织5万元码洋图书，开展销售活动。在流动售书车顶部打出“黄河出版传媒集团有限公司、宁夏新华书店集团有限公司、宁夏人民出版社有限公司、青铜峡新华书店有限公司‘助力引黄灌溉古渠系申遗成功、祝贺黄河拜水盛典举办成功’大幅标语，以实际行动支持活动举办。

（纳　永）

文学艺术

【概况】 2017年，市文学艺术界联合会（简称“文联”）以文艺界“深入生活，扎根人民”为宗旨，广泛开展文艺交流、文化惠民活动，着力提升文联社会影响力和凝聚力，通过举办文艺展演、出版文艺作品、筹办文艺大赛等，促进文艺事业健康发展。年内，市文联下设作家、戏剧家、音乐家、舞蹈家、美术家、书法家、摄影家、国标舞、民间文艺家9个协会，会员460余名。

【文艺创作】 2017年，市文联坚持以“出人才、出精品”为重点，实施文艺精品工程，组织全市文学、书法、美术、摄影、戏曲等各艺术门类文艺工作者积极参加全国、自治区、吴忠市、青铜峡市各类文艺比赛及展览活动，创作一批地域特色鲜明，思想性、艺术性、观赏性俱佳文艺作品。市作家协会会员董永红、李翔、孙海翔、高学毅文学作品集《产房》《光荣使命》《拳手》《燃烧的太阳》分别出版发行；市美术家协会会员白静雯个人写意花鸟画作品展在宁夏展览馆成功举办；市音乐家协会会员张安宁创作《利通春光无限美》《风帆》两首歌曲分获利通区优秀文艺作品评比二、三等奖；市戏曲家协会会员杜芳平、鲁少忠两人共同创作剧本《扶贫对象》《农家乐园》获宁夏优秀小戏小品剧本；市摄影家协会会员李鹏、滕永松等人摄影作品获青铜峡市“印象黄河、彩虹之上”摄影大赛等级奖，曹文德、程维莲、袁宏波摄影作品包揽吴忠市首届摄影艺术展记录、艺术、风光三个类别一等奖。

【书法美术、摄影作品集出版发行】 2017年1月，市文联出版发行《青铜峡市书法美术作品集》《青铜峡市摄影作品集》。其中，《青铜峡市书法美术作品集》汇集业界有影响的青铜峡籍和曾在青铜峡工作过的书画家精心创作的200余幅作品，《青铜峡市摄影作品集》收录青铜峡籍或曾在青铜峡工作过的46名摄影作者创作的186幅（组）作品。

【《古峡文学》编辑】 2017年，市文联培养本土作者，追求精品力作，在征稿、编辑、校对和装帧设计上坚持精益求精。组织本市文学爱好者创作具有时代特色、主题鲜明、思想性、艺术性俱佳的文艺作品，约请北京、广东、山东、江苏、湖北等十余省市作家在本刊物发表文章。全年刊行4期，征集文艺作品300余件，发表各类文艺作品200余件。

【“印象黄河、彩虹之上”摄影大赛】 2017年年内，市文联征集112名摄影作者1500余幅作品，筛选展出100幅作品。其中，12幅作品获收藏奖，20幅作品获优秀奖。

【第四届国际标准舞艺术交流展演】 2017年1月3日，市文联在青铜峡市商业大夏举办第四届国际标准舞艺术交流展演活动。来

2017年5月8日，市文联组织各协会举办“新春走基层 欢乐进万家”活动 （市文联提供）

自吴忠市、中卫市、银川市等11个市、县(区)100余人参加摩登舞和拉丁舞分组表演。

【“迎新春”书画创作笔会】 2017年1月22日，市文联在青铜峡市宾馆举办“迎新春”书法笔会活动。青铜峡市书协会员和银川市、吴忠市书法爱好者40余人参加笔会。

【送书送春联】 2017年1月5日，市文联结合“三下乡”活动开展，组织市书协宋鸣、任新云等10名骨干会员，到邵岗镇集市向农民群众义务书赠对联300余幅、书刊200册。春节期间，组织市书协骨干会员义务为全市群众撰写春联1000余幅。

【采风创作交流】 2017年5月19日，市文联组织所属9个协会骨干会员到贺兰山东麓葡萄种植基地、宁夏博物馆、韩美林艺术馆和贺兰山岩画区进行采风创作活动，开阔文艺工作者视野，丰富创作素材，激发创作激情。

【文化下乡村、进校园、进机关】 2017年7—10月，市文联组织书协、美协、作协、戏协等骨干会员，先后到市大坝镇韦桥村、市劳动就业局、瞿靖镇、市第四中学、市第五小学等单位，通过举办辅导讲座、现场创作、赠送书画作品等方式，开展文化下乡村、入校园、进机关活动，赠送“韵载古渠”“自强不息”等书法作品及《和韵图》《富贵牡丹图》等美术作品100余幅。同时分赠《古峡文学》《青铜峡市书法美术作品集》和《青铜峡市摄影作品集》200余本。

【“翰墨飘香”黄河楼少儿书画大赛】 2017年6月10—20日，市文联在黄河楼举办“翰墨飘香”黄河楼少儿书画大赛，展出少儿书画作品100余幅。其中26件书法作品和24件美术作品分获一、二、三等奖及优秀奖。

【举办“喜迎十九大”青铜峡市书法美术作品展】 为了讴歌党的丰功伟业，庆祝中共十九大的顺利召开，于2017年10月18日在市文化馆展出书法美术作品120余幅，通过一幅幅生动、形象、美丽的画卷，勾勒出青铜峡市群众对党的领导坚决拥护以及对美好生活的热爱。

【“文化名家”推选】 2017年，按照吴忠市“文化名家”评选条件和程序，推荐人选10名，经过吴忠市评选结果，青铜峡市文艺工作者袁柏生、李鹏、刘志海、侯洪章4人获吴忠市首批“文艺名家”荣誉称号。同时，戏曲家协会会员杜芳平被正式吸收为中国戏曲家协会会员。

（杨 烨）

文化市场监管

【概况】 2017年，全市文化市场监管工作以“扫黄打非”为重点，加大执法力度，规范文化市场经营秩序。年内,出动执法人员516人次,检查文化经营场所1360家次,受理举报3家,清理无证电影放映、演出3家,责令整改12家,停业整顿1家,罚款3000元。安装正版软件系统56家1000套。

【“扫黄打非”】 2017年，全市召开“扫黄打非”工作会议,文化部门会同教育、市场监督、环保、宗教、公安、统战等部门,开展“清源2017”“秋风2017”“固边2017”“护苗2017”“净网2017”五大专项整治行动。制发《青铜峡市2017年“扫黄打非”工作要点》《关于深入推进全市“扫黄打非”工作进基层的实施意见》，细化工作任务,出动执法人员42人次,确保“扫黄打非”各项专项整治行动取得成效。

【文化市场管理】 2017年，市文化部门制定文化市场营业场所目标管理责任书,举办网吧、歌舞娱乐场所经营业主法律法规及安全生产经营培训班4期，培训业主400人次。规范文化市场综合执法,严格办案程序,坚持执法人员持证检查和信息上网公示制度,实现执法信息公开、透明。全年在“全国文化市场监管平台”录入检查信息1320余条、执法信息14条。开展网吧接纳未成年人专项整治工作,严格落实《娱乐场所管理条例》，集中治理歌舞娱乐场所无证经营、无悬挂警示标志、超时营业及曲库点播系统含有违禁曲目等突出问题。全年没有发生新闻媒体曝光或社会公众反映强烈的文化市场违法违规经营情况。

【行政审批】 2017年，适应文化市场“先照后证”管理新常态,严格执行行政审批各项管理制度,市文化稽查大队全年办理经营场所审批54件,年审文化市场经营场所148家。

【正版软件安装】 2017年，青铜峡市推进使用软件正版化工作领导小组及办公室正式成立，全市召开推进软件正版化工作会议,制发《青铜峡市2017年正版软件工作实施方案》,对全市推进软件正版化工作提出要求。投入资金437万元,由市人民政府办公室统一采购正版软件1917套(含微软操作系统Windowspro专业版和国产办公软件WPSoffice2016专业版),统一配发72家单位进行安装。

（韩　波）

体　育

综　述

【概况】 2017年，全市有各类体育协会12个，体育俱乐部6个，各类社会体育指导员534人,建成镇级全民健身广场8个，移民村体育健身广场3个，体育活动中心1所。有标准体育场地1624个，其中城区720个、镇（场)904个,城区人均场地面积1.2平方米。

【政策落实】 2017年，全市实施《全民健身实施计划(2016—2020年)》，成立全民健身工作领导小组,将利于群众的健身工程、有重大影响的体育赛事及活动经费、基本建设资金纳入财政预算和基本建设投资计划，按照每人每年不少于3元标准拨付体育专项经费84万元。同时,筹措社会资金,扩大融资渠道,鼓励企事业单位、社会团体、民间组织和个人投资全民健身事业。

【基本公共体育服务体系示范市创建】 2017年,贯彻落实《全民健身条例》《全民健身实施计划(2016—2020年)》,制发《青铜峡市创建基本公共体育服务体系示范市实施方案》，召开创建动员会、协调会和工作进展汇报会，通过签订目标责任书，制定完善《青铜峡市公共体育服务体系建设考核评估办法》《青铜峡市创建公共体育服务体系示范市目标责任书》《青铜峡市体育工作及公共体育设施管理制度》《青铜峡市体育协会管理制度》《青铜峡市俱乐部管理制度》《青铜峡市机关、企事业单位、学校体育场地对外开放管理办法》，分层分阶段组织开展创建活动，推动各项工作落实。年内，争取上级扶持资金100万元，为全市各单位添置体育器材。

【基础设施建设】 2017年，配强镇、村、社区健身器材，在青秀园建设1.5公里健身步道，在银河社区和瞿靖社区建设2个多功能运动场，满足群众健身需求；协调市教育局，做好市职业教育中心、第一中学、第四中学、第五中学、汉坝小学、第二小学、第三小学、第四小学等城区学校体育场地在假日期间向群众免费开放工作。全年争取自治区体育局全民健身活动广场项目工程6套(8件)。

（韩波）

群众体育

【概况】 2017年，开展青铜峡市全民健身季系列活动，制订全民健身季实施方案，结合“一地一品牌”办赛思路，举办符合市情各类体育赛事，调动全市广大人民群众参与赛事活动热情，通过张贴广告牌、悬挂横幅、新闻媒体宣传，吸引市民观看比赛，让市民在参与活动中得到锻炼，感受体育带来乐趣。全年举办各类群众体育赛事30余次。

【全民健身】 2017年年内，举办青铜峡市“迎新年·跨黄河”黄河大峡谷越野赛健步走活动，参与人数800人。兴办全市春节社火比赛，参与人数达7000人。举办青铜峡市全民健身日启动仪式暨体育系列活动，协调动员全市8镇2场、1街道和各企事业单位4万余人参与各类赛事。举办青铜峡市2017年全民健身季全国万人骑行活动青铜峡站比赛，120人参与活动。协办谁是舞王——中国广场舞民间争霸赛吴忠赛区海选比赛，200人参加海选活动。

【健身培训】 2017年，举办全民健身季《好家庭杯》第三届健身嘉年华暨宁夏健美协会“送培到基层”培训,参训人员达470人，其中社会体育指导员和健美操爱好者320人、学生150人。举办毽球二、三级培训班暨裁判员培训班，参培人员达300人。

【球类赛事】 2017年，举办宁夏迎新春全民健身季“中国体育彩票杯”青铜峡市“水利杯”乒乓球赛，参与人数170人。组队参加吴忠市职工乒乓球赛，青铜峡市获男子团体比赛第1名。举办青铜峡市“女儿红杯”篮球赛、青铜峡市“凯鹏杯”篮球邀请赛，12支代表队、130名运动员参赛，每天观看赛事群众达1200人。举办全市卫生系统篮、排球赛，500人参加比赛。筹办青铜峡市“贺岁杯”五人制足球邀请赛，参与人数达80人。

【广场舞大赛】 组队参加2017年宁夏第三届“全民健身节”暨宁夏社会体育指导员交流展示大赛，选送广场舞《最美中国》和《阿哥的白牡丹》获第1名，并于10月11—14日代表宁夏参加湖南南县举办的全国广场舞分赛区展示赛，获特等奖。11月中旬，代表宁夏参加全国广场舞展示大赛总决赛，获三等奖。

（韩波）

竞技体育

【概况】 2017年，青铜峡市体育中心有事业编制12个，固定教练员4人、场地工2人、其他6人。其中中级教练员3人、初级教练员1人、教练员平均年龄48岁。

聘用举重、摔跤、田径、游泳教练员4人，承担足球、篮球、排球、乒乓球训练教师4人，社会组织训练教练员3人(跆拳道、武术、羽毛球)。是年，全市体育健儿在全区青少年各项邀请赛上获金牌9块、银牌8块、铜牌7块。

2017年8月21日，全民健身节青铜峡“凯鹏杯”篮球邀请赛在青秀园休闲体育公园开赛 (市文化体育广电局提供)

【备战十五届运动会】 2017年，制定应对措施，夯实训练基础，提高训练水平。加强青少年体育俱乐部管理，完善管理考评机制，将游泳、武术、跆拳道、举重、田径、乒乓球、羽毛球、摔跤、围棋、象棋、排球、足球、篮球13个项目列入十五届运动会参赛项目，确定运动员148名，并协调市教育局共同组织开展集训。

【备战吴忠市第四届运动会】 2017年，选拔270名运动员，参加吴忠市第四届运动会11个成人项目和8个青少年项目比赛，获成人组团体总分第2名、青少年组团体总分第3名。

【参与健身气功比赛】 2017年7月5—6日，组队参加全区健身气功比赛，取得代表宁夏参加全国健身气功半决赛资格。9月25—30日，参加2017年全国健身气功站点联赛半决赛北部赛区比赛，获健身气功·六字诀集体赛一等奖、个人第六名，健身气功·大舞集体赛二等奖。

【参与毽球比赛】 2017年10月13—15日，组队参加第二届呼和浩特国际毽球邀请赛，获网毽平推冠军。

【承办体育赛事活动】 2017年，共承办体育赛事4次。全市职工庆“五一”毽球比赛，设混合花毽和平推毽比赛，300余名运动员参赛。6月17—19日中国·宁夏青铜峡毽球公开赛在龙海宾馆举行，来自全国15个省市101支代表队、450名运动员，参加男、女平推毽、网毽混合三人赛、网毽男子双人赛四个项目比赛。青铜峡市文化体育广电局被评为优秀组织奖，青铜峡市获女子平推毽第1名。7月20—22日，2017年全国青少年“未来之星”阳光体育大会“龙海杯”全区青少年举重竞标赛在龙海宾馆举行，来自全区15个市、县、区15支代表队、179名运动员参加13个项目比赛。9月9日，第六届宁夏黄河金岸(吴忠)国际马拉松赛在小坝城市东区举行，组织迷你马拉松参赛人数6000人、观众1万名，为2.4万名运动员加油助威。

(韩　波)

旅 游

编辑◎何艳珍

综 述

【概况】 2017年，青铜峡市旅游局贯彻落实自治区、吴忠市关于创建国家全域旅游示范市决策部署，全力推进“黄河岸边、稻花香里、贺兰山下”三大旅游主线建设，构建全域旅游发展新格局。年末，全市共有AAAA级景区3个（黄河大峡谷、中华黄河坛、黄河楼），接待游客300.5万人次，比2016年增长22%；实现营业收入0.8亿元，比2016年增长9%。

【国家全域旅游示范市创建工作】 2017年年内，市旅游局召开创建国家全域旅游示范市工作推进会议2次。6月，市人大常委会对市旅游局工作进行评议，督促全域旅游工作落到实处。7月，自治区副主席王和山调研青铜峡市旅游工作，是月市考核办对成员单位创建全域旅游工作进行督查。8月，自治区旅游发展委对青铜峡市国家全域旅游示范市创建工作进行督查，吴忠市人民政府专门听取青铜峡市全域旅游及大峡谷AAAAA级景区创建工作情况汇报。通过逐级传导压力，层层靠实责任，确保全年旅游工作目标任务的完成。

【旅游项目建设】 2017年，滨河大道景观改造提升项目入选全国优选旅游项目库，先后完成青铜峡鸟岛旅游服务区基础设施、跨东干渠景观桥、青铜峡旅游景观标识3个续建项目，实施滨河公园游船码头及观光通道改造、旅游综合服务改造提升项目，黄河楼3D艺术馆建设完成并投入运营，凤凰岛低空旅游项目、大峡谷房车露营地工程正在建设。其中“黄河金岸文化旅游带”(ppp)项目于5月中旬正式启动。年内，滨河大道景观绿化改造提升工程、自驾车房车露营地配套基础设施工程、黄河金岸低空游配套基础设施工程建设完成，罗家河东部水系连通工程、滨河大道自行车慢车道项目、大坝镇牡丹园基础设施配套建设工程和韦桥村美丽乡村建设工程及叶盛镇地三特色产业示范村建设工程等6个子项目开工建设；青铜古镇改造提升工程正在进行规划设计。

【宣传营销】 2017年年内，全市先后举办“欢天喜地闹元宵”“黄河岸边来燎干”、黄河拜水盛典、黄河坛感恩母亲节、“我在黄河边等你来寻宝”系列活动及多彩古镇美食节、首届牡丹花节、稻花香里文化艺术节等活动，带动旅游业发展；面向吴忠市民发行4万张全域旅游惠民年卡，邀请区内及周边省市百余家旅行社和新闻媒体“走进青铜峡”推介踩线，举办“5·19”中国旅游日专场文化活动及推介会2场次，组织各景区参加全国、自治区、吴忠市各类旅游推介会、营销会40余次，利用电视台、媒体网络、报刊、微信等主流媒体和大众宣传平台发布旅游动态信息300余期，营造电视有镜头、报刊有文章、阵地有活动、活动有声势浓厚宣传氛围。

【旅游服务】 2017年，实施自治区旅游服务质量提升“十百千万”工程，举办青铜峡市旅游管理服务综合培训班1期、桂林旅游发展专题高级研修班1期、旅游服务技能大赛1期，选派行业从业人员参加区、市各类业务提升培训班，组织龙海宾馆、青铜峡宾馆申报“十佳旅游饭店”，大峡谷景区、黄河坛景区、青铜峡宾馆3家旅游企业获全区安全生产标准化A级旅游企业称号。组织清逸园农庄、黄龙湾度假村申报五星级农家乐、快活林度假村申报四星级农家乐，新增富汇龙门度假村、乡村印象2家三星级农家乐。开展旅游企业标准化建设，启动黄河大峡谷AAAAA级景区创建工作，黄河楼景区创建为国家AAAA级旅游景区，黄河大峡谷创建AAAAA级景区工作初步通过自治区旅游发展委评审，并正式向国家旅游局提交了创建申报材料。

【产业融合】 2017年，拉长旅游产业链条，申报龙海商业街为宁夏旅游特色街区，推进旅游业与现代服务业互动发展；实施乡村振兴战略，发展乡村休闲观光农业旅游带建设，促进一、二、三产融合发展。实施叶盛地三特色产业示范村、先锋大青葡萄长廊、大坝韦桥美丽乡村建设工程等项目，发展优质大米、休闲观光农业、农趣体验等特色优势产业，建成特色农家乐33家，培育黄河渔村、清逸园农庄、富汇龙门等12家星级农家乐，申报黄河楼宁夏特色旅游商品购物店、叶盛大米研发基地、禹皇酒庄葡萄酒研发基地作为青铜峡市旅游商品研发基地，推进叶盛贡米、甘城子葡萄酒、先锋大青葡萄、黄河玉石等地方特色商品进景区、进购物店、进宾馆，激活旅游购物市场。

2017年5月25日，青铜峡市举办农家乐餐饮服务培训班

（市就业创业和人才服务局提供）

【餐饮业评选】 2017年，市旅游局会同市工业信息化和商务局、市场监督管理局和工商联开展青铜峡特色餐饮名店、特色旅游饭店评选活动，参加企业20余家。评选活动本着“宽进严评、宁缺毋滥”的原则，经过宣传动员、企业申报、资格审查、实地考评、结果公示、命名授牌、宣传推广等程序，历经一个多月，评选出青铜峡市全家福汉餐、青铜峡市特色王汉餐、宁夏锅锅香餐饮服务有限公司、青铜峡市静静私房菜馆、青铜峡市鸿乐府建云清真饮食服务有限公司、青铜峡市清味园清真食府6家餐饮饭店为青铜峡市“特色餐饮名店”，青铜峡市龙海餐饮服务有限公司、青铜峡宾馆餐饮服务有限公司、青铜峡市凯鹏宾馆有限公司、青铜峡市明珠园饭店有限公司4家餐饮企业为青铜峡市“特色旅游饭店”。

（何丽艳）

黄河大峡谷景区

【概况】 2017年，青铜峡市黄河大峡谷旅游有限公司以创建国家5A级景区为目标，强化景区管理，规范经营机制，拓宽旅游市场，实现经营收入稳增长、安全生产零事故和服务质量零投诉。全年接待游客29.88万人次，比2016年增长12.1%。实现营业收入1115.16万元，比2016年增长14.8%；经营性支出1049.31万元，比2016年下降7.8%。

【基础设施建设】 2017年8月，市黄河大峡谷旅游有限公司接管鸟岛服务区和牛首山停车场，实现鸟岛服务区免费开放。年内，新建羊皮筏子漂流码头2处，设立志愿者服务站1处，更换九曲广场、108塔、游船码头和大禹文化园损坏地砖，完成游客中心、大禹文化园排污系统改造，对108塔许愿池和大禹文化园排水沟进行清淤，在观景湖投放观景鱼苗1500公斤，投入8万元改善职工食堂用餐环境，景区东干渠景观桥、108塔观景平台建设项目相继投入运行。

【安全生产】 2017年，景区制定“一岗双责”和安全操作规范，与员工签订责任书65份，通过岗位自查、部门巡查、公司督查做好安全隐患排查治理工作。增加资金投入，开展大禹文化园消防系统整改工作，新增108塔监控26个、广播8个、移动消防站2个，配备灭火器、救生衣和救生圈等设施。组织开展安全月和安全专项整治活动，举办安全生产培训班10场次，开展水上应急救援演练和消防应急演练2次。是年，黄河大峡谷旅游有限公司被评为自治区旅游安全生产标准化A级企业。大峡谷安全生产经验和卫生间管理经验在《中国旅游报》报道推广。

【宣传营销】 2017年，景区执行吴忠居民门票半价。开拓区内外市场，随自治区旅游委赴北京、陕西、山西、福建等省市开展宣传促销活动，做好开展宁夏旅游惠民一卡通和青铜峡全域旅游一卡通发行工作，牵头在延安、榆林、定边举办青铜峡旅游推介会，在《中国旅游报》《东方之旅》《爱在旅途》《自游天下》等报刊杂志刊登整版旅游信息，与宁夏丝路风情有限公司签订线上门票独家代理协议。加强与电视台合作在103.7频段直播连线38次，在98.4频段投放15秒广告315次，通过腾讯广告、宁夏生活汇和大众生活等媒体向市民提供最新旅游资讯。在吴忠国贸电影院投入1个月时长影前广告，与吴忠、青铜峡公交公司合作开通旅游直通车8辆，在银川53路2辆公交车制作车体宣传广告，“十一”期间开通银川往返大峡谷直通车5个班次。丰富旅游产品业态，开展“走进春天触摸古塔”“跨黄河迎新年健步走”“黄河大峡谷杯全区毽球大赛”“我在黄河边等你来寻宝”等活动，在时长三天以上的小长假期间通过线上线下扫码送大礼、门票优惠等活动增加游客体验感，增加微信粉丝4600个。

【队伍建设】 2017年，景区强化服务标准，规范服务行为。增设文明旅游志愿者服务岗位，推行岗位服务礼貌用语。定期开展安全、业务技能和服务培训，通过实地学习与业务培训相结合方式，组织员工到沙湖、沙坡头、水洞沟等知名景区实地观摩交流学习，全面提升服务能力。年内，组队参加“宁夏水运经济安全发展”演讲比赛活动，荣个人二等奖和优秀奖；参加青铜峡交通运输安全知识竞赛，获集体二等奖；举办“五四”青年节职工趣味运动会，增强员工团队协作能力和团队精神。组织管理人员参加各类旅游专题培训班 13 次，邀请海事、医院、消防等单位开展景区各类培训班 11 场，景区 4 名员工取得国家初级消防员资格证书。

【国家 AAAAA 级景区创建工作】 2017 年年初，公司成立 AAAAA 创建工作领导小组，明确各部门创建责任，下发责任清单，协调指导各部门依据国家 AAAAA 级景区评定标准和专家、区旅游委反馈意见逐项进行整改。8 月，将《景观质量评价报告》和申报视频等资料上报国家 A 级景区评审领导委员会。10 月，对照创建标准开展提升整改活动，建设智慧景区，改造生态停车场、卫生间、标识标牌，改进手绘地图、门票设计、导游词和工装等，协调解决交通、游览、安全、卫生、邮电、信息化、购物、综合管理等方面存在的问题。

（何丽艳）

黄河楼景区

【概况】 2017 年，宁夏青铜峡市黄河楼旅游有限公司以发展黄河楼景区人文旅游为核心，全面推进企业标准化体系建设，强化市场营销，促进景区和谐稳定发展。全年接待游客 32.87 万人次，比 2016 年增长 8.6%；实现旅游总收入 438.92 万元，比 2016 年增长 4.3%。成功创建 AAAA 级旅游景区，获政府以奖代补资金 100 万元。

【基础设施建设】 2017 年，景区完成黄河楼主楼供水系统改造，更换停车场车辆车牌识别系统，维修黄河文化园及主楼周边破损台阶和地面石材，对景区破损路灯、九拱桥中华灯、停车场亮化等更换与维修。更换凤凰岛景观艺术字，改造凤凰岛绿化草坪供电室观察井，维修黄河金岸小广场。规范完善旅游咨询、投诉、救援电话、景观介绍、第三卫生间等景区引导标识，收回景区外部停车场，实现景区统一管理。对黄河楼主楼内外多媒体、监控设备、外置音箱等相关设备进行维修、维护与保养，整合负一层监控设施，确保整个景区实现监控系统全方位无死角覆盖。申请智慧旅游项目专项资金，将黄河楼景区网络接入带宽由 100M 增加至 150M，实现黄河楼景区牌楼至主楼、主楼外围整体 WIFI 全覆盖。重新梳理录制黄河楼景区讲解词，为游客提供电子语音讲解器，配合黄河楼负一层 3D 艺术馆、VR 艺术馆、咖啡馆、特色艺术街区建设，提供水、电、网等基础设施支持，在营销工作中将黄河楼景区同 3D 艺术馆捆绑销售。协助做好凤凰岛低空飞行项目建设，完成前期水、电、网等协调接洽工作。将玄武门管理用房改造成景

2017 年中华黄河楼引进智享单车

（市旅游局提供）

区购物店及特色商品店，增加休闲观光自行车项目，在史学园和黄河缤纷园南门设置休闲小木屋，同北京骑骑智享科技发展有限公司合作，免费投放50辆共享单车。与青铜峡市东方游船公司签订协议，开通黄河楼至黄河生态园水上航线，拟在2018年正式对外营业。

【宣传营销】 2017年，景区组织开展“红红火火过大年”和元宵节猜灯谜等系列活动，承办宁夏古渠系申遗活动开幕式与黄河拜水盛典活动。全年参与区内外推介会17次，设计制作景区宣传折页3万份、宣传单页3万张，印制节假日代金券、优惠券等开展景区宣传。配合自治区旅游发展委、吴忠市人民政府实施“八闽亲人塞上游”“金色九月游宁夏”“吴忠人游吴忠”等惠民政策，依托地域大旅游环境，参与青铜峡一卡通、惠民游和旅游资源推介等联合营销。通过一日游产品设计、研学旅游基地打造和旅行社深度沟通，“引客入青”，增加旅行社地接团队伍人数。端午节、开斋节期间，协调举办红酒巴士走进青铜峡、黄河金岸—红酒之旅活动，提升青铜峡黄河文化旅游品牌效应。利用景区自有微信公众号、青铜峡市各景区微信平台及各级主管部门微信平台，及时发送景区活动动态信息，做好各项活动宣传与推广工作。截至12月底，累积上传微信150余次，黄河拜水盛典微信朋友圈广告曝光率达60万次。

【企业综合管理】 2017年，景区成立宁夏青铜峡黄河楼旅游有限公司，完善内部组织机构，制定管理制度与方案，提升公司现代化企业管理水平。注重人才引进与培养，组织全体员工开展专业技能、消防安全、礼仪接待、导游讲解及民族团结进步等相关知识培训与实操演练，派员参加各级旅游部门专业培训，提升员工综合素质。开展讲解员评星定级活动，强化绩效管理，提升讲解水平。组队参加青铜峡市第一届微型消防站大比武获团体第2名。

【企业文化建设】 2017年，组织“不忘初心 继续前行”全员演讲比赛，开展工伤与困难员工慰问活动，为困难职工家庭争取大学生生活补助。年内，接收东街社区退休老党员李新才老人捐赠现金1万元及毛主席像章28件、坐像5件。

中华黄河坛景区

【概况】 2017年，宁夏黄河坛文化产业发展有限责任公司青铜峡分公司以建设宁夏首批旅游度假区为抓手，强化市场营销，着力打造金沙湾生态休闲观光游，全年累计接待游客46708人，实现旅游收入194.8元，与2016年比较下降43.52%。经营性支出为315.1万元，完成年度预算支出的65.2%，与2016年比较下降65.9%。

【旅游服务】 2017年，景区加强与其他部门协调与沟通，规范旅游基础管理工作。加强员工队伍建设，开展微笑礼仪提醒问好等服务活动，组织员工参加自治区、吴忠市、青铜峡旅游局和集团公司主办的各种业务技能和市场营销培训，增强员工业务技能和服务意识，提升从业人员综合素质。

【宣传营销】 2017年，配合自治区人民政府、自治区旅游发展委和各市县旅游局，开展旅游推广宣传工作，与其他区内外景区达成广告牌置换协议。依托景区自身资源，面向学生、学者组织开展研学游等活动。参与青铜峡一票通、一卡通、惠民游和旅游资源推介等联合营销活动，提升青铜峡黄河文化旅游品牌效应。加强与区内外旅行社、网络电商深度合作，利用新媒体，着力在感恩母亲河、"七一"建党节、"六一"亲子游等节日，开展宣传营销活动，提高景区知名度。针对乡村居民定制乡村游产品，组成营销团队开拓银川、中宁、吴忠等地乡村游市场，扩大景区社会影响力。

陈袁滩黄河生态园

【概况】 2017年，吴忠市陈袁滩黄河生态园有限公司以提升文明服务为核心，以量化管理、优化环境、强化服务、打造一流黄河文化旅游景区为目标，全方位整合旅游资源，推进旅游品牌建设。年内，景区按照休闲度假、生态观赏、惊险娱乐、舌尖美味4个板块，开设游乐项目68个、餐饮项目10个。其中，四星级农家乐3家（黄河渔村、黄龙湾度假村、快活林度假村），水上项目6个，垂钓项目6个。全年接待游客151.49万人次，比2016年增长6.13%；实现旅游收入3583万元，比2016年增长10.2%。

【旅游宣传】 2017年，黄河生态园有限公司围绕黄河文化和生态旅游，加大宣传推介力度。全年撰写并上报各类信息32条，印发简报24期。同时，积极参加区、市各级旅游主管部门组织的区内外旅游推介会，不断提高景区知名度。突出景区旅游特色，通过景区微信平台和宁夏生活汇线上宣传平台，发布信息、制作专刊展示景区生态观赏、惊险娱乐和舌尖美味等品牌形象，推广景区特色旅游产品，先后编辑发送信息43篇。举办节庆主题活动，通过举办为期一周"黄河岸边向阳花开旅游观光节暨黄河生态园仲夏嘉年华"活动，吸引区内外游客，展示景区黄河文化底蕴。

【景区生态建设】 2017年，公司升级改造园内广场景观，栽植牡丹、月季、紫叶矮樱等景观花卉树木，美化景区环境。全年栽植各类乔灌木、花草7000余株，种植苜蓿5.2亩。优化接待服务区，对西入口东岸进行美化绿化改造，设置宣传栏、提示栏、导示牌。加大北岛开发力度，协助镇党委、政府做好北岛旅游规划编制工作，加强与袁滩村农业种植合作社业务，由袁滩村农业种植合作社代耕种植油葵132亩。

【浮桥链接及船舶维修保养】 2017年4月7日至5月17日，利用40天时间，对东桥全部承压舟链接器及桥夯进行维修保养，更换桥夯27副、连接器60组。同时，对东、西桥全部主钢、流钢进行隐患排查，更换流钢12条，确保浮桥机械性能和连接、系泊装置、桥板、护栏安全可靠。

【安保工作】 2017年，公司邀请区市质检部门，对所有游乐设备进行检验，并对操作人员进行现场培训，合格率达到100%，持证上岗率达到100%。3月30日，在景区召开全区游乐设施年检观摩会。加强重点沿河地段的安全管理，安排专人对景区沿河重点区域进行12小时在岗不间断巡查。开展安全生产隐患排查活动，定期组织管理人员对景区内各经营场所运行情况进行安全检查，全年排除隐患12项，处理整改12项，整改率达100%。年内，为进入景区游客投保景区公众安全责任保险和意外保险。

（姚自义）

大众传媒与通信信息

编辑◎何艳珍

广播电视

【概况】 2017年，广播电视工作紧紧围绕市委、政府中心工作，培育和践行社会主义核心价值观，促进文化繁荣发展，讲好青铜峡故事，传播好青铜峡声音，为全市经济社会发展提供强有力思想舆论保证。年内，电台共开办栏目7个，广播、电视信号在全境覆盖率达98%。青铜峡广播电台和中央人民广播电台《中国乡村之声》进行合作，面向广大农村开展广播宣传服务。

【新闻宣传】 2017年，围绕市委第十二次党代会确定的“1155”发展思路，从工业经济转型升级、全域旅游持续提速、现代农业质效双增、新型服务业优化升级、助推文化繁荣发展、统筹城乡一体化建设、打造宜居宜业魅力城市、以人为本改善民生8个方面，开展宣传报道。截至年底，广播电视台共播发各类时政、经济、社会新闻2410条，每天播出新闻7条以上；在上级新闻媒体发稿245条，其中宁夏电视台发稿107条、吴忠电视台发稿121条、央视乡村之声发稿17条。

【专栏宣传】 2017年，围绕创建国家全域旅游示范市建设“黄河岸边、稻花香里、贺兰山下”3条旅游精品线路，打造“印象黄河彩虹之上”文化旅游品牌，开办《品味青铜峡》《青铜峡味道》两个美食专题栏目及风光片《印象青铜峡》。《青铜峡味道》2016年12月筹划摄制，主要对青铜峡境内民间美食进行挖掘，截至年底，播出节目11期；《印象青铜峡》栏目制作9期，播出9期。同时完成《法治青铜峡》栏目开办，制作7期，播出7期。

【大型活动宣传】 2017年，承办中国新歌声全国城市海选青铜峡赛区暨第二季青铜峡好声音4场海选、4场复赛和1场决赛以及全市“三八”妇女节颁奖晚会。完成2017年电视问政第一期制作。录制“宁夏引黄古灌区成功申遗大型公益晚会”，并进行编辑和加工，在青铜峡公共频道重要时段连续播放。

【微信平台宣传】 2017年，贯彻落实中央、自治区关于推进传统媒体和新兴媒体融合发展意见精神，利用现有广播电视资源，打造“魅力青铜峡”微信平台，协助办好“魅力青铜峡”手机客户端，抓好“智慧青铜峡”手机APP项目建设，加快媒体融合步伐。截至年底，发送青铜峡新闻微信290期2300余条，点击量达5万人次。利用微信对黄河拜水盛典、中国新歌声全国城市海选青铜峡赛区暨第二季青铜峡好声音比赛及宁夏引黄古灌区——成功申遗大型公益晚会等大型文化活动进行现场直播。制作微电影《爱的天空》,参加“民族团结花更红”暨吴忠市第三届原创微电影征集评选活动及首届“法润银川”法治宣传创意作品大赛。制作法制宣传公益广告1条,参加全国第二届平安中国微电影微视频比赛。

【广播宣传】 2017年,与中央人民广播电台“中国乡村之声”合作办好广播节目。截至年底,共制作播出各类专栏节目297期,其中《古峡风采》52期、《今日青铜峡》52期、《金色生活》37期、《法律伴你行》52期、《媒体链接》52期。编辑制作电台新闻365期。天气预报730条。播出主旋律歌曲100首。给宁夏新闻广播和都市广播编发稿件100余条,录制宁夏新闻广播《今日青铜峡》52期;向中央人民广播电台发稿17篇,在中央人民广播电台中国乡村之声《乡土乡情》栏目中以拜水盛典为主题制作半个小时直播连线节目。

【节目上载】 2017年,与多家文化传播公司建立联系,引进播出影视、社教、文艺节目,丰富青铜峡电视台节目内容。截至年底,播出电视剧247部8640集、电影730部、公益广告108条1595次、专题栏目1093期。

【节目转播】 2017年,完成宁夏中央广播电视节目无线数字化覆盖工程二期青铜峡站点设备安装及设备调试工作,实现中央12套和区市8套无线数字电视节目全覆盖。做好公共直播卫星“户户通”电视信号发射工作,通过“户户通”单频网、多频网数字电视发射机,向全市群众发射电视节目8套,确保“户户通”电视信号传输正常率达到99.8%。

【节目安全播出管理】 2017年,在中共十九大召开期间,按照强化主体责任、监督责任,分级管理、分工负责,层层压实安全责任要求,成立广播电视安全播出领导小组,出台中共十九大重要保障期安全播出工作方案,制定广播电视安全播出应急预案,对涉及广播电视设施安全、影响节目安全播出各种因素进行科学研判,对领导值班、技术值班、工作职责及奖罚措施等方面做出明确规定,制定完整播出工作计划、工作日程、安全保障制度、报告制度、报告程序和值班制度,建立健全安全播出应急、监听、监视机制。明确岗位职责,层层签订责任书,传导压力,确保中共十九大期间,全市广播电视和“魅力青铜峡”微信平台安全播出。

（韩　波）

电　影

【概况】 2017年,全市共有放映员9名,分别承担111个放映点放映任务,累计完成放映场次1640场,观影人数达16.84万人次。

【冬季放映】 2017年1月,组织召开全市农村冬季电影放映工作会议,安排农村电影室内固定放映点冬季电影放映工作,明确职责分工,落实放映任务。同时,加强实地勘查,确定新增邵岗镇沙湖村为冬季放映点。至年底,全市13个室内放映点共放映优秀国产故事片8部110场次,观影人数达到9975人次。

【公益电影放映】 2017年,推出广场电影、社区电影、农民工电影、敬老电影等公益放映活动,让革命爱国电影走进社区、建筑工地、学校部队和敬老院,提升公益电影社会效应。全年在社区放映63场、蔬菜种植基地放映4场、学校放映6场、敬老院放映35场。

开展禁毒月(6月)和纪念“七一”建党优秀国产影片展映活动,订购科教片《毒品的诱惑》,并结合缉毒故事片《湄公河行动》,在全市85个农村放映点、10个社区、3个广场持续不断滚动放映,提高广大观众禁毒、珍爱生命意识。提增农村电影放映实效,助力农业农村发展和人民群众身体健康。以传播科技知识为重点,在每场放映故事片前加放一部科教片,满足广大农民求富、求知、求发展、求文明、求健康、求安全需要。全年放映科教片《太阳能垃圾堆肥器》《传销的危害》《农村防火化常识》《致命诱惑赌博》《家庭急救常识》《警惕网购陷阱》《低盐饮食保健康》《酗酒的危害》《防范电话诈骗》《科学应对农村高温酷暑》《认识抑郁症》《寒富苹果栽培技术》《网购安全常识》《饮茶与健康》《甲状腺疾病治疗与防治》《农村防范诈骗常识》《冰箱里的细菌》《农村生活污水处理》等25部1184场。

【安全放映】 2017年,组成农村电影放映点调查落实小组,深入全市86个行政村(移民村)、2个农林场、8个社区进行实地调查,解决111个放映点放映场地、银幕张挂、联系人、安全放映和人员监督等问题,及时更换存在安全隐患银幕、电源线和音箱。

【队伍管理】 2017年,每月3日定期组织放映员进行政策、职业道德和标准化专业技能培训。与放映员签订《农村电影规范安全放映责任书》和《农村电影放映设备管理检查维护责任书》,把安全规范放映、设备管理维护具体责任落实到放映员,并在电影放映季节每月初将设备集中统一进行除尘、保养、检修,确保设备完好,安全高效运转。利用每月放映员例会通报每位放映员上月电影放映、日志填写、监映单填报和放映点明察暗访情况,按照规章制度及时处理。

【放映监管】 2017年,将全市111个放映点人口分布、交通状况、村委会干部住址和联系电话记入台账,采取电话询问、随机检查、明查暗访等方法,对放映员每月放映次数、质量、效果进行实地查检,了解群众反映,改进放映工作。同时,每月将放映点电影放映具体日程、片目安排和监督举报电话在各镇、村公示栏中进行公示,自觉接受社会公众监督,发现问题及时反馈纠正处理。落实监映单审核制度。每场电影放映完后,要求放映员必须认真填写《农村电影放映监映单》,由各村放映点村干部签字并加盖村委会公章,每月底按时报广播影视中心审核上报,切实做到场场放映有“手续”,保证电影放映场次真实有效。全年下点检查21次,涉及42个行政村和8个社区、广场放映点。

(韩　波)

电视网络

【概况】 2017年,宁夏广播电视网络有限公司青铜峡分公司紧扣“十二五”“十三五”规划落实历史机遇和青铜峡市发展建设脉搏,抢抓机遇,改革创新,夯实基础,谋远图强,“争项目、圈市场”,完成年内既定目标任务。全年实现总收入1340.7万元。其中,主营业务收入958.7万元、政府贴补资金382万元。新增用户7394户,续费率5287%;发展手机APP用户近5000户。第七届全国服务农民服务基层文化建设先进集体评选推荐工作中,被评为“先进广播电视机构”。

【重点项目建设】 2017年,实施宽带乡村建设。该工程于2016年开工建设,先后完成项目选址意见书证、路政许可证书、过渠申请等相关手续，置换移动公司管道2.94公里、杆路55.45公里；置换联通公司杆路4公里；建成镇村机房22个，敷设光缆6325.2芯公里。实现网络建设镇镇通、86个行政村全覆盖。实施城网改造，完成小坝市区60%小区光纤全覆盖。实施智慧社区建设，选择韵欣苑为智慧社区试点，安装智慧社区便民服务信息专栏30块。实施宁夏十大特色产业示范村建设项目，在叶盛镇地三产业示范村安装主干光缆及分纤箱，解决地三大米特色示范企业——宁夏正鑫源现代农业发展有限公司物联网问题。

【有线电视服务】 2017年，分公司本着“政府指导、财政支撑、企业让利、群众受益”原则，把握青铜峡市推进公共文化服务和信息化建设均等化发展政策，呼吁政府为农户购买有线电视服务，率先在全区开展“百村广电惠民”工程，惠及农户30371户，政府补贴农户购买有线电视收视费321万元，贴补“百村广电惠民”工程资金61万元(自治区新闻出版广电局55万元、青铜峡市文化体育广电局6万元)。工程自7月11日全面推开，截至11月30日完成入户7000户。

【文化扶贫】 2017年，分公司争取青铜峡市“十二五”生态移民基础设施完善项目资金及“十三五”易地扶贫搬迁列支、配套资金200万元，购买有线电视服务，解决青铜峡市4931户生态移民3年免费收看有线电视问题。至年底，完成项目外围栽杆、光缆架设等基础实施，安装有线电视4000户。

【“天网”监控建设服务项目】 2017年9月5日，成功中标青铜峡市“天网”监控建设服务项目。该项目工程总概算投资6400万元，年末完成市公安部门合成作战室装修、设备引进、基础设施建设及链路联调联试。

（陈建军）

通　信

中国电信股份有限公司青铜峡分公司

【概况】 2017年，中国电信股份有限公司青铜峡分公司围绕增量收入份额和存量用户份额，扎实推进业务和划小工作，在发展中转型，在转型中发展，强化工作执行力，实现企业健康持续发展。

【营销活动】 2017年，分公司开展党员突击队“深耕会战”营销活动，将公司人员分成7队，即业务组6个、支撑组1个，组织党员先行、党建引领共同发力，明确激励机制和考核细则，对未完成目标任务的责任人、不执行公司规定动作、不执行公司政策的严格按照规定动作进行处罚，对发展好的，完成目标任务的前三名给予奖励。

【天翼智能组网体验活动】 2017年，分公司结合“党建＋宽带保卫战”活动开展，邀请政企重要客户和星级客户26人到模拟场地进行天翼智能组网体验，演示讲解想家及家庭云业务，介绍智能组网业务及服务型产品，宣传每年1次免费无线组网尊享服务，解答客户疑问并进行业务推荐。

【“党建＋聚力行动”活动】 2017年，分公司将党建工作与经营、维护、服务等工作相结合，由支部书记、支部委员及党员包干10个划小单元，提供业务服务支撑和后台服务，解决企业经营发展困惑和短板。组建5支参赛队伍，进行内部PK赛，根据各PK小组每周完成目标值情况进行排名，形成全面“比、学、赶、帮、超”氛围。

【不限量套餐营销】 2017年年内，分公司召开代理商不限量套餐业务认购会和员工不限量套餐业务部署会议，开展党建引领“流量不限量全方位立体攻坚战”活动，调动全体党员、员工和划小单元工作积极性，制定激励考核办法，将新入网用户未网间拨测、未按照实名规定动作实名登记、员工任务完成情况纳入考核，促使每一位员工积极行动起来。

【政企电路修改录入】 2017年，分公司安排人员核实采集青铜峡所有政企电路，年内采集完成500余条政务网资料修改、互联网资料核实录入工作。

【三码融合数据匹配】 2017年，分公司根据资产核查要求，组织人员依据规范要求，对全市杆路、缆线、数据设备、通用设备、传输设备及其他13254条资源信息进行卡片编号，与实物编码进行一一对应登记。

【网络资源数据提质】 2017年，分公司按照提质要求，对资源数据33张表格28769条数据逐张核查，进行关联和删除。截至10月底，比对数据21432条。同时，对189个局下标准地址进行全面清洗，删除垃圾数据4367条，上传各种有效数据3872条，规范FTTH数据1823条。

【光进铜退工作】 2017年，分公司对农村FTTH已经覆盖的村队，督促划小加快平移光改，在规定时间内设备下电，进行电缆退出。完成峡口镇、青铜峡镇广武和三趟墩村、瞿靖镇蒋顶和瞿靖村等地电缆模块点退出，退出电缆24275线对公里。

【业务培训】 2017年，根据公司安排，搭建智能组网场景，对装维人员进行以赛代训2次，要求所有装维人员从接单到离开全程进行一次亲手操作，熟练掌握智能组网和安装流程。维护人员智能组网认证通过率为吴忠第一。参与第二季度吴忠市装维比赛获团体第二名。

【工程建设】 2017年年内，清理完成2016年开工但未完成的小坝兰馨苑、惠泽园等5个小区，峡口镇汉渠村、青铜峡镇同兴村等12个农村点FTTH改造项目工程收尾初验、开通放装工作；完善小坝塞上江南、华福盛世、金域水岸，大坝镇大坝村，瞿靖镇蒋顶村等13个小区、40个农村点位2017年以前三方引资项目资料，报送分公司进行审计，同步完成FTTH接入项目，投资52.1万元，新建端口2216个；投资13万元，完成越秀湾小区FTTH接入项目施工，新建端口536个；投资10.3万元，完成瞿靖镇尚桥村FTTH接入项目施工，新建端口1256个；投资23万元，完成青铜峡市信用联社27个营业网点视频接入项目改造工作；投资25.3万元，完成青铜峡12个中小学的班班通光缆接入项目，新建端口496个；投资3.3万元，完成全市37个小区、42个监控接入项目施工工作；投资15.3万元，完成轻纺嘉宝工业园区万上路光缆杆路改造项目；配合做好银川至小坝永丰路快速通道建设、2017年黄河金岸国际马拉松比赛项目通信保障工作，配合设计院完成2017年青铜峡城市骨干网设计方案制作工作。

（蒯起静）

中国移动通信集团宁夏有限公司青铜峡分公司

【概况】 2017年，中国移动通信集团宁夏有限公司青铜峡分公司秉承中国移动“正德厚生、臻于至善”核心价值观，与时俱进，开拓进取，以创新促进发展，以发展提升服务，以服务稳定市场，取得较好经济效益和社会效益，初步形成以营业厅为龙头、以集团客户服务为依托、以代销和乡镇代办等社会营销、服务渠道为补充的营销服务体系。

【客户服务】 2017年，分公司从过程管控、焦点问题治理及一线员工业务服务技能提升入手，通过开展厅店暗访、服务质量和网络感知监测、驻地辅导、创新营销服务宣传等活动，解决服务过程存在的问题；聚焦客户关注热点问题，开展2017年"3·15国际消费者权益日""网络信息安全周"等宣传营销活动，向广大客户宣传消费维权及网络信息安全知识，服务质量保持行业领先。

【运营能力建设】 2017年，分公司在LTE建设方面以提升4G网络质量和领先度为目标，广覆盖、深覆盖、厚覆盖做好网络建设。同时，借助IP承载网承载优势，打破传统数据网承载模式,提升集家客业务用户使用感知，提升综合类网站业务下载速率：以提升家庭宽带能力为基础，加快家庭宽带覆盖范围，稳步提升家庭宽带市场份额；借助4G网络优势，通过专业优质通信资源、信息化应用、营销策略、服务内容等支撑，全力激活集客市场，持续提升分公司集团客户市场规模。

（高晓军）

中国联合网络通信有限公司青铜峡分公司

【概况】 2017年，中国联合网络通信有限公司青铜峡分公司针对移动市场趋于饱和、4G竞争日趋激烈等不利因素，落实"聚焦"战略，以客户需求为出发点，通过改善产品结构，扩大用户规模，优化渠道布局，发展固移融合业务，提升宽带端口占用率。截至2017年年底，移动基站数达到320个。

【重点营销】 2017年1月，分公司开展驻青部队老用户维系专项活动，办理终端合约400户。4月，开发冰激凌套餐，集中开展腾讯大王卡、腾讯全能卡等套餐营销，截至10月底发展冰激凌用户256户。年内，针对驻青铜峡部队换防、老官兵用户流失不利局面，制定应对措施，在部队营区附近增加和扩容6个基站，实现无网络盲区和拥塞区，网络体验得到部队领导肯定。

【存量经营】 2017年，分公司开展2/3G转4G、实名补录、宽带和智慧沃家续费、存量用户低销流量叠加、部队用户存量用户维系等活动，深度挖掘用户需求，针对不同客户推荐不同业务，提高用户价值，确保存量用户和收入保有。截至12月底，移网存量收入保有率达到84.2%。

【渠道建设】 2017年，分公司落实对兑新建渠道、老渠道补贴，各项产品、资费、终端销售及佣金政策，强化渠道"建、管、养、营"。在日常管理方面，明确"八大员"岗位职责，完善巡店营销帮扶常态机制，帮助渠道熟练掌握业务技能，培养渠道销售能力和服务意识，借助巡店系统、沃受理、新积分制等工具，加强服务渠道管理。围绕核心商圈，在重点镇开展渠道建设，成熟一家开业一家，关停能力弱、发展积极性不高渠道。截至10月底，新签渠道33家，累计发展6850户，新增收入55.5万元。同时，抓住节日营销节点，持续开展厅外拓展；以开展星级评定活动为牵引，严格落实门头补贴政策，实施渠道形象亮化工作，提升渠道门头形象。

（范娇娇）

网络和信息化建设

【概况】 2017年，全市网络和信息化工作以深入推进政府信息公开、充实政府网站内容建设、强化农村基础设施建设为内容，抓好关键信息系统网络安全保障工作，加强网络舆情监管和舆论引导，弘扬宣传网络正能量。

【政府信息公开】 2017年，围绕市委、政府中心工作，关注公众关切热点问题，强化制度和平台建设。根据国务院和自治区政府信息公开规范和要求，健全落实政府信息主动公开、依申请公开、保密审查等制度，及时准确发布政府重要会议、重要活动和重大决策等信息，为政府信息公开提供机制保障，提高政府信息公开管理水平。按照“公开为原则，不公开为例外”工作要求，在市人民政府门户网站设立政策解读、政务动态及财政预决算等专题专栏12个，公开政府及部门年度报告、规范性文件、财政预决算、两随机一公开、双公示(行政许可、行政处罚)、涉农资金管理使用、项目建设、环境影响项目等方面信息1150条。制订《电子屏发布制度》，在政府大楼内外电子屏发布两大任务完成情况、消防、保密知识、中共十九大等方面信息32条。

【电子政务外网建设】 2017年，按照“统一平台、整合资源、信息共享、提速增效”要求，加强与中国电信、中国移动、中国铁塔青铜峡分公司联系，做好全市电子政务外网运行维护工作。根据单位设立、合并和撤销情况，协调电信运营商及时调整光纤数量，每季度采取全覆盖方式开展电子政务外网运行情况督查考核，并依据考核情况支付网络服务费。按照自治区相关部门和市委、市人民政府要求，牵头开展市级卫生医疗机构接入电子政务外网前期调研和基本情况调查，组织实施全市101个村级(社区)卫生室接入电子政务外网工程，为卫生、社保业务应用部署，实现医保结算业务向全区电子政务外网迁移奠定基础。年内，投资3800万元，新建4G通信基站54个、铁塔12座，铺设线路109公里，新增光纤覆盖用户4000户，实现4G网络全覆盖，电信业务量比2016年同期增长90%；实施“宽带乡村工程”，实现行政村光纤通达率100%。讨论制订“联网联动”工程和“云上数据”工程2个子方案，协调联系IT企业参与“九大工程”项目顶层设计论证工作。做好自治区政务协同办公系统联网前期准备工作。收集全市各部门(单位)机构、人员等相关基础信息，电子公章和公文文头等相关资料，并报吴忠市信建办备案；制定《青铜峡市政务协同办公系统运行管理办法》，确保政务协同办公系统安全高效稳定运行。

【政府网站管理】 2017年，指导全市政府网站制定《信息审核发布》《网站管理员培训》等8项制度，规范网站新闻发布、信息公开、办事服务、互动交流等栏目，完善政府网站服务功能，及时修补系统漏洞、更新网站内容，有效保障中共十九大期间网站安全、杜绝僵尸网站。利用古峡动态、区内外要闻等栏目，扩大青铜峡知名度。根据市委、市人民政府工作重点，策划开展线上线下联动活动，主动服务市委、政府中心工作，全年设立“禁毒宣传、网络公益、安全生产、喜迎自治区第十二次党代会、网络安全、社会主义核心价值观、讲文明树新风”等专题专栏12个，发布新闻类信息1240条、通知公告58条。健全完善网站读网制度，加强值班审看，及时发现和纠正错漏信息，确保网站内容准确、信息实用；强化政务微博管理，及时回应群众网络关切热点26件；协调做好政府门户网站书记、市长信箱管理工作，随时掌握社情民意，制订《关于切实加强网民留言办理工作的通知》，优化书记、市长信箱办理流程，广泛听取群众意见建议。全年转办群众来信51件，办结49件，办结率96.1%。按照自治区开展基层政务公开标准化、规范化建设要求，加强与自治区人民政府、吴忠市信建办及建设单位沟通和联系，做好市人民政府门户网站规划、版面设计、栏目增设和数据迁移等建设工作，提高重点领域信息公开水平，促进新建网站各项指标达到全区标准和要求。根据全国网站普查要求，指导自治区前期抽检不合格4家部门网站完成整改工作，关停2家部门网站；开展网站问题地图整改，解决内容更新不及时、信息不准确、服务不实用等问题。抢先注册中国轴承谷、"印象黄河·彩虹之上"等7个涉及青铜峡市旅游等行业域名。

【农村信息化建设】 2017年，市网信办协调指导电信、移动、联通、广电网络公司等企业加大农村信息基础设施建设投入，实施"宽带乡村"光纤入户等项目，为农村电子商务项目、农产品质量追溯体系建设提供有力支撑。修订考核办法，加强农村综合信息服务站管理和考核，抓好农村党员干部远程教育培训。全年举办培训班4期，集中培训农村信息员400余人次，开展农民计算机技能培训3500余人次。

【网络舆情管控】 2017年，市网信办落实分组监测、定期分析、跟踪、督办等制度，健全信息监测清查、迅速通报和案件协查处置机制，实行"人防+技防"相结合，密切关注网上舆情动向，及时掌握网上信息动态。年内，围绕重大节日、重要活动及重大突发事件，启动一级预案2次、二级预案14次，监测涉青舆情18件（次），做到及时发现、及时报告、及时处置。做好舆情收集、研判和回应等工作，设置网络热点、网信动态、舆情课堂、法规解释等8个板块，及时汇总分析网络舆情，做到敏感信息随时报、热点信息及时报、重要信息定时报，为市委、政府准确应对舆情提供依据。全年编发《网络舆情》（月报）7期、《网络舆情周报》25期、《网络舆情专报》15期。加强"四员"队伍管理，提高舆论引导能力。年内，在全市各部门单位建立176人网络新闻发言人、舆情信息员、网站管理员和网络评论员等队伍，通过举办网络新闻发言人、网评人员业务培训班，提高正面发声力度，提升舆情舆论引导能力。

【网络安全宣传】 2017年5月26日，市网信办举办全市领导干部新媒体素养和《中华人民共和国网络安全法》专题辅导报告，提高市委中心组成员和全市网络新闻发言人、政务微博及微信管理员、舆情信息员、网络评论员对网络舆情的认识，提升正确应用新媒体、做好网络舆情事件引导工作能力和水平。6月1日，以"五个一"（悬挂一条横幅、印制一本法规手册、开辟一个宣传专栏、举办一期专题培训班、开展一次实施日集中宣传）为载体，开展《中华人民共和国网络安全法》实施日系列宣传活动。活动期间，悬挂横幅30条，印制法规手册200本，发放宣传资料4000份，联合中国移动青铜峡分公司举办"互联网+智慧互联"展示体验活动，引导网民履行社会责任，依法上网。9月18—24日，以"网络安全为人民，网络安全靠人民"为主题，组织全市网络安全和信息化领导小组成员单位在古峡广场举办网络安全宣传周启动日宣传活动，协调各相关单位结合校园日、电信日、法治日、金融日、青少年日、个人信息保护日等，通过多种形式深入学校、社区、企业、驻青部队开展网络安全宣传活动。实施网络公益工程，通过网站、电视和微信公众号等新老媒体，开展网络公益作品有奖征集活动，收集作品29

件；抓好“争做中国好网民工程”建设，加强网民阵地建设，以媒介素养教育和行业引导等形式，引导广大网民自觉践行网络文明行为。

【网络安全管理】 2017年，开展网站、“两微一端”新媒体登记备案工作。督促相关责任单位和企业完善规范内容审核机制，严把信息发布政治关、政策关、事实关，从源头上杜绝有害、不实信息传播，全市登记备案网站11个、新媒体71个（微信公众号26个、官方微博17个，移动客户端、QQ群及群发平台等28个）。做好中共十九大期间网络安全保障服务工作。召开全市中共的十九大期间网络宣传及网络安全保障工作会议，部署国庆、中秋和中共十九大期间网络宣传及网络安全保障工作，制定网络安全应急预案，确保中共十九大期间网络畅通及网络安全。开展全市网络安全执法检查工作，利用7天时间，对政府及各部门7家网站和3个关键信息系统进行安全现状和风险隐患摸排和漏洞扫描，针对存在问题，逐一出具漏洞扫描系统安全评估报告和网络安全整改通知书，督促限期整改。开展属地网站落实主体责任专项检查活动，举办全市落实属地网站主体责任专项检查工作培训班，对66个部门、企事业单位工作人员进行培训并指导开展自查工作，针对存在问题边查边改、消除隐患，顺利通过自治区关键信息系统网络安全检查。开展“净网2017”网上扫黄打非行动，利用青铜峡政务网、广播电视台、魅力青铜峡微信公众号及辖区其他社会组织微信公众号，及时向社会发布举报电话、电子信箱，接受群众举报；落实打黄打非联动工作机制，切实做好网络涉黄案件协办工作，形成全社会共同参与净网专项行动良好氛围。

【农村电子商务】 2017年，配合市工业信息化和商务局加强电商人才培养和政策扶持，协助农村淘宝市级服务中心发展村级代购点，制订《农村淘宝合伙人招募奖励办法》，在全市开展合伙人集中宣传招募活动，建成村级代购点20个。支持农村淘宝合伙人网上销售甜瓜、西红柿等农产品，帮助解决卖难问题。截至年底，农村淘宝实现网上订单4.91万单，实现销售额549.5万元。以农村信息员、返乡创业青年和涉农企业为重点，依托第三方培训机构，分层次开展电商技能培训，为全市电子商务发展提供人才支持，年内组织开展电商人才培训4期，培养初、中级电商人才700人。8月23日至9月23日，会同市工业信息化和商务局，举办全市农产品“品牌培育+互联网”上行营销培训班，培训班采取“培训+实训+孵化+辅导”方式，重点围绕“县域电商大趋势”“农产品上行现状分析及营销技巧”“新媒体运用”等内容，进行全面系统培训，31名学员成功注册开通淘宝及微商店铺，开展大米、枸杞、苹果、葡萄、绿皮鸡蛋等农特产品销售。

（刘中峰）

卫 生

编辑◎何艳珍

综 述

【概况】 2017年，全市有公立医疗卫生机构17个，其中：综合医院2个，卫生院9个，卫生监督机构1个，疾病预防控制机构1个，妇幼保健机构1个，社区卫生服务站2个，厂(场)综合医院1个。实有床位950张，职工1498人，卫生技术人员1237人，其中：执业医师及执业助理医师385人，注册护士568人。卫生计划生育工作以行风建设暨医疗质量提升年活动为主题，不断深化医疗改革，落实民生计划，提高人民健康水平。小坝镇、瞿靖镇被自治区人民政府办公厅评为“2014—2016周期计划生育五星级乡镇”。

【基层设施建设】 2017年，市卫生和计划生育局为提升基层服务能力，加强基层硬件设施建设，年内完成邵岗中心卫生院门诊住院综合楼及附属设施建设项目、铝厂社区卫生服务站和蒋顶社区卫生服务站建设项目并投入使用。龙海社区卫生服务站和峡口镇谭

2017年1月8日，青铜峡市人感染禽流感防控工作督导检查会议在市卫生和计划生育局四楼会议室召开　　（市卫生和计划生育局　姜海亮摄影）

桥、沈闸村卫生室建设项目于9月底完成主体工程建设；市卫生监督所附属用房建设项目完成招标工作。

【落实“自治区千名医师下基层”惠民政策】 2017年，市卫生和计划生育局派驻52名中级以上职称专业技术人员到各镇卫生院、社区卫生服务站提供技术支援服务，设置“支援专家工作室”，通过开展长期坐诊、“一对一临床带教”、业务技术培训、查房、双向转诊等工作，初步实现群众“看病家门口，诊疗有良医”的目标。

【妇幼卫生“七免一救助”工作】 截至2017年9月底，全市住院分娩2204人，补助资金110.2万元，补助率为100%；免费婚前医学检查2698对，婚前医学检查率97.18%。免费新生儿“四病”筛查2430人，筛查率97.77%；听力筛查2482人、48种疾病筛查779人；“四病”和48种疾病筛查率93.87%，无可疑阳性患儿。完成农村妇女宫颈癌检查工作应查5300人，实查5388人；农村妇女乳腺癌检查工作应查2400人，实查2772人。免费对初次接受产前保健孕产妇艾滋病、梅毒和乙肝检测2433人，检测率96.89%；0~6岁儿童孤独症筛查26023人，筛查率99.75%，可疑阳性0例；出生缺陷小于28周6人、大于28周3人。免费为全市1520对计划怀孕夫妇进行孕前优生健康检查，完成目标任务的118.61%。全市农村妇女目标人群增补叶酸2206人，服用率98.79%，依从率86.94%。实施“消除婴幼儿贫血行动”，在各镇、村发放营养包39506盒，儿童服用率达98.53%。

【提升医疗卫生服务质量】 2017年，开展医疗安全专项整顿活动，保障医疗安全，提高服务水平和服务能力。截至9月底，接诊门诊病人999258人次，收治入院患者22944人次，患者平均住院日9.6天。落实医疗质量和医疗安全核心制度，加强抗菌药物临床应用专项整治，规范医疗行为，住院患者抗菌药物使用率小于60%，门诊患者抗菌药物使用率小于20%。市人民医院将10个专业45种病纳入临床路径病种，临床路径入组率71.2%，完成率70.84%。规范“医疗废弃物”管理和医务人员职业暴露防护处置流程，加强医疗机构重点部门、重点科室、重点环节管理。年内检查各级各类医疗机构32家，举办院感知识讲座7期。在叶盛、峡口、大坝先后启动“先住院后付费”诊疗服务。截至9月底，基层医疗机构住院病人100%享受此模式。建立以医疗纠纷人民调解为主体，院内调解、人民调解、司法调解与医疗责任风险分担机制相衔接的医疗纠纷处理体系，完善医疗纠纷人民调解组织保障机制和医疗责任保险有关制度，提高人民调解成功率和医疗责任保险覆盖面。建立以医疗责任保险为主、医疗意外险等为补充的医疗责任风险分担形式，市级医疗机构、镇卫生院、社区卫生服务机构参保率达100%。

【综合医改工作】 2017年，调整完善市深化医药卫生体制改革领导小组，并将公立医院综合改革工作纳入医改小组各成员单位年度目标考核之中，制发《青铜峡市医疗卫生服务体系规划》(2016—2020年)。在坚持“五个不变”的原则上，市级医疗机构通过协作和托管方式，采取“1+n”形式与各镇卫生院建立医疗服务一体化管理模式，派驻医疗专家和管理人才，与镇中心卫生院联合开展住院业务，解决“下转”病人“接得住”问题。在医疗费用支付方面，市级医院实行住院医疗费用总额包干预付制度及按病种付费支付方式，实现自治区、吴忠市80家定点异地就医、开办住院业务医疗机构就医即时结算工作，在区内所有协议药店实现职工刷卡及时结算。同时，做好跨省异地信息备案、社会保障卡激活和跨省医院协调联系工作。实施薪酬制度改革，制定公立医院人员总量管理实施方案，狠抓试点工作落实，通过实地调研、方案解读、督导检查等方式，截至9月底，全市公立医院药品收入占比为39%，较2016年下降2个百分点；百元医疗收入消耗卫生材料为24.4元，较2016年下降2.6元；医疗服务性收入占医疗收入的32.6%，与2016年下降1.2个百分点。医疗收入11548万元，较2016年增长7.8%；门诊次均费用增幅为3%，住院次均费用与2016年持平；城乡居民医保政策范围内报销比例为71.4%，较2016年提高1.4个百分点；开展临床路径管理病种，市人民医院为45个、市中医院为12个，临床路径管理病种覆盖率为14.6%。

【基层卫生综合改革】 2017年，开展建设群众满意的基层医疗机构。年内，乡镇2家卫生院通过国家卫计委(委托自治区)考核验收，3家达到自治区“群众满意的卫生院、村卫生室”创建标准。开展社区卫生服务机构评星定级，2家社区卫生服务站通过验收。开展基层岗位练兵活动，全市各基层卫生医疗单位采用以赛促练方式，把岗位技能练兵与日常业务工作结合起来，提高业务技能。开展家庭医生签约服务工作，截至9月底，辖区内常住人口签约覆盖率达35.9%。其中，52900名重点人群居民签约家庭医生，签约率达74.5%。

【疾病防控工作】 截至2017年9月底，全市儿童预防接种建卡、建证率和新生入托(学)预防接种证查验率均达到100%，适龄儿童免疫规划疫苗接种率达99.9%，二类疫苗共接种13787支，外来务工高危人群麻疹疫苗应急接种2300人。全市监测麻疹疑似病例7例，其中实验室确诊2例，监测乙脑病例2例。全市无甲类传染病报告，报告乙、丙类传染病15种820例，报告发病率287.40/10万，比2016年同期(9月底)报告病例数上升0.86%，较近3年同期平均水平下降13.68%；其他传染病3种76例，报告发病率为26.64/10万，与2016年同期相比报告病例数下降47.95%。累计接诊可疑肺结核患者695例，发现确诊活动性肺结核患者77例。其中，新发涂阳患者29例，涂阴患者48例，涂阳肺结核患者的家庭密切接触者筛查率为100%。累计报告艾滋病病人及感染者54例，完成自愿咨询检测任务107.62%；暗娼人群干预425人次，免费发放安全套2415只；完成吸毒人员干预36人次，“两劳”人员HIV检测64.8%。检测碘盐合格率96.7%，包虫病B超检查、犬粪监测、儿童血清学监测率100%。完成餐饮服务行业、公共场所从业人员健康体检11277人，合格率99.41%。开展医疗单位消毒监测，监测合格率96.1%。对重点医院进行不定期督导和定期培训，截至9月底，采集并检测病例标本180份。

【卫生综合监管】 规范医疗机构管理。截至2017年9月底，办理护士注册41件，变更注册16件，延续注册25件；执业医师注册57件，其中首次注册16件、变更注册41件。通过医疗机构许可167家。落实卫生监督重点，年内办理公共场所卫生许可证207份、放射诊疗卫生许可证7份，检查各类监管单位906家1333户次，总监督覆盖率99.45%。查处卫生违法案件39起，依法给予警告11家，罚款28家22550元。做好卫生应急工作，迅速处置市第一中学突发性诺如病毒感染性腹泻疫情和峡口镇食用牛奶食源性疾病爆发疫情。完成卫生应急任务19次，组织出动医疗卫生人员193余人，救护车46辆次。

【妇女儿童保健】 2017年，召开创建妇幼健康优质服务示范县启动会，坚持以提高产科服务质量为重点，加强孕产妇、儿童系统管理，强化督查，有效降低孕产妇死亡率和婴儿死亡率。孕产妇住院分娩率99.88%，死亡率连续7年为零。加强儿童生长发育监测、疾病防治工作，婴儿死亡率7.16‰，5岁以下儿童死亡率9.95‰。同时，对门诊和入村筛查出的高危孕产妇进行全程跟踪管理，高危孕产妇管理率和住院分娩率达到100%，各项指标均达到规定标准。

【普及卫生健康知识】 2017年，开展巡讲宣传教育活动。在各镇、裕民街道举办健康教育讲座，为居民讲解慢性病的概念、病因、症状及危害，倡导健康生活方式、合理饮食、戒烟限酒、适量运动、心态平衡等，通过健康教育讲座，强化居民保健意识。利用大众媒体开展健康教育。在市电视台开设"卫生与健康"宣传专栏，紧密结合人民群众普遍关心的健康热点问题，开展多种形式的卫生宣传和健康教育。同时，在微信公众号开设健康知识宣传平台，向广大读者传播慢性病预防等健康知识；利用古峡广场大型电子显示屏，着力宣传公民健康素养66条、创建慢性病综合防控示范区等内容，宣传健康理念，传授健康知识。加强老年人健康管理。对全市65岁及以上老年人免费实施健康管理，包括生活方式和健康状况评估、体格检查、辅助检查和健康指导等。截至9月底，核对城乡居民健康档案120204人，完成65岁及以上老年人健康体检15499人。

【拓展中医业务】 2017年，在市中医医院四个病区设立中医综合治疗室，通过特色中医诊疗方案，为病人提供疾病预防、诊治康复等一体化服务模式。针灸推拿科引进高精尖设备，为患者提供腰椎牵引、药物熏蒸、小针刀等特色治疗。在8个基层医疗机构实施中医馆建设项目，浓郁基层医疗机构中医药文化氛围。加强中医人才培训，年内选派1名人员参加自治区临床人才研修项目，24人次参与中医回医药短期学习班，6人次参与中医康复医学短期学习班，举办远程网络视频会议培训42次，培训500余人次。

【国家卫生城市管理】 2017年，开展"爱国卫生日(月)"活动，制定实施方案，确定每周星期五为卫生清扫日，定期开展环境卫生整治。在4月份"爱国卫生活动月"期间，发放宣传资料，出动宣传车，制作宣传牌，全方位宣传，营造浓厚氛围。建立周、月、年考核机制，对城区各单位、各部门进行国家卫生城市长效管理考核，即每周由市爱国卫生监督员巡查考核，每月由市爱卫会(国卫指挥部)办公室工作人员定期不定期的督查考核，每季度组织有关单位进行系统考核，年终邀请市领导和市委、政府有关部门进行综合考核。督促各镇、场做好农村卫生厕所入户普查、登记建卡工作，农村卫生厕所网络直报率达到98.34%。制定病媒生物防制工作安排，定期开展病媒生物防治活动，加强重点单位、重点场所集中消杀，有效控制病媒生物密度，避免和减少病媒生物危害发生。制发《青铜峡市健康城市健康村镇建设实施方案》，组织召开动员会，加强对各单位、镇场工作督查指导，规范健康城市健康村镇创建活动。

【婚育文明】 2017年，开展计划生育幸福家庭创建活动。制发《青铜峡市计划生育幸福家庭创建活动实施方案》，年内评选计划生育幸福家庭520户。强化宣传基地建设。累计投入120万元，建设市级人口文化公园（清秀园)1个，镇、村文化大院15个，文化广场8个，文化长廊6个，穆斯林人口文化书屋10个，在城市主要干道设立巨幅宣传牌12个，翻新国策门13个。抓好特色宣传。全年在青铜峡电视台开设《卫生与健康》栏目，播放专题节目6期；利用镇、村人口学校、穆斯林文化书屋举办奖扶政策、全面两孩、流动人口、优生促进、健康教育等各类培训班180场次，参加群众达25000人次。

【计划生育综合管理】 2017年，建立“信息互通、资源共享、配合协调、责任清晰”流动人口计划生育跨地区工作协作机制，实现“管理互动、服务互补、信息互通、多方共赢”的工作目标。推行公共服务均等化，通过发放流动人口计划生育优质服务证，设立宣传点和避孕药具免费发放点，开展“关爱农民工——救助困难流动人口”和“情系农民工——关爱留守儿童”活动，搭建市、镇、村、组四级流动人口计划生育网格化管理平台，提高流动人口服务质量，救助困难流动人口50户，发放慰问金9600元，为留守儿童捐赠学习用品价值5000元，全市流动人口政策符合率达到98%以上。严查“两非”违法行为，重点查处生态移民村政策外多孩生育现象，征收社会抚养费共计5万元。推进生育服务管理改革，在全区生育登记审核系统增录2952人生育信息，为21对夫妇办理再生育手续，通过电子档案查验补办独生子女证2508人。

【人口信息统计】 2017年，加强人口信息统计工作，提升全员人口宏观管理信息平台数据质量。截至9月底，全员人口宏观管理信息平台更新常住人口个案信息290972条，已婚育龄妇女信息录入建档51242条，主要数据项完整率达98.37%、准确率达95%以上；及时更新上报出生、死亡人口信息，维护变更信息40197条，数据更新及时率达95%以上，出生、死亡人口信息漏报率、出生政策差错率均控制在3%以内。建立出生人口日常监测预警和定期报送制度。截至9月底，指导录入出生人口信息2423条、初婚登记信息819条、死亡人口信息922条。开展中国计划生育家庭发展追踪调查、全国生育状况抽样调查工作。以全员人口数据库为基础，协调公安部门共享户籍信息，为分析研判人口形势、完善全面两孩配套措施，深化计划生育服务管理改革提供依据和支撑。

【奖励扶助】 2017年，完善计划生育奖励扶助制度，落实特殊家庭扶助关怀措施，构建计划生育特殊家庭发展支持体系。2016年10月至2017年9月底，为14户新增“少生快富”项目户申报奖扶资金26.6万元；为3041人申报“少生快富”提前奖励扶助资金366.26万元；联合23个成员单位对“少生快富”家庭进行精准帮扶，每户帮扶资金不低于3000元，合计资金10万余元；为571人申报奖励扶助资金68.52万元；对61户计划生育特别扶助家庭申报特扶资金84.96万元，其中3户申报一次性抚慰金6万元；联系各医疗单位为特殊困难家庭人员免费开展体检101人次；为2311户家庭补助独生子女保健费117.3万元；为独生子女户、双女户夫妇申报农村合作医疗保险、大学升学奖励、死亡丧葬费、学生意外伤害保险费等补助资金，及时消除群众后顾之忧。

（季　伟）

卫生监督工作

【概况】 2017年，全年审查办理公共场所卫生许可证287份、放射诊疗卫生许可证7份，开展公共场所经营单位、生活饮用水供水、医疗服务机构、传染病防治机构、学校和托幼机构、放射卫生诊疗单位、职业卫生服务机构、采供血机构、计划生育技术服务机构、产品消毒厂家等各类单位检查监管908家1664户次，总监督覆盖率100%。抽检各类公共卫生检测样品904件次，抽检单位328户次，总合格率89.27%。查处卫生行政违法案件46起，其中：一般程序18件，简易程序28件；依法给予警告11家，罚款35家，罚款26050元没收违法所得1家，金额102元。

【医疗服务卫生监督】 2017年，加强医疗服务机构传染病防治、消毒管理、医疗废弃物管理、从业人员资质管理、放射诊疗卫生管理等重要环节监督检查。全年对167家医疗卫生机构开展依法执业拉网式专项检查，对3家二级医疗卫生机构执业资质、人员资质、医疗收费等服务不规范行为进行专项整治。开展医疗机构依法执业法制宣传月活动，共发放宣传资料4000余份，张贴宣传海报130张、悬挂宣传横幅23幅，培训医务人员1170余人次。同时，要求各单位通过电子屏连续滚动播放法制宣传标语，协同各镇卫生监督协管员对辖区88家村卫生室医疗执业行为、传染病报告、消毒管理、医务人员手卫生、医疗废弃物处置等方面工作开展督导检查，对3家民营医院医疗执业、传染病防治、母婴保健和医疗收费等工作进行综合监督，对3家二级医疗机构、9家镇卫生院、2家社区卫生服务机构、16家村卫生室药品网上采购、入库验收登记、处方点评、药品超常预警、中药饮片审批管理等工作进行监督检查，会同市疾病预防控制中心对120家医疗机构进行消毒和灭菌效果监测。

【学校卫生监督】 2017年，以学校、托幼机构突发事件卫生管理、传染病防控、生活饮用水安全、教室环境卫生管理等为重点，联合市教育局、疾病预防控制中心等单位组织开展集中监督检查，全年共检查中小学校62家、托幼机构29家，对存在问题单位提出现场整改意见，对15家中小学校作出综合监督评价。

【公共场所卫生监督】 2017年，推行公共场所卫生监督量化分级管理工作，严格执行公共场所经营单位许可审查管理规定和标准，强化公共场所设施设备及消毒工作监督。落实《2017年全区卫生计生重点监督抽检工作实施方案》，以公共场所经营单位消毒管理、保洁设施、人员持证、索证索票、进货台账等为重点，开展公共场所经营单位拉网式检查。全年审查办理公共场所卫生许可证207份；检查理发美容场所330家，宾馆、招待所98家，沐浴场所9家，文化娱乐场所25家，商场5家，游泳馆3家，汽车站候车室1家。公共场所监督覆盖率达100%，经营单位“两证”办证率达100%，“一栏、两帐”建立率达100%，专用洗涤消毒保洁设施配备率达98%，各功能区域标识标记达100%，禁止吸烟区设置及标识达100%。

【传染病防治监督】 2017年，落实自治区卫生和计划生育局关于开展2017年全区医疗废物处置执法监督专项检查通知要求，对辖区169家医疗卫生机构医疗废物处置工作进行检查，对辖区病原微生物实验室、市单采血浆站、人民医院血液透析室开展专项检查，严防院(室)内交叉感染发生。

【放射诊疗卫生监督】 2017年，开展放射诊疗专项整治工作，对从事放射诊疗的24家医疗机构进行督导检查，培训放射工作人员60人次，职业健康体检60人次，体检完成率100%；开展放射工作人员个人剂量监测60人，合格率100%。

【卫生监督稽查】 2017年，以卫生监督重点工作、卫生监督信息网络报告、卫生监督队伍着装风纪稽查为内容，开展卫生监督信息报告稽查4次、“双随机一公开”信息报告稽查2次、卫生监督执法文书稽查4次、卫生监督员工作作风和着装风纪稽查8次，稽查工作人员132人次，对违反着装风纪规定的4名监督员依纪给予处理。

【生活饮用水卫生监督】 2017年，市卫生监督所制定《青铜峡市2017年生活饮用水卫生国家监督抽检工作实施方案》和《青铜峡市2017年二次供水专项监督检查工作实施方案》，对4家市政供水单位、2家城市二次供水单位、10家农村集中供水单位（其中网报千吨以上4家）、2家企业自备供水单位，开展生活饮用水监督检查与快速检测工作。

【药品供应保障专项监督】 2017年年内，对辖区3家二级医疗机构、9家镇卫生院、2家社区卫生服务中心（站）、16家村卫生室以及药品网上采购、入库验收登记、处方点评、药品超常预警、药品款支付、中药饮片审批管理等工作进行监督检查，经查医疗机构药品管理资料齐全，网上药品采购率100%。

【信息网络报告】 2017年，更新卫生监督网络报告系统平台年度信息，完成双随机信息报告人员授权及后台维护工作；加强报告信息质量日常监控，定期组织开展卫生监督网络报告信息跟踪稽查，搞好报告信息审核和纠错工作。全年卫生监督信息报告完整率100%，及时率100%，合格率100%。

【卫生监督协管】 2017年，以创建卫生监督协管示范县工作为核心，完善卫生监督协管工作分级负责、目标管理工作机制，制发创建卫生监督协管示范县工作方案和卫生监督协管工作年度考核工作标准，采取以会代训和集中专题培训方式，改进镇卫生院、城乡社区卫生服务站卫生监督协管人员聘任管理、业务用房保障、现场取证设备配置，加强监督协管队伍管理和培训，建立卫生监督协管人员管理档案，定制协管员工作服，颁发聘任证书，定期开展一线指导和检查，及时解决卫生监督协管工作中出现的各类问题。全年组织召开协管员队伍例会培训13次，培训协管员169人次；开展卫生协管工作一线指导12次，镇卫生院、社区卫生服务机构国家基本公共卫生服务项目绩效考核现场指导3轮次，卫生协管工作管理步入制度化、规范化轨道。

（王玉国）

疾病预防控制

【概况】 2017年，市疾病预防控制中心以强素质、建队伍和提升疾控服务能力水平为目标，落实重大疾病防控措施，不断加强党组织和队伍建设，各项工作成效明显。被中国疾控中心评为“第二届万步有约优秀示范区”，被自治区儿童免疫工作和重大疾病防控领导小组办公室、自治区卫生和计划生育委员会评为“全区传染病网络直报数字证书全覆盖先进单位”“宁夏免疫规划信息系统实施工作先进单位”“死因监测、肿瘤随访登记、癫痫防治管理治疗和严重精神障碍管理治疗项目工作优秀疾控中心”。

【队伍建设】 2017年，市疾病预防控制中心加大疾控专业知识培训力度，定期举办学术讲座和业务培训，强化人才队伍建设。全年选派专业技术人员参加国家级专业知识培训4期5人次、自治区级各类业务知识培训25期62人次，遴选2名业务骨干到峡口中心卫生院、峡石社区卫生服务站进行对口支援，举办各类培训19期，培训学员1108人次。举办“学业务、提技能、比贡献”业务知识竞赛和卫生应急技能大赛，选派人员参加吴忠市及自治区卫生应急技能竞赛，2人分获二、三等奖。

【疾控规范化管理】 2017年，在巩固市、镇、村三级防保网的基础上，充分发挥市儿童免疫和重大疾病防控领导小组作用，建立政府主导、部门配合、社会参与工作机制，形成同防同治、齐抓共管工作局面。建立健全卫生应急工作机制，完善卫生应急机制和预案体系，及时更新、适量储备应急物资，坚持24小时值班制度，开展寨卡病毒病应急处置演练，提高突发公共卫生事件应急处置能力，及时应对、快速控制青铜峡市第一中学突发性诺如病毒感染性腹泻、峡口镇疑似食用牛奶引起食源性疾病疫情及邵岗、大坝突发乙脑疫情，完成牛首山庙会、峡口鸿乐府民族宗教集会现场应急消杀及邵岗、大坝镇乙型脑炎疫源地病媒生物消杀。同时，对2300名外来务工人员开展麻疹疫苗应急接种。加强督导检查，提高工作效率，与各科室签订《科室目标管理责任书》，制定疾控中心督导检查工作暂行规定，建立重点工作限时制、责任制、追究制，下发《各医疗卫生单位疾控工作考核细则》，坚持每月疾控专干例会制，每季度对各科室、各医疗卫生单位进行一次工作督导，以会代训，通报问题、安排工作，培训专干，提高能力，确保各项工作按时高效完成。加强基本公共卫生服务项目指导工作，指导基层医疗卫生机构发挥基本医疗和公共卫生服务双重网底作用，一季度一督导、半年一考核，实现针对性指导，实用性培训，实效性考核。

2017年2月27日，全市重大传染病防控工作会议在市卫生和计划生育局召开　（市卫生和计划生育局　姜海亮摄影）

【传染病防控】 2017年，加强手足口病、不明原因肺炎监测，及时召开全市重大传染病防控会议，安排部署人感染H7N9禽流感、布病、结核病、狂犬病及艾滋病等重大传染病防控工作。截至年底，全市无甲类传染病报告，乙、丙类传染病报告共15种902例，报告发病率316.15/10万，较近3年同期平均水平（950例）下降5.05%。巩固“三位一体”结核病综合防控模式，实施国家中盖结核病项目三期工作。对全市2939名寄宿制初、高中新生进行结核病免费筛查，全年接诊可疑肺结核患者695例，发现登记、报告、管理、治疗活动性肺结核患者84例，涂阳肺结核患者密切接触筛查率为100%。实施艾滋病关怀救治活动，全年新发现HIV感染者5名，随访管理HIV感染者和病人38人，免费为29例艾滋病病人提供抗病毒治疗药物，完成自愿咨询检测任务的107.62%、“两劳”人员HIV计划检测任务123.7%。

【地方病、包虫病防治】 2017年，加强地方病监测，巩固国家“十二五”地方病先进单位成果。开展碘缺乏病、饮水型地方性氟、砷中毒监测工作，碘盐抽样监测合格率96.7%。建立市、镇、村三级布病综合防控模式，开展布鲁氏菌病监测工作，完成612名职业人群干预。开展包虫病防治项目监测,完成 5000 人 B 超检查、800 名儿童血清学监测、20000 条家犬药物驱虫和国家中转项目,有效控制布病疫情蔓延。

【疾病免疫工作】 2017 年,市疾病预防控制中心巩固常规免疫接种工作。全市适龄儿童免疫规划疫苗接种 57362 人次,较 2016 年同期增加 8365 人次,接种率 99.9%;二类疫苗接种 15644 人次,较 2016 年同期增加 1537 人次;0 至 6 岁儿童建卡、建证率分别达到 100%,新生入托(学)预防接种证查验率达到 100%。加强疫苗针对疾病监测。全年监测麻疹疑似病例 7 例,实验室确诊 2 例。贯彻落实《疫苗流通和预防接种管理条例》,严格二类疫苗“三统一”原则,确保疫苗供应和接种安全。落实自治区免疫规划冷链能力提升民生项目工作。年内配备冷链车 1 辆、冷库 1 座、冰箱 71 台、冷藏箱 53 个,并按照要求将冷链设备配发给各接种单位。

【慢性病防治】 2017 年,市疾病预防控制中心开展国家慢性病综合防控示范区建设工作,成立以政府市长为组长、24 个部门为成员单位的示范建设领导小组,召开启动会,下发实施方案,组织多部门进行联合督导,开展健康支持性环境创建活动和慢性病危险因素监测工作,累计监测人群 3435 人。加强高血压、糖尿病、严重精神障碍患者档案质量管理和真实性核查工作,全市累计发现高血压病人 22257 人,健康管理率达到 44.9%,糖尿病病人 6533 人,健康管理率达到 55.7%,较 2016 年增加 25 个百分点,血压、血糖控制满意率分别达到 76.8% 和 86.1%,两项指标均较 2016 年有所上升;累计管理严重精神障碍患者 1162 人,检出率达到 4‰,为 120 名家庭困难的严重精神障碍患者发放精神类药物 2500 余瓶,诊断复核疑似严重精神障碍患者 83 名,确诊 60 名,报告应急处置事件 13 起;管理癫痫病人 310 例,癫痫有效控制率 83%,全市报告死亡病例 1595 例、肿瘤病例 1045 例(较 2016 年上升 12%)、心脑血管事件 1107 例。举办青铜峡市全国第二届“万步有约”职业人群健走激励大奖赛活动,全市 13 个部门 300 余职工参加活动。

【公共卫生防治】 2017 年,市疾病预防控制中心加强健康危害因素监测工作,完成从业人员健康体检 12545 人,合格率 99.41%。开展全市生活饮用水、医疗单位消毒监测工作,监测生活饮用水 89 份,合格率 46.1%;每季度对医疗机构放射人员进行个人剂量检测,监测医疗单位 149 家,采样 666 份,合格率 96.1%。加强食源性疾病监测,对哨点医院进行不定期督导和定期培训,采集并检测病例标本 180 份。做好公共场所、学校卫生监测工作,年内对 21 家“五小行业”公共场所进行检测,合格率 88.7%;对 24 所中、小学 133 个班级学校环境卫生进行监测。继续抓好病媒生物防治工作,全年开展各种病媒生物日常监测 30 次,对城区 8 个社区、9 条街道的下水道和垃圾站、池进行消杀,免费发放鼠药 1.98 吨。

【健康教育】 2017 年,市疾病预防控制中心举办“5·12”全国碘缺乏病宣传日宁夏主会场启动仪式及大型活动,同时利用各种卫生宣传日和机关干部“下基层”等活动,多种形式开展健康教育活动,年内举办疾病预防知识讲座 11 期,培训人员 990 人次。

(杨顺利)

妇幼保健服务

【概况】 2017年，全市妇幼卫生和计划生育技术服务工作以落实《中国妇女发展纲要(2011—2020年)》《中国儿童发展纲要(2011—2020)》为目标，以提供优良妇幼保健计划生育技术服务为核心，以降低孕产妇、婴幼儿死亡率为重点，以重大妇幼卫生和计划生育技术服务项目为抓手，推进全市妇幼保健计划生育服务工作全面开展。5月，撤销市妇幼保健所成立市妇幼保健计划生育服务中心。年底，市妇幼保健计划生育服务中心被自治区卫生和计划生育委员会评为“自治区级妇幼优质示范工程单位”，被吴忠市精神文明建设指导委员会办公室命名为吴忠市级精神文明单位。

【“妇幼健康优质示范工程”创建】 召开2017年青铜峡市创建妇幼健康优质服务示范工程工作启动会，统一思想，明确责任，制定措施，完善三级网络建设。加强产科和基层队伍建设，开展岗位培训和技术练兵活动，成立优质服务团队，创建微信平台，提高技术水平，确保服务质量。同时，聘请安保、保洁服务公司，加强安保与保洁工作，投资3.96万元在各楼层公众区、信访接待室、院落安装21个监控摄像头，基本实现无盲区监控，提升中心技防水平。青铜峡市获“自治区妇幼健康优质示范县”称号。

【新生儿病筛查】 2017年，市妇幼保健计划生育服务中心做好“七免一救助”项目工作，开展新生儿48种疾病筛查工作。2016年10月至2017年9月，有农村产妇2204人，住院分娩补助2204人，补助资金110.2万元，补助率为100%；免费婚前医学检查2698人，检查率97.18%。免费新生儿“四病”筛查2430人，筛查率97.77%；听力筛查2482人，其中“四病”和48种疾病筛查779人，筛查率93.87%，无可疑阳性患儿。全年农村妇女宫颈癌应查5300人，实查5388人；农村妇女乳腺癌应查2400人，实查2772人，确诊宫颈癌2人、乳腺癌1人，凡被确诊者均在上级医院接受规范治疗，并及时随访。

【妇幼卫生3项检测】 2017年，按照自治区卫生和计划生育委员会安排，首次开展以孕产妇死亡、儿童死亡、出生缺陷三项妇幼卫生检测报告工作，为全市妇幼卫生工作顺利开展提供依据。加强全市三网监测工作，规范、准确、持续收集孕产妇、5岁以下儿童、出生缺陷医院监测数据，扩大5岁以下儿童死亡监测和出生缺陷医院监测范围，为各级政府提供妇女儿童健康主要指标。加强以人群为基础的出生缺陷监测系统建设，完善人群出生缺陷监测数据收集、报告制度，规范性监测工作原始记录，确保上报资料完整、准确和及时，提高出生缺陷诊断水平，维护网络直报系统的正常运行。

【艾滋病、梅毒、乙肝母婴传播专项工作】 2017年，做好相关预防或干预措施，制订艾滋病、梅毒和乙肝检测流程，保证孕产妇在孕期初次接受产前保健时就能做到免费检测，提高免费检测率。2016年10月至2017年9月，全市2511名产妇，孕期接受HIV抗体检测2433人，检测率为96.89%，未发现艾滋病病毒感染；检出梅毒感染孕产妇7例，给予随访治疗；乙肝表面抗原阳性孕产妇86例，阳性发生率为3.42%。对阳性产妇所生新生儿均及时给予乙肝免疫球蛋白注射。

【神经管缺陷项目管理】 2017年，对免费配发的叶酸药品及时建账，做好出入库手续，实行专人专账管理，对药品发放的重点环节，明确职责，按项目要求进行规范操作，保证药品及时到位。严格按照流程发放，规范服务行为，提高叶酸服用率和依从率。全市农村妇女目标人群增补叶酸2206人，服用率98.79%，依从率86.94%。

【儿童孤独症筛查和“消除婴幼儿贫血行动”】 2017年，做好儿童孤独症筛查和“消除婴幼儿贫血行动”项目工作。2016年10月至2017年9月，完成儿童孤独症筛查26023人，筛查率99.75%；收到营养包3批次2540箱，发放39506盒。应发儿童数37837人次，实发儿童33497人次，服用率达98.53%。

【计划生育技术服务】 2017年，免费开展孕前优生健康检查。全年完成孕前优生健康检查1542对，覆盖率达118.61%。实施优生健康教育3086人，开展孕前医学检查各项检测40043人次，评估为高风险925人、一般人群2159人、早孕随访10203人次、妊娠状态随访657人次，发放孕前优生健康检查评估告知书1542份，优生咨询3084人。免费开展计划生育技术服务服务项目。咨询服务4212人，妇科B超检查7581人次、妇检13574人次、人工流产444人、放取环813人，检验2262人次，随访人数达到16996人，普查普治人数达到12293人。免费开展发放避孕药具。已婚育龄妇女56770人，发放药具16715人次，采取综合节育措施54885人，综合节育率达97.9%；无措施48人；避孕药具使用7596人，药具应用率99.3%，药具有效率100%。

【妇女儿童健康保障】 2017年，市妇幼保健计划生育服务中心采取每月下乡、季度抽查、全面考核相结合方式，抽调业务骨干深入各镇村90余次，对妇女儿童健康项目实施情况进行督导、培训、考核，及时发现、解决存在问题。对产妇从怀孕到住院分娩，实行“一对一”管理服务模式，做到孕前指导、孕期干预、高危转诊、追踪随访，确保母婴安全。全年孕产妇系统管理率达100%，住院分娩99.88%，婴儿死亡20人，死亡率7.16‰；5岁以下儿童死亡29人，死亡率9.95‰。特别是对门诊和入村筛查出的高危孕产妇进行全程跟踪管理，管理率和住院分娩率均达到100%。推广使用母子健康手册。至年底，完成培训、发放工作。建设信息平台，要求每个临床人员必须有各自的微信服务对象，利用微信平台多方面了解服务对象需求，促进医务人员与群众打成一片，更好更全面的为服务对象服务。建设服务团队，成立市乡村妇幼保健计划生育服务团队，在同富村、古峡广场开展免费送医送药义诊活动，免费义诊群众、测血压近2000人次，免费发放药品，发放宣传品和宣传资料各2000余份。全年实施公共卫生和计划生育技术服务督导196次。

【健康教育宣传】 2017年，利用卫生宣传日、“三八”妇女节等，深入各镇、机关、事业单位开展健康教育宣传活动，提高群众自我保健意识。制做24面“七免一救助”宣传展板，发放婚前医学检查、优生宝典、生殖健康、“两癌”宣传、预防艾滋病宣传材料、中心微信公众平台宣传折页、妇幼保健和计划生育技术服务知识宣传册等3万余份，开办孕妇学校课堂12次。

【人才培训】 2017年年内，邀请自治区相关业务专家来青铜峡举办业务培训3次。选派3人到宁夏医科大学总医院进修学习，组织业务骨干参加各类培训班84人次。市服务中心围绕新生儿复苏插管急救、十八项核心制度、院感、急救演练等内容，开展专题培训234余人；选派业务骨干3名到社区服务站进行对口支援；每月组织一次专干例会，采用以会带训、分级培训办法，培训妇幼计生专免费干792人次。

（赵红梅）

健康教育

【概况】 2017年，全市健康教育与健康促进工作依托公共卫生服务项目，以开展“健康青铜峡行动”和“健康素养促进”项目为重点，整合各种健康教育资源，稳步推进健康教育工作。年内，全市共设置健康知识宣传栏210余块。开展大课堂、公众咨询健康服务活动，举办大课堂448场次，受益人数20083人次；开展公众咨询251场，接受各类群众咨询22594万余人。制作健康教育宣传栏554期，播放影像资料1609小时，发放宣传材料26种158024万份，落实个体化健康教育15500人。

【强化组织领导】 2017年，召开青铜峡市健康促进委员会和健康青铜峡行动领导小组联席会议，对全市健康教育与健康促进工作进行交流和部署，明确责任。在各镇(街道办)、社区(村)成立健康教育组织，实现市、镇、村三级健康教育组织网络全覆盖。召开健康素养促进行动项目启动会暨全市健康教育骨干培训班，邀请自治区健康教育专家对全市各镇、机关、社区、学校、医院等单位健康教育专干进行培训。通过培训活动，提升各级健康教育组织、骨干的服务能力。制定考核细则，明确责任分工，每半年对各成员单位工作开展情况进行督导，并将考核结果与年终效能考核挂钩，促进全市各行业对健康促进工作的重视。

【健康教育宣传】 2017年，利用“科普宣传日”“结核病防治日”“糖尿病日”“高血压病日”“碘缺乏病日”“食品安全宣传日”“全国无烟日”“三下乡”宣传日等，在古峡广场、各镇集贸市场、居民小区、农村社区等地开展宣传咨询活动。在青铜峡电视台、广播电台开办健康栏目，宣传健康知识和健康行为方式。在各医疗单位、学校、部分机关、企事业单位醒目位置设置专门的健康教育宣传栏，定期更换内容，向单位职工及群众宣传普及健康知识。充分利用各单位电子屏、电教设备开展健康知识宣传。印制、发放各类健康教育宣传资料，制作控油壶、咸盐勺、围裙、毛巾等健康教育干预物品，利用各种宣传、培训活动进行发放。

【健康素养促进行动】 2017年，召开“青铜峡市健康素养促进行动项目”启动会，印发《青铜峡市2017年健康素养促进行动项目实施方案》，制定健康促进医院创建、公益广告播放、重点疾病或领域健康教育项目等5个子方案。开展“中国公民健康素养监测”“中医药健康文化素养”和“烟草流行监测”问卷调查活动。

【公益广告播放】 2017年，制发《青铜峡市健康素养项目公益广告工作方案》，与市广播电视局签订播放协议，以“科学就医 快捷方便”“健康生活 从点滴做起”“健康素养《跑道》”“无烟生活保证书”4部公益广告为主要内容，集中资源和力量，宣传普及无烟生活、健康素养等相关知识，倡导健康生活方式，营造良好社会氛围。2016年9月16日开始播放，播出11个月165小时，受益人群24万余人。

【健康教育巡讲】 2017年，以“健康中国行 燃亮中国梦”为主题，开展健康教育巡讲活动。4月，组成11人医疗卫生专家巡讲团，深入农村、社区、学校、企业、机关等地开展巡讲。针对不同目标人群，分别举办健康素养、合理用药、慢性病防治、职业病防治等知识讲座。全年制作健康教育宣传展板10块，开展巡讲活动11场次，发放《健康100》《健康66条》口袋本等印刷品1万份、宣传扇500个、饮水口杯300个,受益人群15万余人。

【"健康中国行"主题宣传活动】2017年,制定开展大型义诊、咨询宣传活动。4月18日,在古峡广场举办2017年"健康中国行燃亮中国梦"主题宣传周活动启动仪式,市人民医院等9家医疗卫生单位工作人员近100人参与启动仪式。活动现场设立咨询台,摆放宣传展板,医护人员围绕平衡膳食、适量运动、戒烟限酒、心理平衡等内容,耐心解答群众咨询,免费测量血糖血压,摆放卫生知识展板16块,向过往群众发放《健康100》《健康箴言》《健康66条》等宣传资料10余种共1万余册,印有健康教育、疾病预防、烟草危害、优生优育等内容扇4000余个、购物袋300个、饮食禁忌张贴画600张,解答群众咨询300余人,为群众测血压、血糖130余人。10月,举办卫计系统职工健身运动会,500余人参与比赛。年内,市健康教育所向全市群众发布控烟"和"科学就医"健康生活提示,市疾控中心深入瞿靖镇时坊社区面向农民群众举办《传染病的防治》和《健康66条》健康教育讲座,市中医院安排专人开展中医适宜技术下乡服务及健康教育进社区宣传活动,市妇幼保健所结合全市"优生优育健康检查"开展专项保健访视,受益达1200余人。

【重点疾病或领域健康教育】2017年,加强地方病、包虫病、结核病及艾滋病等领域健康教育宣传培训工作。年内,全市14家医疗机构举办师资培训班6场次,约2600人;面向医务人员、社区居民、宗教人士、机关干部、学生及妇女、屠宰人员等目标人群举办地方病、包虫病培训班12场次,培训人员1100余人;向学生及群众发放宣传资料1100余份;在市电视台制播地方病防治专栏1期;在农村小学4至6年级开设碘缺乏病、饮水型地方氟中毒、饮水型地方砷中毒等地方病防治知识课,在市级医疗机构举办艾滋病防治知识讲座1期,反歧视宣传14场次。2016年7月至2017年6月,开展艾滋病干预活动715人次,免费发放安全套3783只、宣传资料500余份。

【开展健康促进医院创建活动】2017年,以市中医院为主体,开展健康促进医院创建工作,通过健全组织,强化制度,改善医疗环境,普及健康技能,向患者及其家属、社区居民、乡镇群众开展形式多样的健康促进活动,提高人民群众健康意识和自我保健、防病能力,创建工作成效显著,即将申报自治区验收。

【健康青铜峡行动】2017年,利用广播、电视等媒体开展健康知识传播活动。在市电视台开办《卫生与健康》专题节目6期,邀请医疗卫生专家就高血压、糖尿病、心血管疾病、科学就医、合理用药等举办现场讲谈、咨询活动。每天在"青铜峡新闻"结束后播出1~2条健康温馨提示。开展学校健康知识普及活动。利用校园广播、橱窗、板报和宣传栏开展健康宣传,积极协调、指导各中小学上好健康教育课,保证每两周1课时,教师、教材、教案、课时、评价五落实,健康教育开课率达到100%。开展公众健康服务活动。组织全市城乡居民进行健康体检,建立健康档案,对体检出的高血压、糖尿病、心脑血管疾病等慢性病患者实行健康管理。实施"七免一救助"政策,对农村孕产妇住院分娩进行补助,为新生儿进行"四病"筛查和听力筛查。实施慢性病规范化管理,对重点慢性非传染性疾病及其高危人群采取综合防治措施,建立高血压病、糖尿病、重性精神病等慢性病专病档案,实行"专病专案专人"管理。通过各类公众健康服务活动开展,力求实现疾病早预防、早发现、早诊断、早治疗。开展健康家园创建活动。在市人民医院、疾控中心、中医院、保健中心创建健康素养、控烟、慢病、中医、妇幼保健健康教育基地5个，各医疗卫生单位、清真寺设置健康教育咨询点117个，各医疗单位、学校、机关、企业设置健康教育宣传栏203块；清秀园建立健康教育主题公园，设置健康步道、健身设施、温馨提示牌、健康宣传栏；在银河广场建立健康教育主题广场，设置动漫宣传栏、灯箱宣传栏、健康步道、体质指数转盘等设施，通过开展场所建设，丰富健康教育形式。年内全市创建健康单位3家、健康餐厅3家，健康社区3个，健康学校3所，建设“健康小屋”19个。

（薛凤华）

爱国卫生

【概况】 2017年，全市爱国卫生工作围绕国家卫生城市暨城镇环境卫生一体化管理工作主线，开展城乡环境卫生清洁行动、卫生镇村创建等活动，改善城乡环境卫生，提高人民健康水平，促进爱国卫生工作全面发展。全年参与环境卫生活动13750人次，出动大型机械车辆2487台（辆、次）；沿街路各单位电子屏幕滚动播放宣传标语179条，制作展板118块，清理生活垃圾83吨，清理乱涂乱画现象24351处，植绿补绿树木4378株。

【“爱国卫生日”活动】 2017年，制定《青铜峡市“爱国卫生日”活动实施方案》，把周末卫生清扫日（每周星期五）和每月最后一周的星期五作为“爱国卫生日”，定期开展环境卫生整治。城区各单位组织干部职工清理公共责任区域卫生，各镇场组织镇村干部、村民清理镇村驻地街道、沿路沟渠、道路和村民庄点巷道杂物及垃圾。年内组织开展爱国卫生日11次，并及时向自治区、吴忠市爱卫会上报活动简报、小结、活动图片等。

【“爱国卫生月”活动】 2017年4月，在第29个“爱国卫生活动月”期间，采取发放宣传资料，出动宣传车，制作宣传牌，进行全方位宣传，营造浓厚氛围。同时，要求各有关单位按照“青铜峡市国家卫生城市长效管理工作目标考核内容”，梳理存在问题，制定行之有效措施，整治市容市貌，清理规范摆摊设点、占道经营、店外经营、机动车和非机动车乱停乱靠等现象；整顿交通秩序，铲除越冬垃圾杂物和卫生死角，清除绿化带、草坪、绿篱垃圾和枯枝败叶，规范市场经营秩序，巩固提升国家卫生城市复审成果。各镇村以拆违治乱、清理乱堆乱放为重点，清除卫生死角、白色垃圾，清除各种视觉污染、乱贴乱画现象，清理乱堆乱放，促进爱国卫生工作常态化。

【城镇环境卫生一体化管理工作】 2017年，按照《关于推进青铜峡市城镇环境卫生一体化管理工作的实施方案》要求，在全市8个镇、2个农林场开展“以里论美、精细管理”和“干净整洁、美观有序”为主题的环境卫生一体化管理综合整治工作。组织人员通过采取入镇场、下村组、串巷道督查方式，对各镇场环境卫生一体化管理工作进行实地督查，印发督查情况通报、《青铜峡市城镇场环境卫生一体化管理工作督查通告书》，发现问题逐一反馈给各镇场，限期整改。叶盛镇集中人力、物力和财力，全面落实督查反馈的问题，尤其在群众反映强烈的农村环境建筑垃圾、生活垃圾以及垃圾死角和各种废弃物长期堆积无人清理的问题方面，组建卫生保洁队伍，聘请卫生保洁员，采取增加或争取环境卫生设施，实行“组保洁、村收集、镇集中、市处理”模式清除垃圾，使环境卫生面貌发生巨大变化，成为各镇场领导、道路站站长参观学习观摩点。年内，全市组织开展督查活动20余次，下发“通报”“督查通告书”各12期；各镇场投入资金1981.9万元，出动车辆17215台次，清运垃圾132293吨，聘请卫生保洁员564名，收缴卫生保洁费35.06万元，清理平整地坪250.4平方米，清理违章建房620处5882.7平方米，修整路基1131.6公里，配置垃圾清运车116辆，拆除乱搭乱建841处、残墙断壁9107米，砌护围墙249米，增设垃圾箱1271个，增设垃圾池613个，安装围网162445米，清理主干道194条821371米，配备摆背式垃圾箱954个，清理巷道 2474条216062米、果园围墙24380米，粉刷墙体74845米，配备立方米垃圾箱1102个，配备摆背式垃圾车20辆，粉刷垃圾池1726个，油漆垃圾箱1352个，安装绿化围栏24655米、路灯920座，实施道路铺砂17.4公里。

【卫生先进单位督查及验收】 2017年，以全市环境卫生集中整治暨“百日专项行动”为契机，加强对已命名的自治区卫生镇村和吴忠市卫生镇村进行复查，促使各镇配套垃圾箱、清运处理车辆，建设卫生保洁队伍，落实垃圾转运中心正常使用“村收集、镇集中、市处理”垃圾管理模式。全年申报创建卫生先进单位7个，其中，北苑社区卫生服务站申报创建吴忠市卫生先进单位，经初验推荐上报吴忠市级爱卫会等待考核验收，其余申报青铜峡市级卫生先进单位均已命名。

【病媒生物防制】 2017年，市爱卫办组织辖区内居民对小区垃圾桶、草坪全部进行药物消杀，对公厕设施及内外环境集中进行消杀，并督促各单位集中清理卫生区死角，清除杂草、杂物等暴露垃圾，采取药物消杀方式，降低蚊蝇鼠蟑孳生密度。

【国家卫生城市创建】 2017年，市爱卫办发挥市爱国卫生监督员巡查作用，组织开展全市行政事业单位、企业、学校等室内外卫生、公共责任区域和重点行业卫生暗访督查，通过编辑手机短信，印发督查通报、通告书、执行任务通知书、整改通知书，责令相关单位及时整改存在问题，巩固提升国家卫生城市创建与复审成果。全年编发环境整治手机短信18条，印发通报8次、通告书37份、执行任务通知书6份、整改通知书6份。

【重点路段清理整顿】 2017年，组织开展城区机动车占用路面、人行道和居民小区消防通道整治督查活动，解决城区沿街路段机动车占用路面人行道和居民小区消防通道等问题，特别是永庆北路高级中学西侧、建明南路古峡西街至利民西街路两侧；汉坝西街原老中医院南门口、利民东街黄河外滩北门口和非机动车道；古峡东街香溪小区北门口和非机动车道等处，协调督促有关部门加大清理整治力度，划定禁停区域，设置标识标线。

【市容市貌联合督查】 2017年，结合国家卫生城市长效管理工作，市爱卫会(国卫指挥部)办公室牵头，会同市场监管局、环保局、公安局、城建监察队等部门，开展对沿街路门店店外经营、流通摆摊设点进行督查，规定经营范围，取缔永丰南路古峡西街路口至利民西街南侧以北、永丰北路裕民街路口至汉坝西街路口路两侧、北苑小区西门口沿路、文化北路路东侧无证经营烧烤门店或借店(依托他人门店)经营现象，杜绝烧烤门店店外摆放烧烤炉、桌椅，划定区域和标准，逐步解决城市西区烧烤门店店外经营摊点扰民和二次污染。会同住建局、公安局、民政局等部门，开展城区路面破损、交通隔离栏损坏、街道指路牌破损专项督查，责成相关单位及时进行维修更换。

【市民投诉问题办理】 2017年年内，通过会同相关单位深入现场和下发青铜峡市国家卫生城市长效管理工作执行通知书、青铜峡市国家卫生城市长效管理工作整改通知书方式，解决市民电话投诉、信件70余件。

（樊 勇）

青铜峡市人民医院

【概况】 2017年，市人民医院结合“两学一做”“三好一满意”“加强行风建设暨医疗质量提升年”活动开展，深化公立医院改革，不断提高业务能力和服务水平。全年业务收入1.35亿元，门诊35.3万人次，比2016年增长4.4%；人均门诊费用173元，比2016年增长2.11%；住院19040人次，比2016年增长5.5%，住院均次费用3895元，比2016年增长0.23%。药占比由年初的38.92%，控制到年底的31.64%。

【新增科室】 2017年2月，市人民医院开设中医科病房，全年累计收治病人410例。6月，微创诊疗中心开始运行，介入手术164例。

【妇产医院成立】 2017年，为顺应国家二胎政策需求，经申报市人民政府同意，将北苑分院改建为青铜峡市人民医院妇产医院，与宁夏艾禾医疗管理有限公司签署合作协议，改造装修现有病房。至年底装修完成，设备调试后将进入运行。

【绿化亮化工作】 2017年，市人民医院争取市林业局、城建局等单位支持，发动职工利用2个多月时间栽植树木1500株、花草类4350株，绿化面积10000平方米，维修硬化路面8000平方米。

【无偿献血活动】 2017年5月初，院团总支组织“爱生命、献热血、庆五四”主题无偿献血活动，40名医务人员无偿献血，献血总量达15000毫升。

【医用耗材管理】 2017年，市人民医院选用价低质好供应商，停用15种可用可不用医疗耗材，所有办公、医用耗材均议价采购。年内，超声胶片由原来的每张6.7元降至2.5元，仅此一项全年可节省33.6万元。所有骨科材料二次议价采购，对减少住院费用，节省医保资金，提升医院的业务收入起到重要作用，单件降幅率达到5%~15%。

【节能降耗管理】 2017年，市人民医院加强普通耗材、办公用品管理，处理库存用品，规范采购审批程序，有效减轻医院运行成本。年内，关闭全院300余盏照明灯，全部采用LED照明，关停28吨燃煤蒸汽锅炉，减少人力9人，节约开支189万元。加强10辆救护车及公务车管理使用，节约燃油10万元。

【医疗人员培训及服务】 2017年，市人民医院加强横向联合，改选青铜峡市人民医院医疗集团。3月，分三批选送50名中层以上干部到福建医科大学二附院进修学习。年内，安排34人参加区内外短期培训班49次，承办区内大型学术讲座6次，举办院内业务讲座75期。4家镇属卫生院依托市人民医院开办住院业务，转诊患者583人。市人民医院为集团成员远程会诊心电图333次，判读放射图片310次，培训村医500人次。

【学术交流】 2017年8月25日，由宁夏疝与腹壁外科质量控制中心、自治区卫生和计划生育干部培训中心主办，宁夏疝与腹壁外科手术救助中心协办，青铜峡市人民医院承办的“宁夏疝与腹壁外科学手术质量控制中心2017年第三期培训班”在本院举办。全区20家医院普外科医护人员、青铜峡市人民医院医疗集团17家成员单位全科医生、宁夏疝与腹壁外科手术救助中心成员150人参加培训。是年，会同区神经内科分会、胃肠病分会开展义诊、查房、学术讲座和胃肠镜检查培训。

【新技术引进】 2017年，市人民医院尝试开展重度膝外翻、关节置换术，基础胰岛素优化管理，内镜下肠道息肉切除，肿瘤动脉灌注，冠脉造影及支架植入术等新技术引进工作。

【医疗资源整合】 2017年，市人民医院通过辞退、辞职、退休和自主择业4个途径，减员至85人。节省人员支出260余万元，减轻医院运行负担。

【体检中心工作】 2017年，市人民医院规范体检标准，改善服务环境，提升服务质量。全年完成158个单位及门诊各类体检11578人次，创收500万元。其中，根据《中华人民共和国职业病防治法》《职业健康监护管理办法》等有关规定，对黄河水电公司宁电分公司、宁夏东吴农化股份有限公司等接触噪声、粉尘、有毒有害作业岗位的20家用人单位733名作业人员进行在岗期间职业健康检查，并按照相关规定做好职工健康监护工作，并进行网络直报。

【信息交流与宣传】 2017年，建立医院领导中心群、中层干部群、支部群等40个微信群，开通青铜峡市医院微信公众号，开展学术交流、解读政策。全年发布宣传简报70篇。

【绩效和薪酬制度改革】 2017年，市人民医院深化绩效和薪酬制度改革，建立劳动纪律、考勤管理等制度，制订二次绩效分配制度，年终效能奖、民族团结奖、取暖费、岗位津贴均按考勤、考核下发，打破“大锅饭”分配体制。与109名聘用职工签订劳动合同，交纳“四险一金”，并兑现2017年年终效能奖、民族团结奖，逐步实现同工同酬、多劳多得。调整妇产科、儿科、急诊科一线医师工资，稳定队伍，留住人才，保障医院长远发展。

【规范合理检查和用药】 2017年，市人民医院加强合理用药、合理检查、收住入院指标、医疗核心制度等工作的落实，通过质控检查，通报处理68人次，罚款63392元。

【职称聘任及岗位晋级】 2017年，市人民医院规范职称聘任及岗位晋升工作，修改原职称聘任及晋级评分条件，并在院内进行公示，确保此项工作公开、公正、公平。

【医师下基层】 2017年，市人民医院贯彻落实自治区卫生和计划生育委员会“千名医师下基层”对口支援工作，组织骨干医务人员赴瞿靖、邵岗、连湖、青铜峡镇、红寺堡大河乡等7个卫生院进行对口支援，下派100名中级以上医护人员到援建单位坐诊、查房和举办讲座。年内，组织医护人员参加牛首山庙会、吴忠国际马拉松比赛等全市医疗应急保障任务21次，在各社区、古峡广场开展义诊宣传活动12次。

【开展健康教育】 2017年，市人民医院结合“巡讲进机关”及“服务百姓健康行动”义诊宣传活动，深入9个机关、20个社区及卫生院开展健康教育，参与3000余人次，发放健康宣传资料1500余份。

【平安医院创建工作】 2017年，

市人民医院开展“政法宣传月”“安全生产月”、夏季消防安全检查、保密、禁毒宣传等活动，维护医院工作秩序。加强保安人员消防知识培训和消防演练。全年开展消防安全知识培训及灭火演练2次，微型消防站演练23次，参与培训职工560余名。年内，市人民医院顺利通过吴忠市创建“平安医院”考核验收，被青铜峡市评为消防安全先进单位。

【医疗文化建设】 2017年，市人民医院组织全院医护人员开展庆“三·八”妇女节健步走和大众健康慢跑徒步行活动。年内，加强各科室之间沟通协作，组织开展各种球类比赛126场次。选派13名运动员参加宁夏医科大学第46届运动会，9人获奖。组织36人参加市卫生计生系统职工运动会，男子篮球和女子排球获第一名、男子排球获第二名。

（董永红）

青铜峡市中医医院

【概况】 2017年，市中医医院加大资金投入和人才培养，推进医疗综合改革，优化行业作风建设，不断提升服务能力。全年实现医疗业务收入3908.7万元，门急诊量16.1万人次，门急诊人均费用134.6元；收治入院病人4945人次，住院人均费用3509.7元，治愈好转率97.8%，平均住院天数9.48天，床位使用率91.6%。

【硬件条件改善】 2017年，市中医医院投入270万元，升级改造检验室、手术室、供应室，新建中医康复科，设立治未病站，确保各科室设置、布局符合医院感染流程和临床诊疗需求。制定《青铜峡市中医医院聘用职工月基本工资方案》，为聘用职工全部缴纳住房公积金，聘用人员人均工资涨幅达到200元左右，全年累计为每名聘用职工发放效能奖、民族团结奖、取暖费5000元。投入资金近10万元，在收费窗口安装电子屏，在挂号处设置门诊医师展示栏，在所有卫生间安装手纸盒，对水龙头进行防感染和节能改装，对医院餐厅厨房进行卫生改造，粉刷急诊楼，并在楼前布设中医药文化宣传栏和中医牌匾，积极打造优美服务环境。

【二级甲等中医医院创建】 2017年，开展二级甲等中医医院申报创建工作，通过组织各个科室负责人到盐池、平罗县等地参观学习，邀请区内专家来院督查，对照评审标准自查整改，顺利通过自

2017年12月6日，市中医医院召开改扩建项目论证会

（市中医医院提供）

治区专家团“二级甲等”中医医院评审。

【改进医疗质量】 2017年，市中医医院按照《医疗质量管理办法》等有关法律法规规定，开展进一步改善医疗服务行为活动，通过建立院科二级质控体系，开展全员培训，严格执业准入，强化医患沟通，开展临床路径管理和“优质护理服务”活动，强化基础质量、环节质量和终末质量督查，持续改进医疗护理质量。加强诊疗活动管理，增购警示标语，准确识别患者身份和标记手术部位，使用腕带评估患者风险，严防医疗事故发生。针对自查发现21个存在问题，尤其是胃镜室、手术室问题进行整改，落实感染管理质量各项标准，降低感染发生概率。推进三调解一保险机制建设，参加医疗责任保险。

【新业务拓展】 2017年，市中医医院推广“八段锦”养生操，每日下午组织住院患者学做“八段锦”养生操，制作展板宣传，并以二维码的形式为患者提供图文并茂中医养生知识。拓展中医药服务业务范围，开设中医康复科，设置床位31张；成立治未病站，与体检结合，融通中医药，发挥中医治未预防、诊治康复等方面作用。

2017年9月21日，市中医医院迎接自治区“二级甲等医院”评审

（市中医医院提供）

【人才队伍建设】 2017年，市中医医院在全体医务人员中开展基础理论、基本技能、基础知识学习，每季度组织一次“三基”考试；选派15名科室主任及学科带头人分赴福建省医科大学第二附属医院进修学习；组织238名医护人员参加区内和市人民医院等各医疗单位短期培训，外派8人到三甲医院进修学习。实施年度继续医学教育项目，开展自治区级和市级继续医学教育项目，完成率达到100%。落实人才培养和编外人员公开招聘相关规定，招聘全日制大学本科医学专业毕业生5名。其中编内2名、编外3名。发挥中医指导单位作用，做好乡镇卫生院、社区网络视频培训工作，全年组织远程网络视频会议培训42次，培训500余人次。

【医疗综合改革】 2017年，市中医医院加强医联体建设，与宁夏康复医院建立专科联盟；与宁夏医科大总院康复中心开展结对共建，院康复科收治病人75人；与大坝中心卫生院建立医疗共同体，对其中医馆进行托管，联合开展住院业务，形成服务、责任、管理、发展利益共同体。全年开展中医适宜技术16项，治疗患者1252人次，收治住院患者35人次。落实对口支援制度，建立县级公立医院向乡镇卫生院轮换派驻骨干医师制度，年内安排9名医师分赴4个基层医疗卫生机构，参与对口帮扶单位家庭医生签约服务团队，方便患者就医。落实职称聘任制度，将职称聘任与医师基层医疗机构执业经历相挂钩，把“凡晋必下”作为职称聘任首要条件。完善双向转诊和分级诊疗制度，设立双向转诊绿色通道，设立转诊挂号处，并在每个病区专门为双向转诊预留床位2张。截至年底，转入病人57人，转到基层卫生院54人、上级卫生医疗单位100人。落实基本药物采购制度，全面实施药品两票制和网上采购药品管理，使用基本药物占所用药品种类62%，支出占药品支出46.5%。开展处方点评和重点药品监控，对异常、高额医药费用进行预警分析，将辅助性、营养性、高回扣药品列入重点跟踪监控品规目录，对不合理用药及时通报、处罚，20余名医师因开据不合理医药累计被处罚3万余元。合理调整医疗服务价格，通过取消药品加成、降低大型检查价格、实施两票制压缩药品流动渠道水分三个来源方式，拓展调整价格空间。开展先诊疗后付费工作，推行一站式报销模式，实现符合转诊规定的异地就医直接结算。参保人员实际报销比例由2016年的71%上升到72%。加强出入库审批管理，严把医疗耗材使用关，减少浪费。经仪价，是年医用放射胶片、B超胶片、检验试剂等医药耗材的采购价格比2016年分别下降10%、65%、8%。加强信息化建设，推进智慧医疗建设，在HIS系统安装、调试和运行基础上，安装pacs、lis系统，完成医疗机构医师和护士电子证照注册工作。严控医疗费用，抑制医疗费用不合理增长。截至年底，药占比由2016年的49.6%降至32.6%，下降17%；百元卫生耗材14.99元，比2016年下降1%;百元医疗收入占比26.95%，比2016年下降0.1%；参与临床路径病人数量占出院病人比例由2016年12%上升到22%。

【公益性健康体查活动】 2017年年内，完成高考、中考、马拉松比赛、军队实兵演练、文艺演出、牛首山庙会等社会卫生应急保障20余次，实施普惠性健康体检8000余人次，配合市人武部体检应征青年310人，协助紫薇、北苑卫生服务站实施60岁以上老年人健康体检3000人次，办理市公安局、职业中学(新生)、图书馆、大坝电厂、保险公司等单位职工体检、入职入学体检5000余人次。

【行风建设】 2017年，市中医医院强化民主管理，制作党务、院务、财务公示栏，公开院务、财务、政务，制作医务人员胸牌，统一着装，提升医院整体形象。优化便民服务，向社会公布预约诊疗电话号码，开展预约挂号等诊疗服务；在门诊大厅设立导医台，为患者提供饮水、应急电话、轮椅、手推车、纸笔等；在各病区设立便民服务台，摆放微波炉、缝衣针等，增购预防压疮气垫床、屏风、护栏病床等便民设施，方便患者就医。强化行风建设，开展“慵懒散拖”突出问题大整治、“振奋精神，实干兴宁”大讨论、“三好一满意”等活动，查摆院内存在问题，并整改销号。改进医德医风考评工作，在门诊和病区增设意见箱、公示投诉电话，全面落实国家卫生和计划生育委员会《医疗卫生行风建设“九不准”规定》。开展住院病人电话回访制度，成立纪检督查室，不定期进行院内监督检查，促进行业作风建设，优化服务软环境。

(孙艳玲)

社会事务管理

编辑◎何艳珍

民　政

【概况】 2017年，全市民政工作以关注民生、服务民生为主线，在着力夯实基础设施、完善社会救助体系、落实老年人福利待遇、推进基层民主政治建设、深化双拥共建内涵、规范社会事务管理、强化基层民政能力建设等方面加大工作力度，提升服务能力。全市拥有敬老院2所，床位264张，集中供养人数112人。年末，城镇享受最低生活保障人数为3416人，发放城市最低生活保障金及临床补贴1744万元；农村享受最低生活保障人数为9671人，发放农村最低生活保障金及临时补贴2906万元。

【重点建设项目】 2017年，市民政局对敬老院和老年活动中心实行公建民营管理，通过公建民营方式探索，引入社会资本发展养老服务业，为老年人提供多层次养老服务需求。经面向社会公开招标，宁夏心颐养老中心取得公建养老机构经营权。争取自治区民政厅项目资金450万元，建设青铜峡市社会组织“孵化”基地。至年底，完成前期规划设计、房产洽谈，进行工程招投标工作。实施完成大坝镇大坝村和峡口镇新田村社区服务站建设项目，投入资金450万元实施烈士陵园维修改造工程，改造纪念碑、瞻仰厅和烈士墓园，9月30日工程完工，接待全市烈士公祭活动。

【社会救助】 2017年，严格审批程序，强化低保动态管理。截至年底，全市保障低保对象15151人（含80岁低收入高龄对象），其中城市3464人，农村11687人，城市低保月人均补差358.5元，农村低保月人均补助207.8元，累计支出低保资金5549.69万元。年内，通过宁夏民政云核对系统，受理低保申请家庭10736户40219人，新增低保（高龄）1219人，退出低保（高龄）1567人。落实医疗和重特大疾病医疗救助制度。优化定点医疗机构和政务服务中心窗口“一站式”结算服务，及时兑现城乡低保对象、低收入高龄老人、特困供养对象、孤儿等困难群众基本医疗缴费补贴、门诊大病补助、住院补助和重特大疾病住院补助。全年救助对象22159人次，支出医疗救助资金890.5万元。做好特困人员、孤儿救助工作。全市有特困人员575人。其中，集中供养116人，年供养标准从5000元提高到9700元；分散供养459人，年供养标准从3500元提高到7300元。有孤儿226人，年内发放孤儿养育津贴140万元。加大救灾及临时救助力度。按照受理、评议、复核、审核、审批和发放程序，办理临时救助972人次，发放临时救助资金253.41万元。其中，应急救助6人次，提交市人民政府联系会议研究3次救助8人次。拨付各镇（场）冬令春荒资金200万元，救助困难群众4100人次。

【基层民主政治建设】 2017年，以“政务云”项目推广应用为抓手，在全市范围推行低保申请等27项镇(街道)政务服务事项网络化运行和一站式办理工作，通过规范社区服务功能设置，规范社区创评活动，规范社区会议、台账和统计工作，规范社区信息平台建设，规范社区印章管理使用，落实减负增效，推动社区治理工作“高效化”。加强基层民主政治建设，指导各镇完成第十届村民委员会换届选举工作，对新一届村“两委”成员、村监会成员、村民代表进行业务培训9场次，参训人数4163人，参训率100%。推进农村社区建设，制定《青铜峡市农村社区建设试点工作实施方案》，确定利民、陈俊、南庄等4类16个农村社区作为2017年农村社区建设试点村。

【老年人福利待遇】 2017年年内，全市设立农村老年饭桌7个。其中，陈袁滩镇袁滩村、大坝镇蒋南村和立新村、峡口镇谭桥村、邵岗镇沙湖村和玉泉村6个老年饭桌已开灶运营，为老年人提供就餐服务。落实惠老政策，为全市500名经济困难失能失智老年人发放护理补贴18万元；投入资金26.73万元，为全市6919名60周岁至79周岁低保、五保、三无、优抚对象和1991名80周岁以上高龄老人每人购买每年每份30元意外伤害保险；发放居家养老服务费3万元，为享受城镇贫困老年人提供居家养老服务900多次。

【双拥优抚工作】 2017年，落实各项优抚政策，保障优抚对象合法权益。全年为797名优抚对象及时足额发放优抚金331.6万元、重点优抚对象发放慰问金16万元，为201名义务兵发放优待金185万元，诊补助、优抚对象住院医疗救助金25万元；为560名60~80岁优抚对象办理每人30元人身意外伤害保险。做好退役士兵安置工作。年内，接收退役士兵96人，对1名符合政府安排工作条件转业士官妥善安置工作，为95名自主就业退役士兵发放补助380万元。召开市人民政府议军会议，主动与新移防部队对接，为部队生活、训练提供良好条件，协调解决随军家属落户、安置就业和子女入学问题。

【社会组织管理】 2017年，通过加大简政放权力度，推进政府职能转变，建立健全政府向社会组织购买服务机制，向社会组织开放更多公共资源和领域，加快社会组织行政化步伐，形成政府主导、社会参与多元治理格局，为提升全市社会组织服务水平提供保障。开展社会组织直接登记工作，缩短行政审批时限，将社会团体登记时间缩短到45个工作日、民办非企业单位登记时间缩短到30个工作日。做好社团年检工作。全年依法登记社会组织212个、会员84370人。是年，新增社会组织16家，办理变更登记15家。

【社会事务管理】 2017年，规范婚姻登记管理。年内，办理结婚登记3561对，其中补领结婚登记570对。办理离婚申请登记484对，离婚登记400对，登记合格率100%。开展全国第二次地名普查工作，完成青铜峡市地名普查资料搜集、数据入库、图形整饰和地形图标绘等工作。加强殡葬管理工作，协调市物价部门对福陵区墓穴进行成本核算和评估定价，并配合市国土局对公墓面积进行核定，编制公墓整体规划；修订出台《青铜峡市殡葬管理办法》，实施鸽子山中法葡萄园示范项目区、伊璞园养殖园区等3个项目区坟墓搬迁工作，对迁坟安置区进行重新规划，迁出坟墓2000余座。落实惠民殡葬政策。年内，实施殡葬救助119人（次），支付救助金17.32万元。

（武宏斌）

人力资源和社会保障

【概况】 2017年，全市人力资源和社会保障(以下称简“人社”)工作围绕“民生为本、人才优先”工作主线,全力实施就业创业富民、社会保险惠民工程。全年审核上报专业技术人员职称400人,受理工伤认定申请202件、拖欠农民工（职工）工资举报投诉案件154件,完成招商3000万元、上争资金17877万元任务。

【公务员管理】 2017年年初,市人社局对政府部门41个行政单位941名公务员(含参公人员)进行年度考核,评选优秀公务员156名,其中嘉奖142名、记三等功16名,并报请市委、政府进行了表彰奖励。年内为57名符合职务晋升条件人员办理晋升手续，兑现工资待遇;选派27名优秀公务员参加各类外出培训学习。全年招录公务员和参公管理单位工作人员34名。抽调专人组成督查组,采取季度深入各部门、单位实地走访督查和调阅相关单位公务员（含参公人员)平时考核资料等方式,加强全市公务员平时考核工作监督检查,侧重核实“重点人群”到岗上班情况,坚决杜绝占编制、不上班、领工资、“吃空饷”现象发生。

【事业单位人事管理】 2017年，市人社局做好专业技术人员职称审核上报、评审及岗位聘任工作。全年审核上报400人，其中高级职称212人、中级职称188人。受理初级职称申报59人。办理事业单位工作人员聘任晋级及转岗业务705人,其中专业技术人员622人、工勤人员17人、管理人员及其他转岗业务66人。做好工勤人员岗位等级晋升上报工作。全年上报工勤等级晋升25人,其中技师5人、高级工17人、中级工3人。做好事业单位非领导职责职员岗位晋级工作。全年办理事业单位非领导职责职员岗位晋级279人。其中,管理七级晋升管理六级7人，管理八级晋升管理七级14人,管理九级晋升管理八级258人。完成优质人才培育选拔工作，选拔农村实用人才21名,分四批先后到宁夏农业学校、孙家滩培训基地、浙江省和陕西省杨凌参加农村实用技术学习培训。全年推荐上报“自治区学术带头人”后备人选5名、“自治区优秀青年”后备骨干6名、“享受自治区政府津贴”4名、“国家千百万人才后备”人选1名、“自治区青年拔尖人才”人选18名,上报“吴忠英才”“吴忠特殊人才津贴”人选15名。完成全市事业单位工作人员公开招聘工作,年内为教育、卫生系统和其他事业单位招聘工作

2017年1月，吴忠市人社局到陈袁滩镇韵欣苑市民创业孵化园调研园区建设 （市就业创业与人才服务局提供）

人员50名;按照事业单位招录程序，为青铜峡市农业信贷担保有限责任公司青铜峡分公司招录工作人员6名,为青铜峡市城市管理综合执法大队招录工作人员30名。

【工资福利审核审批】 2017年，市人社局完成全市机关事业单位年度考核正常晋升薪档工资审批，对全市136个机关事业单位工作人员依据2016年度考核结果正常晋升薪档工资。完成全市99个事业单位2017年度奖励性绩效工资审批。办理日常工资变动审批2457人(件)。

【工伤认定】 2017年，市人社局做好全市工伤案件立案、调查、认定工作。全年受理工伤认定申请202件,其中认定184件、终止认定2件、不予受理4件、不予认定2件,正在调查 10件。做好因工伤残等级评定和劳动能力鉴定审核、上报、送达工作。全年受理、申报劳动能力鉴定24件，受理、上报因工伤残等级评定84件。做好申请特殊工种提前退休审查上报工作。全年收到申请特殊工种提前退休申请106人，经研究同意上报31人，办理正常到龄退休257人。

【农民工工资拖欠受理】 2017年，市人社局督促新开工建设项目企业签订用工合同，缴纳农民工工资保证金及工伤保险金,进行实名管理。农民工工资保证金缴纳率达95%，农民工劳动合同签订率达97%，实名制管理率达100%,农民工工资分账管理率达92%,工资银行卡支付率达92%,全市建筑领域农民工工伤保险参保率达91%。开展兑付农民工工资工作专项检查。会同市工业商务、住建等部门,检查工业企业和建筑类企业3次260余家(次),涉及农民工(企业职工)1.3万人次。全年受理拖欠农民工(职工)工资举报投诉案件154件，办结149件，结案率为96.8%，及农民工(职工)2043人，清理被拖欠的工资1505万元。责令整改用人单位违反劳动法律法规行为96件，以涉嫌拒不支付劳动报酬罪移送公安机关2件。

【执法监察】 2017年，市人社局开展清理整顿人力资源市场秩序专项行动。检查用人单位76家，查处违法案件16件,退赔劳动者押金2100万元，规范劳动合同247份。开展劳务派遣机构专项检查。检查劳务派遣机构17家,限期整改13家。开展建筑领域用工专项检查活动。会同住建局对建筑领域农民工工资支付、劳动合同签订及各项社会保险缴纳情况进行专项整治，检查各类企业80家,下发整改通知书66份,收取28家企业农民工工资保证金865.83万元。开展制砖企业专项检查。检查制砖企业7家,收缴农民工工资保证金70万元。建立企业职工工资集体协商工作督导制度。协调市总工会等部门组成督导组，定期或不定期深入全市8个镇和114家规模以上企业督促指导，对全市企业职工工资集体协商工作做到底数清、情况明。结合劳动用工检查，排查矛盾易发餐饮服务业。在“五一”劳动节前夕，会同市场监管部门开展辖区餐饮服务业综合检查。开展劳动人事争议案件调处工作。全年受理劳动争议案件212件,结案196件,法定时限结案率为100%。其中,通过调解、调撤方式结案156件,调解率为79.6%,裁决结案40件,裁决率为25%。

【社保体制改革】 2017年，根据自治区人民政府要求，市人社局将青铜峡市社会保险事业管理局和青铜峡市医疗保险事务管理中心合并重组，成立新的青铜峡市社会保险事业管理局,完成机构、人员、岗位调整合并。将全市142个机关事业单位3554名退休人员养老金发放工作，全部由财政发放移交到社保统一发放，实现养老金社会化发放。机关事业单位参保人数达到9907人。

【医疗体制改革】 2017年，市人社局推进支付制度改革、门诊大病及门诊统筹制度落实，按照医保支付制度改革实施方案，出台《青铜峡市医保支付制度改革实施方案》《青铜峡市公立医疗机构住院包干方案》和《青铜峡市普通门诊统筹包干方案》，明确总体目标、主要任务、工作内容和工作职责，建立“总额预付”制度，细化协议医疗机构年度人次和总量指标。加快试点地区公立医院人事薪酬制度改革工作，制定《青铜峡市市级公立医院人事制度改革实施方案》《青铜峡市市级公立医院薪酬制度改革实施方案》《青铜峡市市级公立医院薪酬总量核定和薪酬发放办法》，公立医院实行院长年薪制，已经市委、政府批准实施。加快推行按人头付费为主的复合型支付方式。基层医疗机构门诊实现按人头总额包干预付，市级医院实现住院按人头、病种付费并存，推行临床路径管理，严格控制医药费用的增长。

【劳动保障综合执法体制改革】 2017年，根据自治区编办、人社厅、财政厅《关于印发〈宁夏回族自治区劳动保障监察综合行政执法体制改革方案〉的通知》精神，制定《青铜峡市劳动保障监察综合行政执法体制改革方案》，成立青铜峡市劳动保障监察执法局，全面完成改革任务。

（袁东红）

就业创业与人才服务

【概况】 2017年，全市就业创业和人才服务工作围绕“促进就业、推动创业、服务人才、保障民生”主线，加强技能培训和公共就业服务体系建设。全年完成城镇新增就业5247人、城镇失业人员再就业1511人，就业困难人员实现就业328人，城镇登记失业率控制在3.87%以内；农村劳动力转移就业24619人，实现工资性收入3亿元。开展各类城乡劳动力职业技能培训47期，培训学员2145人，其中，城乡劳动力职业技能培训13期645人，精准扶贫技能培训2期100人，电子商务技能培训4期200人，岗位技能提升培训18期900人，创业能力培训(SIYB)10期300人。新培养小老板396人，培育小企业189家，创造新岗位1451个，带动就业人数2623人。

【搭建就业平台】 2017年，市就业创业与人才服务局，充分利用就业宣传栏、电子屏、QQ就业服务群、宁夏人才与人力资源公共招聘网、古峡生活导报等宣传载体，多渠道、宽领域宣传就业信息和创业政策，实行就业求职登记、职业指导、推荐就业“一条龙”式服务。截至年底，累计接待各类人员求职登记1408人，为250家用工企业办理招聘登记，发布招聘信息865条，提供就业岗位12972个；办理就业创业登记证1230本；托管下岗失业人员和高校毕业生等各类档案10158份。开展“就业援助月”“春风行动”“春季人力资源招聘洽谈会”“民营企业招聘周”“精准扶贫暨餐饮服务业专场招聘会”“生态移民专场招聘会”“餐饮服务专场招聘会”等就业专项服务活动，推荐城镇新增就业5247人，转移农村劳动力就业24619人，实现工资性收入3亿元。

【帮扶困难群体】 2017年，加强高校毕业生、农民工和城镇就业困难人员就业援助。推进农村劳动力转移，培育壮大劳务经纪人队伍，推行“技能培训+劳务派遣”运作模式，组织农村劳动力有序转移就业。以创建充分就业社区为抓手，建立就业困难群体帮扶长效机制，推荐怡园社区创建第四批国家级充分就业社区工作，全年帮扶城镇“4050”人员、复转军人、残疾人等就业困难群体281人，通过公益性岗位安置和推荐就业方式为新登记38户城镇社区零就业家庭成员45人实现稳定就业，动态清零率达到100%。落实就业扶贫优惠政策，安排专人从事贫困劳动力信息化平台录入工作，抓好乡镇劳动保障事务，依托青铜峡镇同兴、同进和邵刚镇同富、大沟、玉西、甘城子6个村级劳动保障工作站，将劳务信息汇总后集中导入全国农村贫困劳动力就业信息平台，实时进行更新，及时掌握最新就业动态。开展就业扶贫“百千万”行动，11个就业扶贫基地被自治区就业局命名为全区就业扶贫示范基地。宁夏玺天龙葡萄酒庄有限公司、青铜峡市恒源物业有限公司入选全国就业扶贫基地。培育扶贫劳务经济人，提升扶贫劳务经纪人队伍素质，在邵刚镇、青铜峡镇培育扶贫劳务经济人80名，促进劳动力转移输出组织化、规模化、市场化，增加贫困人群收入。通过召开生态移民暨餐饮服务业招聘洽谈会、综合性招聘会、职业介绍等措施，推荐就业748人。

【优惠政策落实】 2017年，加强公益性岗位安置人员监督管理，通过查看考勤记录、电话暗访、实地查岗等形式，开展公益性岗位从业人员上岗情况检查，妥善做好公益岗位安置人员政策到期清退工作；开发城市保洁、园林绿化、单位后勤服务等公益性岗位，安置“4050”人员、复转军人、失地农民和高校毕业生等就业困难群体就业。年内，除自治区人民政府购买的117个公益性岗位外，市财政又购买32个公益性岗位用于参战复转军人安置。全年核拨公益性岗位补贴、社保补贴476万元。组织乡镇、社区工作人员严格按照政策规定，对“4050”人员进行审核，做到符合条件的“4050”人员“应补尽补”，提高就业困难群体自谋职业、自主创业、灵活就业积极性，全年为1050名符合条件“4050”灵活就业人员发放社会保险补贴2706267元。落实毕业生和困难群体就业补贴政策。宣传就业优惠政策，为2名自主创业大学生发放补贴1.2万元，为1家企业核拨吸纳困难群体就业社保补贴1.33万元。

【培训管理】 2017年，市就业创业和人才服务局严格筛选培训机构，选择教学资源雄厚培训机构作为实施培训重点对象。履行培训申报程序，结合实际制定教学计划，聘请专业讲师，发放专业教材。建立班主任跟班制度，定期评估学员培训效果，在每个培训班配备专门教学管理人员，为学员提供政策指导。加强培训监管，实地查看培训场地、授课内容、学时安排和学员到课率，确保培训如期、高质量完成。定期组织培训机构召开交流座谈会，总结分析培训完成情况及培训工作存在问题。

【职业技能培训】 2017年，市就业创业与人才服务局根据培训计划，坚持“实际、实用、实效”原则，采取订向、订单培训模式，根据全市新开工基本建设项目、新创办企业、现代设施农业、特色产业用工需求，有针对性开展培训。年内，围绕返乡农民工务工需求，分别在小坝、峡口、瞿靖、陈袁滩等镇实地举办育婴员、养老护理员、电焊工、果树工、挖掘机驾驶员、刺绣等工种就业技能培训13期645人；举办精准扶贫刺绣技能培训班2期100人；组织开展电子商务技能培训4期200人；为青铜峡仁和纺织科技有限公司、宁夏金昱元化工集团有限公司、宁夏塞上阳光太阳能有限公司、宁夏菲斯克汽车轮毂轴承有限公司等企业开展岗位技能提升培训18

期900人。

【创业能力（SIYB）培训】 2017年，实施中小企业老板、个体创业者、有创业意愿者创业能力培训，学习、演练开办企业步骤，帮助城乡劳动者掌握一技之长，提高小老板创业成功率。全年开展创业能力培训(SIYB)10期300人。

【餐饮服务人员培训】 2017年，根据全市餐饮住宿业发展任务要求，采取“理论教育＋岗位实操”模式，分层次、有针对性的实施餐饮从业人员职业技能、管理能力、服务礼仪等培训。4月，利用5天时间，会同龙海宾馆举办全市餐饮服务培训班，培训学员50人。5月，组织22家“农家乐”从业人员参与全市“农家乐”餐饮服务培训班，培训学员45人。

【大学生在岗监管】 2017年，做好全市“三支一扶”高校毕业生和到事业单位实习生的管理，要求每名学生每月按规定时间上报服务单位考勤表，进行审核、汇总、建档，严格按照自治区人社厅有关文件规定，为在岗大学生按标准发放生活补贴，缴纳养老、医疗、工伤、生育、失业五类社会保险。抓好“三支一扶”高校毕业生和事业单位实习生年度、期满考核工作，结合日常考察、大学生所在单位考核情况及所承担岗位职责，建立106名在岗大学生考核档案，通过电话回访、实地走访和到服务单位查询大学生日常考勤，避免“吃空饷”情况发生。年内，完成2017届新生招募工作，按照自治区、吴忠市规定要求对新招募大学生进行资格复审、岗前体检和单位分配。至年底，79名“三支一扶”大学生、44名事业单位实习生全部安排上岗。

【创业贷款发放】 2017年，扩大创业贷款基金规模，降低贷款门槛，规范贷款程序，严格按照政策规定审核发放创业担保贷款，及时对申请贷款人员创业项目进行调查、评估、审核。全市创业贷款担保基金规模达到2402万元，贷款余额2995.9万元。截至10月，累计为197名符合条件的创业个人发放支持创业贷款1035万元，为794名贷款户办理贴息资金361.61万元。创新服务方式、简化工作程序，扶持返乡农民从事规模种养业发展。针对青铜峡市农业大市特点，对农村创业没有营业执照的种植、养殖业大户凭相关合同复印件就可申请办理创业贷款。同时，把申请受理、实地调查、审核等工作权限下放各镇劳动保障事务所。镇劳保所工作人员根据创业规模大小确定贷款额度，判减贷款程序，压缩办贷时间。全年市支持创业贷款担保中心对23名从事种植、养殖业返乡农民发放创业贴息贷款165万元。抓好创业平台搭建工作，新建青铜峡镇精准扶贫创业孵化园和陈袁滩镇新市民创业孵化园，以创建创业示范园区为抓手，切实帮助返乡农民工、精准扶贫户、失地农民和下岗失业人员通过创业园区平台自主创业，实现创业带动就业倍增效应。至年底，两个园区入驻各类商户135家，直接带动就业400余人。

【打造就业创业服务平台】 2017年，加快发展众创空间等新型创业服务平台，鼓励、引导城乡劳动者利用现代信息技术和互联网络，开展电子商务创业；提升青铜峡市塞上e家网创园的孵化功能，在原有网创园基础上增设创客栖息地、创客体能提升室、创客咖啡以及创客多功能大型会议室等服务功能，为更多创客及企业家提供优质便捷服务。至年底，园区入驻企业达51家，带动就业368人。弘扬创业精神，筛选孙建宁、张桂红、王海涛、史建云、王学文5名创业成功人士撰写创业经历，参与创业故事征文活动；动员侯国强、王雪枫、徐龙、沙晶4名青年才俊报名参加全区第七届“创青春”青年创新创业大赛，通过举办创业大赛、创业征文、创业沙龙等各类创业活动，树立创业典型，营造大众创业、万众创新社会氛围。

【开展“送贷款政策”下乡活动】 2017年，担保中心会同创业担保贷款经办合作银行，深入全市镇村和小微企业，利用集市、会议开展“送贷款政策”下乡活动，重点围绕广告业、邮电通信业、美容美发、酒吧、KTV从业人员进行宣传，现场发放支持创业担保贷款申请表。年内发放宣传资料6000余份，举办政策培训班2期，现场登记意向性申请创业贷款125人；充分利用QQ群、微信圈转发和扫描创业政策二维码发放小奖品等形式，抓好网络等新媒体宣传；安排各社区协理员，加强对本辖区个体经营户宣传，不断提升政策宣传覆盖面。

【落实失业保险政策】 2017年，及时兑现失业人员失业保险，保障失业人员基本生活，做到应保尽保、应发尽发。年内，全市失业保险参保单位520个、人数达37620人，为7520人次发放失业保险金685.96万元，为7370人次缴纳医疗保险费243.5万元。全年实现失业保险收入1033.11万元，支出（含调剂金）1981.49万元，失业保险基金滚存结余876.54万元。落实失业保险支持企业稳定就业岗位政策，通过广泛宣传、企业自主申报、领导小组审核、政府常务会议审批等程序，全年为2016年符合补贴条件30家企业发放援企稳岗补贴资金622.03万元，惠及企业职工12033人。开展企业职工职业技能提升培训补贴工作，草拟《青铜峡市开展企业职工职业技能提升补贴实施意见》，印发宣传资料2000份，通过加强街头和各类招聘洽谈会宣传，在企业QQ群开展专门宣传，引导企业积极申报补贴资金，减轻企业负担。

（刘晓宇）

社会保险与医疗保险

【概况】 2017年，全市企业职工基本养老保险参保60185人，城乡居民基本养老保险参保94697人，机关事业单位养老保险参保9907人。城镇职工医疗保险参保单位499家，参保职工39629人，其中在职人员27339人、退休人员12290人；市城乡居民基本医疗保险参保219732人（含新生儿落地参保人数）。工伤保险参保单位686户，参保32783人，参保率达109.9%。全市养老保险、失业保险实行同登记、同基数、同申报、同缴费，参保人数37600人。生育保险参保单位494家，参保人数25763人，参保率达100.5%。

【基金结余】 截至2017年12月底，全市城镇职工基本养老保险基金收入45732万元，支出43417万元，滚存结余11453万元；城乡居民基本养老保险基金收入7126万元，支出5577万元，滚存结余15239万元；机关事业单位养老保险基金收入19821万元，支出18491万元，滚存结余1402万元。城镇职工医疗保险基金收入14856万元，支出16054万元，滚存结余17277万元；城乡居民基本医疗保险基金收入16485万元，支出18311万元，滚存结余4220万元；征缴职工工伤医疗保险1528万元，支出2025万元，滚存结余466万元。征缴职工生育保险521万元，支出879万元，滚存结余2711万元。

【医保付费改革】 2017年，市社会保险事业管理局落实基本医疗保险付费制度改革任务，严格执行转诊转院经办规程，医疗费用总量增幅、门诊次均费用增幅、住院次均费用增幅等指标控制在合理范围。按月做好异地就医定点零售药店和定点医疗机构对账工作，按季度对异地就医费用进行清算，及时上解周转金。做好跨省异地就医备案工作，备案准确率达100%。做好区外参保人员来宁就医费用直接结算工作，按时上解跨省异地就医预付金和清算资金。完善大病保险合署办公机制，加强城乡居民基本医疗保险和大病保险“一站式”结算管理，按季度上报大病保险业务统计报表，每半年上报一次大病保险运行分析报告，年底上报基本医疗保险付费方式成效分析报告。

【养老待遇调整】 2017年，按照国家和自治区统一部署，及时调整兑现退休人员基本养老金和城乡居民基础养老金，确保养老金按时足额发放。从2017年1月起，每人每月增加5元自治区级基础养老金和20元市(县)级基础养老金。至此，全市城乡居民社会基础养老金达到月人均170元的标准。

【失地农民养老保险】 截至2017年年底，经审核确认具备养老资格有效人员为4079人。其中，参加企业职工养老保险3936人，已办理参保登记并出具缴费通知单、领取待遇1065人，人均领取待遇784元；参加城乡居民养老保险参保的143人，已领取待遇1人，人均领取待遇562.65元。累计筹集资金23543万元。

【医保经办能力建设】 2017年，按照“六统一”要求，做好职工基本医疗保险自治区统筹经办工作，平稳推进医疗工伤生育保险政策落实，建立健全自查自纠机制，年底上报自查报告；细化完善协议文本，加强和规范定点医药机构协议管理，落实定点医药机构信息报备制，协议签订率达到100%，“两定” 机构稽核率达到100%。

【社会保险监控】 2017年，加大违法违规行为查处力度，全年抽取各协议医疗机构住院病历2768份，其中抽取宁夏医科大学总医院医保住院病历368份，发现违规病历322份，追回涉及违规资金37.5万元；落实医保服务医师诚信管理制度，及时做好诚信测评和扣分处理，年内医保服务意识协议签订率达到100%。落实现场检查和非现场检查相结合的医保监控制度，住院病人信息现场随机核对率一级医疗机构达到50%以上、二级医疗机构达到20%以上、三级医疗机构达到10%以上。

【社会保险管理机制】 2017年，市社会保险事业管理局制定《财务管理制度》《财务管理目标考核制度》《社会保险内部控制制度》，加强预算管理，按规定编制年度预算。合理设置业务科室，明确各科室职能，做到分工合理，职责明确；完善各项管理制度，细化业务

2017年4月15日，社保医保政策宣传在古峡广场举行 （市社会保险事业管理局提供）

工作流程，对参保缴费、待遇支付、转移接续等各项业务全部实行严格授权管理。区分本地和异地居住人员两类情况，实行分类认证。在本辖区居住人员，可以持本人身份证到居住地社区、民生服务站或社保局进行认证；在本市以外、外县市或外省居住退休人员，采取邮寄资格认证表和QQ视频进行认证。建立信息公开和风险评估制度，制定信息披露和风险处置预案，加强信息披露和风险内控管理，由内审稽核室对全局各项业务进行定期检查，工作笔录经被检查科室主任签字盖章；财务审计室对参保缴费进行复审，发现问题及时向业务反馈，提出整改意见进行整改。

【社会保险经办服务】 2017年，市社会保险事业管理局充分利用社会信息资源和协作单位优势，推动“互联网+”与经办工作融合，打造掌上12333、自助服务终端、ATM机等建设社保信息系统综合业务平台，确保信息网络覆盖横向到边，纵向到底。强化信息统计和财务审计职责，做好居民参保数据和财务数据质量动态监控与分析。加强预制卡、临时卡管理，做好即时制发卡工作，新发放社保卡社保功能激活率达到70%，所有退休人员和到龄城乡居民统一通过社保卡发放养老金。加强养老保险档案工作规范化、制度化、科学化、电子化管理，严格遵守档案库房“九防”要求，健全档案管理机制，完善档案管理流程，提高养老保险档案完整性和查阅效率，实现当月产生、当月归档、次月查阅利用。组织人员参加区、市组织的政务、财务、统计、信息及城乡居民养老、医疗保险业务培训班，安排8个镇、3个农林场、1个街道的工作人员参加区内外各类培训，提高干部职工业务素质，提升城乡居民养老、医疗保险业务经办能力。

【服务型党组织建设】 2017年，市社会保险事业管理局实行定人定岗定责管理制度，层层签订廉政建设目标责任书，落实社保工作人员20条纪律要求和廉洁从政52个不准，依法办事、公道正派、清正廉洁，有效落实党风廉政建设责任制。执行“5432”为民服务制度，推进“两学一做”学习教育常态化活动，搭建党员学习、窗口服务和政策宣传平台，建立每周两学、每月一讲的集体学习制度，全年开展各类培训3期60余人次，通过党建带动，提升社保工作成效。

【窗口服务】 2017年，市社会保险事业管理局全面推行服务承诺制、首问负责制、一次性告知制、限时办结制和责任追究制，在窗口岗位摆放“二十条”工作禁令、业务经办流程图和业务经办人员岗位牌，明确工作准则和职责，形成岗位责任体系，督促各项服务规范落到实处，提升服务满意度。

（乔瑞山）

民族宗教事务

【概况】 2017年，全市民族宗教工作以“民族宗教工作精细推进年”为载体，实施民族团结进步创建进位升级和宗教事务法治化工程，突出民族宗教领域重点问题治理。峡口镇、大坝镇利民村、青铜峡镇艾山社区、陈袁滩小学获全区第七批民族团结先进集体；峡口镇杨马桥清真寺等8处宗教场所、马学祥等8名宗教教职人员被评为创建吴忠市和谐寺观教堂先进集体和先进个人。青铜峡市实现国旗进宗教场所全覆盖经验被中央媒体报道。

【民族团结进步创建】 2017年，市民族宗教事务局制定《青铜峡市民族团结进步创建活动“十三五”规划》，从总体要求、基本原则、主要目标、重点工作、保障措施五个方面进行详细规划，印发《青铜峡市民族团结进步创建工作考核方案》，盘点梳理近年来民族团结进步创建工作，把民族宗教工作列入重点考核内容，对已命名的民族团结示范单位实行动态管理，表彰奖励12个“双创”工作先进集体和29名先进个人。组织各党委到周边县市进行学习交流，将创建工作任务下达到23个党（工）委、99个部门单位，年中、年底分别开展“互观互检”，现场打分，总体量化考评，使创建活动向基层延伸，涌现出王嘴子清真南寺、鸿乐府、黄河楼等民族团结示范品牌，推荐6个示范单位参与全区第七批民族团结进步创建先进集体评选。

【宣传教育】 2017年，以“回汉一家亲　共筑中国梦”为主题，以贯彻落实中央、自治区民族宗教工作会议和自治区第十二次党代会精神为重点，打造3个市级精品特色教育示范点，精心制作一部反映民族团结军寺共建题材微电影《旗帜》，通过讲述军寺共建故事展现军民融合爱国情怀。开展讲好“民族团结一家亲”故事活动，开办“青铜峡市民族团结一家亲”微信公众号，利用网络、微信等新兴传播手段，扩大民族团结宣传教育覆盖面，传播正能量、发出好声音，进一步巩固“全国民族团结进步创建活动示范市”工作成果。

【民族宗教示范点创建】 2017年，培育中华黄河楼、峡口镇鸿乐府拱北等21个示范点，将景区、社区、企业、舆论引导、军寺共建、“四进”宗教场所等多种元素与民族团结进步创建工作深入融合，在全市125处宗教场所建设国旗台，实现升国旗活动全覆盖。精心规划宗教场所文化建设，突出不同宗教不同理念、不同场所不同特色，把教义和价值观内容相结合，依托宗教场所集中宣传社会主义核心价值观，走青铜峡特色民族团结进步之路。

【民族政策落实】 2017年，市民族宗教事务局争取少数民族发展资金，解决民族地区发展难题。全年争取少数民族发展资金200万元，其中：投资20万元，实施青铜峡镇广武村农村村级道路硬化建设项目；投资180万元，实施陈袁滩镇袁滩村“滨河新村”民族特色村寨建设项目。

【民族团结月活动】 2017年，以“中华民族一家亲，同心共铸中国梦”为主题，开展宗教界“感恩古峡行”、民族宗教政策学习宣讲、文艺展演周、“民族团结花更红”微电影展播、宗教领域矛盾大排查大调处、社区邻居节、综合服务进宗教场所、“迎国庆、升国旗”八项活动，着力营造各民族团结进步浓厚氛围。

【全区宗教工作会议精神宣讲】 2017年2月13日，组织召开全市统战宗教作会议，对各部门、乡镇宗教干部、各宗教团体、宗教界人士、宗教场所管委会主任230人进行集中培训。随后，按照《青铜峡市学习贯彻全区宗教工作会议精神实施方案》，成立宣讲团，在全市23个镇、机关党（工）委开展为期4个月全区宗教工作会议学习宣传活动。市伊协、道协、佛协组织宗教界人士和宗教场所管委会班子认真学习，实现会议精神“四个全覆盖”。通过学习宣传活动，提高全市上下对宗教工作的认识和依法加强宗教事务管理的水平和能力。

【宗教活动服务管理】 2017年，青铜峡市加强和创新宗教活动服务管理方式，遵照《宗教事务条例》及《宁夏回族自治区宗教活动安全管理暂行办法》相关规定，依法履行审批手续，坚持属地管理，

“谁组织、谁负责”,“谁审批、谁负责”和就地、从简、小型、安全、有序原则,做到活动前预判布置、活动中跟踪协调、活动后总结不足,确保各类大型宗教活动安全、有序、平稳进行。年内,坚持党员、低保户和建档立卡户不得朝觐红线,依照报名顺序审定45名朝觐人员,实行统接统送。

【宗教队伍管理】 2017年,建立乡镇宗教干部例会制度、培训制度和宗教人士考评机制,提高宗教干部业务能力和工作水平。每季度召开一次宗教干部例会,安排部署民族团结进步创建工作和宗教事务管理。组织乡镇、机关民族宗教干部和宗教界人士80人到自治区社会主义学院参加为期3天培训,安排专人到甘肃、云南等地学习观摩大型宗教活动管理、解经、民族团结进步创建等工作。全年举办学习全国、全区宗教工作会议精神和自治区第十二次党代会精神培训班9场次,培训人数1050人次。同时,加强宗教界人士和管委会班子“三定”学习,为符合宗教教职人员生活补助发放条件的96名宗教教职人员发放2017年半年生活补助246800元。组织开展伊斯兰教开斋节慰问活动,召开古尔邦节座谈会。加强制度建设,建立市级领导、统战、宗教部门联系重点宗教场所和宗教人士制度,及时掌握宗教领域情况和动态。建立有宗教教职人员参与的矛盾纠纷调解委员会,培养宗教界“八大员”,引导广大回族群众爱国爱教、团结进步、诚信友善和文明互助。

【学习教育宣传活动】 2017年,市民族宗教事务局组织佛教、道教、天主教、基督教参加“讲经交流”“玄门讲经”“神学思想建设”等活动,利用伊斯兰重大节日举办“伊斯兰教移风易俗”“珍惜生命,远离毒品”、健康知识教育等内容“卧尔兹”演讲比赛,编辑出版《新编卧尔兹演讲集》系列丛书,依托社会主义学院培训平台,加大宗教教职人员培训力度,提高宗教教职人员整体素质。开展社会主义核心价值观、国旗、报刊、文化书屋“四进”宗教场所活动,组织全市伊斯兰教、佛教、道教、基督教教界代表人士、部分少数民族退休干部,观摩黄河库区湿地生态保护区、启鑫田奶牛养殖场、鸿乐府拱北、黄河楼、正鑫源现代化农业发展有限公司、青铜峡仁和纺织科技有限公司,并进行座谈交流。在清真寺建设国旗台,举办“迎国庆、升国旗”活动,实现国旗进宗教场所全覆盖。开展穆斯林书屋创办活动,通过整合“农家书屋”,创建“穆斯林书屋”80余个,配置电视机、DVD等,购置民族宗教政策、法律法规、科技卫生保健等各类图书,免费赠订《人民日报》《宁夏日报》《吴忠日报》等党报党刊。在宗教界开展“念好两本经,再做新贡献”主题教育演讲比赛和“知党恩、迎国庆、做贡献”主题教育实践活动,挖掘教训教义中与社会主义核心价值观基本内容相融相通的核心理念、相辅相成的优良传统,引导广大信教群众以民族宗教信仰中的价值观来认同践行社会主义核心价值观。举办宗教人士社会主义核心价值观培训班,在西滩清真寺建立宗教人士爱国主义教育基地。

【《宗教事务条例》学习】 2017年,举办全市宗教界人士党代会精神和《宗教事务条例》学习班,印发《新修订〈宗教事务条例〉宣传提纲》和新修订《宗教事务条例》折页。结合宗教政策法规学习月和和谐寺观教堂创建活动,宣讲新修订《条例》,规范宗教事务管理,解决宗教领域出现的新情况新问题,有效抵御境外利用宗教进行渗透和宗教极端主义影响,依法治理利用宗教进行非法违法活动,促进宗教关系和谐,维护社会稳定。

（丁向军）

金 融

编辑◎何艳珍

综 述

【概况】 2017年,全市共有10家银行，其中：监管银行机构1家（中国人民银行），政策性银行1家（农业发展银行），国有银行4家(中国银行、工商银行、农业银行、建设银行),地方性银行4家(农村信用联社、宁夏银行、石嘴山银行、贺兰山银行)。农业银行、农村信用联社根据业务需求,在全市8镇1场(连湖农场)均设有网点,方便农户办理业务。共有保险公司10家（中国人寿保险、中国人保财险、平安保险、新华保险、合众保险、大地保险、泰康保险、太平洋保险、阳光保险、安邦保险),其中:国有企业(公司)2家(中国人寿保险、中国人保财险),各保险公司随着社会经济的快速发展,业务范围也由原来的人、财向农业经营方向拓展。

【银行经营收益】 截至2017年年末，全市金融机构人民币存款余额131.9亿元，比2016年增长3.1%,从结构看,住户存款余额89.5亿元,比2016年增长4.2%;单位存款余额18.9亿元,比2016年下降6%;财政性存款余额0.6亿元,比2016年下降26.9%。全市金融机构人民币贷款余额147.1亿元,比2016年增长10.4%。从期限分布看,短期贷款余额60.8亿元,比2016年增长2.9%; 中长期贷款余额76.7亿元,比2016年增长16.2%。

【保险业经营效益】 2017年,全年实现保费收入34966万元,比2016年增长18.3%,其中:财产险保费收入8960万元，增长9.4%;人寿险保费收入26006万元,增长21.7%。全年各项支出13150万元,比2016年增长24.3%,其中:财产险赔款支出5726万元;人寿保险支出7424万元。人寿险赔款支出646万元,医疗给付金额125万元,死亡给付金额487万元,满期给付金额1554万元。

（何艳珍）

银 行

中国人民银行青铜峡市支行

【概况】 2017年，中国人民银行青铜峡市支行围绕“五大发展理念”，准确把握辖区经济金融形势，认真执行稳健中性货币政策，优化金融服务，加强基层党建工作，促进青铜峡市经济金融平稳健康发展。

【引导金融机构调整信贷结构】 协调召开全市经济金融运行分析会议、金融工作座谈会，向地方政府和金融机构传达货币信贷政策和交流工作信息，引导辖区内各银行业金融机构做好2017年信贷工作，按照信贷政策指导意见，发挥货币信贷政策传导职能，促进地方经济健康发展。截至2017年年末，全辖区人民币各项存款余额为129.9亿元，比年初增加1.87亿元，增长1.46%；人民币各项贷款余额148亿元，比年初增加14.8亿元，增长11.1%。新增贷款主要投向农林牧渔业、电力、热力、燃气及水生产和供应业、棚户区改造以及小微企业等。

【金融风险监测分析】 2017年，人行青铜峡支行探索构建小额贷款公司风险监测指标体系，根据需要发布季度风险监测报告和预警提示；加强法人金融机构流动性风险监测，开展金融稳定相关知识宣传活动，增强社会公众的金融法制观念和风险意识。召开金融稳定工作座谈会，开展年度辖区银行业金融机构综合评价工作，加强系统性金融风险和区域金融风险监测、预警和分析。履行存款保险职能，督促投保机构按时足额交纳保费。联合市公安局、金融机构进行可疑信息分析研判，定期开展打击非法集资和洗钱犯罪宣传活动，不断提升反洗钱监管成效。根据普惠金融指标体系相关要求，开展相关数据采集和填报，进一步加强金融消费者权益保护工作。

【金融服务】 2017年年底，支行国库共办理各项收入111685笔，实现收入21.84亿元。其中，中央级收入5.39亿元，省级收入3.32亿元，地市级收入0.04亿元，县级收入13.09亿元。办理各项支出12493笔，拨付财政资金33.51亿元。办理预算收入退库372笔，累计退库金额1.08亿元。其中，中央级退库0.62亿元，地方级退库0.46亿元。扩大助农取款服务面，重新筛选和布设辖区“银行卡助农取款服务点”，助农取款乡镇覆盖率达到100%。做好信用报告查询与异议处理工作。全年发放机构信用代码证1171张，查询企业信用报告496次，累计查询个人信用报告9598人次。加强人民币反假工作，落实硬币自循工作，全年共收假币1392张，金额107215.00元。加强业务培训，做好金融调查工作。抓好金融统计业务知识、制度培训，持续开展工业景气调查工作，启动辖区内金融统计数据质量提升年活动，提高辖区调查、统计、监测工作水平，对农业银行青铜峡市支行依规实施金融统计执法现场检查。开展调查研究工作，年内11篇调研文章分别被《宁夏金融调研》《吴忠金融》刊登，多篇政务信息被《西安分行信息专报》采用。

（金忠祥）

中国农业发展银行青铜峡市支行

【概况】 中国农业发展银行青铜峡市支行（简称“市农发行”）成立于1996年，是在人民银行青铜峡市支行监督下，接收由农业银行青铜峡市支行代理业务，实现农业发展银行业务自营。2017年，市农发行以开展“两学一做”学习教育活动和宣传贯彻落实中共十九大精神为契机，以党建工作为统领，加大风险防控力度，夯实管理基础，实现各项业务较大发展。至年末，各项贷款余额71412万元，比年初增加37839万元，增长112.71%；日均存款余额36541.83万元，比年初增加1457.39万元，增长4.15%；实现账面盈利976.77万元，同比多盈利296.68万元，增长43.62%；不良贷款持续保持零余额，信贷资产质量状态良好。

【信贷业务】 2017年，市农发行紧盯青铜峡市至银川正源街快速通道—毛桥村至永宁段和小坝至毛桥村段建设及青铜峡市2017年棚户区（城中村）城西和城东两个片区改造项目，推动政府相关部门完成4个项目行政许可手续和3个承贷主体构建，推进市财政及项目实施单位解决资本金问题，落实发放贷款各环节工作。年内新增棚户区改造贷款36080万元、农村公路贷款13200万元。全年累计发放贷款49280万元，比2016年多发放26780万元，增长119.02%。发放贷款额度创下近3年新高。

【基金业务】 2017年，市农发行设立中国农发重点建设基金专用账户，实行独立核算、专款专用。截至12月末，投放重点建设基金项目7个，共计11笔，金额40792万元。累计支付中国农发重点建设基金31847.9万元，支付占比为78.07%。全年基金客户风险分类正常，无重大风险事项。

【存款业务】 2017年，市农发行分析青铜峡市存款面临形势，抓营销，把握贷款先机撬动存款攀升。以棚户区改造、城乡建设贷款和基金投资等项目营销为抓手，协调上下游企业在支行开立基本账户和资本金账户。截至12月末，各项存款日均余额36541.83万元，比年初增加1457.39万元。其中，企事业单位存款日均余额36088.30万元，比年初增加2721.43万元；财政性存款日均余额453.54万元，比年初减少417.04万元。

【风险管控】 2017年，市农发行配合粮食部门、区分行营业部做好省级储备粮轮换任务，支持宁夏储备粮青铜峡储备库2017年度轮换储备小麦9109吨、水稻6942吨，完成本年轮换任务100%，确保粮油收购不出问题和国家粮食安全。落实监管要求，密切关注政策变化和监管动态，开展市场乱象及“三违反”“三套利”“四不当”等专项治理工作，规范业务经营行为。做好内外自查工作，梳理排查业务经营管理重大风险隐患，规范流程操作行为，确保安全合规经营。强化防控信用风险，按时收回应收贷款本息和基金收益，贷款（基金）客户无违约行为。全年累计收回贷款本金11441万元，完成年度收回计划的163.63%，比2016年多收回3421万元。累计收回政府平台贷款10927万元，3家政府平台贷款提前结清。按时全额上划基金投资收益549.58万元。针对今朝大成（宁夏）养老产业发展有限公司经营困难、黄土地度假村养老建设项目后续工作无法实施情况，及时向市人民政府提议取消宁夏黄土地度假村养老建设项目农发行重点建设基金资金支持。1月25日，退回今朝大成（宁夏）养老产业发展有限公司“宁夏黄土地养老建设项目”投资基金1500万元。做好评级授信、贷款风险分类、基金投资资产风险分类、贷款质押担保检查重评等工作。年内，贷款客户（基金）风险分类正常，无逾期、欠息贷款，无贷款形态下徙情况，无重大风险事项。加强与政府沟通协调和贷款企业经营状况监测，通过提前发贷款到期提示书，确保按期收回2017年度贷款6992万元。年内提前收回以后年度贷款4449万元，不良贷款继续保持零余额。开展企业经营状况和抵押物检查分析，完成授信后续管理工作。

【会计基础管理】 2017年，市农发行将各项收入及时入账，做到应收尽收。同时，加强企业账户资金监督管理，每天向客户部送发资金到账通知单，便于客户经理掌握企业账户动态；严格控制各项费用开支，压缩各项消费性支出，优化费用支出结构。严格财会基本制度，准确、及时处理、记载各种会计账务。做好财税库银系统推广工作。至年底，已有2家企业与支行签订财税库银协议。履行反洗钱监督报告和反洗钱报表上报职责，安排专人负责查找系统漏提大额交易，对信息缺失和错误进行补录和修改，确保反洗钱数据报送无遗漏、差错和延误。同时，选派2名反洗钱人员参加中国金融教育培训中心贵阳反洗钱培训班，提高反洗钱人员业务水平。严格按照人民银行人民币账户管理手册和区分行账户管理相关规定对所有存量账户进行自查。核查账户开立、变更、注销是否审批规范、手续齐全，有无违规开户、使用账户行为。每日工前按时登陆人行ASC系统核对账务，日终前对同业存款进行电话对账，打印对账单，确保账务相符。银企对账单发出率为100%，收回率达到100%。

【金融宣传】 2017年，组织开展"打击非法集资宣传""网络信息安全宣传""送金融下乡""法治宣传""金融知识进万家""金融知识万里行"等活动，累计分发宣传折页1000余份。利用《粮油市场报》"农发行专版"、《简报》《党建通讯》《信息摘报》等载体，宣传业务经营、党的建设、企业文化建设、员工队伍建设、支持"三农"发展等方面成绩。全年编发简报、党建通讯14期。

【队伍建设】 2017年，全年组织员工参加条线业务培训22人次。其中，区分行信贷条线培训12人次、财会条线培训6人次、办公室条线培训3人次、外阜培训7人次、外阜检查1人次。

（胡　阳）

中国工商银行股份有限公司青铜峡支行

【概况】 2017年，中国工商银行股份有限公司青铜峡支行以抓存为抓手，夯实基础，强化管理，狠抓外拓，各项业务保持平稳发展态势。全市共设有4网点，即支行营业室、古峡支行、大坝支行、铝厂支行。全年实现拨备前利润4592万元，完成全年计划的83.87%；净利润3544万元，完成全年计划的89.6%；各项存款余额120131万元，较年初增加3186万元；各项贷款余额192054万元，较年初减少13150万元。

【存款业务】 2017年年末，各项存款余额120131万元，较年初增加3186万元。其中，储蓄存款时点较年初增长4422万元，日均较年初减少1440万元。对公存款余额时点较年初减少1236万元，日均较年初增加2276万元。其中，公司存款余额20865万元，较年初减少5408万元，日均较年初减少7730万元。机构存款余额较年初增长4137万元，日均较年初增加10007万元。一方面，把财政转移支付和棚户区改造、公路修建做为突破口，对机构客户进行精准营销，通过关系营销、联动营销加大公关力度，开通市交通局、城建局资金账户，力促财政资金、拆迁和征地补偿款落地，实现机构存款和个人拆迁款双丰收。另一方面，把机构业务逐步拓展渗透至市城建局、城市公共事业中心、教育局、旅游局等过去未与支行有业务来往单位，累计挖转机构存款2.5亿元，日均增量10007万元，营销个人征地补偿款1.5亿元，有效实现公私联动，扭转存款下滑颓势。

【贷款业务】 2017年年末，各项贷款余额192054万元，较年初减少13150万元。其中，公司贷款较年初减少13710万元，个人贷款较年初增加560万元。围绕青铜峡市打造沿黄新型工业集聚区、现代农业示范区、金岸城市精品区、黄河文化展示区、内陆开放先行区以及推进工业新型化、农业现代化、旅游精品化、城乡一体化进程，精准施策，定向发力，找准支行信贷投放切入点，重点做好“宁科贷”“税务贷”等产品应用推广，以信贷投放促进和带动各项业务全面发展。加大对已对接公司贷款项目营销力度，重点跟进宁夏莱德环保能源有限公司年处理5万吨废旧机油技改项目和45万吨危险废弃物处置及综合利用示范项目，力争”早投放、早受益“，以此带动中间业务收入、存款及其他业务增长。细化落实小微企业续贷和授信尽职免责制度，推广“银政通”“税务贷”“两权抵押”等服务模式和动产抵（质）押融资等业务，加强线上线下联动，丰富产品和服务渠道，优化内部流程，提供高效金融服务，坐实做强小微企业和个人贷款业务。紧盯青铝股份、金昱元化工、可可美等企业产业升级和技术改造，促进传统产业向高新技术、高附加值方向发展，盘活支行资产存量及票据贴现业务。加强与政府旅游部门对接，以青铜峡市全力推进“黄河岸边、稻花香里、贺兰山下”三大旅游主线建设为依托，对青铜峡市黄河金岸文化旅游PPP项目进行前期接洽跟踪，挖掘独具特色的文化旅游精品项目贷款。以青铜峡市优化现代农业发展新布局为契机，依托塞外香、正鑫源、法福来、恒源养殖等龙头企业，把控风险，通过差异化、多样化金融服务，推进农村集体经营性建设用地使用权、农民住房财产权、农村承包土地经营权抵押贷款试点工作，细化落实小微企业续贷和授信尽职免责制度，一群一方案，支持涉农、扶贫龙头企业发展，实现金融扶贫贷款早日落地，力争三年内将涉农和扶贫信贷投放比例提升到20%以上。

【清欠工作】 2017年4月，工行青铜峡支行针对一家融资余额1420万元企业贷款劣变，成立清收小组，认真分析不良贷款成因、贷款发放和贷后管理合规性、押品处置难易程度，借款人配合意愿等因素，制定可行清收方案。同时安排专人驻点法院持续做好协调沟通工作，缩短案件审理进程，顺利实现“当年劣变、当年处置、当年收回”目标。截至年末，公司客户贷款不良率为零。

【中间业务】 截至2017年年底，支行实现中间业务收入976万元，完成全年任务的64.25%。其中，零售专业收入722万元，完成全年任务71.55%；对公专业收入254万元，完成全年任务49.8%。不良贷款62万元，不良率为0.03%。

【零售业务】 2017年，工行青铜峡支行按照分行零售工作重点产品，及时制定方案，通过抓过程，勤公示，亮排名，持续加大人、财、物投入，日均万元以上个人客户、ETC、MTC、信用卡、三融产品在分行名列前茅，个人信贷业务扭转连续几年负增长状况。本着高管管高端服务理念，加大私行客户营销投入，抓信息，挖客户，勤走访，提资产，私行客户维护成效显著。全年新增有效客户3户、配置金融资产8100万元，日均金融资产配置达4148万元。深化与吴忠住房公积金管理中心互信合作关系，以公促私，联动营销，全年住房公积金个人委托贷款累计发放4300万元。根据目标客户清单，精准营销，任务到人，考核跟进，有效推进结算套餐产品渗透。累计销售结算套餐156户，上线工银E缴费6户，营销有效现金管理达标客户18户，结算套餐、有效现金管理客户位居全区21家支行第一。

【内控管理】 2017年，围绕“重塑

工商银行良好服务口碑”主题，推动“固化成果、提升品质”优质服务劳动竞赛活动，提升客户满意度、服务效率、服务水平，多次被分行评为“固化成果、提升品质”优质服务先进集体。开展“内控案防整治年”和“执行强化年”活动，结合三季度熟知禁令承诺执行大讨论活动，举办员工合规文化和十大禁令等相关知识竞赛、青年员工座谈沙龙、员工征文评比等活动，征集员工合规图画，形成“人人讲合规”良好文化氛围，三季度基层行内控合规工作考核第一。

（李岚静）

中国农业银行青铜峡市支行

【概况】 2017年，中国农业银行青铜峡市支行（简称“市农行”）贯彻党和国家金融方针政策，面向“三农”，服务城乡，改善服务环境，创新服务模式，为支持地方经济发展和新农村建设做出突出贡献。全市有营业网点11个（其中二级支行2个），在岗员工135名。其中，中共党员52人，占全行员工的38.52%。截至年末，全行实现拨备前利润5351万元，实现中间业务收入1721万元。

【存款业务】 截至2017年年末，全行各项存款余额达到240198万元，突破24亿元大关，较年初净增24882万元，存量市场份额提升至19%，增量市场份额占比57%。各项存款存量、增量市场份额继续保持四大行第一，增量市场份额在全市9家金融机构中位居第一。

【贷款业务】 截至2017年年末，各项贷款余额164695万元，比年初增加16207万元。全年累计发放法人客户贷款47826万元、个人贷款24797万元，其中农户贷款13521万元。

【中间业务】 2017年，市农行依托“春天行动”“激情仲夏”“赢在金秋”三大主体营销活动，开展信用卡、贵金属、代理保险、“两微一拓”、线上线下等营销活动。全年新增信用卡有效客户5880户，实现信用卡业务收入502万元。开展代理保险TST营销，实现业务收入125万元。截至12月末，实现中间业务收入1721万元。

【金融扶贫】 2017年，市农行推进“惠农通”工程，设立挂牌服务点35个，其中一般服务点30个、助农取款点5个；在县域以下营业网点、农资经销店、农村便民商店、“万村千乡市场工程”农家店等农村地区布放电子机具511台。同时，结合惠农卡、脱贫致富贷、农民安家贷、妇女创业贷、农村生产经营贷、网捷贷、惠农便捷贷、“惠农e通”等产品营销，做好金融扶贫工作，资助贫困户妇女参保“扶贫保”和“爱妮保”，累计投放金融扶贫贷款11496万元。

【风险管理】 2017年，市农行配合区银监局、吴忠银监分局，开展“三违反”“三套利”“四不当”自查、整治金融市场乱象自查、信用风险排查、银行业风险防控及信用风险排查。配合人民银行开展统计执法检查，规范统计基础管理。开展大额不良贷款专项治理、个人信贷业务风险排查，全面梳理风险贷款，及时化解法人风险贷款。抓好风险防控宣传，在重点时段、重大节日前向全行员工发送廉洁提示函，制作廉洁从业宣传展板，把廉政文化、合规文化建设落到实处。组织开展2017年度“保密法制宣传月”活动，引导员工提高保密意识。

【金融服务】 2017年，市农行围绕“抓服务、树品牌”，在全辖开展“服务质量强化年”活动，通过设立网点文化墙、营销墙、公告墙、党建墙等，多种形式优化网点营销环境。落实网点服务“四不准、四必须”，提高服务能力，增强网点员工主动服务意识，有效降低客户投诉数量，全面提升客户体验，稳步推进网点转型工作上台阶。发展互联网金融业务，以"惠农e通"电商平台为抓手，开展线上线下营销活动，拓展客户办理金融业务渠道，电子机具覆盖乡镇和行政村分别达到100%和90%。开展"金融知识进万家""金融知识万里行"各类消保知识宣传活动，持续开展金融知识"六走进"宣传活动，打击非法集资、防范电信网络诈骗，保护消费者权益。

（李占春）

中国建设银行股份有限公司青铜峡支行

【概况】 2017年，中国建设银行股份有限公司青铜峡支行（简称"市建行"）依照"转型发展促双提、四轮驱动拼一流、党建引领抓队伍、风控案防保平安"工作思路，紧盯青铜峡支行"1+6+2"工作目标，通过压实责任、提实要求、抓实考核，纵深推进、转型发展，各项业务发展稳中向好。市建行下辖营业部、东街支行、青镇支行、铝厂支行、大坝电厂支行和古峡支行6个网点。内设综合管理部、纪检监察部、风险管理部、财务会计部、公司业务部、个人金融部、个贷中心和信用卡中心8个部门。全年实现利润8568.05万元。一般性存款时点余额为218082.3万元，时点比年初新增17112.7万元。其中，对公存款余额时点81899.73万元，时点新增5979.43万元；储蓄存款余额136182.57万元（含保本理财3408万元，余额139565万元），时点新增11133.27万元（含保本理财3408万元，新增14104万元）。各项贷款余额417332.79万元。其中，公司类贷款305013.53万元，比年初新增35894.7万元；个人类贷款112319.26万元，比年初新增27929.12万元。实现中间业务收入2380.55万元，其中对公业务831.70万元、个人业务1548.85万元。住房资金存款余额达14461万元，较年初新增2840万元，其中：住房公积金存款13630万元，增长2602万元；住房维修资金存款831万元，增长238元。住房公积金贷款1271户16082万元，负增长1061万元。自助设备达到47台，年内新增2台。布设简化版智慧柜员机8台、标准版智慧柜员机15台、综合版智慧柜员机7台，智慧柜员机迁移率达到86.72%。全面完成电子银行年内各项指标，客户分流效果显著，柜面压力得以缓解。

【对公存款业务】 2017年，市建行关注同业、客户资金流向，紧盯进项，严控出项，采取大额资金划转报备制，在关键节点实时掌握存款动态，从源头稳定存款。加强银政合作，密切与市发改局、财政局、社保局、住房公积金、交通局、市人民医院等客户联系；走访驻青部队，密切军银关系，提升存款市场份额。住房公积金存款市场占位第一，占比由2016年的23%提升到41%。成功与市人民医院签订银医通、与市职教中心签订银校通。面对驻青部队换防账户报备，调动资源和力量，协调说服部队开立账户，并从他行转入资金6400万元，逐步拉大同业差距。军警业务持续保持较高存款贡献度。至年底，对公全量客户达到1432户，全年新增155户；对公有效客户达到535户，全年新增57户；加权有效客户达到2805户，较年初增加57户。新增对公账户401户，其中基本结算账户增加324户。

【对私存款业务】 2017年，市建行紧盯代发源头，持续开展公私联动，促进基本户、有贷户代发覆盖率提升。紧盯商户源头，依托"龙支付"加大消费市场渗透，快速做大商户规模和资金体量。紧盯县域源头，以"裕农通"服务为抓手，深化与政府、事业单位及供销部门合作，代发拆迁补偿款、医保、社保等资金。紧盯理财源头，做好客户和市场细分，合理安排理财产品档期，为客户提供一揽子金融服务，打造客户资金流动"蓄水池"。旺季一般性存款时点新增19266.74万元，日均新增16208.57万元；个人存款时点新增22067.68万元，日均新增22755.04万元。至年底，个人全量客户达到154304户，全年新增8181户，个人有效客户达到47466户，全年新增5326户，个人加权有效客户达到151959户，较年初增加23959户。信用卡客户新增5163户，完成年度新增计划的224.5%。

【绩效考核】 2017年，市建行严格执行个人和对公重点产品考核买单制，坚持谁营销谁受益。每日部门网点主要负责人微信汇报工作，每周召开班子会议，每季召开经营分析会，不定时召开专题会，点评和盘点各项业务指标和产品指标完成情况，有针对性地制定下季度工作措施，将“落差”及时摆出来，抓重点，找突破。全员落实支行员工绩效目标责任，人人有任务，个个有指标，并按旬通报完成情况，确保一般性存款新增额在当地同业领先。快速提升“期期达标”产品规模。在所辖6个网点推行个人金融重点产品“期期达标”考核活动细则。分解网点2017年综合经营计划个人业务指标，每半个月为一个周期，每月考核兑现1次，计算每个营业网点和员工个人产品挂钩绩效分值，巩固扩大客户基础。经营绩效考核工作经验在全区推广，并在总行内部交流。

【对公信贷】 2017年年初，市建行完成宁夏金昱元化工集团有限公司、宁夏大唐国际大坝发电有限责任公司、青铜峡铝业股份有限公司等客户2.7亿元信贷投放，解决年底突击放贷给来年埋下负担的“怪圈”，为全年信贷投放奠定坚实基础。改进华能宁夏大坝电厂四期发电有限公司营销策略，协调指导提高产品定价，解决客户燃眉之急，深化银企关系。年内新增贷款5.7亿元，获区分行夏季贷款综合贡献奖第三名。

【普惠金融业务】 2017年，市建行针对“小微快贷”“快贷”等电子渠道类业务，强化结构管理，摸清客户支用需求和还款计划，根据不同用款周期，调整优化期限区间结构，做好长远谋划，实现普惠金融业务快速发展。全年发放普惠金融业务贷款16272万元，其中对公4507万元、个人11765万元，普惠金融业务营销工作走在全区前列。

【不良管控】 2017年，市建行通过“五化”（提降调控杠杆化、信贷管控制度化、降压不良差别化、转让处置政策化、基础管理常态化），实现风险“看得清、抓得准、控得住”。全年累计处置不良贷款3913万元。其中，批量转让3597万元，现金回收175.88万元，化解上迁140.7万元。获区分行夏季营销不良防控综合贡献奖第二名。“五化”提升信贷管理水平做法被《建设银行报》刊载。

【电子银行交易】 2017年，市建行发展手机银行，提升覆盖率和活跃度。强化悦生活平台营销，深耕党费云、幼儿园云等拳头产品，拓展商户，抢占市场。加快手机银行、“云闪付”等移动渠道建设，通过柜面分流、存折换卡、网上销售等措施，引导客商交易支付从线下向线上迁移，持续提高移动交易量占比。同时，在全社会大力宣传手机银行转账汇款手续费、手机到手机转账、预约取款等优惠政策和特色功能，为手机银行品牌造势。加强与中石油、供销社等优质企业和小卖部、农资站、医药店等商户合作，借助其辖渠道资源拓展裕农通服务点，深化农村客户对建行品牌及产品和服务认知。银医通和银校通实现零突破。

【岗位竞聘】 2017年，市建行加强专业技术人员队伍建设，拓展员工成长渠道，搭建员工晋升平台。年内制定《中国建设银行青铜峡支行专业技术岗位职务聘任实施方案》，经过个人申报、资格审查、笔试面试等9个基本环节，聘任五六级专业技术岗位职务人员5名。

【基础设施建设】 2017年，市建行投入资金，解决网点单身住宿职工灶具、电视等生活必须设备。建立党员之家、职工之家和青年之家，购置健身活动器材等，丰富职工业余文化生活；设立电教室，改造会议室，解决青铜峡支行多年来办公场所紧张，硬件设施严重不足，制约发展瓶颈。

（张树荣）

中国银行股份有限公司青铜峡支行

【概况】 2017年，中国银行股份有限公司青铜峡支行（简称“市中行”），落实“创新、转型、化解、管控”总体要求，抓存款、促中收、调结构、控风险，全面完成全年各项工作目标。截至12月末，下设2个营业网点，存款时点余额达到115178万元，较2016年末增加1272万元，增幅1.12%。存款日均余额达到115465万元，较2016年末增加13548万元，增幅13.29%。各项人民币贷款余额152107万元，较2016年末新增29348万元，增幅23.91%。个人有效客户数52852户，较2016年末新增6863户，增幅14.92%。实现拨备前利润3315万元，同比降幅1.02%。实现净利润-1339万元，同比降幅146%。新增有效卡3091张，比2016年同期增幅128%。

【营销活动】 2017年年初，市中行开展密集客户营销拜访工作，协调区分行与青铜峡市人民政府签订战略合作协议。同时，以重点产品为抓手，开展走出去营销活动。“开门红”活动期间，公司存款日均新增9494万元，完成“开门红”计划的158.24%；个人存款日均新增7132万元，完成“开门红”计划的137%。获区分行金融板块综合排名第三、行政事业存款排名第三、贸易金融收支平衡专项奖等奖项。

【贷款业务】 2017年，市中行密切跟踪辖内各重点企业、重点行业和重点项目，关注其贷款业务需求，挖掘资金潜力，带动支行业务持续稳定发展，实现综合效益稳步提升。截至12月末，公司贷款余额129175万元，较2016年末增加28657万元，增幅28.51%；个人贷款余额16740万元，较2016年末下降1056万元，降幅5.94%；银行卡透支余额6192万元，较2016年末增加1747万元，增幅439.31%。

【非息收入渠道拓展】 2017年，市中行依托支行国际结算业务优势和“融易达”、商业发票贴现、银行承兑汇票等业务，促进中间业务收入增长。组织大型贵金属展销会、厅堂微沙龙活动，利用厅堂营销技巧等形式，拓展贵金属、基金、理财产品、代理保险、外汇买卖等业务，获取点差收益、佣金收入，实现非利息收入快速增长。办好信用卡分期业务，实现手续费持续增长。截至12月末，实现中间业务收入739.46万元，较2016年同期增加145.96万元，同比增幅25.02%。实现营业收入4591万元，同比降幅2.55%。

【信贷资产质量管控】 2017年，市中行成立不良资产清收化解工作小组，开展不良资产清收化解工作，每周一定期组织条线小组成员召开不良资产清收化解专题会议，密切跟进清收化解工作进度，探讨交流优化清收化解方法，做好不良资产清收化解工作。加强与市人民政府联系，搭建业务沟通桥梁，通过区分行领导协助，借助政府平台有效化解逾期非不良贷款，遏制资产质量恶化趋势。将风险内控与业务发展紧密结合，按月召开派驻业务经理例会，按季召开内控会议，解决业务经营、柜员操作以及员工思想动态方面存在问题，同时以“基层网点风险管控措施‘五十条’”为准则，传导合规风险管理理念，提升依法合规经营意识。开展案例警示教育年活动，组织全行员工赴市农村党员警示教育基地实地参观，接受廉政教育，通过观看警示教育片，使全行员工警钟长鸣，坚定理想信念，坚定职业操守，增强法纪意识、责任意识、合规意识和案防意识，有效防范各类风险案件。

【绩效考核】 2017年，市中行通过组织实施分层考核，完善考核体系和架构，发挥绩效考核作用，做到奖优罚劣、奖勤罚懒，充分调动员工工作热情和积极性，促进各项业务发展。费用、收入、资源配置向一线倾斜，通过“每日业绩晒单发红包”活动，及时兑现奖励，增强员工争先进位信心，促进业务发展。

【企业内部管理】 2017年，市中行开展“三违反”“四不当”“服务收费”等专项治理工作，夯实业务发展基础，确保业务合规、有序开展，促进业务持续健康发展。制定业务推广方案，配置费用资源，充分调动人员营销积极性。定期开展业务培训，培养网点员工服务意识，提高业务经理履职能力，提升客户经理队伍专业能力。鼓励员工参加总、分行一级风险管理师、反假货币资格、反洗钱、银行承兑汇票上岗资格证考试等各种业务培训、考试，从费用、时间上给予保证，确保员工持证上岗。按照分行人员岗位轮岗制度要求，调整交流履职期满派驻业务经理、大堂经理、客户经理和综合柜员，优化基层网点人员配置。强化技能培训、督导工作。邀请优秀选手现场开展技能操作技巧培训；每月开展一次技能检测工作，奖优罚劣，提升员工工作效率。

【企业文化建设】 2017年，市中行对年久失修办公用房进行维修改造，为员工创造良好办公环境；改善员工食堂条件，更新厨房设施，增配消毒柜；开展职工之家建设，为职工之家购买书籍，增添健身设施；翻新改造单身宿舍，为单身职工创造温馨舒适的居住环境。组织员工参加健康体检、广播体操比赛、秋季趣味运动会、金沙岛户外拓展、盐池红色教育基地观摩等活动，丰富员工业余生活，增强员工体魄，增进员工间情感交流。与市民政局签约“党建共建”合作协议，以党建促合作，以党建促发展，打造业务发展第二场景。

（林　星）

宁夏银行青铜峡支行

【概况】 2017年，宁夏银行青铜峡支行按照“夯实基础、优化结构、强化管控”总体思路，坚持业务发展与风险防范并重，稳步推进各项业务，全年安全运营无事故发生。全市设有2个营业网点（均在城区内）。截至年底，支行各类存款余额139575万元，其中：储蓄存款达到53627万元，对公存款62548万元，结构类存款23400万元；各类贷款余额达到110205万元，其中对公贷款89100万元、个人贷款21105万元。

【存款业务】 2017年，宁夏银行青铜峡支行在现有业务合作基础上，加强重点客户财务人员沟通力度，寻找新的存款增长点。针对现有授信客户，狠抓结算资金归行等稳存工作，确保基础存款稳定。开展“五进”(进商圈、进社区、进单位、进早市、进企业)营销宣传活动，拓宽揽存渠道。发挥厅堂、柜台优势，主动营销客户开立银行卡、办理定期和理财产品。加强电子银行业务营销，宣传支行便捷服务方式；多渠道、多层次发展基础客户，夯实基础客户。

【贷款业务】 2017年，宁夏银行青铜峡支行全面梳理授信客户，根据产业政策和授信限额管理，结合支行信贷经营现状，有保有压，推进结构调整和业务转型。立足支行市场定位，重点支持青铜峡铝业、大坝电厂、金昱元、塞外香、法福来等区、市级重点骨干企业；根据相关政策、客户经营需求，授信支持京成天宝、菲斯克等市人民政府重点招商引资企业；优先支持符合国家产业政策、具有发展前景的中小微客户。加大大中型企业承兑汇票业务营销力度，为客户提供多途径授信支持。

【不良贷款清收】 2017年，宁夏银行青铜峡支行加强清收队伍力量，为清收工作开展提供人、财、物保障。跟踪处置存量不良贷款，对新增贷款逾期，通过法律诉讼、借新还旧等多种途径加以解决。全年提请诉讼业务5笔，金额3468万元。针对隐性不良贷款，采取加大贷后检查频次、提前落实还贷资金、展期等方式，预防新增不良贷款发生。强化信用卡逾期清收，通过实地催收、压缩额度、分期还款、停卡、法律清收等多种方式，清收不良贷款。

【内部控制】 2017年，宁夏银行青铜峡支行强化体制机制建设，落实风险防控措施，严守风险底线。树立合规经营意识，正确处理业务发展与风险管理，加强内部监督，做好自查自纠，切实落实问题整改，提高风险防范能力。完善内控管理体系，搭建全面风险管理结构，落实关键岗位和环节责任，实现信用风险集中管理和操作风险全面监控。强化自主检查风险管理作用，开展现场与非现场检查。做好员工日常管理和八小时以外行为排查，及时掌握员工思想、工作和社会交往等方面情况，有效防范金融风险。

【员工培训】 2017年，以各科室为单元，每周在固定时间组织全员学习，系统学习各类管理办法、操作流程、文件通知等内容，做到实际操作与理论相结合，通过员工轮流主讲各项规章制度，确保培训工作收到预期效果。

【安全保卫】 2017年，建立健全安全保卫相关制度，落实安全保卫责任，坚持定期开展安全检查，存在问题及时督促整改。开展第五轮金融机构安全评估工作，定期开展安全培训，组织全员开展火灾逃生、防暴力抢劫等安全演练，加大重点业务自查自纠力度，提升案防管理能力，确保支行全年安全运营无事故。

（俞鸿猷）

青铜峡市农村信用合作联社

【概况】 2017年，青铜峡市农村信用合作联社（简称“市信用联社”）针对国内经济增速明显放缓、经济下行压力加大、同业竞争日趋激烈的市场环境，牢固树立“扎根县域谋发展，渠道建设促营销，降控不良防风险，精细管理强基础”理念，优化服务，多措并举，稳步推进各项工作。截至12月末，全社各项存款余额达到378880万元，较年初增加1666万元。其中：个人存款338222万元，较年初下降8071万元；单位存款40657万元，较年初增加9736万元，增长31.49个百分点。各项贷款余额330525万元，较年初增加4267万元，增幅为1.31%。其中：不含贴现贷款余额为259864万元，较年初增加698万元，增长0.27%；贴现余额为70661万元，较年初增加3569万元。各项贷款户数为12052户，较年初净增1278户，增长11.86%。涉农贷款余额达到222832万元，较年初减少5847万元，增速-2.56%，高于贷款增速，未完成涉农贷款“一个不低于”工作目标。小微企业贷款余额为180885万元，增速为1.33个百分点，高于同期各项贷款增速0.02个百分点；户数为933户，高于2016年同期289户，申贷率为100%。全年实现各项收入20926万元。各项支出达到16466万元，实现账面利润4460万元，较2016年同期增加6357万元，税后净利润100万元，较2016年同期增加891万元。实现经营利润4610

万元，较2016年同期减少1864万元，盈利能力有所下降。五级不良贷款余额为32560万元，较年初增加1万元；不良率为9.85%，较年初下降0.13个百分点。全口径不良贷款余额为27382万元，较年初增加1997万元。

【存款业务】 2017年，市信用联社跟进行政事业单位客户服务，营销乡镇事业单位公户，争取社保、土地、城建、水利、民政等部门资金划拨渠道，奠定对公存款实现可持续快增长基础。截至12月末，专项营销财政存款737万元，新开事业单位对公账户5户。搭建客户互惠平台。根据客户在社现金流贡献，在贷款额度、利率上予以倾斜，提高客户资金归社率，惠及农户6341户。发挥服务优势，拓宽营销渠道，进行精准营销。截至12月末，通过增发银行卡1.69万张，使银行卡存款余额达到5.08亿元，较年初增加7500万元；累计激活社保卡1.91万张，社保卡沉淀资金达到8297万元。

【贷款业务】 2017年，市信用联社以消费性贷款营销为重点，狠抓随薪贷、个体工商户和住房按揭贷款营销。以各营业网点周边3公里半径区域划片，全年先后开展3次贷款营销、POS机、E码付优惠“一揽子”扫街活动，提高客户粘连度，带动存贷款业务发展。截至年底，联社随薪贷户数1758户，较年初增加1006户，增长率133.78%；与4家地产公司楼盘合作办理住房按揭贷款80笔金额1322.7万元，突破住房按揭贷款业务发展空白。加大与乡镇、村组对接力度，以农户小额信贷需求为抓手，以提高农户覆盖面为目标，以叶盛信用社管辖区龙门村和瞿靖信用社管辖区蒯桥村为试点，探索农户“无抵押、无保证”信用消费贷款，通过“银政”“银担”合作模式，与政府协商设立农业特色产业贷款担保基金，为农户小微贷款提供资金和担保扶持。

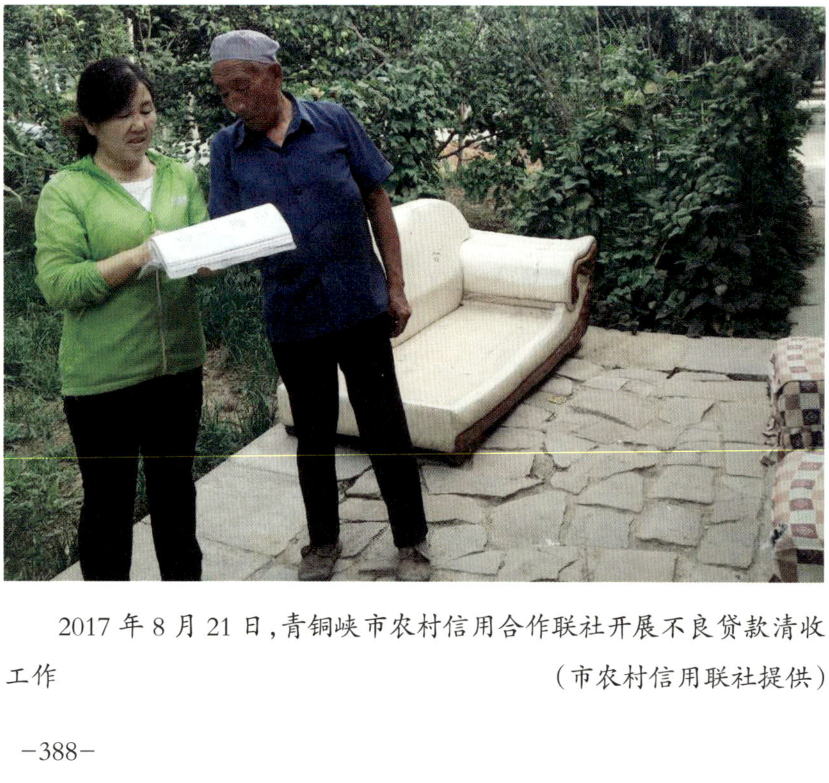

2017年8月21日，青铜峡市农村信用合作联社开展不良贷款清收工作 （市农村信用联社提供）

【电子银行业务】 2017年，市信用联社加大自助机具设备铺设和投入力度，试运行“4+2”人机配合模式，分流低效业务，缓解柜面员工压力，释放人力资源。截至12月末，电子银行月度替代率跃升至72.01%，综合替代率为62.89%，较年初43.21%增长19.68个百分点。借力“E码付”专项营销，抢抓市场，促进各项业务一条龙开展。截至12月末，开通“E码付”商户1404户，交易金额1308万元，交易笔数达到14.13万笔。

【不良贷款降控】 2017年，市信用联社加大不良贷款管理力度，贷款到期前，实行网点催收、联社督导。针对重点客户，实行联社领导和部门经理一对一紧盯不良贷款高压态势，从管理源头上严控不良贷款产生。运用风险缓释政策，全年盘活化解存量风险贷款

156笔54718万元。其中办理借新还旧104笔27978万元、续贷3笔1030万元、展期49笔25710万元。全辖区累计收回已核销不良贷款1024万元,其中收回本金709万元、利息316万元。多次召开信用重建工作会议,逐社听取信用重建工作汇报,并对核销任务完成占比和核对占比"双低"信用社加大问责力度,组织清收人员放弃节假日休息时间,深入农户家中宣传动员。截至12月末,试点叶盛信用社收回核销贷款本金157万元,利息27万元。加强与市人民政府协调沟通,强化关系对接,顺利回收2010年环境整治强制拆除400万元企业不良贷款。同时,加强与市人民法院合作联合,开展4期集中清收专项行动,累计收回不良贷款566万元。

【内部管理】 2017年,市信用联社。建立"机关服务基层、基层督办机关"双向督办系统,758件基层提交事项得到解决,2个工作日内办结率为77.43%。实行大额贷款至少提前30天受理机制,有效防控信贷风险,减少客户"等贷"时间和"过桥"成本,提高业务受理效率,年内提前受理到期贷款416户、金额5.52亿元。实施客户经理硬性达标考核,调整按期末达标客户经理岗位,有效增强客户经理危机意识和工作紧迫感。按照"存量定等级、增量计工资、按劳取薪酬、管理动态化"原则,通过座谈交流了解,横向比对分析,优化各岗位员工考核等级办法,完善网点绩效考核,提升员工工作积极性和集体荣誉感。严肃处理2起服务客户"生冷硬"和业务办理"拒推拖"行为。

【队伍建设】 2017年,市信用联社建立中层干部廉政档案,制定网点负责人"十个严禁"和员工廉洁从业十个不准,划出员工行为边界和红线。年内经过笔试、演讲、民主测评等环节,确定网点主任后备干部15名。

【企业品牌形象塑造】 2017年,市信用联社规范各基层网点环境卫生、早晨例会、人员着装、基础礼仪等,先后对位置不佳、设施老旧商城、青镇2家营业网点进行合并和升级,购置现金循环机31台、智能柜台1台和自助发卡机1台。同时,在各网点实行专兼职大堂经理工作制,合理分流客户,减轻柜面压力。

（韩立强）

石嘴山银行青铜峡支行

【概况】 2017年2月4日,石嘴山银行青铜峡支行在小坝西街步行街南路口明珠圆饭店斜对面新增网点一个,即青铜峡古峡西街支行。截至12月末,支行各项存款余额为15227万元,较年初增加1117万元。个人存款12700万元,其中活期储蓄存款3026万元、定期储蓄存款236万元、"幸福存"9437万元。单位存款2865万元、保证金存款264万元。定活比为72∶28。日均存款12235万元,较年初增加2944万元。非保本理财余额6905万元,较年初增加3243万元,累计销售8478万元。各项贷款余额为11139万元,较年初减少292万元。累计发放贷款9174万元,收回贷款9795万元。其中,小微企业贷款103户,余额11109万元,较年初减少8户,金额减少183万元。个人消费贷款2笔,余额30万元。

【业务办理】 2017年,累计客户数7652户,较年初增加1017户,其中有效客户数6886户。累计发卡量为7934张,其中活跃卡数为3674张,活跃卡比例为46%。累计营销理财客户数457户,较年初增加156户。累计办理手机银行1582户,较年初增加528户。累计代理黄金产品销售0.21万元、代理保险7.14万元、办理二维码扫描电子银行交易108户、办理POS机240台,POS机客户较年初新增37户。

【存款业务】 2017年，会同市就业局、人行青铜峡支行等单位，利用庆“三八”、“3·15”消费者日和召开大型招聘会、企业座谈会开展宣传活动，组织金融营销10次。加强与市财政局、国资公司、农牧局、人社局、劳动就业局、妇联、工商联等部门对接联系，争取部分财政资金和代发业务在支行办理，为财政存款营销奠定基础。

【贷款业务】 2017年，确定发展中小微企业和特色农业的市场定位，以批量化业务为主要手段开展信贷工作。与各农村专业合作社、市装饰协会积极沟通，开办尊新贷业务，获市人民银行、吴忠银监分局认可。推进宁科贷业务。挖掘和拓展潜在科技型小微企业，助推科技型金融业务发展。至年底，发放宁科贷业务2笔，金额500万元。加大户外广告宣传力度，与龙海物业公司达成合作协议，通过以其210个单元楼公告栏为阵地，全力宣传支行各项产品。

（韩　莹）

宁夏青铜峡贺兰山村镇银行股份有限公司

【概况】 2017年，宁夏青铜峡贺兰山村镇银行股份有限公司秉承“服务城乡居民、繁荣地方经济”服务宗旨，以信贷程序简约快捷、贷款审批及时高效，存款服务贴心到位、汇兑结算及时准确、电子银行安全便捷等优势，服务青铜峡城乡群众。年内，组织召开信用户授牌仪式暨政银企座谈会，为9家企业及2名农业种养殖大户信用户进行评级授牌。

【存贷款业务】 2017年，全年各项存款余额30065.61万元，各项贷款余额达到10029.75万元568户。累计投放贷款13932.5万元694户。其中，微贷业务发放2349万元194户，涉农贷款占比72.63%。无欠息、不良信贷问题发生。开立个人结算账户3764户，发放银联卡3795张，开通网上银行99户，开通手机银行1404户，布放POS机113台。

【特色产品服务】 2017年，发挥贺兰山村镇银行金融支持“三农”、个体工商户服务优势，解决青铜峡市个体工商户贷款难、担保难问题。斥资120万元，邀请包头商业银行讲师团队来行讲授德国IPC公司微贷技术。截至年末，累计发放个体工商户小微贷款2500.06万元、121户。

【服务地方经济发展】 2017年，会同市就业局，做好农户、个体工商户就业创业贷款贴息工作。户均贷款最高补贴额度10万元，可连续享受两年贴息优惠政策，支持农户通过承包土地，发展种养殖业带动再就业。

（姚志娟）

保　险

中国人寿保险股份有限公司青铜峡支公司

【概况】 2017年，中国人寿保险股份有限公司青铜峡支公司以“稳中求进、服务大局、转型升级、协同发展、防控风险”工作方针为指引，全面提升公司服务能力、竞争能力、创费能力、合规能力，积极为社会发展提供风险保障。全年实现保费总收入16640.9万元，比2016年增长12%。

【渠道拓展】 2017年，个险渠道坚持一手抓基础管理，一手抓业务发展，全力以赴做好销售管理模式转型和保障型业务发展工作；团险渠道围绕“扶贫保、百姓保、夕阳保、出行保”等政保业务，强化政保合作，整合公司队伍资源优势，拓市场、养队伍、创品牌，突出大短险发展；银保渠道牢固树立“获客为先”经营理念，持续提升网点专业化、精细化经营管理能力；自营业务以“三大”（大队伍、大期交、大发展）为引领，向专业化、职业化、自主化保规队伍方向发展。

【运营服务】 2017年，持续开展柜面服务升级达标活动，强势推广短期险业务电子化方式承保及长险无纸化承保，全面做好“国寿E店、E宝”“国寿E家”“云助理”等互联网销售，提升保全和理赔受理E化率。

【风险管控】 2017年，以规范经营为抓手，构建公司内控与风险管理体系，增强全员风险管控和依法合规经营意识。加强关键岗位动态监控，围绕公司经营管理重点及关键岗位开展专项检查，持续防范销售误导、非法集资、反洗钱等重点风险。

【文化建设】 2017年，把新“双成”文化融入公司经营管理行为之中，建立健全员工荣誉体系，选树先进典型，传播正能量。大力弘扬“和而不同、和谐致胜”协同文化和“以人为本、凝心为上”民本文化，把乐于工作、善于工作、认真工作做为超越自我、完善自我个人追求，营造专注事业、严格自律、抱团打天下发展氛围。

（张月琴）

中国人保财险青铜峡支公司

【概况】 2017年，中国人保财险青铜峡支公司（简称“人保财险支公司”）谋划布局县域发展，挖掘农险和大病发展潜能，优化业务结构，确保业务快速发展、利润稳步增长和市场份额持续提升。全年实现保费收入8960.42万元，比2016年增长533.14万元，增速6.33%。其中，车险保费收入4870.16万元，较2016年同期增长132.54万元，增速2.8%，业务占比54.3%；商业非车险保费796.39万元，比2016年同期增长58.63万元，增速7.9%，业务占比8.8%；农险保费收入3293.86万元，比2016年同期增长341.96万元，增速11.58%，业务占比36.7%，完成年度任务的101.34%。全年共计赔付6113.37万元。其中，车险赔案2489件，赔款3058.59万元；商业非车险赔案1014件，赔款509.70万元；农险养殖业赔案4177件，赔款1658.64万元，种植业赔案475件，赔款886.44万元。全险种简单赔付率68.23%，比2016年上升10.14个百分点。

【乡镇营销】 2017年，人保财险支公司抓好全市6个农网营销服务部和8个保险服务站职场建设，包括规章制度、承保理赔流程、负责人及员工职责等，全部上墙展示；在各网点配备负责人、内勤签单及外勤查勘人员，招聘政保人员8名、村级协保人员86名、村级营销人员19人、队长协保人员469名，协同开展农业保险承保、协赔等工作，发挥网点就近承保、就近理赔、就近服务优势，更好为农户服务。全年收取农险保费3293.87万元。其中，种植业承保38.28万亩，收取保费1058.28万元；养殖业承保7.76万头，收取保费1623.32万元；林果业承保4.54万亩，收取保费207.09万元；商业农险405.18万元。全年累计赔款2869万元。其中，种植业赔款870万元、养殖业赔款1651万元、林果业赔款98万元、商业农险赔款250万元。

【“扶贫保”业务】 2017年，人保财险支公司加强与市扶贫办对接，出台《青铜峡市开展“扶贫保”优势特色产业保险实施方案》，会同扶贫办对贫困户建档立卡，为各类特色产业提供全面保险服务，重点解决建档立卡人口因灾致贫问题,促进困难群众持续增收。

【农村小额意外险】 2017年,人保财险支公司在开展农业保险业务的同时,拓展营销市场,向宁夏分公司申请开办一张保单保全家的农村小额意外险,为农户提供低保费、高保障,解决全市各镇农户因意外事故导致看病难、看病贵问题。全年收取农村小额意外险72万元,赔款115万元。

【"校园食责险"】 抓住国家加强校园食品安全监督管理政策契机,成立"校园食责险"攻关协调小组,协同市教育局,深入全市各中小学校园,了解校方需求,拟定"校园食责险"承保方案,独家承保全市各中小学校、幼儿园校园食品安全责任险，收取保费2.8万元，承担风险保障金额200万余元。

【农户融资担保】 2017年，人保财险支公司发挥农业保险增信功能,解决贫困产业贷款难问题。围绕移民群众融资需求，扩展农业保险保单质押贷款试点范围,配合做好市人民政府、各银行协调沟通工作，通过保单质押贷款降低建档立卡人员贷款门槛；协调银行机构与产业扶贫对象建立信贷关系，通过推出扶贫小额信贷保证保险，进一步解决贫困农户融资担保难的问题。

【险资支农融资】 2017年，人保财险支公司出台险资直投方案,对政府支持的重点农业产业给予全方位融资支持,解决农企、农户融资难、融资贵问题。市财政出资500万元作为风险基金,撬动人保财险支农融资信贷资金5000万元,投放重点龙头企业、合作社和农户,助推种植业、养殖业健康发展。

（汤文婷）

镇·街道·农(林)场

编辑◎何艳珍

青铜峡镇

【概况】 青铜峡镇是银川平原九大干渠源头，地处青铜峡市最南端，横跨黄河两岸，是一个既有农村又有城市的综合性城镇。行政区域面积61317公顷(613平方公里)。其中：耕地面积1053公顷(1.58万亩)，占全镇土地总面积的1.72%；果园、林地、牧草地面积58479.7公顷，占全镇土地总面积的95.37%；围湖水域面积553.6公顷，占全镇土地总面积的0.9%；待开发利用荒山地1230.7公顷，占全镇土地总面积2%。辖6个行政村（包括2个移民村)、6个社区；117个企事业单位，包括青铝集团、黄河水电厂、宁夏金昱元化工集团等大中型国有企业和普华冶金、嘉琪隆冶炼、东吴农化等规模非公有制企业；5个驻青部队、22座清真寺、6处佛(道)教宗教场所。总人口5.9万人，其中：少数民族占42%，农业人口1.8万人。是青铜峡市的老工业基地和全域旅游发展核心区。2017年，全镇实现社会总产值13.5亿元，比2016年增长6%；农民人均纯收入达到12800元，比2016年增长8.5%；人口自然增长率和出生率分别为2.37‰和4.72‰，政策符合率达92%。

【现代农业】 2017年，青铜峡镇优化农业结构，坚持突出特色、规模经营，加快发展现代农业。全镇农作物播种面积达2.26万亩，其中，优质粮食作物2.05万亩，经济作物2100亩，露地蔬菜种植650亩，拱棚瓜菜种植500亩，油料饲草种植1000亩；建设粮食高产示范方4个；水产养殖面积达6340亩。发展畜牧养殖业，实施6000万元占地150亩的启鑫田奶牛养殖项目二期及3000万元占地100亩的塞上云端肉驴养殖项目一期建设工程。截至年底，全镇存栏奶牛9800头、肉牛3200头、生猪3820头，羊饲养量达到13350只，禽类饲养量达到26.68万只，园区综合利用率达到98%以上，各类养殖大户达到180户。同时，开展禁育封牧拉网式排查及专项整治活动，从源头上打消农户偷牧侥幸心理，坚决杜绝偷牧现象反弹。完善农业基础设施。投资975万元，实施余桥村中央财政发展资金项目设施配套工程及沃沙村农业综合开发存量资金土地整理项目，治理面积6200亩，砌护斗、农渠59.44公里，平田整地1647亩，建设配套建筑物5056座，种植防护林19亩，翻建泵站2座。投资4500万元，整治广武地区2.35万亩土地。

【两大任务】 2017年，引进青铜峡市塞上云端肉驴养殖建设项目。全年完成招商引资8685万元，其中恒源养殖园区2000万元、启鑫田万头奶牛养殖场6685万元。引进项目资金900万元，争取一事一议项目资金207万元，完成余桥新村回乡苑美化亮化和同兴村绿化带供水设施工程，维修移民村房屋和基础设施。

【小城镇项目建设】 2017年，青铜峡镇实施河东片区美丽小城镇建设项目，规划投资5850万元，建设周期为2年。年内，完成招投标手续。

【生态绿化建设】 2017年，青铜峡镇结合城乡环境综合整治，重点对4处广场进行美化绿化和改造提升。营造防护林200亩，栽植小杂果100亩；完成移民村8600株树木补栽任务；在恒源牧场种植枸杞500亩20万株。同时，加强林木管护，分片承包管护辖区造林片区，确保栽一片、见效一片，巩固造林成果。

【环境综合整治】 2017年，青铜峡镇抓住申报全国特色小城镇契机，加大美丽古镇环境综合整治力度。动用机车930台次、劳动力1.5万余人次，对镇域内村庄巷道、居民巷道以及沿路沿线环境卫生进行综合整治，治理双拥路、东干渠塀等卫生死角。同时，建立环境卫生保洁制度，结合开展“百日专项整治”活动，做好粉刷墙面、修整道路及巷道等工作，抓好秸秆综合利用和禁烧工作，引进大型删条犁进行机深翻秸秆还田，与农户签订禁烧承诺书，有效遏制露天焚烧秸秆现象，减少大气污染，改变辖区群众生产生活条件，维护和巩固卫生城市创建成果。

【土地监管】 2017年，青铜峡镇构建土地执法监督网络，通过定期巡查土地和开展矿山安全治理专项活动，制止非法开采、私搭乱建等行为，有效遏制违法违规用地和乱采滥挖现象。

【推行河长制】 2017年，青铜峡镇成立河长制办公室，制定工作方案和六项工作制度，对镇内河湖沟道进行详细摸底调查，在16条河湖沟道设立镇、村两级河长，层层落实细化分解河道保护责任，并确定27名河湖沟道专管员、巡查员和保洁员。制作16块河长制公示牌，并竖立在各河湖沟道塀上予以公示。结合秋季农田水利建设，对全镇沟渠进行清淤整治，清淤整治沟道79条。

【卫计工作】 2017年，青铜峡镇投资27万元打造新民社区、同兴村计划生育政策宣传长廊，对群众进行长期性政策宣传。针对穆斯林群众婚育观念相对落后特点，打造沃沙村王嘴子清真寺穆斯林文化书屋，完成孕前优生检查191对，占全年任务的112%。联系帮扶单位对全镇少生快富户进行帮扶，落实资金帮扶9000元，发放独生子女、子女成才各类补助资金18.8万元。组织村、社区60岁以上老年人开展健康体检，超额完成体检任务。协调指导村、社区开展健康单位、健康社区、健康家庭创建活动，艾山、新民社区跨入市级健康社区行列。根据艾山社区流动人口多特点，创建青铜峡市流动人口示范点，多次接待自治区、吴忠市及青铜峡市观摩调研。是年，全镇实现无害化卫生公厕全覆盖。

【食品安全】 2017年，青铜峡镇对全镇餐饮、商店进行食品安全巡查、检查，加大农村家宴管理力度。举办经营户及家宴厨师食品健康培训班3期，参训人员400余人。被吴忠市命名为食品安全示范镇。

【民生工作】 2017年，青铜峡镇开展新农保登记工作，新农保参保人数达到9271人。加强劳务输出工作，完成劳动力输出1769人，实现劳务收入2300万元，城镇新增就业2370人，创造新岗位200个。做好全镇保障性住房工作，为38名符合条件无房户申报公租房。全年累计发放优抚金372895元、五保供养费239992

元、重度残疾人生活津贴542400元、经济困难失能失智老年人护理补贴17692元、居家养老服务费13249元。完成城乡低保信息核查工作,保障困难群众基本生活。

【社会管理】 2017年,青铜峡镇加强基层政权建设工作,完成6个村委会换届工作,监督各村完善工作制度,检查考核村监会,按时发放务工补贴112770元。完成青铜峡镇第四届残疾人联合会换届工作,推选出镇残联会长、副会长、秘书长以及8名市代表人选。

【文化惠民工程】 2017年,青铜峡镇投资27万元,改造镇级文化阵地500平方米。完善文体活动中心,争取自治区小民生工程项目,建设利民社区文化大舞台和新民社区文化宣传长廊,丰富群众文化活动阵地。利用"五一""十一"等重大节日,开展经常性文体活动,培育扶持各类群众性文化团体及自乐班4个,组织演出22场次,在小坝银河广场举办青铜峡镇专场文艺演出,在同兴村举办"爱路护路共筑平安"法制宣传专场文艺演出。争取专项资金129万元,完成峡西社区、新民社区暖网改造和社区文化广场建设项目。

【旅游宣传】 2017年,青铜峡镇抓住青铜峡市打造全域旅游示范市契机,"五一"和"十一"期间分两次投入40余万元,在青铜古镇举办"多彩古镇 美景美味——青铜峡镇旅游美食狂欢节"和"多彩古镇 喜迎双节"民间美食暨果品展销节等大型综合性旅游宣传、促进和推介活动,将移民村留守妇女手工制品、余桥村和沃沙村回族特色小吃作为亮点进行推介,打造古镇旅游产品特色,引导辖区群众参与旅游业发展。结合青铜峡市餐饮住宿业提升年活动,对辖区内所有餐饮、住宿企业进行调查摸底、建立台账、加强管理,年内改造提升餐饮住宿企业4家,培育扶持乡村休闲农家乐2家。

2017年10月1日,青铜峡镇举办民间美食暨果品展销节

(青铜峡镇提供)

【群团工作】 2017年,青铜峡镇全年新组建工会5家,发展会员137人。慰问困难职工166人,发放慰问金13.28万元。为8名困难职工子女发放助学金3.2万元。围绕关爱行动、政策宣传、环境保护、社区服务等方面,举办邻里节、包粽子比赛等志愿者服务活动近70场次;举办家政育婴职业技能培训班,帮助150名"4050"妇女通过考试获得相关资格证书;开展巾帼巧手脱贫培训,500余名妇女掌握手工制作技能。年内发放农村妇女创业小额担保贷款137万元。

【民兵工作】 2017年,青铜峡镇组建基干民兵地面油料保障、青铜峡市应急排及防汛防凌救援分队,狠抓民兵政治教育和军事训练,提高民兵队伍维稳处突能力。完成兵役登记、兵员征集,建成标准化青年民兵之家、图书室、民兵活动室等。

【双拥工作】 2017年，"八一"期间，青铜峡镇组织辖区81个单位筹集慰问资金3万余元，到辖区驻镇部队进行慰问。清明节，组织辖区干部职工祭扫烈士陵园。抓好军寺共建，创建王嘴子清真寺、铝厂清真寺军寺共建示范点2个，吴忠市级民族团结示范点2个。同兴村、王嘴子清真寺代表吴忠市接受国家民委互观互检验收。王嘴子清真寺被评为"全国民族团结和谐寺观教堂"，艾山社区进入自治区级民族团结示范社区，列为吴忠市民族团结互观互检观摩点。

【精准扶贫】 2017年，青铜峡镇开展"四个一"示范带动工程，推进同进村光伏发电扶贫项目，移民群众户均每年增收300元。投入10万余元对同进村农贸市场进行改造，引导和鼓励建档立卡户入园创业就业。继续扶持和引导同兴村巾帼扶贫车间、同进村巧儿刺绣等产业发展。培养和壮大合作社及致富带头人实力，示范带动贫困户发展产业，增收致富。推进酿酒葡萄种植、奶牛养殖、劳务输出等产业发展，变"输血"为"造血"，增强移民群众自我发展能力。加强文化扶贫，坚持"扶志"与"扶智"相结合，深化"三先开路"专题教育，扎实开展脱贫攻坚政策宣传，协调帮扶部门、包村及驻村干部采取互学互比、政策解读、大讨论等形式，实施脱贫攻坚思想扶志、组织扶基、观念扶力、培训扶智，提升干部群众主动参与脱贫攻坚意识。开展多种类型职业技能培训，联系市扶贫办和市直部门开展电焊工、挖掘机、家政服务、酿酒葡萄栽植、民族手工艺等各类培训，全年举办培训班16期2000余人。实施"双到工程"，提升金融扶贫聚合效应。在移民村采用公司+农户形式，托管养殖肉牛2777头，户均年增收1200元。全年发放肉牛补贴资金333.24万元、奶牛托管及土地流转费1549万元、同进村光伏发电分红38.56万元、移民村建房补贴资金169.7万元、创业脱贫奖励资金117万元。对接市财政局、金融办、扶贫办，协商解决建档立卡贫困户贷款难问题，全年落实同兴村银行贷款503户1900万元、同进村银行贷款655户2400万元，依托互助合作社发放互助贷款资金同兴村614户324.8万元、同进村550户278万元，通过贷款鼓励移民群众发展产业，实现致富。

【社会治安综合治理】 2017年，青铜峡镇召开全镇"六五"普法总结表彰暨"七五"普法动员大会，开展法治宣传教育"九进"活动，争取资金建设新民社区法治文化长廊，营造浓厚学法氛围。关注群众利益诉求，维护群众合法权益，完善人民调解和矛盾纠纷排查工作机制，开展以公安、司法、村(社区)、家庭成员为一体的刑满释放人员帮教和社区矫正活动，扎实做好弱势群体法律援助工作。坚持问题导向，修改完善青铜峡镇政府行政责任清单，聘请政府法律顾问，实行重大决策风险评估制度，推动权力公开透明运行。围绕"三级终结、案结事了、息诉罢访"目标，运用经济、法律、行政等多种手段，妥善化解信访案件。树立安全生产"红线"意识，落实安全生产主体责任，开展为期4个月的安全生产大检查活动，范围覆盖危险化学品、高处坠落、废弃生产经营场所、非煤矿山、建筑工地等多个领域，迎接国务院安委会第八、第十五、第二十督察组巡查。巩固平安建设成果，推进"平安青铜峡"建设。集中排查全镇重点突出矛盾问题，刑事案件破案率达100%。建立镇综治服务中心信息微平台，提高矛盾纠纷排查化解工作效率，有效防止民转刑案件发生，各类矛盾纠纷调处成功率达到100%。整合镇司法所、民政办、妇联、卫计站、安全办、综治办、派出所等部门力量，形成信息共享、风险共担工作机制。完善各类邪教人员数据库，强力打击传销行为，针对非法传销组织和邪教组织频繁活动，联合辖区派出所开展为期6个月的专项整治行动，采取打击、说服、帮教相结合方式，遏制非法势力蔓延。开展禁毒知识“十进”宣传活动，推进平安铁路示范市创建，实现辖内铁路安全“零发案”。艾山社区接受全区平安铁路创建示范点观摩。

（王　群）

小　坝　镇

【概况】 小坝镇位于青铜峡市政府所在地小坝市区以北。东与陈袁滩镇接壤，南至青铜峡市区，毗邻大坝镇中滩村，西北靠瞿靖镇、叶盛镇。地势开阔平坦，西高东低，土地肥沃，汉延渠、大清渠、惠农渠三大干渠由南向北流经全境。109国道、京藏高速、小邵公路、小李公路、小大公路5条公路和大古铁路穿境而过，道路畅通，交通发达。2017年，全镇地区总产值达到29.12亿元，其中农业总产值达到5.91亿元，农民人均纯收入达到12185元。

【乡村特色产业】 2017年，小坝镇新建3条2000米大青葡萄长廊，新栽植大青葡萄500亩，全镇大青葡萄面积达到4600亩，实现产值3860万元。建成红星村、林东村、先锋村、林皋村、新林村、永丰村6个制种基地，至年底，全镇玉米制种面积达到19784亩，增加农民收入500万元。落实富硒水稻种植1.2万亩，建成千亩优质富硒水稻示范方点3个、3000亩优质富硒水稻现代农业示范区1个。截至年底，全镇稻麦种植面积达到2.5万亩；建成500亩瓜菜连片示范方点3个，瓜菜种植面积达到3400亩；实施南庄村无公害蔬菜标准化种植示范基地项目，流转土地3300亩，年产无公害蔬菜5000吨。全年生猪饲养量达到3.7万头、牛饲养量达到1.2万头、羊只饲养量达到3.1万只、家禽饲养量达到46万只。围绕创建国家级全域旅游示范市目标，建设南庄村田园经济综合体、先锋村大青葡萄采摘园等乡村旅游产业项目，实现“一村一品”“一村一业”产业格局。“先锋”大青葡萄和“永丰”牌西瓜两个品牌优势、效益优势凸显。

【重点项目建设】 2017年，建设小坝银河市场，建成商贸房及交易大棚3980平方米，总建筑面积13000平方米，至年底投入试运营。采取招商引资方式，投资200万元，流转土地210亩，在原南庄七队建成集QQ农场、自助采摘、农耕文化于一体的开心农场。落实南庄村、小坝村、张岗村、红星村棚户区改造373户，改善群众

2017年7月22日，吴忠市委常委、青铜峡市委书记调研小坝镇南庄开心农场项目　　（小坝镇提供）

居住环境。征地549.8亩，完成小坝村、永丰村、新林村房屋拆除67户，确保小李路改扩建项目顺利实施。拆除小坝村7、8组房屋190户，建设总面积3.42万平方米的锦绣园安置小区。至年底，建成农民安置楼8栋、商贸住宅楼2栋，安置农民360户。投资57.7万元，建成1000平方米蔬菜批发交易市场，年蔬菜交易量达到60多万公斤，成交额达230万元，有效解决农民卖菜难问题。

【农业基础设施建设】 2017年，小坝镇依托农业综合开发项目，建设高标准农田3.43万亩，砌护渠道88条39.6公里，配套建设各类建筑物350座，清淤沟道325条195.8公里、渠道1042条622.5公里，整修农路632条379.8公里，修枝抚育林木1050亩，涂红刷白16.7万株。秋季农田水利基本建设夺得全市第一名。争取财政“一事一议”项目5个，完成永丰村原富裕3组和林东村3、5组道路硬化、林皋村1、5、6组巷道硬化，方便群众出行。

【环境治理】 2017年，小坝镇按照治脏、治水、治乱、治污、治违、治气、治尘、治陋“八治并重”要求，动用车辆534次，对道路两侧、村庄周围、生活巷道进行全面整治；投入16万元，对沿路沿线土围墙进行拆除，筑扎围栏3800米，铺设防尘网23760平方米；建立镇、村两级河长制体系，对沟、渠、塘周边环境全面管控治理，依法关停排污企业3家，治理红旗沟黑臭水体1.2公里；落实秸秆禁烧制度和镇、村、组三级干部昼夜巡查制，建成秸秆禁烧工作交流微信群，以严厉的制度、强硬的措施推动任务落实。印发宣传材料10000余份，签订秸秆禁烧承诺书7000余份。至年底，全镇农作物秸秆综合利用率达到97.9%，铲除沟渠杂草7196吨。

【社会保障】 2017年，小坝镇完善社会保障体系，全镇新增低保户198户，发放各类救济资金67万元，城乡居民养老保险投保20400人，参保率达到97%以上，缴纳新型农村合作医疗保险达21071人，占应缴纳人口的99%。

【失地农民就业】 2017年，小坝镇拓宽失地农民就业渠道，在先锋村建立农民就业创业基地，发放妇女创业小额担保贷款35户271万元，提供就业服务信息180余条，累积开展农业技术培训68场次，培训农民4150人次，转移劳动力达5126人次。

【落实强农惠农政策】 2017年，小坝镇落实粮食直补、农资综合补贴、农业保险等惠农政策，发放粮食、农资、良种补贴资金379.58万元，农作物投保率达到92%，获赔农业保险73.8万元，开展涉农扶贫领域资金管理专项整治2次。

【民情办理】 2017年，小坝镇利用每月10日“民情沟通日”，组织镇村干部与群众面对面沟通交流，倾听群众呼声，全年办理道路交通、农田水利建设、农作物秸秆无害化处理等意见建议22条、人大代表意见建议11条，慰问困难群众232户。

【社会治安综合治理】 2017年，小坝镇开展市级社会治安综合治理试点工作，建立镇综治服务中心、村综治站、队网格员三级综治网络，全镇无重大责任事故和治安事件发生，社会治安持续稳定。

【矛盾纠纷排查化解】 2017年，小坝镇实行责任领导、责任人包调查、包处理、包督办、包结案、包息诉罢访、包稳定的“六包”责任制，全年摸排梳理疑难复杂问题21件，化解信访积案12件，办结率达100%，上访人次批次比2016年同期下降27%，群众满意率大幅提升。小坝镇司法所被自治区司法厅评为“五星级司法所”。

【社区戒毒管理】 2017年，小坝

镇建立戒毒康复“四建五制六关心”工作机制，对11名生活困难的戒毒人员开展送温暖送爱心活动，对2人进行就业技能培训帮扶。镇社区戒毒康复中心被评为自治区级社区戒毒康复工作示范点。

【安全生产】 2017年，小坝镇开展安全生产和道路交通安全大排查大整治行动，与辖区内25家重点企业、单位和9个行政村签定年度安全生产责任书，对30家废旧塑料收购站点、2个港菜基地等重点企业进行安全生产隐患排查，整治塑料颗粒加工企业13家、建筑工地1处、人员密集场所2家，改造危旧房34户。

【卫生计生服务】 2017年，小坝镇以计划生育星级乡镇创建工作为抓手，深化计划生育优质服务。全年为1004名农村妇女进行免费两癌筛查、1438名65周岁以上农村居民免费健康体检、145对新婚育龄夫妇提供免费孕前检查，实现农村居民健康档案全覆盖。小坝镇被自治区卫生与计划生育委员会评为计划生育五星级镇。

【民族宗教管理】 2017年，小坝镇继续深化民族团结进步教育活动，巩固新林清真大寺创建自治区级“和谐寺观教堂”成果，把南庄村打造成吴忠市级民族团结创建示范点。

【群团组织】 2017年，小坝镇在小坝村清水湖畔小区打造“群团微家”，组织群团组织开展志愿服务、就业创业培训、关爱留守儿童等活动。

【精神文明建设】 2017年，小坝镇投资9万余元，搬迁改造1万平方米多功能文化活动室，打造南庄村广场文化、先锋村葡萄文化、新林村民族团结文化、永丰村民俗文化、小坝村社火文化等文化品牌。开展“三下乡”活动，组织文艺、社火等巡回演出21场次，举办各类趣味运动会2场次。小坝镇社火代表队在全区十三届“新春乐”社火大赛中获铜奖，小坝村被自治区精神文明建设委员会评为“自治区级文明村”，林东村、南庄村被吴忠市精神文明委员会评为“吴忠市级文明村”，评选出吴忠市级道德模范2户。

（禹　霞）

瞿靖镇

【概况】 瞿靖镇位于青铜峡市北部，南与大坝镇以红旗沟为界，东隔汉延渠与叶盛镇为邻，东南与小坝镇富裕村、林皋村相接，北连邵刚镇和连湖农场，西靠树新林场。行政区域面积104.22平方公里，其中耕地面积91367亩。辖14个行政村、1个社区居委会、79个村民小组，总人口3.6万人。有党支部21个，党员1188名。2017年，全镇农业总产值达到5.3亿元，比2016年增长4.0%；工业总产值达16.3亿元，比2016年增长4.8%；完成固定资产投资4500万元；农村居民人均可支配收入达到13303元，比2016年增长8%。先后荣获全国“五星乡镇农技推广机构”，全区“计划生育五星级乡镇”、“五星级司法所”等称号。

【“十三五”移民安置】 2017年，瞿靖镇落实脱贫攻坚责任制，完成55户“十三五”异地搬迁移民安置工作，安排38名镇村领导干部进行“一对一”结对帮扶，实行“一户一档”，逐户进行走访，制定帮扶措施，发放各类扶贫补贴6.05万元。

【小康示范村建设】 2017年，瞿

靖镇银光、玉南、尚桥3个村被列为小康示范村建设规划，镇党委、政府紧紧围绕全面建成小康社会战略决策和小康示范村建设工作目标，认真贯彻落实党在农村的各项方针政策，小康示范村建设工作取得新的进展。

【优质粮食生产】 2017年，瞿靖镇紧扣“龙头、基地、市场”核心要素，完成优质水稻种植4.6万亩，优质小麦种植3万亩、优质玉米种植54612亩；落实农作物制种2.5万亩、有机富硒水稻种植4.2万亩；创建高产万亩示范方3个、千亩方10个；落实水稻全程机械化生产示范基地1万亩，建设机械化生产千亩示范方2个，推广小麦、玉米、水稻新品种6个，优良品种覆盖率达到100%。

【示范基地建设】 2017年，瞿靖镇主动对接法福来、塞外香等龙头企业，大力发展订单农业和家庭农场，全年落实订单农业7.6万亩。其中，落实外销蔬菜1.1万亩、弓棚瓜菜3340亩、500亩连片露地蔬菜生产示范点2个。建设新品种试验示范基地1个，新增占地200亩，展出农作物新品种280余个、新技术6项。引进鑫茂祥、塞上禾丰专业合作社，采取“支部+合作社+农户”模式，建成永久性蔬菜生产基地6个，千亩以上规模化生产基地8个，累计流转土地2.4万亩。实施铭泽现代农业综合服务体系建设和无人机飞防示范基地建设项目，新建现代化农业展厅、田间学校、“12316”农综信息发布平台，完善现代农业服务体系。

【畜牧养殖】 2017年年内，全镇生猪饲养量达到5.8万头，羊饲养量达到5.31万头，牛饲养量达到0.989万头，其中奶牛存栏5994头，家禽饲养量达到48万只，超额完成年初任务。发展各类养殖规模大户392户，其中年出栏百头生猪户97户、5头以上奶牛户193户、百只以上养羊户55户、千只禽类养殖户47户。

【小城镇建设】 2017年，瞿靖镇实施供排水和天然气改造项目建设，累计投资2700万元，建设供排水管网、天然气管网22公里；完成光辉村污水处理厂建设，投资2700万元，建设供排水管网、天然气管网20公里，建成光辉村污水处理站，并对光辉村文化广场及市第二中学北侧广场进行绿化，改善城乡居民环境，有效提升小城镇经济社会承载力和集聚力。

【创新经营体制】 2017年，在蒯桥村成立土地股份专业合作社，采取“支部+企业公司+合作社”经营模式，鼓励农民入股，每亩为一股，首期设置股权640股，股本金额64万元。其中，村集体投入资金640股64万元；农户地流转费800元/亩，年底分红100元/亩，劳动力成本每户2000元/年。即，如果农户每流转1亩土地，每年每户增加收入2900元，平均每户流转土地8亩，合计每年收益23200元。

【快速通道建设】 2017年，实施小坝—正源南街小李路快速通道瞿靖镇过境段全长近10公里工程项目，签订拆迁协议280户，完成92.4%拆迁任务，征用耕地1173.63亩，发放征地补偿款1320余万元。

【基础设施建设】 2017年，瞿靖镇围绕道路交通、城镇给排水、建筑节能改造、沟渠砌护、农水泵站等方面，争取“一事一议”财政奖补资金6个，累计完成投资540余万元，改善城乡基础设施。开展“四好农村路”创建工作，强化护路员监督管理机制，开展道路病虫害调查，新建改建农村公路及巷道6.85公里，获“四好农村路”创建工作先进集体称号。

【卫生保洁】 2017年，瞿靖镇推行“政府主导、公司运作、村镇监管”环境卫生社会化运行管理模式,全镇14个村全部纳入保洁公司进行管理,实现垃圾处理社会化、无污染、零废弃目标,逐步解决农村环境卫生“脏、乱、差”现象及垃圾围村等问题。

【河长制工作】 2017年,瞿靖镇加强水资源管理和保护,全面落实河长制,成立河长制办公室,任命镇级河长10名、村级河长14名,在主要沟渠显著位置树立河长制公示牌11个。

【生态建设】 2017年,瞿靖镇建设防护林239.5亩,栽植各类树木36400株,新建绿化休闲文化广场2个、绿化面积53亩,栽植各类乔木、花卉45.3万株。完成修枝抚育3500余亩,修枝树木28万余株,整治林带26条,除草3300余亩,涂红刷白林带210公里12万余株。

【农田水利建设】 2017年,瞿靖镇投资1408万元,实施毛桥、时坊村2017年千亿斤粮食生产能力规划田间工程,新增治理耕地面积1万亩,续建治理面积0.4万亩,复整项目区总面积达5.1万亩。加强秸秆禁烧工作,实施农作物秸秆饲料化、肥料化、能源化。年内,粮改饲做青贮8000亩,打捆饲草2.2万亩,制种玉米做黄贮2万亩,机械还田深翻7000亩,免耕深松2000亩,有效解决焚烧秸情况发生。

【文化体育】 2017年,瞿靖镇完善镇公共文化综合服务中心、光辉村文化广场、新民村村级综合文化活动中心和瞿靖社区多功能运动场,投资180万元在镇区西南角和光辉村村部周边新建小微游园2座,建设休闲凉亭、景观泵房等基础设施,为居民提供便利,辐射周边6000余群众。组建瞿靖镇春节社火队参加青铜峡市、吴忠市、银川市社火比赛,组织镇干部参加“叶盛贡米”杯全市职工毽球比赛、庆“三八”等健步走等市级文体活动。成立光辉村106人社火队,举办庆祝三八节107周年文艺演出,以镇村小舞台、小讲堂、小广场、小展台为载体,全年举办文化活动40余场次。

【党建工作】 2017年,瞿靖镇深化“两学一做”常态化制度化建设,加强学习型党组织建设,坚持“1+3+4”学习模式,组织党委中心组集中学习17次,党委成员轮流上党课、讲廉政课11场次,撰写心得体会280余篇,调研文章22篇,有效提升班子成员理想信念、宗旨观念和科学发展能力水平。与市委党校联系,在尚桥村创办农村党校,采取校内与校外相结合、课堂与基地相结合、教师面授与远程教育相结合、固定内容与预约“点单”相结合、常规培训与专项培训相结合模式,开展星级服务型党组织创建工作,深化“三建四关心”党内关怀机制和“异地有家”志愿服务活动,创新基层党组织管理方式,培育服务型党组织品牌,打造党建示范点5个。春节、“七一”期间,走访慰问困难党员130人,发放慰问金5.87万元,其中为全镇9名卸任村书记、村干部发放慰问金1.3万元,通过认领微心愿帮扶困难党员160余人次,开展志愿活动36场。

【党风廉政建设】 2017年,瞿靖镇落实“两个责任”,建立完善全面从严治党“三个清单”,全面落实党风廉政建设主体责任,严格执行领导干部工作生活“六不准”,建立健全领导干部廉政勤政提醒约谈暂行办法、党政一把手“五不直接分管”等多项制度,进一步规范权力运行机制,切实把权力关进制度“笼子”。年内,公开党务村务153次、财务59次,组织镇村干部80余人赴吴忠监狱、大坝镇警示教育基地接受教育。扎实开展中央八项规定回头看活动,认真践行监督执纪“四种形态”,约谈提醒143人次,批评教育3人次,民主生活会自我批评730条,书面检查3人次,轻处分2人。

【精神文明建设】 2017年,瞿靖

镇巩固“自治区文明村镇”创建成果，突出典型培育，倡导文明新风，树立和睦家风，推荐出最美家庭13户、最美孝心媳妇10名，最美贤良婆婆10名、身边好人7名、十星级文明户7户、优秀妇女带头人7名、巾帼创业之星5名，教育引导广大群众向“道德标杆”学习，传递社会正能量，弘扬道德新风尚。利用“三五”学雷锋、“五四”青年节、“六一”儿童节、“十二五”志愿者活动日等节日开展志愿者活动，倡导全民阅读，定期在综合文化服务中心开展青年读书沙龙活动，参与人数达350人次。

【安全生产】 2017年，瞿靖镇开展信访维稳包案化解责任制，明确任务，引导和鼓励人民群众依法维权，坚决杜绝非法上访等情况的发生，维护正常信访秩序。组织开展安全生产、信访维稳、环境保护专项整治行动，对辖区行政村和企业检查累计达218家(次)，安全生产四项控制指标呈下降态势，成功化解信访积案26件。

【民生工作】 2017年，瞿靖镇完善城乡最低生活保障、农村五保供养、自然灾害紧急救援等新型社会救助体系，保障弱势群体权益，全年发放各类救济金5.2万元、低保金280070元、临时救助金358500元、五保供养经费153216元、老龄津贴96330元。完成农村劳动力就业转移4820人。

【教育卫生】 2017年，瞿靖镇树立抓教育就是抓根本、抓发展、抓未来理念，努力改善办学条件，提高教育质量，“六一”儿童节期间，对瞿靖中心学校和光辉中心学校各赞助支持资金3000元，帮扶贫困学生70名，发放困难助学金2.1万元。在瞿靖、光辉、蒋顶、蒋西、友好、新民村开展“慢性病防治示范区”创建工作，取得较好效果。

【人口与计划生育】 2017年，瞿靖镇全面落实“两孩”政策和计划生育“三项制度”，以阵地宣传和集中宣传为重点，打造人口文化广场1个、人口文化长廊1个，举办培训班26场次，发放宣传折页1.3万余份、计生宣传品3600份，解答政策咨询2300人次。核实上报“少生快富”项目户3户，奖励扶助对象12人，确保政策符合率达100%。

【妇女工作】 2017年年内，发放妇女小额贷款29户148万元，协助办理妇女担保贷款贴息资金115户356294.25元，为妇女创业提供资金支持。

2017年3月8日，瞿靖镇新民村举办育婴月嫂培训班

（瞿靖镇提供）

【社会治安管理】 2017年，瞿靖镇完善突发公共事件预警和应急处置体系，提高应对各类突发事件和保障公共安全能力。建立健全镇、村、组三级综治、民调网络，实施创新社会治理“九大工程”，完善社会治安网格化、立体化防控体系，加强防邪工作宣传，扎实开展平安瞿靖创建工作，严厉打击非法集资，着力提升社会管控服务能力。

（哈　伟）

大坝镇

【概况】 大坝镇位于青铜峡市中部,西干渠等五大干渠之首,东至黄河,西邻内蒙阿拉善左旗,自然条件得天独厚,土地肥沃,排灌畅通,种植条件优越。辖区面积209.7平方公里,实有耕地81600亩,辖15个行政村、一个居委会(电厂居委会),总人口31580人。109、211国道、包兰铁路穿境而过,交通便利。2017年,围绕市委“1155”战略目标,按照“产业兴镇、项目活镇、生态立镇、经济强镇”总体发展思路,全面落实现代农业和美丽乡村“两大主题”,争项目、调结构、惠民生、促和谐,经济社会发展取得明显成效。截至年底,农民人均可支配收入达到13264元,比2016年增长8.5%。

【农业特色产业】 2017年,大坝镇推广水稻大棚育秧、机械化插秧等生产技术,优化粮食品质,打造中滩村、上滩村、中庄村3个千亩优质水稻示范点。发展沿万上路瓜菜种植产业,建成中滩村500亩连片瓜菜种植、上滩村300个移动大棚瓜菜种植基地。培育乐宝农瓜菜种植专业合作社,形成集蔬菜冷链、物流运输、田间市场、培训学校于一体的农业综合服务体,实现蔬菜产地销售。同时,争取各部门支持,在蒋东村采取合作社投资、农户个人购买和租赁使用、统一管理办法,投资新建高标准日光温室76栋,使全村日光温室达到611栋,形成一村一品发展格局,全镇瓜菜种植面积达到11000亩。发展109沿线粮食蔬菜制种产业,各类制种面积达到20480亩。发展特色养殖,探索肉驴托管等多种模式扩大肉驴饲养,开发驴奶产业,肉驴饲养量达到1500余头。鼓励养殖企业进行园区改造升级,建成大青路肉驴、奶牛、肉牛等规模养殖企业。

【土地经营】 2017年,大坝镇采用合作经营、企业经营等多种经营规模激发市场活力,流转土地3.3万亩,精心培育乐宝农蔬菜、蒋东村果蔬、恒辉肉驴、宏宇生猪养殖、贝芮安蔬菜制种、众禾农机服务等具有带动作用龙头企业,引进法福来、塞外香、宁夏农垦良种繁育、山东登海种业等粮食企业,发展水稻、玉米、瓜菜、饲草订单农业4.04万亩。成立上滩、中滩、王老滩、蒋东等村级集体经济组织,形成龙头企业+基地+合作社+农户联农带农利益联结新机制,拓宽农民增收致富渠道。至年底,全镇培育农机服务、瓜菜种植、畜牧养殖、林果经营等各类种养殖大户339户、家庭农场43家、专业合作社46家。

【劳保就业】 2017年,大坝镇落实国家支农惠农强农政策,拓宽就业创业、投资社保等增收渠道。依托大坝电厂、中铁十八局等企业和近城优势,加大三棵树、滑石沟、新桥、立新及陈俊村劳务输出力度,全年劳务输出4600人,实现劳务输出收入1344万元。

【乡村旅游】 2017年,大坝镇围绕创建全域旅游示范市工作要求,重点打造韦桥乡村旅游、宁夏·国际牡丹园、中庄驿站、幽雅轩生态庄园、中庄渔村、利民村红旗沟畔农家乐集群等建设项目。争取市政府投资7200万元,打造“汉唐古渠第一村”。借力世界灌溉申遗工程,争取市住建、交通、宣传、文化等部门支持,投资1000万元实施景区道路、排污改厕、房屋外立面改造等基础设施建设,完善韦桥村非遗文化展厅、文化长廊。强化旅游宣传推介,成功举办“油菜花开·我约你来”文化艺术节。同时,通过宁夏电视台等多家媒体宣传,报道韦桥村悠久深厚的历史文化,提升韦桥村美丽乡村影响力。引入社会资本，投资9600万元，建设占地1000亩的宁夏·国际牡丹园项目，至年底完成500亩牡丹、芍药种植任务。韦桥美丽乡村和宁夏·国际牡丹园成为青铜峡市旅游新名片。

【生态环境】 2017年，大坝镇开展“蓝天碧水·绿色城乡”专项行动，治理秸秆焚烧，推行农作物秸秆“四化”处理，保障秸秆综合利用，建立秸秆收储基地3个，实现机深翻5.5万亩、机深松1.3万亩、秸秆打包1.43万亩，推广使用农田秸秆腐熟剂1万余亩，全镇8万余亩农作物秸秆实现有效利用，清理辖区沟渠湖滩杂草1240吨。开展禁烧宣传工作，走家入户层层签订责任书，落实农户、大户企业的主体责任，织密禁烧监管网络。加大国土巡查力度，治理“散乱污”企业，关停采砂厂、砖窑厂、木炭厂、囤砂厂等21家，对裸露地面、停车场进行冰冻或绿网遮盖。整治水域环境，推行河长制，严格落实河长属地管理职责，重点对罗家河、大坝沟、红旗沟等进行垃圾清理、美化绿化，严禁生产生活污水垃圾直排入水，有效改善水生态。

【造林绿化】 2017年，大坝镇争取市财政投资600万元，对大青路两侧进行绿化美化。结合春秋两季造林，组织群众在立高路、团结沟、大坝沟、蚂蚁口子沟、胶泥沟等新植林木100亩。动员干部群众对镇政府街道、政府大院、中庄新居和三棵树新居等生态环境进行绿化美化，栽植各类树木4万余株，林木修枝抚育20万株。

【城乡一体化建设】 2017年，大坝镇争取项目投资，实施南环路至营门滩、红旗沟至大坝沟15公里道路硬化及防护栏工程、韦桥村300户排污改厕项目，建成利民、三棵树、中庄、韦桥、大坝污水处理厂，完成陈俊、中滩、中庄272户棚户区拆迁改造及中滩、陈俊、王老滩宅基地清渣复垦项目；实施阳光沐浴工程，安装太阳能热水器350户，完成19户危房改造任务和大坝村刘庙8公里巷道铺砂；实施人饮工程，解决36户群众饮水问题，自来水主管道铺设率达到100%；实施中滩、王老滩、韦桥、上滩农村电网改造；开展“洁净城乡百日专项整治”行动，推行环境整治网格化管理机制，投入资金140余万元，对全镇主干道路两侧、沟渠、村庄巷道乱堆乱放等进行全面整治，开展“五无五净”“精细化打造，建美丽新农村”等活动，逐步实现环境卫生管理精细化、常态化，城乡卫生洁净质量显著提升。

【民生项目建设】 2017年，大坝镇争取项目资金1600万元，完成西干渠三棵树村挡浸沟、立新支渠、刘滩支渠、西贴渠等沟渠砌护和设施维修。动员全镇干部群众投工投劳，高标准实施王老滩农业综合开发项目，利民、陈俊、大坝千亿斤粮食及新桥、韦桥国土整治项目，新修复整农田5.3万亩，开挖沟渠25条9.6公里，清於治理沟渠2048条1177.6公里，新建各类水利配套建筑物267座，改造盐碱地、中低产田9400亩，解决群众灌溉难、排水难问题。争取资金180万元，对韦桥、立新、利民、新桥4个村10座危涵危桥进行维修加固，消除群众出行安全隐患。立新老饭桌、电厂日间照料中心等项目续建完成并投入使用，服务人次达到2620人次。建成王老滩村、上滩村等5个小康示范村，实现全镇15个行政村全部建成小康示范村目标。全面落实各类社会保障政策，畅通进退机制，办理低保1117人，清退不符合低保政策118人，救助困难群众633户(997次)，发放各类救助资金495.3万元，五保户、留守儿童、留守妇女关爱实现全覆盖。城乡居民社会养老保险参保率达到87%，农村合作医疗参合率达到94%。推进国家孕前优生健康检查，先后为184对夫妇进行健康检查，实施老年人健康体检2800余人,筛查妇女“两癌”1000人。

【精神文明建设】 2017年,大坝镇推进公共文化体育服务体系建设,投资232万元,新建大坝村村级活动场所;完善镇文化站建设,建成大坝村、韦桥村、利民村、中庄村等11个文化广场,配置健身路径,打造三棵树村、韦桥村、大坝村、王老滩村、陈俊村公共文化体育示范点。开展文化惠民工程,年内送文艺下乡25场次,举办“三八”节广场舞比赛、大坝镇第四届农民运动会。传承优秀传统文化,挖掘韦桥村千年历史文化基因,编排小花灯、喜牛舞等社火节目。实施广播惠农工程,为全镇6500户群众配置惠农小广播。实施“宽带乡村”建设项目,繁荣农村群众文化生活。开展“推进移风易俗、树立文明乡风”“寻找最美家庭”、道德讲堂等活动,宣传韩占奎、陈林洲等优秀模范人物,形成良好社会风尚。2017年,大坝镇被吴忠市精神文明建设指导委员会、吴忠市卫生和计划生育局评为吴忠市级文明镇、2014—2016年度吴忠市计划生育“四星级”镇,上滩村、利民村被评为吴忠市级文明村。

【社会治安综合治理】 2017年,大坝镇推进“平安大坝”工作,建成大坝镇综治中心和5个村级综治工作站,成功化解宁夏银河钢塑管材有限责任公司拆迁补偿信访案、中庄新居和危房改造工程款诉讼案以及侯振莲、刘会娟、屠占洪等一批信访积案。全年受理各类案件158起,办理147起,化解疑难复杂矛盾纠纷61起,为群众挽回经济损失400余万元,无进京赴银、非访、越级访和群体性上访事件发生。开展禁毒人民战争,投资10余万元建成社区戒毒康复中心。加强防范和处理邪教工作,开展反邪教宣传,打击各类邪教活动。深入推进铁路护路承包责任制,大坝镇被自治区综治委授予“全区铁路护路联防先进镇”。开展安全隐患排查整治,全面落实安全生产“党政同责、一岗双责、齐抓共管”工作机制,全年未发生重特大安全事故和责任事故。依法加强宗教事务管理,化解蒋东清真寺安全隐患和三棵树西佛寺矛盾纠纷,形成民族团结、宗教和顺良好局面。11月10日,利民村被自治区民族事务委员会授予“第七批全区民族团结进步创建活动示范村”。

【村镇干部管理】 2017年,大坝镇严格执行中央八项规定精神,结合村“两委”换届,对不作为、慢作为、乱作为18名村干部进行调整,对在环境整治、秸秆禁烧等重点工作中履职不到位、拖懒散等2名镇村干部进行停职反省,扣罚绩效工资和组织处理23人次,全镇上下政令畅通,干部作风明显转变。加强廉洁自律教育,投资50余万元建成全区首家农村党员警示教育基地,镇村干部知敬畏、存戒惧,党风廉政建设进一步加强。

(丁　瑞)

峡口镇

【概况】 峡口镇位于青铜峡市东南30公里处。东邻利通区金积镇、马家湖乡;西临黄河东岸,与青铜峡镇相连;南依牛首山,与中宁县白马镇相连;北靠利通区秦渠乡。辖区总面积388平方公里,辖12个行政村,1个居委会、56个村民小组,总人口30348人,其中回族24278人,占总人口的80%。境内道路交通便利,有团结路、东大路纵贯南北,西大路、闫沈路、闫北路横穿东西。京藏、古青高速，青吴、候余公路穿境而过。2017年，全镇实现国内生产总值15.33亿元，比2016年增长7%。其中，农业生产总值2.95亿元，第二、三产业总产值12.38亿元。农民人均纯收入达到13251元，比2016年增长9%，人口自然增长率控制在7.01‰以内。先后获全国文明村镇、全国最具人文魅力、发展潜力、综合影响力“特色名镇”，自治区级计生四星级示范镇和民族团结进步创建工作先进集体等荣誉称号。

【种植结构调整】 2017年，峡口镇以学文家庭农场等组织为依托，以壮大村集体经济为抓手，实施完成自治区千亩永久性蔬菜基地建设项目，举办“赵渠西瓜”开园采摘推介会，全镇露地设施瓜菜种植面积达到9645亩。全年流转土地面积1.8万亩，其中新增土地流转面积4500亩。完成优质水稻种植1万亩、玉米种植1.5万亩。发展壮大赵渠村、西滩村农村土地股份合作社，实现村集体经济收入10万元；新增王勇肉牛养殖等3家专业合作社，全镇各类专业合作社达37家；新增杰诚等6家家庭农场，年底全镇家庭农场达36家。

【畜牧养殖】 2017年，峡口镇紧抓全镇奶产业发展优势，以牛首山北麓养殖核心区为契机，建设高标准养殖基地。在巩固原有17个规模养殖场基础上，引资1.6亿元，新建牛首源和旺源2家标准化奶牛养殖场；投资2100万元，扩建乾顺标准化奶牛养殖场；投资200万元，扩建牛首山农林牧开发有限公司生猪养殖场。加大封育禁牧力度，查处违规放牧偷牧11次，拆除违法私搭乱建羊圈31处。全镇奶牛存栏1.1万头，肉牛饲养量达到5100头，羊只饲养量达到6.5万只，生猪饲养量达到1.2万头，防疫密度达100%。种植各类牧草6200余亩，确保全镇畜禽产业健康发展。

【工业生产】 2017年，峡口镇以祥云皮草企业为龙头，实施峡口镇皮草产业综合治理污水处理项目，解决祥云、佳美等8家企业排污问题；扩大企业规模，带动皮草产业集聚发展，打造传统手工业密集型民族产业，转移带动农村劳动力。依托鸿乐府地域优势和农业基础条件，发展以国平油脂为龙头的粮油加工品牌企业4家，以牧泉清真牛羊肉为龙头的清真牛羊肉加工销售点10家，加强皮草企业、粮油加工、清真牛羊肉屠宰等场所安全生产、环境卫生排查力度，提升生产标准和质量，营造良好产业发展环境。集聚妇女智慧和手工技巧，投资150万元，新建沈闸村妇女创业园，打造妇女创业就业平台，促进民族服饰加工业发展。

【特色餐饮】 2017年，峡口镇以鸿乐府、牛首山、董府等民俗和历史文化为引领，推广特色旅游餐饮文化。根据牛首山庙会、平时群众徒步登山活动及牛首山、鸿乐府、董府参观游(香)客全年33万余人入境实际情况，实施苏氏羊杂、阿莲羊杂、丽娟麻辣烫等地方特色餐饮店提升改造工程。丽娟特色麻辣烫获宁夏事儿“浪吴忠”网络评选第一名，年销售额150万元；苏氏羊杂品牌知名度在吴忠、银川等地大幅提升，年均销售收入达80万元。全年新增特色餐饮店8家。

【基础设施建设】 2017年，峡口镇以小型水利工程产权改革和水权改革为抓手，完成全镇各类沟渠及配套建筑物登记确权和87座干渠直开口水量确权颁证工作。实施闫渠、西滩等村生活巷道硬化、巴闸村危涵改造等5个财政“一事一议”奖补项目和小型水利工程维修项目。实施自治区住房和城乡建设厅村部太阳能与热泵综合利用采暖项目，配合实施京藏高速峡口过境段拓宽工程，完成9公里任三路、鸿牛路延伸段至牛首山寺庙群连通工程，牛首山旅游景区交通、服务功能大幅提升。

【环境整治】 2017年，峡口镇投资300万元,在赵渠、西滩、巴闸等村及东大路、团结路等主干道路沿线围扎格栅围栏、铺设绿化道牙砖19公里,完成道路铺砂和墙面粉刷20万平方米。动用人员和机械设备,开展占道经营、残墙断壁、乱堆乱放整治工作,清理垃圾1.6万余吨，拆除违章建筑物1800平方米，修复粉刷垃圾箱(池)287个。投资30余万元,在任桥团结路口建设集贸市场300平方米,设置摊点25个。年内,开展国土巡查155次，配合国土局查扣涉嫌违法开采矿产资源装机、挖机22台;查处私搭乱建、违法占地72宗;完成谭桥等8个村危房改造、沈闸水源地港菜基地搬迁任务。实施环境绿化美化工程,对全镇主干道路两侧宽幅林带树木进行修枝抚育和涂红刷白,巩固全国生态镇创建成果。在西滩村和草台子村文化广场、鸿牛路闫渠段栽植樟树、紫叶矮樱等树木3500余株，在牛首山北麓种植枸杞500亩。

【大气污染防治】 2017年，峡口镇制定出台《秸秆禁烧和综合利用工作实施方案》《洁净城乡百日专项整治方案》，配套完善禁烧、禁牧、治污等奖惩措施,利用宣传车、大喇叭、电子显示屏、微信等载体强化宣传,提高群众对禁烧、禁牧、治污意识;组建100余人禁烧巡查队,24小时在乡道田间巡查;动用义务工7800人次、机械设备560台次,铲除杂草6000余吨,清运垃圾6100余吨；依法取缔14口木炭窑,关停4家塑料粒子厂。

【河长制工作】 2017年，峡口镇制定全面推行河长制工作实施方案,选聘配齐河道干支沟专管员、保洁员、巡查员,对全镇12条重点沟道及黄河过境段实施管护责任制，清理河沟渠道1560公里，稳步推进河道治理工作。围绕南干沟及其支流治污，争取对南干沟皮草产业排污综合治理项目进行立项，申报建设日处理污水1万立方米大型综合污水处理厂1座。年内,完成土地调规、设计、规划、环评、地勘及附着物拆迁等工作。结合秋季农田水利基本建设，投资130万元，集中劳力对全镇干支沟进行整治，关停6家皮草排污企业，拆除严重污染环境养殖场,清理杂草、生活垃圾、水面漂浮物、沟底淤积物等污染物,南干沟初步呈现出水清、岸绿、沟畅、生态良好景象。投资1700余万元,实施赵渠、汉渠、巴闸美丽村庄污水处理及改厕项目，谭桥村污水处理维修项目和团结沟盐碱地治理项目，有效治理了群众生产生活污水问题。

【卫生与计划生育】 2017年,峡口镇强化阵地建设，打造郝渠村马嘴子清真寺和滨河新村计生文化宣传阵地。新建谭桥村和沈闸村卫生室2个,年底全镇13个村(社区)卫生室全部达标。开展健康村镇创建、健康教育和地方病防治等活动，发放健康宣传资料2300多份，成功创建谭桥和团结新村健康社区。完成7623户农村卫生厕所统计录入工作。开展“5·29”计生协会日和“7·11”世界人口日文艺展演,发放计生宣传画、挂历等宣传品2300余件。落实计划生育“七免一救助”各项奖励扶助政策，开展60岁以上老年人、育龄妇女、儿童等健康体检5280人,发放独生子女、双女户等各类奖补资金14万元,救助计划生育困难户5户1.3万元,征收社会抚养费5.58万元。全镇人口出生率为10.59‰,人口自然增长率为7.01‰,出生政策符合率为98.46%。

【民生保障】 2017年，峡口镇完成新田村社区改造项目，完善团结新村社区老年人日间照料中心和谭桥老年饭桌。落实各项惠民政策,全年发放城乡低保、高龄津贴、优抚对象等各类救助资金650余万元,慰问特困户、残疾人342

户 20.7 万元，医疗保险参保率达 95.43%，居民养老保险参保率达 91%。全年新增小企业 21 家，树立创业典型 2 家，争取小额贴息贷款 20 万元，带动新增就业人数达 190 人；支持“艾米尼巾帼建功创业园”等妇女创业，完成村级妇代会改建工作，争取农村妇女小额担保贷款 222 万元，举办工艺刺绣、电子商务、育婴员、新型农民等各类培训 64 场次 2700 余人次，完成劳务输出 4000 余人。拓展社会化服务运行模式，筹集资金 40 余万元，成立“携手同行”志愿者联合会，开展助困帮扶、送政策等志愿服务活动 34 次，鼓励有志有为爱心人士向社会送温暖。

【文化建设】 2017 年，峡口镇成立镇村宣讲团，将每月 10 日定为全镇政策宣讲日，通过“农村直通车”、惠民广播、政策超市、宣传栏、培训班等载体，宣传中共十九大精神及区、市各项会议精神，开展健康生活、科普、农业技术、惠民政策、法律法规等宣讲培训；开展“最美家庭”“乡村好人家”等评选，涌现出一批“美丽峡口人”。全年召开宣讲会 120 场次，发放各类宣传册 4 万余份，在《宁夏日报》《吴忠日报》、吴忠电视台、青铜峡电视台等发表新闻稿件 168 篇。加大教育投入，稳步提升教学质量，新建高标准幼儿园 1 所，青铜峡市回民中学中考成绩位居全市农村学校第一。加强农村文化阵地建设，利用闲置多年会堂，投资 50 余万元打造高标准文化服务中心，在镇文化广场建设 500 余平方米文化长廊，打造集“讲文明树新风”“讲道德立楷模”“社会主义核心价值观”等内容高标准宣传阵地。实施跃进村综合文化服务中心建设项目，在原有赵渠、西滩 2 家自乐班基础上，新组建巴闸村峡光农民艺术团。年内举办“峡口镇第十三届农民运动会”，闫渠村组队代表峡口镇参加全市冬季篮球比赛获第 1 名，并代表青铜峡市参加吴忠市篮球比赛；在小坝主办以“弘扬社会主义核心价值观，共谱民族团结新篇章”专场文艺演出；选派闫渠村广场舞代表队参加吴忠市广场舞比赛。全年共举办各类文艺比赛、展演 24 场次。赵渠村舞龙成功申报吴忠市级非物质文化遗产。

【小康示范村创建】 2017 年，峡口镇巩固赵渠、任桥等 9 个小康示范村，按照“缺什么补什么，差什么做什么”原则，对新田、跃进、西滩 3 个小康示范创建村各项指标数据进行全面摸底调查。实施新田社区服务站改造、西滩村道路硬化、跃进村综合文化服务中心建设、盐碱地改造、库区移民扶持资金新田道路硬化等项目，申报扶持村集体经济等各类项目，在新田、跃进村推行协会管理水量承包制，改善新田、跃进和西滩 3 个村基础设施条件和人居环境，完成全镇 12 个村小康示范创建任务。

【民族团结创建】 2017 年，峡口镇投资 60 余万元，打造鸿乐府自治区互观互检示范点和西滩清真大寺“回族人物爱国爱教教育示范基地”，接待区内外观摩团 26 批次 1360 余人。健全民族团结进步工作责任制度和宗教事务管理等各项规章制度，在全镇宗教活动场所开展学习宣传中共十九大精神、《宗教事务条例》和安全知识培训 68 期。做好鸿乐府拱北和牛首山庙会等大型宗教活动的安全维稳等工作，年内无安全事故发生。

【社会治安综合治理】 2017 年，峡口镇结合“七五”普法，开展“政法综治宣传月”和“安全生产宣传月”等活动，深入学校、清真寺、企业开展法制宣传 42 场，发放彩页、打击传销宣传画册、防邪知识大全、禁毒知识等宣传资料 6800 余份。开展矛盾纠纷“大走访、大排查、大解决、大稳控”专项行动，落实重大决策社会稳定风险评估机制、镇领导信访案件包保责任制等信访工作八项制度，制定化解措施，排查化解矛盾纠纷问题

12件、信访案件办结18件,办结率100%,调解民事46件。做好戒毒康复工作,在全镇13个行政村(社区)和3个清真寺建成戒毒康复工作站,对社区戒毒康复人员实行动态化和信息化双重管控,社区戒毒康复执行率达到100%。峡口镇被吴忠市评为社区戒毒康复示范镇。履行属地管理职责,加大消防、道路、食品安全等宣传力度,及时向各村及种养殖大户播报特殊天气气象信息,提升群众防灾减灾意识。做好"两会""两节"及其他节假日期间安全生产大排查,加强宗教场所、非煤矿山、道路交通、食品药品等重点行业、领域排查整治,全年开展各类安全专项检查96次,取缔非法屠宰点和黑作坊7家,查出安全隐患76条,对账整改75条,整改率99%。

【党风廉政建设】 2017年,峡口镇落实全面从严治党主体责任,开展"两学一做"学习教育、群众评议机关和干部作风等活动,健全完善镇村干部管理考核等各项制度,通过领导、群众、同事之间相互监督,开展"庸懒散拖"大整治专项活动和涉农扶贫领域腐败问题专项行动,查找镇村干部中存在的法纪意识淡薄、工作纪律松懈、铺张浪费等问题,严肃执纪问责,受理问题线索8件,初步核实6件,立案查办违纪案件2件。

【基层组织建设】 2017年,峡口镇开展"三建四关心""党员评星定格"主题党日等活动,通过远程教育、微信群、农家党校、党员中心户等平台,采取党员集中轮训、理论测试、警示教育等方式,分级分类对769名党员开展全员集中轮训。各支部结合自身实际,创新学用模式,开展党员志愿服务、党员助贷、外出观摩、"手牵手"学习传递、知识竞赛等活动,利用"承诺墙"履行党员承诺,接受群众监督。

(周 娟)

叶盛镇

【概况】 叶盛镇是青铜峡市北大门,也是久负盛名的"贡米之乡"。南距市政府所在地14公里,东临黄河与灵武市、利通区隔河相望,南与小坝镇接壤,西至汉延渠,北靠永宁县,109国道、211省道、京藏高速公路穿境而过,交通四通八达。全镇辖10个行政村,46个村民小组,1个社区居委会,总人口21640人,其中回族1318人。区域面积55.53平方公里,其中耕地面积5.5万亩。2017年,全镇完成地方总产值完成81275万元,比2016年增长6.8%。其中,农业总产值26674万元,比2016年增长0.05%;第二三产业总产值54601万元,比2016年增长10.17%。农民人均纯收入达到13155元,比2016年增长9%。全年完成招商引资9200万元,上争项目资金950万元。

【优化产业布局】 2017年,叶盛镇调整农业产业结构,引导农业走特色、优质、精品、高效之路。全年完成农作物播种总面积11.1万亩,其中优质有机富硒水稻种植面积3.8万亩、优质小麦2.5万亩、优质玉米2.9万亩、杂粮及蔬菜瓜果1.89万亩,完成工厂化育秧大棚673栋。引进种植大户,扩大经济作物种植面积,建设连片瓜菜示范方3个、永久性蔬菜种植示范方1个、麦后复种经济作物示范点4个。引进宁夏成恒农牧开发有限公司投资1200万元,在叶盛村和盛庄村流转耕地1430亩,种植越夏番茄1100亩、甘蓝230亩、西瓜100亩。新注册培育农民专业合作社3家,累计达27家;家庭农场2家,累计达14家。加大培肥地力力度,在地三种植

4600亩牧草，提高土地有机质含量。年内，叶升镇被农业部评为“全国一村一品示范镇”。

【畜牧养殖】 完善养殖园区建设补栏和动物防疫检疫工作，发展黄奶牛、生猪养殖产业，实现扩容、增量、增收。生猪饲养量达到7.2万头，肉牛饲养量达到1.02万头，奶牛存栏0.58万头，羊饲养量达到5.5万只，家禽饲养量达到48.2万只，开展动物疫情防控、防治工作，动物免疫密度、标识率均达到100%。

【农业综合开发】 2017年，叶盛镇实施地三、蒋滩农业综合开发项目，平整土地2万亩；实施“一事一议”财政奖补龙门、光明、张庄斗农渠砌护等5个工程和盛庄、叶盛等村节水滴灌工程，有效解决群众生产灌溉“最后一公里”问题。

【推行河长制】 2017年，叶盛镇在辖区黄河、罗家河、胜利沟、反帝沟等19条总长为58.53公里河道分级分段设立河长，由镇党委书记担任总河长、村支部书记担任村段长、村组干部担任巡逻员、包村干部担任联络员和监督员，通过深入调查、编制名录、设置公示栏、建立档案、提出治理方案等措施，建立河湖管理保护长效机制，力争实现无垃圾堆放、无漂浮物、无违章建筑、无污水直排、有生态空间、有牢固堤防、有管护机构、有良好水质、有美丽景观、有安全保障“四无六有”目标。

【全域旅游】 2017年，叶盛镇依托地三村黄河、农耕、贡米等文化资源，按照国家农业公园建设标准，以有机富硒水稻规模化种植为产业根基，以田园休闲互动为特色，将地三村打造成为一、二、三产业融合示范稻文化主题国家农业公园。地三特色产业示范村项目被市委、政府纳入全市黄河金岸文化旅游带PPP项目总体规划，并进行统筹安排。至年底，完成项目总体规划、详细规划、可行性研究报告编制以及庄点绿化、湿地公园部分公共服务设施建设、3户主题农家乐样板户改造等工程。成功举办“稻花香里文化艺术节之欢乐插秧节”和“记得住的乡愁邮展”两项活动。提升餐饮服务质量，挖掘地方特色菜系和菜品，鼓励辖区餐饮企业和农家乐优化环境、改善服务，改造提升特色汉餐等餐饮店，做精做优“驴杂”系列、“猪肉”系列、“羊肉”系列、“农家”系列等特色菜品，在盛庄、龙门、地三新建扩建农家乐5家。

2017年3月14日，自治区农牧厅领导莅临叶盛镇龙门农庄检查农家乐星级评定工作 （叶盛镇提供）

【土地股份合作】 2017年，叶盛镇继续推动农村土地股份合作社发展，助力农业增效、农民增收、产业发展、村集体经济壮大。年内，五星村土地股份合作社新增入股面积1700亩，入股土地面积累计达到3030亩，入股社员468户。合作社大力调整产业结构，发展高效农业，建设育秧大棚50

栋，种植优质富硒订单水稻2200亩，建设永久性蔬菜基地500亩。

【环境治理】 2017年，叶盛镇开展农村环境治理行动，对全镇10个行政村、46个庄点进行全面治理。在109国道、叶甘路、叶玉路等主干道路粉刷墙面，清理乱堆乱放及垃圾，切实优化发展环境。实施"美丽乡村"生态建设工程，以农田防护林建设、庄点绿化、景观绿化为主，完成新栽补栽树木398.2亩，修枝抚育22.6万株，涂红刷白289条31万株。其中在地三村6组种植观赏油葵300余亩，栽植胶东卫矛等8个品种800余株，种植绿篱1000余平方米、花卉5500余平方米。叶升镇被评为"第二届自治区美丽乡村文明创建工程示范村镇"。抓好秸秆禁烧，开展洁净城乡百日专项行动，打造碧水蓝天，实行镇、村、组三级巡查制度，加强垃圾池、沟坡及柴草集中堆放点等易着点巡查。并安排督查小组对镇村干部不定时督查，确保巡火防控人员履职尽责。按照市委、政府及镇全面建成小康社会实施计划，明确责任，强化措施，推进光明、正闸两个村小康社会各项指标落实，组织实施农田水利建设、植树造林、环境治理等民生工程。

【基础设施建设】 2017年，叶盛镇投资2042万元，实施道路、供排水、园林绿化等工程，硬化镇区道路2公里，铺设供排水管道800米，绿化城镇42760平方米，安装路灯256盏，配备垃圾箱156个，打造景观墙12处。投资460万元，实施叶盛5组供排水改造和巷道硬化工程，更新改造镇人民政府及周边企事业单位取暖设备，安装生物质清洁锅炉1套。

【脱贫攻坚】 2017年，叶盛镇围绕"搬得出、稳定住、逐步能致富"目标，采取插花方式安置移民104户。完善移民安置点基础设施和公用配套设施，安装门斗57座、井盖260个、安保系统1套，新建停车棚2145平方米，小区外围栽植绿化树木760株，硬化道路2419平方米。帮助移民解决子女入学工作，通过入户走访、宣传政策等方式鼓励移民自主创业。至年底，举办生态移民专场招聘会1场，开设技工培训班、女工刺绣培训班、驾驶员培训班各1期，移民群众在兴盛街开设餐厅、油坊、调料店(商铺)5家。

【社会保障】 2017年，叶盛镇落实低保、救灾、救济、优抚、残疾人等政策，实行"阳光低保"民主评议和动态管理制度，全年发放城乡低保705户787人225.96万元、高龄津贴216人75.35万元、五保供养金38人19.53万元；发放冬令春荒救助金、临时救济金等20.72万元；慰问困难群众130户6.65万元，发放优抚对象各类优抚金39.09万元、残疾人生活津贴等补贴276户48.78万元。

【文化建设】 2017年，叶盛镇加大资源整合力度，完善五星、盛庄、联丰3个村综合文化中心。举办秦腔票友大赛、"三八"妇女节、母亲节趣味运动会等11场次，文化惠民"三下乡"等文艺演出活动24场次，春节社火巡演14场次，社火比赛获全市二等奖。组队参加全市邮政杯广场舞大赛，获吴忠市第3名、青铜峡市第2名。参加全市农民篮球比赛获得一等奖。开展书香之镇创建工作，获自治区"书香之镇"荣誉称号。深化政策宣传"农村直通车"工程，宣讲中央、区市文件、领导讲话精神及社会主义核心价值观33场次，受惠群众达3500人次。加大新闻宣传力度，全年在《宁夏日报》《吴忠日报》、中央、自治区、吴忠市及青铜峡市各级电视台等新闻媒体播发各类稿件和信息84篇。实施青年妇女创业就业工程，为14名妇女争取创业小额贷款54万元。选优配强村妇联队伍，选举产生村妇联主席10名、副主席20名、执委118名。举办"邻里比美""星级家庭"等评选活动，评选出"最美母亲"等模范40名。加强共青团建设，利用学雷锋日、“五四”青年节、“七一”等节日，开展志愿者服务活动20余场次。

【社会治安综合治理】 2017年，叶盛镇开展平安建设活动，建立综治工作站11个，配备综治专干信息员11人、联防队15个、专职巡防队员8名、基层巡防队员203名，实现治安巡防全覆盖。建立健全矛盾纠纷、信访维稳排查化解长效机制，推进“四张网+三调联动”模式，全年排查化解各类矛盾96起、信访案件11件。开展安全生产隐患排查工作，落实23项安全隐患整改措施，发放宣传材料2000余份，悬挂条幅26条。年内辖区内无重大信访、治安案件和安全生产事故发生，群众上访率和治安案件发案率明显降低，实现信访工作“四无”镇目标。

【基层组织建设】 2017年，叶盛镇以推进“两学一做”学习教育常态化、制度化和开展基层党建工作规范提升年活动为契机，抓实党员干部学习教育，组织镇村党员干部认真学习中共十九大、自治区第十二次党代会等会议精神，围绕“四个合格”开展专题讨论交流20余次，讲党课19次。开展党员信息采集工作，对全镇799名在册党员基本信息进行登记，吸收入党积极分子46名。严格党员教育管理，对因长期不缴纳党费、不参加组织生活1名党员进行除名。调优配强村支部班子，将1名大学生村官及6名工作能力强的年轻干部充实到村级班子，培养35岁以下后备干部22名。加强村级阵地建设，投入资金50余万元，对地三村、张庄村村级活动场所进行完善。开展“三大三强”促脱贫富民行动，对叶盛村、联丰村等6个村级活动场所进行粉刷维修和改造提升。投资7万余元，对各村远程教育设备进行全面配置和检修。创新“党建+特色产业”工作机制，成立“1+N”党员先锋队，开展党员系列帮扶行动24场次。

【党风廉政建设】 2017年，叶盛镇以落实党风廉政建设“两个责任”为导向，狠抓农村基层党风廉政建设。加强廉政宣传教育和案件查办力度，紧盯涉农领域腐败问题，查处侵害群众利益违纪案件4件。贯彻落实八项规定“回头看”工作和干部庸、懒、散、拖专项整治，对干部纪律松散、作风漂浮、不作为、乱作为等不良作风进行整顿，运用“四种形态”抓早抓小，约谈提醒镇村干部14人，批评教育1人，诫勉谈话4人，书面检查4人，开展村“两委”班子成员集体廉政谈话2次。

（马　喆）

邵岗镇

【概况】 邵岗镇位于青铜峡市政府西北20千米处。东与连湖农场相邻，西以明长城为界与内蒙阿拉善左旗为邻，南与瞿靖镇尚桥村、渔粮村交接，北与永宁县李俊镇古光村、古正村、西邵村相连。地势平坦，交通发达，土地肥沃。大清渠、西干渠、唐徕渠从南至北穿境而过，小邵公路、沿山公路纵贯其间。2017年，全镇实现地区生产总值8.81亿元，比2016年增长5.9%。其中，农业产值达到4.86亿元，比2016年增长6.8%；第二、三产业产值达到3.95亿元，比2016年增长5%。农民年人均可支配收入13156元，比2016年增长9%。

【重点建设项目】 2017年，邵岗镇投资2000万元，完成美加农牧业发展有限公司胚胎牛（二期）建设项目，建设标准化彩钢遮阴棚

10栋及运动场、精料库、青储窖等基础设施，存栏优质安格斯肉牛1100头。投资536万元,完成肉牛托管扶贫项目,存栏肉牛671头。投资410万元，完成大沟村肉驴养殖场项目,兴建驴舍3300平方米、活动场地7600平方米,存栏优质肉驴335头。投资500万元,实施瑞丰生猪家庭养殖场标准化万头猪场建设项目，建成标准化生猪养殖棚舍18栋,存栏优质母猪200头。投资300万元,扩建沙湖万只栈羊育肥基地，完成羊舍建设5栋6500平方米,存栏1500只。投资300万元,平整甘城子山果果业现代化果园采摘旅游场地150亩，栽植林果树、景观树木100亩,平整道路800米。

【特色种植】 2017年，邵岗镇坚持“特色、品质、效益、高端”发展理念,完成农作物种植面积9.8万亩。采取“公司+基地+农户”发展模式,与塞外香、法福来、宁朔香公司签订订单合同，落实有机富硒水稻3.1万亩，完成3000~5000亩水稻优质粮食高产创建示范区1个、千亩水稻高产创建片区1个，新建水稻工厂化育秧大棚60栋。完成优质小麦种植2.2万亩、优质玉米种植2.9万亩,落实瓜菜种植面积11530亩。其中露地西瓜1300亩、港菜种植3400亩。全镇流转土地20659亩，其中新增流转土地面积7064亩。推广农机全程示范，建立精量玉米机播种示范点2个。

【畜牧养殖】 2017年，邵岗镇按照“生猪扩总量、奶牛保规模、牛羊新发展、特色养殖求突破”总体思路,完成养殖园区补栏任务,全镇全年生猪饲养量达到6.02万头,存栏奶牛6680头、肉牛4700头，肉驴饲养量达到1325头,羊饲养量达到 5.6万只,家禽饲养量达到130万羽。支持恒源牧业精准扶贫项目，完成671户肉牛托管任务。实施美加农牧业发展有限公司标准化养殖场二期扩容增量项目，年存栏肉牛5032头。新建瑞丰生猪养殖场，年存栏生猪3000头，其中优质母猪200头。新建大沟肉驴养殖场,年存栏优质肉驴1000头。优化养殖园区服务环境,加大动物防疫力度,防疫密度达到100%。加强草原巡查力度,实施草原建设和保护工程,巩固封山禁牧成果。改造旧池塘24户890亩，完成无公害水产养殖2630亩。

【经果林产业】 2017年，邵岗镇按照“重点鼓励大户,积极扶持农户”思路,以鸽子山中法葡萄酒庄集群示范区项目建设为契机,引进酒庄建设,延长葡萄产业链。完成新建容园美酒庄和续建柏图、丹麓、密登堡酒庄项目,年底投入生产。扶持葡萄种植,全镇酿酒葡萄种植面积达4.7万亩、鲜食葡萄面积达3000亩。以“改良品种、提高品质、改进技术”为导向,在大沟、甘城子、玉西引导农户栽植经果林300亩。

【造林绿化】 2017年，邵岗镇大力实施生态绿化工程，全年新栽造林185.6亩、补植造林76亩。结合农田水利建设，在东方红项目区段平整长15.4公里、宽5米宽幅林带，投入2100余劳动力,栽植柳树、新疆杨15.4公里3万余株。在青邵沟两侧新造林97.8亩,栽植苗木1.8万株。完成邵岗街、玫香园小区、沙湖村绿化,栽植国槐等绿植2084株、花灌木1.55万株。

【小康村建设】 2017年，邵岗镇以小康示范村建设为抓手，完善甘城子村、玉西村、同富村3个小康示范村创建6个方面23项指标监测和建档，实现3个小康示范村创建目标。

【美丽村庄建设】 2017年，邵岗镇坚持高起点规划、高标准建设,完善玫香园小区基础设施建设,做好群众入住及旧庄点拆迁和环境整治工作。至年底,安置入住群众332户,拆迁旧宅院350户,复垦农田202亩；完成危房改造11

户。解决群众出行难问题,新建续建农村公路10.2公里,硬化巷道4.3公里,改造危桥涵2座。

【环境保护】 2017年,邵岗镇以城镇环境卫生一体化管理为载体,开展“十清四化”“五改两建设”和“门前三包”活动,发动群众19844人次,动用机械680台次,清理垃圾3084吨、户外广告157处,整治乱堆乱放1312处,拆除影响村容村貌建筑物131处、违章建筑27处。按照市政府统一部署,政府购买保洁服务,镇村环境交由宁夏康洁为民环保工程有限公司青铜峡分公司统一管理。

【农田水利建设】 2017年,邵岗镇坚持沟渠田林路综合整治,打造“两线三沟三区”农建精品,完成秋翻5.2万亩、小畦田建设0.86万亩,秸秆还田2.3万亩,清挖支斗农沟615条442.6公里,清淤支、斗、农渠1197条806.5公里,整修农路623条426.1公里,改善灌溉面积1.5万亩,新增节水灌溉面积0.29万亩,激光平地面积0.9万亩,推广自然草皮护坡试点0.5万亩。编制上报2018年农业综合开发高标准农田建设及沙漠化改造项目,整治青邵沟盐碱地2.2万亩,复整邵南、东方红等村高标准农田2.3万亩。加大小农水利工程建设力度,砌护渠道1820米,完成小型水利工程管理体制改革、水资源确权、河长制工作,全镇18条沟湖落实镇级总副河长4名、镇级河长10名。

【招商引资】 2017年,邵岗镇完成招商引资9215万元,占招商引资8000万元任务的115%。上争“十二五”移民特色养殖、产业发展、扶贫互助资金以及“十三五”移民资金1043万元,占年初上争资金900万元任务的116%。

【创业就业】 2017年,邵岗镇开展农村劳动力就业培训,通过政府引导、政策扶持,培育小企业21个,培养小老板25人,实现劳动就业人员转移3750人、劳务收入3375万元,创造新就业岗位137个,培育创业典型2个。

【精准扶贫】 2017年,邵岗镇创新扶贫方式,实施精准扶贫、产业扶贫、金融扶贫、教育扶贫等攻坚工程,以同富、同乐村困难群体脱贫致富为重点,推行“六位一体”精准扶贫模式,落实“一村一策”“一户一法”精细化扶贫措施,成立各种劳务协会,带领移民群众外出务工创收;组织移民群众参加烹饪、建筑、水暖、刺绣等技能培训1518人次;开展“雨露计划”圆梦行动,为34名贫困学生发放补助资金5.1万元;争取救助资金,开展走访慰问活动,发放救助资金20余万元,为436户建档立卡贫困户进行复查识别工作,办理扶贫保险,落实互助资金322.8万元,发放妇女小额创业贷款等各种信贷资金630万元。发放脱贫攻坚服务包436个。截至年底,全镇“十二五”建档立卡户脱贫353户1039人全部脱贫,956户4500人“十三五”建档立卡贫困户建立精准识别档案。其中同乐村776户3679人、同富村87户278人、玫香园社区93户543人。

【移民安置】 2017年,邵岗镇按照“五个一”移民安置模式,分别于7月10日、8月10日、10月16日将已建档立卡的93户543名移民安置于邵岗镇玫香园社区居住,超额完成市政府下达80户任务。同时,签订土地流转协议,解决移民搬迁户学生入学、户口办理等事项。

【发展壮大集体经济】 2017年,邵岗镇以沙湖村、邵北村农村土地股份合作社为载体,推行收益分红模式,发展壮大集体经济。邵北村全年实现集体经济纯收入23万元,沙湖村实现集体经济收入18万元。

【旅游开发】 2017年,邵岗镇以贺兰山东麓葡萄长廊为依托,以葡萄酒庄建设、发展特色农家乐为目标，促进乡村旅游发展。年内，投入人力物力，打造集种植、采摘、酿造、品酒、餐饮、住宿、休闲娱乐为一体的卿王酒文化酒庄；投资780万元，建设集苹果栽植、研发、采摘、住宿、观光、休闲娱乐为一体的甘城子尚果鲜农家乐；完善“聚龙湾”农家乐内外部环境设施，打造高品质、高档次农家休闲娱乐品牌。沙湖村依托村级葡萄产业发展，建成水果采摘、休闲垂钓为一体的农家乐1家。争取美丽乡村建设项目，对沙湖村庄点进行美化亮化，为乡村旅游发展奠定基础。

【党建工作】 2017年，出台《邵岗镇镇干部管理办法》和《邵岗镇村干部管理办法》，完善各项议事规则和决策程序，加强党委班子和村级班子建设，采取一村一策、“抓两头、推中间”办法，转化后进党支部2个。坚持高标准、严要求，做好发展党员工作。年内发展预备党员13人、入党积极分子52人。改进党员管理工作，健全959名党员档案、57名流动党员管理台账。采取党支部+人才+顺宝扶贫产业园建设模式，激发基层组织活力，促使贫困户变身产业工人，打造顺宝现代农业有限公司党建人才示范点。加强干部廉政教育和管理，组织镇村干部156人到农村党风廉政警示教育中心接受廉政警示教育，营造“守纪律、讲规矩”良好氛围。开展“查处涉农扶贫领域腐败问题专项行动”，查处涉农扶贫领域案件7件。

【人大、民兵、工会、妇联工作】 2017年，邵岗镇组织市镇人大代表对全镇12项重点工作实地调研观摩，对全镇业务站所工作进行评议，增强人大代表履行监督职责积极性。以联系选民、服务选民为目标，在全镇15个村设立“代表工作室”，及时答复、解决群众所提意见建议，全年办理代表建议意见36项。强化民兵整组点验，做好兵役登记和民兵训练。扎实开展基层工会工作，切实维护职工合法权利，组建工会4家，发展会员102人，救助困难职工9人，调解职工劳动纠纷1起。支持妇女创业，发放妇女创业贷款24户85万元，办理妇女担保贷款贴息资金86户25.3万元。

【平安建设】 2017年，邵岗镇推进镇综治中心及“雪亮工程”建设。投资3.5万余元，在15个村主要站点安装电子监控。投资2万余元，打造沙湖、甘城子村综治民生服务站示范点。深化安全生产责任落实年和安全生产专项治理活动，对镇域内各行业安全生产隐患进行排查，排查出安全隐患56项，全年无安全生产事故发生。

【信访维稳】 2017年，邵岗镇完善综治信访联席会议制度，对信访矛盾和关键问题实行镇领导、站所负责人、村领导“三级包保责任制”，明确化解人员、化解时限。坚持信访工作制度，创新社会管理机制，年内办理群众来信来访16件，化解各种矛盾和不稳定因素40起；共排查矛盾纠纷91起，调解成功91件，成功率100%。

【精神文明建设】 2017年，邵岗镇在邵南、沙湖等村设置善行义举榜，在小邵路、沙湖村、玫香园社区建设200余平方米道德文化长廊。以文明村、美丽乡村创建、城乡文明共建为契机，扎实推进文明村创建和“最美家庭”评选活动；沙湖村被评为全国文明村，玉西村老党员虎一冰被评为“宁夏好人”，甘城子村薛晓红被评为吴忠市“孝老爱亲最美家庭”。10户“最美家庭”受到镇党委表彰。打造“情缘沙湖志愿服务队”，年内开展关爱夕阳红、结伴助残等志愿服务活动9次。推进“青铜峡梦想助学金”建设，筹集贫困大学生助学金14310元，救助贫困大学生10名。实施青少年思想引导工程，做好“鲜花朵朵送雷锋”“向上向善好青年”等榜样人物的推选工作。

【卫生计生工作】 2017年，邵岗镇开展计划生育、爱国卫生运动、健康教育工作，全年人口出生率为9.39‰，综合节育率为95%，符合政策生育率95.5%。年内，对91名优抚对象进行体检，完成65岁以上1847人普惠性健康体检，建设卫生厕所60余所。

【社会保障】 2017年，邵岗镇全年发放冬季春荒救灾资金783人36.38万元、临时救助资金275人12.6万元、低保户和高龄人员死亡殡葬救助资金42人7.35万元、同富村互助资金500户500人6万元。完成基本医疗保险参保人数23949人，占应参保人数98%；完成养老保险参保人数23949人，占应参保的人数98%。发放双拥优抚津贴26人17.95万元、义务兵优待金14.04万元。

【养老助残】 2017年年内，邵岗镇成立老年人协会，建成沙湖村、玉泉村老年饭桌；对全镇709名贫困、孤寡、空巢老人进行入户调查，为219名60岁人员办理养老保险领取手续；发放高龄津贴282户96.33万元；对全镇15个行政村830名残疾人进行摸底注册，发放残疾人机动轮椅车燃油补贴172人4.47万元、困难残疾人生活津贴365人43.8万元、重度残疾人护理补贴358人18.079万元。

（鲁保旗）

陈袁滩镇

【概况】 陈袁滩镇位于青铜峡市东大门，东与吴忠市区隔河相望，西与小坝镇接壤，南与大坝镇相连，北与叶盛镇毗邻。镇域面积59平方公里。镇区呈岛状，南北长28.5公里，东西最宽处3公里，最窄处0.5公里。全镇辖5个行政村2个社区、30个村民小组和11个居民小区，总人口56781人。耕地面积3.1万亩，主要种植玉米、水稻等农作物和特色瓜菜、优质牧草等经济作物。3500亩的螺丝菜种植是陈袁滩镇的“拳头”产品，其中沙坝湾村每年种植螺丝菜2500亩，成为全区螺丝菜主要产区。2017年，全镇全年实现地区生产总值12.55亿元，比2016年增长7.5%；农民人均纯收入达到13970元，比2016年增长9%。

【产业结构调整】 2017年，陈袁滩镇通过政策引导、典型带动、利益驱动，优化农业产业结构布局，形成以富硒水稻、弓棚瓜菜、生态畜牧为主的高效农业。全年落实优质水稻种植面积1.75万亩，其中优质有机富硒水稻1万亩，建设工厂化水稻育秧大棚200栋，发展弓棚瓜菜3500亩、螺丝菜种植3600亩，规模养殖户达到130家。同时，提升农业产业化经营水平，壮大龙头，扩大规模，培育特色，促进农业产业化、规模化、集约化发展。全镇通过订单形式流转土地5136亩，成立农业合作社1家、土地股份制合作社1家，发展家庭农场1家。同时，引导农户参加农业保险，提高农民进入市场组织化程度和抗风险能力。完善农业基础设施，全年完成清淤面积2万亩，清淤沟、渠877条330.9公里，整修农路355条106.5公里，进行畦田建设0.8万亩，实施秋翻3.63万亩，整治农田防护林带37公里。争取“一事一议”项目资金301万元，砌护袁滩村1、2组农渠10.59公里，迁建陈滩村黄河东泵站和唐滩村4组泵站，续建唐滩村2组泵站，解决近6000亩农田淌水难问题。围绕全域旅游示范镇创建目标，以宁夏法福来清真食品有限公司为依托，在陈滩村、袁滩村精心打造稻田画观光带和向日葵观光带，成功举办“黄河岸边·向阳花开”旅游观光节；加快星级农家乐建设进度，全镇创建自治区四星级以上农家乐3家；鼓励132户个体业主在黄河生态园、黄河楼景区投资置业，推动乡村旅游产业与黄河楼等景区协同发展。

【城乡一体化建设】 2017年,陈袁滩镇实施农村环境综合整治，构建宜居宜业美丽乡村。开展洁净城乡百日专项整治行动、农村环境综合治理和秸秆禁烧工作，逐村、逐巷、逐户实行网格化管理,对“五乱”及焚烧秸秆、杂草等影响生态环境现象进行治理。至年底，完成秸秆杂草清理任务的97%，有效控制焚烧秸秆势头;清理各类垃圾5240余吨,制作安装铁艺围栏10.3公里。建立健全河长制工作机制，成立陈袁滩镇河长制办公室,设立河长制公示牌，制定河长制工作实施方案、工作计划和规章制度，按照“一河一策”原则,建立整治台账,及时查处和治理辖区范围侵占河湖沟道、违法排污等行为。至年底,开展定期巡查9次、不定期巡查6次，清理17处建筑生活垃圾,恢复被侵占河堺和生产路1.8公里。按照“科学规划、整体绿化、实现美化”思路和“宽幅、大网格”标准,以营造干净、整洁人居环境和建设覆盖率高的生态防护林为目标,在唐滩村5组、陈滩村东大沟边农渠东侧栽植新疆杨2742株；结合环境综合整治美化亮化工程,对唐条路、万上路两侧全线24公里林带修枝抚育，修剪各路口影响视线树木；在唐滩村和袁滩村唐条路两侧栽植月季、紫叶矮樱、水蜡、金叶榆约16万株、面积7500平方米。

【项目建设】 2017年，陈袁滩镇紧紧围绕市委、政府引进的重大项目,完成市委、政府下达的征地拆迁和77户棚户区改造任务,清理973户已拆房屋宅基地。从转变工作职能、提高服务质量等方面入手，坚持把招商引资工作作为推动全镇发展助推器。全年招商4家，落实资金8000万元,完成计划任务的100%；上争项目9个,落实资金1276.1万元,完成计划任务的141.8%。争取项目资金，高标准进行韵欣苑社区老年人日间照料中心、滨河新村特色民族村寨等11个民生工程建设;推进美丽村庄和改水改厕项目建设，实施滨河新村基础设施改造提升及美丽乡村建设项目，完成504户屋顶防水改造和183户C级危房加固。

【村集体经济】 2017年，陈袁滩镇开展壮大村集体经济试点工作,探索建立“村集体+合作社+支部”模式,以土地股份合作社为基础,以村党支部为纽带,在袁滩村开发建设黄河北岛，在沙坝湾村流转土地种植特色蔬菜，增强村集体经济发展后劲；推进补号村股改后投资创收工作，年内实现所有股民首年分红。

【民生工作】 2017年，陈袁滩镇实施创业就业工程，全年培养小老板9个,培育创业典型2个,完成职业技能培训15期,培训农民2000余人；争取自治区项目补助资金，完成韵欣苑社区新市民创业示范园建设；在各村成立劳务输出协会5家，完成劳务输出2608人，实现劳务收入6019万元。落实城乡居民最低生活保障制度,全年审核落实农村低保590户653人，城市低保83户103人，累计发放城乡低保金218.12万元、散居“五保”户供养金15.53万元、高龄人员津贴39.96万元、农村优抚对象补助金30.2万元、冬令春荒救助资金20.2万元、26户大病医疗救助金2.95万元、282名困难人员临时救助金12.38万元。扎实推进城乡居民养老保险、农村合作医疗保险和失地农民养老保险工作，全镇城乡居民社会养老保险参保率达到98.4%,农村合作医疗参合率达到90%，新办理失地农民养老保险3036人。全面实施城乡居民普惠性健康体检工作,60岁以上老年人健康体检率达到100%;强化卫生计生工作落实,对全镇15户第五批"幸福家庭"进行表彰奖励,卫生厕所普查建档率达到100%;开展群众性文化活动,举办"盛世欢歌·滨河靓镇"广场舞比赛、"美丽乡村·和谐古峡"专场文艺演出等活动;参加吴忠市重大文化活动比赛,先后获"邮政杯"广场舞大赛最佳团队奖、"推动移风易俗·树立文明新风"文艺节目大赛一等奖、吴忠市第四届运动拔河比赛第一名。

【精神文明建设】 2017年,陈袁滩镇弘扬社会主义核心价值观,打造韵欣苑社会主义核心价值观主题广场;深化唐滩村巾帼志愿服务活动,开展以党员志愿服务为主要内容的爱心献村社、巾帼与爱同行、青春团汇聚、民族团结一家亲等服务项目。是年,被自治区文明委命名为"自治区文明镇",唐滩村巾帼志愿服务项目先后获第四届宁夏志愿服务项目大赛金奖、全国最佳志愿服务项目等7项荣誉,袁滩村被评为"全国敬老文明号",补号村进入"全国文明村"行列。

【法制宣传】 2017年,陈袁滩镇全面推行"网格化"管理模式,成立由综治、司法、信访、民政等站所组成的综治服务中心,落实法律顾问制度,加大信访积案化解,一批焦点、难点问题和矛盾得到妥善处理和化解。开展"七五"普法宣传教育活动,围绕社区禁毒、反邪教等工作,以相关法律、法规、政策知识为重点,组织开展形式多样的宣传活动,先后举办法治宣传活动20场次,制作展板19块,悬挂横幅15条,发放宣传资料1000余份,受教育群众达13000余人。在全镇18座各类宗教活动场所中开展民族团结进步创建活动,重点打造滨河新村、韵欣苑社区、滨河清真大寺等民族团结进步创建活动示范单位。接待广西政协、福建民委、固原人大等区内外团体观摩和12家中央主流媒体采访报道。

【法治政府建设】 2017年,陈袁滩镇推进政务公开和村级"三务"公开,逐步健全"四重一大"决策制度,提高政府依法决策、科学决策、民主决策水平。全年共办理人大代表意见建议19件,办结率86.4%。提高行政效能,高效运行镇便民服务中心和村级便民联系点,为群众提供便捷高效"一站式"服务;加强领导干部作风建设,强化内部管理,规范干部行为,建设政治坚定、业务精通、清正廉洁、作风优良干部队伍。开展"五个重点抓好""全力公开透明运行"等活动,促进党员干部廉洁从政。

(于云飞)

裕民街道

【概况】 裕民街道位于青铜峡市政治、经济、文化中心,辖区总面积29.6平方公里,辖8个社区、115个居民小区、152个机关事业单位,有常住人口8.9万人。2017年,以创新社会管理为重点,推进星级服务型党组织创建,开展基层党建规范提升年活动,改善社区居民服务管理,加快城市建设和管理进程。东街、紫薇、怡园社区被自治区社区建设工作领导小组评为五星级和谐社区,银河、南苑、惠源、北苑社区被评为四星级和谐社区;东街社区被自治区公安消防总队、区民政厅评为消防宣传教育示范社区。裕民街道获全国第三届关爱明天普法先行"优秀组织奖"。

【社区服务】 2017年,裕民街道落实社区准入制度,完善"两会"

等社区协商议事制度。开展星级和谐社区创建活动，提升社区服务功能。加强网格员管理与考核，实行绩效工资与考核结果相挂钩，改坐等服务为主动服务，力促网格员定期沉到网格，为居民排忧解难。在南苑社区开办社会治理服务站试点，通过落实“五化一体”服务模式，在每个网格配备若干网格信息员、开通社会治理及微信公众服务平台，切实解决服务居民最后一公里问题。

【社区建设】 2017年，裕民街道各社区结合自身实际搭建平台，引导辖区单位、企业、学校、专业组织机构等多方力量参与、支持社区建设、服务居民。北苑社区、银河社区联合党委举办“睦邻文化节”，东街社区组织辖区单位到敬老院进行慰问。裕民街道办争取民政厅项目建设资金450万元，建设唐源社区社会组织孵化园，培育、发展公益性社会组织。

【社区队伍建设】 2017年，裕民街道组织街居干部外出参加社会治理、基层政权建设、基层党建等方面业务学习及培训，鼓励在职街居干部参加社会工作者职业化考试，提升社区干部工作能力和专业化水平。改进社区志愿服务工作，拓展社区志愿服务范围，引导成员单位志愿者参与宣传教育、扶贫帮困、治安巡逻、居家养老等服务活动，初步建立“社工+志愿者”联动服务机制。至年底，街居干部取得社会工作中级证书12人，准备报考的20人，网上注册志愿者达到2000人，社会工作专业资格队伍、志愿者服务队伍不断发展壮大。

【社会救助】 2017年，裕民街道通过入户核查、分类管理、建立健全社会救助数据库，推动社会救助工作规范化管理。全年核查低保对象964户1611人。其中，A类对象137户194人、B类对象455户779人、C类对象372户638人。截至12月底，街道辖区有低保对象931户1516人，高龄老人30人，优抚对象22人；发放低保金6173381元、民族团结费551880元、高龄津贴1.48万元、冬令春荒救助金6万元、临时救济金155560元、优抚金135087.5元。

【老龄工作】 2017年，裕民街道依托社区居家养老服务站，为老年人提供生活照料、文化娱乐、医疗康复、预防保健等服务。是年，辖区有残疾人康复室6个、医疗服务站3个、老年人饭桌1个、爱心超市5个，全部正常运行。高起点规划、高标准建设南苑、紫薇、惠源老年人日间照料中心，至年底全部完工并投入使用，日间照料中心采取配餐、送餐服务模式，为老年人提供订餐、就餐便捷服务。同时，协调组织在职党员、低保户、在校学生等志愿者，通过“一助一”“多助一”等形式，开展经常性洗衣、做饭、理发、打扫卫生等日常服务，满足老年人生活需求。在端午节、重阳节期间，各社区组织开展“感恩母亲节、百孝好人家”“睦邻文化节”“爱在孝亲敬老、弘扬中华美德”主题活动，丰富老年人节日生活。

【残疾人工作】 2017年，裕民街道开展入户调查，建立残疾人信息数据库，全面掌握残疾人家庭基本情况及康复、教育、就业、社会保障、子女就读等情况，做到底数清、情况明。落实残疾人各项补贴政策。至年底，街道在册残疾人932名，新增重度残疾人生活补贴26人，护理补贴49人，审核上报燃油补贴25人、文化进家庭“五个一”项目计划30人、康复体育进家庭50名，春节慰问残疾人57户。全年举办残疾人技能培训班6期，培训人员300余人。

【再就业工作】 2017年，裕民街道发挥街道社区劳动保障所和信息员桥梁纽带作用，提升就业服务水平。截至年底，城市新增就业人员2746人，占目标任务数的105.6%。其中，城镇失业人员就业

1052 人，占目标任务数的 116.7%；困难人员就业 224 人，占目标任务数的 135.8%；消除零就业家庭 31 户 38 人；上报 4050 灵活就业人员社保补贴 660 人，发放社保补贴 161.30 万元；培养小老板 106 家，培育小企业 31 家，创造新岗位 314 个，培育创业典型 2 个。安置公益性岗位就业人员 65 人，其中 4050 困难人员就业 41 人。

【计生服务】 截至 2017 年 10 月底，街道辖区有人口 51531 人。其中育龄妇女 14467 人，新出生 316 人，出生率 6.43‰，人口自然增长率 4.63‰；孕前优生检测人数为 164 对。全年发放独生子女保健费 251550 万元。

【社区环境治理】 2017 年，街道、社区抽调干部 10 余名，配合市住建局推动关家园小区、利民小区、团结巷等 1547 户棚户区居民拆迁改造工程，改善群众居住环境。实施老旧小区绿化提升改造，补种草坪 8247.5 平米，修剪花冠木 83290 棵、绿篱 12 万余棵，铲除草坪杂草枯枝。协同市直有关部门，强化食品药品安全工作，建立完善辖区内食品药品企业监管档案。至年底，辖区共有餐饮单位 321 家、超市商店 290 家、化妆品经营店 58 家、学校及托幼机构 15 家、药店及医疗机构 87 家，全部登记造册。开展城区环境综合整治，清运垃圾 30 余吨，清除废弃杂物 135 处，清扫路面 3 万余平方米，出动人力 800 余人次。开展病媒生物防治活动，对辖区 78 个小区、53 个垃圾池、2527 个垃圾箱（桶）、776968 平方米草坪进行药物消杀，投放溴敌隆灭鼠药 747.9 公斤，为居民营造干净健康生活环境。

【公共文化服务】 2017 年，裕民街道投资 15 万余元，建成 800 平方米集休闲娱乐、健身康复、图书阅览等为一体的多功能综合文化站，全天候免费开放，满足居民文化娱乐需求。多方筹集资金，健全和完善南苑等 7 个社区文化阵地及设施，打造 10 分钟文化圈，实现每个社区有公共电子阅览室、图书借阅室、文化活动室及排练厅、活动广场目标。争取宁夏大学图书馆无偿捐赠图书 1.5 万余册，建成怡园社区拥有藏书 5000 余册现代化电子图书阅览室。是年，街道共有舞蹈、合唱、戏曲、武术、秧歌等各具特色群众性艺术团队 27 支 1500 人。各社区充分挖掘自身特色和优势，开展趣味运动会、广场舞大赛、迎新春文艺晚会、社区睦邻文化节、唱红歌、颂党恩、端午粽飘香、百家宴等文化体育活动，实现周周有活动，月月有演出良好文化氛围。全年街道各社区开展各类文体活动 50 余场次。

【社会治安管控】 2017 年，裕民街道组织辖区公安派出所开展“反邪教”“治理摩托车、电动车被盗问题”“重点地区整治”等专项行动，严厉打击各种违法犯罪活动。织密防控网络，建立以社区综治专干、网格管理员、义务巡逻志愿队伍、社区民警为主的治安联防队伍 9 个。严格落实社区戒毒康复流程及制度，至年底，做好 311 名社区戒毒（康复）人员按月尿检工作，尿检率 100%。探索建立“以社区为依托，以单元格为载体”社区矫正网格化管理模式，接收社区服刑人员 168 人，累计解除社区服刑人员 123 人，在册管理 45 人，全年组织开展集中教育 5 次、社会公益劳动 200 人次。严格考核奖惩审批程序，对 3 名违反社区矫正规定服刑人员提请警告处分，维护矫正纪律。社区矫正对象无一人脱管漏管，无一人重新犯罪，帮教率、安置率达到 100%。

【矛盾纠纷排查调处】 2017 年，裕民街道开展社会矛盾大排查、大调解、大防控工作，每月召开一次矛盾纠纷排查调处工作协调会议，听取各社区、派出所、各站所矛盾纠纷排查调处情况汇报，分析研判街道社会稳定形势总体趋势,落实矛盾纠纷化解责任,协调解决重大隐患。至12月,提供法律咨询134人次,调解纠纷129起,调解成功129件。其中简易纠纷78件、疑难复杂纠纷51件,调解率100%,成功率98%以上。安装运行矛盾纠纷排查化解网上信息系统,排查涉及婚姻家庭、邻里纠纷、合同纠纷、劳动人事争议、民族宗教纠纷等各类矛盾纠纷247起,化解247起,化解成功率100%。

【安全生产】 2017年,街道按照"党政同责、一岗双责""属地管理"以及安全生产"三个必须"工作原则,与辖区8个社区、186家单位签订安全生产目标管理责任书,会同市公安局城关派出所、裕民工商所、市场服务中心与小坝商城及周边500余家商户签订消防安全协议书。结合安全生产百日专项整治、安全生产大检查、安全生产责任落实年等专项整治工作及"春节、国庆节、开斋节、古尔邦节、清明节"等重大节日及全国"两会"、中共十九大等重要会议,对辖区47家重点防火单位、5300余家各类商业网点、加油站、烟花爆竹经营门店、燃气公司及小坝商城、小坝清真寺等人员密集场所,采取社区巡查、街道抽查、多部门联合检查及微信安监群群众举报形式,进行安全大检查,对发现的各类隐患,能当场整改的当场整改,不能及时整改的隐患及时上报市安委办及上级监管部门,并督促落实整改。至年底,建立辖区2445家各类安全生产经营单位(场所)监管台账,排查各类安全生产隐患120余处,发放安全生产隐患整改意见书70余份,落实整改115处,隐患整改率达98%。

【"七五"普法】 2017年,裕民街道围绕"法律进社区",开展形式多样送法宣传活动,在各社区建立法治宣传志愿者队伍、法治宣传橱窗、业余法律夜校,搭建法律图书角、法律咨询平台。结合"三八"妇女维权周、"3·15"消费者权益保护日、综治宣传月、禁毒宣传日等专题活动,开展法律法规宣传,通过提出法律咨询服务和法律援助,举办公益法治讲座、法治文艺演出等形式,强化普法宣传,营造浓厚学法氛围。年内开展法治进社区、进楼院宣传10场次,向居民发放各种法律知识宣传单6000余份,办板报8期、法制专栏10期,悬挂横幅标语16余条,举办法制讲座9场次。

【基层党建规范提升年活动】 2017年,街道各社区党支部按照组织规范、工作规范、管理规范、活动规范、保障规范要求,坚持"三会一课"制度,打造党员活动室。严格发展党员流程,按时收缴党费,及时做好组织关系接转,每季度对组织关系进行排查,每半年对党员信息库更新一次。落实党员活动日制度,每月定时间、定地点组织开展支部书记讲党课、党务公开、民主议事、志愿服务、结对帮扶等活动。加强党员教育管理,为街道816名党员建立档案,及时完善更新党员信息。通过"五管"模式,实现党员教育管理全覆盖。建立困难党员台账,春节期间慰问困难党员98名,发放慰问金4.9万元。

【星级服务型党组织创建】 2017年,裕民街道组织社区开展星级服务型党组织创建及零星级党组织整改工作,发挥星级评定激励作用和星级标准导向作用,评定三星级服务型党组织3个、二星级服务型党组织8个、零星级服务型党组织1个。创新社区党组织服务居民机制和方法,发挥社区党组织社区建设、管理和服务领导核心作用,着力为辖区居民提供优质便捷服务。银河社区以"服务居民、打造特色、构建和谐"为思路,推行"七零"工作法。年内,辖区"联合党委"共建单位通过认领微心愿、节庆慰问帮扶困难居民355人,开展志愿活动16场,开展联合党委"睦邻文化节"

等各类共驻共建活动32场，解决帮扶资金16.85万元。

【党风廉政建设】 2017年，街道党工委与分管领导、各社区机关党支部、站所层层签订党风廉政目标责任书和一岗双责责任书，细化分解责任，制定“责任清单、问题清单和问责清单”，明确党组织5个方面20项主体责任和纪工委及全体党员干部全面从严治党责任。建立约谈提醒制度，针对低保、廉租住房审核等工作中发现的苗头性、倾向性问题，由街道主要领导和纪工委书记对机关和社区相关工作人员进行集体廉政谈话及个别约谈，对14人次接受谈话教育。结合实际在各社区开展清风使者行动，建立67人清风使者队伍，随时随地监督党员干部，特别是领导干部言行举止。开展中央八项规定精神回头看活动和查处涉农扶贫领域腐败问题专项行动，对街道涉及八项规定精神的12项制度规定进行重新修订。对97名社区干部本人及近亲属享受非普惠制惠民政策的350户家庭情况以及国家公职人员其配偶及近亲属在街道各社区享受非普惠制惠民政策情况进行核查。

【精神文明建设】 2017年，针对大操大办、封建迷信等不良习俗，街道各社区利用文化墙、宣传栏、QQ、微信等平台，开展厚养薄葬、婚事简办等移风易俗宣传，通过开展自编自演群众喜闻乐见、寓教于乐文艺节目演出，宣传移风易俗典型事迹，用身边的人和事教育身边的人。以好家风、好家训，推进移风易俗为主线，在各社区开展最美家庭、和谐家庭、文明家庭、道德模范、好邻居、身边好人等评选和表彰活动，东街社区评选表彰“最美家庭”15户、“无毒示范家庭”15户，紫薇社区评选表彰“和谐家庭”30户。

【民族团结进步创建】 2017年，街道在怡园社区、南苑社区、惠源社区开展“民族团结进步示范社区”创建活动，在小坝清真寺、基督教堂开展“和谐寺观教堂”创建活动，推动民族宗教工作由一般化向规范化转变，从侧重造势向注重效果转变。南苑社区被评为吴忠市级“民族团结进步示范社区”。

【群团组织建设】 2017年，裕民街道开展基层工会规范化建设，组建基层工会组织8家，新增会员323人。结合“五四”青年节、建团95周年，开展“激情飞扬红五月、不忘初心跟党走”、鸽子山遗址爱国主义教育、明长城徒步走、重温入团誓词、鲜花朵朵送雷锋等活动，推荐评选身边雷锋1人、吴忠市最美志愿者1名、青铜峡“十大杰出青年”1名、最美志愿服务社区2个、最美志愿服务项目1个。以“三八”妇女节、“母亲节”“六一”儿童节等活动为契机，开展济困送温暖活动，做好各社区妇代会改建妇联工作。推进关爱妇女健康“爱妮保”工作，提高妇女群众健康水平。做好民兵整组及适龄青年兵役登记及夏秋季征兵准备工作，抓好民兵应急分队及民兵骨干能力素质培养。

（李雪辉）

树新林场

【概况】 树新林场成立于1962年，下辖树新分场、园艺分场、甘城子分场、鸽子山分场4个分场和林苑社区，内设党政办公室、计划财务科、生产管理科、经济发展科、社会综合管理科5个科室。2006年成立党委，至2017年年底有党员144名，所属党支部9个。实有在编人员48名、职工732

名。其中,在职职工329名。辖区常住人口3100人。2017年,有土地经营面积25.8万亩。其中,公益林17万亩、经济林3.95万亩、宜林地4.68万亩、建设用地0.17万亩,森林覆盖率达到12.7%。发展优质苹果5738.4亩、红枣3774.5亩,种植酿酒葡萄30415亩,育苗4540亩,种植水稻570亩、玉米2700亩。有养殖场20家。其中,千头以上奶牛场6家、肉牛养殖场2家、万只羊只育肥养殖场2家、肉驴养殖场3家、生猪养殖场2家、百万只养鸡场1家,发展林下经济养殖户4家。辖区有渔池10家3872亩、各类企业72家、经济合作组织22家。

【国有林场改革】 2017年,市委、政府围绕保护生态、保障职工生活两大目标,将林场由原来的定额补助事业单位核定为公益一类全额预算事业单位,调增全额预算事业编制7名,定额补助事业编制48名,内设机构由原来的10个科室3个分场精减为5个科室4个分场;人员经费由定额补助核定为财政全额预算。机关在编人员由青铜峡市财政统一核发工资,签订聘用合同,实行绩效工资考核制度,按季度考核发放绩效工资。林场继续实施“以地养人、以林养人”办法,以发展林业为主体,以承包土地抵顶工资收入方式安置职工,维持现有在职职工经营面积不变,自主经营,自负赢亏,在编人员全部参加住房公积金,并享受住房补贴。至年底,全体职工按规定参加基本养老保险、基本医疗保险、工伤保险和失业保险,参保率达到100%,林场卫生室移交市卫生和计划生育局进行管理。编制完成《树新林场森林经营方案》,建立森林资源档案管理台账,配备长期护林人员16名、季节性护林员5名,由各分场和场保办双重管理,实行季度绩效考核,绩效与管护效果挂钩,有效提高林场公益林管护质量。同时,建立以政府购买服务为主公益林管护机制,将部分公益林划分片区,通过政府采购形式公开招标,签订购买社会化服务林地管护承包合同,对辖区林木灌水、抚育修枝、森林防火及病虫害防治进行管护,巩固造林成果,确保林木保存率达到85%以上。

【生态林建设】 2017年,树新林场在大坝梁、马莲沟等区域和小大公路两侧,栽植新疆杨、刺槐、沙枣、红柳、侧柏等苗木,营造防护林600亩。多渠道筹集资金,完善造林区水、电、路等基础设施。巩固造林成果,加强林地灌水抚育,林木成活率达到85%以上。年内,实施2016年中央财政森林抚育项目、2017年中央财政林木良种补贴资金试点项目和宁夏大学次生盐碱地造林改造示范项目;新育苗300亩,完成甘城子林木良种基地刺槐种子园无性系嫁接;完成国家刺槐、新疆杨林木良种基地发展规划(2018—2020年)编制,申报国家级重点林木良种基地项目,获国家林业局批准。

【经果林发展】 2017年,树新林场指导职工做好苹果、酿酒葡萄、红枣等经果林田间管理,尤其是苹果套袋、夏季修剪、病虫害综合防治等工作;引导职工和种植大户参加苹果、红枣、葡萄的自然灾害保险,参保率达95%以上。全年落实苹果疏果套袋近2000亩,新栽苹果300亩1.8万株,实施苹果新品种整株改良嫁接500株、红枣改良嫁接800亩。

【养殖业疫病防疫】 2017年,树新林场全年猪、牛、羊、驴、家禽饲养量分别达到10314头、6311头、26868只、3137头、937650只。开展春秋两季集中防疫2次,不定期防疫4次。

【“两大任务”】 2017年,树新林场把争取项目资金作为推动林场跨越式发展助推器,从转变工作职能、优化投资环境、提高服务质量、增强招商力量等方面入手,对重点企业、重点项目、重点工程实行班子成员分包责任制，确保大项目、好项目落户林场。年内完成上争项目资金2730万元，招商引资4006万元。

【基础设施建设】 2017年，树新林场争取国有林场改革补助资金项目，实施1.2万平方米晒场、3座地磅、17.5公里沟道清淤、14.5公里渠道砌护、1000亩节水灌溉整地等建设任务，安装林区森林防火监控设施及设备，建成家庭气调保鲜库2座200平方米。实施2017年村级公益事业一事一议财政奖补园艺分场渠道砌护项目，砌护渠道7公里，配套建筑物350座，完成国有林场税费改革补助资金园艺分场道路硬化1580米，完成棚户区改造基础设施供热管网工程B区换热站基础及房屋主体建设施工，完成一二级管网开挖等工作。投入资金，改造棚户区基础设施，实施天然气安装工程。

【环境治理】 2017年，树新林场开展建筑工地、石料加工场、采砂场和建筑垃圾场排查整治活动，对分场小大公路南边鑫田房地产开发公司违规机械整地行为责令停工，对3个石料场和4个砂场责令关停并采用防风抑尘网覆盖裸露砂石料，对市建筑垃圾场护坡和场内垃圾堆及砂石料堆、煤堆加盖防尘网，对生产场地和通往场区道路进行封堵。落实秸秆禁烧监管责任和措施，制定完善秸秆禁烧实施方案和具体措施，层层签订秸秆禁烧工作目标责任书，将监管责任落实到具体单位和个人，形成上下联动、部门协调，总场、分场、社区联动防控机制，确保每块田地都有监管责任人。加强环境卫生整治，在场区主次干道、分场巷道、居住小区、单位庭院开展大扫除、大清理、大清运活动，彻底清除辖区陈年垃圾、卫生死角。年内，集中整治新旧庄点3个，清理沟渠23.5公里、柴草247吨，清除卫生死角6处，清运垃圾326.7立方米，清扫道路12条23.6公里，设置道路限高杆3处，整治户外广告38平方米。做好辖区封育禁牧工作，动员全场干部职工，以分场为单位，划分管理范围，从源头抓起，杜绝辖区职工、大户私自放牧行为。根治辖区偷牧现象，8月至12月在110国道西侧查获内蒙古牧民偷牧行为3批次48匹马，收缴植被恢复费3万元。

【社会保障】 2017年，树新林场完善低保分类施保办法，加强低保边缘户救助工作。年内，发放2016—2017年年冬令春荒救灾资金60户6万元，排查上报2017—2018年冬令春荒救助人员55户5.4万元。经阳光低保评议，按相关规定停发城市低保人员20户42人，发放合规人员低保资金及各类生活补贴534041元。调查摸底因病因灾困难家庭，为93名困难家庭发放临时救助资金9.8万元。新申报公租住房家庭5户，为10户残疾人家庭发放燃油补贴资金2600元，为4户残疾家庭上报种植、养殖补贴4000元，为甘城子分场张宏伟捐款7700元，为18户职工发放2017年林木良种补贴资金23.5万元。争取金秋助学金1.6万元帮助4户贫困家庭学生上学，为21人争取发放独生子女费1.26万元，为1户单身母亲争取妇联救助1000元，为6名职工争取市总工会大病救助资金2万元，为46户困难群众免费安装净水器46台。组织全场职工参加社会养老保险、医疗保险、工伤保险和失业保险等，全年为职工缴纳各类保险金650.33万元。其中，基本养老金457.26万元、医疗保险金162.5万元、工伤保险11.2万元、生育保险4.9万元、失业保险14.47万元。补发退休工人差额工资近82.7万元。

【科技培训】 2017年，树新林场实施科技兴场战略，组织职工参与各类技术培训。至年底，开展各类培训32场次2100人次，组织职工外出观摩学习8次86人次。

【社会治安综合治理】 2017年，树新林场落实综治工作责任制，强化社会治安综合治理各项措施，每季度召开综治工作例会，听取各分场综治工作汇报。加大各分场夜间巡查和职工群防群治工作力度，做好辖区日常巡逻工作。加大铁路沿线巡护力度，与职工签订家庭护路责任承诺卡，并对铁路桥涵进行重点巡防检查，推行“建章立制，层层签约，夯实基础，纳入考核，跟踪帮教，突出挽救”等措施，动员全体干部职工共同参与、共同防治。开展“无毒单位”创建活动，加强禁毒工作宣传，确保禁毒工作取得实效。做好“七五”普法工作，通过组织学习、专题辅导、悬挂条幅等形式，提高全场干部职工学法、用法、守法意识。配合市民政局做好辖区中法葡萄酒庄集群示范区坟墓搬迁工作。至年底，完成搬迁任务1999座，兑付搬迁安置费296万元。

【群团组织】 2017年，树新林场制定女职工劳动保护工作制度，建立职工维权“两书”工作制度，做好女职工劳动安全保护工作；开展工资集体协商工作，签订工资集体协商合同，建立职工抱怨单工作机制，完成工会换届选举工作；开展工会维权帮扶救助工作，建立困难职工档案，做好困难单亲女职工、“两癌”女职工帮扶救助工作。争取工会两节慰问资金4.2万元慰问66户困难职工；开展职工劳动技能培训、家庭教育和生殖健康知识讲座。加强妇联自身发展，建立林苑社区“妇女之家”活动阵地。开展家庭教育、康乃馨关爱单亲母亲、妇女健康“两癌”免费筛查等活动，利用“3·5”学习雷锋日、“三八”妇女节、“母亲节”日契机，开展巾帼志愿者服务活和好媳妇、好婆婆、巾帼致富女能手、“巾帼建功”示范创建、和谐文明家庭等评选表彰活动，做好妇女儿童维权、困难妇女家庭帮扶救助工作。开展《妇女儿童权益保障法》《中华人民共和国婚姻法》等有关妇女儿童法律法规宣传，做好2017年妇女创业小额贴息担保贷款工作。为25户创业妇女争取贷款247万元，做好“妇女创业示范基地”创建、妇女创业典型示范户的培育工作，开展家庭教育、手工技能培训等活动，提高林场妇女素质和创业能力。

【文体活动】 2017年，树新林场举办春节联欢会、全场女职工“三八”妇女节趣味运动会、“3·5”志愿者服务、庆“七一”职工运动会等活动，丰富干部职工精神文化生活。组队参加全市春节社火表演，获三等奖。

【信访维稳和安全生产】 2017年，树新林场建立健全信访组织机构和信访信息网络体系，落实领导包案化解责任制，按月排查矛盾纠纷和通报重点信访问题包案化解情况，确保重大活动、节日期间无进京、赴银川上访。全年排查矛盾纠纷5件，已化解4件。定期或不定期对辖区内渔池、砂场、煤场等45家企业和商店、饭馆等12家商铺开展安全生产大检查活动，制作安全警示牌5块，悬挂宣传条幅6条，与辖区内企业签订安全生产责任书57份。

【党务场务公开工作】 2017年，树新林场全年公开重大决策、干部推荐任免、项目建设、大额资金使用、组织建设、强农惠农政策、水费等重要内容30期，保障职工群众知情权、决策权、参与权和监督权。

【计划生育工作】 2017年，树新林场创新计划生育服务工作机制和工作方法，通过开展生育知识培训，发放计生宣传画，办好宣传橱窗等，大力倡导婚育文明新风尚。做好育龄妇女生殖健康、两癌免费检查、全面二孩政策宣传、2017年度独生子女费审核发放等工作，为85名女职工办理妇女“爱妮保”健康保险。

（刘　波）

良种繁殖场

【概况】 市良种繁殖场(简称“良繁场”）位于市政府以北7公里处、小李公路东侧。是市人民政府直属事业单位，主要承担区内小麦、水稻、玉米等农作物品种的提纯复壮,新品种展示、试验、示范以及稻、麦原良种繁育。占地面积4300亩,其中耕地3800亩。辖4个专业队和1个分场,总人口450人。其中,机关工作人员25人、在职职工157人、退休人员176人。2017年，市良繁场紧盯“种业立场、项目强场、实干兴场”发展目标,搭建农作物良种繁育、无公害港菜基地、生态养殖三大发展平台,打造新品种展示园区、新品系蔬菜制种两大亮点，全年流转土地1200亩，建设生态养殖场4个，生猪饲养量达到5939头,奶牛、肉牛存栏823头,羊饲养量达到3200只。

【良种繁育】 2017年，良繁场与自治区农科院农作物研究所协作,落实水稻、小麦“三圃”提纯复壮基地54亩、水稻新品种试验示范展示园区302亩，合作建立国审新品种宁J2038和J304小麦原种扩繁基地508亩。与宁夏科泰种业公司合作，建立优质水稻良种繁育基地2160亩、麦后复种蔬菜350亩。以银川大夏种业公司为龙头,引领职工群众发展番茄、西瓜、西葫芦等蔬菜新品系杂交制种113亩。

【项目建设】 2017年,良繁场争取区财政“一事一议”奖补项目资金50余万元，扩建职工休闲文化广场，配置体育健身器材、广场舞台,方便职工群众开展健身活动。投入项目资金40余万元,新建唐西分场强排站,解决多年因中干沟上段排水不畅造成唐西分场地下水位过高而影响粮食生产问题。争取区农科院农业资源环境研究所技术支持,协同市农综办落实唐西分场盐碱地综合改良试验项目570亩。引资900余万元,建成唐西分场木材加工厂，解决26名分场职工就业问题。

【特色产业】 2017年，良繁场建立农作物新品种展示示范园区,承担自治区及农作物研究所水稻、小麦、玉米新品种区域试验和展示示范4组45个品种，受到区、市领导及国家级科研部门专家好评。唐西分场盐碱综合改良试验项目经验在全区推广。投入2200万元，建设宁夏鑫茂源冷链物流专业合作社泡沫箱厂，年底部分投入生产。

【基础设施建设】 2017年，良繁场加强场区庄点绿化美化，在场区主干道栽植花灌木，安装太阳能路灯，栽植各类绿化苗木3500余株。改造老场及唐西分场片区基本农田水利设施，新建排涝泵站1座。开展农田水利建设,高标准复整土地0.3万亩，清淤沟渠79条40.4公里,完成农路建设32条17.9公里、畦田建设0.2万亩，新栽植绿化苗木0.22万株，涂红刷白林木0.8万株。

【社会保障】 2017年年内，良繁场审核发放低保金45.93万元、冬令春荒补助资金3.6万元、民族团结困难补贴3.8万元、取暖补贴2.1万元、临时救助0.5万元、残疾人慰问资金0.16万元、大病医疗救助资金9040元。

【培训服务】 2017年年内，良繁场组织农业技术培训210余人次，发放人口计生宣传品850余份，为群众提供计生优质服务60余人次。

【两大任务”】 2017年,良繁场完

成招商引资任务2100万元，占市委、政府下达年度目标任务的105%；完成上争项目资金384万元，占市委、政府下达年度目标任务的110%。

（张国成）

宁夏国营连湖农场

【概况】 2017年，宁夏国营连湖农场(宁夏农垦连湖农场有限公司)实现农垦生产总值10373万元，其中实现营业收入9860万元。清收各类欠款52万元。职工年人均收入达到3.2万元。上交集团公司资源收益费44.7万元，较好完成集团公司年初下达的各项目标任务，总体呈现出稳中有进发展态势。

【农业生产】 2017年，农场协调指导双丰蔬菜服务中心拓宽种苗订单销售渠道，全年繁育销售各类种苗681万株，实现收入110万元、利润14万元；种子管理站全年销售水稻种子289吨，实现收入121.9万元、实现利润12万元。

【工业生产】 2017年，农场粮油公司面对复杂多变市场竞争形势，全年生产大米139吨，销售123吨，实现收入80万元、利润2.6万元；泡沫箱厂克服原材料大幅度涨价等因素影响，全年生产泡沫箱51.4万套，销售51.8万套，生产销售注塑筐1.9万个，实现收入313万元。

【种植结构调整】 2017年，农场粮食种植面积2.01万亩。其中，小麦播种面积2336.98亩、水稻播种面积8091.27亩、玉米(青贮)种植面积9711.04亩。小麦、水稻、玉米平均单产分别为530公斤、725公斤、921公斤。农业种植收入同2016年相比呈现出增长态势。

【种子产业发展与新品种展示】 2017年，农场配合贺兰山种业公司在农场农二队、农三队建立农作物种子新品种展示区3个，面积2082亩，其中小麦繁育1062亩、水稻繁育1000亩、玉米繁育20亩。承担自治区春小麦区域试验品种14个、参试品种生产示范2个、新品种试验2个、水稻区域试验早晚熟品种各10个、生产示范品种10个、玉米繁育展示及区域试验品种20多个。

【设施蔬菜】 2017年年内，农场种植各类蔬菜3893.19亩，占耕地面积的16%。其中，供港蔬菜2878.73亩、设施温棚999.96亩、大地蔬菜14.5亩。

【酿酒葡萄】 2017年，农场协调指导宁夏农垦连湖葡萄发展有限公司通过实施低产园改造技术措施和“定额成本、目标产量、绩效工资”相结合园长责任承包经营模式，实现葡萄产量稳步增长。全年葡萄生产面积6286亩，总产量达3756吨。

【基础设施建设】 2017年，农场投资60.3万元，完成农四队、农七队渠道砌护工程。投资79万元，完成农六队泵站建设。投资303.23万元，完成财政小农水东支渠砌护工程。

【项目建设】 2017年，农场申报300万元财政小农水连湖农场五队泵站工程项目，年底进入招标程序；争取286万元危房改造连心小区配套基础设施项目，前期工程年底完工，后续工程正在施工。实施4362万元高标准农田建设国土整治项目，一期建设规模1.25万亩，计划投资1839万元；二期建设规模1.12万亩，计划投资1523万元。年内完成项目设计，实施施工招标。

【拆迁安置】 2017年，按照农垦集团公司党委关于连湖农场有限公司农六队实施整体拆迁工作部署和青铜峡市庄点拆除整体要求，农场（公司）党委研究决定对农六队居民点实施整体拆除搬迁。连湖六队居民区住户116户，其中本场职工家属住户47户、外来自流移民住户69户，房屋建筑面积14820平方米。拆迁安置工作自3月8日开始至4月30日结束，签订拆迁协议102户，拆除102户，完成总体拆迁任务的87.9%。年内完成拆迁置换安置81户。

【管理体制改革】 2017年10月，根据宁垦集团《关于设立集团公司监事会和整合部分子公司的通知》文件精神，将宁夏农垦连湖葡萄发展有限公司整合到宁夏农垦连湖农场有限公司，其债权债务由宁夏农垦连湖农场有限公司承接。

【土地管理】 年初，农场制发《宁夏农垦基本农田保护九项制度》《连湖农场有限公司2017年国土资源动态巡查工作方案》《连湖农场有限公司经营性土地竞价规程》，规范经营性土地承包。同时，加强土地动态巡查，采取有效措施，制止私搭乱建行为，年内辖区内未出现卫片图斑。

【农田水利建设】 2017年，农场出动机械台班81次，投入人工3520个，共疏通支斗农沟21条16.8公里，清淤支斗农渠43条47.3公里，完成土石方25200立方米，整修农路12条22.2公里，平整林带81亩，实施机深松6500亩、激光平地6000亩。

【安全生产】 2017年，强化“生产必须安全”理念，调整安全生产领导小组，制定应急预案，与各基层单位鉴订安全生产责任书，明确第一责任人职责。全面落实企业安全生产主体责任，开展“安全生产月”宣传教育活动，全年开展安全生产检查4次，未发生安全生产事故。

【防汛抗旱】 2017年，农场成立防汛抗旱指挥部，制定防汛预案并建立值班制度，对一一支沟李俊段进行疏通。

【动物防疫】 2017年，农场加大动物防疫工作力度，全年进行普防2次，接种疫苗7000余支，免疫度均达到95%以上，无疫情发生。

【财务管理】 2017年，农场强化资产管理，全面开展清产核资，完成公司清产核资工作。制定土地收益使用管理办法，推进退休职工收回土地竞价承包。强化成本管控，加大监督检查力度，提升规范化管理水平。制定《连湖农场有限公司2017年生产经营责任制》和《连湖农场有限公司2017年财务预算管理办法》，成员进行3人对项目建设招标领导小组和材料采购固定资产购买领导小组。

【社会保障】 2017年年内，农场为202户职工家庭发放扶贫救助金41.5万元，为3名高考上线学生发放金秋助学金1.5万元。开展职工医疗互助活动，收缴医疗互助金1.56万元。筹集资金4.95万元，慰问老党员和困难职工。以社区为平台，做好低保救助、危房补贴、残疾人救助等工作，全年为158户低收入家庭发放低保金193.8万元，为164户困难群众发放危房补贴40万元，为156名不同程度残疾人员发放残疾救助金20.4万元，为4050人员办理社保补助。

【信访维稳】 2017年，场部办与各单位签订责任书，落实信访维稳责任制，维护企业生产经营正常运行。全年化解处理信访问题11件。

（王建宏）

荣誉榜

编辑◎乔才山

先进集体

省部级先进集体名录

【2013—2016全国平安建设先进县(市、区、旗)】

青铜峡市

颁奖单位:中央社会治安综合治理委员会

颁奖时间:2017年9月19日

【全国文明单位】

青铜峡市市场监督管理局、青铜峡市国家税务局

颁奖单位:中央精神文明建设指导委员会

颁奖时间:2017年11月

【全国文明村镇】

青铜峡市峡口镇、邵岗镇沙湖村、陈袁滩镇补号村

颁奖单位:中央精神文明建设指导委员会

颁奖时间:2017年11月

【民革全国社会服务工作先进集体】

民革青铜峡市委员会法律咨询服务中心

颁奖单位:中国国民党革命委员会中央委员会

颁奖时间:2017年10月

【2016年度全国五四红旗团委(团支部)】

青铜峡市邵岗中学团支部

颁奖单位:共青团中央委员会

颁奖时间:2017年5月2日

【2016年全国公安机关执法示范单位】

青铜峡市公安局

颁奖单位:公安部

颁奖时间:2017年1月

【全国优秀公安局】

青铜峡市公安局

颁奖单位:公安部

颁奖时间:2017年5月19日

【全国公安机关深入推进户口管理清理整顿工作成绩突出集体】

青铜峡市公安局治安大队

颁奖单位:公安部

颁奖时间:2017年1月10日

【2017年全国青少年“未来之星”阳光体育大会文化交流展示活动优秀组织奖】

青铜峡市教育局、第四中学

颁奖单位:国家体育总局、教育部、共青团中央

颁奖时间:2017年7月16日

【2017年全国青少年校园足球特色学校】

青铜峡市第四小学

颁奖单位:教育部

颁奖时间:2017年6月29日

【全国农牧渔业丰收奖二等奖】

青铜峡市农技推广服务中心

颁奖单位:农业部

颁奖时间:2016 年 12 月

【全国农民用水合作示范组织】

青铜峡市甘城子灌区农民用水者协会

颁奖单位:农业部、国家发展和改革委员会、财政部、水利部、国家税务总局、国家工商行政管理总局、国家林业局、中国银行业监督管理委员会、中华全国供销合作总社

颁奖时间:2016 年 12 月 26 日

【全国一村一品示范村镇】

青铜峡市叶盛镇

颁奖单位:农业部

颁奖时间:2017 年 7 月

【国家农民合作社示范社】

青铜峡市小云林果专业合作社

颁奖单位:农业部、国家发展和改革委员会、财政部、水利部、国家税务总局、国家林业局、国家工商管理总局、中国银行监督管理委员会、中华全国供销合作总社

颁奖时间:2016 年 12 月

【中国少数民族特色村寨】

青铜峡镇同兴村

颁奖单位:国家民族事务委员会

颁奖时间:2017 年 3 月 3 日

【“我爱绿色生活——2017 年全国青少年科学调查体验活动”优秀活动示范学校】

青铜峡市第五中学

颁奖单位:中国科协、教育部、国家发展和改革委员会、中央文明办、中国科协青少年科技活动中心

颁奖时间:2017 年 11 月

【全国青少年普法教育示范区】

青铜峡市

颁奖单位：中国关心下一代工作委员会、司法部、中央社会治安综合治理委员会办公室

颁奖时间:2017 年 8 月 6 日

【第三届“关爱明天、普法先行”——青少年普法教育活动先进单位】

青铜峡市关心下一代工作委员会、司法局、教育局

颁奖单位：中国关心下一代工作委员会、司法部、中央社会治安综合治理委员会办公室

颁奖时间:2017 年 8 月 6 日

【第三届“关爱明天、普法先行”——青少年普法教育活动优秀组织奖】

青铜峡市裕民街道办事处、邵岗镇、第七中学

颁奖单位：中国关心下一代工作委员会、司法部、中央社会治安综合治理委员会办公室

颁奖时间:2017 年 8 月 6 日

【第三届“关爱明天、普法先行”——青少年普法教育活动“零犯罪学校”】

青铜峡市第五中学、汉坝小学、地三小学、沈闸中心小学、甘城子中心学校

颁奖单位：中国关心下一代工作委员会、司法部、中央社会治安综合治理委员会办公室

颁奖时间:2017 年 8 月 6 日

【2017“中华大家园”全国关爱各族少年儿童夏令营活动优秀组织奖】

青铜峡市妇女联合会

颁奖单位:中国关心下一代工作委员会、国家民族事务委员会、联合国儿童基金会

颁奖时间:2017 年 8 月

【国家湿地公园】

宁夏青铜峡鸟岛湿地公园

颁奖单位:国家林业局

颁奖时间:2016 年 12 月

【全国科协系统先进集体标兵】

青铜峡市科学技术协会

颁奖单位:人力资源社会保障部、中国科学技术协会

颁奖时间:2017 年 4 月

【2013—2016 年度全国群众体育先进单位】

青铜峡市文化体育广电局

颁奖单位:国家体育总局

颁奖时间:2017 年 8 月

【第二届全国敬老文明号】

青铜峡市陈袁滩镇

颁奖单位:全国老龄工作委员会

颁奖时间:2017 年 3 月 27 日

【全区先进基层党组织】

宁夏大唐国际大坝发电有限责任公司党委

吴忠市消防支队青铜峡市大队党委

颁奖单位:中共宁夏回族自治区委员会

颁奖时间:2016 年 6 月 26 日

【自治区首批特色产业示范村】

青铜峡市叶盛镇地三村

颁奖单位:中共宁夏回族自治区委员会

颁奖时间:2016 年 12 月

【2016 年度全区效能目标管理考核优秀等次】

青铜峡市

颁奖单位:中共宁夏回族自治区委员会、宁夏回族自治区人民政府

颁奖时间:2017 年 2 月 21 日

【2016 年招商引资一等奖】

青铜峡市

颁奖单位:宁夏回族自治区人民政府

颁奖时间:2017 年 1 月 26 日

【2016 年度卫生计划生育工作综合目标管理考核二等奖】

青铜峡市

颁奖单位:宁夏回族自治区人民政府

颁奖时间:2017 年 1 月 21 日

【2014—2016 全区计划生育工作五星级乡(镇、街道)】

青铜峡市小坝镇、瞿靖镇

颁奖单位:宁夏回族自治区人民政府

颁奖时间:2017 年 1 月

【全区公安系统模范集体】

青铜峡市消防大队

颁奖单位:宁夏回族自治区人民政府

颁奖时间:2017 年 8 月 28 日

【2016 年度先进基层武装部】

青铜峡市青铜峡镇人民武装部

颁奖单位:宁夏军区

颁奖时间:2017 年 1 月

厅局级先进集体名录

【第二届“万步有约”职业人群健走激励大奖赛优秀示范区奖】

青铜峡市

颁奖单位:中国疾病预防控制中心、慢性非传染性疾病预防控制中心

颁奖时间:2017 年 11 月 1 日

【2016 年度平安县(市、区)】

青铜峡市

颁奖单位:宁夏回族自治区社会治安综合治理委员会

颁奖时间:2017 年 1 月 23 日

【2016 年度全区农田水利基本建设“黄河杯”一等奖】

青铜峡市

颁奖单位:宁夏回族自治区农田水利基本建设指挥部

颁奖时间:2017 年 2 月

【2016 年度全区基本公共卫生服务项目绩效考核第一名】

青铜峡市

颁奖单位：宁夏回族自治区卫生和计划生育委员会、财政厅

颁奖时间：2017 年 4 月 21 日

【2016 年度全区信访工作责任目标管理考核先进县】

青铜峡市

颁奖单位：宁夏回族自治区信访工作联席会议

颁奖时间：2017 年 2 月 20 日

【全区住房保障档案规范化管理示范单位】

青铜峡市

颁奖单位：宁夏回族自治区住房和城乡建设厅

颁奖时间：2017 年 7 月

【2016—2017 年度自治区平安渔业示范县】

青铜峡市

颁奖单位：宁夏回族自治区农牧厅、安全生产监督管理局

颁奖时间：2017 年 10 月

【宁夏教育信息化达标县】

青铜峡市

颁奖单位：宁夏回族自治区教育厅

颁奖时间：2017 年 12 月 1 日

【“四好农村路”示范县】

青铜峡市

颁奖单位：宁夏回族自治区交通运输厅

颁奖时间：2017 年 4 月 25 日

【2016 年度粮食安全省长责任制考核优秀等次】

青铜峡市

颁奖单位：宁夏回族自治区粮食安全省长责任考核办

颁奖时间：2017 年 6 月 12 日

【自治区级妇幼健康优质服务示范县】

青铜峡市

颁奖单位：宁夏回族自治区卫生和计划生育委员会办公室

颁奖时间：2017 年 11 月 6 日

【全国“五好”县级工商联】

青铜峡市工商联

颁奖单位：全国工商联办公厅

颁奖时间：2017 年 12 月 8 日

【2017 年民营企业调查点工作优秀基层工商联】

青铜峡市工商联

颁奖单位：全国工商联办公厅

颁奖时间：2017 年 11 月

【2017 年全国广场舞大赛(湖南南县站)特等奖、体育道德风尚奖】

青铜峡“峡光舞蹈队

颁奖单位：国家体育总局社会体育指导中心、中国社会体育指导员协会

颁奖时间：2017 年 10 月 13 日

【2017 年全国广场舞大赛总决赛（海南·陵水）三等奖、团队风采奖】

青铜峡市峡光舞蹈队

颁奖单位：国家体育局社会体育指导中心、中国社会体育指导员协会

颁奖时间：2017 年 11 月

【2017 年度全国妇女新闻宣传阵地建设突出贡献奖】

青铜峡市妇女联合会

颁奖单位：中国妇女报社

颁奖时间：2017 年 9 月 7 日

【全国推动厂务公开民主管理工作先进单位】

宁夏大唐国际大坝发电有限责任公司、宁夏金昱元化工集团有限公司

颁奖单位：全国厂务公开协调小组办公室

颁奖时间：2017 年 7 月 20 日

【2017 第十七届全国 QC 小组成果发表赛一等奖】

青铜峡市供电公司精益 QC 小组

颁奖单位:中国质量协会、中国质量杂志社

颁奖时间:2017 年 5 月

【2017 年青少年科学调查体验活动优秀示范学校】

青铜峡市第五中学

颁奖单位:中国科协科普活动中心、教育部基础教育司、国家发改委高技术产业司、中央文明办三局、共青团中央学校部

颁奖时间:2017 年 11 月

【全国五星乡镇农技推广机构】

青铜峡市瞿靖镇农业技术推广站

颁奖单位:全国农业技术推广服务中心

颁奖时间:2017 年 6 月 26 日

【2017 年第六届全国全民健身操舞大赛宁夏赛区暨“民生地产杯”全区健美操、啦啦操锦标赛优秀组织奖】

青铜峡市教育局

颁奖单位:国家体育总局体操运动管理中心、中国健美操协会、全国全民健身操舞推广委员会、宁夏健美运动协会

颁奖时间:2017 年 6 月

【2016 年度全国最佳网校】

青铜峡市汉坝小学

颁奖单位:中国现代教育网、全国中小学网校大赛组委会

颁奖时间:2017 年 2 月

【2016 年度全区组织系统宣传工作先进单位】

青铜峡市委组织部

颁奖单位:宁夏回族自治区党委组织部

颁奖时间:2017 年 3 月

【2012—2016 年度全区机关干部“下基层”活动先进单位】

青铜峡市委组织部

颁奖单位:宁夏回族自治区党的建设领导小组

颁奖时间:2017 年 3 月

【“推进全面从严治党”主题征文活动优秀组织奖】

青铜峡市委宣传部

颁奖单位:宁夏回族自治区党委宣传部

颁奖时间:2017 年 8 月

【书香乡镇】

青铜峡市叶盛镇

颁奖单位:宁夏回族自治区党委宣传部、宁夏回族自治区新闻出版广电局

颁奖时间:2017 年 8 月

【自治区级文明单位】

青铜峡市城关派出所、宁夏渠首管理处

颁奖单位: 宁夏回族自治区精神文明建设指导委员会

颁奖时间:2017 年 4 月 12 日

【第二届自治区美丽乡村文明创建工程示范镇】

青铜峡市叶盛镇

颁奖单位: 宁夏回族自治区精神文明建设指导委员会

颁奖时间:2017 年 10 月

【2017—2020 年度自治区级文明村镇】

青铜峡市陈袁滩镇、叶盛镇五星村

颁奖单位: 宁夏回族自治区精神文明建设指导委员会

颁奖时间:2017 年 4 月

【自治区级文明村】

青铜峡市小坝镇小坝村

颁奖单位: 宁夏回族自治区建设文明建设指导委员会

颁奖时间:2017 年 11 月

【第四届宁夏志愿服务项目大赛金奖】

青铜峡市陈袁滩镇唐滩村巾帼志愿服务队

颁奖单位:宁夏回族自治区文明办、民政厅、共青团宁夏回族自治区委员会、水利厅、残疾人联合会、禁毒委员会

颁奖时间:2017 年 11 月 13 日

【第四届宁夏志愿服务项目大赛——青少年禁毒预防教育志愿服务铜奖】

青铜峡市第六中学

颁奖单位:宁夏回族自治区文明办、民政厅、共青团宁夏回族自治区委员会、水利厅、残疾人联合会、禁毒委员会

颁奖时间:2017 年 11 月 13 日

【第四届宁夏志愿服务项目大赛—创新教育模式——“校园妈妈”在行动优秀奖】

青铜峡市中滩中心小学

颁奖单位:宁夏回族自治区文明办、民政厅、共青团宁夏回族自治区委员会、水利厅、残疾人联合会、禁毒委

颁奖时间:2017 年 11 月 13 日

【党的十九大安保维稳工作先进集体】

青铜峡市人民法院、陈袁滩派出所

颁奖单位：宁夏回族自治区社会治安综合治理委员会

颁奖时间:2017 年 12 月

【2017 年度全区地方志工作先进集体】

青铜峡市党史地方志编纂委员会办公室

颁奖单位:宁夏回族自治区地方志编审委员会

颁奖时间:2017 年 12 月

【自治区劳模创新工作室】

胡学文创新工作室　宁夏塞外香食品有限公司

颁奖单位:宁夏回族自治区总工会

颁奖时间:2016 年 12 月 21 日

【2017 年自治区五一劳动奖状】

宁夏塞外香食品有限公司

颁奖单位:宁夏回族自治区总工会

表彰时间:2017 年 4 月 24 日

【2017 年自治区工人先锋号】

宁夏大唐国际大坝发电有限责任公司维护部电气班

颁奖单位:宁夏回族自治区总工会

表彰时间:2017 年 4 月 24 日

【2014—2016 年度全区“五四红旗团委”】

青铜峡市高级中学团委

颁奖单位:共青团宁夏回族自治区委员会

颁奖时间:2017 年 4 月 30 日

【2014—2016 年度全区“五四红旗团总支”】

青铜峡市公安局团总支

颁奖单位:共青团宁夏回族自治区委员会

颁奖时间:2017 年 4 月 30 日

【2014—2016 年度全区“五四红旗团支部”】

青铜峡市第三中学团支部

颁奖单位:共青团宁夏回族自治区委员会

颁奖时间:2017 年 4 月 30 日

【首批自治区示范性少先队名师工作室】

青铜峡市第五小学

颁奖单位:共青团宁夏回族自治区委员会、自治区教育厅、少先队宁夏回族自治区工作委员会

颁奖时间:2017 年 7 月 4 日

【全区妇女系统 2017 年度效能目标考核先进单位】

青铜峡市妇女联合会

颁奖单位:宁夏回族自治区妇女联合会

颁奖时间:2017 年 12 月

【自治区巾帼建功先进集体】

青铜峡市教育局、宁夏渠首管理处

颁奖单位:宁夏回族自治区妇女联合会

颁奖时间:2017 年 4 月 26 日

【自治区巾帼文明岗】

青铜峡市城市公用事业服务中心暖费收费所、市人民医院财务科、怡园社区、市政管理服务中心收费所

颁奖单位:宁夏回族自治区妇女联合会

颁奖时间:2017 年 4 月 26 日

【自治区巾帼示范基地】

青铜峡市陈袁滩镇沙坝湾村军萍家庭农场

颁奖单位:宁夏回族自治区妇女联合会

颁奖时间:2017 年 9 月 13 日

【全区民族团结进步创建活动示范社区】

青铜峡市裕民街道怡园社区

颁奖单位:宁夏回族自治区民族事务委员会

颁奖时间:2016 年 12 月

【全区民族团结进步创建活动示范村】

青铜峡市叶盛镇五星村

颁奖单位:宁夏回族自治区民族事务委员会

颁奖时间:2016 年 12 月

【第七批全区民族团结进步创建活动示范单位】

青铜峡市峡口镇、大坝镇利民村、青铜峡镇艾山社区、陈袁滩小学

颁奖单位:宁夏回族自治区民族事务委员会

颁奖时间:2017 年 11 月 10 日

【宁夏首届创新方法大赛优秀组织奖】

青铜峡市科学技术协会

颁奖单位:宁夏回族自治区科学技术协会、科学技术厅

颁奖时间:2017 年 10 月

【2017 年度全区科普工作先进集体】

青铜峡市科学技术协会

颁奖单位:宁夏回族自治区科学技术协会

颁奖时间:2017 年 12 月

【第三十二届宁夏青少年科技创新大赛优秀组织单位】

青铜峡市教育局

颁奖单位:宁夏回族自治区科学技术协会、教育厅、科学技术厅、环境保护厅、共青团宁夏回族自治区委员会

颁奖时间:2017 年 4 月 16 日

【第三十二届宁夏青少年科技创新大赛科技教育创新优秀学校】

青铜峡市第五中学

颁奖单位:宁夏回族自治区科学技术协会、教育厅、科学技术厅、环境保护厅、共青团宁夏回族自治区委员会

颁奖时间:2017 年 4 月 16 日

【第四届全区中小学科普剧竞赛展演优秀组织单位】

青铜峡市教育局

颁奖单位:宁夏回族自治区科学技术协会、宁夏回族自治区精神文明指导委员会、教育厅、宁夏广播电视台

颁奖时间:2017 年 10 月

【第四届全区中小学科普剧竞赛展演三等奖】

青铜峡市汉坝小学

颁奖单位:宁夏回族自治区科学技术协会、宁夏回族自治区精神文明指导委员会、教育厅、宁夏广播电视台

颁奖时间:2017 年 11 月

【第四届全区中小学科普剧竞赛展演“优秀组织单位”】

青铜峡市汉坝小学

颁奖单位:宁夏回族自治区科学技术协会、宁夏回族自治区精神文明指导委员会、教育厅、宁夏广播电视台

颁奖时间:2017 年 11 月

【宁夏第二届青少年科学节“优秀组织单位”】

沈闸中心学校

颁奖单位:宁夏回族自治区科学技术协会、宁夏回族自治区教育厅、科学技术厅、宁夏回族自治区精神指导委员会

颁奖时间:2017 年 12 月 6 日

【第 17 届中国青少年机器人(宁夏赛区)竞赛优秀学校】

青铜峡市第五中学

颁奖单位:宁夏回族自治区科学技术协会、教育厅

颁奖时间:2017年5月3日

【第二届全国企业创新方法大赛宁夏分赛暨宁夏首届企业创新方法大赛二等奖】

青铜峡市新大众机械有限公司(“提高残膜回收机卸膜装置的效率”作品)

颁奖单位:宁夏回族自治区科学技术协会、科学技术厅

颁奖时间:2017年11月

【第二届全国企业创新方法大赛宁夏分赛暨宁夏首届企业创新方法大赛优秀奖】

宁夏勤昌滚动轴承有限公司

颁奖单位:宁夏回族自治区科学技术协会、科学技术厅

颁奖时间:2017年11月

【2016年度民营企业信息直报工作先进单位】

青铜峡市工商联

颁奖单位:宁夏回族自治区工商联

颁奖时间:2017年1月21日

【美丽乡村精神文明建设示范点】

青铜峡市青铜峡镇同兴村

颁奖单位:宁夏回族自治区双拥工作领导小组

颁奖时间:2017年3月

【2016年度全区政府系统办公室(厅)工作先进集体】

青铜峡市政府办公室

颁奖单位: 宁夏回族自治区人民政府办公厅

颁奖时间:2017年1月26日

【2011—2015年全区实施妇女儿童发展规划先进集体】

青铜峡市妇女联合会

颁奖单位: 宁夏回族自治区人民政府妇女儿童工作委员会

颁奖时间:2017年2月

【2016年度全区干部网络培训先进组织单位】

青铜峡市委组织部

颁奖单位:宁夏干部教育培训网络学院

颁奖时间:2017年4月

【全区青少年普法教育零犯罪学校】

青铜峡市职教中心

颁奖单位: 宁夏回族自治区关心下一代工作委员会、公安厅

颁奖时间:2017年11日

【自治区公安厅警务保障工作暨“210工程”建设先进集体】

青铜峡市公安局城关派出所

颁奖单位:宁夏回族自治区公安厅

颁奖时间:2016年12月6日

【十九大期间做好军队退役人员稳定工作表现突出单位】

青铜峡市公安局

颁奖单位:宁夏回族自治区公安厅

颁奖时间:2017年12月

【公安厅二等功】

青铜峡市公安局“12·6”专案组

颁奖单位:宁夏回族自治区公安厅

颁奖时间:2017年5月28日

【全区禁毒工作成绩突出集体】

青铜峡市公安局禁毒办

颁奖单位:宁夏回族自治区公安厅

颁奖时间:2017年12月29日

【全区公安警务保障工作暨“210工程”建设工作成绩突出集体】

青铜峡市城关派出所

颁奖单位:宁夏回族自治区公安厅

颁奖时间:2016年12月

【第一届全区公安机关“微改革、微创新”大赛二等奖】

青铜峡市大坝派出所

颁奖单位:宁夏回族自治区公安厅

颁奖时间:2017年5月

【全区优秀人民调解委员会】

青铜峡市叶盛镇人民调解委员会、瞿靖镇人民调解委员会

颁奖单位:宁夏回族自治区司法厅

颁奖时间:2017 年 3 月 23 日

【五星级司法所】

青铜峡市青铜峡镇司法所、陈袁滩镇司法所

颁奖单位:宁夏回族自治区司法厅

颁奖时间:2017 年 11 月 5 日

【五星级和谐社区】

青铜峡市裕民街道东街社区、紫薇社区、怡园社区

颁奖单位：宁夏回族自治区社区建设工作领导小组

颁奖时间:2017 年 1 月

【四星级和谐社区】

青铜峡市裕民街道银河社区、南苑社区、惠源社区、北苑社区

颁奖单位：宁夏回族自治区社区建设工作领导小组

颁奖时间:2017 年 1 月

【全区社区戒毒社区康复工作示范点】

青铜峡市小坝镇

颁奖单位:宁夏回族自治区禁毒委员会

颁奖时间:2017 年 1 月

【自治区毒品预防教育示范学校】

青铜峡市第五中学、第三小学

颁奖单位:宁夏回族自治区禁毒委员会

颁奖时间:2017 年 2 月 2 日

【消防宣传教育示范社区】

青铜峡市裕民街道东街社区

颁奖单位：宁夏回族自治区公安消防总队、民政厅

颁奖时间:2017 年 11 月 5 日

【“五好”乡镇站所】

青铜峡市叶盛镇农业技术推广站、瞿靖镇农业技术推广站

颁奖单位:宁夏回族自治区农牧厅

颁奖时间:2017 年 12 月

【自治区级农民合作社示范社】

青铜峡市叶盛镇五星村土地股份合作社

颁奖单位：宁夏回族自治区农牧厅、工商管理局、供销合作联社

颁奖时间:2017 年 3 月 9 日

【全区水利安全生产和工程质量监督管理工作先进单位】

青铜峡市水务局

颁奖单位:宁夏回族自治区水利厅

颁奖时间:2017 年 2 月

【2016 年度参加全国水利安全生产网络知识竞赛优秀组织单位】

青铜峡市水务局

颁奖单位:宁夏回族自治区水利厅

颁奖时间:2017 年 5 月

【2014—2016 年度取水许可管理先进集体】

渠首管理处

颁奖单位:黄委会黄河上中游管理局

颁奖时间:2017 年 4 月 10 日

【2017 年中国技能大赛宁夏水利行业职业技能竞赛“优秀组织奖”】

宁夏渠首管理处

颁奖单位:宁夏回族自治区水利厅

颁奖时间:2017 年 9 月

【第六届羽毛球运动会优秀组织奖】

宁夏渠首管理处

颁奖单位:宁夏回族自治区水利厅

颁奖时间:2017 年 9 月

【“强基础、转作风、树形象”专项行动表现突出单位】

青铜峡市城市管理综合执法局

颁奖单位:住房和城乡建设部办公厅

颁奖时间:2017 年 11 月 14 日

【2016 年度住房和城乡建设工作先进集体】

青铜峡市住房和城乡建设局

颁奖单位:宁夏回族自治区住房和城乡建设厅

颁奖时间:2017 年 1 月

【2016 年度农村公路养护管理先进集体】

青铜峡市交通运输局

颁奖单位:宁夏回族自治区交通运输厅

颁奖时间:2017 年 1 月 11 日

【2017 年“新春乐”第十三届全区社火大赛金奖】

青铜峡市瞿靖镇社火队

颁奖单位:宁夏回族自治区文化厅

颁奖时间:2017 年 9 月 20 日

【2017 年“新春乐”第十三届全区社火大赛银奖】

青铜峡市邵岗镇社火队、叶盛镇社火队

颁奖单位:宁夏回族自治区文化厅

颁奖时间:2017 年 9 月 20 日

【2017 年“新春乐”第十三届全区社火大赛铜奖】

青铜峡市住房和城乡建设局社火队、小坝镇社火队

颁奖单位:宁夏回族自治区文化厅

颁奖时间:2017 年 9 月 20 日

【2017 年“新春乐”第十三届全区社火大赛优秀组织奖】

青铜峡市文化馆

颁奖单位:宁夏回族自治区文化厅

颁奖时间:2017 年 9 月 20 日

【2016 年全球生源地信用助学贷款工作先进集体】

青铜峡市教育局

颁奖单位:宁夏回族自治区教育厅、国家开发银行宁夏分行

颁奖时间:2017 年 4 月 24 日

【“关爱明天　普法先行”全区青少年普法教育“优秀组织奖”】

青铜峡市教育局、汉坝小学、第六中学、第三小学、铝业学校、职业教育中心

颁奖单位:宁夏回族自治区教育工委、自治区党委宣传部、教育厅、财政厅、公安厅、司法厅、普法办、综治办

颁奖时间:2017 年 11 月

【“关爱明天　普法先行”全区青少年普法教育“零犯罪学校”】

青铜峡市高级中学、第二小学、第七中学、瞿靖中心小学、第六小学、广武中心小学、中滩中心小学、红星中心小学、回民中学、第五小学、沈闸中心小学、第四小学

颁奖单位:宁夏回族自治区教育工委、自治区党委宣传部、教育厅、财政厅、公安厅、司法厅、普法办、综治办

颁奖时间:2017 年 11 月

【“远离毒品危害　成就美好未来”全区中小学生禁毒预防教育才艺大赛优秀组织奖】

青铜峡市教育局

颁奖单位:宁夏回族自治区教育厅、禁毒委员会办公室、宁夏日报报业集团

颁奖时间:2017 年 1 月 6 日

【全区毒品预防优秀课件评选活动“优秀组织奖”】

青铜峡市第四小学

颁奖单位:宁夏回族自治区教育厅、禁毒委员会、文明办、共青团宁夏回族自治区委员会、宁夏日报报业集团

颁奖时间:2017 年 12 月 4 日

【二期“百标工程”优秀项目学校】

青铜峡市第四中学

颁奖单位:宁夏回族自治区教育厅、民族事务委

员会、发展和改革委员会、财政厅

颁奖时间:2017 年 11 月 30 日

【"珍爱生命　远离毒品"全区中小学生毒品预防教育才艺大赛优秀组织奖】

青铜峡市教育局

颁奖单位:宁夏回族自治区教育厅、禁毒委员会、文明办、共青团宁夏回族自治区委员会、宁夏日报报业集团

颁奖时间:2017 年 12 月 4 日

【"珍爱生命,远离毒品"全区中小学生毒品预防教育才艺大赛二等奖】

青铜峡市第六小学

颁奖单位:宁夏回族自治区教育厅、禁毒委员会、文明办、共青团宁夏回族自治区委员会、宁夏日报报业集团

颁奖时间:2017 年 12 月 4 日

【2017 年第六届全国全民健身操舞大赛宁夏赛区暨"民生地产杯"全区健美操、啦啦操锦标赛自选动作"特等奖"】

青铜峡市第二幼儿园

颁奖单位:宁夏回族自治区教育厅、体育局、宁夏健美运动协会

颁奖时间:2017 年 6 月

【2017 年第六届全国全民健身操舞大赛宁夏赛区暨"民生地产杯"全区健美操、啦啦操锦标赛规定动作"一等奖"】

青铜峡市第二幼儿园

颁奖单位:宁夏回族自治区教育厅、体育局、宁夏健美运动协会

颁奖时间:2017 年 6 月

【2017 年第六届全国全民健身操舞大赛宁夏赛区暨"民生地产杯"全区健美操、啦啦操锦标赛规定动作"二等奖"】

青铜峡市第三幼儿园

颁奖单位:宁夏回族自治区教育厅、体育局、宁夏健美运动协会

颁奖时间:2017 年 6 月

【2017 年全区学生排球锦标赛(中学组)道德风尚奖】

青铜峡市第一中学

颁奖单位:宁夏回族自治区教育厅、体育局

颁奖时间:2017 年 11 月 22 日

【全区教育系统优秀党建示范点】

青铜峡市第三小学

颁奖单位:宁夏回族自治区教育工委、自治区教育厅党组

颁奖时间:2017 年 7 月 4 日

【第二届全国学生"学宪法讲完法"活动优秀组织奖】

青铜峡市教育局

颁奖单位:宁夏回族自治区教育厅

颁奖时间:2017 年 10 月

【第十八届全区教育教学信息化大奖赛"优秀组织奖"】

青铜峡市教育局

颁奖单位:宁夏回族自治区教育厅

颁奖时间:2017 年 10 月 19 日

【2016 年民族团结进步模范校】

青铜峡市回民中学、广武中心小学、陈袁滩小学

颁奖单位:宁夏回族自治区教育厅

颁奖时间:2017 年 2 月 8 日

【宁夏教育信息化应用示范校】

青铜峡市铝业学校

颁奖单位:宁夏回族自治区教育厅

颁奖时间:2017 年 12 月 1 日

【全区第六届中小学生安全知识网络竞赛优秀组织奖】

青铜峡市高级中学、第四中学、第七中学、第三小学

颁奖单位:宁夏回族自治区教育厅

颁奖时间:2017 年 3 月 16 日

【全区职业院校信息化大赛优秀组织奖】

青铜峡市职教中心

颁奖单位:宁夏回族自治区教育厅

颁奖时间:2017 年 10 月 13 日

【2016 年度全区审计机关表彰审计项目】

青铜峡市审计局

颁奖单位:宁夏回族自治区审计厅

颁奖时间:2017 年 1 月 21 日

【全区传染病网络直报数字证书全覆盖先进单位】

青铜峡市疾病预防控制中心

颁奖单位:宁夏回族自治区儿童免疫工作和重大疾病防控领导小组办公室、卫生和计划生育委员会

颁奖时间:2017 年 12 月 4 日

【自治区税务系统营改增试点工作先进集体】

青铜峡市国税局

颁奖单位:宁夏回族自治区国税局

颁奖时间:2017 年 7 月

【2017 年中国技能大赛—宁夏机关食堂烹饪及餐厅服务技能竞赛优秀组织奖】

青铜峡市机关事务管理中心

颁奖单位:宁夏回族自治区机关事务管理局、人力资源和社会保障厅、总工会

颁奖时间:2017 年 8 月

【2016 年度全区政务服务工作先进集体】

青铜峡市政务服务中心

颁奖单位:宁夏回族自治区政务中心

颁奖时间:2017 年 2 月 15 日

【2016 年度全区就业信息监控工作先进集体】

青铜峡市就业局

颁奖单位:宁夏回族自治区就业创业服务局

颁奖时间:2016 年 12 月 29 日

【2017 年度全区转移就业工作先进集体】

青铜峡市就业局

颁奖单位:宁夏回族自治区就业创业服务局

颁奖时间:2017 年 12 月 28 日

【2016 年度全区社会保险信息宣传工作先进单位】

青铜峡市社保局

颁奖单位:宁夏回族自治区社保局

颁奖时间:2017 年 2 月 10 日

【2016 年度全区社会保险经办工作先进单位】

青铜峡市社保局

颁奖单位:宁夏回族自治区社保局

颁奖时间:2017 年 2 月 10 日

【2017 年度市县防震减灾工作先进单位】

青铜峡市国土资源局

颁奖单位:宁夏地震局

颁奖时间:2017 年 11 月

【全区承包地确权登记颁证工作先进集体】

青铜峡市农经站

颁奖单位:宁夏回族自治区农村土地承包经营权确权登记工作领导小组办公室

颁奖时间:2017 年 8 月

【2016 年度全区招投标监管工作先进单位】

青铜峡市建设工程招投标管理中心

颁奖单位:宁夏回族自治区建设工程招投标管理中心

颁奖时间:2017 年 3 月

【宁夏免疫规划信息系统实施工作先进单位】

青铜峡市疾病预防控制中心

颁奖单位:宁夏回族自治区儿童免疫工作和重大疾病防控领导小组办公室

颁奖时间:2017 年 12 月 15 日

【肿瘤随访登记工作优秀疾控中心】

青铜峡市疾病预防控制中心

颁奖单位:宁夏回族自治区儿童免疫工作和重大疾病防控领导小组办公室

颁奖时间:2017 年 12 月 15 日

【死因监测工作优秀疾控中心】

青铜峡市疾病预防控制中心

颁奖单位：宁夏回族自治区儿童免疫工作和重大疾病防控领导小组办公室

颁奖时间:2017 年 12 月 15 日

【癫病防治管理治疗和严重精神障碍管理治疗项目工作优秀疾控中心】

青铜峡市疾病预防控制中心

颁奖单位：宁夏回族自治区儿童免疫工作和重大疾病防控领导小组办公室

颁奖时间:2017 年 12 月 15 日

【2017 年度“优秀组织奖”】

青铜峡市人民医院外一科

颁奖单位：宁夏疝与腹壁外科控制中心、宁夏“善施”疝与腹壁外科救助中心

颁奖时间:2017 年 11 月

【2017 年度“最佳协作奖”】

青铜峡市人民医院手术室

颁奖单位：宁夏疝与腹壁外科控制中心、宁夏“善施”疝与腹壁外科救助中心

颁奖时间:2017 年 11 月

【宁夏青铜峡全国毽球公开赛优秀组织奖】

青铜峡市文化体育广电局

颁奖单位:中国毽球协会、宁夏体育局

颁奖时间:2017 年 6 月

【宁夏青铜峡全国毽球公开赛女子平推毽第一名】

青铜峡市

颁奖单位:中国毽球协会、宁夏体育局

颁奖时间:2017 年 6 月

【2017 年宁夏第三届“全民健身节”暨宁夏社会体育指导员交流展示大赛(广场舞)一等奖】

青铜峡市文化馆

颁奖单位:宁夏体育局、宁夏体育总会

颁奖时间:2017 年 9 月

【2017 年度党报发行先进单位】

青铜峡市委宣传部

颁奖单位:宁夏日报报业集团

颁奖时间:2017 年 7 月 1 日

【2016 年度平安火车站(站区)】

青铜峡火车站

颁奖单位：宁夏回族自治区铁路护路联防工作领导小组

颁奖时间:2017 年 3 月

【铁路联防工作先进集体】

邵岗镇玉西村

颁奖单位：宁夏回族自治区铁路护路联防工作领导小组

颁奖时间:2017 年 3 月

【伊协工作先进单位】

青铜峡市伊斯兰教协会

颁奖单位:宁夏回族自治区伊斯兰教协会

颁奖时间:2016 年 12 月

【解经工作先进单位】

青铜峡市伊斯兰教协会

颁奖单位:宁夏回族自治区伊斯兰教协会

颁奖时间:2016 年 12 月

【信息调研工作先进单位】

青铜峡市伊斯兰教协会

颁奖单位:宁夏回族自治区伊斯兰教协会

颁奖时间:2017 年 12 月

【解经工作先进单位】

青铜峡市伊斯兰教协会

颁奖单位:自治区伊斯兰教协会

颁奖时间:2017 年 12 月

吴忠市级先进集体名录

【吴忠市双拥模范城(县)创建工作先进单位】

青铜峡市民政局、市场监督管理局、青铜峡镇人民政府、宁夏金昱元化工集团有限公司

颁奖单位：中共吴忠市委员会、吴忠市人民政府、吴忠军分区

颁奖时间：2017 年 1 月 6 日

【2016 年度扶贫开发工作先进县(市、区)】

青铜峡市

颁奖单位：中共吴忠市委员会、吴忠市人民政府

颁奖时间：2017 年 3 月 1 日

【2016—2019 年度吴忠市级文明单位】

青铜峡市人大常委会办公室、政协办公室、市委政法委、市委统战部、团市委、发展和改革局、工业信息化和商务局、公安局、林业局、农牧和科学技术局、社会保险事业管理局、市场监管局河西市场监管所、道路运输管理所、妇幼保健所、河东派出所、高级中学、第三中学、第四小学、宁夏渠首管理处、宁夏渠首管理处大坝管理所、青铜峡市烟草专卖局、国网青铜峡市供电公司、长庆油田公司宁夏供应转运站、中国人寿青铜峡支公司、中国移动青铜峡分公司

颁奖单位：中共吴忠市委员会、吴忠市人民政府

颁奖时间：2017 年 4 月 24 日

【2016—2019 年度吴忠市级文明村镇】

青铜峡市大坝镇利民村、上滩村，瞿靖镇、蒯桥村、时坊村、瞿靖村，邵岗镇、玉泉村，陈袁滩镇袁滩村

颁奖单位：中共吴忠市委员会、吴忠市人民政府

颁奖时间：2017 年 4 月 24 日

【科普工作先进集体】

青铜峡市科协

颁奖单位：中共吴忠市委员会、吴忠市人民政府

颁奖时间：2017 年 5 月

【科研平台建设奖】

宁夏家道回乡农业开发有限公司、宁夏正鑫源现代农业发展集团有限公司、宁夏顺宝现代农业股份有限公司、宁夏勤昌滚动轴承制造有限公司、宁夏圣花米来生物工程有限公司

颁奖单位：中共吴忠市委员会、吴忠市人民政府

颁奖时间：2017 年 7 月 5 日

【国家知识产权优势企业】

中电投宁夏青铜峡能源铝业集团有限公司

颁奖单位：中共吴忠市委员会、吴忠市人民政府

颁奖时间：2017 年 7 月 5 日

【第二届最美吴忠人】

青铜峡市陈袁滩镇唐滩村巾帼志愿服务队

颁奖单位：中共吴忠市委员会、吴忠市人民政府

颁奖时间：2017 年 4 月 24 日

【2014—2016 周期吴忠市计划生育四星级乡(镇、街道)】

青铜峡市峡口镇、大坝镇

颁奖单位：吴忠市人民政府

颁奖时间：2017 年 2 月 15 日

【2016 年度卫生计划生育工作综合目标管理考核二等奖】

青铜峡市

颁奖单位：吴忠市人民政府

颁奖时间：2017 年 2 月 16 日

【吴忠市首届青少年科技创新摇篮奖】

青铜峡市第一中学

颁奖单位：吴忠市人民政府

颁奖时间：2017 年 10 月 13 日

青铜峡市级先进集体名录

【2016 年度效能目标综合考核先进单位】

1.乡镇类

授予叶盛镇效能目标综合考核一等奖；

授予峡口镇效能目标综合考核二等奖；

授予邵岗镇、瞿靖镇效能目标综合考核三等奖；

分别奖励以奖代补资金15万元、13万元、10万元。

2.经济工作类

授予发改局效能目标综合考核一等奖；

授予经济技术合作局、市场监督管理局效能目标综合考核二等奖；

授予水务局、国土资源局效能目标综合考核三等奖；

分别奖励以奖代补资金5万元、4万元、3万元。

3.综合服务管理类

授予公安局效能目标综合考核一等奖；

授予教育局、审计局效能目标综合考核二等奖；

授予统计局、司法局效能目标综合考核三等奖；

分别奖励以奖代补资金5万元、4万元、3万元。

4.党群工作类

授予纪委、政研室效能目标综合考核一等奖；

授予市委办、政府办效能目标综合考核二等奖；

授予组织部、统战部、宣传部效能目标综合考核三等奖；

分别奖励以奖代补资金4万元、3万元、2万元。

5.社会事业类

授予史志办效能目标综合考核一等奖；

授予农综办效能目标综合考核二等奖；

授予政务服务中心、机关事务管理中心效能目标综合考核三等奖；

分别奖励以奖代补资金4万元、3万元、2万元。

【2016年度单项工作考核先进单位】

1.效能目标考核争先进位奖

水务局、审计局、纪委、国土资源局、交通运输局、司法局、统战部、民族宗教事务局

分别奖励以奖代补资金1万元。

2.“双百”项目建设先进单位

一等奖:发展和改革局

二等奖:嘉宝轻纺工业园管委会、交通运输局

三等奖:工业信息化和商务局、旅游局、青铜峡镇

分别奖励以奖代补资金4万元、3万元、2万元。

3.促进工业发展先进单位

一等奖:嘉宝轻纺工业园管委会

二等奖:人大办、政协办

三等奖:市场监督管理局、国土资源局、环境保护局

分别奖励以奖代补资金4万元、3万元、2万元。

4.农业农村工作先进单位

一等奖:叶盛镇

二等奖:大坝镇　农牧和科技局

三等奖：陈袁滩镇　林业局　农业综合开发办公室

分别奖励以奖代补资金4万元、3万元、2万元。

5.旅游业发展先进单位

一等奖:旅游局

二等奖:文化体育广电局　叶盛镇

三等奖:交通运输局　小坝镇　青铜峡镇

分别奖励以奖代补资金4万元、3万元、2万元。

6.党的基层组织建设先进单位

一等奖:叶盛镇　公安局

二等奖:瞿靖镇　市场监督管理局

三等奖:邵岗镇　发展和改革局　裕民街道

分别奖励以奖代补资金3万元、2万元、1万元。

7.纪检监察工作先进单位

一等奖:大坝镇　公安局

二等奖:峡口镇　教育局

三等奖:邵岗镇　市委办　市场监督管理局

分别奖励以奖代补资金3万元、2万元、1万元。

8.宣传思想文化工作先进单位

一等奖:瞿靖镇　宣传部

二等奖:陈袁滩镇　教育局

三等奖：裕民街道　文化体育广电局　妇　联

分别奖励以奖代补资金 3 万元、2 万元、1 万元。

9.平安建设先进单位

一等奖：峡口镇

二等奖：小坝镇

三等奖：叶盛镇

先进单位：公安局、政法委、司法局、市场监督管理局

获一、二、三等奖的镇分别奖励以奖代补资金 8 万元、7 万元、6 万元；先进单位分别奖励以奖代补资金 2 万元。

10.精准扶贫先进单位

一等奖：邵岗镇

二等奖：青铜峡镇

先进单位：扶贫办、卫生和计划生育局

获一、二等奖的镇分别奖励以奖代补资金 3 万元、2 万元；先进单位分别奖励以奖代补资金 1 万元。

11.城乡环境综合整治先进单位

一等奖：住房和城乡建设局

二等奖：卫生和计划生育局　叶盛镇

三等奖：峡口镇　瞿靖镇　青铜峡镇

分别奖励以奖代补资金 4 万元、3 万元、2 万元。

12.支持地方发展先进单位

国税局、地税局、气象局、宁夏银行、供电局、农行、农发行、人行、住房公积金中心、广电网络公司、中行、建行、渠首管理处、工行、移动公司、运管所

13.推动经济发展先进企业

宁夏金昱元化工集团有限公司

宁夏可可美生物工程有限公司

宁夏杭萧实业发展有限公司

青铜峡市仁和纺织科技有限公司

宁夏塞外香食品有限公司

青铜峡市恒源林牧有限公司

御马国际葡萄酒业（宁夏）有限公司

宁夏捷智通网络服务有限公司

青铜峡市黄河楼旅游有限公司

青铜峡龙海宾馆

分别奖励以奖代补资金 2 万元。

颁奖单位：中共青铜峡市委员会、青铜峡市人民政府

颁奖时间：2017 年 1 月 23 日

【“六五”普法先进集体】

市纪委	市人民法院
市人民检察院	市委政法委
市人大办公室	市发展和改革局
市工业信息化和商务局	市公安局
市人力资源和社会保障局	市农牧和科学技术局
市林业局	市市场监督管理局
市妇联	峡口镇人民政府
邵岗镇人民政府	裕民街道办事处
工商银行青铜峡支行	市烟草专卖局
市广播电视台	市人民法院大坝法庭
市检察院公诉科	市公安局法制大队
市公安局禁毒大队	市司法局大坝司法所
市司法局叶盛司法所	市城建监察大队
市人民医院	市卫生监督所
市汉坝小学	市第六中学
裕民街道银河社区	青铜峡镇利民社区
大坝镇上滩村	小坝镇南庄村
青铜峡镇沃沙村	峡口镇闫渠村
陈袁滩镇陈袁滩村	叶盛镇盛庄村
瞿靖镇时坊村	邵岗镇玉泉村

颁奖单位：中共青铜峡市委员会、青铜峡市人民政府

颁奖时间：2017 年 2 月 18 日

【2015—2016 年度民族团结进步创建工作先进集体】

1.乡镇组：（4 个）

一等奖:(1个)

峡口镇

奖励以奖代补资金3万元

二等奖:(3个)

裕民街道办事处　小坝镇　叶盛镇

各奖励以奖代补资金1万元

2.机关组:(8个)

民族宗教事务局　教育局　住房和城乡建设局

文化体育广电局　公安局　卫生和计划生育局

机关工委　老干部局

各奖励以奖代补资金5000元

颁奖单位:中共青铜峡市委员会、青铜峡市人民政府

颁奖时间:2017年3月14日

【人民武装、国防动员工作基层建设先进单位】

小坝镇人民武装部

叶盛镇人民武装部

颁奖单位:中共青铜峡市委员会、青铜峡市人民政府、青铜峡市人民武装部

颁奖时间:2017年3月18日

【通报表扬】

青铜峡市公安局"4·14"专案组　奖励奖金5万元

颁奖单位:中共青铜峡市委员会、青铜峡市人民政府

颁奖时间:2017年5月17日

【四星级基层服务型党组织】

1.四星级镇党委

叶盛镇党委

2.四星级机关党委

公安局党委　市场监督管理局党委

3.四星级村党组织

峡口镇赵渠村党支部　瞿靖镇蒯桥村党支部

叶盛镇五星村党支部　小坝镇小坝村党支部

陈袁滩镇补号村党支部　大坝镇利民村党支部

4.四星级社区党组织

裕民街道怡园社区党支部

裕民街道东街社区党支部

青铜峡镇艾山社区党支部

5.四星级机关单位党组织

市委办公室党支部　市政府办公室党总支

市纪委监察局党支部　市委组织部党支部

市司法局机关党支部　市图书馆党支部

市国税局党总支　市地税局党总支

市公安局城关派出所党支部　市公安局刑侦大队党支部

市市场监督管理局裕民市场监管所党支部

6.四星级卫生计生系统党组织

市医院党总支

7.四星级中小学党组织

汉坝小学党支部　第三小学党支部

8.四星级非公企业党组织

市汽车运输集团有限公司党支部

宁夏塞外香食品有限公司党支部

宁夏新大众机械有限公司党支部

宁夏法福来清真食品股份有限公司党支部

9.四星级社会组织党组织

叶盛镇小云林果协会党支部

颁奖单位:中共青铜峡市委员会

颁奖时间:2017年6月6日

【教育工作先进集体】

1.高中阶段目标管理先进学校

市高级中学　市第一中学

市职教中心

2.初中阶段目标管理先进学校

市第四中学　市第五中学

市回民中学　市第二中学

3.教学质量监测先进集体

市第五中学　市大坝电厂学校

市第五小学	市河西中心小学
市铝业学校	市第三小学
市广武中心小学	市红星中心小学

4.教育管理先进集体

市人民政府教育督导室

市教育考试中心

5.学校德育工作先进集体

市第三中学	市大坝电厂学校
市铝业学校	市第二小学
市第四小学	市河西中心小学
市红星中心小学	市中滩中心小学
市瞿靖中心小学	市陈袁滩中心小学

颁奖单位:中共青铜峡市委员会、青铜峡市人民政府

颁奖时间:2017 年 9 月 7 日

【计划生育三星级乡(镇)】

邵岗镇、陈袁滩镇

奖励以奖代补资金 3 万元

颁奖单位:青铜峡市人民政府

颁奖时间:2017 年 3 月 8 日

【卫生和计划生育综合治理工作先进单位】

市委组织部、教育局、公安局、财政局、农牧和科学技术局、卫生和计划生育局

奖励以奖代补资金 5000 元

颁奖单位:青铜峡市人民政府

颁奖时间:2017 年 3 月 8 日

【通令嘉奖】

宁夏华能大坝发电有限责任公司

颁奖单位:青铜峡市人民政府

颁奖时间:2017 年 4 月 13 日

先进个人

省部级先进个人简介

【全国第三届“关爱明天、普法先行”——青少年普法教育活动先进个人】

杨春燕　女，回族，1972年8月出生，宁夏灵武人，研究生学历，中共党员。1992年10月参加工作，现任中共青铜峡市委副书记、政法委书记、新材料基地管委会党工委书记、主任。2017年8月6日，在中国关心下一代工作委员会、中华人民共和国司法部、中央社会治安综合治理委员会办公室联合主办的第三届“关爱明天、普法先行”——青少年普法教育活动中被评为先进个人。

王飞　汉族，1972年11月出生，浙江慈溪人。同济大学公共管理硕士学位，中共党员。1990年7月参加工作。2016年6月，任中共青铜峡市委常委、政府副市长（挂职）。2017年8月6日，在中国关心下一代工作委员会、中华人民共和国司法部、中央社会治安综合治理委员会办公室联合主办的第三届“关爱明天、普法先行”——青少年普法教育活动中被评为先进个人。

于建华　汉族，1972年12月12日出生，宁夏青铜峡市人，大学本科学历，中共党员。1993年7月，在青铜峡市小坝乡参加工作（期间：1999年8月至2001年12月中央党校函授学院经济管理专业学习）；2003年7月，在青铜峡市小坝镇工作；2005年4月，在青铜峡市委办公室工作；2007年4月至2009年4月，任青铜峡市委办公室副主任科员；2009年4月，任青铜峡市青铜峡镇党委委员、副镇长；2009年6月，任青铜峡市青铜峡镇党委副书记；2009年12月，任青铜峡市青铜峡镇党委副书记、纪委书记；2011年7月，任青铜峡市陈袁滩镇党委副书记、镇长；2013年1月，任青铜峡市青铜峡镇党委书记、人大主席；2016年6月，任青铜峡市教育局党委书记、局长。2017年8月6日，在中国关心下一代工作委员会、中华人民共和国司法部、中央社会治安综合治理委员会办公室联合主办的第三届“关爱明天、普法先行”——青少年普法教育活动中被评为先进个人。

罗志成　汉族，1972年出生，宁夏青铜峡市人。大学本科学历，中共党员。1994年7月参加工作。历任青铜峡市农牧局副局长，陈袁滩镇党委副书记、镇长，叶盛镇党委书记、人大主席。2016年12月，任青铜峡市财政局局长、金融工作局局长。2017年8月6日，在中国关心下一代工作委员会、中华人民共和国司法部、中央社会治安综合治理委员会办公室联合主办的第三届“关爱明天、普法先行”——青少年普法教育活动中被评为先进个人。

杨建光　女，汉族，1970年11月出生，宁夏青铜峡市人。大学本科学历，中共党员。1994年7月参加工作。1994年7月，在瞿靖镇人民政府工作。2007年4月，任叶盛镇人民政府副镇长。2009年12月，任大坝镇人民政府副镇长。2011年8月，任市政府办公室副主任。2013年1月，任市委办公室副主任。2015年12月，任青铜峡市妇联主席。2017年8月6日，在中国关心下一代工作委员会、中华人民共和国司法部、中央社会治安综合治理委员会办公室联合主办的第三届“关爱明天、普法先行”——青少年普法教育活动中被评为先进个人。

周惠玲　女，汉族，1969年6月出生，宁夏青铜峡市人。大学本科学历，中共党员。1991年参加工作，先后在青铜峡市图书馆、青铜峡市委宣传部工作。2008年，任青铜峡市文明办副主任，现为青铜峡市委宣传部副部长。2017年8月6日，在中国关心下一代工作委员会、中华人民共和国司法部、中央社会治安综合治理委员会办公室联合主办的第三届“关爱明天、普法先行”——青少年普法教育活动中被评为先进个人。

王仙涛　汉族，1968年11月出生，宁夏青铜峡市人。大学本科学历，中共党员。1987年7月参加工作。1987年7月，青铜峡市立新乡干部；1999年4月，青铜峡市委组织部干部。2003年11月，任青铜峡市委组织部党员电教中心主任；2008年10月，任小坝镇党委副书记、纪委书记、工会主席；2011年8月，任青铜峡市食品药品监督管理局副局长；2015年3月，任青铜峡市委政法委副书记。2017年8月6日，在中国关心下一代工作委员会、中华人民共和国司法部、中央社会治安综合治理委员会办公室联合主办的第三届“关爱明天、普法先行”——青少年普法教育活动中被评为先进个人。

马旭芳　回族，1966年9月2日出生，宁夏青铜峡市人。大学本科学历，中共党员。1990年7月参加工作。1990年7月，在青铜峡市委统战部工作。1999年5月，任青铜峡市委统战部副部长。2008年9月，任青铜峡市民政局副局长。2015年2月，任青铜峡市教育局副局长。2015年6月，任青铜峡市教育局党委副书记、副局长。2017年8月6日，在中国关心下一代工作委员会、中华人民共和国司法部、中央社会治安综合治理委员会办公室联合主办的第三届“关爱明天、普法先行”——青少年普法教育活动中被评为先进个人。

周雯　女，1962年7月出生，宁夏青铜峡市人。大学本科学历，中共党员。1981年参加工作，先后担任市政府办副主任科员、副主任兼政府法制办主任。2013年1月，任青铜峡市委老干部局副局长、市关心下一代工作委员会办公室主任。2017年8月6日，在中国关心下一代工作委员会、中华人民共和国司法部、中央社会治安综合治理委员会办公室联合主办的第三届“关爱明天、普法先行”——青少年普法教育活动中被评为先进个人。

李红萍　女，汉族，1973年9月出生，宁夏青铜

峡市人。大学本科学历，中共党员。1995 年 7 月参加工作，一直在青铜峡市司法局工作。2000 年 9 月，在中国政法大学学习。现任青铜峡市司法局法律援助中心主任。2017 年 8 月 6 日，在中国关心下一代工作委员会、中华人民共和国司法部、中央社会治安综合治理委员会办公室联合主办的第三届“关爱明天、普法先行”——青少年普法教育活动中被评为先进个人。

刘兆宁　汉族，1962 年 10 月 10 出生，籍贯江苏，大专文化（中央学校函授学院经济管理专业毕业）。1981 年 9 月参加工作。1985 年，调连湖农场小学担任教师。1990 年，调入连湖农场派出所工作。1996 年，任连湖派出所所长。1998 年 10 月，调入青铜峡市公安局叶盛派出所工作。2004 年，任叶盛派出所副所长。2007 年，调任青铜峡市公安局小坝派出所副所长。2015 年 5 月，到青铜峡市公安局城关派出所担任社区民警。2017 年 8 月 6 日，在中国关心下一代工作委员会、中华人民共和国司法部、中央社会治安综合治理委员会办公室联合主办的第三届“关爱明天、普法先行”——青少年普法教育活动中被评为先进个人。

苏兵　回族，1983 年 11 月 19 日出生，宁夏青铜峡市人，西北第二民族学院法律系毕业。2006 年 7 月，自谋职业。2008 年 12 月，在青铜峡市陈袁滩镇唐滩村担任信息员。2011 年 6 月，在青铜峡市陈袁滩镇工会工作。2012 年 6 月，在青铜峡市总工会宣教部工作，任副部长。2017 年 8 月 6 日，在中国关心下一代工作委员会，中华人民共和国司法部、中央社会治安综合治理委员会办公室联合主办的第三届“关爱明天　普法先行”——青少年普法教育活动中被评为先进个人。

【全国第三届“关爱明天、普法先行”——青少年普法教育活动优秀辅导员】

李杰　汉族，1976 年 4 月出生，宁夏青铜峡市人。中共党员，一级教师。1997 年 7 月参加工作。1997 年 7 月，在青铜峡市邵岗中学工作。2011 年 12 月，借调青铜峡市教育局工作。2014 年 3 月，任青铜峡市教育局团委书记。2017 年 8 月 6 日，在中国关心下一代工作委员会、中华人民共和国司法部、中央社会治安综合治理委员会办公室联合主办的第三届“关爱明天、普法先行”——青少年普法教育活动中被评为优秀辅导员。

朱坤　汉族，1974 年 12 月 16 日出生，宁夏青铜峡市人。大学专科学历，中共党员。1995 年 7 月参加工作。1995 年 7 月，在林皋小学任教（语文），担任少先队辅导员、报账员；2005 年 10 月，在林东小学任教（语文），先后任主任、校长。2009 年 3 月，担任红星中心小学（体育）教研员。2011 年 5 月，任先锋小学校长。2014 年 9 月，担任青铜峡市教育局干事、青少年普法办主任。2017 年 8 月 6 日，在中国关心下一代工作委员会、中华人民共和国司法部、中央社会治安综合治理委员会办公室联合主办的第三届“关爱明天、普法先行”——青少年普法教育活动中被评为优秀辅导员。

高占林　汉族，1966 年 10 月出生，宁夏青铜峡市人。大学本科学历，中共党员。1987 年 7 月毕业于吴忠师范，先后在峡口教委、市第四中学、市第七中学工作，担任工会主席、副校长等职。2017 年 8 月 6 日，在中国关心下一代工作委员会、中华人民共和国司法部、中央社会治安综合治理委员会办公室联合主办的第三届“关爱明天、普法先行”——青少年普法教育活动中被评为优秀辅导员。

付天芳　女，汉族，1976 年出生，宁夏青铜峡市人。大专学历，中共党员。一级教师，吴忠市名师，自治区骨干教师。1997 年 7 月毕业于吴忠师范，1997 年，在蒋顶朝阳小学任教。2002 年，在蒋顶光辉小学任教。2006 年，在青铜峡市第四小学任教。现为青铜峡市第四小学政教主任兼语文教学。2017 年 8 月 6 日，在中国关心下一代工作委员会、中华人民共和国司法部、中央社会治安综合治理委员会办公室联合主办的第三届“关爱明天、普法先行”——青少年普法教育活动中被评为优秀辅导员。

庞元亨　汉族，1976 年 11 月 11 日出生，宁夏青铜峡市人。大学本科学历，中共党员。一级教师，青铜峡市中小学骨干教师，吴忠市骨干教师。1996 年 6 月，在青铜峡市回民中学任教(语文学科)。其间，1998—2002 年，担任年级组长工作。2003—2006 年，担任团总支书记。2007 年，担任政教主任。2017 年 8 月 6 日，在中国关心下一代工作委员会、中华人民共和国司法部、中央社会治安综合治理委员会办公室联合主办的第三届“关爱明天、普法先行”——青少年普法教育活动中被评为优秀辅导员。

徐晶晶　女，汉族，1983 年 3 月 7 日出生，宁夏青铜峡市人。大学本科学历，中共党员。一级职称，现任青铜峡市回民中学团委书记，少队辅导员。2017 年 8 月 6 日，在中国关心下一代工作委员会、中华人民共和国司法部、中央社会治安综合治理委员会办公室联合主办的第三届“关爱明天、普法先行”——青少年普法教育活动中被评为优秀辅导员。

张兆存　汉族，1968 年 3 月出生，宁夏青铜峡市人。大学专科学历，中共党员。1990 年 12 月参加工作。1990 年 12 月，在青铜峡市大坝中心小学蒋东小学任教语文兼职学校少先队大队辅导员。1993 年 8 月，在青铜峡市大坝中心小学韦桥小学任教语数兼职学校少先队大队辅导员。1995 年 8 月，在青铜峡市大坝中心小学蒋南小学任教语文兼职学校少先队大队辅导员。2000 年 8 月，在青铜峡市红星中心小学任教体育兼职中心小学少先队大队辅导员。2017 年 8 月 6 日，在中国关心下一代工作委员会、中华人民共和国司法部、中央社会治安综合治理委员会办公室联合主办的第三届“关爱明天、普法先行”——青少年普法教育活动中被评为优秀辅导员。

叶胜宏　汉族，1968 年 5 月出生，宁夏青铜峡市人。大学专科学历，中共党员。1989 年 7 月参加工作。1989 年 7 月，在青铜峡市叶升中心学校工作。2011

年9月，在青铜峡市第一中学工作。2017年8月6日，在中国关心下一代工作委员会、中华人民共和国司法部、中央社会治安综合治理委员会办公室联合主办的第三届“关爱明天、普法先行”——青少年普法教育活动中被评为优秀辅导员。

王稚南　汉族，1972年12月27日出生，宁夏青铜峡市人，大学专科学历，中共党员。1992年7月参加工作。1992年7月，在瞿靖中心小学任教（1997年10月取得西北民族学院工艺美术大专学历）。2017年8月6日，在中国关心下一代工作委员会、中华人民共和国司法部、中央社会治安综合治理委员会办公室联合主办的第三届“关爱明天、普法先行”——青少年普法教育活动中被评为优秀辅导员。

高晓红　女，汉族，1971年10月出生，宁夏青铜峡市人。大学专科学历，1992年8月参加工作。1992年8月，在中滩中心小学任教。1997年8月，在新桥中心小学任教。2013年4月，在中滩中心小学任教。2017年8月，在广武中心小学任教。2017年8月6日，在中国关心下一代工作委员会、中华人民共和国司法部、中央社会治安综合治理委员会办公室联合主办的第三届“关爱明天、普法先行”——青少年普法教育活动中被评为优秀辅导员。

冯海燕　女，汉族，1976年3月出生，宁夏青铜峡市人。大学专科学历。自2000年3月参加工作以

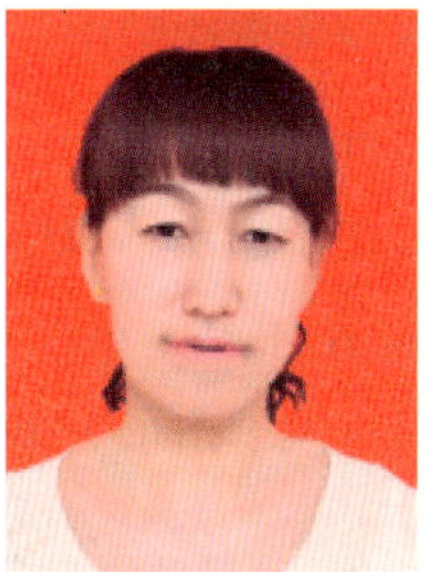

来一直在广武中心小学任教。2017年8月6日，在中国关心下一代工作委员会、中华人民共和国司法部、中央社会治安综合治理委员会办公室联合主办的第三届“关爱明天、普法先行”——青少年普法教育活动中被评为优秀辅导员。

周波　汉族，1966年11月出生，宁夏青铜峡市人。大学本科学历，1985年参加工作。1985年7月，在中滩中学任教；1987年9月，在峡口中学任教。1987年9月，在青铜峡市第四中学任教，担任学校普法教育宣传专干。2017年8月6日，在中国关心下一代工作委员会、中华人民共和国司法部、中央社会治安综合治理委员会办公室联合主办的第三届“关爱明天、普法先行”——青少年普法教育活动中被评为优秀辅导员。

姜建忠　汉族，1970年12月14日出生，宁夏青铜峡市人。陕西师范大学汉语言文学专业毕业。1991年7月参加工作。1991年7月，在蒋顶中学任教；1996年8月，在青铜峡市第五中学任教。2017年8月6日，在中国关心下一代工作委员会、中华人民共和国司法部、中央社会治安综合治理委员会办公室联合主办的第三届“关爱明天、普法先行”——青少年普法教育活动中被评为优秀辅导员。

王鹏　回族，1978年12月9日出生，宁夏青铜峡市人。大学专科学历，中共党员。1998年7月参加

工作，一直在青铜峡市沈闸中心小学任教。现任青铜峡市沈闸中心小学副校长、任桥回民小学校长。2017年8月6日，在中国关心下一代工作委员会、中华人民共和国司法部、中央社会治安综合治理委员会办公室联合主办的第三届“关爱明天、普法先行”——青少年普法教育活动中被评为优秀辅导员。

马春燕　女，回族，1986年8月出生，宁夏青铜峡市人。大学本科学历，中共党员。2012年9月参加工作，一直在青铜峡市沈闸中心小学任教。2017年8月6日，在中国关心下一代工作委员会、中华人民共和国司法部、中央社会治安综合治理委员会办公室联合主办的第三届“关爱明天、普法先行”——青少年普法教育活动中被评为优秀辅导员。

纪海宁　满族，1971年11月出生，籍贯北京市。大学本科学历，中共党员，小学高级教师。1992年7月参加工作。1992年8月，在青铜峡市大坝中学任教。1999年8月，调入青铜峡市汉坝小学担任语文教师、班主任（同年8月，到青铜峡市峡口镇谭桥小学支教一年）。2009年5月，担任汉坝小学少先大队辅导员。2009年6月，担任汉坝小学办公室主任。2016年12月，担任汉坝小学政教主任。2017年8月6日，在中国关心下一代工作委员会、中华人民共和国司法部、中央社会治安综合治理委员会办公室联合主办的第三届“关爱明天、普法先行”——青少年普法教育活动中被评为优秀辅导员。

胡海萍　女，汉族，1981年6月出生，宁夏青铜峡市人。大学本科学历，2000年3月参加工作。2000年3月，在青铜峡市甘城子中心学校任教。2011年8月，在青铜峡市瞿靖中心小学任教。2015年9月，在青铜峡市第三小学任教。2017年8月6日，在中国关心下一代工作委员会、中华人民共和国司法部、中央社会治安综合治理委员会办公室联合主办的第三届“关爱明天、普法先行”——青少年普法教育活动中被评为优秀辅导员。

李天宇　汉族，1977年9月16日出生，宁夏青铜峡市人。大学本科学历，中共党员。1998年7月参加工作。1998年7月，在甘城子中心学校任教。2017年9月，在青铜峡市第六中学任教。2017年8月6日，在中国关心下一代工作委员会、中华人民共和国司法部、中央社会治安综合治理委员会办公室联合主办的第三届“关爱明天、普法先行”——青少年普法教育活动中被评为优秀辅导员。

【全国农牧渔业丰收奖获得者——张宝柱】

张宝柱　汉族，1960年5月出生，宁夏青铜峡市人。大学专科学历，中共党员，助理农艺师，青铜峡市小坝镇农业服务中心农技专干。30多年来，张宝柱一直从事技推广工作，把农业增产、农民增效作为农业科技推广的使命，经常

深入农业生产一线，深入农户家中、田间地头，向农户传授农业科技知识，解决农业生产中的难题。举办各类科技培训班150期，培训农民达3.5万人次，为农业增产增效、农民增收，做出了应有的贡献。先后承担农业测土配方施肥、农作物病虫害测报及防治、农作物有害生物检验，农业新技术、新品种、新成果试验示范推广，农村清洁能源普及等农业科技示范推广30项。完成推广测土配方施肥累计面积15万亩，指导农作物病虫害科学防治率达100%，农作物新品种推广率达98%，累计推广面积达10万亩，农村清洁能源普及率达80%。特别是在2014年至2016年实施阳光沐浴工程项目中，作为该项目具体工作人员，与市能源站工作人员密切配合，对全镇9个村58个村民小组3452户农户进行摸底调查，科学编制具体实施方案，按照项目要求，组织村队干部和施工人员分期分批进行实施，抓工程进度，严把工程质量关，涉及南庄、红星、林东、先锋、林皋、新林、永丰、张岗村，共安装1494台。2016年12月，荣获全国农牧渔业丰收奖——宁夏阳光沐浴工程系统设计与推广实施三等奖。

【全区优秀党务工作者——张丽华】

张丽华　女，汉族，1959年8月出生，中共党员，1996年7月参加社区工作，先后在青铜峡市青铜峡镇利民社区、裕民街道东街社区担任党支部书记、居委会主任。曾连续两届被推选为宁夏回族自治区妇女代表，先后获得过全国爱国拥军模范、全国志愿者先进个人、优秀社区工作者、优秀妇女干部、社会救助先进个人等诸多荣誉。2016年6月30日，被中共宁夏回族自治区委员会评为全区优秀党务工作者。

在社区工作23年，先后探索实施“3456”群众工作法、“8+1”工作法、“八点式服务法”“区域化党建联合党委工作机制”“四单工作方法”和“康乃馨”关爱单亲母亲行动，针对社区党建存在资源难整合、社区“造血功能”和服务力量不足、辖区单位“驻而不建、联而不合”等难题，创新党组织设置模式，于2013年9月联合辖区14家机关单位、非公企业和社会组织成立了东街社区“联合党委”，构建起“联合党委—网格党支部—功能党小组”三级组织网络，实现了“组织网络、党建工作、党员管理、社区服务”四个全覆盖，探索建立“居民点单、社区交单、单位下单、党员接单”的精准化、个性化服务模式，2015年10月，社区“联合党委”工作机制在全区得到全面推广。

张丽华认真履行社区党建工作第一责任人责任，坚持党支部“三会一课”、党务公开、民主评议等20多项制度，引导党员组建扶贫助困、治安联防、环境整治等各类志愿者服务队，开展模范先锋榜、善行义举榜、评选“好婆婆、好媳妇”评选活动。社区党建工作的感召力和渗透力不断增强。2014年，东街社区党建的经验在全国《社区党建》杂志刊登，“微心愿”做法在全区和谐社区工作会议上作了交流发言。

围绕加强和创新社会管理，在社区大力开展以“基层党组织、民主组织、民生保障、信息服务、文化组织、维稳组织”为主要内容的六个全覆盖工作，建立以社区党组织为核心，以居代会、居监会等为平台，以党建数字化管理为载体，以综治维稳组织为架构，以民生保障和党内关爱为途径，以协调整合社区各方面利益为职能、覆盖整个社区和居民的社会服务管理网络，开发建设东街社区数字管理与三维网格管理服务系统，为推进数字化党建、提升社区党建工作信息化水平奠定了良好基础。同时，打造慈善爱心超市、老年人日间照料室、文化活动室、军人聊天室、小学生“四点半课堂”、禁毒工作室等服务场所，切实提升了社区治理和社区服务水平。东街社区被自治区民政厅评为全区五星级社区。

厅局级先进个人名录

【2017年全国广场舞大赛(南县站)优秀教练员奖】

马　力　青铜峡市文化馆

颁奖单位:国家体育总局社会体育指导中心、中国社会体育指导员协会

颁奖时间:2017年10月13日

【2017年全国广场舞大赛(南县站)特等奖】

马　力　青铜峡市文化馆

李慧娟　青铜峡市文化馆

鲍慧梅　青铜峡市文化馆

侯晓敏　青铜峡市文化馆

丁希娟　青铜峡市文化馆

余　梅　青铜峡市文化馆

曹雪芹　青铜峡市文化馆

任春娟　青铜峡市文化馆

徐永玲　青铜峡市文化馆

马　萍　青铜峡市文化馆

刘　芳　青铜峡市文化馆

潘　婷　青铜峡市文化馆

颁奖单位:国家体育总局社会体育指导中心、中国社会体育指导员协会

颁奖时间:2017年10月13日

【2017年全国广场舞大赛总决赛(海南·陵水)三等奖】

马　力　青铜峡市文化馆

李慧娟　青铜峡市文化馆

鲍慧梅　青铜峡市文化馆

丁希娟　青铜峡市文化馆

余　梅　青铜峡市文化馆

曹雪芹　青铜峡市文化馆

任春娟　青铜峡市文化馆

徐永玲　青铜峡市文化馆

马　萍　青铜峡市文化馆

刘　芳　青铜峡市文化馆

潘　婷　青铜峡市文化馆

颁奖单位:国家体育总局社会体育指导中心、中国社会体育指导员协会

颁奖时间:2017年11月

【第三届中国戏曲(黄河流域)红梅大赛器乐类银奖】

文祥鹏　青铜峡文化艺术有限公司

颁奖单位:中国戏曲(黄河流域)红梅大赛组委会、山东省文学界联合会、山东省戏剧家协会

颁奖时间:2017年9月

【第三届中国戏曲(黄河流域)红梅大赛表演类银奖】

包海娟　青铜峡文化艺术有限公司

颁奖单位:中国戏曲(黄河流域)红梅大赛组委会、山东省文学界联合会、山东省戏剧家协会

颁奖时间:2017年9月

【第五届自治区道德模范——助人为乐模范】

韩占奎　青铜峡市大坝镇韦桥村村民

颁奖单位:宁夏回族自治区精神文明建设指导委员会

颁奖时间:2017年10月26日

【第三届“宁夏好人”——助人为乐“好人”】

虎一冰　青铜峡市邵岗镇玉西村村民

颁奖单位:宁夏回族自治区精神文明建设指导委员会

颁奖时间:2017年10月26日

【全区法治宣传教育先进个人】

黄学东　青铜峡市人民法院

颁奖单位:宁夏回族自治区依法治区协调小组

颁奖时间:2017年2月

【宁夏2017“百名法治模范”】

黄学东　青铜峡市人民法院

颁奖单位:宁夏回族自治区依法治区协调小组

颁奖时间:2017年11月

【全区岗位学雷锋标兵】

叶小云　青铜峡市叶升镇龙门村党支部副书记

颁奖单位:宁夏回族自治区党委宣传部

颁奖时间:2017 年 3 月

【2017 年自治区五一劳动奖章】

王怀新　宁夏塞上阳光太阳能有限公司研发部主任

王　飞　华能宁夏大坝发电有限责任公司焊工

颁奖单位:宁夏回族自治区总工会

表彰时间:2017 年 4 月 24 日

【自治区巾帼建功标兵】

杨泽芳　青铜峡市裕民街道纪委书记

颁奖单位:宁夏回族自治区妇女联合会

颁奖时间:2017 年 4 月 26 月

【全区优秀刑事法官】

马秀花　青铜峡市人民法院

颁奖单位:宁夏回族自治区高级人民法院

颁奖时间:2017 年 10 月

【公安厅个人二等功】

龚　磊　青铜峡市公安局民警

颁奖单位:宁夏回族自治区公安厅

颁奖时间:2017 年 5 月 31 日

【第三届宁夏十佳民警暨侯金知式优秀民警】

王志琴　青铜峡市公安局民警

颁奖单位:宁夏回族自治区公安厅

颁奖时间:2017 年 8 月 27 日

【公安厅个人二等功】

王志琴　青铜峡市公安局民警

王　才　青铜峡市公安局民警

颁奖单位:宁夏回族自治区公安厅

颁奖时间:2017 年 8 月 27 日

【全区公安系统优秀警务辅助人员】

单俊东　青铜峡市公安局辅警

马金云　青铜峡市公安局辅警

颁奖单位:宁夏回族自治区公安厅

颁奖时间:2017 年 8 月 27 日

【全区优秀人民调解员】

李淑玲　青铜峡市裕民街道干部

颁奖单位:宁夏回族自治区司法厅

颁奖时间:2017 年 3 月

【优秀共产党员】

贾振军　宁夏农垦连湖农场有限公司生产发展部主任

颁奖单位:宁夏回族自治区国资委

颁奖时间:2017 年 6 月

【全区优秀教育工作者】

雷振清　青铜峡市职教中心主任

颁奖单位:宁夏回族自治区教育工委、教育厅

颁奖时间:2017 年 8 月

【宁夏回族自治区首批“乡村教学名师”】

陈　静　青铜峡市铝业学校

师晓梦　青铜峡市高级中学

王文霞　青铜峡市第四小学

马　艳　青铜峡市邵岗中心小学

赵志兴　青铜峡市教研室

颁奖单位:宁夏回族自治区教育工委、教育厅

颁奖时间:2017 年 9 月

【全区卫生应急技术标兵】

李　波　青铜峡市疾病预防控制中心

颁奖单位:宁夏卫生和计划生育委员会、宁夏总工会

颁奖时间:2017 年 9 月

【自治区卫生应急技能竞赛突发急性传染病防控组个人三等奖】

马巧玲　青铜峡市疾病预防控制中心

颁奖单位：宁夏回族自治区卫生和计划生育委员会、总工会

颁奖时间:2017 年 9 月

【2017 年第三届“迎新春”全区群众书法绘画摄影大赛优秀奖】

任　云　青铜峡市文化馆

颁奖单位:宁夏回族自治区文化厅

颁奖时间:2017 年 1 月

【2017 年第三届“迎新春”全区群众书法绘画摄影大赛三等奖】

白静雯　青铜峡市文化馆

颁奖单位:宁夏回族自治区文化厅

颁奖时间:2017 年 1 月

【“华城杯贺兰山东麓葡萄酒全国书画大赛”三等奖】

王　波　青铜峡市文化馆

颁奖单位:宁夏回族自治区文学艺术联合会

颁奖时间:2017 年 9 月

【2017 年度“优秀医生奖”】

陈林金　青铜峡市人民医院外一科主任

颁奖单位:宁夏疝与腹壁外科控制中心、宁夏“善施”疝与腹壁外科救助中心

颁奖时间:2017 年 11 月

【自治区税务系统营改增试点工作先进个人】

郑光明　青铜峡市国税局局长

颁奖单位:宁夏回族自治区国税局

颁奖时间:2017 年 7 月

【自治区防震减灾先进工作者】

梁　军　青铜峡市地震局

颁奖单位:宁夏回族自治区地震局

颁奖时间:2017 年 11 月 16 日

【“精彩体育　活力宁夏”书法美术作品展一等奖】

王　波　青铜峡市文化馆

颁奖单位:宁夏回族自治区体育局

颁奖时间:2017 年 3 月 20 日

【2017 年度先进工作者】

刘玉春　中国农业发展银行青铜峡市支行

马海云　中国农业发展银行青铜峡市支行

颁奖单位：中国农业发展银行宁夏回族自治区分行

颁奖时间:2017 年 2 月

吴忠市级先进个人名录

【吴忠市双拥模范城(县)创建工作先进个人】

弋忠朝　青铜峡市人民武装部政治委员

杨海龙　中国人民解放军 68216 部队政治部副主任

宋军莹　中国人民解放军 68262 部队部队长

赵　波　青铜峡市人力资源和社会保障局局长

丁　辉　青铜峡国土资源局科长

毛万祥　青铜峡市交通战备办公室副主任

窦海军　青铜峡市裕民街道办事处武装部长

余　芳　青铜峡市青铜峡镇利民社区党支部书记

姚　国　青铜峡市第三中学党支部书记

肖俊民　华能宁夏大坝发电有限责任公司党委书记

姜海鸥　宁夏塞外香食品有限公司副总经理

颁奖单位：中共吴忠市委员会、吴忠市人民政府、吴忠军分区

颁奖时间:2017 年 1 月 6 日

【第二届“最美吴忠人”】

王志琴　青铜峡市公安局主任法医师

颁奖单位:中共吴忠市委员会、吴忠市人民政府

颁奖时间:2017 年 4 月 24 日

【吴忠英才奖】

胡学文　宁夏塞外香食品有限公司总经理

颁奖单位:中共吴忠市委员会、吴忠市人民政府

颁奖时间:2017 年 7 月 1 日

【享受吴忠市政府特殊津贴人员】

邓存国　青铜峡市中医医院主任中医师

颁奖单位:中共吴忠市委员会、吴忠市人民政府

颁奖时间:2017 年 7 月 1 日

【记三等功】

张铁缨　青铜峡市委副书记

颁奖单位:吴忠市人民政府

颁奖时间:2017 年 6 月 13 日

【吴忠市首届青少年科技创新提名奖】

殷鑫琳　青铜峡市第一中学

颁奖单位:吴忠市人民政府

颁奖时间:2017 年 10 月 13 日

青铜峡市级先进个人名录

【"六五"普法先进个人】

沈　冰　陈袁滩镇党委副书记

朱　伟　库区湿地保护建设管理局规划发展科职员

马　越　新材料基地管委会干部

马昱昕　嘉宝轻纺工业园区管委会干部

蒋宁侠　市人民法院民事审判二庭庭长

丁洪秀　市人民检察院反贪污贿赂局局长

罗海英　市委办公室干部

刘慧萍　市委组织部党员教育中心主任

丁　奕　市委宣传部普法专干

王品娟　市委统战部办公室主任

李梦寻　市委政研室干部

陈　萍　市委党校普法专干

黄林芳　市政协办公室干部

丁富春　团市委书记

李　鹏　市总工会法保部副部长

卢　艳　市残疾人联合会普法专干

郑慧荣　市科学技术协会副主任科员

王秀峰　市教育局干部

蔡红岩　市民族宗教事务局干部

袁宏波　市公安局交管大队民警

武宏斌　市民政局办公室普法专干

邓胜兵　市环境保护局办公室主任

王　锦　市交通运输局普法专干

周红艳　市水务局办公室普法专干

蔡建平　市农牧和科学技术局农业综合执法大队副队长

吴凤玲　市农牧和科学技术局工作人员

刘　华　市审计局副局长

杨　萍　市统计局普法专干

张志华　市林业局办公室普法专干

席建丰　市安全生产监督管理局办公室主任

黄　进　市经济技术合作局干部

张　琴　市信访督办局干部

李　军　市疾控中心党支部书记

徐安娜　市政管理服务中心综合科副科长

孙艳玲　市中医院办公室副主任

包　鹏　市广播电视台记者

陈兴财　市气象局防灾减灾科科长

董自荣　宁夏渠首管理处水政科科长

蒯起静　中国电信青铜峡分公司综合管理主管

唐　亮　宁夏金昱元化工集团有限公司保卫科科长

郭瑞成　市树新林场普法专干

罗立锋　市良繁场综治专干

郎晓玲　市第四小学政教干事

纪振华　市沈闸中心小学教师

朱学义　市司法局邵岗司法所所长

夏　泽　市司法局瞿靖司法所所长

李淑玲　市司法局裕民街道司法所所长

刘喜平　市司法局大坝司法所副所长

丁红艳　市司法局叶盛司法所副所长

杨　晶　市司法局峡口司法所司法助理员

周　婷　市司法局小坝司法所司法助理员

马玉国　峡口镇西滩村委员

杨亚龙　青铜峡镇办公室副主任

纪海霞　青铜峡镇专职调解员

张立成　大坝镇立新村党支部书记、村委会主任

李光其　小坝镇小坝村党支部副书记、村委会副主任

黄建斌　叶盛镇联丰村党支部书记、村委会主任

桂　涛　陈袁滩镇陈滩村党支部书记、村委会主任

何素芬　邵岗镇二旗村会计

钱丽娟　裕民街道紫薇社区党支部书记、居委会主任

颁奖单位：中共青铜峡市委员会、青铜峡市人民政府

颁奖时间：2017 年 2 月 18 日

【人民武装、国防动员工作基层建设先进个人】

1.优秀教导员

小坝镇人民武装部教导员　　沈云霞

2.优秀专武干部

裕民街道武装部部长　　窦海军

邵岗镇武装部专武干事　　李　宁

颁奖单位：中共青铜峡市委员会、青铜峡市人民政府青铜峡市人民武装部

颁奖时间：2017 年 3 月 16 日

【2015—2016 年度民族团结进步创建工作先进个人】

周惠玲　市委宣传部副部长

何立国　市委统战部副部长

王晓岚　市民政局副局长

李正江　市公安局国保大队长

盛建刚　市公安局交管大队副队长

叶宏伟　市场监督管理局河东市场监管所所长

云　星　市委统战部干部

丁向军　市民族宗教事务局干部

马耀宗　市伊斯兰教协会干部

肖海峰　市住房和城乡建设局干部

田　柯　青铜峡市广播电视台制作部主任

马存福　邵岗镇副镇长

马金兰　叶盛镇纪委书记

马　玮　峡口镇干部

马玉春　陈袁滩镇干部

马晓军　大坝镇干部

汤莹丽　青铜峡市第四中学校长

朱　祥　陈袁滩中心小学副校长

黄学芹　青铜峡镇艾山社区党支部书记

何　珊　裕民街道办怡园社区党支部书记

徐建平　叶盛镇五星村党支部书记

商　震　峡口中心卫生院院长

王登武　青铜峡镇王嘴子大寺寺管会主任

马文礼　小坝镇新林清真大寺管委会主任

张振邦　牛首山东寺管委会主任

杨万宝　峡口镇西滩大寺开学阿訇

马学军　青铜峡镇草河清真东寺开学阿訇

杨洪明　鸿乐府拱北阿訇

贾建忠　青铜峡市道教协会会长

各奖励奖金 500 元

颁奖单位：中共青铜峡市委员会、青铜峡市人民政府

颁奖时间：2017 年 3 月 14 日

【2016 年度优秀公务员】

1.受嘉奖公务员（含参公人员）

纪　委：段玉红　汤克宏　刘艳萍　马　媛

法　院：李宗宏　沈中山　罗晓明　范永华　董建华　马秀花　王晓燕　李福娟　马丽霞　陈立胜　赵雅慧　李　雯　丁雪飞

检察院：赵明玲　李国新　马少军　韩淑存　杨　亮　李雪健　肖乾浩　郭昆伦

市委办：郭志强　塔朝清　胡发卫　贾　捷

人大办:严金平　郭晓宏　张敏轩
政府办:庞志文　杨　波　牛天昊　马　健
政协办:贾志中
组织部:马媛萍　李滨海
宣传部:张　宁
统战部:陈建民
政研室:惠俐博
编　办:包学峰　王　军
党　校:陈　萍
发展和改革局:丁建民　杨富威　杨彩霞
　　马玉梅　田　娜
工业信息化和商务局:李晓刚
教育局:黄　瑛
民族宗教事务局:马有荣
公安局:李正江　张　晶　王维新　叶　舜
　　李芳春　李国斌　武宏国　李晓娟
　　张　晗　杨增帅　蔡永全　刘立君
　　刘立宏　梁　义　王志琴　王　刚
　　王　钊　李学锋　卜红卫　耿嘉峰
　　周　锐　张晓飞　黄学明　王建军
　　杨　阳　严立峰　杨晓彬　汪学宁
　　郭　昊　方　晖　刘养俊　杨建柱
　　黄静宁　张进智　田　波　康国斌
　　周立刚　魏　上
民政局:李进孝
司法局:包学义　宋自豹　黄秀萍　李建功
财政局:夏建军　任春丽
人力资源和社会保障局:赵　波　铁　楠
　　姜丝雨
国土资源局:王正平　袁红霞
环境保护局:夏占国
住房和城乡建设局:吴克全　杨　婧
交通运输管理局:徐怀俊　包作军
水务局:赵文学
农牧和科学技术局:李凤峡　马金荣　李发新
文化体育广电局:王葆青　李自荣
卫生和计划生育局:雷学礼　吴秀岚　郑玉兴
审计局:王淑芳　陈英豹　吴　晖　冯　委
统计局:胡济红
林业局:任博文
市场监督管理局:滕建荣　高永生　叶宏伟
　　任新玉　金良才　李忠春　李　荣
　　袁劲松　聂振华　帅　平　施晓青
　　薛　军　王晓洋
安全生产监督管理局:张庆云　时光才
旅游局:孟鑫玉
经济技术合作局(参公):伏媛媛　段鹏阳
政务服务中心(参公):王毅贞
峡口镇:王自迁　杨泽芳　毛家欣
青铜峡镇:杨亚龙　王志远　郭　涛　吴　燕
大坝镇:李金川　李尚智　翟　慧　张　静
　　马建山
小坝镇:姚志勇　哈新强　任学才　黄　明
　　武莉锋
陈袁滩镇:于云飞　马玉春　丁　云　乔　瑜
瞿靖镇:周　俊　刘　强　王昕玮　潘存彪
叶盛镇:马金兰　吴巧微　李　涛　蒯　莉
邵岗镇:洪　峰　李　珂　武霞梅　岳丽丽
　　刘　纳
裕民街道办事处:郭恒斌　窦海军　刘燕慧
总工会:韩淑文
妇　联:俞学梅
科　协:姜仲华
残　联:陈建设　袁莺翔
文　联:李志琴
老干部局:蒋文俊　刘丽岩
档案局:汤学成　李　君
史志办:陈瑞龙

信访督办局:杨振宇

扶贫办(参公):汤学兵

老龄办(参公):郭永环

就业局(参公):张 斌 徐晓梅 王建萍

公安局森林派出所:李云峰

扶贫工作小组:马立忠(青铜峡镇)

马存福(邵岗镇)

纳晓东(司法局)

2.记三等功的公务员(含参公人员)

纪 委:任天龙

法 院:史永强

检察院:张 娟

政协办:陈腾霄

组织部:陈树华 马 伟

政法委:马 亮

公安局:刘旭平 鲁颂强 郭旭龙

民政局:王晓岚

文化体育广电局:杨森军

审计局:丁福山

市场监督管理局:陈智辉 李春燕 张建设

沈建忠 徐昊明

峡口镇:李彩霞 魏占峰

青铜峡镇:王 群

大坝镇:梁学军

团 委:孟光宁

颁奖单位:中共青铜峡市委员会、青铜峡市人民政府

颁奖时间:2017 年 5 月 10 日

【青铜峡市第四届优秀青年】

王 才 市公安局法制大队大队长

王 丹(女)黄河大峡谷旅游有限公司营销部副经理

方明俊 宁夏菲斯克汽车轮毂轴承有限公司总经理

卢春柱 市人民检察院科员

白 涛 市市场监督管理局办公室干部

李 静 宁夏锦泰新材料有限公司行政助理

李海涛 市人民医院团总支书记、外科副主任医师

朱海迪(女) 宁夏喜力食品有限公司总经理

刘 惠(女) 市中医院护理部主任

杜晓东 市第一中学团委书记

陈广辉 中国农业银行青铜峡支行西街支行行长

赵 静(女) 裕民街道南苑社区党支部书记

哈吉军 宁夏青铜峡文化演艺有限公司总经理

郭 昕 宁夏新大众机械有限公司副总经理

桂 涛 陈袁滩镇陈滩村党支部书记、村委会主任

章烈荣 青铜峡铝业股份有限公司青铜峡分公司 350KA 电解车间党支部书记、副主任

栗学军 市农牧和科学技术局农业技术和农机化推广服务中心工程师

滕 云 宁夏捷智通网络服务有限公司总经理

魏 巍 解放军 68216 部队 73 分队分队长

颁奖单位:中共青铜峡市委员会、青铜峡市人民政府

颁奖时间:2017 年 5 月 19 日

【优秀教师(校长)】

1.古峡名校长

陈英君 市第一中学校长

雷振清 市职教中心主任

王 忠 市铝业学校校长

马金环 市第四小学校长

周茂才 市第五中学校长

王瑞琳 市第五小学校长

芦学军 市陈袁滩中心小学校长

2.古峡名师

苏聚丰(市高级中学)

郝晓红（市高级中学）
郭万钧（市高级中学）
陈淑萍（市高级中学）
石金玲（市高级中学）
董国宏（市第一中学）
张　渊（市第一中学）
李慧宁（市第一中学）
黄秀玲（市第五中学）
刘俊琴（市第五中学）
李　韬（市第六中学）
李长春（市甘城子中心学校）
方嘉秀（市第四小学）
代　红（市第六小学）
李　瑞（市光辉中心小学）
李　颖（市第三中学）

3.优秀班主任

李学勇（市高级中学）
马进瑞（市高级中学）
李　勤（市高级中学）
王克军（市第一中学）
夏　雨（市第一中学）
李学军（市第一中学）
常福宝（市职教中心）
赵淑芳（市职教中心）
余新燕（市第二中学）
刘晓春（市第三中学）
顾春梅（市第三中学）
张玉霞（市第四中学）
李　喆（市第四中学）
周　霞（市第五中学）
李英来（市第五中学）
王俊娟（市第六中学）
盛艳梅（市第六中学）
杨佐山（市第七中学）
杨　茹（市汉坝小学）
唐保燕（市汉坝小学）
王青锐（市第二小学）
马金萍（市第二小学）
余文亚（市第三小学）
韩慧卿（市第三小学）
姜　婷（市第四小学）
李　丽（市第四小学）
席丽娟（市第五小学）
王　君（市第五小学）
冯文涛（市第六小学）
冯月玲（市第一幼儿园）
陈　洁（市第二幼儿园）
史彩芳（市第三幼儿园）
周　芳（市河西中心小学）
王鹏梅（市陈袁滩中心小学）
孙　力（市回民中学）
崔立娟（市中滩中心小学）
李淑花（市沈闸中心小学）
李建勤（市沈闸中心小学）
王梅芳（市大坝中心小学）
秦继红（市红星中心小学）
冯海燕（市广武中心小学）
赵　萍（市叶盛中心小学）
鲁　婷（市瞿靖中心小学）
史建斌（市光辉中心小学）
徐晓芸（市邵岗中心小学）
黄志刚（市邵岗中学）
尚淑芳（市铝业学校）
陆梅芳（市铝业学校）
鲍美玲（市甘城子中心学校）
李惠波（市大坝电厂学校）

4.优秀教师

夏正朝（市高级中学）

张　红(市高级中学)
李　瑾(市高级中学)
孟云霞(市高级中学)
韩玉霞(市高级中学)
叶永祥(市高级中学)
刘　文(市高级中学)
马金昕(市高级中学)
万自荣(市高级中学)
刘俊萍(市高级中学)
陈枝俏(市高级中学)
陈淑华(市高级中学)
王海荣(市高级中学)
王文君(市第一中学)
孙　丽(市第一中学)
尚晓润(市第一中学)
陈桂萍(市第一中学)
侯宗文(市第一中学)
毛文东(市第一中学)
杜晓东(市第一中学)
刘建玲(市第一中学)
张兴华(市第一中学)
路　遥(市第一中学)
朱锦涛(市第一中学)
黄金玉(市第一中学)
王　萍(市第一中学)
刘亚军(市职教中心)
徐梦莹(市职教中心)
杨耀臣(市职教中心)
宋　进(市第二中学)
赵光清(市第二中学)
冯　俭(市第三中学)
王素霞(市第三中学)
史　瑛(市第四中学)
白丽芳(市第四中学)
王菊莲(市第四中学)
乔云鹏(市第四中学)
万国峰(市第五中学)
席向梅(市第五中学)
汤红梅(市第五中学)
贾晓瑞(市第五中学)
姜兴国(市第五中学)
乔月珍(市第六中学)
李秀红(市第六中学)
刘梅娟(市第六中学)
白　斌(市第六中学)
马铁军(市第七中学)
包月华(市第七中学)
周建伟(市第七中学)
吴丽娟(市汉坝小学)
曹永娟(市汉坝小学)
张　红(市汉坝小学)
任继敏(市第二小学)
何廷玲(市第二小学)
吴志红(市第二小学)
赵　君(市第三小学)
余克俭(市第三小学)
马　蕾(市第三小学)
蒋海滢(市第四小学)
李　坤(市第四小学)
何丽春(市第四小学)
郦　泓(市第五小学)
王岳虹(市第五小学)
段　涛(市第五小学)
徐　帅(市第五小学)
金丽琴(市第五小学)
代　晶(市第六小学)
刘伯华(市铝业学校)
李少君(市铝业学校)

李桂芝（市铝业学校）
王月梅（市河西中心小学）
孙桂梅（市河西中心小学）
刘　芳（市陈袁滩中心小学）
张　辉（市陈袁滩中心小学）
赵秀花（市回民中学）
庞元亨（市回民中学）
邬金霞（市沈闸中心小学）
陈进军（市沈闸中心小学）
王　涛（市沈闸中心小学）
高晓红（市中滩中心小学）
梁文升（市中滩中心小学）
詹怀云（市大坝中心小学）
罗瑞芳（市红星中心小学）
王慧颖（市广武中心小学）
李光莉（市广武中心小学）
樊　明（市叶盛中心小学）
陈　宁（市叶盛中心小学）
王稚南（市瞿靖中心小学）
李　帆（市瞿靖中心小学）
任永才（市光辉中心小学）
徐　婷（市邵岗中心小学）
年万青（市邵岗中心小学）
李　鲲（市邵岗中学）
王春山（市甘城子中心学校）
付建平（市甘城子中心学校）
蒋文钰（市大坝电厂学校）
王　怡（市第一幼儿园）
陈金梅（市第一幼儿园）
徐利霞（市第二幼儿园）
秦丽红（市第三幼儿园）

颁奖单位：中共青铜峡市委员会、青铜峡市人民政府

颁奖时间：2017 年 9 月 7 日

重要文献

编辑◎何艳珍

青铜峡市法治政府建设实施方案（2016—2020年）

青党发[2017]4号

为全面推进法治政府建设，到2020年基本建成职能科学、权责法定、执法严明、公开公正、廉洁高效、守法诚信的法治政府，结合我市实际，制定本实施方案。

一、总体要求

高举中国特色社会主义伟大旗帜，全面贯彻落实党的十八大和十八届二中、三中、四中、五中、六中全会精神，以马克思列宁主义、毛泽东思想、邓小平理论、“三个代表”重要思想、科学发展观为指导，深入学习贯彻习近平总书记系列重要讲话精神，按照“五位一体”总体布局和“四个全面”战略布局，坚持依法治国、依法执政、依法行政共同推进，坚持法治国家、法治政府、法治社会一体建设，深入推进依法行政，加快建设法治政府，全面提高行政机关及其工作人员运用法治思维和法治方式深化改革、简政放权、创新管理、调整结构、改善民生、防控风险、维护稳定的能力，为建设“实力、活力、魅力、和谐、幸福”青铜峡提供有力法治保障。

二、主要任务

（一）依法全面履行政府职能

1.深化行政审批制度改革

（1）全面清理行政审批事项。最大程度减少对生产经营活动的许可，最大限度缩小投资项目审批、核准范围，最大幅度减少对各类机构及其活动的认定，不符合行政许可法规定的资质资格准入许可一律取消。直接面向基层、量大面广、由基层实施更方便有效的行政审批事项，一律下放基层管理。与国务院取消调整行政许可事项和国家、自治区修订相关法律法规工作相衔接，对现有行政审批事项、增加企业和公民负担证照进行清理，并公布清理结果。对保留的行政审批事项，进行统一编码，建立目录，并实行动态化管理，及时更新调整。做好已取消和下放行政审批事项的落实和衔接工作。

牵头单位：市编办

负责单位：各镇人民政府、裕民街道办事处，市直有关部门、事业单位

完成时限：2016年12月底前，完成现有行政审批事项清理，并公布清理结果；2017年6月底前，完成对增加企业和公民负担证照清理，并实现对保留行政审批事项目录化、编码化管理。

（2）严格禁止新设行政审批事项。市政府发布规范性文件及其部门、单位发布的规范性文件一律不得设定行政审批事项。起草单位和审查机构要深入调查研究，加强合法性、必要性和合理性审查论证。不符合行政许可法和国务院、自治区有关规定的一律不得设定行政审批事项。

牵头单位:市人大常委会法工委

负责单位：各镇人民政府、裕民街道办事处，市直有关部门、事业单位

完成时限:长期实施

(3)简化行政审批手续，提高行政效能。全面推行行政审批一个窗口办理、并联办理、限时办理、规范办理、透明办理、网上办理,建立健全相关制度,行政审批效率进一步提高。

牵头单位:市政务服务中心

负责单位：各镇人民政府、裕民街道办事处，市直有关部门、事业单位

完成时限:长期实施

(4)加快投资项目在线审批监管平台管理,实现各部门间横向联通,实施在线监测并向社会公开。

牵头单位:市发展和改革局

配合单位：各镇人民政府、裕民街道办事处、农林场,市直有关部门、事业单位

完成时限:2016 年 12 月底前

(5)全面清理规范行政审批中介服务。坚决整治“红顶中介”,严禁指定中介机构,审批部门所属事业单位不得开展与本部门审批事项相关的中介服务,行业协会商会类中介机构一律与审批部门脱钩。禁止政府工作人员在中介机构兼职任职,切断行政机关与中介服务机构之间的利益链,实现中介服务行业公平竞争。对保留的行政审批中介服务实行清单管理并向社会公布。

牵头单位:市民政局、市场监督管理局

配合单位:市编办及有关部门

完成时限:2016 年 12 月底前

2.大力推行权力清单、责任清单,落实负面清单制度,并实行动态管理

(1)规范权力清单、责任清单运行。公布各镇人民政府权力清单、责任清单,建立权力清单、责任清单动态管理机制，根据职权变动,适时调整权力清单、责任清单。

牵头单位:市编办

负责单位:市政府办公室(法制办)、市直有关部门

完成时限:2016 年 12 月底前

(2)落实负面清单,实行统一的市场准入制度。严格落实国务院《关于实行市场准入负面清单制度的意见》和自治区负面清单相关规定，激发市场主体和社会主体的创造活力，增强经济社会发展内生动力。

牵头单位:市发展改革局

负责单位:市工业信息化和商务局等有关部门

完成时限:长期实施

(3)建立行政事业性收费和政府性基金清单制度。全面清理行政事业性收费和政府性基金项目,编制行政事业性收费和政府性基金目录清单,并向社会公布。没有法律法规依据且未按规定批准、越权设立的收费基金项目,政府提供普遍公共服务或体现一般性管理职能的行政事业性收费,没有法定依据的行政审批中介服务项目及收费,一律取消;擅自提高征收标准、扩大征收范围的,一律停止执行。

牵头单位:市财政局

配合单位：市发展和改革局(物价局)等有关部门

完成时限:2017 年 12 月底前

3.优化政府组织结构

(1)推进行政机构、职能、权限、程序、责任规范化。深化行政体制改革,优化政府机构设置、职能配置、工作流程,理顺部门职责关系,积极稳妥实施大部门制。推进政府部门事权规范化,强化市政府在统筹推进区域内基本公共服务均等化方面执行职责。

牵头单位:市编办

配合单位:市直有关部门

完成时限:2017 年 12 月底前

(2)创新行政管理方式,完善政府绩效管理。完善政府绩效评估指标体系,对政府部门履行法定职责情况、完成重要工作任务情况、工作效率情况、提供公共服务情况,依法行政、廉洁从政情况,财政资金使用绩效情况等进行绩效管理。

牵头单位:市政府办公室

配合单位：各镇人民政府、裕民街道办事处,市直有关部门

完成时限:2016年12月底前

4.落实宏观调控政策

严格落实发展规划、投资管理、财政税收、金融等方面的法律制度,加强发展战略、规划、政策、标准的制定和实施。制定并公开企业投资项目核准目录清单,实现政企分开,企业投资主体地位得到确立。及时公布政府定价目录,大幅缩减政府定价种类和项目,全面放开竞争性领域商品和服务价格。

牵头单位:市发展和改革局(物价局)、财政局

配合单位:各镇人民政府,市人力资源和社会保障局、国土资源局、环境保护局、住房和城乡建设局、农业和科学技术局、工业信息化和商务局、市场监督管理局、经济技术合作局、地税局、人行青铜峡支行等有关部门、单位

完成时限:长期实施

5.加强市场监管

(1)清理、废除妨碍全国统一市场和公平竞争的各种规定和做法,对现行规范性文件及其他规定进行全面清理,并向社会公布,破除部门保护、地区封锁和行业垄断。

牵头单位:市政府办公室(法制办)、工业信息化和商务局

配合单位:市发展和改革局、市场监督管理局、经济技术合作局、地税局等有关部门

完成时限:2016年12月底前

(2)深化商事制度改革。深入落实"先照后证"改革要求,继续清理工商登记前置审批,加快工商登记后置审批改革。进一步推进工商注册登记制度便利化,全面推行"五证合一"。推行电子营业执照和全程电子化登记,实行"一址多照"和"一照多址"。加强事中事后监管,创新市场监管方式,完善市场监管体系,建立透明、规范、高效的投资项目纵横联动、协同监管机制,实行综合监管,推广随机抽查,探索"智能"监管。

牵头单位:市场监督管理局

配合单位:市工业信息化和商务局、国税局、地税局等有关部门

完成时限:2017年12月底前

(3)加强社会信用体系建设。按照国务院和自治区社会信用体系规划纲要,建立健全统一的社会信用代码制度和信用信息共享交换平台,推进企业信用信息公示"一张网"建设,依法保护企业和个人信息安全。

牵头单位:市发展改革局

配合单位:市人力资源和社会保障局、工业信息化和商务局、市场监督管理局、经济技术合作局、地税局、人行青铜峡支行等有关部门、单位

完成时限:2017年12月底前

(4)落实外资管理政策,支持企业对外投资。健全对外投资促进制度和服务体系,支持企业扩大对外投资,推动装备、技术、标准、服务走出去。

牵头单位:市工业信息化和商务局

配合单位:市发展和改革局、市场监督管理局、经济技术合作局、地税局等有关部门

完成时限:长期实施

6.创新社会治理

(1)完善社会组织登记管理制度。适合由社会组织提供的公共服务和解决的事项,依法交由社会组织承担。支持和发展社会工作服务机构和志愿服务组织。规范和引导网络社团社群健康发展,加强监督管理。依法规范各类社会组织活动,推进社会组织自律与诚信建设,开展社会组织评估,建立社会组织诚信档案。健全社会组织管理机制,加大社会组织承接政府购买服务支持力度。

牵头单位:市民政局

负责单位:各镇人民政府、裕民街道办事处,市直有关部门

完成时限:2018年12月底前

(2)深入推进社会治安综合治理。加强社会治理体制机制、能力、人才队伍和信息化建设,依托民生服务、便民服务中心,搭建综合治理工作平台,运用现代化科技手段,特别是信息技术,减少行政成本,提高社会治理科学化和法治化水平。健全落实社会治安综合治理领导责任制。完善立体化社会治安

防控体系，有效防范管控影响社会稳定的问题，保护人民生命财产安全。提高公共突发事件防范处置和防灾救灾减灾能力。全方位强化安全生产，全过程保障食品药品安全。

牵头单位：市综治办

负责单位：各镇人民政府、裕民街道办事处，市政府办公室（应急办）、公安局、民政局、安监局、市场监督管理局等有关部门

完成时限：长期实施

（3）推进社会自治。发挥市民公约、乡规民约、行业规章、团体章程等社会规范在社会治理中的积极作用，指导城市社区和行政村修订、完善居民公约和村规民约，实现居民公约和村规民约全覆盖，并引导城乡居民普遍认同和遵守。加大行业协会、商会章程规章执行监管力度，科学设置行业协会、商会组织机构，完善运行管理机制，规范行业协会、商会法人治理行为，注重发挥基金会、社会服务机构服务社会的作用，促进社会组织健康发展。

牵头单位：市民政局

负责单位：各镇人民政府、裕民街道办事处，市直有关部门

完成时限：长期实施

7.优化公共服务

（1）着力促进教育、卫生、文化、体育社会保障等社会事业健康发展，强化政府促进就业、调节收入分配和完善社会保障职能，加快形成政府主导、覆盖城乡、可持续的基本公共服务体系。

牵头单位：市发展和改革局

配合单位：各镇人民政府、裕民街道办事处，市教育局、民政局、财政局、人力资源和社会保障局、住房和城乡建设局、文化体育广电局、卫生和计划生育局、政务服务中心等有关部门

完成时限：长期实施

（2）建立健全政府购买公共服务制度。公开政府购买公共服务目录，加强政府购买公共服务质量监管。推进公共服务提供主体和提供方式多元化，有序引导行业协会、科技类、公益类、商会类社会组织参与服务供给，形成改善公共服务的合力。凡属事务性管理服务，原则上都要引入竞争机制向社会购买；确需政府参与的，实行政府和社会资本合作模式。

牵头单位：市财政局、发展和改革局

配合单位：各镇人民政府、裕民街道办事处，市直有关部门

完成时限：2016 年 12 月底前

8.强化生态环境保护

加快建立和完善有效约束开发行为和促进绿色发展、循环发展、低碳发展的生态文明制度。深化资源型产品价格和税费改革，实行资源有偿使用制度和生态补偿制度。改革生态环境保护管理体制，完善并严格实行环境信息公开制度、环境影响评价制度和污染物排放总量控制制度。认真执行中共中央办公厅、国务院办公厅《党政领导干部生态环境损害责任追究办法（试行）》和自治区有关规定，健全生态环境保护责任追究制度和生态环境损害赔偿制度，对领导干部实行自然资源资产离任审计。

牵头单位：市环境保护局

配合单位：市委组织部、发展和改革局、监察局、财政局、审计局、经济技术合作局等有关部门，各镇人民政府、裕民街道办事处

完成时限：2016 年 12 月底前，完善并严格实行环境信息公开制度、环境影响评价制度和污染物排放总量控制制度；2018 年 12 月底前健全生态环境保护责任追究制度和生态环境损害赔偿制度，对领导干部实行自然资源资产离任审计。

（二）完善依法行政制度体系

9.加强规范性文件监督管理

（1）完善规范性文件制定程序，严格依法制定规范性文件。规范性文件不得违反法律、法规、规章和上级机关规范性文件的规定，不得设定行政许可、行政处罚、行政强制、行政征收等事项，不得减损公民、法人和其他组织合法权益或者增加其义务。建立规范性文件公开征求意见、合法性审查、集体讨论和备案审查制度，落实规范性文件公布制度。实行制定机关对规

范性文件统一登记、统一编号、统一印发制度。

牵头单位：市人大常委会法工委、政府办公室（法制办）

负责单位：各镇人民政府、裕民街道办事处，市直有关部门

完成时限：长期实施（2017年底前，实现规范性文件统一登记、统一编号、统一印发）

（2）建立规范性文件清理长效机制。根据全面深化改革、经济社会发展需要，以及制定依据修改、废止情况，及时清理有关规范性文件。实行规范性文件目录和文本动态化、信息化管理，并根据规范性文件立改废情况及时做出调整并向社会公布。

牵头单位：市政府办公室（法制办）

负责单位：各镇人民政府、裕民街道办事处，市直有关部门

完成时限：长期实施（2017年12月底前，将规范性文件清理结果向社会公布）

（三）推进行政决策科学化、民主化、法治化

10.健全依法决策机制

落实《青铜峡市重大行政决策程序规定》，各镇人民政府及政府组成部门要制定本部门、本单位重大行政决策目录，明确决策主体、事项范围、法定程序、法律责任。作出重大行政决策严格遵循公众参与、专家论证、风险评估、合法性审查和集体讨论决定的法定程序；落实重大行政决策公开征求意见制度，推行文化教育、医疗卫生、资源开发、环境保护、公用事业等重大民生决策事项民意调查制度，制定、公布各镇政府或者各部门重大行政决策事项听证范围，建立听证代表遴选机制，按照法定程序组织听证。完善重大行政决策专家咨询制度，建立各镇政府、各部门行政决策咨询论证专家库。落实重大行政决策风险评估机制，对存在影响社会稳定、生态、经济等方面风险的重大行政决策，要进行风险评估，评估结果作为重大行政决策的重要依据。建立重大行政决策合法性审查机制，未经合法性审查或经审查不合法的，不得提交讨论，充分发挥法律顾问在制定重大行政决策、推进依法行政中的积极作用。重大行政决策应当经政府常务会议或者全体会议、部门领导班子会议讨论，由行政首长在集体讨论基础上作出决定，集体讨论情况和决定要如实记录、完整存档。

牵头单位：市政府办公室

负责单位：各镇人民政府、裕民街道办事处，市直有关部门

完成时限：2016年12月底前

11.严格决策责任追究

（1）建立重大行政决策后评估机制。通过舆情跟踪、抽样调查、会商分析等方式，跟踪决策执行情况和实施效果，根据实际需要进行重大行政决策后评估，并根据评估情况适时调整和完善有关决策。

牵头单位：市政府办公室

负责单位：各镇人民政府、裕民街道办事处，市直有关部门

完成时限：长期实施

（2）健全并严格实施重大决策终身责任追究制度及责任倒查机制。对决策严重失误或者依法应当及时作出决策但久拖不决造成重大损失、恶劣影响的，严格追究行政首长、负有责任的其他领导人员和相关责任人员的党纪政纪责任，涉嫌违法犯罪的，移交司法机关处理。

牵头单位：市监察局

负责单位：各镇人民政府、裕民街道办事处，市委组织部、市直有关部门

完成时限：长期实施

（四）坚持严格规范公正文明执法

12.改革行政执法体制

（1）根据不同的事权和职能，按照减少层次、整合队伍、提高效率的原则，合理配置执法力量。大幅减少执法队伍种类，重点在食品药品安全、工商质检、公共卫生、安全生产、文化旅游、资源环境、农林水利、交通运输、城乡建设、商务等领域内推行综合执法，积极推进市场监管综合执法，开展农业行业综合执法试点，支持有条件的领域推行跨部门综合执法。加大关系群众切身利益重点领域执法力度。理顺

城管执法体制,加强城市管理综合执法机构和队伍建设,提高执法和服务水平。

牵头单位:市编办

负责单位:各镇人民政府、裕民街道办事处,市住房和城乡建设局、农牧和科学技术局等有关部门

完成时限:2017年12月底前

(2)理顺行政强制执行体制。科学配置行政强制执行权,提高行政强制执行效率。

牵头单位:市编办、政府办公室(法制办)

负责单位:市直有关部门

完成时限:2018年12月底前

(3)健全行政执法和刑事司法衔接机制。落实《青铜峡市行政执法工作与检察监督工作相衔接实施办法》,完善案件移送标准和程序,建立健全行政执法机关、公安机关、检察机关、审判机关信息共享、案情通报、案件移送制度,行政处罚和刑事处罚实现无缝对接。

牵头单位:市检察院

配合单位:各镇人民政府、裕民街道办事处,市人民法院,市政府办公室(法制办)、公安局等有关部门

完成时限:2016年12月底前

13.完善行政执法程序

贯彻落实行政裁量权基准制度,建立执法全过程记录制度,完善行政执法权限协调机制。在行政处罚案件中具体适用上级部门制定行政裁量权基准,做到执法公平、公正。严格落实《宁夏回族自治区行政程序规定》,健全行政执法调查取证、告知、罚没收入管理等制度,明确听证、集体讨论决定的适用条件,在重点领域推行行政执法全过程记录。建立健全行政执法权限协调机制,及时解决执法机关之间的权限争议,建立异地行政执法协助制度。落实重大行政执法法制审核制度,明确各部门重大行政执法决定法制审核的范围和标准,凡审核范围内的重大行政执法决定,在拟作出前,应当由本部门法制机构、法制人员或法律顾问进行审核。全面落实行政执法责任制,建立健全常态化的责任追究机制。加强执法监督,各镇政府和政府各部门法制机构要建立统一的行政执法监督网络平台,建立健全投诉举报、情况通报等制度。

牵头单位:市政府办公室(法制办)

负责单位:市直有关部门

完成时限:2017年12月底前

14.创新行政执法方式

(1)推行行政执法公示制度和非强制性执法手段。建立各部门、单位行政执法公示制度,行政执法机关对职责范围、执法流程以及监督途径、举报电话等,通过广播、电视、报刊、信息发布会、网络等形式向社会公示。执法依据、法定标准、执法流程等发生变化时,公示的内容应随时调整,并及时更新。坚持管理与服务并重、处置与疏导结合,推广运用说服教育、劝导示范、行政指导、行政奖励等非强制性执法手段,实现法律效果与社会效果的统一。

牵头单位:市政府办公室(法制办)

负责单位:各镇人民政府、裕民街道办事处,市直有关部门

完成时限:长期实施

(2)加强行政执法信息化建设和科技、装备在行政执法中的应用。加强行政执法信息化建设和信息共享,有条件的部门建立统一的行政执法信息平台,完善网上执法办案及信息查询系统。

牵头单位:市财政局、网络和信息化办公室

负责单位:各镇人民政府、裕民街道办事处,市直有关部门

完成时限:2016年12月底前

(3)健全公民和组织守法信用记录,完善守法诚信褒奖机制和违法失信行为惩戒机制。建立完善企业守法信用记录制度,把企业守法信用信息采集融入注册登记、资质审核、日常监管各环节,实现企业守法信用信息公开查询。建立公民守法信用记录制度,加强重点人群职业信用建设,建立企业法定代表人和各类执业人员信用档案。完善法人或者其他组织和自然人守法褒奖、违法失信惩戒机制。支持和

鼓励举报违法失信行为，建立举报奖励制度，保护举报人合法权益。

牵头单位：市发展和改革局、工业信息化和商务局

配合单位：各镇人民政府、裕民街道办事处，市直有关部门

完成时限：2017年12月底前

15.健全行政执法人员管理制度

（1）完善行政执法人员资格管理制度。严格落实《宁夏回族自治区行政执法证件管理办法》，未经执法资格考试合格，不得授予执法资格，不得从事执法活动。全面清理全市行政执法人员。规范执法辅助人员管理，建立执法辅助人员管理制度，明确其适用岗位、身份性质、职责权限、权利义务、聘用条件和程序等。

牵头单位：市政府办公室（法制办）

负责单位：各镇人民政府、裕民街道办事处，市直有关部门

完成时限：2016年12月底前，全面清理全市行政执法人员；2017年12月底前，建立执法辅助人员管理制度。

（2）健全行政执法人员纪律约束和考核机制，加强职业道德教育，全面提高执法人员素质。推行行政执法人员平时考核制度，科学合理设计考核指标体系，考核结果作为执法人员职务级别调整、交流轮岗、教育培训、奖励惩戒的重要依据。

牵头单位：市人力资源和社会保障局

负责单位：各镇人民政府、裕民街道办事处，市委组织部、监察局等有关部门

完成时限：2017年12月底前

16.加强行政执法保障

（1）推动形成全社会支持行政执法机关依法履职的氛围。各级党政机关和领导干部要支持行政执法机关依法公正行使职权，不得干扰、阻碍行政执法人员依法履职，不得让行政执法人员做不符合法律规定的事情。建立领导干部违法干预行政执法记录制度和责任追究机制，对妨碍行政机关正常工作秩序、阻碍行政执法人员依法履责的违法行为，坚决依法处理。

牵头单位：市公安局、监察局

负责单位：各镇人民政府、裕民街道办事处，市直有关部门

完成时限：长期实施

（2）保障行政执法经费。行政机关履行执法职责所需经费，由市政府纳入市财政预算，保证执法经费足额拨付。改善执法条件，合理安排执法装备配备、科技建设方面的投入。严格执行罚缴分离和收支两条线管理制度，严禁下达或者变相下达罚没指标，严禁将行政事业性收费、罚没收入同部门利益直接或者变相挂钩。

牵头单位：市财政局

配合单位：各镇人民政府、裕民街道办事处，市直有关部门

完成时限：长期实施

（五）强化对行政权力的制约和监督

17.健全行政权力运行制约和监督体系

（1）完善行政权力监督制度，坚持用制度管权管事管人，坚持决策权、执行权、监督权既相互制约又相互协调。充分发挥各方面监督作用，使监督覆盖到权力行使的各方面和各环节，确保权力在法治的轨道上公开透明运行。

牵头单位：市监察局

负责单位：各镇人民政府、裕民街道办事处，市直有关部门

完成时限：长期实施

（2）健全行政权力运行制约制度。起草政府规范性文件，有效落实公开行政权力运行流程、惩治和预防腐败、防控廉政风险、防止利益冲突等要求，切实把权力关进制度的笼子。加强行政程序制度建设，严格规范作出各类行政行为的主体、权限、方式、步骤和时限。

牵头单位：市政府办公室（法制办）

负责单位：各镇人民政府、裕民街道办事处，市直有关部门

完成时限：长期实施

（3）加强政府诚信建设。发挥政府诚信建设示范作用，加快政府守信践诺机制建设。完善政府服务承诺制和行政问责制，加强对政府

履行承诺的监督考核，切实兑现政府对群众的承诺，提高政府公信力。

牵头单位：市政府办公室

负责单位：各镇人民政府、裕民街道办事处，市直有关部门

完成时限：长期实施

（4）加强公务员诚信管理。建立公务员诚信档案，依法依规将公务员个人有关事项报告、廉政记录、年度考核结果、违法违纪违约行为等信息纳入档案，将公务员诚信记录作为干部考核、任用和奖惩的重要依据。深入开展公务员诚信、守法和道德教育，编制公务员诚信手册，增强公务员法律和诚信意识，建立一支守法守信、高效廉洁的公务员队伍。

牵头单位：市委组织部、人力资源和社会保障局

负责单位：各镇人民政府、裕民街道办事处，市直有关部门

完成时限：2017 年 12 月底前

18.自觉接受党内监督、人大监督、民主监督、司法监督

市政府及政府组成部门党组（党委）要切实履行党风廉政建设和反腐败工作主体责任，主要负责人为第一责任人，对本级政府、本部门党风廉政建设负总责。认真执行向本级人大及其常委会报告工作制度，接受询问和质询制度，报备规范性文件制度。认真研究处理人大及其常委会组成人员对政府工作提出的有关审议意见，及时研究办理人大代表和政协委员提出的意见和建议，切实改进工作。健全知情明政机制，政府相关部门向政协定期通报有关情况，为政协委员履职提供便利、创造条件。支持人民法院依法受理行政案件，健全、落实行政机关负责人依法出庭应诉制度，尊重并执行人民法院生效裁判，认真办理并及时反馈司法机关对完善和加强行政管理，促进依法行政方面的司法建议。检察机关对在履行职责中发现的行政违法行为进行监督，行政机关应当积极配合。

牵头单位：市政府办公室

配合单位：市人大办公室、政协办公室，市人民法院、检察院，各镇人民政府、裕民街道办事处，市直有关部门

完成时限：长期实施

19.加强行政监督和审计监督

（1）加强政府层级监督。完善政府内部层级监督，改进上级行政机关对下级行政机关的监督，建立健全常态化、长效化监督制度。

牵头单位：市政府办公室（法制办）

负责单位：各镇人民政府、裕民街道办事处，市直有关部门

完成时限：长期实施

（2）加强对政府内部权力的制约。对财政资金分配使用、国有资产监管、政府投资、政府采购、公共资源转让、公共工程建设等权力集中的部门和岗位实行分事行权、分岗设权、分级授权，定期轮岗，强化内部流程控制，防止权力滥用。市监察局要切实履行监督责任，确保廉政建设各项任务落实。

牵头单位：市监察局、市直有关部门

负责单位：各镇人民政府、裕民街道办事处，市直有关部门

完成时限：长期实施

（3）加强审计监督。完善审计制度，健全有利于依法独立行使审计监督权的审计管理体制，建立具有审计职业特点的审计人员管理制度，基本形成与国家治理体系和治理能力现代化相适应的审计监督机制。对公共资金、国有资产、国有资源和领导干部履行经济责任情况实行审计全覆盖。强化上级审计机关对下级审计机关的领导。

牵头单位：市审计局

配合单位：各镇人民政府、裕民街道办事处，市直有关部门

完成时限：长期实施

20.完善社会监督和舆论监督机制

建立对行政机关违法行政行为投诉举报登记制度，畅通举报箱、电子信箱、热线电话等监督渠道，方便群众投诉举报、反映问题，依法及时调查处理违法行政行为，保护举报人合法权益。发挥报刊、广播、电视等传统媒体监督作用，加强与互联网等新兴媒体的互动，重

视运用和规范网络监督。建立健全网络舆情监测、收集、研判、处置机制,推动网络监督规范化、法治化。

牵头单位:市委宣传部

负责单位:各镇人民政府、裕民街道办事处,市政府办公室、信访督办局、监察局、文化体育广电局等有关部门

完成时限:长期实施(其中:2016年12月底前,建立对行政机关违法行政行为投诉举报登记制度;2017年6月底前,建立健全网络舆情监测、收集、研判、处置机制)

21.全面推进政务公开

坚持以公开为常态、不公开为例外原则,推进决策公开、执行公开、管理公开、服务公开、结果公开。完善政府信息公开制度,拓宽政府信息公开渠道,进一步明确政府信息公开范围和内容。重点推进财政预算、公共资源配置、重大建设项目批准和实施、社会公益事业建设等领域的政府信息公开。完善政府新闻发言人、突发事件信息发布等制度,做好热点敏感问题的舆论引导,及时回应群众关切。创新政务公开方式,建成互联网政务信息数据服务平台和便民服务平台,提高政务公开信息化、集中化水平。

牵头单位:市政府办公室

负责单位:各镇人民政府、裕民街道办事处,市直有关部门

完成时限:2016年12月底前(其中建成互联网政务信息数据服务平台和便民服务平台于2017年12月底前完成)

22.完善纠错问责机制

加强行政问责规范化、制度化建设,完善行政问责制度,增强行政问责的针对性和时效性。加大问责力度,坚决纠正行政不作为、乱作为,坚决克服懒政、庸政、怠政,坚决惩处失职、渎职。认真落实党风廉政建设责任制,坚持有错必纠、有责必问,对"四风"问题突出、发生顶风违纪问题或者出现区域性、系统性腐败案件的镇、部门和单位,既要追究主体责任、监督责任,又要严肃追究领导责任。

牵头单位:市监察局

配合单位:市委组织部、人力资源和社会保障局、审计局等有关部门

完成时限:2016年12月底前

(六)依法有效化解社会矛盾纠纷

23.健全依法化解纠纷机制

落实《宁夏回族自治区矛盾纠纷排查化解办法(试行)》。构建对维护群众利益具有重大作用的制度体系,建立健全社会矛盾预警机制、利益表达机制、协商沟通机制、救济救助机制。及时收集分析热点、敏感、复杂矛盾纠纷信息,加强群体性、突发性事件预警监测。强化依法应对和处置群体性事件机制和能力。依法加强对影响或危害食品药品安全、安全生产、生态环境、网络安全、社会安全等方面重点问题的治理。加大普法力度,引导和支持公民、法人和其他组织依法表达诉求和维护权益。

牵头单位:市综治办

负责单位:各镇人民政府、裕民街道办事处,市信访督办局、公安局、民政局、司法局、环境保护局、安监局、市场监督管理局等有关部门

完成时限:长期实施

24.完善行政复议、行政调解、行政裁决、仲裁制度

严格执行行政复议法,完善行政复议制度,改革行政复议体制,积极探索整合行政复议职责,积极开展行政复议委员会和相对集中行政复议权试点。健全行政复议案件审理机制,行政复议案件依法由两名以上人员办理,加大公开听证审理力度,纠正违法或不当行政行为。市政府要依法加强行政复议能力建设,行政复议人员应由获得法律职业资格的人员担任,落实办案场所和有关装备保障,行政复议经费列入市财政预算。健全行政调解制度,进一步明确行政调解范围,完善行政调解机制,规范行政调解程序。健全行政裁决制度,强化行政机关解决同行政管理活动密切相关的民事纠纷功能。有关行政机关要依法开展行政调解、行政裁决工作,及时有效化解矛盾纠纷。完善仲裁制度,提高仲裁公信力,充

分发挥仲裁解决经济纠纷、化解社会矛盾、促进社会和谐的作用。

牵头单位:市政府办公室(法制办)

负责单位: 各镇人民政府、裕民街道办事处,市编办、司法局、财政局、人力资源和社会保障局等有关部门

完成时限:2018 年 12 月底前

25.加强人民调解工作

贯彻落实人民调解法,健全人民调解组织网络, 实现村委会、居委会人民调解组织全覆盖,推进企事业单位、镇街道、社会团体、行业组织中人民调解组织建设。重点协调解决消费者权益、劳动关系、医患关系、物业管理等方面的矛盾纠纷,促进当事人平等协商、公平公正解决矛盾纠纷。完善人民调解、行政调解、司法调解联动工作体系。

牵头单位:市司法局

配合单位:市法院,市综治办、政府办公室(法制办)

完成时限:2017 年 12 月底前

26.改革信访工作制度

将信访纳入法治化轨道,保障合理合法诉求依照法律规定和程序得到合理合法的结果。规范信访工作程序, 畅通群众诉求表达、利益协调和权益保障渠道,维护信访秩序。优化传统信访途径,实行网上受理信访制度,健全及时就地解决群众合理诉求机制。严格实行诉访分离,推进通过法定途径分类处理信访投诉请求,引导群众在法治框架内解决矛盾纠纷,完善涉法涉诉信访依法终结制度。

牵头单位:市信访督办局

配合单位: 各镇人民政府、裕民街道办事处,市委政法委、市直有关部门

完成时限:2017 年 12 月底前

(七)全面提高政府工作人员法治思维和依法行政能力

27.树立重视法治素养和法治能力的用人导向

把法治观念强不强、法治素养好不好作为衡量干部德才的重要标准,把能不能遵守法律、依法办事作为考察干部的重要内容,把严守党纪、恪守国法的干部用起来。在相同条件下,优先提拔使用法治素养好、依法办事能力强的干部,市政府和政府组成部门领导班子中应当配备具有法律专业知识和实践经验的领导。对特权思想严重、法治观念淡薄的干部要批评教育、督促整改,问题严重或违法违纪的,依法依纪严肃处理。

牵头单位:市委组织部

配合单位:市监察局、人力资源和社会保障局

完成时限:长期实施

28.加强对政府工作人员的法治教育培训

完善学法制度,市政府每年至少举办一期领导干部法治专题培训班,市政府领导班子每年应当举办两期以上法治专题讲座。市委党校要把宪法法律列为干部教育的必修课。健全行政执法人员岗位培训制度,各行政执法部门、单位每年至少组织开展一次本部门、本单位行政执法人员通用法律知识、专门法律知识、新法律法规等专题培训。加大公务员任职培训法治知识培训力度。

牵头单位:市委组织部

负责单位: 各镇人民政府、裕民街道办事处,市政府办公室(法制办)、人力资源和社会保障局及有关部门

完成时限:长期实施

29.完善政府工作人员法治能力考查测试制度

加强对领导干部任职前法治知识考查和依法行政能力测试,将考查和测试结果作为领导干部任职的重要参考,促进政府及其部门负责人严格履行法治建设职责。各部门每年至少安排两次工作人员集中学法知识培训, 培训情况、学习成绩作为考核内容和任职晋升的依据之一。实行公务员晋升依法行政考核制度。对从事行政执法工作的人员,定期组织专门的法律知识培训。行政机关工作人员参加集中学法知识培训考试不合格的,年度考核不得评为优秀等次。

牵头单位:市委组织部

配合单位:市政府办公室(法制办)、人力资源和社会保障局及

有关部门

完成时限:长期实施

30.注重通过法治实践提高政府工作人员法治思维和依法行政能力

(1)提高政府工作人员的法治思维能力。政府工作人员特别是领导干部想问题、作决策、办事情必须守法律、重程序、受监督,牢记职权法定,切实保护人民权益。要自觉运用法治思维和法治方式深化改革、推动发展、化解矛盾、维护稳定,依法治理经济,依法协调和处理各种利益问题,避免埋钉子、留尾巴,努力营造办事依法、遇事找法、解决问题用法、化解矛盾靠法的良好法治环境。

牵头单位:市委组织部

负责单位:各镇人民政府、裕民街道办事处,市人力资源和社会保障局及有关部门

完成时限:长期实施

(2)提高行政执法人员依法行政能力。落实"谁执法谁普法"的普法责任制,建立行政执法人员以案释法制度,使执法人员在执法普法的同时不断提高自身法治素养和依法行政能力。

牵头单位:市司法局

负责单位:各镇人民政府、裕民街道办事处,市直有关部门

完成时限:长期实施

三、组织保障和落实机制

31.加强党对法治政府建设的领导

市政府要在市委的统一领导下,谋划和落实好法治政府建设各项任务,主动向市委报告法治政府建设中的重大问题,及时消除制约法治政府建设的体制机制障碍。党政主要负责人要履行推进法治政府建设第一责任人职责,将建设法治政府摆在工作全局的重要位置。各镇、各部门要建立由党政主要负责人负责的推进法治政府建设工作领导协调机制。对不认真履行第一责任人职责,贯彻落实《纲要》和《工作方案》不力,本辖区本部门一年内发生多起重大违法行政案件、造成严重社会后果的,依法追究主要负责人的责任。各镇、各部门要结合本部门本单位实际,每年部署法治政府建设年度重点工作,要有年度计划、具体工作方案,各项目标任务分解到位,职责明确。市政府每年第一季度要向市委、人大常委会报告上一年度法治政府建设情况,各镇和政府各部门每年第一季度要向市政府报告上一年度法治政府建设情况, 报告要通过报刊、政府网站等向社会公开。加强政府和政府部门法制力量建设,配强配齐政府法制工作人员。市政府法制机构要加强对建设法治政府工作的督促检查,确保法治政府建设各项任务落实到位。建设法治政府工作经费列入年度财政预算,由市财政予以保障。

牵头单位:市委办公室、政府办公室

负责单位:各镇人民政府、裕民街道办事处,市委组织部、编办、财政局、人力资源和社会保障局等有关部门

完成时限:长期实施(2016年12月底前建立由党政主要负责人负责的推进法治政府建设工作领导协调机制)

32.强化考核评价和督促检查

市委要把法治政府建设成效作为衡量各级领导班子和领导干部工作实绩的重要内容,纳入政绩考核指标体系和效能目标考核体系,充分发挥考核评价对法治政府建设的重要推动作用,依法行政、法治政府建设考核分值在年度效能目标管理考核总分值中所占比重不低于10%。各部门党组织要领导和监督本单位模范遵守宪法法律法规,坚决查处执法犯法、违法用权等行为。市政府法制机构要结合法治政府建设年度重点工作,开展定期检查、专项督查和考核工作。对工作不力、问题较多的,要及时责令整改、通报批评。法治政府建设考核不合格的单位,不得评为效能目标考核优秀等次。

牵头单位:市委组织部、政府办公室(法制办)

配合单位:各镇人民政府、裕民街道办事处,市直有关部门

完成时限:长期实施

33.加强理论研究、典型示范和宣传引导

（1）加强法治政府建设理论研究和典型示范。坚持从实际出发，解决实际问题，为法治政府建设提供理论支撑和决策参考。积极开展建设法治政府示范创建活动，大力培育建设法治政府先进典型。通过召开现场会、经验交流会等形式及时总结、交流和推广经验，充分发挥先进典型的示范带动作用。定期通报和曝光违法行政典型案例，分析原因、吸取教训、改进工作。

牵头单位：市政府办公室（法制办）

配合单位：各镇人民政府、裕民街道办事处，市直有关部门

完成时限：长期实施

（2）加强法治政府建设宣传引导。大力开展推进依法行政、建设法治政府宣传工作。加强正面宣传引导，以报刊、广播、电视、网络等多种媒体形式，广泛宣传法治政府建设目标、工作部署、先进经验、典型做法，正确引导舆论、凝聚社会共识，营造全社会关心、支持和参与法治政府建设的良好社会氛围。

牵头单位：市委宣传部

配合单位：各镇人民政府、裕民街道办事处，市直有关部门

完成时限：长期实施

中共青铜峡市委员会

青铜峡市人民政府

2017年2月3日

青铜峡市关于深入推进全面从严治党的实施意见

青党发〔2017〕12号

党的十八届六中全会对全面从严治党作出重大部署，通过了《关于新形势下党内政治生活的若干准则》和《中国共产党党内监督条例》（以下简称《准则》和《条例》），对于推进党的建设新的伟大工程、协调推进“四个全面”战略布局、实现中华民族伟大复兴中国梦，具有重大的现实意义和深远的历史意义。自治区党委、吴忠市委认真贯彻中央部署，对推进全区、吴忠市全面从严治党也旗帜鲜明地提出了贯彻意见。全市各级党组织和广大党员干部要切实增强政治意识、大局意识、核心意识、看齐意识，始终在思想上政治上行动上同以习近平同志为核心的党中央保持高度一致，切实把党中央、自治区党委和吴忠市委的各项决策部署落到实处。

坚定不移推进我市全面从严治党，必须高举中国特色社会主义伟大旗帜，深入贯彻习近平总书记系列重要讲话精神，坚持严字当头、真管真严、敢管敢严、长管长严，实施“五大工程”，把严的要求贯穿到管党治党全过程、落实到党的建设各方面，严格遵守党章党规党纪，加强和规范党内政治生活，强化党内监督，保证各级党组织充分履行职能、发挥核心作用，保证全体党员发挥先锋模范作用，保证党的领导干部忠诚干净担当，努力营造风清气正的政治生态，为加快建设实力、活力、魅力、和谐、幸福青铜峡，确保全面建成小康社会提供坚强保证。

一、加强思想政治建设，筑牢思想建党根基

1. 强化理论学习和思想政治教育。实施“强脑铸魂”工程，坚持用党的最新理论武装头脑，把学习贯彻党的十八大、十八届三中、四中、五中、六中全会精神、习近平总书记系列重要讲话精神和来宁视察重要讲话精神作为首要政治任务，纳入学习型党组织建设内容，列入各级党组织学习计划。加强马克思主义基本理论学习教育，把马克思主义理论作为各级领导干部的必修课。推进“两学一做”学习教育常态化制度化，不断提高马克思主义思想觉悟和理论水平。开展“学习型党组织”“学习型机关”“学

习型社区”“学习型干部”四学创建活动，深化机关理论大讲堂和理论宣讲进社区活动，巩固提升政策宣传“农村直通车”工程，拓展“三网体系”，加大政策超市、镇村宣讲团、广播惠农工程建设力度，探索建立微博微信、门户网站、手机客户端“三位一体”理论学习平台，营造开放互动的学习环境，把理论武装触角延伸到基层，让党的创新理论家喻户晓。尤其要加强农村党员思想政治教育，着力提高理论政策水平、解决实际问题、服务群众的能力和带领群众增收致富的本领。坚持理论联系实际，把处理重大政治问题、解决经济社会发展难题等作为检验理论学习成效的重要标准，定期督查考核，引导广大党员干部自觉运用马克思主义立场观点方法指导实践、推动工作。

2. 发挥党员领导干部学习示范作用。抓好领导干部这个“关键少数”，发挥党委党组中心组在理论学习上的引导示范作用。拓宽学习讲坛、读书会、报告会、网络课程等学习渠道，增强学习效果。严格执行《党委(党组)理论学习中心组学习实施细则》，完善党委中心组学习、情况通报、巡听旁听督学、网络在线学习考核等制度，市委中心组每月至少学习1次，全市领导干部专题学习1年不少于12次。建立全市党(工)委学习经验交流制度，命名表彰一批党委(党组)理论中心组学习示范点，进一步提升党员领导干部的学习能力。围绕政治、经济、社会和文化、科技、国防、生态建设等专题，每季度聘请区内外高层次理论专家开展专题集中辅导讲座。市级领导结合分管工作，围绕“1155”发展战略策划选题开展调研，推动调研与谋划思路、解决问题相结合，努力推出一批对全市经济社会发展有重大理念突破和现实指导意义的研究成果。

3. 抓实党员思想道德建设和法治教育。坚持不懈抓好社会主义核心价值观教育，在党员干部中深入开展社会公德、职业道德、家庭美德、个人品德和“孝悌忠信礼义廉耻”等中华优秀传统文化教育，培养高尚道德情操和健康生活情趣。反对铺张浪费，抵制婚丧嫁娶大操大办等社会陋习，倡导喜事新办、丧事简办、厚养薄葬、勤俭节约的文明新风。持续推进“最美青铜峡人”“文明家庭”“乡村好人家”等评选活动。注重家庭、家教、家风建设，以好家风撑起好的社会风气。围绕全面推进依法治市，建立健全党委(党组)中心组定期学法、领导干部任前法律知识考试等制度，认真组织好国家宪法日法制宣传活动，广泛开展“法律九进”等活动，促进各级党员干部带头学法尊法守法用法，引导全社会养成遇事找法、办事依法、解决问题靠法的良好行为习惯。

4. 健全党内学习教育培训机制。加强和改进党校工作，强化党校等阵地和师资队伍建设，整合相关培训资源，充分发挥党校党员干部教育培训主渠道作用。坚持把党性党纪教育作为教育培训的主要内容，聚焦全面从严治党，把《党章》和《准则》《条例》等党内法规作为各级党组织经常性学习内容和培训机构必设课程，融入党员干部日常学习工作和生活，增强党的观念和党员意识。深入挖掘选树宣传先进典型，用身边事身边人教育党员干部，增强党性教育的感染力和实效性。实施干部教育培训提升工程，突出党性教育、依法治市、改革创新、经济转型、产业发展等方面的培训，加大党政领导干部、中青年后备干部、镇(街道)干部、村(社区)干部、师资队伍的教育培训力度，积极开展干部在线教育、“请进来、走出去”培训，每年对科级干部和村(社区)党组织书记、村(居)委会主任轮训1遍，组织党员干部外出培训，学习考察，开阔视野，开拓思维。健全完善干部下基层、下农村、驻村帮扶和选派第一书记等制度，让党员干部在一线锤炼党性、砥砺品质、转变作风。

5. 规范和加强意识形态领域工作。坚持党管意识形态原则，认真落实意识形态工作责任制度，把意识形态工作作为各级党组织书记述职评议考核的重要内容和衡量领导班子的重要依据，推进意识形态工作常态化。严格执行《青铜峡市党委（党组）意识形态工作责任制实施细则》，落实各级党组织意识形态工作主体责任、党组织书记第一责任人责任和分管领导直接责任人责任。健全意识形态领域情况分析研判和预警机制，完善党员干部思想动态分析研判和教育引导机制，每年开展一次专题调研，适应新形势，研究新情况，解决新问题。加强优秀文艺作品的创作生产，整合资源，严格管理，充分发挥各种媒体作用，唱响主旋律，弘扬正能量，着力提高舆论引导能力。坚持谁主管谁主办谁负责和属地管理，对报告会、研讨会、论坛、讲座等严格把关，确保各类活动可管可控。严格落实各类学校课堂讲授纪律，坚决杜绝错误思想观点的传播和侵蚀。

二、从严监督执纪问责，增强遵规守纪自觉

6. 坚决维护和执行党的政治纪律。各级党组织和党员干部必须坚持党的基本理论、基本纲领、基本路线、基本经验、基本要求，坚决维护党中央权威，不折不扣执行党中央和自治区、吴忠市党委重大决策部署，从市委和各级党组织做起，带领全市广大党员干部群众在思想上、政治上、行动上始终同以习近平同志为核心的党中央保持高度一致。牢固树立党章意识，自觉用党章党规规范言行，践行“三严三实”，在任何情况下都要做到政治信仰不变、政治立场不移、政治方向不偏，保持政治定力，决不能自行其是，各自为政；决不允许有令不行，有禁不止；决不允许搞上有政策、下有对策。严格执行重大问题请示报告制度，市人大常委会、政府、政协、纪委、法院、检察院，市直各部门、直属事业单位、各人民团体、区属驻青单位党组织和各镇（场）、街道党（工）委要定期向市委报告工作。领导干部个人重大事项要按规定及时请示报告。遇突发事件和工作中重大问题要及时向市委报告，情况紧急必须临机处置的，要尽职尽力做好工作，并迅速报告。严明党的工作纪律、财经纪律，严格按规矩、程序和纪律办事。建立和完善执行政治纪律、政治规矩专项监督检查机制，坚决纠正和严肃处理不守纪律、不讲规矩的行为。坚决做到“四个服从”，牢记“五个必须”，防止“七个有之”，坚决反对和制止搞小团伙、小圈子等不良现象，坚决反对搞人身依附，坚决反对拉拉扯扯、吹吹拍拍，坚决反对以单位划线、以地域划线，坚持党内民主平等，党内一律称同志，着力形成清清爽爽的同志关系、规规矩矩的上下级关系。

7.建立健全党内外监督体系。认真贯彻《条例》，建立健全党委全面监督，纪委专责监督，党的工作部门职能监督，基层组织日常监督，党员民主监督的党内监督体系。各级党组织要支持和保证同级人大、政府、监察机关、司法机关对国家机关及公职人员依法进行监督，支持人民政协依照章程进行民主监督，支持审计机关依法进行审计监督。支持民主党派履行监督职能，完善知情、沟通、反馈、落实等机制。自觉接受媒体和公众的监督。

严格执行《监督执纪“四种形态”运用报告单》和《监督执纪“四种形态”运用登记表》“一单一表”制度，确保“四种形态”运用有效，切实用纪律管住“大多数”。落实纪律检查工作双重领导责任制，强化上级纪委对下级纪委的领导。加强对纪检监察干部的监督，坚持从严管理、从严监督，保持队伍纯洁，防止“灯下黑”。严肃查处纪检监察干部违纪违法行为，重点处理以案谋私、串通包庇、泄露秘密、跑风漏气、办人情案等突出问题。

8.强化权力运行监督制约。各级党组织和党的领导干部要严格落实权力公开透明运行工作机制、主要领导干部“五不直接分管”制度，认真执行权力清单、责任清单和负面清单。加强权力运行监督，建立健全党的领导干部干预司法案件和插手干预重大事项记录制度。健全不当用权问责机制，加强选人、考核、决策各环节监督。自觉接受群众监督，认真查处干部失职渎职等方面的信访举报。运用和规范互联网监督，建立健全反腐倡廉网络舆情收集、研判、处置机制。引导党员干部通过党内正常渠道实名反映他人的问题，不准散布小道消息，不准散发匿名信，不准诬告陷害等。

探索建立基层党风政风监督检查制度，逐步建立基层"小微权力"清单。突出重点对象、重点领域和关键环节，健全完善风险排查、风险预警、内外监督、考核评价和责任追究机制，强化对"关键少数"，尤其是"一把手"的监督。建立完善廉政档案，形成制度为本、防控结合的源头预防工作模式，真正用制度管权、管人、管事。制定对镇、部门、单位主要负责人加强监督的实施办法，增强监督的针对性、可操作性和有效性。

9.发挥巡察和派出监督作用。严格落实《市委巡察工作办法》，每年至少开展4次专项巡察，加强对"两个责任"、中央八项规定精神落实等情况的专项巡察，确保责任落实，推动全面从严治党向基层延伸。围绕政治纪律、组织纪律、廉洁纪律、群众纪律、工作纪律和生活纪律，依纪依规开展常规巡察和专项巡察，对巡察发现的问题，及时分类处置，做到件件有着落、事事有回音，充分发挥巡察震慑、遏制、治本作用。建立巡察工作人才库，提高发现问题的能力。强化巡察结果运用、追踪问效，抓好整改落实，推动问题解决，更好地发挥巡察在党内监督中的重要作用。加强和改进纪委派出机构管理，督促被监管单位党组织落实管党治党责任。在涉及全市人、财、物管理的市直部门党组织派驻纪检组，实现纪委监督全覆盖。

10.始终保持惩治腐败的高压态势。坚持有腐必反、有贪必肃，以零容忍的态度惩治腐败。把"三类情况"作为执纪审查的重点。依法严肃查处领导干部插手工程建设、土地出让、侵吞国有资产、以权谋私、腐化堕落、失职渎职等案件。坚持"一案双查"制度，严格执行《中国共产党问责条例》和《中共宁夏回族自治区委员会实施＜中国共产党问责条例＞办法（试行）》，坚决问责，既要追究直接责任人责任，还要追究主体责任者和监督责任者责任。发挥千名"清风使者"作用，深入整治和查处侵害群众利益的不正之风和腐败问题。建立健全市委常委包抓基层党风廉政建设工作机制，建立问题清单，加强跟踪督查，对反映集中、问题严重的重点督办、限期办结。落实通报曝光制度，对查办的大案要案和典型案件进行深度剖析，强化警示震慑作用，达到查处一个、教育一片的效果。健全完善纪检、监察、审判、检察、审计机关沟通机制，加强移送案件的跟踪督查督办。全面落实纪律审查协作区制度。加强反腐倡廉制度建设，发挥制度激励约束作用，形成不敢腐、不能腐、不想腐的有效机制。

三、严肃党内政治生活，增强党组织凝聚力战斗力

11.严格执行民主集中制。认真贯彻《中国共产党地方党委工作条例》，完善市委全委会、常委会议事规则和决策机制。凡属重大问题，各级党组织要按照集体领导、民主集中、个别酝酿、会议决定的原则，由集体讨论、按少数服从多数作出决定，不允许用其他形式取代党组织的集体领导。制定市委常委会及常委会成员职责清单，完善市委常委会向全委会定期报告工作并接受监督制度。健全情况通报、情况反映和重大决策征求意见等制度，探索建立健全集体研究事项清单、重大决策风险评估和听证、党政主要领导沟通、决策事项备案、重大决策终身责任追究及责任倒查机制等配套制度。建立上级组织在作出同下级组织有关的重要决策前，征求下级组织意见的制度。将执行民主集中制情况作为领导班子和领导干部考核评价的重要内容，定期开展检查，对执行不力、出现重大失误的严肃追责。尊重党员的主体地位，落实党员的知情权、参与权、选举权、监督权，保障全体党员平等享受党章规定的党员权利、履行党章规定的义务。

任何党组织和党员不得侵害党员民主权利。

12.从严落实党的组织生活制度。坚持“三会一课”制度、党员活动日、党性定期分析、民主评议党员等党的组织生活制度，健全完善党内重要情况向党员通报、党员参与党组织重大决策、接受群众评议等制度，坚决防止“三会一课”表面化、形式化、娱乐化、庸俗化。支部大会除上党课外，主要听取讨论支部的工作报告、审议发展党员、奖励处分等；支部委员会主要研究党支部建设、党员教育管理和工作中的重要问题等；党小组会主要是政治学习、讨论、党员之间交流思想、开展批评和自我批评等。健全基层党组织书记与党员谈心谈话制度，完善党员定期评议党组织领导班子制度。建立定期检查和通报制度，对不按规定落实各项组织生活制度的党组织和党员，及时批评教育，限期整改纠正。根据不同类型党员实际，积极探索多样化的组织生活形式，增强组织生活的针对性和吸引力。

坚持民主生活会和专题组织生活会制度。市委常委班子召开民主生活会必须严格按照党的群众路线教育实践活动专题民主生活会标准，明确民主生活会的主题和要求，严格规范民主生活会会前学习、方案审查、征求意见、自我剖析、谈心谈话、相互批评、领导点评、整改落实等环节工作，起到以上率下的示范效应。各基层党组织要定期或不定期召开民主生活会和专题组织生活会，坚持上级党组织对下级党组织民主生活会和组织生活会方案、班子和个人对照检查材料审核制度，上级党组织领导班子成员参加下级党组织领导班子民主生活会和组织生活会，督查、指导下级党组织开展民主生活会和专题组织生活会，发现问题及时纠正。建立遇到重大问题召开专题民主生活会制度，各级党组织发生班子成员腐败、重大工作失误、受到上级党组织问责等情况时，及时召开专题民主生活会。健全完善民主生活会整改事项清单制度，对整改事项实行台账管理、对账销号，落实整改承诺制、公示制，整改效果接受党员和群众评议监督，确保民主生活会实效。严格执行领导干部参加双重组织生活制度，坚持党员领导干部带头讲党课制度，每年至少在所在党支部或到基层党组织讲1次党课。

13. 加强党的基层组织建设。实施“强基固本”工程，以壮大村集体经济、服务社区居民、促进非公有制经济发展、加强政治引领为重点，把村党组织、社区党组织、非公有制经济党组织和社会组织党组织发展成为“发展强、党建强、示范强、带动强”基层党组织。巩固提升社区“联合党委”运行机制、“三建四关心”党内关怀机制，培育一批可示范、可操作、可推广的服务型党组织建设品牌。强化基层党组织服务功能，继续开展星级服务型党组织创建、星级服务评定活动，推动基层党组织对标争星、晋级增星。强化基层党组织政治功能，积极探索不同领域党组织发挥政治引领作用的有效途径，从思想上、政治上、组织上提高引领教育党员和群众能力。深入实施“先锋引领工程”，大力开展先锋示范党组织、党员先锋示范岗位、党员先锋示范队伍、先锋示范品牌等创建活动，锻造担当尽责党员干部队伍，逐步形成一支相对稳定、综合素质较高的党务工作者队伍，提升新形势下组织工作水平，激发各级党组织和党员干部的生机活力。

14. 加强党员发展和教育管理。严格执行《中国共产党发展党员工作细则》，按照“四讲四有”要求，完善党员群众推荐、群团组织推优、培训、预审、政审、公示、票决等制度，严把发展党员入口关，提高发展党员质量。学习借鉴党员管理先进经验，开展主题党日教育，探索建立从严加强党员教育管理的长效机制。建立健全党员信息数据库，提升党员管理规范化科学化水平。建立党员党组织关系和党费收缴定期排查机制，督促党员严格按照党章要求自觉履行义务。严格落实党员不准搞封建迷信、不准信仰宗教、不准参与邪教等规定，对搞封建迷信、参加宗教活动、参与邪教组织活动的党员依纪依规及时处理。健全不合格党员有序退出机制，保证党员队伍机体纯洁。

四、突出选人用人导向，锻造担当尽责干部队伍

15. 完善干部选拔任用机制。实施“强干健体”工程，认真贯彻“20字”好干部标准，严格执行《党政领导干部选拔任用工作条例》，健全干部能上能下机制，坚持在经济发展、转型升级主战场，项目建设、脱贫攻坚等工作一线，以及重大问题立场表现、艰苦工作岗位检验和识别干部，重用埋头苦干、兢兢业业、实绩突出的干部，选拔敢抓敢管、担当有为的干部，坚决不用无所事事、碌碌无为的干部。创新体制机制，拓宽选人视野，广开选人渠道，面向社会，面向群众，面向基层选拔任用干部。完善干部“实绩档案”，发挥干部“负面清单”过滤器作用，落实干部选拔任用全程纪实制度，坚持干部提拔“凡提四必”“三个不上会”“两个不得”“五个不准”要求，防止带病提拔、带病上岗。通过调任、竞争性选拔等方式选拔领导干部，优化干部结构、盘活干部资源、激发干部活力。加强事业单位领导班子建设。建立干部选拔任用工作责任倒查机制，严格落实干部选拔任前公示和离任检查制度。认真落实中央《关于推进领导干部能上能下的若干规定(试行)》和自治区《实施细则(试行)》选拔淘汰干部，推动形成能者上、庸者下、劣者汰的用人导向。加强党的后备干部培养，扩大培养范围，加强对选调生、优秀大学生村官、“三支一扶”、年轻村干部和社区工作者的培养锻炼，建立健全后备干部选拔、培训、管理、使用、考核等制度，充实干部“储备库”。

16. 激发干部干事创业活力。加强干部实践培养锻炼，健全干部挂职学习锻炼和动态轮岗交流制度，建立部门干部、乡镇干部双向挂职锻炼制度，推进干部跨部门、跨镇场交流和单位内部轮岗交流，对在同一单位或同一岗位工作满5年以上的干部，原则上逐步进行轮岗交流，锻造结构合理、素质优良、充满活力的干部队伍。认真落实《自治区关于支持干部干事创业建立容错纠错机制的办法（试行)》，坚持问责与免责并行，惩治与保护齐下，宽容改革探索中的失误，给改革创新者撑腰鼓劲，释放干事创业活力，让党员干部愿干事、敢干事、干成事。坚持问题导向，加大懒政怠政问题整治力度，严肃查处失职渎职干部，着力解决党员干部中存在的动力不足不想为、能力不足不能为、担当不足不敢为问题，推动形成想作为、敢作为、善作为的良好风尚，营造干部干事创业的良好氛围。实施“强才聚贤”工程，推行“百千万人才计划”，开展人才要素“回流行动”，创新人才政策，优化“筑巢引凤”环境，激发创新创业活力。

17.严格干部管理监督。各级党组织要加强对本部门、单位干部日常管理监督，特别是“八小时”以外的监督，对干部出现的苗头性、倾向性问题，早发现、早提醒、早纠正。纪检、组织部门要加大谈话、提醒、约谈、函询力度，用好巡察、考核、审计、信访成果，增强干部监督管理实效。完善“12380”举报管理制度，充分运用微信公众号、门户网站、政务微博等“互联网+监督”相结合的网络新技术，拓宽监督渠道，建立完善干部监督信息管理系统，增强社会监督实效。严格执行领导干部离任审计制度，强化审计结果运用。深入开展违规办理和持有因私出国(境)证件、公职人员投资办企业限制规定，以及在社会团体、企业兼职(任职)等专项整治。

五、持续加强作风建设，密切党群干群关系

18.驰而不息纠治“四风”。实施“强堤固防”工程，深入贯彻落实中央八项规定精神，紧盯重要节点和问题多发频发领域，跟踪监督检查；严查隐形变异“四风”问题，坚持“零容忍”态度，加大惩治力度，发现一起、惩处一起、曝光一起，以党风政风好转带动民风社风转变。建立党员干部作风状况定期分析

研判机制，对新出现的作风问题集中开展专项整治。持续开展干部“三不”专项整治活动，严肃查处侵害群众利益等违纪问题，坚决防止“四风”反弹。认真纠查土地征用、房屋拆迁、住房保障、教育收费、医疗卫生、涉农资金兑现、安全生产、生态环境保护等发生在群众身边的小信访、小问题、小违规等微腐败，狠刹群众反映强烈的不正之风。

19.推动密切联系和服务群众常态化。健全完善市级领导“7+1”联系点制度，推广领导干部基层联系点、基层挂职等做法，健全直接联系服务群众长效机制。市级党政正职每年走遍所有贫困村，乡镇（街道）干部包村包社区，推动干部沉下去、抓落实。深化“领导大调研”“干部下基层”活动，坚持领导干部调查研究、信访接待日、同干部谈心、群众满意度测评等制度。完善领导干部征求群众意见制度和联系民主党派、工商联、无党派人士、宗教界人士制度。健全各级党委委员联系党代表、党代表联系党员、党员联系群众的“党群联系链”，畅通代表反映民意诉求渠道。坚持下派“第一书记”属地管理原则，加强管理与考核。健全完善机关单位联系村社区、机关干部联系贫困户工作机制，继续深化党员创先争优活动，深入开展联合党委、结对共建、党员志愿者服务等活动，密切联系群众。坚持党建带群建，进一步加强群团工作，推进群团改革，更好发挥群团组织联系服务群众的桥梁和纽带作用。

20.持续转作风打造“两优”环境。加快转变政府职能，推进“接放管服”，建设法治政府和服务型政府。将群众评议机关作风活动纳入效能目标管理和党风廉政建设责任制考核，根据评议对象工作职责和性质进行分类评议，每半年开展一次督促检查。健全机关效能建设公开承诺机制，统筹推动各项措施落实。聚焦群众反映强烈的突出问题，着力整治“门难进、脸难看、事难办”等问题。提升政务服务，增强企业诚信自觉，营造良好营商环境，构建“亲”“清”新型政商关系。

六、从严落实管党治党责任，保证从严治党持续深入推进

21. 从严落实管党治党责任。各级党组织要强化抓好党建是最大政绩的导向，认真履行管党治党责任，建立履行党风廉政建设“两个责任”全程纪实制度，建立党组织主要负责人向上级纪委述责述廉并接受评议质询工作，推动形成市镇村全面落实“两个责任”的三级联动机制。坚持党建工作和中心工作一起谋划、一起部署、一起考核，层层传导压力，逐级压实责任，形成一级抓一级、层层抓落实的工作格局。坚持党（工）委书记抓基层党建、党风廉政建设、意识形态工作责任制落实工作年度述职评议考核制度，将每年 6 月份确定为“党建促进月”，集中开展党员评议、组织生活会等系列活动。探索在市直部门、学校和医疗机构开展党组织书记抓基层党建述职评议考核工作。严格督导、评估和考核问责，建立健全科学的党建考核评价体系，把考核结果作为领导班子建设和领导干部评先评优、培养教育、选拔任用的重要依据。完善问责制度，对不抓或抓不好党建、落实“两个责任”不力的党组织负责人进行严肃问责。

22. 依法依纪依规管党治党。坚持依法依规治党、依法依规执纪，各级党组织、全体党员要严格遵守国家宪法法律法规和《准则》《条例》等党纪党规，争做守法守纪守规模范，对违规违纪违法党组织或党员，坚决查处。纪委监督执纪工作要严格执行线索处置、谈话函询、初步核实、立案审查、执纪审理等工作规程程序，特别是要严格执行请示报告、回避、机关工作人员之间打听案情和说情干预登记备案、涉案款物管理等制度，加强对重要岗位和关键环节的监督，健全完善内控机制，确保党和人民赋予的权力不被滥用。

23. 完善党的建设各项制度。各级党组织要坚持思想建党与制度治党紧密结合，与时俱进，深入持久开展“党内制度建设年”活动，持续推进党内制度建设，依靠制度

增强行为"硬约束"。健全完善党的组织制度、干部人事制度、基层组织建设制度、人才发展体制机制等各项管党治党机制，通过建立系统完备、科学规范、运行有效的制度体系规范引领全体党员的思想和行为。加强对政法机关的思想、政治和组织领导，确保党管政法的原则落到实处。

24.强化党建工作保障。健全以财政投入为主的稳定规范的党建经费保障制度，建立正常增长机制。实施基层阵地功能提升和村集体经济发展壮大行动，按照"六个中心"要求，进一步推进村综合服务阵地建设。探索村干部职业化年薪制、企业党务干部任职补贴等机制。探索建立非公有制企业和社会组织党务工作者津贴制度。各级党组织要结合实际建好管好党组织网站，提高党建工作智慧化水平。健全贯通市、镇(街道)、村(社区)三级全域化服务网络，建好"四化一满意"服务群众基层党建信息化平台。推进基层党务工作者专业化职业化建设，健全党务工作者职级评定体系，建立社区党务工作者选聘管理办法和基层党务工作者激励考核办法，努力建设一支相对稳定、综合素质较高的党务工作者队伍。

各基层党(工)委要结合实际制定贯彻落实方案，市委有关部门要制定相关配套推进措施，进一步压实工作责任、抓好统筹协调，推动全面从严治党各项任务落到实处、取得实效。

中共青铜峡市委员会

2017 年 5 月 10 日

青铜峡市关于促进工业经济平稳增长的意见

青党发〔2017〕20 号

各镇、街道党(工)委和人民政府(办事处)，市直各部门、各人民团体、事企业单位，库区管理局、各工业园区，驻青区属、吴属单位：

为全面落实自治区和吴忠市绿色发展、转型升级，促进工业经济平稳增长的政策措施，加快推进工业转型升级和结构优化，确保工业经济平稳增长，现提出如下意见：

一、鼓励企业项目建设

(一)投资在 1 亿元以上的市属新建项目(不包括能源类项目)，在年内完成当年建设内容的，按项目实际完成固定资产投资的 1%给予企业扶持发展资金。

(二)现有规模以上市属企业当年实施固定资产投资 300 万元以上(含 300 万元)的技术改造项目(不包括能源项目)，按项目实际完成固定资产投资的 1%给予企业扶持发展资金。

(三)当年实施的节能环保项目扣除政府支持资金外，按项目实际完成固定资产投资的 2%给予企业扶持发展资金。

二、鼓励企业转型升级

(四)对企业以资本保值增值为目标，运用合并、兼并、收购、接管、股权转让等重组形式，优化企业资产结构，重组资产达亿元以上且开工生产的企业，一次性给予 50 万元扶持发展资金；重组资产达 5000 万元以上亿元以下且开工生产的企业，一次性给予 20 万元扶持发展资金。

(五)自 2016 年起，由规模以下首次跃升至规模以上的现有工业企业，一次性给予 20 万元扶持发展资金；当年产值高于 2000 万元的按超额部分 0.4%再一次性给予扶持发展资金。

三、鼓励企业创新发展

(六)对新认定的国家级高新技术企业、企业技术中心，一次性给予 50 万元扶持发展资金；对新认定的自治区级企业技术中心、工程技术中心，一次性给予 20 万元扶持发展资金；对新认定的国家级示范企业，一次性给予 30 万元扶持发展资金；对新认定的自治区级示范企业，一次性给予10万元扶持发展资金。

（七）对当年新认定的发明专利技术并将成果转化应用的，每项给予一次性5万元扶持发展资金。

（八）对当年研发的主导产品获得国家及自治区科技部门认证，并将其转化为生产成果进行批量生产且销售额达到2000万元以上的，按年销售额的1%给予扶持发展资金，单个产品最高扶持发展资金不超过50万元。

四、鼓励企业增产达效

（九）现有规模以上工业企业，以上年统计报表为基数，当年产值增加500万元以上的，超额部分按0.4%一次性给予扶持发展资金。

五、鼓励企业多元融资

（十）对首次公开发行股票并在国内主板(包含中小板和创业板)交易市场上市的规模以上企业，一次性给予200万元扶持发展资金；对成功在“新三板”挂牌的规模以上企业，一次性给予50万元的扶持发展资金。

（十一）对成功实施债券融资的企业，按发行费用的10%给予扶持发展资金，每户企业最高不超过50万元。

（十二）设立2000万元新型工业化专项担保基金（资金来源为自治区财政1000万元，地方财政1000万元），用于工业转型升级重点项目贷款担保，并给予不高于2%的保费补贴。

（十三）设立2000万元的中小微企业转贷基金，用于中小微企业“过桥”转贷（企业使用转贷资金的期限不超过15日，日利率不高于0.4‰）。

（十四）设立1300万元的“助保贷”贷款风险补偿基金（资金来源为自治区财政300万元，地方财政1000万元），用于缓解中小微企业贷款、担保难和成本高的问题。

（十五）设立2000万元“财保贷”贷款风险补偿基金（资金来源为自治区财政500万元，地方财政500万元，融资性担保机构1000万元），用于补偿金融机构和融资性担保机构对我市中小微企业贷款担保所发生的损失，撬动金融机构的放贷比例。

（十六）对当年列入自治区、吴忠市及青铜峡市的重点工业项目，按照投资协议完成年度建设内容的，且单笔贷款在300万元以上的，对当年贷款分别给予基准利率50%（自治区）、40%（吴忠市）和30%（青铜峡市）的贷款贴息，最高不超过300万元（包含产业基金贷款）。

（十七）现有规模以上工业企业，以上年统计报表为基数，单笔贷款在300万元以上且产值增幅达到10%以上的，对当年贷款给予基准利率30%的贷款贴息，产值增幅达到30%以上的，对当年贷款给予基准利率50%的贷款贴息，最高不超过300万元（包含产业基金贷款）。

以上保费、贴息政策须扣除已享受过的上级政府补贴过的保费、贴息资金，且贴息以基准利率为基础。

六、鼓励企业积极纳税

（十八）对当年依法纳税前20名的市属工业企业，以上年地方税收留成部分为基数，按当年新增地方税收留成部分的10%给予扶持。

七、鼓励企业绿色发展

（十九）对当年拆除燃煤锅炉的工业企业，按照0.1蒸吨1000元标准给予补助。

（二十）对当年淘汰落后产能并引进新产能且当年投产的，未获得上级政府资金支持的，按新引进设备原值的1%给予补助，最高扶持发展资金不超过50万元。

本意见自2017年1月1日起试行，试行期截止2019年12月31日。在此期间，凡涉及因上级政策调整或经济形势变化需调整本政策内容的，另行研究制定。凡以前市委、政府出台扶持工业发展的政策措施停止执行。

中共青铜峡市委员会
青铜峡市人民政府
2017年6月23日

青铜峡市推进城市管理综合执法体制改革实施方案

青党发〔2017〕21号

为贯彻落实中共中央、国务院《关于深入推进城市执法体制改革改进城市管理工作的指导意见》（中发〔2015〕37号）和宁夏回族自治区《关于深入推进城市执法体制改革改进城市管理工作的实施意见》（宁党发〔2016〕51号）文件精神，进一步理顺青铜峡市城市管理综合执法体制，解决城市管理执法中存在的突出矛盾和问题，提高综合执法和公共服务水平，结合我市实际，特制定以下实施方案。

一、指导思想

以中央、自治区关于城市管理综合执法体制改革相关文件精神为指导，以城市管理现代化为指向，理顺体制机制为途径。结合青铜峡市城市管理工作实际情况，在有利于工作的前提下，将城市管理执法体制改革与简政放权、放管结合、转变政府职能、规范行政执法权力运行等有机结合，构建权责清晰、服务为民、管理优化、执法规范、安全有序的城市管理和综合执法体系，提高城市管理效能。

二、总体目标

在实施城市管理相对集中行政处罚权的基础上，将市住房和城乡建设局、环境保护局、公安局、水务局、林业局、交通运输局、市场监督管理局等部门、单位涉及城市管理的行政执法权移交至城市管理部门，理顺执法体制，充实城市管理职能，拓展执法领域，补充执法力量，逐步形成集约高效的城市管理综合行政执法体系。

2017年6月底前制定青铜峡市城市管理综合执法改革方案；9月1日前完成市住房城乡建设领域行政处罚权的集中行使；9月30日前完成机构综合设置和执法制式服装、标志标识的换发；10月底前完成数字化城市管理平台建设。2018年年底前完成公安局、环境保护局、水务局、交通运输局、林业局、市场监督管理局等部门涉及城市管理的行政执法权的移交并集中行使。

2020年前城市管理综合执法体制基本理顺，机构和队伍明显加强，保障制度进一步完善，现代城市治理体系初步形成，城市管理效能大幅提高，人民群众满意度明显提升。

三、基本原则

（一）坚持以人为本。牢固树立城市管理理念，强化宗旨意识和服务意识，落实惠民和便民政策，以群众满意为标准，切实解决社会各界最关心、最直接、最现实的问题。

（二）坚持资源整合。清理规范、归整城市管理和综合执法领域现有管理机构和执法机构，理顺关系，科学界定职能，合理核定人员编制，优化执法人员结构，实行跨部门、跨领域统一综合执法，提高城市管理效率和水平。

（三）坚持权责一致。明确综合管理和执法职责边界，制定权力清单，落实执法责任，权随事走、人随事调、费随事转，实现事权和支出相适应、权力和责任相统一。

（四）坚持协调创新。加强政策措施的配套衔接，强化部门联动配合，以网格化管理、社会化服务为方向，以智慧城市建设为契机，充分发挥现代信息技术优势，加快形成与经济社会发展相匹配的城市综合管理能力。

四、改革任务

（一）理顺城市管理综合执法体制

保留在青铜峡市住房和城乡建设局加挂的“青铜峡市城市管理综合执法局”牌子，市城市管理综合执法局主要履行城市管理和综合执法两个方面职责。将“青铜峡市城市建设监察大队”更名为“青铜峡市城市管理综合执法大队”，根据城市管理领域的法律法规规章规定行使城市管理综合执法权，其隶属关系、单位性质及级别保持不变。市城市管理综合执法大队下设综合管理、数字化平台管理、城区执法管理、镇域执法管理四个工作岗位。

（二）整合城市管理综合执法职责

城市管理综合执法局履行市政管理、环境管理、交通管理、应急管理和城市规划管理等城市管理职能，并行使相应的行政处罚权及行政强制权。

1. 负责住房和城乡建设领域方面的法律法规规章规定的全部处罚权；

2. 负责环境保护管理方面的社会生活噪声污染、建筑施工噪声污染、建筑施工扬尘污染、煤炭渣土等运输车辆物料抛洒遗散污染、餐饮服务业油烟污染、露天烧烤污染、城市焚烧沥青塑料垃圾等烟尘和恶臭污染、露天焚烧秸秆落叶等烟尘污染、燃放烟花爆竹污染等管理工作，并行使相应的行政处罚权和行政强制权；

3. 负责市场监督管理方面的户外公共场所无照经营、违规设置户外广告、户外公共场所食品销售和餐饮摊点无证经营，以及违法回收贩卖药品等管理工作，并行使相应的行政处罚权和行政强制权；

4.负责公安、交通管理方面的侵占城市非机动车道、违法停放车辆、侵占城市道路的管理工作，并行使相应的行政处罚权和行政强制权；

5. 负责水务管理方面的向城市河沟渠湖倾倒废弃物和垃圾及违规取土、城市河沟渠湖违法建筑物拆除等管理工作，并行使相应的行政处罚权和行政强制权；

6. 负责林业管理方面的破坏城市园林树木、草坪、绿化设施等管理工作，并行使相应的行政处罚权和行政强制权。

（三）城市管理岗位职责

1.综合管理岗位：具体负责党建、行政事务、财务、档案、投诉信访、督查纠察、后勤协调保障等管理工作；

2.数字化平台管理岗位：在青铜峡市创新社会治理九大工程中派驻人员，负责智慧城管、12319服务热线的受理、任务分派、转办、信息分析、信息反馈及督查和考核等工作；

3.城区执法管理岗位：设置5个管理中队，按照网格化管理标准，负责城市市区范围内综合执法及应急处理工作任务；

4.镇域执法管理岗位：设置8个管理中队，分别派驻到8镇2场（包括铝厂、广武、新材料基地、良繁场、树新林场辖区），负责对各镇（场）涉及到职责范围内的所有违法违章行为实施综合执法、应急管理。其具体业务工作受市城市管理综合执法局和各镇（场）双重领导。

五、队伍建设

（一）加强执法力量。参考住建部“执法人员的定员数按照城镇人口的万分之三至万分之五配备”标准，考虑综合执法范围的扩大、职责的增加和执法标准的提高，我市城市管理综合执法人员实行总量控制，按照青铜峡市城镇人口的万分之四的比例进行配备，拟配备人员110人。其中：编制内事业编60名；通过以政府购买服务的方式向社会公开招聘协管人员50名（退伍军人和专科以上学历毕业生优先）。从公安局派驻4人参与城管公安执法管理。

（二）强化队伍管理。建立符合执法队伍职业特点的人员选拔、任（录）用以及职务级别调整、交流轮岗、奖励惩戒、考核培训等制度；健全和完善城市管理综合执法机制，全面落实《事业单位人员管理考核暂行办法规定》。同时规范协管人员招聘、管理、奖惩、退出机制，制定详细的考核管理办法；全面开展执法人员执法资格、业务培训及军事化训练，打造纪律严明、作风过硬高素质执法队伍；通过实施作风、效能考核等方式，将素质不高、业务能力不强的人员逐步清出城管执法队伍。协管人员只能配合执法人员从事宣传教育、巡查、信息收集、违法行为劝阻等辅助性事务。

（三）规范执法行为。完善执法程序，规范办案流程，明确办案时限，实行执法办案评议考核和执法公示制度，严格执行重大执行决定法治审核制度，建立完善的行政处罚使用规则和裁量基准标准，推行行政执法全过程记录制度，形成完备的执法标准体系。依法规范行使行政检查权和行政强制权，杜绝粗暴执法和选择性执法，严禁随意采取强制执法措施，确保执法公信力。加强执法为民教育理念和执法礼仪建设，规范执法行为和执法文明用语，明确禁忌言行和行为标准，提高执法文明程度。建立健全执法记录管理和使用制度，完善执法台账和案卷的制作、归档、保存和查阅程序、确保有据可查。

（四）完善监督机制。强化外部监督机制，畅通群众监督、行政复议渠道，主动接受法律监督、行政监督、社会监督。强化内部监督机制，全面落实行政执法责任制、纠错问责机制。强化执法监督工作，坚决排除对执法活动的违规人为干预，防止和避免各种保护主义。

（五）强化责任追究。建立健全行政执法责任追究制度，全面推行首问负责、服务承诺、限时办结等制度，强化纪律约束机制，保障城市管理综合执法工作顺利进行。

六、实施步骤

（一）队伍组建阶段（2017 年 6 月 30 日前）。完成机构设置、在编队伍组建、服装招投标、办公场所落实等工作，由市住房和城乡建设局牵头，相关部门配合，提出合理的方案，报市委、政府审批印发执行。由市编办、法制办牵头，住房和城乡建设局及相关部门配合，依法建立城市管理综合执法局的权力和责任清单，向社会公开职能职责、执法依据、处罚标准、运行流程、监督途径和问责机制。制定责任清单与权力清单工作要统筹推进，并实行动态管理和更新调整。

（二）宣传培训阶段（2017 年 7 月 1 日至 9 月 30 日）。完成协管人员队伍组建；完成住房城乡建设领域职能划转和行政处罚权的集中行使。集中一个月的时间，对城市管理综合执法人员的思想政治、法律法规和业务知识等方面进行全封闭培训，全面提高城市管理综合执法人员的整体素质，适应执法任务的要求；配备执法人员服装、车辆、取证设备、通讯器材等，换发新的执法证件；利用报纸、电视台、微博微信等新闻媒体，对城市管理相对集中行政处罚权制度进行广泛宣传，营造良好的执法氛围。

（三）运行完善阶段（2017 年 10 月 1 日至 11 月 30 日）。完善执法程序，规范办案流程，明确办案时限，实行执法办案评议考核和执法公示制度，严格执行重大执法决定法制审核制度，建立完善的行政处罚使用规则和裁量基准标准，推行行政执法全过程记录制度，形成完备的执法标准体系；依法规范行使行政检查权和行政强制权，杜绝粗暴执法和选择性执法，严禁随意采取强制执法措施，确保执法公信力；加强执法为民理念教育和执法礼仪建设，制定文明执法行为规范和执法文明用语，明确禁忌言行和行为标准，提高执法的文明程度；建立健全执法记录管理与使用制度，完善执法台账和案卷的制作、归档、保存和查阅程序，确保有据可查。

（四）全面实施阶段（2017 年 12 月 1 日至 2018 年 12 月 31 日）。将市公安、环保、水务、交通、林业、市场监督管理等部门涉及城市管理的行政执法权进行交接，并全面组织开展综合执法工作。

七、完善保障机制

（一）加强组织领导。为加强对城市管理执法体制改革工作的领导，成立由政府市长任组长、分管副市长任副组长、相关部门主要负责人为成员的青铜峡市城市管理执法体制改革工作领导小组，领导小组办公室设在市住房和城乡建设局，市住房和城乡建设局局长兼任办公室主任，全面负责城市管理执法体制改革工作。各相关部门要加强信息互通、资源共享、协调联动，推进改革工作深入开展。

（二）保障经费及办公场地。根

据中央及自治区有关文件精神，为确保我市城市执法改制改革按时间节点顺利完成，市财政拨付工作经费 399.34 万元。工作人员待遇参照公安协警执行，协管人员的办公经费参照事业单位执行。市财政自 2018 年将经费列入财政预算。同时，在新设机构及人员组建前，由市财政局负责协调办公用房及办公设施。镇域执法管理中队人员办公用房由各镇负责解决保障。

（三）加强司法衔接。建立市城市综合执法局与公安机关、检察机关、审判机关信息共享、案情通报、案件移交等制度，探索建立公安、城管联合执法机制，实现行政处罚与刑事处罚的无缝对接，确保依法行政、依法治理共同推进和有效落实。

（四）建立考核机制。加大城市管理综合执法队伍的监督、考核力度，拓宽监督渠道，建立常态化监督制度，实行日常检查与集中督查相结合。突出监督重点，针对社会关注、群众关切的热点和难点问题开展监督、考核。

中共青铜峡市委员会
青铜峡市人民政府
2017 年 7 月 19 日

青铜峡市行政事业单位干部职工住房货币化分配实施方案

青政发〔2017〕142 号

为加快推进我市行政事业单位职工住房制度改革，根据自治区人民政府办公厅印发《自治区房改领导小组关于全区实行住房补贴的指导性意见的通知》（宁政办发〔2000〕4 号）和《宁夏回族自治区在银行政事业单位计核职工住房补贴实施细则中若干问题的补充处理办法》（宁房改〔2005〕33 号）有关精神，结合实际，制定本方案。

一、指导思想

按照建立与市场经济体制相适应的城镇住房制度要求，推进住房商品化、社会化进程，建立适合我市行政事业单位职工实际的分配体制，实行住房分配货币化，满足合理住房需求，保障干部职工工资收入水平。

二、基本原则

（一）统一政策、分级管理原则。

（二）循序渐进、量力而行原则。

（三）积极稳妥、公开透明原则。

三、实施内容

（一）实施条件

停止住房实物分配后，房价收入比（即本市区一套建筑面积 60 平方米普通商品住房平均价格与双职工家庭年平均工资之比）在 4 倍以上，且财政、单位原有住房建设资金可转化为住房补贴。

（二）补贴范围及对象

市属党政机关、事业单位、社会团体在职在编且由财政部门统发工资的人员及离退休人员和青政发〔2007〕24 号文件因机构改革退出事业单位序列收回编制人员。驻青各单位和国有企业可参照执行。

（三）补贴标准

1.基准补贴额。每平方米基准补贴额根据市区普通商品住房平均价格除以 2 与职工个人合理负担额之差测定。职工个人合理负担额按不低于职工年平均工资的 4 倍除以职工平均建筑面积确定。

2.年住房补贴标准。

无公有住房职工年住房补贴标准 = 月标准工资 × 住房补贴系数 × 12 月；

有公有住房面积未达标职工年住房补贴标准 = 月标准工资 × 住房补贴系数 × 未达标比例 × 12 月；

其中：未达标比例 =（住房补贴面积标准 - 购买公有住房已享

受的优惠面积）÷住房补贴面积标准；

无公有住房职工按规定的住房补贴面积标准计算；有公有住房面积未达标职工按规定的住房补贴面积标准与享受房改政策购房（含房改房、安居房、经济适用房）面积的差额计算；双职工家庭由双方所在单位分别按个人应享受的住房补贴面积计算。

（四）补贴面积标准

住房补贴面积，一般工作人员65平方米，科级75平方米，处级90平方米，厅（局）级120平方米。其中：

1. 下列人员住房补贴面积按65平方米计算：

（1）工龄不满25年的一般工作人员（包括机关）和事业单位的初级职称人员。

（2）技术工人初、中级工和工龄不满25年的工勤人员。

2. 下列人员住房补贴面积按75平方米计算：

（1）工龄满25年的一般工作人员（包括机关）、初级职称人员和事业单位的中级职称人员。

（2）技术工人中的高级工、技师和工龄满25年的工勤人员。

3. 下列人员住房补贴面积按90平方米计算：

（1）事业单位的副高级职称人员。

（2）技术工人中的高级技师。

4. 事业单位的正高级职称人员的住房补贴面积按120平方米计算。

5. 行政机关工作人员的职称不与住房补贴面积标准挂钩。事业单位工作人员职称被聘任的，与所对应的住房补贴面积标准挂钩；未被聘任的，不与住房补贴面积标准挂钩。

（五）标准工资构成

1. 机关公务员月标准工资构成项目：职务工资、级别薪级工资、艰苦边远地区津贴。

2. 机关工勤人员月标准工资构成项目：技术等级工资、薪级工资、艰苦边远地区津贴。

3. 事业单位人员月标准工资构成项目：岗位工资、薪级工资、艰苦边远地区津贴。

以上月标准工资构成项目，只限于住房货币化分配中计算住房补贴使用。

（六）住房补贴计算方式

1. 基准补贴额。基准补贴额=2012年市区普通商品住房平均价格÷2-2012年职工平均标准工资×4÷职工住房平均建筑面积标准。职工住房每平方米建筑面积基准补贴额为479元。

2.贴现率。根据2012年12月人民银行发布的个人住房贷款和5年以上住房公积金个人住房贷款利率标准，确定住房补贴贴现率。

3.平均参加工作年限。按照男性工作35年，女性工作30年计算，平均工作年限为32年(384个月)。

4.住房补贴系数。住房补贴系数＝月平均住房补贴额÷职工月平均标准工资×100%，确定住房补贴系数为15.8%。

（七）补贴发放方式

1.根据市财政承担能力，住房补贴标准按年度测算，按年计发。

2.自2013年1月1日起计发住房补贴，最高享受年限不超过32年。

3.2012年12月31日前参加工作的在职人员和离退休人员从2013年1月1日起发放。

4.2012年12月31日前，已调离或死亡、辞职、辞退、除名、被开除公职的，不计发住房补贴。

5.2013年1月1日后调入、新录（聘）用人员依据调入时间、录（聘）用文件从次月起计发。

（八）补贴资金来源

行政机关、事业单位职工住房补贴资金来源，先由原市财政划转用于住房维修、建房资金、售房款及单位自有资金共同解决，不足部分，行政机关和全额预算的事业单位在财政预算中列支；差额预算的事业单位由财政按照差额补助的比例予以核拨。

（九）相关规定

1. 市房补办根据本方案制定实施细则，建立住房货币化网络管理系统，搭建全市住房补贴网络平台,组织各单位建立职工个人住房电子档案，计发职工住房补贴,并实行动态管理。

2. 对已按规定的面积标准参加房改超面积标准部分以市场价计算的，住房面积标准调整后,以新的住房面积标准计发住房补贴。

3. 已租住公共租赁房和直管公房的职工，按现行房改租金计租,不计发住房补贴。

4. 职工在享受住房补贴期间如职务(职称)变动,从变动次年起,按变动的职级标准计发住房补贴。在职职工死亡的,从死亡的次月起,停止发放住房补贴;已退休的职工在发放住房补贴期间死亡的,从死亡的次月起,一次性发放剩余的住房补贴。

5. 职工在享受住房补贴期间调离或擅自离职、辞职、辞退、除名、被开除公职或与单位终止劳动关系的,从次月起停止计发住房补贴,已计发的住房补贴记入本人住房档案。

6. 住房补贴标准可根据青铜峡市普通商品住房平均价格、职工工资水平、住房贷款利率等变化适时调整,并予以公布。

7.本方案在实施过程中,如上级部门出台新政策,按新政策执行。

四、工作要求

(一)提高认识,加强领导。住房制度改革是经济体制改革的重要组成部分,涉及面广,政策性强,情况复杂，事关干部职工切身利益,影响社会稳定。各级、各部门(单位)要切实加强领导,提高思想认识,严格执行相关政策,做好宣传和稳定工作,保障住房补贴工作平稳推进。

(二)明确职责,严格程序。各部门、单位要严格履行工作职责,执行审批程序。市房补办负责制定住房补贴分配方案、测算住房补贴标准等相关数据;市人社局负责对人员工资、职务(职称)等人事信息的审核;市编办负责对人员编制的审核及编制性质有争议人员身份进行界定;市财政局负责住房补贴资金筹集和核发;市监察局、审计局负责对住房补贴工作监督、审计;各部门(单位)负责测算本部门(单位)职工的住房补贴,审查干部职工公有住房、职务(职称)、工龄等基本情况。

(三)加强监督,严肃纪律。要坚持公开、公平、公正原则,积极稳妥推进住房补贴工作,增强工作透明度,强化工作监督,确保住房补贴及时发放到位。各部门、单位要严格执行住房补贴相关政策和本工作方案,纪检、监察部门对审批核发住房补贴全过程进行监督检查。对瞒报、虚报住房及有关情况冒领、套领住房补贴的职工,由纪检、监察部门予以查处。对违反规定冒领、套领住房补贴的职工个人，除收回已发全部住房补贴外，依纪给予党纪、政纪处分。对违反规定冒领、套领住房补贴的职工所在单位和负责人,根据情节轻重给予相应处罚。

本实施方案(修订)自 2013 年 1 月 1 日起执行，住房补贴系数 15.8%,自 2015 年 1 月 1 日起执行。

青铜峡市人民政府

2017 年 12 月 27 日

索 引

编辑◎何艳珍

说明：
1、本索引采用主题分析法，按主题词首字汉语拼音字母顺序排列。
2、主题词后的数字标示内容所在页码，数字后的 a、b、c 表示该页自左至右的栏别。

A

B

C

M

N

P

Q

W

X

Y

Z